Chargenverwaltung mit SAP S/4HANA®

SAP PRESS

SAP PRESS ist eine gemeinschaftliche Initiative von SAP SE und der Rheinwerk Verlag GmbH. Unser Ziel ist es, Ihnen als Anwendern qualifiziertes SAP-Wissen zur Verfügung zu stellen. SAP PRESS vereint das Know-how der SAP und die verlegerische Kompetenz von Rheinwerk. Die Bücher bieten Ihnen Expertenwissen zu technischen wie auch zu betriebswirtschaftlichen SAP-Themen.

Damit Sie nach weiteren Titeln Ihres Interessengebiets nicht lange suchen müssen, haben wir eine kleine Auswahl zusammengestellt.

Yvonne Lorenz, Uwe Schedl, Matthias Schlaubitz, Frank Scholdan
Qualitätsmanagement mit SAP S/4HANA
843 Seiten, 2., aktualisierte und erweiterte Auflage 2024, geb.
ISBN 978-3-367-10108-5
www.sap-press.de/5880

Frank-Peter Bauer, Jens Kappauf, Christoph Persich
Warehouse Management mit SAP S/4HANA
1276 Seiten, 2023, geb.
ISBN 978-3-8362-9079-1
www.sap-press.de/5552

Hans-Christian Damm, Christoph Sting, Alexander Wolf
Produktionsplanung und -steuerung mit SAP S/4HANA
Das Praxishandbuch
704 Seiten, 2., aktualisierte und erweiterte Auflage 2024, geb.
ISBN 978-3-367-10173-3
www.sap-press.de/5895

Peter Zoellner, Robert Halm, Daniela Schapler, Karen Schulze
EWM mit SAP S/4HANA – Architektur und Programmierung
544 Seiten, 2., aktualisierte Auflage 2024, geb.
ISBN 978-3-367-10138-2
www.sap-press.de/5888

Maximilian Münkel
Materialwirtschaft mit SAP S/4HANA – Customizing
670 Seiten, 2., aktualisierte und erweiterte Auflage 2026, geb.
ISBN 978-3-367-11054-4
www.sap-press.de/6179

Sabrina Kröger, Frank Scholdan, Heike Silbernagel,
Annemarie Zeisig, Andreas Doller

Chargenverwaltung mit SAP S/4HANA®

Rheinwerk
Publishing

Liebe Leserin, lieber Leser,

SAP-Landschaften sind komplex, und wir alle wissen, wie schnell sich Technologien und Anforderungen in der IT-Welt ändern. Genau da setzt SAP PRESS an: mit Büchern, die nicht nur Theorie vermitteln, sondern konkret im Alltag helfen.

In diesem Buch finden Sie direkt umsetzbare Ratschläge, praktische Beispiele und Lösungen für drängende Herausforderungen. Unsere Autor*innen sind Profis, die wissen, wo der Schuh drückt – und wie man Probleme effizient löst. Mit ihrer Erfahrung an Ihrer Seite können Sie Ihre SAP-Projekte gezielter angehen, fundiertere Entscheidungen treffen und die vielen Facetten von SAP besser meistern.

Ob Sie gerade erst beginnen oder schon lange im SAP-Umfeld tätig sind: Wir sind davon überzeugt, dass dieses Buch Ihnen hilfreiche Anleitungen und Tipps an die Hand gibt, um Ihre täglichen Aufgaben und Projekte erfolgreich zu meistern.

Wir freuen uns stets über Lob, aber auch über kritische Anmerkungen, die uns helfen, unsere Bücher zu verbessern. Zögern Sie also nicht, sich bei mir zu melden; Ihr Feedback ist jederzeit willkommen.

Wir wünschen Ihnen viele Aha-Momente und eine erfolgreiche Umsetzung mit diesem Buch!

Ihre Nicole Gürgens
Lektorat SAP PRESS

nicole.guergens@rheinwerk-verlag.de
www.rheinwerk-verlag.de
Rheinwerk Verlag • Rheinwerkallee 4 • 53227 Bonn

Auf einen Blick

Wir hoffen, dass Sie Freude an diesem Buch haben und sich Ihre Erwartungen erfüllen. Falls Sie Anregungen, Wünsche und Kommentare haben, lassen Sie es uns wissen: **service@rheinwerk-verlag.de**.

Informationen zu unserem Verlag und Kontaktmöglichkeiten finden Sie auf unserer Verlagswebsite **www.rheinwerk-verlag.de**. Dort können Sie sich auch umfassend über unser aktuelles Programm informieren und unsere Bücher und E-Books bestellen.

Autor*innen Sabrina Kröger, Frank Scholdan, Heike Silbernagel, Annemarie Zeisig, Andreas Doller
Lektorat Nicole Gürgens
Copy-Editing Claudia Lötschert, Neuss
Typografie & Layout Vera Brauner
Satz Typographie & Computer, Krefeld
Herstellung Stefanie Häb
Covergestaltung Silke Braun
Coverbild Adobe Stock: 1372309135 © Vilius
Druck Beltz Grafische Betriebe, Bad Langensalza

FSC
www.fsc.org
MIX
Papier | Fördert gute Waldnutzung
FSC® C089473

Dieses Buch wurde mit mineralölfreien Farben auf FSC-zertifiziertem Papier aus nachhaltiger Waldwirtschaft gedruckt. Hergestellt in Deutschland.

Bibliografische Information der Deutschen Nationalbibliothek:
Die Deutsche Nationalbibliothek verzeichnet diese Publikation in der Deutschen Nationalbibliografie; detaillierte bibliografische Daten sind im Internet über *http://dnb.dnb.de* abrufbar.

ISBN 978-3-367-10924-1

2., aktualisierte Auflage 2026

Rheinwerk Verlag GmbH • Rheinwerkallee 4 • 53227 Bonn
service@rheinwerk-verlag.de

Inhalt

7 Reporting 331

8 Chargen in logistischen Prozessen 383

Einleitung

Jedes produzierende oder mit Gütern handelnde Unternehmen, unabhängig von der Branche, wird in zunehmendem Maße mit gesetzlichen oder normativen Anforderungen konfrontiert, die eine lückenlose Identifizierung von Bestandteilen für eine Rückverfolgbarkeit fordern. Diese sind die Grundlage für eventuell notwendige Rückrufaktionen oder auch die Auswahl bestimmter Produkte für weitere Fertigungsschritte. Die Erfüllung dieser Anforderungen darf keinen bedeutenden Mehraufwand für ein Unternehmen darstellen und sollte vollständig in einer modernen IT-Landschaft integriert sein.

Die Funktion der *Charge* in SAP S/4HANA ermöglicht es Ihnen, diese Anforderungen vollständig zu erfüllen. In Verbindung mit dem Klassensystem können darüber hinaus Teilmengen von Produkten verwaltet werden.

Aus unterschiedlichen Bereichen werden Anforderungen an die Identifizierung von Materialien gestellt. Daher ist die Chargenverwaltung als separate Funktion keinem bestimmten Modul zugeordnet. Dies hat zur Folge, dass es in Projekten keine eindeutige Zuständigkeit gibt. Innerhalb einer Implementierung stellt die Integration über die gesamte logistische Kette inklusive der Auswirkungen auf die Finanzbuchhaltung (Stichwort *getrennte Bewertung*) eine große Herausforderung dar. Es bedarf fundierter übergreifender Prozess- und Softwarekenntnisse, um die Chargenverwaltung einführen zu können. Aufgrund unserer Projekterfahrung empfehlen wir außerdem, eine eindeutige Zuständigkeit für den Aufbau der Chargenverwaltung einschließlich des Klassensystems zu etablieren.

Dieses Buch eröffnet Ihnen eine vollständige und komponentenübergreifende Sicht auf die Chargenverwaltung im SAP-System. Es hilft Ihnen, vor allem in anwendungsübergreifenden Konzepten Schwachstellen aufzudecken, und unterstützt Sie dabei, in Ihren Projekten durchgängige Prozesse im SAP-System zu entwickeln, die alle Aspekte der Chargenverwaltung über die Komponentengrenzen hinweg berücksichtigen.

Das Buch schafft einerseits ein Gesamtverständnis der Chargenverwaltung und vermittelt die anwendungsübergreifenden Zusammenhänge verständlich. Andererseits möchten wir Ihnen mit diesem Buch ein Werkzeug an die Hand geben, das Sie dabei unterstützt, Ihre chargenbezogenen Geschäftsprozesse bis ins Detail optimal und konsistent im SAP-System abzubilden.

An wen richtet sich dieses Buch?

Mit diesem Buch sprechen wir alle SAP-Beraterinnen, Projektleiter und vor allem den Fachbereich an, der sich übergreifend mit diesem Thema auseinandersetzt. Wie bereits erwähnt, ist die Chargenverwaltung als einzelne Funktion keinem bestimmten Modul zugeordnet. Ihre Funktionen sind über alle Prozesse hinweg zu betrachten und somit in jedem Teilbereich eines Unternehmens zu bewerten. Nur so kann der Nutzen der Chargenverwaltung gewinnbringend im Unternehmen zur Anwendung kommen.

Um die Charge zu verwenden, sollten Sie bereits über fundiertes Wissen in Ihrem Funktionsbereich verfügen.

Wie ist dieses Buch aufgebaut?

Kapitel 1, »Grundlagen der Chargenverwaltung«, klärt zunächst die Frage, was eine Charge ist. Es zeigt, wieso der Einsatz der Chargenverwaltung für viele Unternehmen unabdingbar ist. Zudem erläutert es Ihnen, welche Konsequenzen eine Chargenpflicht im SAP-System hat und welche Möglichkeiten es gibt, die Eindeutigkeit einer Charge zu gewährleisten.

In **Kapitel 2**, »Entstehung und Verwaltung einer Charge«, geht es um die grundlegenden Einstellungen und Funktionen der Charge. Neben der Anlage des Chargenstammsatzes wird auch dessen Archivierung erklärt.

In **Kapitel 3**, »Chargenfindung«, gehen wir auf die Klassifizierung von Chargen über das Klassensystem ein. Mithilfe dieses Systems ist eine Chargenfindung in bestimmten Geschäftsprozessen möglich. Beispiele hierfür sind etwa die Auswahl geeigneter Komponentenchargen in der Produktion oder die Berücksichtigung von Kundenspezifikationen bei der Chargenselektion während der Lieferungserstellung. Dabei gehen wir auch auf die Besonderheiten der Chargenfindung in SAP Extended Warehouse Management (SAP EWM) ein.

Kapitel 4, »Funktionen der Chargenverwaltung«, beschäftigt sich mit der Integration von Chargen in Prozesse des Qualitätsmanagements. Dazu gehört auch die Verwaltung des Mindesthaltbarkeitszustands von Chargen.

In **Kapitel 5**, »Weitere Chargenkonzepte«, gehen wir auf die Ursprungscharge und die WIP-Charge ein. Diese sind insbesondere in Branchen mit Rollen bzw. mit weiteren Teilmengen einer Charge, wie der Papier-, Textil- und Stahlindustrie, von großer Relevanz. Ebenso wird die Dokumentationscharge vorgestellt. Sie bietet eine Möglichkeit der Dokumentation, ohne die logistischen Prozesse stark zu beeinflussen.

In **Kapitel 6**, »Chargenspezifische Mengeneinheiten«, wird beschrieben, wie Sie die meist als *Wirkstoffabwicklung* bezeichnete Funktion der chargenspezifischen Mengeneinheiten einrichten und nutzen können. Diese ist eng verzahnt mit der Bestandsführung, der Produktion, dem Einkauf sowie dem Vertrieb, da sich beispielsweise die Preisfindung auf Basis des Wirkstoffgehalts beeinflussen lässt.

Kapitel 7, »Reporting«, beschäftigt sich mit den in SAP S/4HANA im Standard vorhandenen Auswertungen zu Chargen. Dazu zählen viele in den Logistikkomponenten angesiedelten Auswertungen und Berichte, die Chargeninformationen beinhalten. Hierzu zählt unter anderem das Batch Information Cockpit, das eine lückenlose Rückverfolgung von Chargen ermöglicht.

In **Kapitel 8**, »Chargen in logistischen Prozessen«, wird die Integration der Chargenverwaltung in die Logistikkomponenten des SAP-Systems beleuchtet. Anhand von Beispielen wird der Einfluss der Chargenverwaltung auf verschiedene Prozesse in Lager, Produktion und Qualitätsmanagement gezeigt. Dazu gehören z. B. die Versorgung der Produktion mit Materialien aus dem Lager, verschiedene Möglichkeiten des Buchens von Materialverbräuchen zu Produktionsaufträgen sowie Qualitätsprüfungen während der Produktion. Hier werden auch die SAP-EWM-spezifischen Funktionen an Chargen erklärt.

Kapitel 9, »Besonderheiten in speziellen Branchen«, betrachtet spezifische Besonderheiten ausgewählter Branchen. Thema sind erweiterte Anforderungen aus der Pharmaindustrie, vor allem abgeleitet aus der Good Manufacturing Practice (GMP) der amerikanischen Food and Drug Administration (FDA), sowie deren Umsetzungen im SAP-System. Ebenso zeigen wir den Umgang mit *Stückchargen* auf. Diese werden oft verwendet, wenn genau ein Packstück eine Charge darstellt.

Hinweise zur Lektüre

Als Releasestand für die Erläuterungen der Funktionen und auch für die Systembeispiele wurde die Version SAP S/4HANA On-Premise 2022 SP 10/2023 verwendet.

In den Kapiteln dieses Buchs werden ausschließlich Funktionen von SAP S/4HANA sowie den Funktionen EWM und PP/DS in der jeweils embedded Funktion berücksichtigt. Spezielle Entwicklungen für Branchenlösungen sind nicht Bestandteil dieses Buchs. Bei den Funktionen und Prozessen gehen wir nur auf SAP-Fiori-Apps ein, sofern es entsprechende Apps gibt.

Unter *www.sap-press.de/6136* finden Sie in den Download-Materialien ein Dokument mit den im Buch vorgestellten Transaktionen und Menüpfaden.

Um Ihnen die Arbeit mit dem Buch zu erleichtern, verwenden wir die folgenden Symbole, um auf spezielle Informationen hinzuweisen:

[!] Dieses Symbol weist Sie auf Besonderheiten hin, die Sie beachten sollten. Es warnt Sie außerdem vor häufig gemachten Fehlern oder Problemen, die auftreten können.

[»] In Kästen, die mit diesem Symbol gekennzeichnet sind, finden Sie Informationen zu weiterführenden Themen oder wichtigen Inhalten, die Sie sich merken sollten.

[+] Mit diesem Symbol sind Tipps und Hinweise aus der Berufspraxis markiert, die praktische Empfehlungen geben, die Ihnen die Arbeit erleichtern können.

[zB] Die durch dieses Symbol kenntlich gemachten Beispiele weisen auf Szenarien aus der Praxis hin und veranschaulichen die dargestellten Funktionen.

Danksagung

An erster Stelle möchte ich, Frank Scholdan, mich bei meinen Mitautorinnen bedanken. Ohne euren Einsatz wäre die Neuauflage nicht möglich gewesen. Wir haben ein hervorragendes Team zusammengestellt, das die unterschiedlichen Perspektiven der Chargenverwaltung abdeckt. Ich bin froh, euch für dieses Projekt gewonnen zu haben. Danke an euch!

Unser Dank gilt auch Andreas Doller, dem Autor der ersten Auflage, dessen Arbeit die Grundlage der zweiten Auflage bildete, und der uns bei dieser Auflage mit wertvoller Unterstützung zur Seite stand.

Ein weiterer Dank geht an all unsere Kunden, bei denen wir in den erfolgreichen Projekten die notwendigen Erfahrungen haben sammeln durften. Ohne den Bezug zum praktischen Anwendungsfall wäre alles nur Theorie.

Ebenso danken wir den Arbeitgebern, die uns die notwendigen Freiheiten und die erforderliche Systemunterstützung in Sonderprozessen ermöglicht haben.

Nicht zu vergessen ist die Unterstützung des Rheinwerk Verlags. Ein solches Projekt ist nur als komplettes Team denkbar.

Kapitel 1
Grundlagen der Chargenverwaltung

In diesem Kapitel erhalten Sie zunächst einen Überblick darüber, wie eine Charge definiert ist. Darüber hinaus erfahren Sie, wie sich die Umsetzung im SAP-System gestaltet und welchen Einfluss das Chargenkonzept auf die gesamte Supply Chain hat.

Nahezu allen, die in einem Unternehmen der sogenannten *Prozessindustrie* wie der Lebensmittelindustrie, der chemischen oder pharmazeutischen Industrie tätig sind, begegnet der Begriff *Charge*. Chargen werden in allen logistischen Abteilungen verwendet: im Einkauf, im Lager, in der Produktion oder im Qualitätsmanagement. Viele logistische Aktivitäten sind ohne die Angabe einer Chargennummer nicht durchführbar. Auch in der Fertigungsindustrie gewinnt die Charge für die Rückverfolgung zunehmend an Bedeutung.

In der Chargenverwaltung gibt es in SAP S/4HANA eine Vielzahl von Funktionen, die Ihnen dabei helfen, Ihre Unternehmensprozesse zu optimieren. Zum einen geht es dabei um die Dokumentation und Verwaltung von Chargeneigenschaften, etwa um Ergebnisse aus der Qualitätsprüfung zu hinterlegen. Zum anderen besteht die Möglichkeit, Chargen in Prozessen zu selektieren. Diese Funktion wird z. B. genutzt, um einem Kunden auf Basis kundenspezifischer Kriterien Waren zu liefern oder Rohstoffchargen, deren Verfalls- oder Mindesthaltbarkeitsdatum erreicht ist, automatisch zu sperren.

Dieses Kapitel zeigt Ihnen, wie eine Charge definiert ist, wie die Chargenverwaltung in die SAP-Systeme eingebettet ist und wie dadurch die Grundlagen geschaffen werden, die chargenspezifischen Materialflüsse über alle Komponenten hinweg zu optimieren.

1.1 Was ist eine Charge?

Wenn im SAP-Umfeld über Chargen gesprochen wird, kommt es immer wieder zu Missverständnissen, weil unterschiedliche Begriffe verwendet werden. Der Berater erwähnt den Begriff *Charge*, die Produktionsleiterin spricht von einem *Los*, die Kollegin aus der Qualitätssicherung von einer *Batch* und der Lagerarbeiter von einem *Lot*. Darüber hinaus ist der Begriff der Charge z. B. in der Lebensmittelindustrie, der Pharmaindustrie oder der chemischen Industrie unterschiedlich definiert, jedoch ist im Großen und Ganzen immer das Gleiche gemeint. Im folgenden Infokasten werden die unterschiedlichen Sichtweisen auf einen gemeinsamen Nenner gebracht.

[»]

Definition von »Chargen«

Der Begriff *Charge* wird in verschiedenen Normen unterschiedlich beschrieben. Gemeinsame Kriterien für eine Charge sind:

- Sie besitzt eine einheitliche Beschaffenheit und Qualität.
- Sie wurde in einem Herstellungsgang oder in einem bestimmten Teil eines fortlaufenden Prozesses hergestellt.
- Sie wurde unter gleichbleibenden Bedingungen hergestellt, also auch unter Verwendung derselben Ausgangsmaterialien.
- Eine Charge kann als homogen angesehen werden und hat definierte Spezifikationen.

Genau diese Definition einer Charge finden Sie auch im SAP-System wieder. Aus diesem Grund sollten Sie bei der Festlegung von Materialien berücksichtigen, dass ein Material alle aufgrund des Herstellungsprozesses reproduzierbaren Eigenschaften enthält (z. B. Spezifikationsgrenzen und den Verpackungstyp), eine Charge eines Materials hingegen die nicht reproduzierbaren Eigenschaften und somit bei jeder Charge unterschiedlich sein kann.

Zum Beispiel kann die Viskosität einer Charge des Materials A aus Abbildung 1.1 zwischen 1.100 und 1.250 mPa·s liegen, diese Toleranzgrenzen können Sie im Material selbst hinterlegen. Eine Charge hat dann eine konkrete Ausprägung, z. B. besitzt Charge X eine Viskosität von 1.200 mPa·s. Logistische Stammdaten wie Stückliste, Arbeitsplan, Einkaufsinfosatz etc. werden dabei immer zum Material gepflegt. Zum Beispiel existieren zu Material B aus Abbildung 1.1 eine Stückliste und ein Arbeitsplan.

Die als Charge geführte Teilmenge führen Sie dann getrennt von anderen Teilmengen bzw. Chargen des Materials im Bestand, wie in Abbildung 1.1 anhand der Bestandsmengen der Chargen dargestellt. Zudem ist eine Charge genau einem Material zugeordnet. Dabei können Sie dieselbe Chargennummer abhängig von der Definition der Eindeutigkeit der Charge (siehe Abschnitt 1.4.1, »Einstellungen im Customizing«) auch für unterschiedliche Materialien verwenden.

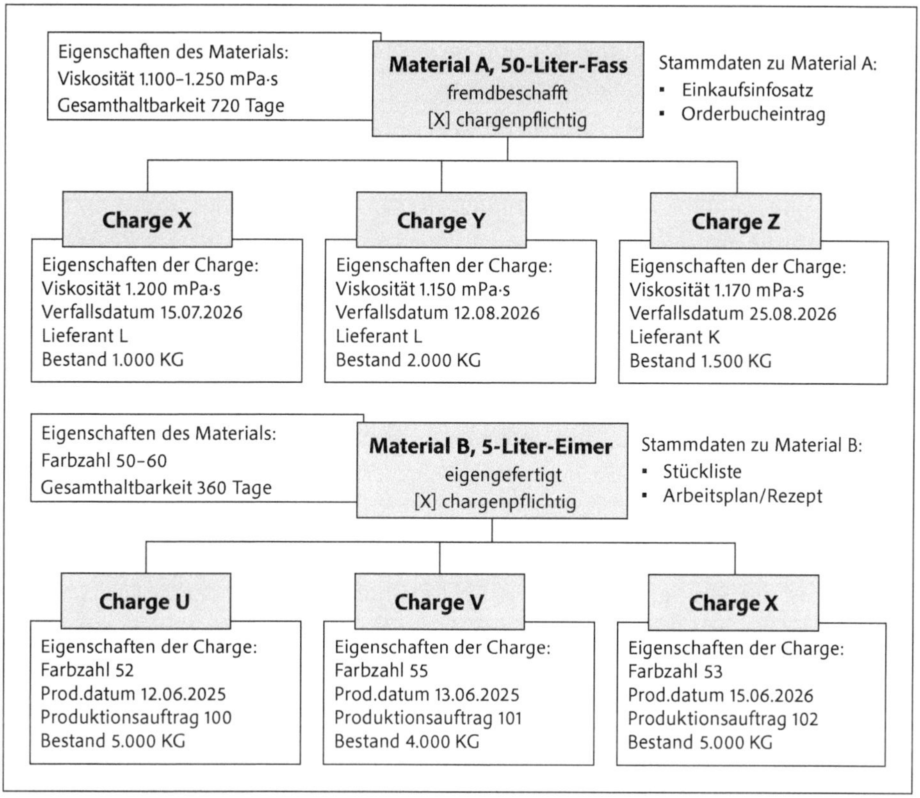

Abbildung 1.1 Beziehung von Material und Charge

1.2 Warum ist eine Chargenverwaltung notwendig?

Die Verwaltung homogener Teilmengen eines Materials mithilfe von Chargen entlang der kompletten logistischen Kette ist für Unternehmen der Prozessindustrie sowie auch für den daran angeschlossenen Handel ein absolutes Muss. Nur so kann ein lückenloser Chargenverwendungsnachweis aufgebaut und für Rückrufaktionen ausgewertet werden. Aber auch für Unternehmen aus anderen Branchen können Funktionen der Chargenverwaltung einen Mehrwert schaffen, z. B. um Chargen mit spezifischen Eigenschaften zu versehen und im weiteren Verlauf auf Basis dieser Eigenschaften wieder gezielt einzusetzen. Die folgenden Abschnitte erläutern die Gründe dafür genauer.

1.2.1 Gesetzliche Anforderungen

Eine Vielzahl gesetzlicher Bestimmungen fordert eine lückenlose Rückverfolgbarkeit von Chargen, z. B. die Current Good Manufacturing Practice (cGMP) der amerikanischen Food and Drug Administration (FDA), die EU-Verordnung 178/2002 zur Rückverfolgbarkeit bei Lebens- und Futtermitteln oder die deutsche Los-Kennzeichnungs-Verordnung (LKV), um nur einige zu nennen.

Das cGMP-Regelwerk der FDA gibt Richtlinien für die Qualitätssicherung bei der Produktion von Arzneimitteln, Wirkstoffen, Kosmetika, Lebens- und Futtermitteln vor. In der EU gibt es entsprechende Richtlinien zur Guten Herstellungspraxis (GMP), die durch die Europäische Kommission verabschiedet werden (z. B. 2003/94/EG für Humanarzneimittel).

Darüber hinaus beinhaltet die am 01. Januar 2005 in Kraft getretene EU-Verordnung 178/2002 (VO (EG) Nr. 178/2002 vom 28.01.2002)) Anforderungen zur lückenlosen Rückverfolgbarkeit von Chargen und regelt die Verantwortlichkeiten dabei. In allen Produktions-, Verarbeitungs- und Vertriebsstufen müssen alle beteiligten Geschäftsteilnehmer jeweils in ihrer Prozessstufe die Rückverfolgbarkeit aller Chargen in beide Richtungen gewährleisten.

Die bereits seit 1993 existierende Los-Kennzeichnungs-Verordnung (LKV) ist eine Verordnung des Bundesministeriums für Gesundheit, gemäß der in Deutschland (mit einigen Ausnahmen) nur Lebensmittel unter Angabe einer Chargennummer (hier *Losnummer* genannt) in Verkehr gebracht werden dürfen.

Aufgrund dieser vielfältigen Bestimmungen ist es für eine Vielzahl von Branchen – vor allem die Pharma-, Chemie-, Lebensmittel- und Konsumgüterindustrie – unerlässlich, die Chargenverwaltung in das Lösungsdesign einer SAP-Implementierung mit einzubeziehen.

Über die gesetzlichen Anforderungen hinaus gibt es Anforderungen verschiedener Verbände und Organisationen. Hier werden, ähnlich zu gesetzlichen Anforderungen, hohe Ansprüche an Rückverfolgung gestellt. Besonders in der Nahrungsmittelindustrie ist eine Zertifizierung ohne Rückverfolgbarkeit bis zum Erzeuger nicht möglich.

1.2.2 Prozessbedingte Anforderungen

Informationen über Bestände, Beschaffenheit, Qualität und Verwendbarkeit von Chargen sind die Basis für viele logistische Prozesse in Einkauf, Produktion und Vertrieb. Welche Anforderungen dabei an eine Chargenverwaltung gestellt werden, beschreibt dieser Abschnitt.

Analyse und Verfolgung von Mängeln

Die Erfassung und Verwaltung von Chargen soll eine durchgängige Rückverfolgung von Mängeln und eine zügige Einleitung von Rückrufaktionen ermöglichen. Auf diese Weise können Unternehmen Kosten vermeiden, die aus einer Regresspflicht resultieren. Schnell abrufbare und vollständige Informationen über alle entstandenen und eingesetzten Chargen entlang der kompletten Supply Chain sind dazu erforderlich. Eine Verwendungsanalyse sollte aus diesen Gründen sowohl top-down (im Falle von Kundenbeschwerden) als auch bottom-up (im Falle von Lieferantenmängeln) durchgeführt werden können.

Produktionstechnische und verfahrensbedingte Anforderungen

Wenn Produktionsausbeuten eine unterschiedliche Qualität aufweisen, muss dies in der Bestandsführung berücksichtigt werden, d. h., die qualitativ unterschiedlichen Teilmengen eines Produkts müssen im Bestand voneinander getrennt gehalten werden.

Der Einsatz von Teilmengen einer Komponente, deren Qualität unterschiedlich ist, kann ebenfalls nur über eine differenzierte Bestandsführung geplant und dokumentiert werden. In diesem Zusammenhang sind so auch Neuberechnungen von Einsatzmengen abhängig von den Qualitäten der eingesetzten Teilmengen möglich.

Verkaufs- und vertriebsspezifische Anforderungen

Bei der Auswahl von zu verkaufenden oder auszuliefernden Mengen eines Materials müssen oft kundenspezifische Anforderungen berücksichtigt werden. Zum Beispiel geben bestimmte Kunden engere Spezifikationsgrenzen vor, sodass an diese Kunden nur Chargen einer bestimmten Qualität ausgeliefert werden können. Dazu ist es erforderlich, Lagerbestände von Produkten in Teilmengen mit unterschiedlichen Spezifikationen zu führen.

1.3 Bedeutung der Chargenpflicht im SAP-System

Sind Materialien chargenpflichtig, hat dies weitreichende Konsequenzen für die Abbildung der Geschäftsprozesse im SAP-System und die gesamte Funktionalität der Logistik. Aus diesem Grund sollten Sie bereits in einem frühen Stadium Ihres Einführungsprojekts mit allen Abteilungen diskutieren und auch beschließen, ob und welche Materialien chargenpflichtig geführt werden. Die Einführung der Chargenverwaltung im laufenden Betrieb ist immer mit Aufwand verbunden und verursacht höhere Kosten. Die Voraussetzungen, die Auswirkungen und auch die Umstellung der Chargenpflicht im laufenden Betrieb erläutern wir Ihnen im Folgenden.

1.3.1 Kennzeichen »Chargenpflicht« im Materialstamm

Normalerweise ist die Lagerortebene die unterste Stufe, auf der Bestände von Materialien in der Bestandsführung eines SAP-Systems verwaltet werden. Zunächst können Sie auf diese Weise keine weiteren Teilmengen Ihrer Bestände voneinander abgrenzen. Zudem haben Sie so keine Möglichkeit, unterschiedliche Spezifikationen und Qualitäten von Teilmengen der Materialien im SAP-System abzubilden.

Wenn Sie jedoch eine Differenzierung von Teilmengen vornehmen möchten, verwenden Sie dazu Chargen, die unterhalb der Lagerortebene als separate Bestände des Materials geführt werden. Voraussetzung dafür ist, dass Sie den Materialstammsatz als chargenpflichtig kennzeichnen. Diese Einstellung können Sie auf verschiedenen Registerkarten des Materialstamms vornehmen (siehe Abbildung 1.2). Den Materialstamm erreichen Sie z. B. über die SAP-Fiori-App **Produktstammdaten verwalten** (App-ID F1602) oder den Menüpfad **Logistik • Materialwirtschaft • Materialstamm • Material • Ändern** (Transaktion MM02 bzw. App-ID MM02).

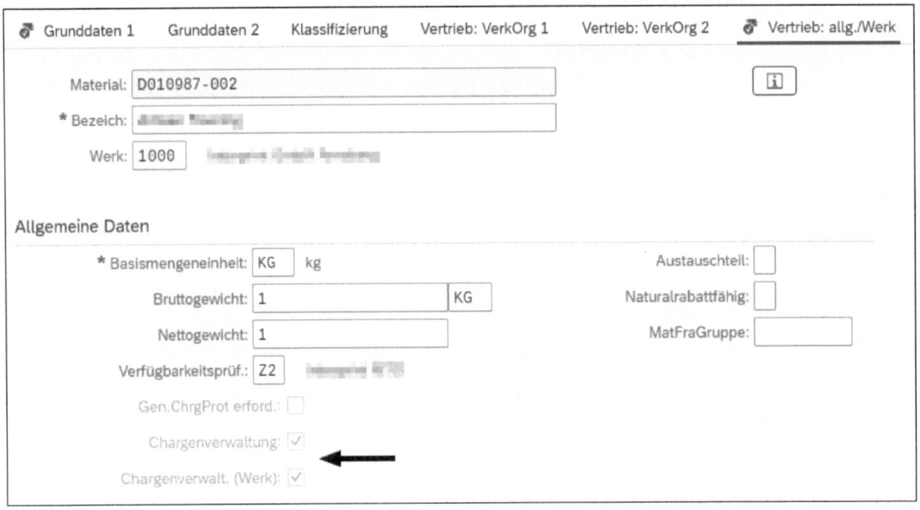

Abbildung 1.2 Chargenpflicht im Materialstamm über »Material ändern«

Auf folgenden Registerkarten können Sie das Kennzeichen der Chargenpflicht pflegen:

- **Vertrieb: allg./Werk**
- **Einkauf**
- **Arbeitsvorbereitung**
- **Werksdaten/Lagerung1**

1.3.2 Auswirkungen der Chargenpflicht

Egal, auf welcher Registerkarte Sie das Kennzeichen setzen: Es handelt sich dabei immer um dieselbe Einstellung. Daran sehen Sie bereits, dass eine aktivierte Chargenpflicht eines Materials nicht für eine einzelne Komponente, sondern für die gesamte Logistik gilt.

Da es sich um eine integrierte Funktion handelt, ist die Chargenpflicht eine übergreifende Einstellung. Wenn Sie ein Material als chargenpflichtig kennzeichnen, muss *jeder* Teilbestand des Materials einer Charge zugeordnet sein, für die automatisch bei der ersten Warenbewegung ein eigener Stammsatz angelegt wird. Daraus folgt, dass alle Warenbewegungen eines chargenpflichtigen Materials immer unter Angabe einer Chargennummer gemacht werden müssen. Dies gilt bereits beim ersten Wareneingang einer Teilmenge zu einem Material, aber auch bei jeder Umbuchung, Umlagerung oder bei einem Warenausgang. Es ist dadurch nicht möglich, z. B. in einem Lagerort Chargenbestände für ein Material zu lagern und gleichzeitig in einem anderen Lagerort den Bestand des gleichen Materials lediglich auf Lagerortebene ohne Chargen zu führen.

Für dieses Prinzip gibt es eine Ausnahme über die Festlegung der Chargeneindeutigkeit auf Werksebene, sodass Sie zumindest für jedes einzelne Werk über die Chargenpflicht entscheiden können. Dies führt allerdings oft zu Problemen im Hinblick auf die Chargenintegrität (siehe Abschnitt 1.4.1, »Einstellungen im Customizing«).

Um den manuellen Buchungsaufwand bei Warenbewegungen zu minimieren, können Sie die Vergabe einer Chargennummer beim Wareneingang sowie das Finden einer Charge bei einer Umlagerung oder bei einem Warenausgang weitestgehend automatisieren. Auch das werden wir Ihnen in Abschnitt 2.2, »Chargennummernvergabe«, und in Kapitel 3, »Chargenfindung«, detailliert erläutern.

1.3.3 Chargenpflicht setzen

Am einfachsten ist es, wenn Sie die Entscheidung zur Chargenpflicht frühzeitig treffen und die relevanten Materialien bereits beim Anlegen als chargenpflichtig kennzeichnen, bevor Belege dazu erstellt oder gebucht werden. Welche Voraussetzungen für das Setzen der Chargenpflicht existieren und was Sie beachten müssen, wenn Sie die Chargenpflicht nachträglich setzen möchten, erfahren Sie in diesem Abschnitt.

Voraussetzungen zum Setzen der Chargenpflicht

Falls Sie ein bereits existierendes Material nachträglich als chargenpflichtig definieren möchten, gibt es dazu einige Voraussetzungen, die direkt nach dem Setzen des Kennzeichens im Materialstamm geprüft werden und vollständig erfüllt sein müssen:

- **Keine offenen Belege**
  Es dürfen keine offenen Belege für das Material existieren. Dies betrifft die folgenden Belege:
  - Bestellungen (Überprüfung in Tabelle EKPO (Einkaufsbelegposition))
  - Kundenaufträge (Tabelle VBAP (Verkaufsbeleg: Positionsdaten))

  - Produktionsaufträge (Tabelle AFPO (Auftragsposition))
  - Bestellanforderungen (Tabelle EBAN (Bestellanforderung))
  - Lieferungen (Tabelle LIPS (Vertriebsbeleg: Lieferung: Positionsdaten))
  - Transportbedarfe (Tabelle LTBP (Transportbedarfsposition))
  - Transportaufträge (Tabelle LTAP (Transportauftragsposition))

- **Keine Reservierungen und Bestände**
  Darüber hinaus dürfen keine Reservierungen vorhanden sein, was Sie z. B. mit den Transaktionen MB25 (Reservierungsliste Bestandsführung) oder MD04 (Aktuelle Bedarfs-/Bestandsliste)) überprüfen können. Zudem dürfen keine Bestände existieren wie Werksbestand (Überprüfung mit Transaktion MB53 (Werksverfügbarkeit)) oder Transitbestand (Überprüfung mit Transaktion MB5T (Anzeige des Transitbestandes)).

Wenn Sie in einem Materialstamm das Chargenpflichtkennzeichen setzen, werden diese Prüfungen immer automatisch im Hintergrund durchgeführt. Probleme werden in ein Protokoll geschrieben, das Sie im Materialstamm über das Menü **Bearbeiten • Fehler anzeigen** abrufen können. Erst nach Überprüfung und Korrektur aller gefundenen Fehler können Sie die Chargenpflicht setzen. Falls Sie die Chargenpflicht eines Materials zurücknehmen möchten, gelten zudem dieselben Voraussetzungen für das Abschließen offener Belege und das Ausbuchen der Bestände.

Notwendige Aktionen bei Bestand in der Vorperiode

Wenn Sie beim Ändern der Chargenpflicht die Meldung **Bestand existiert** im Fehlerprotokoll erhalten, kann neben dem Bestand der laufenden Periode auch der Bestand der Vorperiode gemeint sein. Da Sie Warenbewegungen auch mit einem Buchungsdatum in der Vorperiode buchen können, würden Inkonsistenzen entstehen, falls beim Setzen der Chargenpflicht noch Bestand in der Vorperiode ohne Chargenebene existiert. In diesem Fall müssen Sie deshalb vor dem Setzen der Chargenpflicht sowohl den Bestand der aktuellen Periode als auch den Bestand der Vorperiode ausbuchen, um die Bestände danach wieder unter Angabe einer Chargennummer einzubuchen. Im Materialstamm können Sie sich in der Sicht **Werksbestand** bzw. **Lagerortbestand** die Werksbestände bzw. Lagerortbestände der laufenden Periode und der Vorperiode anzeigen lassen.

Um den Bestand der aktuellen Periode und gleichzeitig auch den Bestand der Vorperiode auszubuchen, gehen Sie folgendermaßen vor (ein Zahlenbeispiel dazu finden Sie in den Tabellen):

1. Ausgangszustand ist ein Vorperiodenbestand eines Materials, das Sie als chargenpflichtig setzen möchten, dieser beträgt 1.000 KG. Darüber hinaus existiert Bestand der laufenden Periode in Höhe von 500 KG, wie in Tabelle 1.1 dargestellt.

	Vorperiode	Laufende Periode
Bestand	1.000 KG	500 KG

Tabelle 1.1 Ausgangszustand der Bestandssituation

2. Der Bestand der laufenden Periode muss dem Bestand der Vorperiode mit Buchungsdatum in der laufenden Periode angeglichen werden. Dazu buchen Sie z. B. mit Bewegungsart 561 (Bestandsaufnahme) 500 KG in der laufenden Periode zu (siehe Tabelle 1.2). Falls der Bestand der Vorperiode kleiner ist, buchen Sie diesen mit Bewegungsart 562 (Bestandsaufnahme – Storno) aus.

	Vorperiode	Laufende Periode
Bestand	 1.000 KG	*(+500 KG)* 1.000 KG

Tabelle 1.2 Bestände in Vorperiode und laufender Periode angleichen

3. Den Bestand in Höhe von 1.000 KG buchen Sie dann mit einem Buchungsdatum der Vorperiode und mit Bewegungsart 562 aus, wie in Tabelle 1.3 dargestellt. Dadurch wird der Bestand der Vorperiode und auch der laufenden Periode auf null gesetzt.

	Vorperiode	Laufende Periode
Bestand	*(–1.000 KG)* 0 KG	 0 KG

Tabelle 1.3 Bestand aus Vorperiode ausbuchen

4. Jetzt können Sie das Chargenpflichtkennzeichen setzen.
5. Mit der Bewegungsart 561 buchen Sie nun den Bestand der Vorperiode in Höhe von 1.000 KG mit Buchungsdatum der Vorperiode und unter Angabe einer Chargennummer wieder ein (siehe Tabelle 1.4).

	Vorperiode	Laufende Periode
Bestand	*(+1.000 KG)* 1.000 KG (Charge A)	 1.000 KG (Charge A)

Tabelle 1.4 Bestand in Vorperiode mit Charge wieder einbuchen

6. Zuletzt korrigieren Sie noch den Bestand der aktuellen Periode mit Bewegungsart 562 (oder mit Bewegungsart 561, falls der Bestand der Vorperiode kleiner ist), wie in Tabelle 1.5 dargestellt.

	Vorperiode	Laufende Periode
Bestand	1.000 KG (Charge A)	*(–500 KG)* 500 KG (Charge A)

Tabelle 1.5 Bestand der aktuellen Periode korrigieren

Nun haben Sie die Bestände in Vorperiode und laufender Periode, wie sie vor der Umstellung waren, wiederhergestellt und zudem alle Bestände mit Chargen versehen. Alternativ zu den Bewegungsarten 561 und 562 können Sie auch ein anderes Bewegungsartenpaar verwenden (z. B. 501/502 zum Wareneingang ohne Bestellung/Storno), das Sie am besten vorab mit Ihrer Controlling-Abteilung absprechen.

Änderung der Chargenpflicht bei größeren Datenvolumina

Für große Daten- und Belegvolumina können Sie von SAP entwickelte Beispielreports nutzen, die Sie an Ihre spezifischen Bedürfnisse anpassen müssen. Diese können Sie dann sowohl zum Setzen des Chargenpflichtkennzeichens als auch zum Entfernen des Kennzeichens verwenden. Allerdings können die Reports nur unter gewissen Bedingungen eingesetzt werden. Zum Beispiel werden Bestände in Handling-Unit-verwalteten Lagerorten nicht unterstützt und auch keine Systeme mit angebundenem SAP-APO-System.

1.3.4 Änderung der Chargenpflicht im laufenden Betrieb

In einem bereits produktiven System die Chargenpflicht von Materialien zu ändern, hat weitreichende Konsequenzen: Neben den Problemen, die bereits bei der Umstellung der Stammdaten entstehen können, wird eine Vielzahl von Prozessen beeinflusst. Vor allem können Sie für chargenpflichtige Materialien keine Warenbewegungen buchen, ohne eine Charge anzugeben. Falls Sie den Einsatz von Chargen nicht bereits im Prozessdesign berücksichtigt haben, sind zahlreiche Funktionen nur noch mit zusätzlichem manuellen Aufwand buchbar und lauffähig. Ihr ursprüngliches Prozessdesign und vor allem Ihre kundenspezifischen Erweiterungen sollten Sie deshalb genauestens auf ihre Funktionsfähigkeit überprüfen. Kundenspezifische Entwicklungen können gegebenenfalls auf Fehler stoßen, die eine weitere Verwendung unmöglich machen können. In einem solchen Fall ist meistens ein Re-Design von Prozessen und Entwicklungen notwendig.

Falls darüber hinaus der manuelle Aufwand, Materialien umzustellen, zu groß ist und auch ein Projekt zur Anpassung der von SAP ausgelieferten Umsetzungsreports keine Alternative darstellt, sollten Sie überlegen, stattdessen neue Materialien anzulegen und die Stammdaten sowie die Belege und Bestände dafür nachzuziehen. Auch wenn Sie dieser Vorgehensweise folgen, werden Sie bei einem größeren Datenvolumen geeignete Reports zur Datenübernahme von den alten auf die neuen Materialien entwickeln müssen. Eine späte Entscheidung für oder gegen eine Chargenpflicht kann erhebliche Aufwände verursachen. Die Umstellung muss fast immer in einem eigenen Projekt durchgeführt werden. Bestandteile eines solchen Projekts können sein:

- Entscheidung über die einzusetzenden Funktionen der Chargenverwaltung (eventuell wird mit einem rudimentären Funktionsumfang gestartet, um weitere Funktionen zu einem späteren Zeitpunkt zu implementieren)
- Änderung des Prozessdesigns und des Stammdatenkonzepts, um die neuen Anforderungen an Warenbewegungen, Logistikbelege und Bestandsverwaltung zu berücksichtigen
- gegebenenfalls Anpassung kundenspezifischer Entwicklungen
- Anlegen neuer chargenpflichtiger Materialstammdaten auf Basis der nicht-chargenpflichtigen Materialien
- Übertragung der kompletten Logistik-Stammdaten (Einkaufsinfosätze, Stücklisten, Arbeitspläne/Rezepte) inklusive neuer Erzeugniskalkulation
- Übernahme der Bestände und gegebenenfalls Umetikettierung
- Übernahme der Bewegungsdaten wie offene Bestellungen, Kundenaufträge, Lieferungen, Produktionsaufträge etc.

Sie sehen, dass eine frühzeitige Entscheidung für oder gegen eine Chargenpflicht einen enorm wichtigen Meilenstein in Ihrem SAP-Projekt darstellt, der extreme Auswirkungen auf Ihr gesamtes Stammdaten- und Prozessdesign hat.

1.4 Chargenebene festlegen

Sobald Sie sich für eine Nutzung der Chargenverwaltung ausgesprochen haben, müssen Sie – wiederum möglichst frühzeitig – eine weitere Entscheidung treffen: die Festlegung der Chargenebene. Über die Chargenebene definieren Sie die Eindeutigkeit einer Charge über eine Chargennummer, mit der Sie eine Charge identifizieren können. In diesem Abschnitt erläutere ich Ihnen die möglichen Optionen bei der Bestimmung der Chargenebene. Sie erfahren außerdem, wie Sie die Grundeinstellung der Chargenebene vornehmen und gegebenenfalls später ändern können.

1.4.1 Einstellungen im Customizing

Die Chargenebene können Sie im Customizing unter dem Menüpunkt (IMG •) **Logistik Allgemein • Chargenverwaltung • Chargenebene bestimmen und Zustandsverwaltung aktivieren** (Transaktion OMCT) festlegen bzw. ändern (siehe Abbildung 1.3).

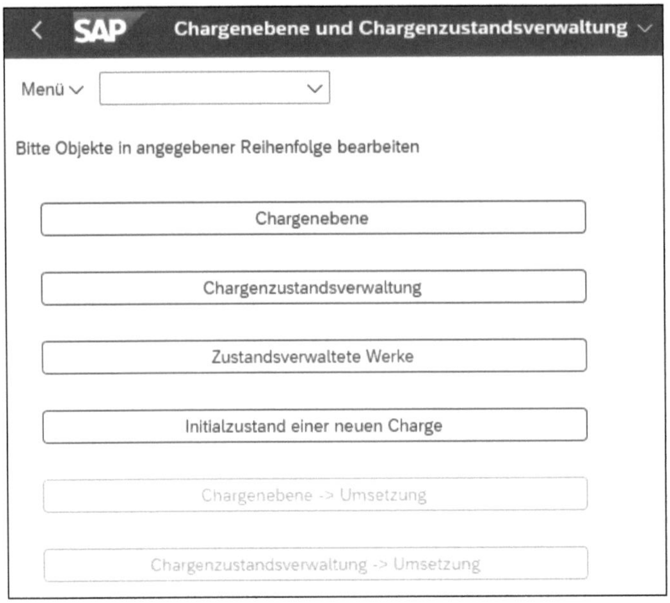

Abbildung 1.3 Einstieg in die Festlegung der Chargenebene

Im Untermenü aus Abbildung 1.3 klicken Sie auf den Button **Chargenebene** (Transaktion OMCE). Dort überprüfen Sie die aktuelle Einstellung der Chargenebene und können diese gegebenenfalls ändern (siehe Abbildung 1.4).

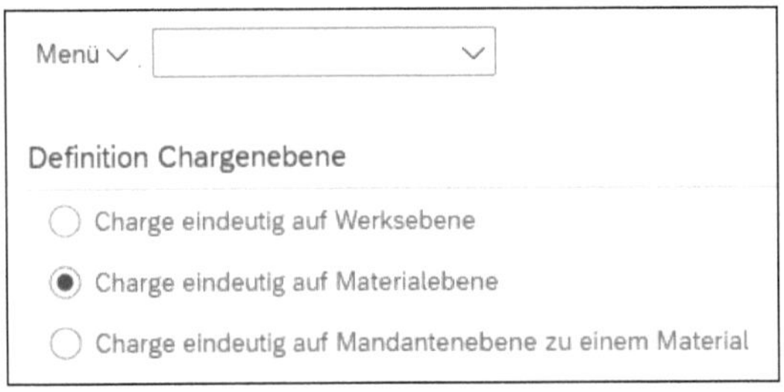

Abbildung 1.4 Chargenebene festlegen

Einstellung der Chargenebene nach einer Mandantenkopie

Die Einstellung zur Chargenebene ist nicht transportierbar und kann bei einer Mandantenkopie aus technischen Gründen nicht übernommen werden. Nach einer Mandantenkopie versucht das SAP-System zwar, beim ersten Aufruf einer Transaktion mit Bezug zur Chargenebene die Chargenebene auf Basis vorhandener Chargen- bzw. Klassifizierungsdaten selbst zu ermitteln. Die Einstellung sollten Sie jedoch überprüfen und gegebenenfalls manuell ändern.

Im Folgenden erläutern wir Ihnen die Bedeutung sowie die Vor- und Nachteile der verfügbaren Einstellungen der Chargenebene.

Chargeneindeutigkeit auf Werksebene

Bei Auslieferung des SAP-Systems ist die Chargeneindeutigkeit auf Werksebene (Einstellung **Charge eindeutig auf Werksebene**) voreingestellt. Es ist jedoch möglich, die Chargeneindeutigkeit auf eine andere Ebene festzulegen. Danach können Sie die Chargeneindeutigkeit jedoch nicht mehr auf Werksebene zurücksetzen.

Mit dieser Einstellung ist eine Chargennummer über die Schlüsselattribute **Material**, **Charge** und **Werk** eindeutig definiert. Das bedeutet, dass dieselbe Charge eines Materials in unterschiedlichen Werken unterschiedliche Eigenschaften aufweisen kann. Außerdem setzen Sie die Chargenpflicht für ein Material für jedes Werk separat.

[zB]

Chargeneindeutigkeit auf Werksebene

Charge X zu Material A kann in den Werken 0001 und 0002 unterschiedliche Ausprägungen haben. Material A kann in Werk 0001 und Werk 0002 chargenpflichtig sein, jedoch nicht in Werk 0003, sodass in Werk 0003 die Bestände des Materials A lediglich auf Lagerortebene geführt werden.

Chargeneindeutigkeit auf Materialebene

Ist die Chargeneindeutigkeit auf Materialebene gesetzt (Einstellung **Charge eindeutig auf Materialebene**), können Sie ein- und dieselbe Chargennummer für mehrere Materialien verwenden. Der Schlüssel für die Eindeutigkeit besteht dabei aus den Attributen **Material** und **Charge**. Deshalb hat eine Charge zu einem Material in unterschiedlichen Werken immer dieselben Eigenschaften. Dieselbe Charge zu unterschiedlichen Materialien kann allerdings unterschiedliche Eigenschaften haben.

[zB]

Chargeneindeutigkeit auf Materialebene

Die Charge X von Material A hat im Werk 0001 dieselben Eigenschaften wie im Werk 0002, da nur ein Chargenstamm existiert. Für Material B kann ebenfalls die Chargennummer X vergeben werden, die andere Eigenschaften hat als Charge X von Material A.

Chargeneindeutigkeit auf Mandantenebene

Wenn Sie die Chargeneindeutigkeit auf Mandantenebene (Einstellung **Charge eindeutig auf Mandantenebene zu einem Material**) festlegen, können Sie eine Chargennummer im Mandanten nur einmal vergeben, sie ist einer Materialnummer eindeutig zugeordnet. Der Schlüssel zur Eindeutigkeit besteht deshalb nur aus dem Attribut **Charge**.

> **Chargeneindeutigkeit auf Mandantenebene**
>
> Charge X wird zu Material A angelegt. Für Material B kann deshalb nicht noch einmal die Chargennummer X vergeben werden.

Beachten Sie allerdings, dass Chargen auf Tabellenebene mit den Schlüsselfeldern **Material** und **Charge** verwaltet werden. Deshalb muss in allen Transaktionen zur Chargenpflege trotzdem immer die Materialnummer mitgegeben werden, auch wenn, bedingt durch die Eindeutigkeit, die Charge nur einem Material zugeordnet sein kann.

Chargenverwaltung nach Werk einstellen

Sie haben die Möglichkeit, die Chargenpflicht pro Werk einzustellen. Diese Einstellung ermöglicht es Ihnen, die Chargenverwaltung für bestimmte Werke standardmäßig zu aktivieren oder zu deaktivieren.

Im Customizing können Sie die Verwaltung auf Ebene des Werks aktivieren bzw. deaktivieren.

Die Chargenebene können Sie im Customizing unter dem Menüpunkt (IMG •) **Logistik Allgemein • Chargenverwaltung • Standardeinstellung für die Chargenverwaltung nach Werk angeben** (Transaktion OM54) festlegen. Durch das Setzen des Flags können Sie die Chargenverwaltung in dem jeweiligen Werk deaktivieren (siehe dazu Abbildung 1.5).

Chargenverwaltung: Standardeinstellung nach Werk

Werk	Beschreib.	Nicht charge...
0001	Werk 0001	☑
0003	Plant 0003 (is-ht-sw)	☐

Abbildung 1.5 Chargenverwaltung nach Werk aktivieren

Im Materialstamm ist diese Einstellung entsprechend ersichtlich (siehe auch Abbildung 1.2).

Vergleich der Einstellungen und Empfehlung

Abbildung 1.6 stellt die Eindeutigkeit einer Chargennummer abhängig von der Einstellung der Chargenebene grafisch dar und greift dabei auf die Beispiele aus den Infokästen der vorangegangenen Seiten zurück.

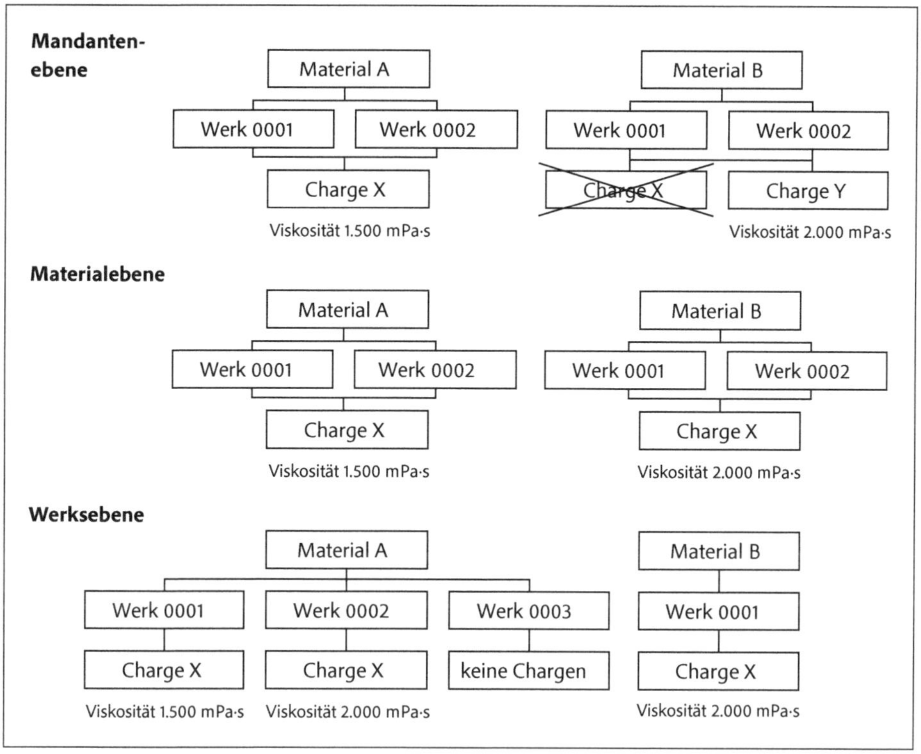

Abbildung 1.6 Eindeutigkeit der Chargennummer abhängig von der Chargenebene

Auch auf die Datenstruktur hat die Festlegung der Chargenebene Auswirkungen. Abhängig davon werden zum Teil unterschiedliche Tabellen verwendet, um Chargenstammdaten abzulegen.

Auswirkungen der Chargenebene auf die Datenstruktur

Folgende Tabellen werden zur Speicherung von Chargendaten verwendet:

- **Tabelle MCH1 (Chargenstammsätze auf Mandantenebene)**

  Ein Tabelleneintrag in MCH1 für eine Charge existiert nur, falls die Chargeneindeutigkeit auf Mandanten- oder Materialebene definiert ist.

- **Tabelle MCHA (Chargenstammsätze auf Werksebene)**

  Ein Tabelleneintrag in MCHA wird beim Anlegen der Charge geschrieben, falls die Chargeneindeutigkeit auf Werksebene definiert ist. Bei Chargeneindeutigkeit auf

Mandanten- oder Materialebene wird der Eintrag entweder manuell mit Transaktion MSC1N oder automatisch bei der ersten Warenbewegung für das entsprechende Werk angelegt.

- **Tabelle MCHB (Chargenbestände auf Lagerortebene im Werk)**
  Ein Tabelleneintrag in MCHB wird entweder manuell mit Transaktion MSC1N oder automatisch bei der ersten Warenbewegung der Charge für den entsprechenden Lagerort angelegt.

Im Gegensatz zur Einstellung **Charge eindeutig auf Werksebene** bedeuten die Einstellungen **Charge eindeutig auf Mandantenebene zu einem Material** und **Charge eindeutig auf Materialebene**, dass ein Material nur werksübergreifend als chargenpflichtig gesetzt werden kann. Das heißt, nach dem Setzen des Kennzeichens auf einer Werkssicht ist das Material in allen Werken chargenpflichtig.

Ein Vorteil bei der Festlegung auf die Einstellung **Charge eindeutig auf Materialebene** ist, dass Sie dieselbe Chargennummer für unterschiedliche Materialien und somit auf mehreren Produktionsstufen vergeben können, wie in Abbildung 1.7 dargestellt. Eine Produktionscharge eines Materials A kann dadurch z. B. auf verschiedene Endprodukte K, L und M in unterschiedlichen Gebinden abgefüllt werden, ohne die Chargennummer wechseln zu müssen. Dieses Szenario wäre mit der Einstellung **Charge eindeutig auf Mandantenebene zu einem Material** nicht möglich.

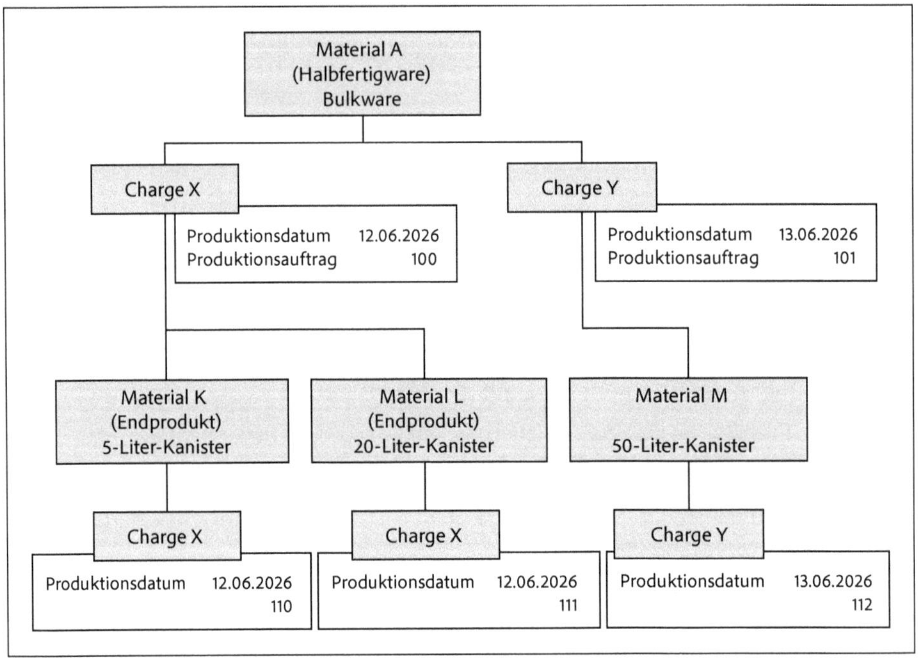

Abbildung 1.7 Produktions- und Abfüllprozess

Die Einstellung **Charge eindeutig auf Werksebene** erlaubt zwar auf den ersten Blick eine größere Flexibilität, birgt aber auch gravierende Nachteile im Hinblick auf die Chargenintegrität. Wenn Sie diese Einstellung wählen, kann z. B. in Produktionswerken die Chargenpflicht für Fertigmaterialien eingestellt sein, um so Teilbestände und auch Chargenspezifikationen zu hinterlegen. Dagegen könnte in einem Werk, über das ein firmenexterner Logistikdienstleister mit seinem eigenen IT-System an das SAP-System angebunden ist, auf eine Chargenpflicht verzichtet werden. Dies hält den Aufwand für Erstellung, Wartung und Überwachung der Schnittstelle gering, da das System des Dienstleisters eventuell eine eigene Chargenverwaltung hat.

Allerdings hat diese Einstellung den zusätzlichen Effekt, dass eine Charge zu einem Material nun in allen Werken, in denen das Material als chargenpflichtig gekennzeichnet ist, einen eigenen Chargenstamm besitzt. Das könnte zum einen das Produktionswerk der Charge sein und zum anderen ein anderes Produktionswerk des Unternehmens, in das diese Charge umgelagert wird, um sie dort weiterzuverarbeiten. Dadurch kann diese Charge in den Werken unterschiedliche Ausprägungen wie ein anderes Verfallsdatum/MHD oder unterschiedliche Spezifikationen besitzen. Würde eine Charge, die bereits als Chargenstamm mit oder ohne Bestand im Zielwerk existiert, werksübergreifend umgelagert, würden die Spezifikationen der Zielcharge übernommen werden. Als Fazit kann man daraus schließen, dass Eindeutigkeit und Integrität von Chargen über alle Werke mit dieser Einstellung im Standard nicht möglich sind. Da dies für gewisse Branchen wie die Pharma-, aber auch die Lebensmittelindustrie nicht vertretbar ist, empfiehlt sich hier auf jeden Fall, die Einstellung **Charge eindeutig auf Materialebene** zu wählen.

Sie sollten die Einstellung der Chargeneindeutigkeit auf Materialebene in den meisten Fällen den beiden Alternativen vorziehen, da sie die werksübergreifende und somit mandantenweite Chargenintegrität gewährleistet. Ob eine Eindeutigkeit auf einer anderen Chargenebene für Sie sinnvoll ist – vor allem die auf Werksebene –, sollten Sie gründlich abwägen und die Nachteile dabei bedenken.

1.4.2 Änderung und technische Umsetzung der Chargenebene

Nachdem Sie eine Änderung der Chargenebene, wie in Abschnitt 1.4.1, »Einstellungen im Customizing«, beschrieben, vorgenommen und gespeichert haben, setzen Sie die Chargenebene über den Button **Chargenebene -> Umsetzung** auf Tabellenebene technisch um (siehe Abbildung 1.8).

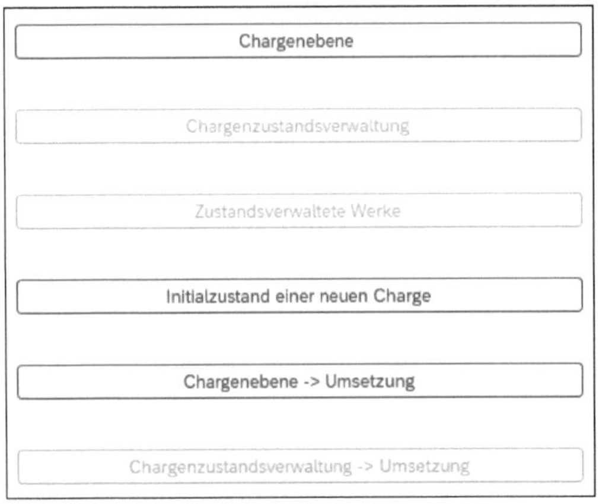

Abbildung 1.8 Umsetzung der Chargenebene

Nachdem Sie den Button **Chargenebene -> Umsetzung** angeklickt haben, werden Sie in einem Pop-up gefragt, ob die Umsetzung zunächst in einem Testmodus durchgeführt werden soll, was sich auf jeden Fall empfiehlt. Falls es Probleme bei der Umsetzung gibt, weil nicht alle der dafür erforderlichen Voraussetzungen erfüllt sind, wird dies in einem sogenannten Umsetzreport angezeigt.

Im Beispiel eines solchen Umsetzreports in Abbildung 1.9 kann die Chargenebene von der Materialebene auf die Mandantenebene nicht durchgeführt werden, weil eine Chargennummer zu mehreren Materialien existiert. Dies ist, wie bereits erwähnt, bei der Definition der Chargeneindeutigkeit auf Mandantenebene nicht erlaubt. In diesem Fall müssen Sie zunächst die mehrfach vorkommenden Chargen bzw. deren Bestände auf im Mandanten noch nicht vorhandene Chargen umbuchen. Alle dadurch obsolet gewordenen Chargen müssen danach archiviert werden. Anschließend können Sie die Umsetzung erneut starten.

Für 20 Chargen konnte keine eindeutige Materialdefinition bestimmt werden

Charge	Material	Werk	Bemerkung
0000000001	D010946/001		<frei>
0000000001	S010201		<frei>
0000000043	D010946/001		<frei>
0000000043	S020101		<frei>
0000000048	D010946/001		<frei>
0000000048	S020101		<frei>

Abbildung 1.9 Umsetzreport bei Umsetzung der Chargenebene von »Materialebene« auf »Mandantenebene«

Die Chargenebene können Sie zwar auch im laufenden Betrieb ändern, allerdings sollten Sie diese Entscheidung mit sehr viel Sorgfalt treffen. Wenn im SAP-System bereits Stamm- und Bewegungsdaten vorhanden sind, ist eine solche Änderung meist nur mit erheblichem Aufwand durchführbar.

Im Folgenden erläutern wir Ihnen die möglichen Umstellungsszenarien und die dafür erforderlichen Voraussetzungen.

Umsetzung von Werksebene auf Materialebene

Die im Standard erlaubte Umsetzung von der Auslieferungseinstellung **Charge eindeutig auf Werksebene** auf die empfohlene Einstellung **Charge eindeutig auf Materialebene** wird in den meisten Projekten durchgeführt. Falls Sie diese Umsetzung in einem Mandanten vornehmen, der bereits Stamm- und eventuell auch Bewegungsdaten enthält, muss dabei sichergestellt sein, dass alle chargenpflichtigen Materialien auch in allen Werken chargenpflichtig sind. Zudem müssen Chargen eines Materials werksübergreifend eindeutig sein. Das heißt, falls eine Charge für ein Material in mehreren Werken einen Stammsatz hat, müssen die Bestände auf für dieses Material noch nicht existierende Chargennummern umgebucht und die mehrfach auftretenden Chargen archiviert werden.

Umsetzung von Materialebene auf Mandantenebene

Bei einer Umsetzung von der Materialebene auf die Mandantenebene, die ebenfalls im Standard möglich ist, darf jede Chargennummer nur einmal und damit nur für ein Material vorkommen. Falls dieselbe Chargennummer für mehrere Materialien existiert, müssen die Bestände auf im Mandanten noch nicht existierende Chargennummern umgebucht und die mehrfach auftretenden Chargen archiviert werden.

Umsetzung von Materialebene auf Werksebene

Die Umsetzung von der Materialebene auf die Werksebene ist im Standard nicht vorgesehen. Sie lässt sich allerdings unter gewissen Voraussetzungen dennoch realisieren. Weitere Informationen dazu erhalten Sie in SAP-Hinweis 41715.

Fazit

In Tabelle 1.6 werden die möglichen Umsetzungsszenarien gegenübergestellt.

von \ nach	Werksebene	Materialebene	Mandantenebene
Werksebene	*nicht relevant*	im Standard möglich	im Standard möglich
Materialebene	im Standard nicht möglich	*nicht relevant*	im Standard möglich
Mandantenebene	im Standard nicht möglich	im Standard möglich	*nicht relevant*

Tabelle 1.6 Szenarien zur Umsetzung der Chargenebene

1.5 Zusammenfassung

In diesem Kapitel haben Sie die Grundlagen der Chargenverwaltung im SAP-System kennengelernt. Sie haben zunächst erfahren, wie die Definition einer Charge im SAP-System umgesetzt ist. Wir haben Ihnen Gründe erläutert, wieso für viele Branchen der Einsatz der Chargenverwaltung unumgänglich ist. Darüber hinaus haben Sie gesehen, welche Einstellungen im SAP-System notwendig sind, damit Materialien in Chargen geführt werden können, und welche Auswirkungen dies auf die Bestandsführung und auf viele Prozesse in der Logistik hat. Außerdem haben Sie gelernt, welche Unterschiede es bei der Definition der Eindeutigkeit einer Charge über die Festlegung der Chargenebene gibt, und auch, welche Vor- und Nachteile sich aus der jeweiligen Einstellung ergeben.

Kapitel 2
Entstehung und Verwaltung einer Charge

Dieses Kapitel stellt Ihnen alle Themen rund um die Entstehung einer Charge und die Verwaltung chargenspezifischer Daten vor. Außerdem lernen Sie die Archivierung von Chargen kennen.

Zu Beginn dieses Kapitels stellen wir Ihnen zunächst den Chargenstamm als zentrales Stammdatenobjekt der Chargenverwaltung, die dazu verfügbaren Erweiterungen und die Änderungsprotokollierung vor. Sie erfahren anschließend, welche Möglichkeiten Sie für die externe und interne Nummernvergabe und für Erweiterungen mittels Customer-Exits haben.

In einem Exkurs lernen Sie das Klassensystem im SAP-System kennen, und wir zeigen Ihnen, wie Sie über die sogenannte *Klassifizierung* Chargenspezifikationen bzw. -eigenschaften verwalten können. Danach werden für jede Logistikkomponente des SAP-Systems (Einkauf, Bestandsführung, Produktion und Qualitätsmanagement) detailliert alle Customizing-Einstellungen und Erweiterungsmöglichkeiten beschrieben, die Sie für die Anlage und Klassifizierung einer Charge benötigen. Außerdem stellen wir Ihnen technische Hilfsmittel vor, mit denen Sie Prüfungen und Korrekturen in der Chargenverwaltung vornehmen können – etwa eine Integritätsprüfung und eine Änderung der Klassenzuordnung von Chargen.

Zum Schluss des Kapitels geht es um die Archivierung von Chargen.

Aktivierung der Chargenverwaltung

Die Aktivierung der Chargenverwaltung erfordert das Setzen des Chargenpflicht-Kennzeichens im Materialstamm. Als Konsequenz können Warenbewegungen nur unter Angabe einer Chargennummer gebucht werden, wobei in bestimmten Logistikbelegen die manuelle Eingabe einer Charge erforderlich ist.

Der Nutzen dieser Funktion liegt in der getrennten Bestandsführung für Teilmengen eines Materials sowie in der lückenlosen Rückverfolgbarkeit über den Chargenverwendungsnachweis.

2.1 Chargenstamm

Auch wenn eine Charge einen nicht reproduzierbaren (Teil-)Bestand eines Materials darstellt und deshalb kurzlebiger ist als z. B. ein Material, das jederzeit wieder aufs Neue produziert werden kann, verfügen Chargen über einen Stammsatz. So können alle relevanten Informationen in einem Stammsatz hinterlegt und Änderungen protokolliert werden. Eine Charge, deren Bestand z. B. zunächst mit Bezug auf eine Lieferung an einen Kunden aus dem SAP-System ausgebucht wird, kann durchaus als Retoure »wiederbelebt« werden und erneut Bestand haben. Dann müssen alle ursprünglichen Informationen wieder auffindbar und abrufbar sein.

Im Chargenstamm sind für jede im SAP-System angelegte Charge alle relevanten Informationen hinterlegt. Normalerweise wird der Chargenstamm bei der ersten Warenbewegung zu einer Charge automatisch im Hintergrund oder in einem Beleg (z. B. Produktionsauftrag, Prüflos oder Bestellung) angelegt. Über die SAP-Fiori-App **Charge anlegen** oder **Charge verwalten** (App-ID MSC1N und F2462) können Sie einen Chargenstammsatz vorab manuell anlegen. Die Transaktionen zur Pflege des Chargenstamms erreichen Sie über verschiedene Pfade, z. B. in der Materialwirtschaft über den Pfad **Materialwirtschaft • Materialstamm • Charge** oder in der Komponente Produktion über den Pfad **Produktion • Stammdaten • Materialstamm • Charge**, um nur einige zu nennen.

Eine Charge wird über eine zehnstellige alphanumerische Chargennummer identifiziert. Da eine Charge immer mit Bezug zu einem Material angelegt wird, müssen Sie, wenn Sie eine Charge aufrufen oder bearbeiten, zusätzlich die zugehörige Materialnummer angeben.

In der SAP-Fiori-App **Charge anlegen** (Transaktion MSC1N) zum Anlegen bzw. **Charge ändern** (Transaktion MSC2N) und **Charge anzeigen** (Transaktion MSC3N) zum Ändern und Anzeigen oder der SAP-Fiori-App **Chargen verwalten** (App-ID F2462) eines Chargenstamms füllen Sie deshalb immer die Schlüsselfelder **Material** und **Charge** (siehe Abbildung 2.1).

Das Werk müssen Sie darüber hinaus angeben, falls die Chargenebene auf Werksebene definiert ist und die Charge damit zum Schlüssel *Material/Charge/Werk* eindeutig ist. Auch beim Setzen des Löschkennzeichens auf Werksebene benötigen Sie ein Werk, in allen anderen Fällen können Sie auf die Angabe des Werks verzichten.

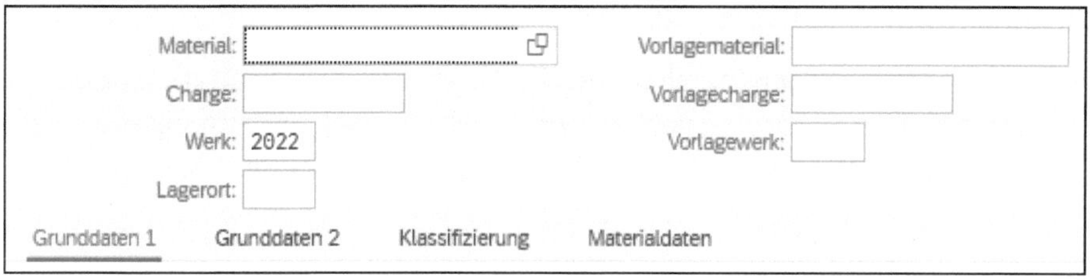

Abbildung 2.1 Schlüsselfelder des Chargenstamms

Den Lagerort können Sie angeben, wenn Sie beim Ändern ein Löschkennzeichen auf Lagerortebene setzen möchten. Er wird ebenso benötigt, falls Sie beim Anlegen einer Charge das Lagerortsegment erzeugen möchten, was allerdings mit der ersten Bestandsbuchung der Charge sowieso automatisch vom System erledigt wird. Die Vorlagendaten geben Sie ein, falls Sie eine Charge auf Basis einer Vorlagecharge anlegen.

2.1.1 In den Chargenstammtransaktionen navigieren

Nachdem Sie eine Chargenstammtransaktion aufgerufen haben, können Sie über verschiedene Buttons unterschiedliche Bearbeitungsfunktionen anstoßen (siehe Tabelle 2.1).

Button	Funktion	Erläuterung
	**Anlegen**	Mit diesem Button wechseln Sie in Transaktion MSC1N zur Anlage einer Charge.
	**Anlegen mit Vorlage**	Über diesen Button gelangen Sie zur Anlage auf Basis einer Vorlagecharge.
	**Löschen Vorlagedaten**	Mit einem Klick auf diesen Button können Sie bereits eingetragene Daten löschen.
	**Ändern**	Über diesen Button wechseln Sie in den Änderungsmodus (Transaktion MSC2N).
	**Anzeigen**	Mit diesem Button gelangen Sie in den Anzeigemodus (Transaktion MSC3N).
	**Andere Charge**	Über diesen Button können Sie aus dem Bearbeitungsmodus einer Charge in das Ausgangsselektionsbild zurückkehren.
	**Charge dem Arbeitsvorrat hinzufügen**	Mit einem Klick auf diesen Button fügen Sie eine Charge dem sogenannten *Arbeitsvorrat* hinzu (siehe Abschnitt 7.4, »Batch Information Cockpit«).

Tabelle 2.1 Buttons in den Chargenstammtransaktionen

2.1.2 Inhalte des Chargenstamms

Alle Informationen zu einer Charge werden im Chargenstamm abgelegt. Dazu zählen zum einen die Chargenstammdaten und zum anderen die Chargenspezifikationen, die mithilfe des Klassensystems verwaltet werden (siehe Abschnitt 2.3, »Eigenschaften einer Charge verwalten«). Im Chargenstamm gibt es dazu mehrere Registerkarten, auf denen die unterschiedlichen Daten hinterlegt sind.

Grunddaten 1

Auf der Registerkarte **Grunddaten 1** (siehe Abbildung 2.2) finden Sie die wichtigsten Stammdaten zu einer Charge.

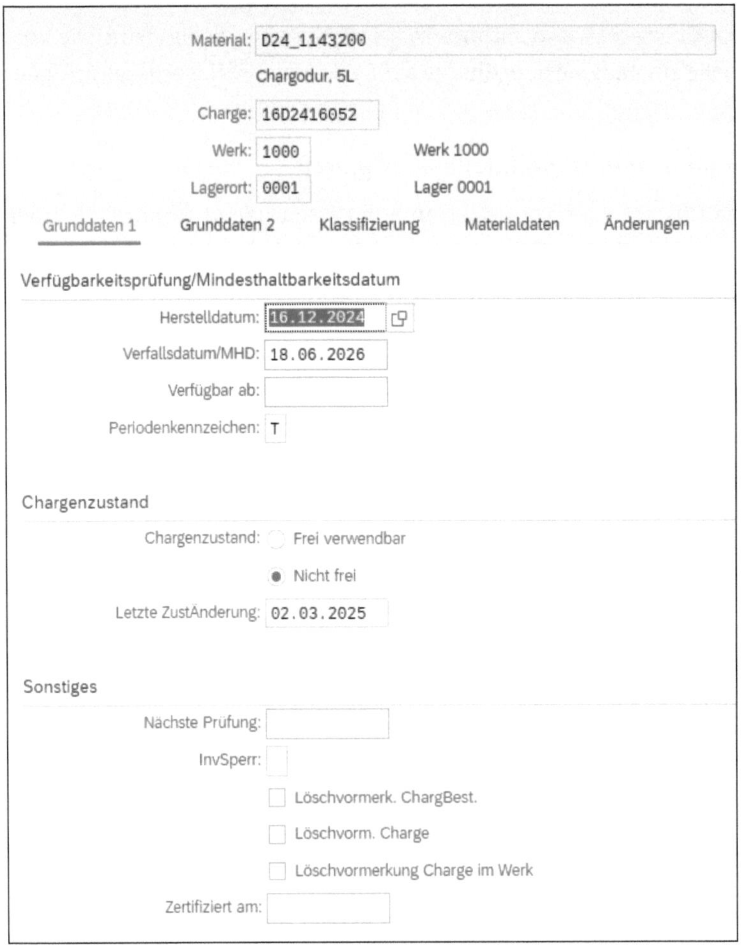

Abbildung 2.2 Chargenstamm – Grunddaten 1

Dazu gehören folgende Angaben:

- **Herstelldatum, Verfallsdatum/MHD, Periodenkennzeichen**
  Diese Daten werden automatisch gesetzt, wenn die Mindesthaltbarkeitsprüfung im Einsatz ist (siehe Abschnitt 4.2, »Mindesthaltbarkeitsabwicklung«).
- **Verfügbar ab**
  Dieses Feld wird im Standard nicht gefüllt. Deshalb wird eine Charge ohne Verzögerung als verfügbar angesehen, z. B. sobald sie Bestand hat. Falls Sie im Kopf eines Produktionsauftrags eine Charge eintragen, ist diese zu einem Termin in der Zukunft entsprechend der Terminierung des Produktionsauftrags verfügbar.
- **Chargenzustand**
  Falls die Chargenzustandsverwaltung (siehe Abschnitt 4.1, »Chargenzustandsverwaltung«) aktiv ist, können Sie hier über den entsprechenden Radiobutton den Chargenzustand z. B. von **Frei verwendbar** auf **Nicht frei** setzen, wodurch sich eine Charge komplett sperren lässt.

[+]

Automatische Berechnung des Verfügbarkeitsdatums

Falls die Charge erst zu einem späteren Zeitpunkt verfügbar sein soll, kann das Feld **Verfügbar ab** über einen Customer-Exit z. B. mit »Letztes Wareneingangsdatum + 5 Tage« gefüllt werden (siehe Abschnitt 2.4.2, »Chargenneuanlage und Chargenmerkmalsbewertung in der Bestandsführung«). In der Chargenfindung, die wir im gleichnamigen Kapitel 3 behandeln, würde die Charge dann erst zu dem berechneten Datum als verfügbar angesehen werden und könnte erst bei einem Bedarfstermin zu diesem Datum automatisch ermittelt werden.

In den **Grunddaten 1** finden Sie im Bereich **Sonstiges** außerdem die folgenden Felder:

- **Nächste Prüfung**
  Falls Sie die wiederkehrende Prüfung in der Komponente QM nutzen (siehe Abschnitt 4.3.2, »Terminüberwachung von Chargen«), wird hier das Datum der nächsten Wiederholprüfung eingetragen.
- **Inventursperre**
  Im Falle einer laufenden Inventur wird im Feld **InvSperr** ein entsprechendes Sperrkennzeichen automatisch gesetzt.
- **Löschvormerkungen**
  Zur Vorbereitung der Archivierung (siehe Abschnitt 2.6, »Archivierung von Chargen«) können Sie auf allen Tabellen- bzw. Organisationsebenen Löschvormerkungen für die Charge setzen (Kennzeichen **Löschvorm. Charge**, **Löschvormerkung Charge im Werk**, **Löschvormerk. ChargBest.**). Allerdings werden die Kennzeichen auf Werks- und Lagerort-Ebene nur dann angezeigt, wenn Sie im Kopf auch die Organisationsebenen entsprechend eingegeben haben.

Im Bereich **Handelsdaten** finden Sie Angaben zu fremdbeschafften Chargen:

- **Lieferant und Lieferantencharge**
  Die Lieferantennummer wird beim Wareneingang aus der Bestellung ebenso übernommen wie die Lieferantenchargennummer, sofern diese in der Bestellposition oder beim Wareneingang angegeben wurde.
- **Datum des letzten Wareneingangs (Letzter WE)**
  Dieses Feld wird automatisch gefüllt bzw. aktualisiert, sobald ein Wareneingang zur Charge erfolgt.
- **Ursprungsland, Ursprungsregion und Exportgruppe**
  Das Feld **Export Gruppe** wird im Standard nicht automatisch gefüllt und muss über einen Customer-Exit versorgt werden (siehe ebenfalls Abschnitt 2.4.2, »Chargenneuanlage und Chargenmerkmalsbewertung in der Bestandsführung«). Die Felder zum Ursprung werden im Falle eines Wareneingangs einer Charge eines fremdbeschafften Materials aus der Bestellung übernommen.

Grunddaten 2

Auf der Registerkarte **Grunddaten 2** (siehe Abbildung 2.3) finden Sie den Kurztext zur Charge sowie sechs frei verwendbare Datumsfelder und die Verwaltungsdaten. Die Datumsfelder werden im Standard allerdings nicht gefüllt bzw. verwendet; Sie können sie z. B. für die Abbildung verschiedener Reifezeiten verwenden und ebenso wie die Ursprungsdaten über einen Customer-Exit ansteuern.

Abbildung 2.3 Ausschnitt des Chargenstamms – Grunddaten 2

Klassifizierung

Die Registerkarte **Klassifizierung** beinhaltet die der Charge zugewiesene Klasse aus der Klassifizierung, die Merkmale aus der Klasse sowie die Merkmalsbewertung (siehe Abbildung 2.4). Die Klasse wird dabei vom Materialstamm übernommen. Darüber hinaus sind die Änderungsbelege der Chargenklassifizierung hier abrufbar. Die Grundlagen und Details zur Klassifizierung stellen wir Ihnen in Abschnitt 2.3, »Eigenschaften einer Charge verwalten«, vor.

Abbildung 2.4 Ausschnitt des Chargenstamms – Klassifizierung

Materialdaten

Auf der Registerkarte **Materialdaten** werden die aus Chargensicht relevanten Daten des Materialstamms als Information angezeigt, eine Pflege ist hier nicht möglich (siehe Abbildung 2.5). Dazu gehören die im Folgenden aufgeführten Haltbarkeitsdaten (siehe dazu auch Abschnitt 4.2, »Mindesthaltbarkeitsabwicklung«) sowie die Klassifizierungsdaten des Materials:

- **Gesamthaltbarkeit**
  Auf Basis der Gesamthaltbarkeit aus dem Materialstamm wird das Verfalls-/Mindesthaltbarkeitsdatum der Charge berechnet.
- **Restlaufzeit**
  Bei einem Wareneingang zu einer Bestellung kann auf die im Material definierte Restlaufzeit geprüft werden, die eine Charge mindestens noch haltbar sein muss, damit sie wareneingangsgebucht werden kann.

- **Periodenkennzeichen und Rundungsregel**
  Im Bereich **Haltbarkeitsdaten** werden zudem noch das Periodenkennzeichen (Tag, Woche, Monat oder Jahr) sowie die Rundungsregel (z. B. Rundung auf Anfang oder Ende einer Periode) des Materials angezeigt, auf die wir ebenfalls in Abschnitt 4.2, »Mindesthaltbarkeitsabwicklung«, näher eingehen werden.
- **Chargenklasse und Klassenart**
  Die Chargenklasse, die Klassenart und die Merkmalsbewertung aus der Klassifizierung des Materials werden hier ebenfalls angezeigt. Diese Klasse wird der Charge automatisch im Rahmen der Chargenklassifizierung zugeordnet (siehe dazu Abschnitt 2.3, »Eigenschaften einer Charge verwalten«).

Abbildung 2.5 Ausschnitt aus dem Chargenstamm – Materialdaten

Änderungen

Sämtliche Verwaltungsdaten zum Anlegen und Ändern des Chargenstammsatzes finden Sie auf der Registerkarte **Änderungen**. Eine Übersicht sowie die Detailinformationen zu jeder Änderung bieten dabei eine komplette Änderungshistorie zur Charge (siehe auch Abschnitt 2.1.4, »Änderungsprotokollierung im Chargenstamm«).

Zuvor haben wir die klassischen Transaktionen bzw. deren zugehörige SAP-Fiori-Apps beschrieben. Nun möchten wir Ihnen noch die SAP-Fiori-App **Chargen verwalten** (App-ID F2462) vorstellen.

Bei der Auswahl der Charge stehen Ihnen zahlreiche Filterkriterien wie etwa **Material**, **Charge** oder **Verfallsdatum** zur Verfügung. Diese können Sie über die Funktion **Filter anpassen** ergänzen, wie in Abbildung 2.6 zu sehen.

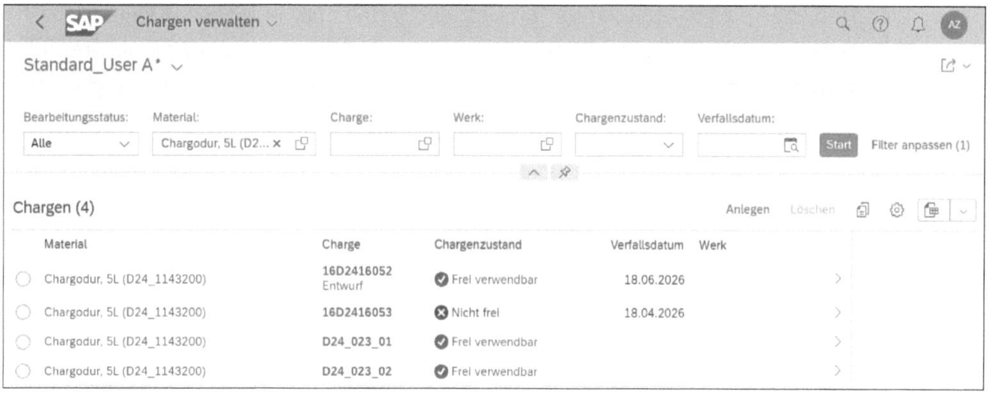

Abbildung 2.6 App »Chargen verwalten«

Wenn Sie auf das Icon (**Einstellungen**) klicken, können Sie weitere Spalten auswählen und anzeigen lassen. Wenn Sie Filterfelder inklusive ihrer Werte und die Spaltenansicht als Standardansicht festlegen möchten, müssen Sie diese zunächst sichern und als eigene Ansicht festlegen. Dazu klappen Sie oben links **Meine Ansichten** auf, wie in Abbildung 2.7 gezeigt, und klicken auf den Button **Sichern als**, um die Ansicht z. B. »Standard_User A« zu speichern. Anschließend können Sie entscheiden, ob die Ansicht für alle sichtbar sein soll, als Standard gesetzt oder automatisch angewendet werden soll. Unter dem Button **Verwalten** können Sie die zuvor genannten Eigenschaften zur Ansicht ändern.

Abbildung 2.7 Ansicht in SAP-Fiori-App »Chargen verwalten« verwalten

Für die Anlage des Chargenstamms müssen das Material und die Chargennummer bekannt sein, weitere Grunddatenfelder können optional angegeben werden. Die Angabe eines Werks oder Lagerorts ist an dieser Stelle weder bei der Anlage noch bei der Änderung des Chargenstammsatzes möglich. Verwenden Sie dafür die vorher beschriebene App **Charge anlegen** (App-ID MSC1N). Die Klassifizierungsdaten können in der SAP-Fiori-App **Chargen verwalten** (App-ID F2462) ebenfalls erfasst werden (siehe Abbildung 2.8). Die Chargenanlage muss nicht gesichert werden, der Entwurf bleibt 20 Minuten bestehen.

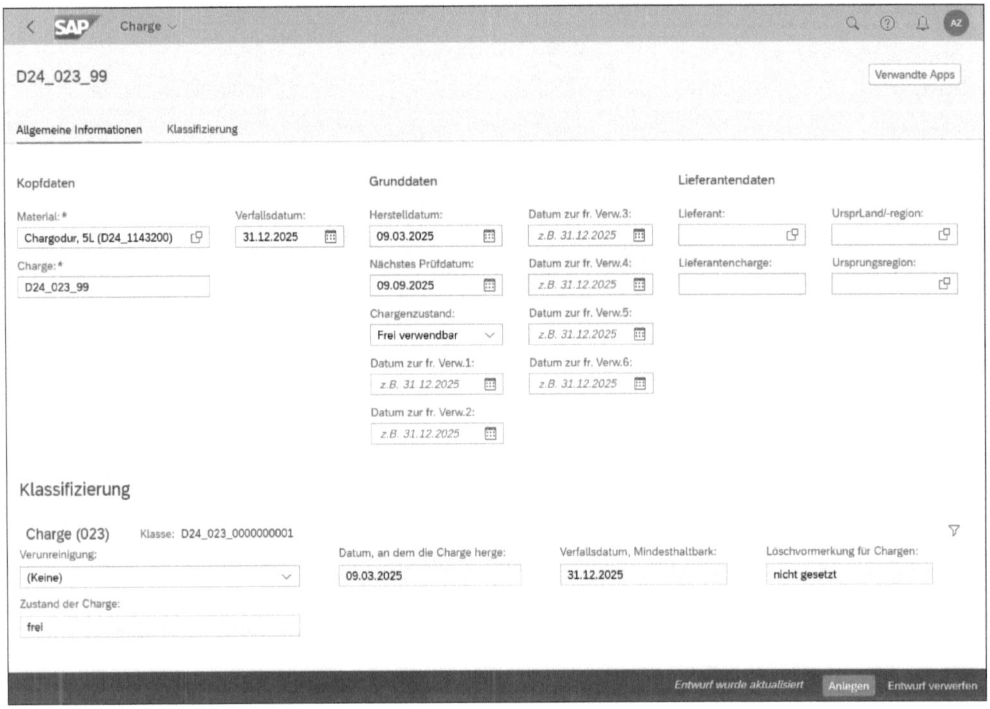

Abbildung 2.8 Chargenanlage in der Fiori-App »Chargen verwalten« (App-ID F2462)

Der Bearbeitungsstatus einer Charge – etwa »eigener Entwurf« oder »ungesicherte Änderungen eines anderen Benutzers« – verhindert, dass Änderungen zum Material oder zum Materialstamm vorgenommen werden können.

Sobald die Charge gesichert ist, werden weitere Informationen, wie zugehörige Prüflose, Historienpositionen oder die Änderungsbelege zur Charge sichtbar.

2.1.3 Erweiterungen für die Chargenstammpflege

Die Feldgruppierung und die Feldsteuerung im Customizing erlauben Ihnen, Felder im Chargenstamm als Muss-, Kann- oder reine Anzeigefelder zu deklarieren. Über die Implementierung eines Business Add-ins (BAdI) können Sie darüber hinaus weitere Prüfungen bei der Chargenstammpflege einbauen. Wie Sie diese beiden Möglichkeiten nutzen können, erläutern wir Ihnen im Folgenden.

Feldgruppen und Feldauswahlsteuerung

[!] **Customizing nur in SAP GUI möglich**

Das in diesem Abschnitt beschriebene Customizing kann bisher nicht in der SAP-Fiori-Umgebung vorgenommen werden und muss in SAP GUI durchgeführt werden.

In der Customizing-Transaktion (IMG •) **Logistik Allgemein • Chargenverwaltung • Chargenstamm • Feldauswahl Chargenstamm • Felder zu Feldgruppen zuordnen** sind alle Felder im Chargenstamm einer von 40 verfügbaren sogenannten *Feldgruppen* zugeordnet. Die Felder einer solchen Feldgruppe können Sie über die Feldauswahlsteuerung als Muss-, Kann-, Anzeige- oder ausgeblendete Felder definieren, allerdings gilt diese Definition dann für alle Felder der Gruppe.

Über den Customizing-Eintrag (IMG •) **Logistik Allgemein • Chargenverwaltung • Chargenstamm • Feldauswahl Chargenstamm • Feldauswahlsteuerung bearbeiten** legen Sie die Eigenschaften der Eingabefelder im Chargenstamm fest. Sie definieren pro Transaktion (z. B. MSC2N (Charge ändern)), ob die Felder einer Feldgruppe eine Eingabe entweder erfordern (Muss-Feld), ermöglichen (Kann-Feld) oder verbieten (Anzeigefeld oder ausgeblendetes Feld). Normalerweise sind die Standardeinstellungen ausreichend, sodass Sie hier keine Änderung vornehmen müssen. Bei der Pflege gibt es einige Einschränkungen:

- Im Standard als Muss-Felder definierte Felder können Sie nicht ändern. Nur Felder, die in der Standardeinstellung keine Muss-Felder sind, können ausgeblendet oder als Anzeigefelder definiert werden.
- Sie können lediglich eingabebereite Felder als Muss-Felder definieren.

Im Beispiel in Abbildung 2.9 werden die Felder der Feldgruppe (auch *Feldauswahlgruppe* genannt) 2 mit den Ursprungsdaten beim Anlegen einer Charge mit Transaktion MSC1N als Anzeige-Felder deklariert. Dazu gehen Sie folgendermaßen vor:

1. Um die Einstellung zu ändern, müssen Sie zunächst den Cursor im Feld **Feldauswahlleiste** der gewünschten Transaktion (z. B. MSC1N (Charge anlegen)) genau auf die Position der Zeile positionieren, die der Feldgruppe entspricht (Position 001 bis 040).
2. Danach nehmen Sie für die Feldgruppe über den Button **Detail** in einem separaten Pop-up die Einstellung vor, die dann an der jeweiligen Position durch ein »+« (Muss-Feld), ».« (Kann-Feld), »*« (Anzeigefeld) oder »-« (ausgeblendetes Feld) repräsentiert wird.

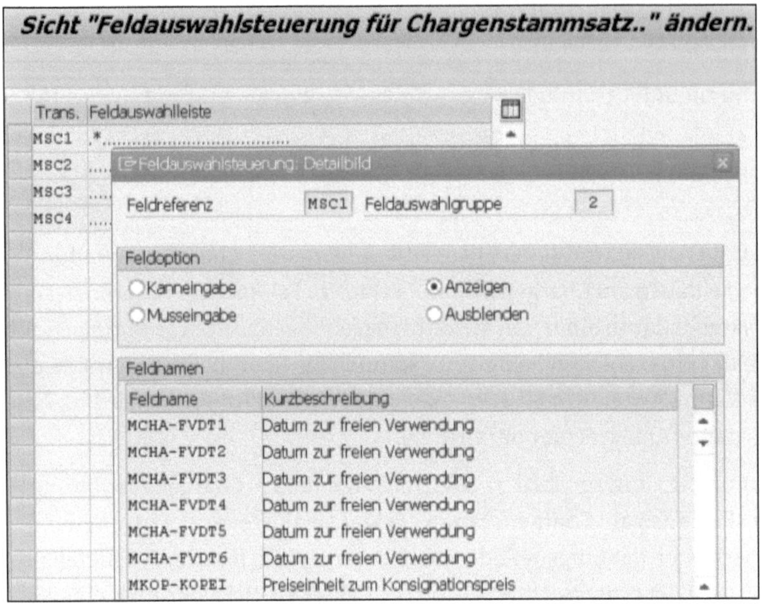

Abbildung 2.9 Feldauswahlsteuerung im Chargenstamm

BAdI für Erweiterungen bei der Chargenstammpflege

Über den Customizing-Eintrag (IMG •) **Logistik Allgemein • Chargenverwaltung • Chargenstamm • BAdI: Erweiterungen für Chargenstammtransaktionen** implementieren und aktivieren Sie das BAdI BATCH_MASTER. Damit können Sie bei einer Bearbeitung des Chargenstamms, z. B. über Transaktion MSC2N (Charge ändern) oder SAP-Fiori-App **Chargen verwalten** (App-ID F2462) direkt Einfluss auf die Erscheinung der Felder nehmen und beim Speichern zusätzliche Prüfungen durchführen.

Folgende Methoden stehen Ihnen in diesem BAdI zur Verfügung:

- CHECK_DATA_BEFORE_SAVE
  Hier können Sie beim Speichern einer Charge die Chargenstammdaten prüfen und eventuell Meldungen ausgeben sowie den Speicherprozess unterbrechen. Zum Beispiel könnten Sie eine Warnmeldung ausgeben oder das Speichern abbrechen, falls ein Verfallsdatum/MHD manuell eingegeben wird, das von der automatischen Berechnung auf Basis des Produktionsdatums plus Gesamthaltbarkeit abweicht.
- CHECK_CLASSIF_BEFORE_SAVE
  Diese Methode prüft beim Speichern die Chargenklassifizierungsdaten. Hier lassen sich Prüfalgorithmen einbauen, die z. B. auf Inkonsistenzen oder Merkmalskombinationen prüfen, deren Bewertung sich gegenseitig ausschließt (z. B. wenn Merkmal A bewertet ist, darf Merkmal B nicht bewertet sein).

- SINGLE_FIELD_CONTROL
  Mithilfe dieser Methode können Sie jedes einzelne Feld im Chargenstamm ansteuern und z. B. nach einer Berechtigungsabfrage bestimmte Felder ausblenden, nicht eingebbar machen oder als Muss-Felder definieren. Dies ermöglicht Ihnen im Prinzip die Abbildung der Funktionen der Feldauswahlsteuerung, die Sie im vorangegangenen Abschnitt kennengelernt haben. Sie können z. B. ein eigenes Berechtigungsobjekt definieren und dieses bei einer Änderung kritischer Felder – etwa des Verfallsdatums/MHD – abfragen.

Felder im Chargenstamm vor unerlaubter Manipulation schützen: Feldauswahlsteuerung versus BAdI

Über die Einstellungen in der Feldauswahlsteuerung könnten Sie kritische Felder im Chargenstamm komplett von einer möglichen Manipulation ausschließen, wenn diese z. B. aus dem Prozess heraus bereits automatisch gefüllt werden wie etwa das Produktionsdatum und das Verfallsdatum/MHD. Dies sollten Sie allerdings mit Vorsicht einsetzen, da auch im Falle einer notwendigen und gerechtfertigten Änderung dieser Daten im Chargenstamm die Felder nicht mehr eingabebereit sind.

Deshalb ist es sinnvoller, wenn Sie mögliche Manipulationen des Chargenstamms eher über ein geeignetes Berechtigungskonzept ausschließen. Dazu eignet sich das BAdI `BATCH_MASTER` mit der Methode `SINGLE_FIELD_CONTROL` besser, um solche Einschränkungen der Bearbeitungsmöglichkeit vorzunehmen. Hier können Sie bei der Feldsteuerung eine Berechtigungsabfrage mit einbinden.

2.1.4 Änderungsprotokollierung im Chargenstamm

Sämtliche Verwaltungsdaten zum Anlegen und Ändern des Chargenstammsatzes sehen Sie auf der Registerkarte **Änderungen**. Sie finden dort eine Übersicht sowie die Detaildaten aller vorgenommenen Änderungen inklusive der Angabe von Benutzer und Zeitstempel. Dadurch steht Ihnen die komplette Änderungshistorie der Charge mit detaillierten Änderungsbelegen zur Verfügung (siehe Abbildung 2.10).

Abbildung 2.10 Ausschnitt des Chargenstamms – Änderungshistorie

[+]

Weitere technische Möglichkeiten zur Analyse von Änderungen

Über die Tabellen CDHDR und CDPOS können Sie Auswertungen über Änderungen an Chargenstämmen fahren und z. B. auswerten, welche Änderungen an Chargenstämmen ein Benutzer in einem bestimmten Zeitraum vorgenommen hat.

Dazu bestimmten Sie zunächst mithilfe der Tabelle CDHDR die Änderungsnummern, die im Tabellenfeld CHANGENR hinterlegt sind:

- Objekt **Charge** festlegen über `OBJECTCLASS = "CHARGE"`
- optional Zeitraum angeben über `UDATE` von/bis
- optional Benutzer angeben über `USERNAME`
- optional Material und/oder Charge angeben über `OBJECTID = "*<Materialnummer>*<Chargennummer>*"`

Die dadurch ermittelten Werte für das Tabellenfeld CHANGENR füllen Sie dann in die Tabelle CDPOS, dort erhalten Sie eine Auswertung aller Änderungen gemäß Ihren vorherigen Selektionskriterien.

Über `OBJECTCLASS = "MATERIAL"` können Sie übrigens auch Änderungen am Materialstamm auswerten.

2.2 Chargennummernvergabe

Eine Charge wird über eine zehnstellige alphanumerische Chargennummer identifiziert. Abhängig von der Chargenebene gewährleistet die Chargennummer entweder allein oder zusammen mit anderen Schlüsselfeldern wie **Material** und gegebenenfalls **Werk** die Eindeutigkeit einer Charge. Sie können Chargennummern entweder manuell vergeben (externe Chargennummernvergabe) oder automatisch vom SAP-System vergeben lassen (interne Chargennummernvergabe).

Wenn Sie in einer Transaktion, die die Eingabe einer Charge erfordert, im Feld **Chargennummer** nichts eingeben, wird die Chargennummer automatisch vergeben. Wenn Sie auch nur ein beliebiges Zeichen eingeben, wird dies als externe Chargennummernvergabe interpretiert. Bei der internen (also automatischen) Nummernvergabe wird die nächste verfügbare Nummer aus einem vordefinierten Nummernkreis gelesen; bei der externen Nummernvergabe kann eine Prüfung gegen einen Nummernkreis erfolgen. Über Customer-Exits können Sie Nummernkreisobjekte definieren und die Chargennummern mithilfe von Schablonen aufbereiten. So können Sie z. B. pro Material einen eigenen Nummernkreis mit Zusatzinformationen wie Produktionsdatum und Produktionswerk definieren. Die unterschiedlichen Möglichkeiten möchten wir Ihnen in diesem Abschnitt näher erläutern.

[!]

Lückenlose und chronologische Chargennummernvergabe

Eine lückenlose und chronologische Chargenklassifizierung kann auch mithilfe der internen Chargennummernvergabe nicht gewährleistet werden. Ein Grund dafür ist, dass Abbrüche während der Chargenanlage durch den Benutzer (z. B. Verlassen einer Transaktion ohne Sichern nach Anstoß der Chargenanlage) zu einer Hochzählung des internen Nummernkreiszählers führen, allerdings die Charge nicht angelegt wird. Dadurch verursachte Lücken können Sie gezielt mithilfe von Customer-Exits zur Chargennummernvergabe (siehe den gleichnamigen Abschnitt 2.2.3) suchen und auffüllen. Eine lückenlose Nummernvergabe könnte so realisiert werden, eine chronologische Nummernvergabe ist dadurch aber nicht gegeben.

2.2.1 Interne Nummernvergabe aktivieren

Chargennummern können sowohl manuell als auch automatisch vergeben werden. Die automatische (interne) Chargennummernvergabe aktivieren Sie im Customizing über den Menüpfad (IMG •) **Logistik Allgemein • Chargenverwaltung • Chargennummernvergabe • Interne Chargennummernvergabe aktivieren** (Transaktion OMCZ).

Im ersten Schritt nehmen Sie dabei die generelle Aktivierung im Mandanten vor. Im zweiten Schritt **Interne Chargennummernvergabe bei kontiertem Wareneingang** legen Sie optional fest, ob auch bei einem kontierten Wareneingang eines chargenpflichtigen Materials, also direkt in den Verbrauch, eine automatische Nummernvergabe möglich ist. Da in diesem Fall kein Wareneingang in den Bestand erfolgt, können Sie sich überlegen, ob Sie hier eine manuelle Chargennummernvergabe erzwingen möchten. Zum Beispiel könnten Sie dann Ihre Mitarbeiter anweisen, die Lieferantencharge als Charge der Belegposition einzugeben, um dadurch zumindest eine rudimentäre Rückverfolgung gewährleisten zu können.

[«]

Ermittelte Nummer bei interner Chargennummernvergabe existiert bereits

Bei aktivierter interner Nummernvergabe prüft das System, ob die ermittelte Chargennummer bereits existiert. Falls dies zutrifft, z. B. weil diese Chargennummer vorher manuell angelegt wurde, bricht der Vorgang ohne Nummernvergabe ab.

2.2.2 Nummernkreisintervalle

Im Standard existiert für die interne Nummernvergabe das vordefinierte Nummernkreisobjekt `BATCH_CLT`, das in der Standardtabelle für die Nummernkreise NRIV verwaltet wird. Es hat als Auslieferungszustand einen Nummernkreis 01 mit dem Intervall 0000000001 bis 9999999999 zugewiesen. Dadurch wird bei jeder automatischen Chargenanlage der Stand dieses Intervalls um einen Zähler hochgesetzt und diese Nummer dann für die Charge vergeben. Im Customizing richten Sie dies über den Menüpfad (IMG •) **Logistik Allgemein • Chargenverwaltung • Chargennummernvergabe • Nummernkreis für interne Chargennummernvergabe pflegen** (Transaktion OMAD) ein.

Für die externe Nummernvergabe können Sie optional einen eigenen Nummernkreis pflegen, der dann mit dem Kennzeichen **Ext** als externer Nummernkreis deklariert wird. Dieser darf entweder nur aus Zahlen oder nur aus Zeichen bestehen. Ein eigener Nummernkreis ist allerdings nur dann notwendig, falls Prüfungen gegen eine manuell eingegebene Charge durchgeführt werden sollen, ansonsten können Sie manuell jede beliebige alphanumerische zehnstellige Zeichenfolge als Chargennummer vergeben. Es wird dafür im Standard ebenfalls das Nummernkreisobjekt `BATCH_CLT` verwendet, dem allerdings kein Nummernkreis für die externe Nummernvergabe zugewiesen ist.

Wenn Sie also eine manuell eingegebene Chargennummer gegen einen vordefinierten Nummernkreis vom SAP-System prüfen lassen möchten, deklarieren Sie den Nummernkreis 02 beim Anlegen als externen Nummernkreis. Dazu pflegen Sie ein Intervall; im Standard kann dann gegen diesen Nummernkreis 02 geprüft werden. Diese Prüfung aktivieren Sie im Customizing zur Chargenanlage (siehe dazu Abschnitt 2.4, »Möglichkeiten der Chargenanlage und Chargenmerkmalsbewertung«).

[+]

Überlappung von internem und externem Nummernkreis

Beachten Sie, dass bei diesen Standardnummernkreisobjekten die Intervalle überlappungsfrei angelegt werden müssen. Das bedeutet, Sie können ein Intervall, das für die interne Nummernvergabe verwendet wird, nicht gleichzeitig auch als Intervall für die Prüfung bei externer Nummernvergabe definieren. Wenn Sie dies vorhaben, müssen Sie kundenspezifische Tabellen für die Nummernvergabe definieren, in denen Sie die Intervalle und Nummernstände ablegen. Diese lesen Sie dann in den Customer-Exits zur internen Nummernvergabe aus (siehe Abschnitt 2.2.3). Dort fragen Sie die Nummernkreise bei der Prüfung ab und aktualisieren sie.

Darüber hinaus steht Ihnen das Nummernkreisobjekt `BATCH_MAT` zur Verfügung, mit dem Sie pro Unterobjekt zu einer Materialart einen Nummernkreis definieren können. Das erlaubt es Ihnen, für jede Materialart ein bzw. mehrere eigene Nummernkreisintervalle anzulegen.

In Abbildung 2.11 sehen Sie ein Beispiel mit drei Intervallen 01 bis 03 für die interne Nummernvergabe sowie einem Intervall 04 für die externe Nummernvergabe zum Nummernkreisobjekt `BATCH_MAT` und dem Unterobjekt `FERT`. Hier wurden drei unterschiedliche Nummernkreise bzw. Intervalle für die interne Nummernvergabe gepflegt, um diese mithilfe von Customer-Exits werksabhängig nutzen zu können. Mehr darüber erfahren Sie ebenfalls in Abschnitt 2.2.3.

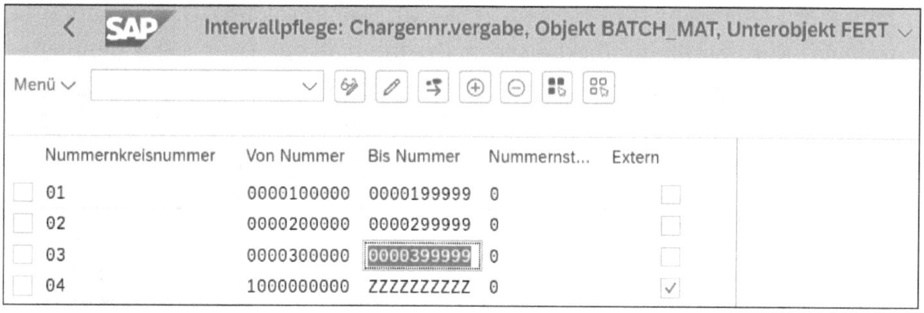

Abbildung 2.11 Intervalle zum Nummernkreisobjekt BATCH_MAT und Unterobjekt FERT

Wie Sie sehen, gibt es einige Einschränkungen bei der Nummernkreisvergabe, falls Sie die Standardnummernkreisobjekte BATCH_CLT oder BATCH_MAT nutzen:

- keine überlappenden Intervalle möglich, auch nicht für interne und externe Nummernkreise
- lediglich rein numerische interne Chargennummernvergabe
- Entscheidung über eine Prüfung auf reine numerische oder reine zeichenbasierte Chargennummern bei externer Nummernvergabe
- nur mandantenweit (BATCH_CLT) oder pro Materialart (BATCH_MAT) definierbare Nummernkreise

Für die meisten SAP-Kunden sind diese Möglichkeiten bei Weitem nicht ausreichend, um ihr Chargennummernkonzept vernünftig umzusetzen. Deshalb kommen in nahezu allen Projekten die Customer-Exits für die Chargennummernvergabe zum Einsatz, auf die wir in Abschnitt 2.2.3 näher eingehen werden.

2.2.3 Customer-Exits zur Chargennummernvergabe

Im SAP-System besteht zunächst keine Notwendigkeit, »sprechende« Chargennummern zu verwenden. Das heißt, es sind keine Chargennummern erforderlich, die Datumsinformationen, Codes oder Abkürzungen enthalten. Relevante Informationen können Sie in Form von Merkmalen der Klassifizierung im Chargenstamm ablegen (siehe Abschnitt 2.3, »Eigenschaften einer Charge verwalten«). Einige Informationen werden ohnehin automatisch im Chargenstamm fortgeschrieben, etwa das Produktions- und das Verfallsdatum/MHD. Trotzdem wünschen sich die meisten Kunden aufgrund ihrer Historie oder ihrer Arbeitsweise sprechende Chargennummern. Diese lassen sich in den allermeisten Fällen mithilfe der verfügbaren Customer-Exits zur Chargennummernvergabe realisieren.

Über den Customizing-Pfad (IMG •) **Logistik Allgemein • Chargenverwaltung • Chargennummernvergabe • Customer-Exits für interne Chargennummernvergabe ein-**

richten steht Ihnen dafür die Erweiterung SAPLV01Z zur Verfügung. Damit können Sie sowohl das Nummernkreisobjekt als auch das Intervall durch ein selbst definiertes Nummernkreisobjekt und/oder Intervall ersetzen. Die Erweiterung enthält zwei Customer-Exits für die interne Chargennummernvergabe. Beim Anlegen einer Charge, was im Standard über den Funktionsbaustein VB_CREATE_BATCH erfolgt, wird zum Ermitteln der zu vergebenden Chargennummer der Funktionsbaustein VB_NEXT_BATCH_NUMBER aufgerufen, in dem die beiden folgenden Customer-Exits durchlaufen werden:

- EXIT_SAPLV01Z_001
  In diesem Customer-Exit können Sie ein eigenes Nummernkreisobjekt und/oder Intervall definieren und dabei auch auf kundeneigene Tabellen zugreifen, in denen die Schlüssel zur Nummernvergabe und deren Intervalle und Nummernstände abgelegt sind. Zum Beispiel können Sie dadurch zum Schlüssel Werk und Material werks- und materialspezifische numerische Intervalle definieren. Dabei stehen Ihnen Daten aus der Kommunikationsstruktur BNCOM zur Verfügung, die verschiedenste Informationen aus Stammdaten und Belegen aus dem Kontext des jeweiligen Geschäftsvorfalls enthält – z. B. Werk, Lagerort, Materialart, Auftragsnummer, Bestellnummer, Lieferant und Kundenauftragsnummer.
- EXIT_SAPLV01Z_002
  Hier können Sie die ermittelte Chargennummer ändern oder mit einer Schablone alphanumerisch aufbereiten. Dies könnte z. B. eine Anreicherung um einen Werkscode, ein Datumselement oder einen Code der Linie, auf der produziert wurde, sein. Sie haben hier ebenfalls Zugriff auf alle Daten der Struktur BNCOM.

[+]

Mit dem SAP-Standard ausgelieferte Beispiele zur erweiterten Chargennummernvergabe

Mit dem Standard werden in den Includes LXVBZF01 und LXVBZF02 sechs Beispiele für die Customer-Exits ausgeliefert, mit denen sich folgende Nummernvergabekonzepte realisieren und natürlich auch erweitern lassen:

- Produktionsauftragsnummer = Chargennummer (EXIT_SAPLV01Z_001 und EXIT_SAPLV01Z_002) für eine Chargenanlage aus einem Produktionsauftrag heraus
- Verkaufsauftragsnummer = Chargennummer (EXIT_SAPLV01Z_001 und EXIT_SAPLV01Z_002) für eine Chargenanlage aus einem Kundenauftrag heraus
- Materialartabhängige Chargennummernvergabe (EXIT_SAPLV01Z_001)
- Materialnummerabhängige Chargennummernvergabe (EXIT_SAPLV01Z_001)
- Einbinden des Datums in die Chargennummer (EXIT_SAPLV01Z_002)
- Einbinden des Werks in die Chargennummer (EXIT_SAPLV01Z_002)

Die Voraussetzungen dazu sind, dass Sie die interne Chargennummernvergabe aktiviert und die beiden Nummernkreisobjekte BATCH_CLT und BATCH_MAT gepflegt haben.

In Transaktion SMOD können Sie für die Erweiterung SAPLV01Z in der Komponentensicht die Beispiele für den jeweiligen Customer-Exit aufrufen und übernehmen. Dazu positionieren Sie den Cursor auf einen Customer-Exit und rufen den Menüpunkt **Springen • Beispielcode** auf.

In Abbildung 2.12 sehen Sie ein Beispiel für eine Chargennummernvergabe mithilfe der beiden Customer-Exits, die z. B. beim Wareneingang zu einem Produktionsauftrag automatisch angestoßen wird: Im Werk DE02 soll eine neue Charge zu einem Endprodukt der Materialart FERT angelegt werden ❶. Für die Chargennummernvergabe wird das Nummernkreisobjekt BATCH_MAT eingesetzt, um Nummernkreise pro Materialart verwalten zu können ❷. Zunächst wird Customer-Exit EXIT_SAPLV01Z_001 durchlaufen ❸. Hier wird die nächste Nummer 024711 aus einem Intervall ermittelt ❻, das von der Materialart ❺ und vom Produktionswerk ❹ abhängt. Im nächsten Schritt wird die ermittelte Nummer in Customer-Exit EXIT_SAPLV01Z_002 mit dem Werkscode DE02 angereichert ❼. Das SAP-System legt nun den Chargenstamm mit der Chargennummer DE02024712 an ❽.

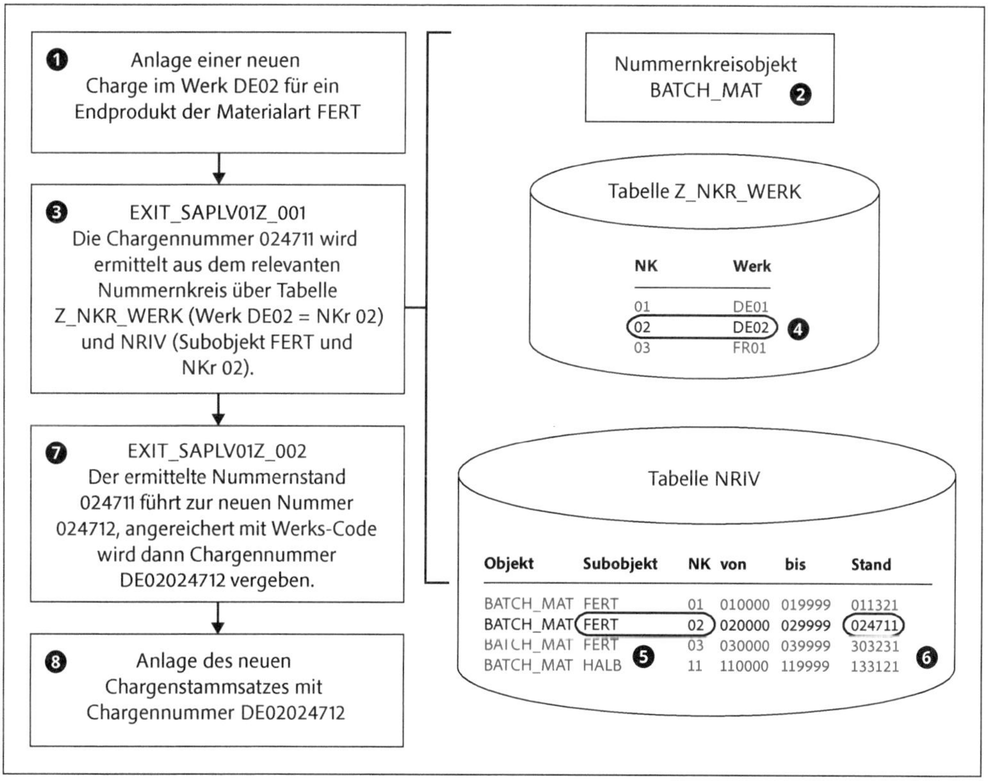

Abbildung 2.12 Beispiel zur Nutzung der Customer-Exits zur Chargennummernvergabe

Ein anderes Szenario, das Sie mithilfe der beiden Customer-Exits umsetzen könnten, wäre z. B. folgendes: In einem Abfüllauftrag wird die zu produzierende Charge des abgefüllten Endprodukts angelegt. Als Chargennummer wird die Nummer der eingesetzten Bulk-Charge übernommen, die bereits in der Materialliste des Produktionsauftrags spezifiziert wurde.

Neben der automatischen Chargennummernvergabe bei Neuanlage können Sie bei einer externen Nummernvergabe die manuell vergebenen Chargennummern vom SAP-System überprüfen lassen. Über den Customizing-Pfad (IMG •) **Logistik Allgemein • Chargenverwaltung • Chargennummernvergabe • Customer-Exits für externe Chargennummernvergabe einrichten** gelangen Sie zur dafür vorgesehenen Erweiterung SAPLV1ZE. Diese beinhaltet zwei Customer-Exits, die im Funktionsbaustein VB_CHECK_BATCH_NUMBER innerhalb des zentralen Funktionsbausteins VB_CREATE_BATCH zur Chargenanlage durchlaufen werden:

- EXIT_SAPLV01Z_003
  Mit diesem Customer-Exit können Sie das vorgeschlagene Nummernkreisobjekt BATCH_CLT und/oder das externe Intervall 02 durch ein selbst definiertes Nummernkreisobjekt und/oder externes Intervall ersetzen. Es können Abhängigkeiten zu bestimmten Variablen hergestellt werden, z. B. zum Werk oder zum Material.
- EXIT_SAPLV01Z_004
  Mit diesem Customer-Exit können Sie eigene Prüfungen definieren, z. B. können Sie die eingegebene Chargennummer gegen eine bestimmte Schablone prüfen. Falls die Prüfung negativ ist, gibt der Exit den Parameter CUST_NOT_ALLOWED zurück, der dann im Funktionsbaustein VB_CHECK_BATCH_NUMBER die Fehlermeldung LB 036 auslöst (»Charge & ist gemäß Kundenvorgaben nicht zulässig«).

[+]

Zusätzliche Informationen zur Verwendung der Customer-Exits zur Chargennummernvergabe

Bei jeder internen Chargennummernvergabe gibt das SAP-System pro Transaktion über ein Pop-up die Meldung aus, dass die interne Chargennummernvergabe aktiv ist. Dies kann im Prozess störend wirken, deshalb lässt sich das Pop-up im Customer-Exit EXIT_SAPLV01Z_001 über den Befehl MESSAGE_WHEN_AUTO = ' '. abschalten.

Die Struktur BNCOM ist die Kommunikationsstruktur, die beim Aufruf der Customer-Exits EXIT_SAPLV01Z_002 und EXIT_SAPLV01Z_004 übergeben wird. Die darin abhängig vom Prozess enthaltenen Informationen sind in den Customer-Exits verfügbar, z. B. um die Chargennummer anzureichern oder eine Prüfschablone zu generieren.

2.2.4 Chargennummernvergabe in SAP Extended Warehouse Management

Wenn die Chargen von SAP S/4HANA vorgegeben werden, ist keine separate Pflege eines Nummernkreises in SAP Embedded Extended Warehouse Management (SAP

EWM) erforderlich. Die Chargen werden dabei automatisch bei der Erfassung einer Warenbewegung zu einer Anlieferungsposition in SAP EWM angelegt.

Wenn es sich jedoch um ein dezentrales EWM handelt, werden die Nummernkreise für Chargen im Wareneingang bestimmt. Auch hier können Nummernkreisintervalle für manuell angelegte sowie für vom System automatisch vergebene Nummern definiert werden. Die externen Nummernkreisintervalle des ERP müssen allen Nummernkreisen des SCM-EWM-Systems entsprechen. Das heißt, Sie müssen darauf achten, den Nummernkreis groß genug zu wählen, um alle internen und externen Nummernkreise des EWM abzudecken.

Das Customizing nehmen Sie über den Customizing-Pfad (IMG •) **SCM Extended Warehouse Management • Extended Warehouse Management • Prozessübergreifende Einstellungen • Chargenverwaltung • Chargenverwaltung für dezentrales EWM • Nummernkreis für Chargen definieren** vor.

2.3 Eigenschaften einer Charge verwalten

In den ersten Abschnitten dieses Kapitels haben Sie die Möglichkeiten zur Chargennummernvergabe kennengelernt und erfahren, welche grundlegenden Informationen der Chargenstamm beinhaltet. In diesem Abschnitt erklären wir Ihnen, wie Sie zudem im Chargenstamm auf eine sehr flexible Art und Weise Chargenspezifikationen verwalten. Sie können dadurch alle gewünschten Eigenschaften z. B. technischer, physikalischer und chemischer Natur im Chargenstamm hinterlegen.

Um diese Eigenschaften zu pflegen, wird das Klassensystem verwendet, eine komponentenübergreifende Standardfunktion des SAP-Systems, die in verschiedenen Bereichen eingesetzt werden kann. Das Klassensystem ermöglicht es, Objekte mithilfe der sogenannten *Klassifizierung* näher zu beschreiben. Sie können die Chargenverwaltung zwar auch ohne die Klassifizierung nutzen, allerdings sind dann viele Funktionen wie auch die Verwaltung von Chargenspezifikationen, die Chargenfindung und die chargenspezifischen Mengeneinheiten nicht oder nur sehr eingeschränkt verfügbar.

Die Gründe für eine Hinterlegung von Chargenspezifikationen sind vielfältig:

- Sie möchten die Chargenspezifikationen direkt im SAP-System dokumentieren, um auf eine Papierdokumentation verzichten zu können.
- Die Ergebnisse einer Prüfung aus der Komponente QM sollen direkt an die Charge weitergegeben werden.
- Sie möchten die Spezifikationen im weiteren Verlauf dazu nutzen, Chargen für die Produktion oder für einen Kunden auszuwählen.
- Die Chargenspezifikationen sollen auf einem Qualitätsprüfzeugnis ausgegeben werden.

2.3.1 Exkurs: Grundlagen des Klassensystems

Zunächst möchten wir Ihnen die zur Klassifizierung von Chargen notwendige Funktion des SAP-Klassensystems vorstellen. Da für die Chargenverwaltung nicht alle verfügbaren Funktionen und Datenfelder in den Stammdaten des Klassensystems benötigt und verwendet werden, werden wir im Folgenden nur auf die relevanten Daten eingehen.

Mithilfe des Klassensystems lassen sich Objekte durch eine Zuweisung von Klassen gruppieren, was man »klassifizieren« nennt. Eine solche Klasse legen Sie zu einer sogenannten *Klassenart* an, die steuert, welche Objekte mit dieser Klasse klassifiziert werden können. Eine Klasse enthält Merkmale, die über ihren Datentyp unterschiedliche Informationen beinhalten können – etwa Zahlen, Zeichen, ein Datum oder eine Uhrzeit. Sie klassifizieren ein Objekt und können es dadurch näher beschreiben, indem Sie die Merkmale der zugewiesenen Klasse bewerten.

Um eine Klasse für Materialien bzw. deren Chargen verwenden zu können, müssen Sie eine Klasse der Klassenart **Charge** definieren. Abhängig von der Chargenebene verwenden Sie dazu die Klassenart 022 bei Chargeneindeutigkeit auf Werksebene oder 023 bei Chargeneindeutigkeit auf Material- oder Mandantenebene.

Das Beispiel in Abbildung 2.13 zeigt Ihnen, wie Sie eine Klassifizierung aufbauen können, um Chargen bzw. deren Eigenschaften zu beschreiben: Sie legen Klassen der Klassenart 023 an, da die Chargeneindeutigkeit auf Materialebene definiert wurde, z. B. Klasse D24_023_0000000001.

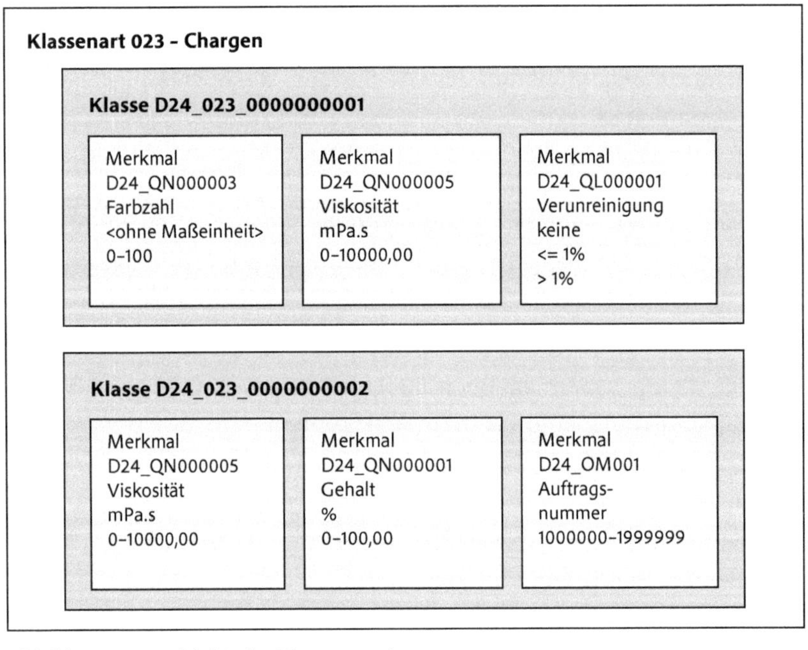

Abbildung 2.13 Objekte im Klassensystem

Dazu legen Sie Merkmale an, z. B. Merkmal D24_QN000003 (Farbzahl), und weisen sie den Klassen zu. Ein Merkmal kann dabei mehreren Klassen zugewiesen werden.

Im Folgenden zeigen wir Ihnen, wie Sie Merkmale mit verschiedenen Datentypen anlegen und wie Sie eine Klasse definieren und dabei die zuvor angelegten Merkmale zuweisen.

Merkmale

Über den Menüpfad **Anwendungsübergreifende Komponenten • Klassensystem • Stammdaten • Merkmalverwaltung** (Transaktion CT04) oder die SAP-Fiori-App **Merkmale verwalten** (App-ID CT04) legen Sie ein Merkmal im Klassensystem an. Den Bearbeitungsmodus wählen Sie über die in Tabelle 2.2 dargestellten Buttons aus.

Button	Funktion
	Anzeigen
	Ändern
	Anlegen
	Anlegen mit Vorlage
	Löschen

Tabelle 2.2 Bearbeitungsmodi in der Merkmalverwaltung

Im Anlagemodus pflegen Sie nach Eingabe eines Merkmalsnamens, der bis zu 30 Zeichen lang sein kann, zunächst die Basisdaten (siehe Abbildung 2.14). Neben der Bezeichnung entscheiden Sie sich beim Anlegen für den Datentyp, also das Format des Merkmals. Falls Sie über das Merkmal eine quantitative Eigenschaft einer Charge beschreiben möchten, wählen Sie das numerische Format. Im Falle einer qualitativen Eigenschaft wählen Sie das Zeichenformat, für ein Datum das Datumsformat. Die übrigen Formate Währungsformat und Zeitformat können Sie ebenfalls verwenden, obwohl sie für Chargenmerkmale weniger gebräuchlich sind. Auf das Datumsformat gehen wir im Rahmen der Standardmerkmale in Abschnitt 2.3.3, »Objektmerkmale und Standardmerkmale für die Chargenverwaltung«, ein. Beachten Sie dabei, dass Sie das Format nicht mehr ändern können, sobald Sie das Merkmal einer Klasse zugewiesen haben.

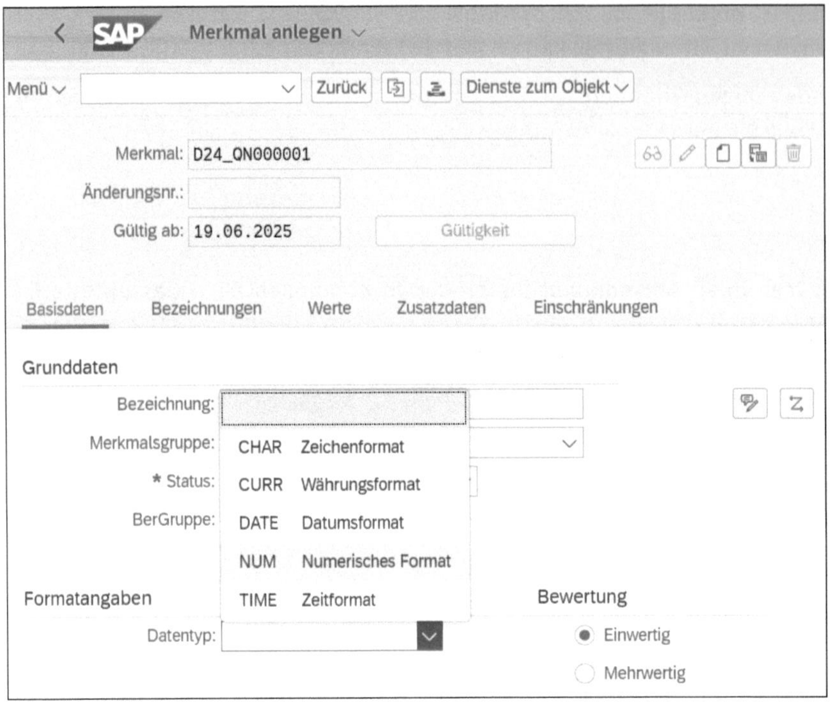

Abbildung 2.14 Merkmal im Klassensystem anlegen

Falls Sie später die Klassenmerkmale mit Stammprüfmerkmalen aus dem Qualitätsmanagement (QM) verknüpfen möchten, sollten Sie dies bei der Nomenklatur der Merkmale berücksichtigen. Sie können z. B. zunächst ein Präfix wählen und dann den Namen des Stammprüfmerkmals anhängen. Ein Klassenmerkmal können Sie mit genau einem QM-Stammprüfmerkmal verknüpfen, sodass eine gemeinsame Namensbezeichnung sinnvoll ist.

[zB]

Nomenklatur für Merkmale bei Verknüpfung mit QM-Stammprüfmerkmalen
Da Stammprüfmerkmale lediglich aus acht Zeichen bestehen, können Sie die ersten zwei Zeichen z. B. dazu verwenden, das Stammprüfmerkmal als »quantitativ« mit QN oder »qualitativ« mit QL zu kennzeichnen. Die verbleibenden sechs Zeichen vergeben Sie nun fortlaufend oder versehen sie mit weiteren Codes. Bei einem Präfix von Z023 (für die Klassenart 023) und einem Stammprüfmerkmal QN000001 würde dieses Vorgehen in einer Merkmalsnummer Z023_QN000001 resultieren.

Quantitative Merkmale

Nach Auswahl des Datentyps **Numerisches Format** können Sie weitere Angaben zur Definition und Steuerung des Merkmals machen (siehe Abbildung 2.15). Die Angabe der Anzahl der Stellen ist obligatorisch. Außerdem können Sie die Dezimalstellen angeben. Allerdings werden hier die Dezimalstellen in die Gesamtanzahl der Stellen mit einbezogen. Eine Definition eines Merkmals in Prozent mit drei Vorkomma- und zwei Nachkommastellen erreichen Sie deshalb, indem Sie im Feld **Anzahl Stellen** den Wert »5« und im Feld **Dezimalstellen** den Wert »2« eingeben. Beachten Sie bei der Definition der Stellen, dass Sie die Anzahl nicht mehr verringern können, sobald das Merkmal verwendet wird.

Die Maßeinheit geben Sie dabei optional an. Es sind auch Merkmale ohne Maßeinheit denkbar – etwa eine Farbzahl. Zudem kann über das Kennzeichen **Intervallwerte erlaubt** eine Bewertung mit Intervallwerten anstelle eines Einzelwerts vorgenommen werden. Das Kennzeichen **Negative Werte erlaubt** spricht dabei für sich. Über die Einstellung **Eingabe erforderl.** erreichen Sie, dass bei einer Klassifizierung eines Objekts dieses Merkmal bewertet werden muss. Diese Einstellung sollten Sie behutsam einsetzen, da bei einer Klassifizierung der Charge dieses Merkmal sofort bewertet werden muss. Falls Chargenanlage und Klassifizierung automatisch erfolgen, die Bewertung jedoch nicht, kann dies zu Fehlern bzw. Abbrüchen führen. Die Einstellung **Mehrwertig** empfiehlt sich nicht bei quantitativen Merkmalen, da die Bewertung einer Chargenspezifikation mit mehreren Einzelwerten in diesem Fall nicht sinnvoll ist.

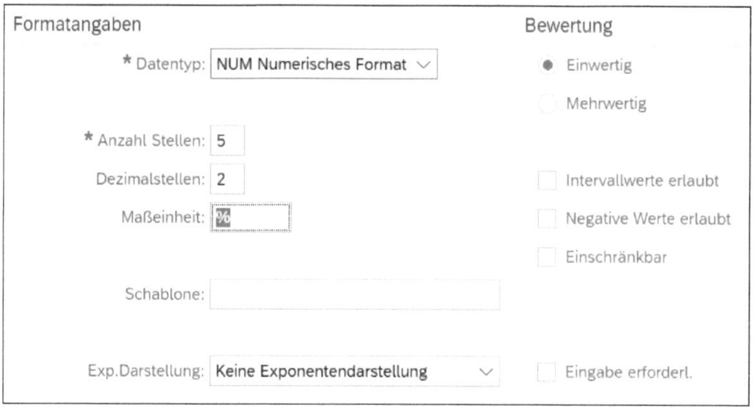

Abbildung 2.15 Ausschnitt der Basisdaten eines quantitativen Merkmals mit Formatangaben und Bewertungssteuerung

Auf der Registerkarte **Bezeichnungen** pflegen Sie sprachabhängig die Bezeichnung des Merkmals. Auf der Registerkarte **Werte** geben Sie in den Feldern **Merkmalswerte** die zulässigen Werte für die Bewertung des Merkmals an. Sie können hier sowohl Intervalle eingeben als auch einen Einzelwert, der bei zusätzlichem Setzen des Kennzeichens **V** als Vorschlagswert automatisch in den klassifizierten Objekten erscheint. Bei einem Merkmal mit Maßeinheit Prozent (%) geben Sie hier z. B. »0,00–100,00« als Plausibilitätsgrenze ein. Eine Bewertung des Merkmals außerhalb dieser Grenzen ist dann nicht möglich, es sei denn, Sie haben das Kennzeichen **Zusätzliche Werte** gesetzt. Weitere Einschränkungen wie eine materialabhängige Spezifikation nehmen Sie an anderer Stelle – z. B. im Materialstamm oder im Prüfplan – vor, falls eine Integration mit QM gewünscht ist.

[!]

Kennzeichen »Zusätzliche Werte« und »Vorschlagswert« auf der Registerkarte »Werte«

Sie haben die Möglichkeit, bei der Klassifizierung eines Materials ebenfalls Intervalle bzw. Toleranzgrenzen zu einem Merkmal zu pflegen, mit denen Sie z. B. eine materialabhängige Spezifikation abbilden. Das Kennzeichen **Zusätzliche Werte** sollten Sie dann für diejenigen Merkmale setzen, für die eine Bewertung in der Charge auch außerhalb der Intervalle möglich sein soll, die für das Merkmal im Material gepflegt sind. Falls ein Klassenmerkmal im weiteren Verlauf mit einem QM-Stammprüfmerkmal verknüpft wird, sollte das Kennzeichen **Zusätzliche Werte** auf jeden Fall gesetzt sein, da sonst keine Off-Spec-Werte an die Charge übergeben werden können. Darauf werden wir in Abschnitt 4.3.1, »Übertragung von Prüfergebnissen an Chargenmerkmale«, näher eingehen.

In der Spalte **Merkmalswert** können Sie sowohl Intervalle als auch einen Einzelwert eingeben, der als Vorschlagswert gekennzeichnet werden kann. Bei der Verwendung des Kennzeichens **Vorschlagswert** gibt es allerdings etwas zu beachten: Falls Sie einen Wert als Vorschlagswert definieren, wird dieser automatisch in alle Objekte geschrieben, sobald sie mit diesem Merkmal klassifiziert werden, d. h., alle Materialien und Chargen werden automatisch zunächst mit diesem Wert bewertet. Falls Sie dadurch die Abbildung eines materialspezifischen Planwerts erreichen möchten, z. B. für einen Wirkstoff, sollten Sie eventuell über einen Einsatz der chargenspezifischen Mengeneinheiten nachdenken, die dafür besser geeignet sind und die wir Ihnen in Kapitel 6, »Chargenspezifische Mengeneinheiten«, vorstellen werden.

Auf der Registerkarte **Einschränkungen** empfiehlt es sich, die Klassenarten 023 und 022 einzugeben, damit das Merkmal ausschließlich in Chargenklassen verwendet werden kann.

Qualitative Merkmale

Falls Sie ein qualitatives Merkmal mit dem Datentyp **Zeichenformat** anlegen, reduzieren sich die Felder, die Sie bezüglich des Formats und der Bewertung pflegen können (siehe Abbildung 2.16). Wie bei numerischen Merkmalen geben Sie hier die Anzahl der Stellen ein, bis zu 30 Stellen sind beim Datentyp **Zeichenformat** möglich. Das Kennzeichen **Groß-/Kleinschreibung** steuert, ob auch Kleinbuchstaben bei der Bewertung eingegeben werden können, ansonsten werden alle Zeichen in Großbuchstaben umgewandelt. Über das Kennzeichen **Mehrwertig** erlauben Sie die Zuweisung mehrerer

Merkmalswerte. Bei einer späteren Ermittlung von Chargen in der Chargenfindung können so mehrere Ausprägungen eines Merkmals abgefragt werden.

Abbildung 2.16 Ausschnitt der Basisdaten eines qualitativen Merkmals mit Formatangaben und Bewertungssteuerung

Auf der Registerkarte **Werte** pflegen Sie die Ausprägungen dieses Merkmals, indem Sie pro Ausprägung im Feld **Merkmalwert** einen Code vergeben und diesen im Feld **Bezeichnung** beschreiben (siehe Abbildung 2.17). Wie auch bei quantitativen Merkmalen können Sie hier einen oder mehrere Vorschlagswerte (bei »mehrwertiger« Bewertung) über das Setzen des Kennzeichens **V** definieren.

Mit einem Klick auf den Button (**Bezeichnungen zum Wert**) in der unteren Buttonleiste können Sie sprachabhängige Bezeichnungen für jeden Merkmalswert pflegen.

Abbildung 2.17 Ausprägungen eines qualitativen Merkmals

Verknüpfung eines qualitativen Merkmals mit einem QM-Stammprüfmerkmal

Wenn Sie ein qualitatives Klassenmerkmal, nachdem Sie es angelegt haben, mit einem Stammprüfmerkmal aus der QM-Komponente verknüpfen möchten, müssen Sie bereits bei der Anlage des Merkmals auf der Registerkarte **Werte** über den Button **Andere Werteprüfung** die Option **Katalogmerkmal** auswählen. Dies ändert die Anzahl der Stellen automatisch auf 13, und Sie können eine Auswahlmenge aus der Komponente QM zuordnen, in der Sie zuvor alle gewünschten Ausprägungen dieses Merkmals definiert haben (siehe Abbildung 2.18).

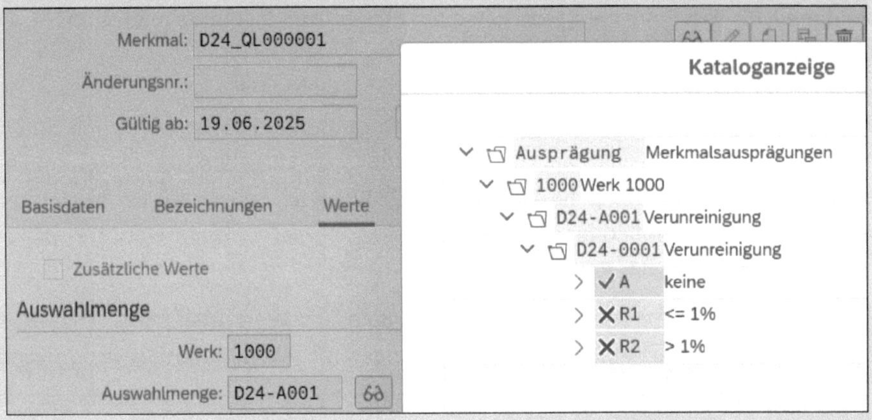

Abbildung 2.18 Bewertung eines qualitativen Merkmals über eine Auswahlmenge aus der Komponente QM

Klassen

Im nächsten Schritt legen Sie eine Klasse an. Dazu nutzen Sie den Menüpfad **Anwendungsübergreifende Komponenten • Klassensystem • Stammdaten • Klassenverwaltung** (Transaktion CL02) oder die SAP-Fiori-App **Klassen verwalten** (App-ID CL02). Nach Eingabe der Klassenart vergeben Sie auf der Registerkarte **Basisdaten** einen Namen für die Klasse, der bis zu 18 Zeichen lang sein kann. Außerdem geben Sie einen obligatorischen Kurztext ein (siehe Abbildung 2.19). Beachten Sie, dass Merkmale und Klassen immer den Status **Freigegeben** (**1**) haben müssen, um sie für die Chargenverwaltung nutzen zu können.

Auf der Registerkarte **Merkmale** geben Sie dann die Merkmale ein, die die Objekte beschreiben sollen, denen diese Klasse zugewiesen wird. Die wichtigsten Details der Merkmale wie Formatangaben und Informationen zur Bewertung werden dabei für jedes Merkmal angezeigt, wie in Abbildung 2.20 dargestellt ist. Über einen Doppelklick oder über Markieren eines Merkmals und einen Klick auf den Button (**Merkmal anzeigen**) können Sie zudem in den Anzeigemodus des Merkmals verzweigen.

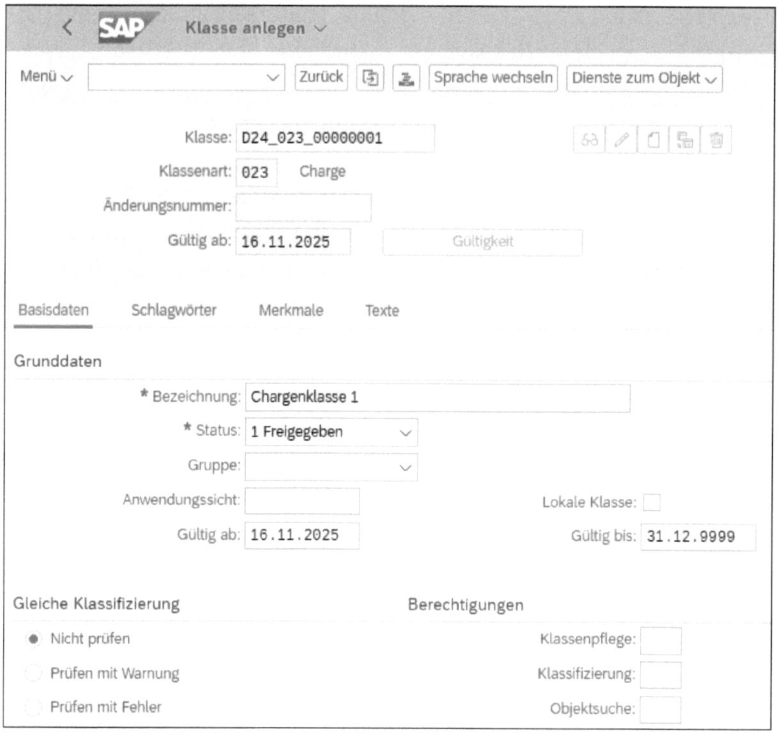

Abbildung 2.19 Klasse im Klassensystem anlegen

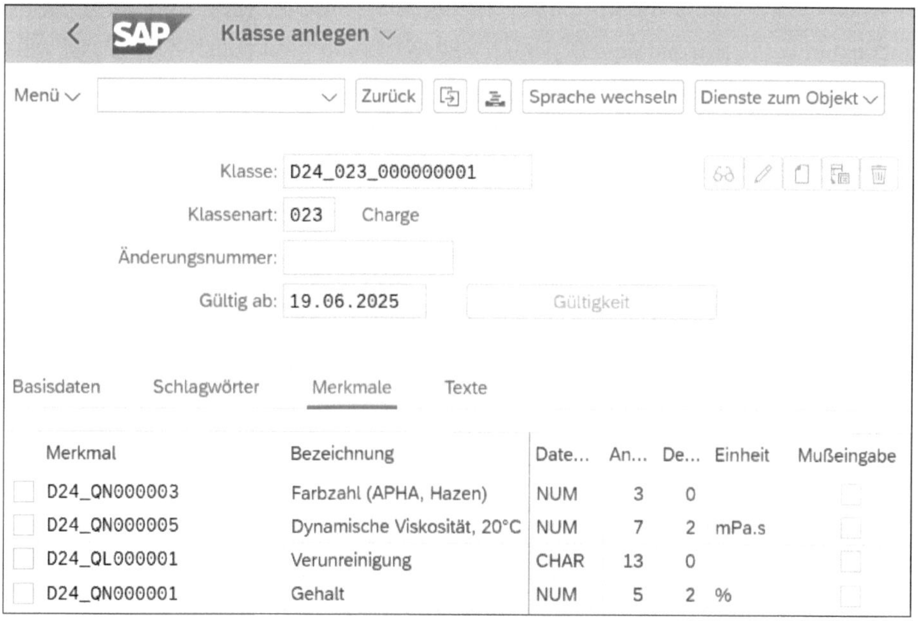

Abbildung 2.20 Merkmale einer Klasse zuweisen

Wenn Sie für neue Materialien klassifizieren möchten, sollten Sie zunächst eine passende Klasse in Ihrer Klassenbibliothek suchen, anstatt eine neue Klasse anzulegen. Nur falls Klassen leicht auffindbar sind, können Sie sie – vor allem nach der Implementierung im laufenden Betrieb – identifizieren und entsprechend bei Bedarf einem Material zuweisen. Wenn eine passende Klasse nicht gefunden werden kann und sofort eine neue Klasse angelegt wird, ufert die Anzahl der Klassen leicht aus. Um dies zu vermeiden und zudem auf sprechende Klassennamen verzichten zu können, sollten Sie die Registerkarte **Schlagwörter** nutzen, um dort beschreibende Begriffe für die Klasse zu pflegen. So können Sie diese Klasse mithilfe der Matchcode-Suche **Über Schlagwort suchen** leichter wiederfinden.

[+]

Klassensuche über Matchcode

Zum Beispiel können Sie die in der Klasse enthaltenen Merkmale auflisten, um im Matchcode-Suchfeld **Schlagwort** über die Eingabe »*<Merkmal1>*<Merkmal2>* <<Merkmal3>*« etc. die gewünschte Klasse zu finden, die die eingegebenen Merkmale enthält. Allerdings ist hier eine Matchcode-Suche über mehrere Zeilen nicht möglich. Sie sollten deshalb mit Abkürzungen arbeiten, um die wichtigsten Informationen in einer Zeile unterbringen zu können. Darüber hinaus sollten Sie die Begriffe alphabetisch sortieren, da bei einer falschen Reihenfolge der Merkmale innerhalb des Suchbegriffs die Suche erfolglos bleibt, z. B. »Farb Haz pH Visk« für die Merkmale Farbzahl Hazen, pH-Wert und Viskosität.

Darüber hinaus sollten Sie vermeiden, einer Klasse zu viele Merkmale zuzuordnen, da ansonsten die Performance z. B. bei der Chargenfindung erheblich beeinflusst werden kann. Auch eine unnötig große Anzahl von Klassen – z. B. aufgrund der Anlage einer Klasse pro Material – sollten Sie wegen des übermäßigen Stammdatenaufwands versuchen zu vermeiden. Am sinnvollsten ist es deshalb, ähnliche Materialien zu gruppieren und dann eine Klasse anzulegen, die für alle Materialien einer solchen Gruppe geeignet ist, auch wenn vielleicht nur jeweils eine Untermenge der Merkmale für ein Material der Gruppe relevant ist. Da nicht alle Merkmale in einer Charge zwingend bewertet sein müssen, ist ein solches Vorgehen möglich.

[+]

Aufbau der Klassenbibliothek

Um eine unnötige Ausuferung bei der Anlage neuer Klassen zu vermeiden, sollten Sie darauf achten, Klassen über die Nutzung der Schlagwörter leicht auffindbar zu machen. Zudem sollten Sie versuchen, einen sinnvollen Kompromiss zu finden zwischen den konträren Zielen möglichst weniger Klassen und gleichzeitig möglichst kleiner Klassen. Große Klassen werden leicht unübersichtlich, was sich bei der Anzeige und Pflege der Klassifizierung eines Objekts negativ bemerkbar machen kann.

Nachdem Sie Merkmale und Klasse angelegt sowie die Merkmale der Klasse zugewiesen haben, haben Sie alle Voraussetzungen im Klassensystem geschaffen, um Chargen mit dieser Klasse beschreiben zu können.

2.3.2 Material und Charge klassifizieren

Im Rahmen der Klassifizierung, also der Zuweisung von Klassen zu Objekten, können sowohl Materialien als auch Chargen eine Klassenzuordnung erhalten. Sie haben die Möglichkeit, in einem Material die Merkmale der Klasse mit zulässigen Werten in Form von Intervallen zu bewerten, um einen Plausibilitätsbereich oder eine Toleranzgrenze für In-Spec-Chargen zu definieren.

Zum Beispiel hat Material K aus Abbildung 2.21 eine Toleranzgrenze für das Merkmal **Gehalt** von > 99 %. Die einzelnen Chargen dieses Materials erhalten dann konkrete Merkmalsbewertungen, wie z. B. Charge X mit einem Gehalt von 99,7 %. Abhängig von den Einstellungen in den Merkmalen können die Merkmalsbewertungen in den Chargen sowohl als Einzelwerte als auch als Intervalle abgelegt werden.

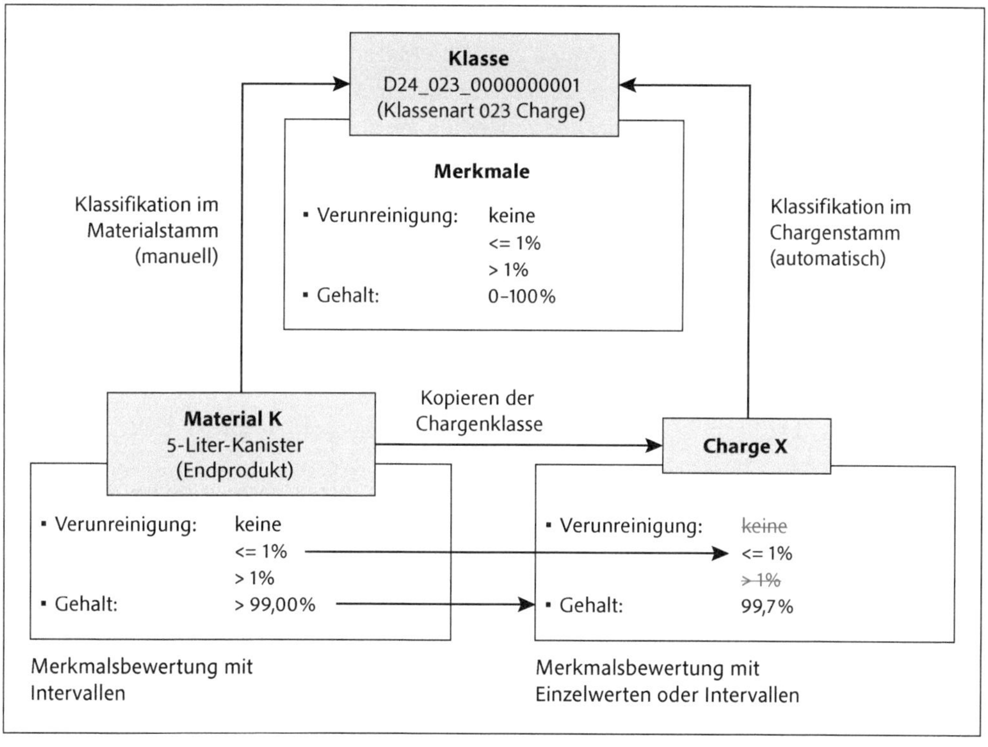

Abbildung 2.21 Klassifizierung und Merkmalsbewertung von Material und Charge

Sie haben theoretisch die Möglichkeit, jede Charge einzeln zu klassifizieren, indem Sie im Chargenstamm auf der Registerkarte **Klassifizierung** eine Klasse der Klassenart 023 bzw. 022 zuordnen. Dies wäre im laufenden Betrieb allerdings nicht praktikabel, da Chargen meist im Hintergrund angelegt werden und der Aufwand für eine nachträgliche Zuweisung der Klasse im Chargenstamm nicht gerechtfertigt wäre.

Klassifizierung von Materialien

Um nicht jede Charge einzeln klassifizieren zu müssen, weisen Sie dem Material eine Chargenklasse zu, die dann bei der Anlage einer Charge vom Material kopiert wird. Dadurch können unterschiedliche Chargen eines Materials nie unterschiedliche Klassen zugewiesen bekommen. Eine Einschränkung dabei ist, dass Sie einem Material nur eine Klasse der Klassenart **Charge** zuweisen können, eine sogenannte *Mehrfachklassifizierung* ist nicht möglich. Dies setzt voraus, dass Sie alle Merkmale, die Sie zur Beschreibung eines Materials bzw. dessen Chargen verwenden möchten, genau einer Klasse zugeordnet haben. Auch dies sollten Sie beim Aufbau Ihrer Klassenbibliothek berücksichtigen.

Um ein Material zu klassifizieren, legen Sie die Klassifizierungssicht im Materialstamm an, z. B. über den Menüpfad **Logistik • Materialwirtschaft • Materialstamm • Material • Anlegen allgemein • Sofort** (Transaktion MM01) oder SAP-Fiori-App **Material ändern**. Beim erstmaligen Aufruf werden Sie zunächst gefragt, zu welcher Klassenart Sie die Klassenzuordnung pflegen möchten. Abhängig von der Chargenebene wählen Sie dann die Chargenklasse 023 oder 022 aus. Zum Wechseln der Klassenart klicken Sie auf den Button (**Klassenart wechseln**). Nachdem Sie eine Klasse eingetragen haben, werden im unteren Bildschirmbereich die Merkmale der Klasse angezeigt. Hier können Sie nun optional Toleranzgrenzen zu den Merkmalen mit Intervallen pflegen, in denen sich die Bewertung der Merkmale für eine In-Spec-Charge dieses Materials befinden muss.

Alternativ können Sie die Bewertung an dieser Stelle auch leer lassen. Dann können die Chargen zu diesem Material mit allen zulässigen Werten aus dem Merkmal bewertet werden. Ein Beispiel sehen Sie in Abbildung 2.22: Hier wurde für das quantitative Merkmal **Dynamische Viskosität, 20°C** ein Intervall von 70,00–80,00 mPa·s eingetragen. Das bedeutet, dieses Merkmal sollte für eine Charge zu diesem Material mit einem Wert innerhalb dieses Intervalls bewertet werden. Falls das Kennzeichen **Zusätzliche Werte** im Merkmal gesetzt ist, kann einer Charge allerdings auch ein Wert außerhalb dieses Intervalls zugewiesen werden. Das qualitative Merkmal **Verunreinigung** darf hier nicht bewertet werden, da die Bewertung in diesem Fall in der Komponente Qualitätsmanagement über die Definition der Codes der hinterlegten Auswahlmenge erfolgt.

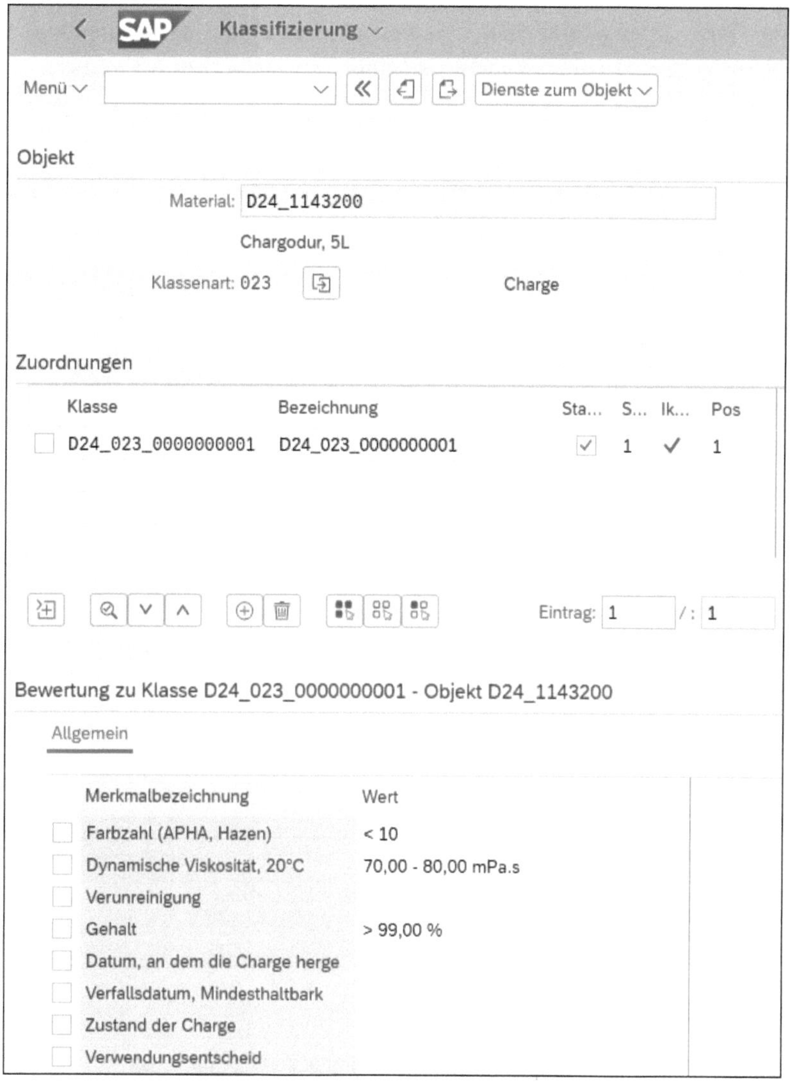

Abbildung 2.22 Klassifizierung eines Materials

Der Status der Klassifizierung wird dabei nach einer korrekten Klassifizierung eines Materials automatisch auf 1 (**frei**) gesetzt. Weitere verfügbare Status sind 2 (**gesperrt**) und 3 (**unvollständig**).

Benutzereinstellungen zur Merkmalsbewertung in der Klassifizierungsanzeige

Über den Menüpfad **Zusätze • Benutzereinstellungen** stellen Sie Anzeigeoptionen zu den Merkmalen und Merkmalsbewertungen für Ihren Benutzer ein und speichern sie. In den Benutzereinstellungen können Sie auf der Registerkarte **Merkmalbewertung**

z. B. Merkmale mit oder ohne Bewertung über die Kennzeichen **Mit Bewertung** und **Ohne Bewertung** im Bereich **Umfang** aus- bzw. einblenden (siehe Abbildung 2.23).

Abbildung 2.23 Benutzereinstellungen zur Klassifizierung – Merkmalsbewertung

Benutzereinstellungen zur Sprachabhängigkeit in der Klassifizierungsanzeige

Sie können sich in den Klassifizierungsdaten anstelle der Merkmalsbeschreibung auch alternativ den Merkmalsnamen anzeigen lassen. Dazu setzen Sie in den Benutzereinstellungen auf der Registerkarte **Allgemeine Einstellungen** den Parameter **Präsentation Merkmal / Wert** entsprechend auf den Radiobutton **Merkmal neutral** oder **Sprachabhängige Merkmalbezeichnung** (siehe Abbildung 2.24).

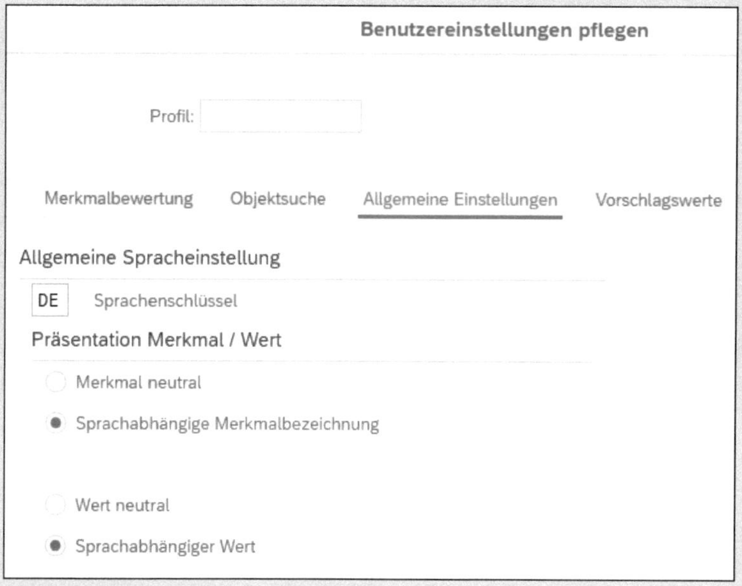

Abbildung 2.24 Benutzereinstellungen zur Klassifizierung – »Allgemeine Einstellungen«

Klassifizierung von Chargen

Legen Sie nun eine Charge zu diesem Material z. B. mit Transaktion MSC1N (Charge anlegen) oder der SAP-Fiori-App **Charge anlegen** an, wird dieser Charge automatisch die Chargenklasse aus dem Materialstamm zugeordnet. Beim Anlegen erscheint am unteren Bildschirmrand die Meldung »Die Charge wird automatisch klassifiziert«, falls dem Materialstamm zuvor eine Chargenklasse zugewiesen wurde. Auf der Registerkarte **Klassifizierung** können Sie nun die Chargenspezifikationen in Form von Merkmalsbewertungen eingeben (siehe Abbildung 2.25).

Die bereits im vorangegangenen Abschnitt der Materialklassifizierung erwähnten Möglichkeiten zur benutzerspezifischen Anzeigeeinstellung erreichen Sie hier über den Button (**Benutzereinstellungen**). Über den Button (**Klassifizierungsstatus setzen**) können Sie den Klassifizierungsstatus der Charge auf **frei**, **unvollständig** oder **gesperrt** setzen. Dazu besteht im Prinzip keine Notwendigkeit, da nach einer korrekten Klassifizierung der Status immer automatisch auf **frei** gesetzt wird.

Klassifizierungsstatus der Charge bei der Chargenfindung

Beachten Sie, dass Chargen, deren Klassifizierungsstatus z. B. aufgrund einer manuellen Änderung nicht auf **frei** gesetzt ist, in der Chargenfindung nicht gefunden werden.

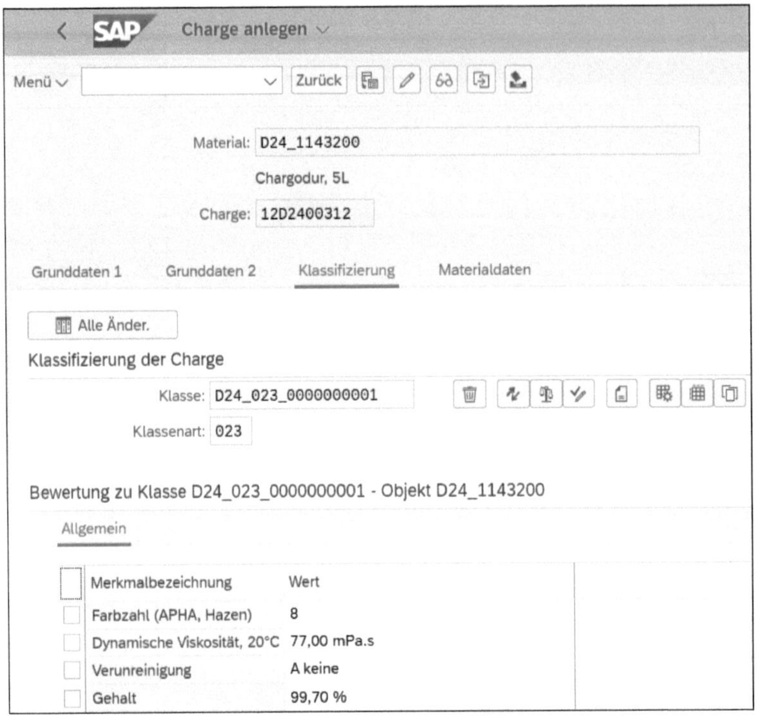

Abbildung 2.25 Klassifizierung einer Charge

Mit einem Klick auf den Button (**Änderungsbelege anzeigen**) rufen Sie ein Änderungsprotokoll zur Klassifizierung der Charge auf, in dem alle Änderungen an Merkmalsbewertungen zusammengefasst sind (siehe Abbildung 2.26).

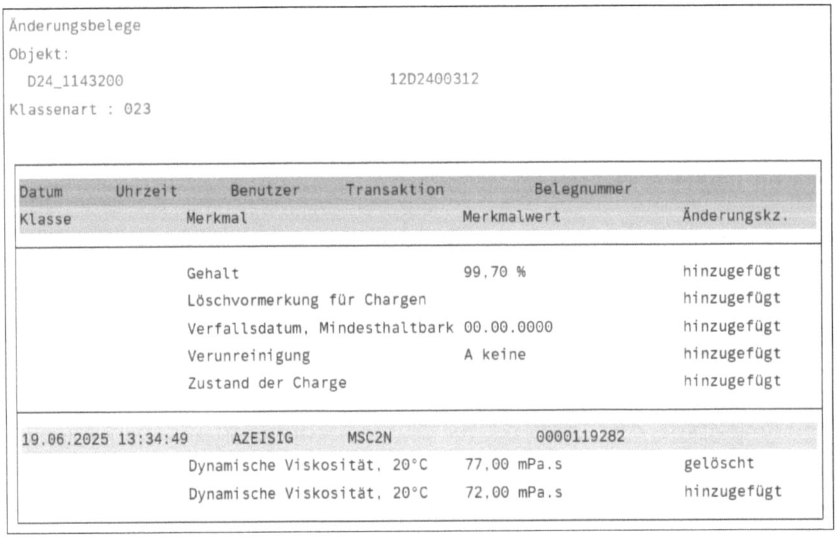

Abbildung 2.26 Änderungsprotokoll zur Chargenklassifizierung

Auf der Registerkarte **Materialdaten** können Sie sich die Klassifizierung sowie die Merkmalsbewertung aus dem Materialstamm anzeigen lassen.

[+]

Pflege zulässiger Werte bzw. Merkmalsbewertung in den einzelnen Objekten

Sie können Klassenmerkmale an verschiedenen Stellen bewerten bzw. die zulässigen Werte definieren. Eine sinnvolle Bewertung auf jeder Stufe ist dabei die Voraussetzung, das Klassensystem für die Chargenverwaltung im weiteren Verlauf richtig nutzen zu können:

- Die Definition der zulässigen Werte in den Merkmalen selbst sollte auf Basis von Plausibilitätsgrenzen erfolgen – vergessen Sie dabei nicht, eventuell das Kennzeichen **Zusätzliche Werte** zu setzen (Transaktion CT04 (Merkmalverwaltung) bzw. SAP-Fiori-App **Merkmale verwalten**).
- Die optionale Bewertung bzw. Definition der zulässigen Werte der Merkmale im Material sollten Sie entweder als Plausibilitätsintervall oder als Spezifikationsgrenze festlegen (Transaktion MM02 (Material ändern) bzw. SAP-Fiori-App **Material ändern** oder **Produktstamm verwalten** (App-ID F8322).
- In der Charge bildet die Merkmalsbewertung dann die Chargenspezifikation ab (Transaktion MSC2N (Charge ändern) bzw. SAP-Fiori-App **Charge ändern**).

2.3.3 Objektmerkmale und Standardmerkmale für die Chargenverwaltung

Die vorangegangenen Abschnitte sind auf die sogenannten *freien Merkmale* eingegangen, die Sie beliebig definieren können, um Chargenspezifikationen gemäß Ihren Anforderungen abzubilden. Darüber hinaus gibt es noch zwei andere Typen von Klassenmerkmalen: Zum einen gibt es die Objektmerkmale, die automatisch über einen Bezug auf ein Tabellenfeld bewertet werden. Zum anderen stehen die Standardmerkmale zur Verfügung, die mit dem SAP-Standard ausgeliefert werden und ebenfalls vom System automatisch bewertet werden. Diese beiden Merkmalstypen ermöglichen es Ihnen, im System bereits vorhandene Informationen auszulesen und die Merkmale in der Chargenklassifizierung automatisch mit einer Bewertung zu versehen.

Objektmerkmale

Ein Objektmerkmal legen Sie wie ein freies Merkmal mit Transaktion CT04 (Merkmalverwaltung) bzw. SAP-Fiori-App **Merkmal verwalten** an. Sie vergeben dazu einen Namen und gehen dann direkt auf die Registerkarte **Zusatzdaten**. Hier haben Sie nun die Möglichkeit, auf ein Tabellenfeld Bezug zu nehmen. Sie können z. B. Daten aus dem Chargenstamm, dem Materialstamm oder die Auftragsnummer aus dem Produktionsauftrag auslesen und dies als Merkmalsbewertung automatisch in die Charge übernehmen. Dabei ist zu beachten, dass immer nur Felder aus dem jeweiligen Kontext übernommen werden können.

Das Feld **Auftragsnummer** lässt sich nur dann automatisch bewerten, wenn die Chargenanlage bzw. die Klassifizierung der Charge aus einem Kontext heraus erfolgt, bei dem die Auftragsnummer auch bekannt ist. Bei einem Wareneingang zu einem Auftrag oder bei einer Chargenanlage direkt im Kopf des Produktionsauftrags wäre dies möglich, da die Auftragsnummer in diesem Zusammenhang verfügbar ist. Falls die Charge jedoch bei einer Umbuchung entsteht, ist eine Bewertung mit einem Produktionsauftrag nicht möglich. Nach Eingabe des Tabellennamens und Auswahl des Tabellenfelds werden die Formatangaben des Merkmals wie Datentyp, Feldlänge etc. automatisch aus dem Data Dictionary übernommen.

In Abbildung 2.27 sehen Sie ein Beispiel für ein als Auftragsnummer definiertes Objektmerkmal D24_OM001, das auf die Tabelle AFKO und das Tabellenfeld AUFNR verweist.

Abbildung 2.27 Objektmerkmal definieren

Auf der Registerkarte **Zusatzdaten** finden Sie im Bereich **Verhalten bei Bewertung** zudem noch zwei Kennzeichen, die Sie vor allem für Objektmerkmale verwenden können. Das Kennzeichen **Nicht eingabebereit** verhindert eine manuelle Eingabe oder das Ändern eines Werts in der Klassifizierung. Ein automatisch bewertetes Merkmal wird dadurch vor einer möglichen Manipulation geschützt.

Das Kennzeichen **Keine Anzeige** bewirkt darüber hinaus, dass das Merkmal in der Klassifizierungssicht von Objekten wie Material oder Charge zunächst ausgeblendet wird. In der Klassifizierungssicht einer Charge können die ausgeblendeten Merkmale bzw. deren Bewertung lediglich über den Button (**Nicht angezeigte Merkmale**) in der unteren Buttonleiste in einem Pop-up angezeigt werden. Am Beispiel der Klassifizierungsdaten einer Charge in Transaktion MSC2N (Charge ändern) oder SAP-Fiori-App **Charge ändern** sehen Sie in Abbildung 2.28 die Anzeige eines ausgeblendeten Merkmals.

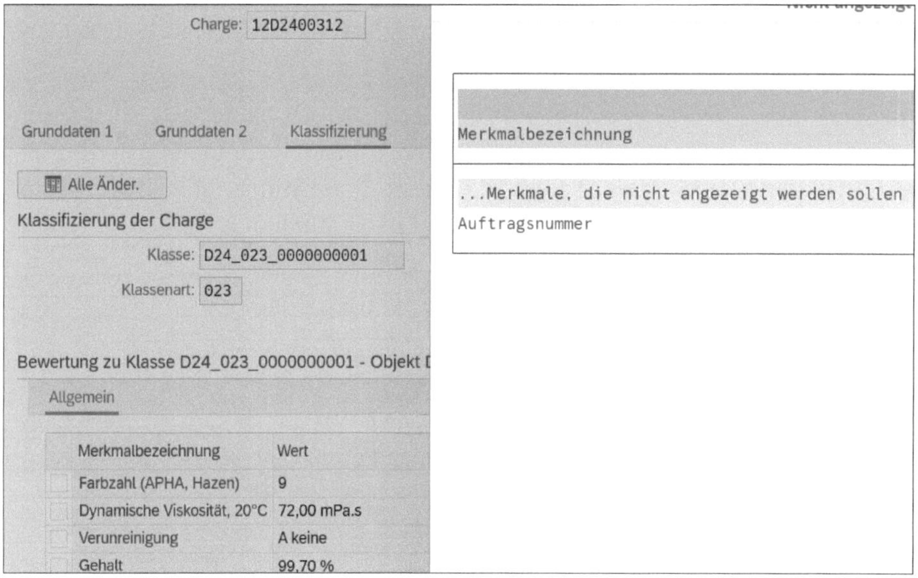

Abbildung 2.28 Ausgeblendete Merkmale in der Chargenklassifizierung

Standardmerkmale

Es gibt eine ganze Reihe von Standardmerkmalen, die Sie für Ihre Zwecke nutzen, aber nicht ändern können. Die Namen dieser Merkmale beginnen mit »LOBM_«, sodass Sie über diesen Suchbegriff alle verfügbaren Standardmerkmale leicht finden können.

[!]

Nachlesen der Standardmerkmale über Customizing

Bevor Sie mit den Standardmerkmalen arbeiten, insbesondere nach einer Mandantenkopie oder einem Releasewechsel, sollen Sie über den Customizing-Eintrag **Logistik Allgemein • Chargenverwaltung • Chargenbewertung • Standardmerkmale aktualisieren** im aktuellen Mandanten die Standardmerkmale aus dem Auslieferungsmandanten nachlesen.

Einige der Standardmerkmale wie LOBM_LWEDT (Datum des letzten Wareneingangs) oder LOBM_HSDAT (Herstelldatum) haben eine Referenz zu einem Feld aus dem Chargenstamm bzw. den Chargentabellen MCHA und MCH1, es handelt sich dabei also um Objektmerkmale. Ein anderer Teil ist unabhängig von Datenfeldern und wird über Beziehungswissen oder einen Funktionsbaustein bewertet. Alle haben jedoch gemeinsam, dass der Wert nicht nur referenziert, sondern in das Chargenmerkmal geschrieben wird. Bei einer Änderung des Ursprungswerts wird dies auch in der Merkmalsbewertung nachgezogen.

Darüber hinaus gibt es Standardmerkmale, die dynamisch während der Chargenfindung bewertet werden wie LOBM_LFDAT (Lieferdatum Chargenfindung) und LOBM_RLZ (Geforderte Restlaufzeit Charge). Die für die Chargenfindung relevanten Standardmerkmale stellen wir Ihnen in Kapitel 3, »Chargenfindung«, vor.

[+]

Weitere Benutzereinstellungen zur Klassifizierungsanzeige

Über den Menüpfad **Zusätze • Benutzereinstellungen** im Materialstamm bzw. den Button [icon] (**Benutzereinstellungen**) im Chargenstamm pflegen Sie die Anzeigeoptionen zu den Merkmalen und Merkmalsbewertungen. Auf der Registerkarte **Merkmalbewertung** können Sie hier im Bereich **Darstellung** das Kennzeichen **Zusätzliche Informationen** aktivieren. In der Merkmalsbewertung der Charge erscheint dann in der Spalte I für alle Merkmale ein Kennzeichen, falls Informationen z. B. über Beziehungswissen vorhanden sind. Über einen Doppelklick auf das Kennzeichen können Sie diese Informationen abrufen. Zum Beispiel finden Sie beim Merkmal LOBM_HSDAT (Herstelldatum) über den Button [Z] (**Beziehungswissen**) Details zu dem hinter dem Merkmal versteckten Beziehungswissen:

```
FUNCTION SL_UTC_COMPUTE
  (LOBM_APO_SL_UTC = $SELF.LOBM_APO_SL_UTC,
   LOBM_HSDAT      = $SELF.LOBM_HSDAT)
  if LOBM_HSDAT specified
*
```

Die Merkmale LOBM_QSCORE (Qualitätskennzahl aus VE) und LOBM_UDCODE (Verwendungsentscheid) werden im Rahmen des QM-Verwendungsentscheids jeweils über einen Funktionsbaustein mit der Qualitätskennzahl bzw. dem Verwendungsentscheid-Code bewertet. Diese Information kann später bei der Selektion von Chargen im Rahmen der Chargenfindung hilfreich sein, z. B. um zurückgewiesene Chargen von einer Lieferung an Kunden auszuschließen, sie aber sehr wohl im Rahmen einer Wiederaufarbeitung in einem Produktionsauftrag als Einsatzchargen auszuwählen.

[+]

Nachträgliche Aufnahme von Standardmerkmalen in eine Chargenklasse

Falls Sie zu einem späteren Zeitpunkt ein Standardmerkmal mit Bezug zu einem Chargenstammsatzfeld in eine Chargenklasse aufnehmen, haben alle bereits angelegten und mit dieser Klasse klassifizierten Chargen keine Bewertung für dieses Merkmal, auch wenn das betreffende Chargenstammsatzfeld einen Inhalt besitzt. Nur durch Aufruf der Transaktion MSC2N (Charge ändern) bzw. SAP-Fiori-App **Charge ändern** oder **Chargen verwalten** wird die automatische Bewertung des Merkmals durchgeführt. Alternativ können Sie eine nachträgliche Massenpflege mithilfe des Reports ZV-BRECLB vornehmen, der in SAP-Hinweis 78235 enthalten ist.

2.4 Möglichkeiten der Chargenanlage und Chargenmerkmalsbewertung

In den vorangegangenen Abschnitten haben Sie erfahren, wie Sie über den Chargenstamm und mithilfe der Klassifizierung Charge und Chargenspezifikationen verwalten. Sie haben außerdem die Chargennummernvergabe kennengelernt. Dieser Abschnitt geht nun auf die Möglichkeiten ein, wie Chargen aus den Logistikprozessen heraus automatisch angelegt, klassifiziert und die Chargenmerkmale bewertet werden können. Erst durch die verschiedenen möglichen Automatismen spielt die Chargenverwaltung ihre Stärke aus, nämlich während der Logistikprozesse im Hintergrund mitzulaufen und nur dann mit dem Nutzer in Dialog zu treten, wenn dies aus Prozesssicht erforderlich ist. Im Folgenden finden Sie die relevanten Customizing-Einstellungen und Erweiterungsmöglichkeiten und erfahren, wie Sie diese Automatismen und Dialoge Ihren Anforderungen entsprechend einstellen.

2.4.1 Chargenneuanlage in der Chargenverwaltung

Die manuelle Chargenanlage über Transaktion MSC1N (Charge anlegen) oder die SAP-Fiori-App **Charge anlegen** haben Sie bereits kennengelernt. Sie haben die Möglichkeit, über den Customizing-Pfad (IMG •) **Logistik Allgemein • Chargenverwaltung • Neuanlage von Chargen • Neuanlage bei Chargenstammpflege definieren** zu steuern, ob und wie mit dieser Transaktion eine Chargenanlage und Chargennummernvergabe erfolgen darf.

Pro Materialart können Sie zwischen folgenden Einstellungen wählen, wie in Abbildung 2.29 dargestellt:

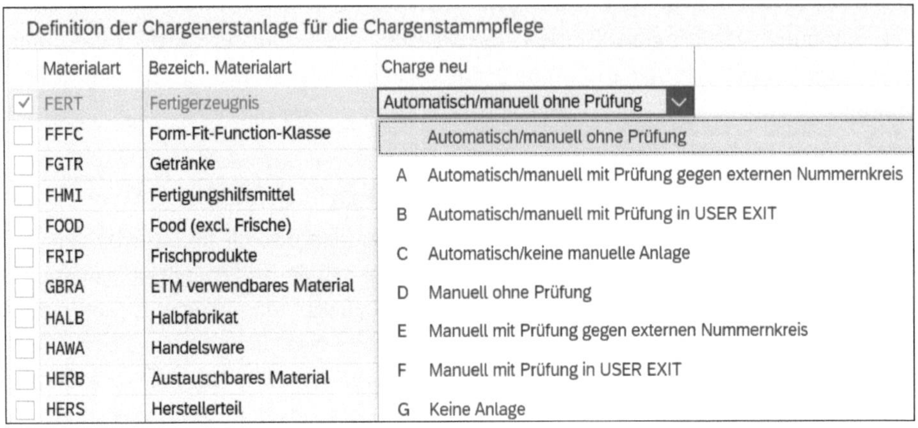

Abbildung 2.29 Steuerung der Chargenneuanlage über die Chargenverwaltung

- **Automatisch/manuell ohne Prüfung (blank)**
  Mit dieser Einstellung ist eine Chargenanlage sowohl mit einer automatischen als auch mit einer manuellen Nummernvergabe ohne Prüfung der Chargennummer möglich.
- **Automatisch/manuell mit Prüfung gegen externen Nummernkreis (A)**
  Diese Einstellung erlaubt ebenfalls eine automatische Nummernvergabe und zusätzlich eine manuelle mit Prüfung der eingegebenen Chargennummer gegen einen externen Nummernkreis. Hier wird im Standard gegen Nummernkreis 02 zum Nummernkreisobjekt BATCH_CLT geprüft, sofern dieser angelegt wurde.
- **Automatisch/manuell mit Prüfung in USER EXIT (B)**
  Analog zur vorangegangenen Einstellung, allerdings werden hier für die Prüfung die Customer-Exits EXIT_SAPLV01Z_003 und EXIT_SAPLV01Z_004 angesprungen, die wir in Abschnitt 2.2.3, »Customer-Exits zur Chargennummernvergabe«, bereits beschrieben haben.
- **Automatisch/keine manuelle Anlage (C)**
  In diesem Fall ist eine Chargenanlage nur mit automatischer Chargennummernvergabe erlaubt, die Chargennummer kann nicht manuell vergeben werden. Dies erreichen Sie, indem Sie in Transaktion MSC1N bzw. SAP-Fiori-App **Charge anlegen** eine Materialnummer eingeben und danach direkt die [↵]-Taste drücken, ohne eine Chargennummer anzugeben. Dadurch wird die automatische Chargennummernvergabe angestoßen.

- **Manuell ohne Prüfung (D) bzw. mit Prüfung gegen externen Nummernkreis (E) oder mit Prüfung im User-Exit (F)**
  Sie können die bisher aufgelisteten Einstellungen auch ohne die Option der automatischen Chargennummernvergabe nehmen.
- **Keine Anlage (G)**
  Als letzte Alternative wird über diese Option eine manuelle Chargenanlage über Transaktion MSC1N bzw. SAP-Fiori-App **Charge anlegen** verboten.

Bei der manuellen Anlage eines Chargenstamms ist zu beachten, dass die Charge dabei auch immer gleich klassifiziert wird, sofern dem Material eine Chargenklasse zugewiesen ist.

2.4.2 Chargenneuanlage und Chargenmerkmalsbewertung in der Bestandsführung

Im Bereich der Bestandsführung haben Sie vielfältige Möglichkeiten, über Customizing-Einstellungen und Erweiterungen auf verschiedene Aspekte der Chargenabwicklung Einfluss zu nehmen. Sie können dadurch folgende Funktionen steuern, die wir in diesem Abschnitt näher erläutern werden:

- Chargenanlage
- Chargenklassifizierung
- Bewertung von Chargenmerkmalen
- Pflege von Chargenstammdaten

Steuerung der Chargenanlage

In der Bestandsführung wird bei folgenden Vorgängen im Hintergrund ein Chargenstammsatz angelegt:

- beim ersten Wareneingang zu einer Charge
- bei Umbuchungen, z. B. wenn ein Teil einer Charge vom Rest getrennt werden soll

Dabei können Sie im Customizing die Chargenanlage pro Bewegungsart steuern (siehe Abbildung 2.30). Diese Einstellung nehmen Sie im Customizing über den Menüpfad (IMG •) **Logistik Allgemein • Chargenverwaltung • Neuanlage von Chargen • Neuanlage bei Warenbewegungen definieren** vor. Die Parameter sind dabei dieselben wie bei der Chargenanlage mittels Transaktion MSC1N bzw. SAP-Fiori-App **Charge anlegen**, die wir in Abschnitt 2.4.1, »Chargenneuanlage in der Chargenverwaltung«, beschrieben haben.

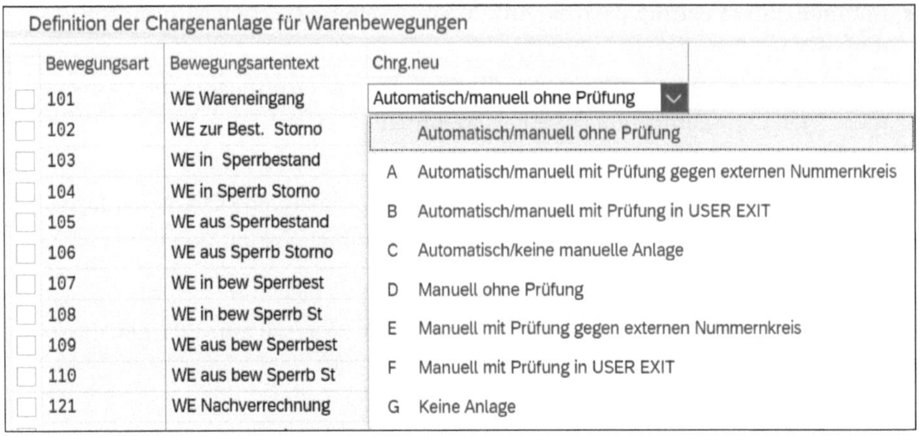

Abbildung 2.30 Steuerung der Chargenneuanlage pro Bewegungsart

Der bei Auslieferung des SAP-Systems eingestellter Standardwert für alle Bewegungsarten ist **Automatisch/manuell ohne Prüfung**. Falls Sie nun z. B. in Transaktion MIGO (Warenbewegung) einen Wareneingang buchen und dabei keine Chargennummer angeben, wird beim Buchen oder Prüfen des Belegs automatisch eine Charge angelegt (siehe Abbildung 2.31).

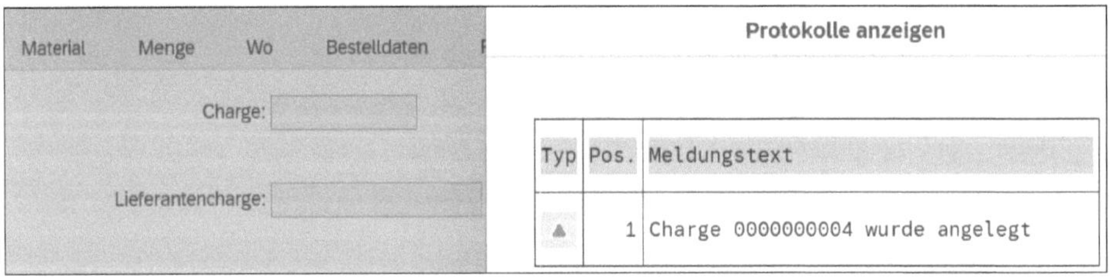

Abbildung 2.31 Ausschnitt aus Transaktion MIGO: automatische Chargenanlage beim Wareneingang

Steuerung der Chargenklassifizierung

Im Customizing können Sie über den Pfad (IMG •) **Logistik Allgemein • Chargenverwaltung • Chargenbewertung • Bewertung bei Warenbewegungen in der Bestandsführung • Chargenklassifizierung bei Warenbewegungen aktivieren** (Transaktion OMCV) Einfluss auf die Klassifizierung nehmen. Pro Bewegungsart steuern Sie hier die Klassifizierung der Zielcharge (siehe Abbildung 2.32).

Falls bei einer Bewegungsart das Kennzeichen **Chargenklassifizierung** initial gesetzt ist, also die Ausprägung **Kein Ansprung der Klassifizierung** besitzt, findet keine Klassifizierung einer Charge statt.

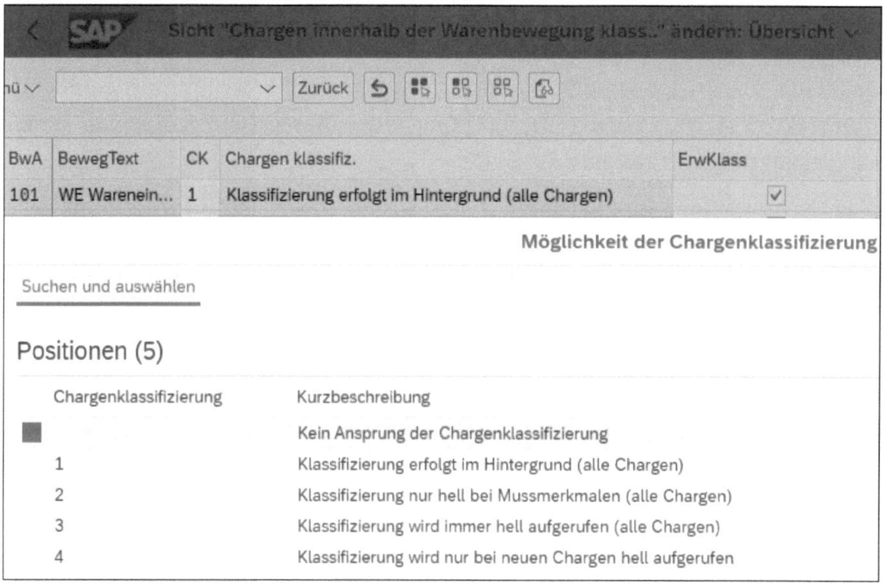

Abbildung 2.32 Steuerung der Chargenklassifizierung bei Warenbewegungen

Bei Ansprung der Klassifizierung im Hintergrund über die Einstellung 1 (**Klassifizierung erfolgt im Hintergrund (alle Chargen)**) wird die Charge mit der Chargenklasse aus dem Materialstamm klassifiziert, eine automatische Merkmalsbewertung erfolgt für Objekt- und Standardmerkmale.

Die Einstellung 2 (**Klassifizierung nur hell bei Mussmerkmalen (alle Chargen)**) bewirkt, dass im Falle von Muss-Merkmalen in der Chargenklasse ein Dialog zur manuellen Bewertung erscheint. Ansonsten würde eine Klassifizierung im Hintergrund zu einem Abbruch führen, wenn ein Muss-Merkmal bei der Klassifizierung unbewertet bliebe. Ohne Muss-Merkmale erfolgt die Klassifizierung im Hintergrund wie bei 1.

Über die Einstellung 3 (**Klassifizierung wird immer hell aufgerufen (alle Chargen)**) wird grundsätzlich ein Dialog zur Merkmalsbewertung aufgerufen, bei 4 (**Klassifizierung wird nur bei neuen Chargen hell aufgerufen**) nur, wenn es sich um neue Chargen handelt.

Lückenlose Chargenklassifizierung

Falls Sie die Funktion der Chargenbewertung nutzen, sollten Sie auf eine konsistente Einstellung der Bewegungsarten achten. Das bedeutet, dass die Chargenklassifizierung bei allen Bewegungsarten aktiv sein sollte, mit denen Chargen angelegt werden, z. B. auch für Bewegungsart 531 für einen Wareneingang von Nebenprodukten zum Produktionsauftrag. Nur so wird gewährleistet, dass alle Chargen die z. B. für die Chargenfindung notwendigen Klassifizierungsdaten erhalten und nicht nachträglich manuell klassifiziert und bewertet werden müssen.

Beachten Sie außerdem, dass bei einer Umbuchung von Charge an Charge die Klassifizierungsdaten und Merkmalsbewertungen der abgebenden Charge an die empfangende Charge übertragen werden, wenn zur Umbuchungs-Bewegungsart die Klassifizierung aktiviert ist. Existiert die empfangende Charge bereits, bleiben deren Klassifizierungsdaten erhalten.

Über das Kennzeichen **Merkmale kop.** stellen Sie ein, in welcher Priorität Merkmale aus der Klassifizierung einer Ursprungscharge und Merkmale aus der Variantenkonfiguration behandelt werden. Im Rahmen der Ursprungschargenabwicklung in Abschnitt 5.2, »Ursprungscharge«, werden wir auf diese Einstellung noch eingehen. Über das Kennzeichen **ErwKlass** wird darüber hinaus ein Customer-Exit aktiviert, den Sie im nächsten Abschnitt kennenlernen.

Customer-Exits zur Bewertung von Chargenmerkmalen und Pflege von Chargenstammdaten

Für die Bewertung von Chargenmerkmalen und die Pflege von Chargenstammdaten stehen Ihnen zwei Customer-Exits sowie ein BAdI zur Verfügung, die Sie im Customizing über folgenden Menüpfad erreichen: (IMG •) **Logistik Allgemein • Chargenverwaltung • Chargenbewertung • Bewertung bei Warenbewegungen in der Bestandsführung** (siehe Abbildung 2.33).

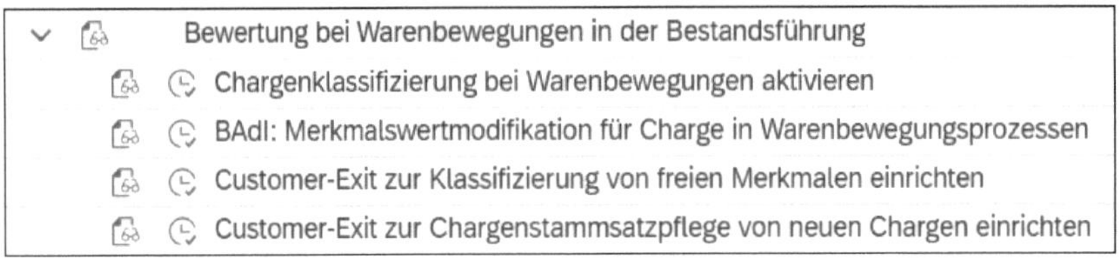

Abbildung 2.33 Customer-Exits zur Bewertung bei Warenbewegungen in der Bestandsführung

Das Kennzeichen **ErwKlass** in den Einstellungen zur Steuerung der Chargenklassifizierung bei Warenbewegungen aktiviert den Customer-Exit `EXIT_SAPMM07M_004` (Customer-Exit zur Klassifizierung von freien Merkmalen). Mit diesem zur Erweiterung `MBCFC004` gehörenden Exit lässt sich eine zusätzliche Bewertung freier Merkmale realisieren. Dies ist allerdings nur für freie Merkmale möglich, die keine Verbindung zu einem QM-Stammprüfmerkmal haben, da die mit Stammprüfmerkmalen verknüpften Merkmale im Rahmen der Qualitätsprüfung bewertet werden. Neben allen Daten aus dem Materialbeleg stehen Ihnen hier Informationen wie die derzeitige Bewertung der Merkmale in der Charge, die zulässigen Werte der Merkmale sowie sämtliche Attribute des Merkmals wie Formatangaben, Datentyp etc. zur Verfügung.

Einige Stammsatzfelder wie **Herstelldatum**, **Verfallsdatum/MHD**, **Letztes Wareneingangsdatum**, **Nächstes Prüfdatum**, **Lieferantenchargennummer** und **Lieferant der Charge** können Sie in der Bestandsführung über entsprechende Stammdaten- und Customizing-Einstellungen automatisch bewerten lassen. Für eine Änderung anderer Felder wie der Ursprungsdaten und der frei verfügbaren Datumsfelder steht Ihnen die Erweiterung `MBCFC003` mit dem Customer-Exit `EXIT_SAPMM07M_003` (Customer-Exit zur Chargenstammsatzpflege von neuen Chargen) zur Verfügung. Beachten Sie, dass der Customer-Exit nur dann bei einer Warenbewegung durchlaufen wird, wenn die Charge neu angelegt wird. Sämtliche Informationen aus dem Beleg sowie eine Vielzahl von Zusatzdaten zur Materialbelegposition stehen hier zur Verfügung und können für die Bewertung der Chargenstammsatzfelder verwendet werden. Im Falle einer Umbuchung, bei der die empfangene Charge neu angelegt wird, stehen zusätzlich alle Chargenstammdaten der abgebenden Charge in der Struktur `BATCH_MASTER_DATA` zur Verfügung.

[+]

Manuelle Einflussnahme auf Chargenklassifizierung und Merkmalsbewertung

Bei Erfassung einer Warenbewegung mit Transaktion MIGO können Sie in der Wareneingangsposition über den Button **Klassifizierung** auf der Registerkarte **Charge** die Chargenklassifizierung und -bewertung manuell anstoßen bzw. die Werte ändern. Das ist auch dann möglich, wenn die Bewegungsart laut Customizing-Einstellung keine Klassifizierung oder eine Klassifizierung im Hintergrund vorsieht.

Mit dem BAdI `LOBM_PROC_GM_CHARC_VAL_MODIF` können Sie Merkmalswerte bei Warenbewegungen anlegen oder löschen. Dabei stehen Ihnen auch hier einige Informationen zur Materialbelegposition als Abgrenzungsparameter zur Verfügung. Beachten Sie hierbei, dass die Logik des BAdI vor der Logik des Customer-Exits `EXIT_SAPMM07M_004` ausgeführt wird, falls beides ausgeprägt sein sollte.

2.4.3 Chargenneuanlage in der Produktion

Für Materialien, deren Produktion über PP-Fertigungsaufträge bzw. PP-PI-Prozessaufträge abgebildet wird, kann bereits im Produktionsauftrag eine Produktionscharge vergeben und auch angelegt und klassifiziert werden.

Manuelle Chargenvergabe bzw. -anlage

Im Auftragskopf können Sie auf der Registerkarte **Wareneingang** im Bereich **Zugang** eine Chargennummer manuell eingeben. Alternativ können Sie die Chargennummer auch im Rahmen der internen Chargennummernvergabe über den Button (**Charge anlegen**) automatisch ermitteln und den Chargenstammsatz dazu anlegen lassen. Bei der manuellen Eingabe werden Sie zusätzlich vom System gefragt, ob der Chargenstammsatz im Hintergrund angelegt werden soll, wenn es sich um eine neue Charge handelt, wie am Beispiel eines Prozessauftrags in Abbildung 2.34 dargestellt.

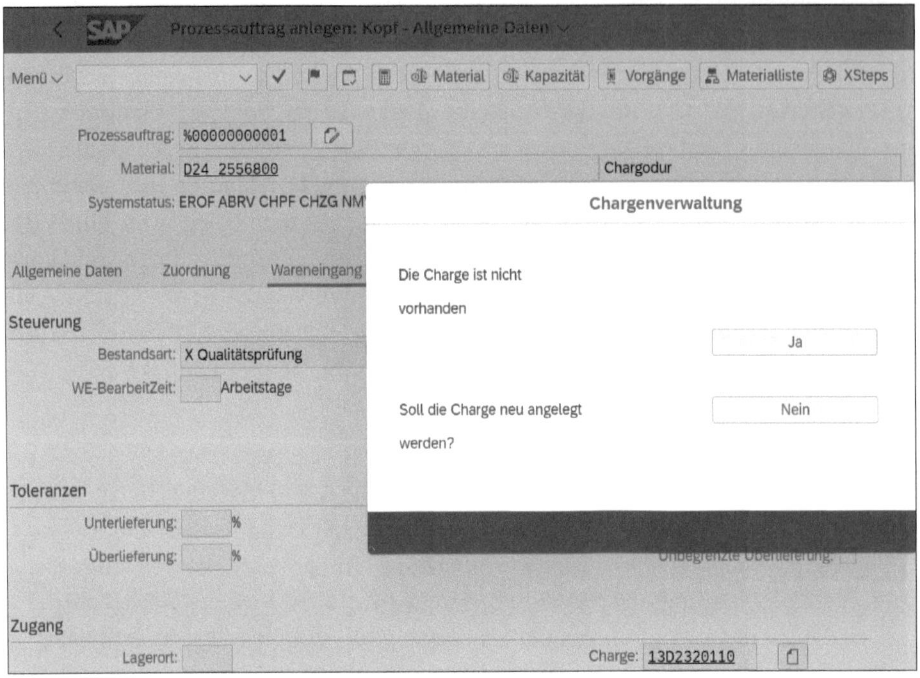

Abbildung 2.34 Manuelle Chargenanlage im Prozessauftrag

Dabei sollten Sie beachten, dass zunächst keine Klassifizierung der angelegten Charge stattfindet. Diese erfolgt erst beim Wareneingang zum Produktionsauftrag, falls dies in der Bewegungsart 101 eingestellt ist, wie in Abschnitt 2.4.2, »Chargenneuanlage und Chargenmerkmalsbewertung in der Bestandsführung«, beschrieben.

Automatische Chargenanlage

Sie können die Chargenanlage im Produktionsauftrag und die Klassifikation der Charge im Customizing automatisieren. Diese Einstellung nehmen Sie im IMG über folgenden Menüpfad vor: **Logistik Allgemein • Chargenverwaltung • Neuanlage von Chargen • Neuanlage bei Fertigungs-/Prozessauftrag definieren** (Transaktion CORW). Pro werksspezifischem Fertigungssteuerungsprofil legen Sie hier mithilfe des Kennzeichens **Autom.Chargenanlage** fest, ob für das produzierte Material im Auftragskopf eine automatische Chargenanlage erfolgen soll. Dies beinhaltet die automatische Nummernvergabe und die gleichzeitige Anlage des Chargenstammsatzes. Sie können außerdem entscheiden, zu welchem Zeitpunkt die Chargenanlage erfolgen soll, bereits bei Auftragseröffnung oder bei Auftragsfreigabe (siehe Abbildung 2.35).

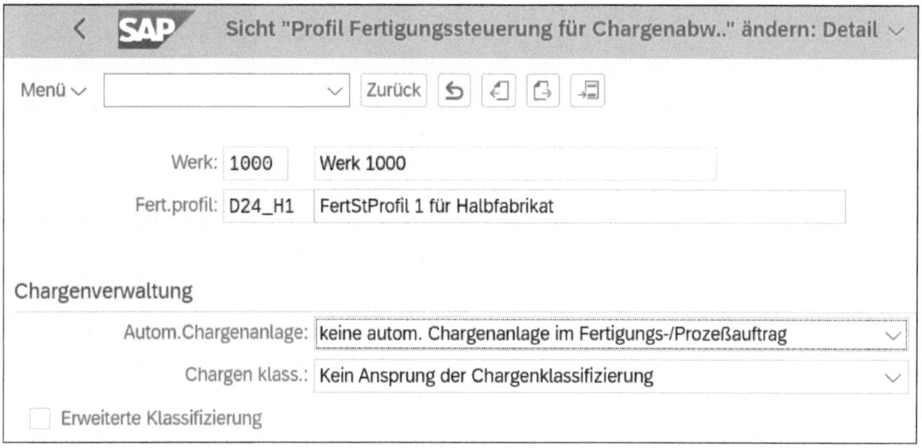

Abbildung 2.35 Steuerung der automatische Chargenanlage in der Produktion

Zur Auftragseröffnung zählen dabei sowohl die manuelle Anlage als auch die Umsetzung von Planaufträgen. Bei der manuellen Anlage wird der Fertigungsauftrag mit der Transaktion CO01 (Fertigungsauftrag anlegen) oder der SAP-Fiori-App **Fertigungsauftrag anlegen** (App-ID CO01) erstellt. Prozessaufträge werden entsprechend mit der Transaktion COR1 (Prozessauftrag anlegen) oder der SAP-Fiori-App **Prozessauftrag anlegen** (App-ID COR1) erstellt. Planaufträge können einzeln oder als Sammlung umgesetzt werden. Die Einzelumsetzung erfolgt über die Transaktionen CO40 bzw. COR7 oder die SAP-Fiori-Apps **Planauftrag in Fertigungsauftrag umsetzen** bzw. **Umsetzen von Planauftrag zu Prozessauftrag**. Für die Sammelumsetzung von Planaufträgen stehen die Transkationen CO41 oder die SAP-Fiori-App **Planaufträge in Fertigungsaufträge umsetzen** für Fertigungsaufträge und COR8 bzw. die SAP-Fiori-App für **Planaufträge umsetzen** Planaufträge zur Verfügung.

Im Falle einer Chargenanlage bei Auftragsfreigabe wird die Chargenanlage sowohl bei einer Einzel- als auch bei einer Sammelfreigabe durchgeführt (CO05N bzw. COR5 oder SAP-Fiori-App **Fertigungsaufträge verwalten** bzw. **Prozessaufträge verwalten**), ebenfalls bei einer Freigabe im Rahmen der Massenverarbeitung (COHV bzw. COHVPI oder SAP-Fiori-App **Massenbearbeitung von Prozess- und Fertigungsaufträgen**).

Darüber hinaus können Sie über das Kennzeichen **Chargen klass.** festlegen, ob und wie eine Klassifizierung für die eingegebene oder ermittelte Charge erfolgen soll. Sie haben hier dieselben Möglichkeiten wie bei den Einstellungen pro Bewegungsart, die wir Ihnen ebenfalls in Abschnitt 2.4.2 beschrieben haben:

(blank)	kein Ansprung der Klassifizierung
1	Klassifizierung erfolgt im Hintergrund (alle Chargen).

2	Klassifizierung ist nur hell bei Muss-Merkmalen (alle Chargen).
3	Klassifizierung wird immer hell aufgerufen (alle Chargen).
4	Klassifizierung wird nur bei neuen Chargen hell aufgerufen.

Wie auch in der Einstellung der Bestandsführung können Sie das Kennzeichen **Erweiterte Klassifizierung** setzen, um zusätzlich einen Customer-Exit zu durchlaufen, über den freie Merkmale z. B. mit Informationen aus dem Produktionsauftrag bewertet werden können. Sie könnten damit unter anderem den Arbeitsplatz bzw. die Ressource aus dem Produktionsauftrag auslesen und in ein Merkmal schreiben. Es handelt sich dabei um den Customer-Exit EXIT_SAPLV01Z_014, auf den wir in Abschnitt 2.4.6, »Chargenneuanlage über Funktionsbaustein«, näher eingehen.

Wenn Sie eine Charge im Auftrag manuell vom Benutzer vergeben lassen möchten, allerdings die Charge sofort klassifiziert und Objekt- und Standardmerkmale dabei bewertet werden sollen, können Sie ein Fertigungssteuerungsprofil mit den folgenden Einstellungen definieren:

- **Autom.Chargenanlage**
  (blank) = keine automatische Chargenanlage im Fertigungs-/Prozessauftrag
- **Chargen klass.**
  1 = Klassifizierung erfolgt im Hintergrund (alle Chargen)

[!]

Chargenänderung bei eingegebener Charge im Auftragskopf

Falls Sie eine Charge im Auftragskopf vorgeben, können Sie diese beim Wareneingang zum Produktionsauftrag, z. B. mit Transaktion MIGO (Warenbewegung) oder MB31 (Wareneingang zum Auftrag), nicht mehr ändern. Falls allerdings mithilfe des Steuerschlüssels ein automatischer Wareneingang bei der Auftragsrückmeldung eingestellt ist, können Sie z. B. in der Warenbewegungsübersicht in Transaktion CO11N (Lohn-Rückmeldeschein zum Fertigungsauftrag erfassen) zum Vorgang (PP) oder COR6N (Lohn-Rückmeldeschein zum Prozessauftrag erfassen) bzw. die SAP-Fiori-App **Einbilderfassung von Lohnscheinrückmeldungen durchführen** zur Phase (PP-PI) die vorgeschlagene Chargennummer überschreiben. Auch falls die Wareneingangsbuchung über eine Prozessmeldung der Prozesskoordination gebucht wird (z. B. über die Prozessmeldungsart PI_PROD), können Sie in der Meldung eine andere Charge für den Wareneingang mitgeben.

Bei einer sogenannten *Batch-Produktion* ist es sinnvoll, dieses Vorgehen zu wählen und gleich im Produktionsauftrag eine Charge vorzugeben, da hier mit einem Auftrag meistens genau eine Charge produziert wird. Falls Sie allerdings mit einem Auftrag mehrere Chargen produzieren, z. B. im Rahmen einer kontinuierlichen Produktion, sind eine automatische Chargenanlage und -zuweisung im Auftrag nicht sinnvoll. Die jeweils produzierte Charge sollte dann besser erst bei der Wareneingangsbuchung angegeben werden oder alternativ von einem Manufacturing Execution System (MES) oder über eine Herstellanweisung bzw. über SAP Manufacturing Integration and Intelligence (MII) rückgemeldet werden.

Chargenanlage bei Wareneingang zum Nebenprodukt

Für Nebenprodukte können Sie ebenfalls eine Charge anlegen. Dazu rufen Sie z. B. eine Rückmeldung zum Vorgang (PP) über Transaktion CO11N (Lohn-Rückmeldeschein zum Fertigungsauftrag erfassen) oder zur Phase (PP-PI) mit Transaktion COR6N (Lohn-Rückmeldeschein zum Prozessauftrag erfassen) auf. In der Materialbewegungsübersicht markieren Sie das Nebenprodukt und stoßen über den Menüpfad **Komponente • Chargenabwicklung • Charge anlegen** die Chargenanlage an. In diesem Fall müssen die entsprechenden Einstellungen bei der Bewegungsart 531 (Wareneingang zum Nebenprodukt) im Customizing für die Chargenneuanlage bei Warenbewegungen vorgenommen sein, wie im vorangegangenen Abschnitt beschrieben. Hier ist dann auch ein Absprung in die bereits beschriebenen Customer-Exits möglich, um die Chargenstamm- bzw. Chargenklassifizierungsdaten zu beeinflussen.

2.4.4 Chargenneuanlage im Einkauf

Im Einkauf haben Sie die Möglichkeit, eine Charge bereits in der Bestellung anzulegen. Hierbei geben Sie in der Bestellposition bei einer manuellen Chargennummernvergabe eine Chargennummer ein und klicken dann auf den Button **Anlegen** (siehe Abbildung 2.36).

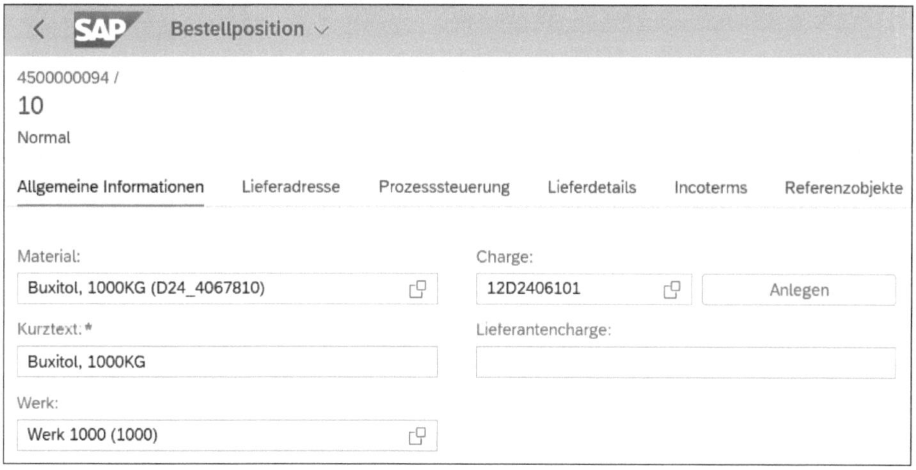

Abbildung 2.36 Chargendaten in der Bestellposition

Um eine interne Chargennummernvergabe anzustoßen, klicken Sie auf diesen Button, ohne vorher eine Chargennummer einzugeben. Im Hintergrund wird dann der Chargenstamm auf Mandanten- und Werksebene angelegt (Einträge in den Tabellen MCH1 und MCHA bzw. lediglich MCHA bei Chargeneindeutigkeit auf Werksebene). Wenn Sie eine Chargennummer eingeben, ohne auf den Anlage-Button zu klicken, geben Sie dadurch zwar die Charge für die Wareneingangsbuchung vor, legen den Chargenstamm im Hintergrund allerdings noch nicht an. Falls Sie in der Bestellposition eine Charge oder eine Lieferantencharge bereits vorgeben, kann diese bei der Wareneingangsbuchung nicht geändert werden. Wenn Sie für eine andere Charge derselben Bestellposition einen Wareneingang buchen möchten, müssen Sie diese zuvor in der Bestellposition ändern. Es ist also nur dann sinnvoll, in der Bestellung die Charge vorzugeben, wenn beim Wareneingang darauf kein Einfluss mehr gewünscht ist, und um so z. B. Chargensplits bei mehreren Teilwareneingängen zur selben Bestellposition zu verhindern. In allen anderen Fällen ist die Handhabung bei einer Chargenanlage beim Wareneingang flexibler, auch was die Klassifizierungssteuerung angeht.

Zusätzlich sollten Sie nämlich beachten, dass bei einer Chargenanlage in der Bestellung keinerlei Prüfungen auf eine erlaubte interne oder externe Chargennummernvergabe erfolgen. Ebenso findet – wie auch bei einer manuellen Anlage einer Charge im Kopf eines Produktionsauftrags (siehe Abschnitt 2.4.3, »Chargenneuanlage in der Produktion«) – keine Klassifizierung der Charge statt. Wenn Sie ähnliche Prüfungen wie bei der manuellen Chargenanlage oder eine automatische Klassifizierung der Charge wünschen, können Sie dies über Customer-Exits realisieren (siehe Abschnitt 2.2.3, »Customer-Exits zur Chargennummernvergabe«, und Abschnitt 2.4.6, »Chargenneuanlage über Funktionsbaustein«). Ein Chargensplit ist ebenfalls nicht möglich. Das bedeutet, falls Sie bereits in der Bestellung mehr als eine Charge angeben möchten, müssen Sie dafür weitere Positionen anlegen.

2.4.5 Chargenneuanlage im Qualitätsmanagement

Einem Prüflos der QM-Komponente kann genau eine Charge zugeordnet werden. Spätestens beim Verwendungsentscheid (VE) muss das Prüflos diese Chargenzuordnung haben. Bei Erzeugung des Prüfloses werden Material, Charge und Werk aus dem Ursprungsbeleg für das Prüflos, wie einem Materialbeleg, einem Produktionsauftrag oder einer Lieferung, direkt übernommen. Falls jedoch der Beleg, auf dessen Basis das Prüflos erzeugt wird, keine Charge enthält, bleibt das Feld **Charge** im Prüfloskopf zunächst leer. Das kann der Fall sein bei Prüflosen der Herkunft 03 oder 04 (dabei nur bei früher Loserzeugung), die bei der Freigabe eines Produktionsauftrags erzeugt werden. Falls zu diesem Zeitpunkt dem Auftragskopf keine Charge zugeordnet ist, wird auch keine Charge in das Prüflos übernommen. Ebenso kann ein manuelles Prüflos zur Prüflosherkunft 89 ohne Charge angelegt werden.

Im Prüflos oder auch im Verwendungsentscheid haben Sie die Möglichkeit, eine Charge manuell einzugeben und über den Button (**Charge anlegen**) auch im Hintergrund anzulegen, dadurch wird die Charge zudem mit der Chargenklasse aus dem Materialstamm klassifiziert. Eine manuelle Chargenzuordnung bzw. -anlage könnte gewünscht sein, falls Sie aus Gründen des Prozessablaufs eine Qualitätsprüfung zu einer Charge bereits durchführen und eventuell auch abschließen möchten, zu der noch kein Wareneingang stattgefunden hat. Dabei müssen Sie allerdings beachten, dass unter Umständen ein neues Prüflos erzeugt wird, falls der Wareneingang zu einer anderen Charge erfolgt. Das bedeutet, beim Wareneingang wird geprüft, ob zu der gebuchten Charge bereits ein Prüflos existiert bzw. ob zum Produktionsauftrag ein Prüflos ohne Charge vorhanden ist, dem diese Charge nun zugeordnet werden kann.

Eine Prüfung der Chargennummer, die Sie pro Bewegungsart in der Komponente MM Bestandsführung oder pro Fertigungssteuerungsprofil in der Komponente PP Produktion einstellen können, ist hier im SAP-Standard nicht möglich. Wie bereits im vorangegangenen Abschnitt bei der Chargenanlage im Einkauf erwähnt, können Sie dies lediglich über Customer-Exits realisieren (siehe Abschnitt 2.2.3, »Customer-Exits zur Chargennummernvergabe«, und Abschnitt 2.4.6, »Chargenneuanlage über Funktionsbaustein«). Eine eventuelle Bewertung von Chargenmerkmalen, die mit QM-Stammprüfmerkmalen verknüpft sind, erfolgt dann beim Treffen des Verwendungsentscheids (siehe auch Abschnitt 4.3.1, »Übertragung von Prüfergebnissen an Chargenmerkmale«).

2.4.6 Chargenneuanlage über Funktionsbaustein

In Abschnitt 2.4.2, »Chargenneuanlage und Chargenmerkmalsbewertung in der Bestandsführung«, haben Sie bereits zwei Customer-Exits kennengelernt, über die Sie bei Warenbewegungen Einfluss auf Chargenstammfelder und Chargenklassifizierung nehmen können. Darüber hinaus haben Sie über die Erweiterung SAPLV1ZN die Möglichkeit, generell auf die Chargenneuanlage Einfluss zu nehmen, die über den zentralen Funktionsbaustein VB_CREATE_BATCH aufgerufen wird. Das ist neben einer Chargenanlage bei einem Wareneingang ebenso der Fall, wenn eine Charge in einem Beleg wie einem Fertigungsauftrag, einem Prozessauftrag, einer Bestellung oder einem Prüflos ohne Warenbewegung angelegt wird. Die Erweiterungen bzw. deren Customer-Exits finden Sie im IMG unter folgendem Pfad: **Logistik Allgemein • Chargenverwaltung • Chargenbewertung • Bewertung bei Neuanlage von Chargen über Funktionsbaustein** (siehe Abbildung 2.37).

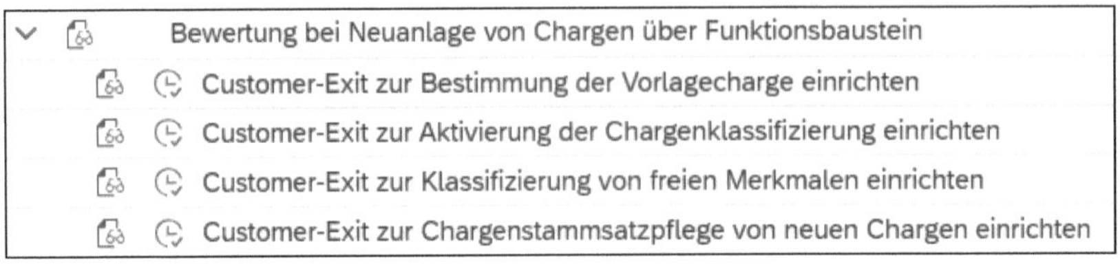

Abbildung 2.37 Erweiterung zur Chargenneuanlage über Funktionsbaustein

In dieser Erweiterung stehen Ihnen folgende Customer-Exits zur Verfügung:

- **EXIT_SAPLV01Z_011 zur Bestimmung einer Vorlagecharge**
  In diesem Customer-Exit können Sie eine Vorlagecharge unter Angabe von Material, Charge und Werk bestimmen.
- **EXIT_SAPLV01Z_013 zur Stammdatenpflege für Chargen**
  Hier haben Sie die Möglichkeit, die Chargenstammsatzfelder der neu anzulegenden Charge von der Vorlagencharge aus EXIT_SAPLV01Z_011 zu kopieren, die zunächst als Vorschlagswerte für die neue Charge übernommen werden. Sie können zudem generell die Chargenstammsatzfelder mit Werten füllen, die Ihnen in der Kommunikationsstruktur BNCOM zur Verfügung stehen. Das ist dieselbe Kommunikationsstruktur, die Sie auch bei den Customer-Exits zur Chargennummernvergabe nutzen können.
- **EXIT_SAPLV01Z_012 zur Bestimmung der Klassifizierungsart**
  Mit diesem Customer-Exit können Sie die Klassifizierungsart beeinflussen (z. B. im Hintergrund für alle Chargen, hell für neue Chargen etc.) und dadurch eventuell einen Dialog zur Pflege der Klassifizierungsdaten erzwingen oder auch unterdrücken. Darüber hinaus wird über einen Parameter der Customer-Exit EXIT_SAPLV01Z_014 aktiviert. Zum Beispiel können Sie hier eine in einer Bestellung angelegte Charge klassifizieren, was sonst nicht möglich ist und für den Einkauf auch nicht über das Customizing eingestellt werden kann.
- **EXIT_SAPLV01Z_014 zur erweiterten Klassifizierung für Chargen (Bewertung von freien Merkmalen)**
  Hier können Sie die in Customer-Exit EXIT_SAPLV01Z_011 bestimmte Vorlagecharge verwenden, um Merkmalsbewertungen auf die neue Charge zu kopieren. Die Werte der Vorlagecharge werden als Vorschlagswert übernommen und können hier nochmals verändert werden.

Diese Customer-Exits werden zudem durchlaufen, wenn Sie in Transaktion MIGO (Warenbewegung) in den Positionsdetails auf der Registerkarte **Charge** auf den Button **Klassifizierung** klicken (siehe Abbildung 2.38).

Abbildung 2.38 Ausschnitt der Positionsdetails zur Charge in Transaktion MIGO

»Konkurrierende« Customer-Exits zur Stammsatzpflege und erweiterten Klassifizierung von Chargen

Bei der Neuanlage einer Charge über eine Warenbewegung (z. B. 101 beim Wareneingang zu einer Bestellung oder zu einem Produktionsauftrag) werden an zwei verschiedenen Stellen jeweils zwei Customer-Exits durchlaufen. Beide Customer-Exit-Paare dienen jeweils demselben Zweck – der erste Exit des jeweiligen Paars zur Pflege der Chargenstammdaten und der zweite zur erweiterten Pflege der Klassifizierungsdaten der Charge.

Das erste Paar wird durchlaufen während der Warenbewegung, die die Chargenneuanlage anstößt:

- EXIT_SAPMM07M_003 (Erweiterung MBCFC003) zur Chargenstammsatzpflege
- EXIT_SAPMM07M_004 (Erweiterung MBCFC004) zur Bewertung freier Merkmale (nur über das Kennzeichen **Erweiterte Klassifizierung**)

Das zweite Paar wird generell bei einer Chargenneuanlage innerhalb des Funktionsbausteins VB_CREATE_BATCH aufgerufen:

- EXIT_SAPLV01Z_013 (Erweiterung SAPLV1ZN) zur Chargenstammsatzpflege
- EXIT_SAPLV01Z_014 (Erweiterung SAPLV1ZN) zur Bewertung von freien Merkmalen (nur über das Kennzeichen **Erweiterte Klassifizierung**)

Die Entscheidung, welchen der Customer-Exits Sie jeweils verwenden, sollten Sie aufgrund der in den Customer-Exits verfügbaren Informationen treffen. Während der Warenbewegung haben Sie Zugriff auf die Tabellen MSEG (Materialbelegposition) und MKPF (Belegkopf Materialbeleg), beim Anlegen der Charge auf die Struktur BNCOM (Kommunikationsblock zur Chargennummernvergabe).

2.5 Besondere Funktionen

In diesem Abschnitt stellen wir Ihnen technische Hilfsmittel vor, mit denen Sie Prüfungen und Korrekturen im Bereich der Chargenklassifizierung vornehmen können.

2.5.1 Integritätsprüfung für die Chargenklassifizierung

Unter gewissen Umständen können bei der Chargenklassifizierung Inkonsistenzen entstehen. Das kann der Fall sein, wenn z. B. Klassifizierungstabellen nicht korrekt angesteuert werden oder wenn eine nicht korrekte Logik im Rahmen von Customer-Exits beim Aufruf der Funktionsbausteine der Klassifizierung genutzt wird. Das Arbeiten mit der Klassifizierung in kundeneigenen Programmen und Erweiterungen auch im Rahmen der Datenmigration ist aufgrund der Tabellenstruktur recht komplex, deshalb treten unter Umständen Inkonsistenzen auf. Allerdings können Inkonsistenzen auch bei der Verwendung von SAP-Standardtransaktionen entstehen, z. B. bei Verbuchungsabbrüchen beim Speichern von Klassifizierungsdaten. Zunächst fallen diese Inkonsistenzen eventuell nicht auf, da eine Klassifizierung in einer Charge korrekt angezeigt wird. Jedoch können sich in den Tabellen fehlerhafte Daten befinden – etwa interne Zähler oder Verweise, die für den Benutzer in der Anwendung nicht sichtbar sind. Dies kann im weiteren Verlauf allerdings Probleme verursachen, z. B. in Form nicht ermittelter Chargen in einer nachgelagerten Chargenfindung oder in Form von Fehlermeldungen beim Bearbeiten der Charge mit Transaktion MSC2N (Charge ändern).

Tabellenstruktur bei der Objektklassifizierung

Damit Sie diese Inkonsistenzen nachvollziehen und auch die Ergebnisse der Integritätsprüfung besser verstehen können, wird in Abbildung 2.39 zunächst die Tabellenstruktur veranschaulicht, die für die Hinterlegung der Klassifizierungsdaten einer Charge verwendet wird.

Die für die Klassifizierung relevanten Tabellen sind über folgende Beziehungen miteinander verbunden: In der Objektzuordnungstabelle INOB werden Klassenzuordnungen zu Objekten unter einer internen Nummer im Feld INOB-CUOBJ hinterlegt ❶. Der Schlüssel des Objekts, in diesem Fall der klassifizierten Charge, wird dabei im Feld INOB-OBJEK im Format »<Materialnummer (18-stellig)> <Chargennummer (10-stellig)>« abgelegt. Dieser Schlüssel verweist auf die Charge mit einem Eintrag in der Chargenstammtabelle MCH1 (bzw. MCHA bei Chargeneindeutigkeit auf Werksebene) mit den Schlüsseln MCH1-MATNR (Materialnummer (18-stellig)) und MCH1-CHARG (Chargennummer (10-stellig)) ❷.

Für jeden Chargenstammsatz wird in der Tabelle MCH1 intern ein redundanter Verweis zu den Klassifizierungsdaten der Charge über das Feld MCH1-CUOBJ_BM abgelegt, um die Performance z. B. bei der Chargenfindung zu verbessern. Dadurch enthalten die Felder MCH1-CUOBJ_BM und INOB-CUOBJ einen identischen Wert ❸.

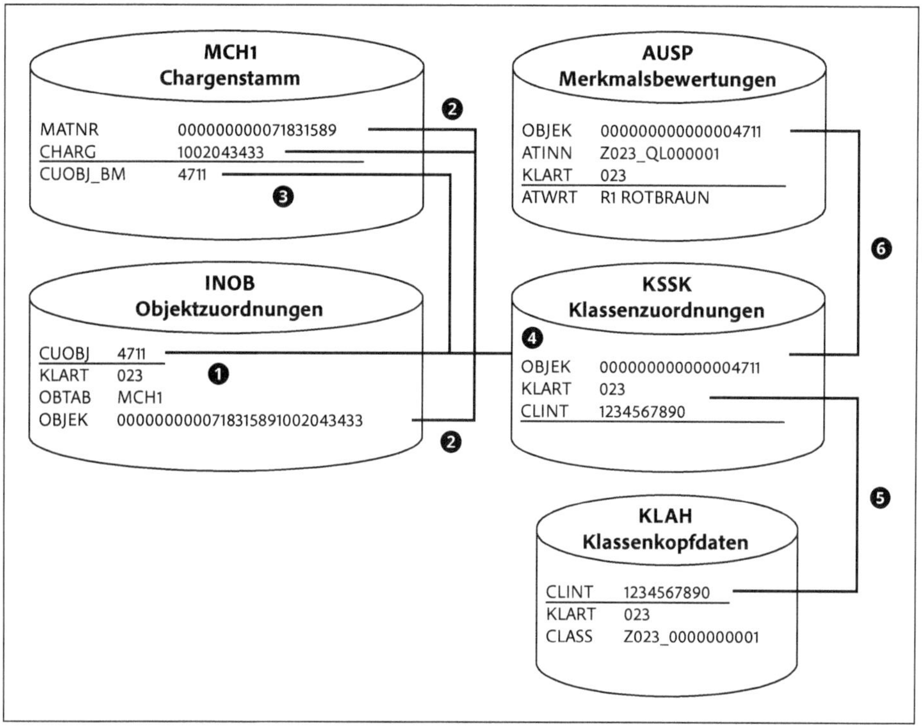

Abbildung 2.39 Tabellenstruktur der Objektklassifizierung

Über die Objektnummer INOB-CUOBJ in der Objektzuordnungstabelle INOB wird über das Feld KSSK-OBJEK auf die Klassenzuordnungstabelle KSSK verwiesen. Dabei müssen Sie neben dem Unterschied im Feldnamen beachten, dass der Wert aus INOB-CUOBJ für die Bewertung des Felds KSSK-OBJEK mit führenden Nullen auf eine 18-stellige Nummer aufgefüllt wird ❹.

Über den Eintrag KSSK-CLINT kann nun über die Klassenkopfdatentabelle KLAH und den Eintrag KLAH-CLINT im Feld KLAH-CLASS die der Charge zugewiesene Klasse identifiziert werden ❺.

Über den Objektschlüssel KSSK-OBJEK und das Feld AUSP-OBJEK können Sie zudem alle Einträge der Merkmalsausprägungstabelle AUSP auslesen, die sämtliche Merkmalsbewertungen der Charge enthalten. Die Merkmale können über das Feld AUSP-ATINN identifiziert werden, die interne Merkmalsnummer. Beachten Sie dabei, dass bei Merkmalen im Zeichenformat der Merkmalswert im Feld ATWRT abgelegt ist, bei numerischen Merkmalen im Feld AFLV als Fließkommawert. Dadurch wird z. B. der Wert 1234 intern im Feld AUSP-ATFLV als 1.2340000000000000E+03 abgelegt. Weitere Details zur Merkmalsdefinition wie den Merkmalsnamen ATNAM erhalten Sie in der Merkmalstabelle CABN ❻.

Durchführung der Integritätsprüfung

Falls nun Inkonsistenzen auf der Datenbank existieren, können Sie diese über die Integritätsprüfung zunächst analysieren und auch korrigieren. Natürlich sollten Sie parallel daran arbeiten, die Ursache für die Inkonsistenzen herauszufinden, und z. B. Ihre kundeneigenen Programme entsprechend anpassen.

Die Integritätsprüfung starten Sie über den Menüpfad **Logistik • Zentrale Funktionen • Chargenverwaltung • Werkzeuge • Integritätsprüfung Chargenklassifizierung** (Transaktion BMCC). Hier können Sie nun mithilfe der Kriterien **Material** und **Charge** die Prüfung selektiv oder komplett für den ganzen Mandanten durchführen. Falls die Chargeneindeutigkeit auf Werksebene definiert wurde, erscheint zusätzlich das **Werk** als Selektionsparameter.

Über das Kennzeichen **Testlauf** lassen Sie sich zunächst die Ergebnisse der Prüfung anzeigen, ohne dass Reparaturen auf der Datenbank durchgeführt werden können. Durch ein Nichtsetzen des Kennzeichens **Konsistente Chargen Einblenden** reduzieren Sie das Ergebnis der Prüfung auf lediglich fehlerhafte Sätze und blenden Chargen mit korrekten Klassifizierungsdaten aus. Zusätzlich können Sie über das Kennzeichen **CUOBJ ausblenden** die technische Information der internen Nummer CUOBJ bei der Ergebnisanzeige ausblenden (siehe Abbildung 2.40).

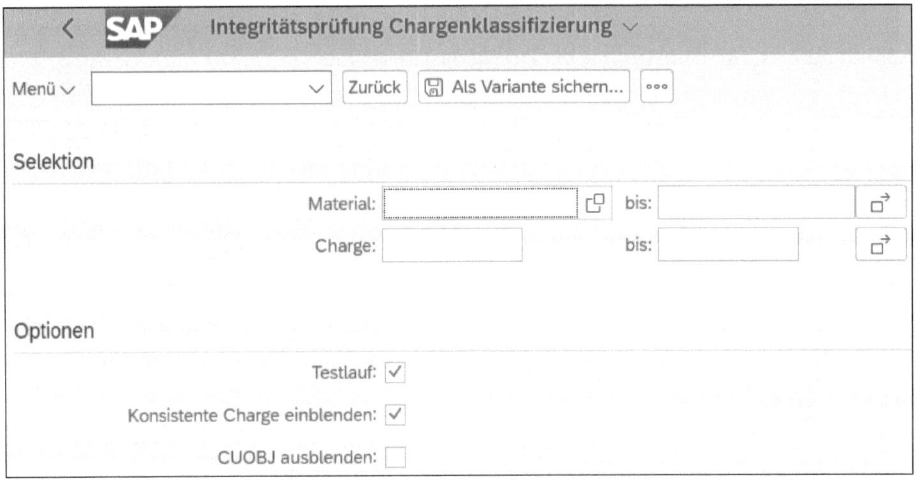

Abbildung 2.40 Selektionsparameter der Integritätsprüfung

Durch das Starten dieses Reports werden nun Fehler auf der Datenbank z. B. folgender Art behoben:

- »Charge trägt CUOBJ_BM – INOB fehlt« oder »Charge trägt CUOBJ_BM – INOB und KSSK fehlen«
  Der Chargenstamm in Tabelle MCH1 hat einen Eintrag im Feld CUOBJ_BM für eine Charge, allerdings existiert kein Satz für diese Charge in der Objektzuordnungsta-

belle INOB bzw. in der Klassenzuordnungstabelle KSSK. Eventuell existieren zusätzlich Einträge für die Charge in der Merkmalsausprägungstabelle AUSP. Die fehlenden Einträge für INOB und KSSK werden bei der Reparatur angelegt.

- »Charge trägt falsche CUOBJ_BM«, »nicht klassifizierte Charge mit CUOBJ_BM« oder »mehrere INOB-Einträge vorhanden«
  In diesem Fall stimmen die Einträge der Felder MCH1-CUOBJ_BM und INOB-CUOBJ nicht überein, der Eintrag in MCH1-CUOBJ_BM ist überflüssig, oder es existieren zu viele Sätze in der Zuordnungstabelle INOB. Im Rahmen der Reparatur wird die Konsistenz der Einträge wiederhergestellt.

Als mögliches Ergebnis einer Integritätsprüfung sehen Sie einen Ordner mit der Fehlermeldung »nicht klassifizierte Charge mit CUOBJ_BM«. Es existiert eine Charge mit einem Eintrag im Feld MCH1-CUOBJ_BM, aber ohne Klassifizierung bzw. ohne einen Eintrag in der Objektzuordnungstabelle INOB. Über den Anstoß der Reparatur über den Menüpfad **Chargen • Klassifizierung reparieren** wird die Konsistenz der Einträge auf der Datenbank wiederhergestellt, indem der Wert des Felds MCH1-CUOBJ_BM gelöscht wird. Korrigierte Chargen erscheinen dann nach der Reparatur unter dem Ordner **Fehler erfolgreich korrigiert**.

2.5.2 Chargenklasse umsetzen

Aus verschiedensten Gründen kann es vorkommen, dass Sie im laufenden Betrieb eine Klassenzuordnung von Materialien und deren Chargen ändern möchten, weil Sie z. B. Ihre Klassenbibliothek umstrukturieren und neue Klassen definiert haben, die die alten ersetzen sollen. Zu diesem Zweck gibt es eine Funktion zur sogenannten *Umsetzung* der Chargenklasse. Damit werden Zuordnungen von Chargenklassen zu Materialien und Chargen geändert, obwohl bereits Chargen zu diesen Materialien produziert, verbraucht oder anderweitig bestandsgebucht wurden. Dabei werden zudem die bereits vorhandenen Merkmalsbewertungen in die neue Klasse übertragen.

Während der Umsetzung wird im Material und in allen bereits klassifizierten Chargen des Materials die alte durch die neue Klasse ersetzt, der Klassifizierungsstatus wird dabei nicht verändert. Dazu wird eine sogenannte Umsetzung zunächst angelegt. Sie führen dies online oder per Batch-Job durch, dabei wird ein ausführliches Protokoll geschrieben.

Die Umsetzungsfunktion rufen Sie über den Menüpfad **Logistik • Zentrale Funktionen • Chargenverwaltung • Werkzeuge • Umsetzung Chargenklasse** (Transaktion BMCHCL) auf. Dabei legen Sie zunächst eine sogenannte Umsetzung an und geben dabei die Materialien und die jeweils neue Klasse an. Diese prüfen Sie im Anschluss mit dem Button (**prüfen**) oder starten direkt die Umsetzung über den Button (**prüfen und freigeben**). Alle Umsetzungen lassen sich komfortabel in einer Baumstruktur bearbeiten und analysieren (siehe Abbildung 2.41).

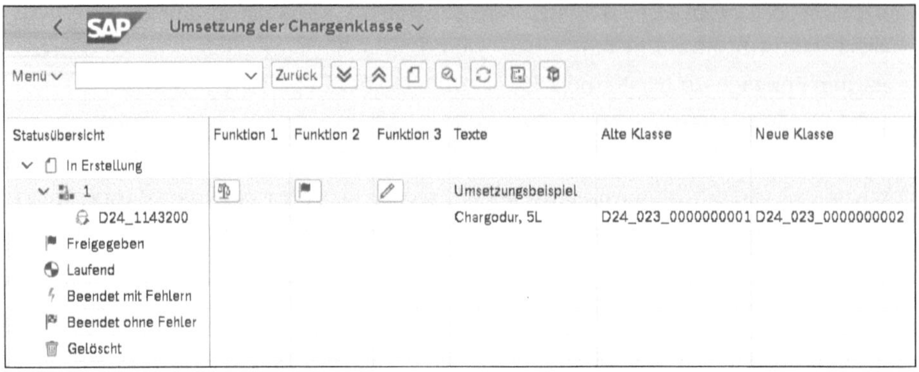

Abbildung 2.41 Umsetzung von Chargenklassen

[!]

Voraussetzung zum Ändern der Chargenklasse

Bei einer möglichen Neugestaltung Ihrer Klassen sollten Sie beachten, dass eine Umsetzung von einer alten zu einer neuen Chargenklasse mithilfe dieser Funktion nur dann möglich ist, wenn die neue Klasse alle Merkmale der alten Klasse enthält. Ansonsten läuft die Umsetzung auf einen Fehler. Zusätzliche Merkmale in der neuen Klasse sind allerdings erlaubt.

2.5.3 Fazit

Sie kennen nun die Werkzeuge, mit denen Sie Probleme mit der Klassifizierung von Chargen beheben können. Sie haben die Integritätsprüfung kennengelernt, mit der Sie Fehler in der Integrität der Klassifizierung prüfen und korrigieren können. Außerdem wissen Sie, wie Sie die Umklassifizierung nutzen können, um den Aufbau und die Struktur Ihrer Chargenklassen zu überarbeiten und zu optimieren.

2.6 Archivierung von Chargen

Abhängig von der Speicherkapazität Ihres Datenbankservers oder aufgrund Ihrer übergreifenden Archivierungsstrategie werden Sie früher oder später in die Situation kommen, nicht mehr benötigte Chargenstammsätze zu archivieren. Ein weiterer Grund dafür ist die Performance, z. B. der Chargenfindung, die mit einer steigenden Anzahl von Chargenstämmen im SAP-System schlechter wird.

Sie sollten generell die Archivierung von Chargen in Ihr Archivierungskonzept für Belege wie Kundenaufträge, Produktionsaufträge und Bestellungen mit einbeziehen, obwohl es sich bei den Chargen um Stammsätze bzw. Sonderbestände handelt. Denn aufgrund der Tatsache, dass eine Charge nicht reproduzierbar ist, kann ein Chargenstammsatz nach einem bestimmten Zeitraum ohne eine Warenbewegung archiviert und aus dem System gelöscht werden.

Archivierte Chargen im Chargenverwendungsnachweis

Archivierte Chargen, die Sie von Ihrem SAP-System gelöscht haben, können Sie trotzdem noch im Chargenverwendungsnachweis berücksichtigen. Durch eine Archivierung gefährden Sie die Möglichkeit einer lückenlosen Rückverfolgung nicht.

Indem Sie in Transaktion MB56 (Chargenverwendungsnachweis) im Selektionsbild das Kennzeichen **Archivdaten nachlesen** setzen, werden auch archivierte Chargen für den Chargenverwendungsnachweis mit einbezogen (siehe Abschnitt 5.2, »Ursprungscharge«). Dies gilt auch dann, wenn Sie darüber hinaus die Sätze zum Chargenverwendungsnachweis der Charge bereits archiviert haben.

Um eine Charge archivieren zu können, setzen Sie mit Transaktion MSC2N bzw. mit der SAP-Fiori-App **Charge ändern** im Chargenstamm zu allen Segmenten, die für die Chargen existieren, das Löschkennzeichen (siehe Abbildung 2.42). Damit bereiten Sie die Charge für die Archivierung und das Löschen aus dem SAP-System vor.

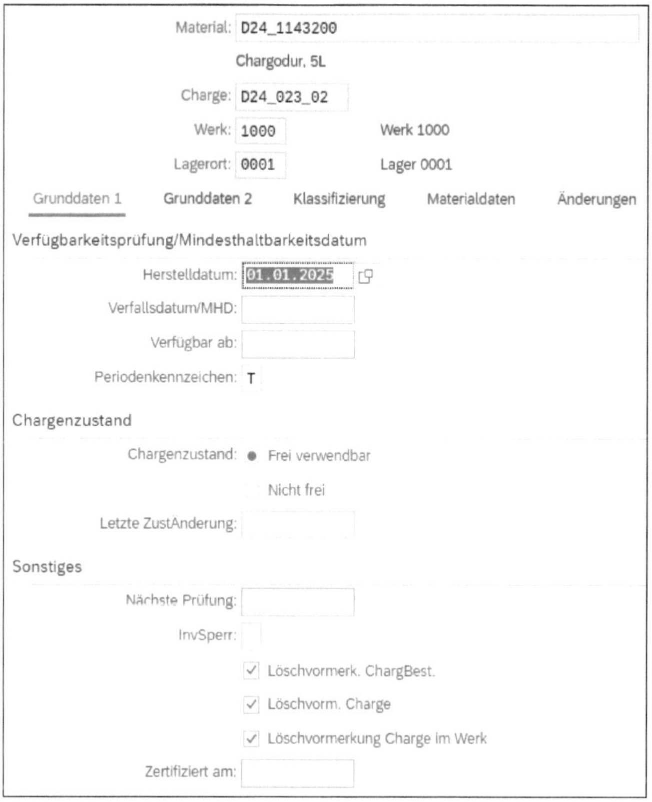

Abbildung 2.42 Löschkennzeichen im Chargenstamm setzen

[+]

Löschkennzeichen für multiple Chargen setzen

Es gibt keine Transaktion zur Massenbearbeitung von Chargen, in der Sie Löschkennzeichen für mehrere Chargen gleichzeitig setzen können. Allerdings können Sie über das Batch Information Cockpit (BIC) eine Folgeaktion implementieren, die das Löschkennzeichen für alle markierten Chargenstammsegmente setzt (siehe Abschnitt 7.4.4, »Erweiterungsmöglichkeiten«). Über eine Selektionsvariante im BIC selektieren Sie dann z. B. alle Chargen mit Nullbestand und mit einer letzten Warenbewegung vor einem definierten Datum. Für alle selektierten Chargenstammsegmente setzen Sie dann über die Folgeaktion das Löschkennzeichen.

Nach dem Setzen des Löschkennzeichens starten Sie mit Transaktion SARA (Archivadministration) die Archivierung und geben im Feld **Archivierungsobjekt** den Wert »MM_SPSTOCK« (LO: Chargen und Sonderbestände) ein, da Chargen unter diesem Archivierungsobjekt geführt werden (siehe Abbildung 2.43).

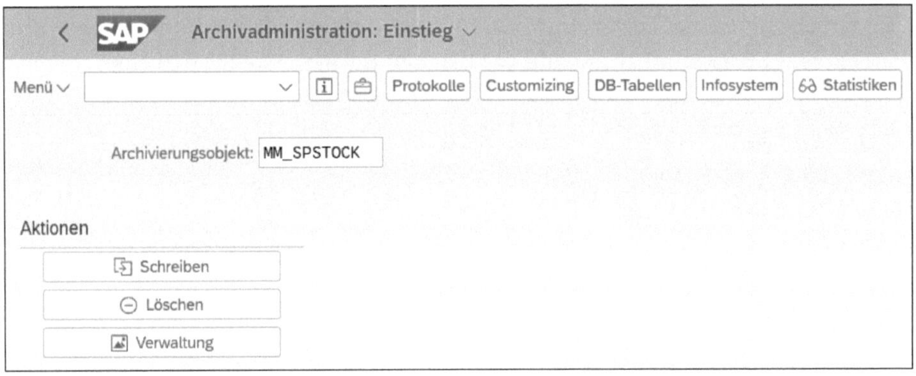

Abbildung 2.43 Einstieg in die Archivierung

Im nächsten Schritt wählen Sie die Chargen aus, die zur Archivierung anstehen, und schreiben sie in eine Archivdatei. Dazu klicken Sie auf den Button Schreiben (**Schreiben einplanen**). Sie gelangen in den Dialog zur Erzeugung der Archivdaten. Dort geben Sie im Feld **Variante** einen beliebigen Variantennamen ein (siehe Abbildung 2.44).

Als Nächstes klicken Sie auf den Button Pflegen (**Variante pflegen**) und gelangen in den Dialog zur Variantenpflege (siehe Abbildung 2.45).

Im Selektionsbild der Variantenpflege aus Abbildung 2.45 geben Sie nun die Selektionskriterien zur Ermittlung der zu archivierenden Chargen ein. Um sicherzugehen, dass Sie nur Chargen ohne Bestand selektieren, setzen Sie im Bereich **Optionen** das Kennzeichen **Nur Chargenbestandssätze berücksichtigen. Chargenstamm wird nicht gelöscht**.

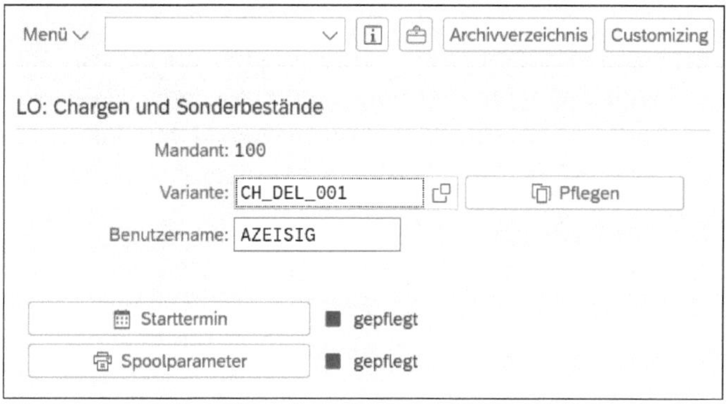

Abbildung 2.44 Archivdatei erzeugen

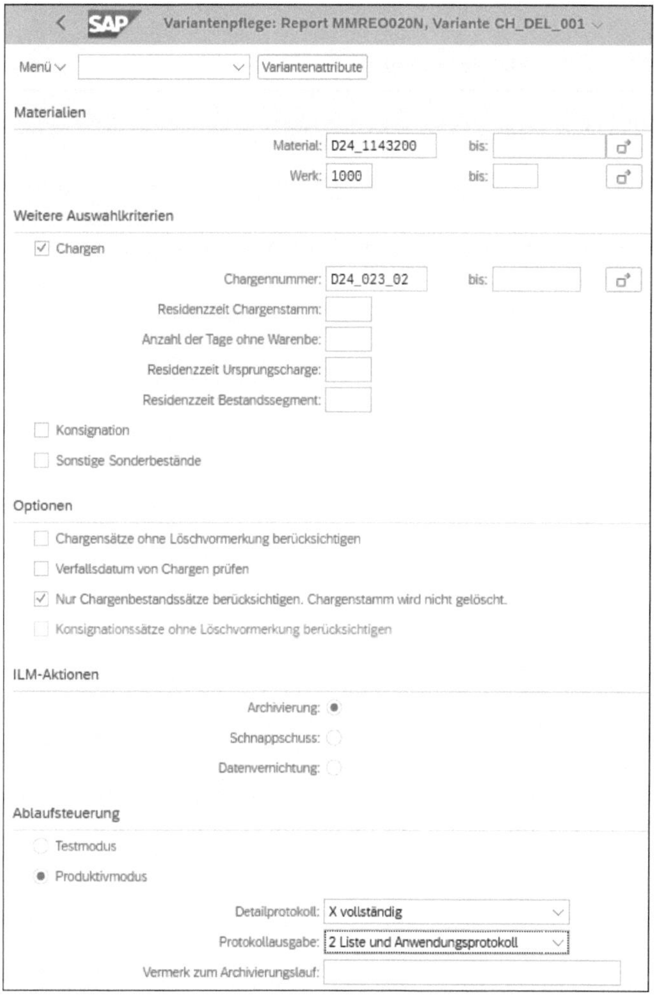

Abbildung 2.45 Variante zur Erzeugung der Archivdatei anlegen

Optional können Sie das Kennzeichen **Chargensätze ohne Löschvormerkung berücksichtigen** nutzen, falls Sie ganz gezielt eine konkrete Charge löschen und dabei sicherstellen möchten, dass alle Bestandssegmente zur Charge gelöscht werden. Vergessen Sie außerdem nicht, in der Ablaufsteuerung den Radiobutton **Produktivmodus** zu setzen. Nun sichern Sie die Variante und gelangen wieder in den Dialog zur Erzeugung der Archivdaten (siehe Abbildung 2.44).

Nachdem Sie über die entsprechenden Buttons einen Starttermin angegeben und die Spoolparameter gepflegt haben, erzeugen Sie mit dem Befehl **Ausführen** (unten rechts im Bildschirm) die Archivdatei. Daraufhin erscheint die Systemmeldung BA 051 (Neuer Archivierungsjob wurde eingeplant).

[!]

Voraussetzung zum Schreiben einer Archivdatei für eine Charge

Um eine Charge in eine Archivdatei schreiben zu können, müssen alle Belege zur Charge archiviert sein. Falls Sie z. B. eine eigengefertigte Charge archivieren möchten und die Chargennummer im Kopf eines Produktionsauftrags eingetragen ist, muss dieser Auftrag archiviert sein, bevor Sie die Charge archivieren können.

Zurück im Startmenü der Archivverwaltung, nutzen Sie den Button Löschen (**Löschen einplanen**), um in die Ansicht zum Start des Löschprogramms zu gelangen. Hier wählen Sie über den Button Archivauswahl (**Archivdateien auswählen**) die zuvor angelegte Archivdatei aus, wie in Abbildung 2.46 dargestellt.

Abbildung 2.46 Archivdatei für den Löschvorgang auswählen

Nachdem Sie eine Archivdatei zum Löschen ausgewählt haben und auch hier einen Starttermin angegeben und die Spoolparameter gepflegt haben (siehe Abbildung 2.47), starten Sie mit dem Befehl **Ausführen** (unten rechts, auf der Abbildung nicht zu sehen) den Löschvorgang.

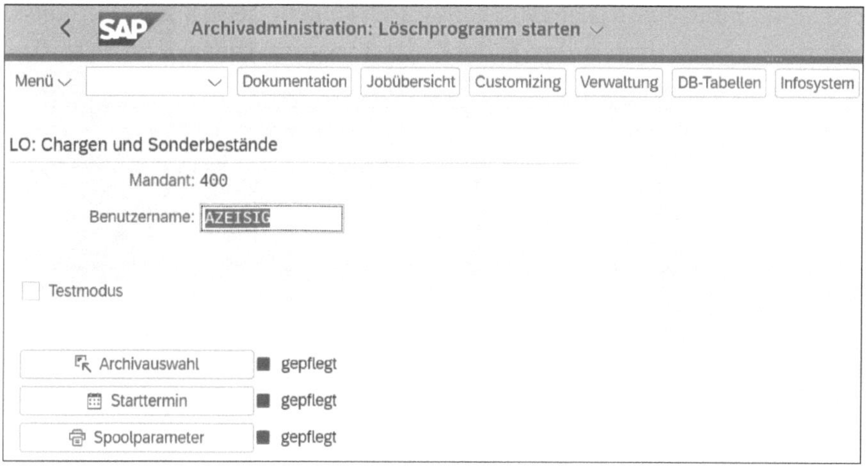

Abbildung 2.47 Löschprogramm starten

Sperre auf Materialebene bei Archivierung von Chargen

Während der Archivierung von Chargen setzt das SAP-System eine Exklusivsperre auf Material- bzw. Werksebene, falls Sie die Chargeneindeutigkeit auf Werksebene definiert haben. Das bedeutet, dass Sie während der Archivierung z. B. keine Materialbewegungen durchführen können. Sie sollten deshalb regelmäßige Archivierungsläufe für Chargen einplanen, um den Zeitraum dieser Einschränkungen für den Produktivbetrieb möglichst kurz zu halten. Wie Sie diese Sperre auf Materialebene umgehen, erfahren Sie in SAP-Hinweis 1245928.

Zurück in der Archivadministration (siehe Abbildung 2.43), klicken Sie auf den Button **Protokolle**, um sich das Protokoll des Löschvorgangs anzeigen zu lassen. Sie gelangen in die Übersicht der Archivierungsprotokolle zum Archivierungsobjekt MM_SPSTOCK (LO: Chargen und Sonderbestände), wie in Abbildung 2.48 dargestellt.

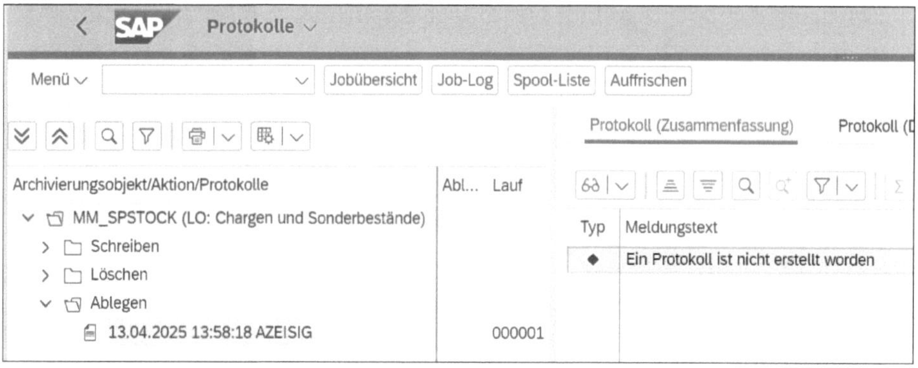

Abbildung 2.48 Protokoll des Löschvorgangs anzeigen

In der Archivadministration (siehe Abbildung 2.43) können Sie sich außerdem über den Button Verwaltung (**Archivierungsläufe**) alle Archivierungsläufe wie im Beispiel in Abbildung 2.49 anzeigen lassen.

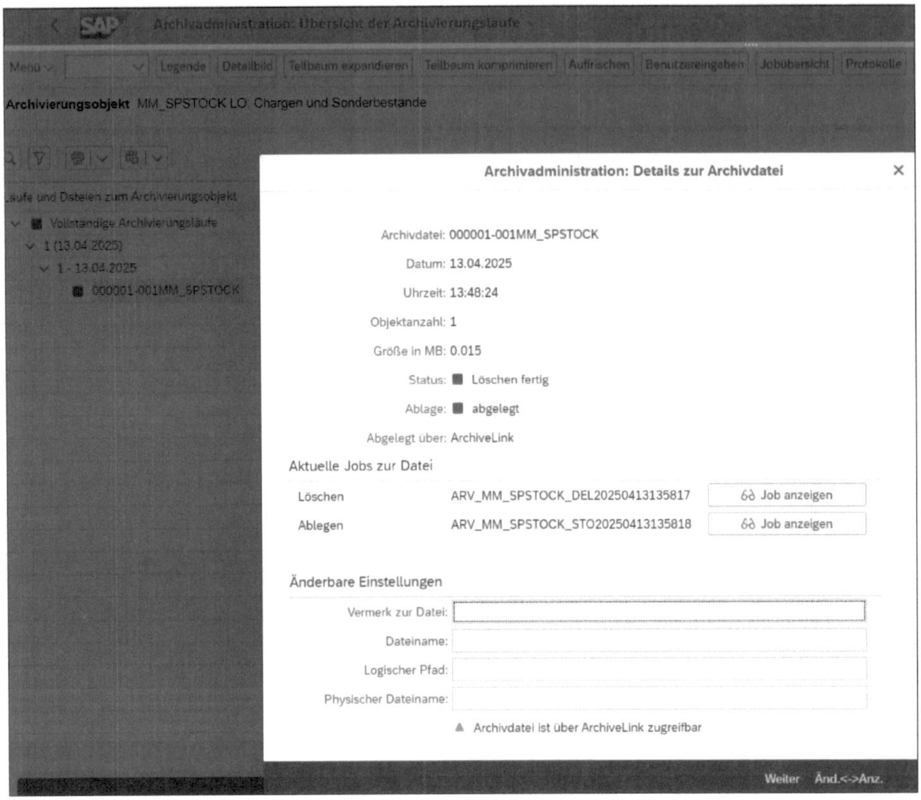

Abbildung 2.49 Übersicht aller Archivierungsläufe anzeigen

Über den Button Lesen (**Lesen starten**) in der Archivadministration (siehe Abbildung 2.43) können Sie sich zusätzlich die archivierten Chargen anzeigen lassen. Sie starten damit das Leseprogramm zur Anzeige der archivierten Objekte des Archivierungsobjekts MM_SPSTOCK (LO: Chargen und Sonderbestände), wie in Abbildung 2.50 dargestellt.

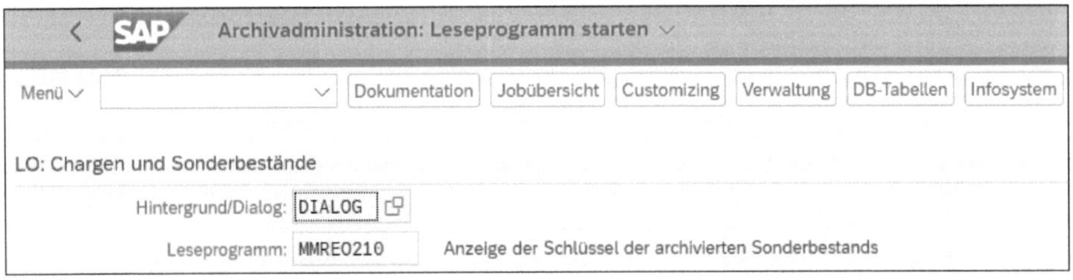

Abbildung 2.50 Leseprogramm zur Anzeige archivierter Chargen starten

Nachdem Sie das Leseprogramm mit dem Befehl **Ausführen** gestartet haben, wählen Sie einen Archivierungslauf aus, zu dem Sie dann wie im Beispiel in Abbildung 2.51 die archivierten Chargen angezeigt bekommen.

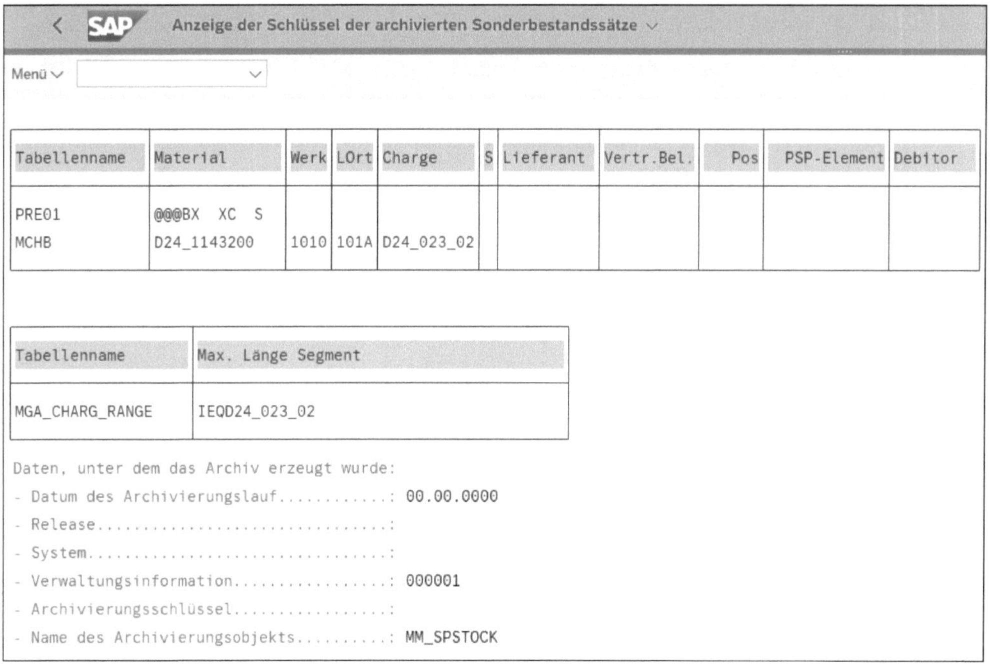

Abbildung 2.51 Archivierte Chargen anzeigen

Weitere für die Chargenverwaltung relevante Archivierungsobjekte

Nach der Archivierung der Chargenstammsätze können Sie über das Archivierungsobjekt LO_CHVW ebenfalls die Sätze des Chargenverwendungsnachweises archivieren (siehe Abschnitt 5.2, »Ursprungscharge«).

Falls Sie mit WIP-Chargen arbeiten (siehe den gleichnamigen Abschnitt 5.3), müssen Sie vor deren Archivierung zuerst den Produktionsauftrag archivieren, in dem Sie die WIP-Chargen erzeugt haben. Im nächsten Schritt können Sie die WIP-Chargenstämme und danach über das Archivierungsobjekt PP_WIPCHVW die Chargenverwendungssätze zu WIP-Chargen archivieren.

Sie wissen nun, wie Sie Chargenstammsätze archivieren, um nicht mehr benötigte Chargenstammsätze aus dem SAP-System zu löschen.

2.7 Zusammenfassung

Nach der Lektüre dieses Kapitels kennen Sie nun Stammdaten und Grundfunktionen der Chargenverwaltung, mit denen Sie die Basis für eine durchgängige Rückverfolgung schaffen können. Dazu gehört zunächst der Chargenstamm zur Hinterlegung und Protokollierung aller relevanten Daten von Chargen. Außerdem haben wir Ihnen alle Möglichkeiten zur Anlage von Chargen und zur Vergabe von Chargennummern vorgestellt. Wir haben Ihnen gezeigt, wie Sie über Einstellungen im Customizing die Chargennummernvergabe und Chargenanlage pro Geschäftsprozess manuell oder automatisch realisieren können, z. B. bei einem Wareneingang zu einer Bestellung oder bei Freigabe eines Produktionsauftrags. Darüber hinaus haben Sie die Customer-Exits zur internen und externen Nummernvergabe für eine flexiblere Vergabe auf Basis von Schablonen oder zur Prüfung von manuell eingegebenen Chargennummern kennengelernt.

In einem Exkurs über das Klassensystem haben wir Ihnen die Grundlagen vermittelt, wie Sie Merkmale und Klassen pflegen und im Rahmen der Chargenverwaltung für die Klassifizierung von Materialien und Chargen einsetzen können. Auch hier haben Sie alle Möglichkeiten kennengelernt, wie Sie über Customizing-Einstellungen und Customer-Exits neben Chargenstammdaten auch Chargenmerkmale flexibel aus dem jeweiligen Geschäftsprozess heraus automatisch bewerten können.

Nach einer Erläuterung der zugrunde liegenden Tabellenstruktur haben wir Ihnen die Integritätsprüfung vorgestellt, mit der Sie Inkonsistenzen in den Tabelleneinträgen zur Klassifizierung von Chargen korrigieren können. Außerdem haben Sie erfahren, wie Sie die Funktion zur Umsetzung von Chargenklassen einsetzen können, um im laufenden Betrieb Ihre Klassenbibliothek umzuorganisieren.

Zum Schluss haben wir Ihnen gezeigt, wie Sie Chargen archivieren können.

Nach der Lektüre dieses Kapitels kennen Sie damit alle Funktionen zur Erstellung und Verwaltung von Chargen, was die erste Voraussetzung ist, um eine durchgängige Rückverfolgbarkeit gewährleisten zu können. Die dafür notwendige zweite Voraussetzung des Einsatzes und Verbrauchs von Chargen, unterstützt durch die Chargenfindung, stellen wir Ihnen im nächsten Kapitel vor.

Kapitel 3
Chargenfindung

Das zentrale Thema dieses Kapitels ist die Chargenfindung, die in allen Logistikanwendungen zum Einsatz kommt. Neben allen relevanten Stammdaten und Customizing-Einstellungen zeigen wir Ihnen Beispiele aus allen Bereichen.

Wie eine Charge entsteht und im SAP-System verwaltet wird, haben Sie in Kapitel 2, »Entstehung und Verwaltung einer Charge«, bereits erfahren. Dieses Kapitel zeigt, welche Möglichkeiten Sie haben, die im System angelegten Chargen zur weiteren Verwendung in der Supply Chain automatisch auszuwählen bzw. vorzuschlagen. Das kann ein geplanter Einsatz als Komponente für einen Produktionsauftrag, ein Warenausgang, eine Auslieferung an einen Kunden oder eine interne Umlagerung innerhalb des Lagers sein. Natürlich können Sie in jedem Beleg auch manuell eine Charge angeben. Dadurch ist allerdings nicht gewährleistet, dass diese Charge zum Bedarfstermin ausreichend verfügbaren Bestand hat oder gewissen Kriterien bezüglich Haltbarkeit, Zustand der Charge oder bestimmten Kundenspezifikationen entspricht. Die Berücksichtigung solcher Kriterien und auch die Integration einer dynamischen Verfügbarkeitsprüfung sowie eine automatische Sortierung und mögliche Aufteilung der Bedarfsmenge auf mehrere Chargen sind Bestandteile der Chargenfindung, die wir Ihnen im weiteren Verlauf dieses Kapitels detailliert vorstellen werden.

Zunächst beschreiben wir in Abschnitt 3.1, »Einführung«, die Einsatzmöglichkeiten der Chargenfindung. Danach geht es in Abschnitt 3.2, »Voraussetzungen für die Chargenfindung«, um den Grundaufbau des Customizings der Chargenfindung und der zugehörigen Stammdaten. Dabei können Sie für jeden Geschäftsprozess in den einzelnen Komponenten definieren, nach welchen Kriterien die Chargenfindung angesteuert wird. Zum Beispiel kann im Vertrieb für eine bestimmte Kundenauftragsart unter anderem pro Verkaufsorganisation und Kunde eine Chargenfindung aufgerufen werden. Für Lieferungen zu Umlagerungen könnte hier andererseits die Variable Lieferwerk ins Spiel kommen, sodass abhängig vom auszuliefernden Werk unterschiedliche Kriterien herangezogen werden können.

Im gleichnamigen Abschnitt 3.3 bekommen Sie einen Überblick, an welchen Stellen in den Anwendungen ein Aufruf der Chargenfindung möglich ist. Abschnitt 3.4, »Ablauf der Chargenfindung«, erläutert Ihnen die einzelnen Schritte und Funktionen, die bei einer Chargenfindung durchlaufen werden. Hier zeigen wir Ihnen außerdem, wie

Sie Standardmerkmale in der Chargenfindung verwenden können. Die Besonderheiten zur Chargenfindung in SAP Extended Warehouse Management (SAP EWM) werden Ihnen in Abschnitt 3.5 erläutert. Zum Schluss des Kapitels gehen wir in Abschnitt 3.6 noch auf die Erweiterungsmöglichkeiten ein.

[»]

Aufwand und Nutzen der Chargenfindung

Bei der Einführung und Nutzung der Chargenfindung entsteht zunächst ein zusätzlicher Aufwand. Im Bereich der Stammdaten ist die Pflege von Konditionssätzen zur Chargenfindung erforderlich. Zudem ist der Einsatz der Klassifizierung eine zwingende Voraussetzung.

Bei Bewegungsdaten erfolgt die Chargenfindung entweder manuell oder automatisch innerhalb der Belege der jeweiligen Geschäftsprozesse.

Der damit verbundene potenzielle Nutzen liegt in der gezielten Selektion geeigneter Chargen in sämtlichen logistischen Prozessen auf Basis vordefinierter Selektionskriterien für einen effizienteren Einsatz von Chargen.

3.1 Einführung

In diesem Abschnitt möchten wir Ihnen die verschiedenen Einsatzgebiete der Chargenfindung anhand des Materialflusses in der Supply Chain vorstellen. Neben der Chargenanlage, die entlang der Supply Chain erfolgt, wie auf der linken Seite in Abbildung 3.1 beschrieben, kann optional die Chargenfindung in fast allen Logistikkomponenten eingesetzt werden, was wir rechts in der Abbildung dargestellt haben.

Zunächst werden Chargen von Rohstoffen und anderen Einsatzkomponenten aufgrund eines im Einkauf angestoßenen Bestellprozesses ❶ und des darauffolgenden Wareneingangs über die Bestandsführung ❷ auf Lager gelegt. Dabei findet die Chargenanlage ihre Anwendung, bei der die Chargen darüber hinaus z. B. über eine Qualitätsprüfung mit Spezifikationen versehen werden können.

Danach können die Chargen für eine Weiterverarbeitung bzw. einen Einsatz in der Produktion gezielt ausgewählt werden. Dies kann nun an verschiedenen Stellen erfolgen, z. B. bereits im Produktionsauftrag ❸, falls für eine Auftragskomponente Chargen bereitgestellt werden müssen, die eine besondere Spezifikation aufweisen. Falls Sie im Auftrag keine Chargen spezifiziert haben, können Sie diese entweder in der Lagerverwaltung ❹ oder in der Bestandsführung ❺ über die Chargenfindung bestimmen. In der Lagerverwaltung läuft die Chargenfindung bei Erstellung der Lageraufgabe ab. In der Bestandsführung, also im Falle von lediglich auf Lagerortebene bestandsgeführten Materialien, kommt die Chargenfindung dann spätestens bei der Warenausgangsbuchung zum Produktionsauftrag zum Einsatz.

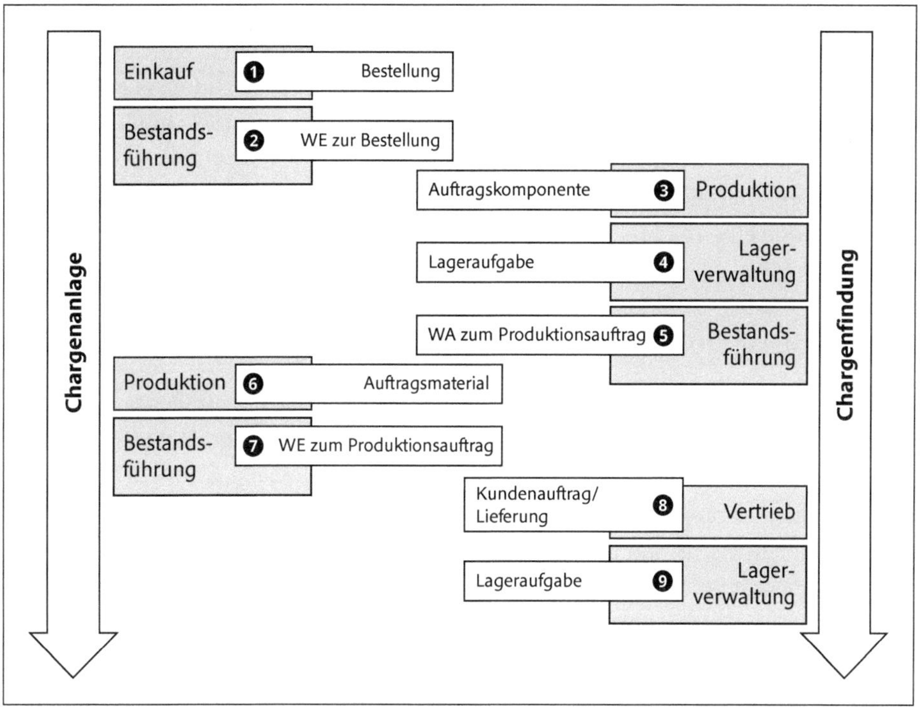

Abbildung 3.1 Chargenanlage und Chargenfindung

Die produzierten Chargen können Sie nun bereits im Produktionsauftrag ❻ oder spätestens beim Wareneingang zur Produktion ❼ im System anlegen. Mittels einer Prüflosabwicklung in der Komponente QM können Sie außerdem eine Qualitätsprüfung für die Chargen durchführen und die Chargenmerkmale mit den Prüfergebnissen bewerten (siehe dazu auch Abschnitt 4.3, »Chargenverwaltung und Qualitätsmanagement«).

Im Rahmen der Vertriebsprozesse können Sie die Produktionschargen der Endprodukte nun in verschiedenen Vertriebsbelegen wie Kundenauftrag oder Lieferung ❽ für einen Kunden über die Chargenfindung auswählen und dadurch für den Kunden reservieren. Dabei haben Sie die Möglichkeit, z. B. kundenspezifische Kriterien für die Auswahl der Chargen heranzuziehen. Falls keine spezifischen Kriterien notwendig sind und Sie keine spezielle Charge im Vertriebsbeleg zuteilen möchten, geben Sie spätestens bei der Kommissionierung zur Lieferung die Chargen an. Falls Sie dazu die Komponente EWM nutzen, wird während der Erstellung der Lageraufgabe ❾ die Chargenfindung angestoßen. Dabei kann z. B. der älteste Bestand zuerst ausgeliefert werden, allerdings unter Einhaltung des Verfallsdatums/MHD, sodass keine abgelaufenen Chargen oder Chargen mit einer zu geringen Mindesthaltbarkeit an den Kunden versandt werden.

Darüber hinaus haben Sie auch die Möglichkeit, bei anderen Warenbewegungen wie einer Umlagerung oder einem Warenausgang zu einer Kostenstelle eine Chargenfindung durchzuführen. Entsprechend der Einstellung können Sie zudem zulassen oder verbieten, dass das Ergebnis einer Chargenfindung vom Benutzer manuell nachbearbeitet und geändert werden kann. Sie ermöglichen dadurch, dass die vom System vorgeschlagenen Chargen und die Aufteilung der Bedarfsmenge auf eine oder mehrere Chargen durch eine manuelle Eingabe jederzeit übersteuert werden kann.

3.2 Voraussetzungen für die Chargenfindung

Wenn Sie die Chargenfindung nutzen möchten, sind zunächst einige Customizing-Einstellungen und Stammdaten erforderlich. Für jede Komponente nehmen Sie diese Einstellungen separat vor, da jeder Beleg unterschiedliche Daten enthält, auf deren Basis Sie eine Chargenfindung definieren und steuern können. Zum Beispiel ist aus Bestandsführungssicht die Bewegungsart relevant, aus Vertriebssicht hingegen die Vertriebsbelegart. In Abbildung 3.2 sind am Beispiel der Bestandsführung alle Customizing- und Stammdatenobjekte, die für die Chargenfindung erforderlich sind, in einer Übersicht dargestellt.

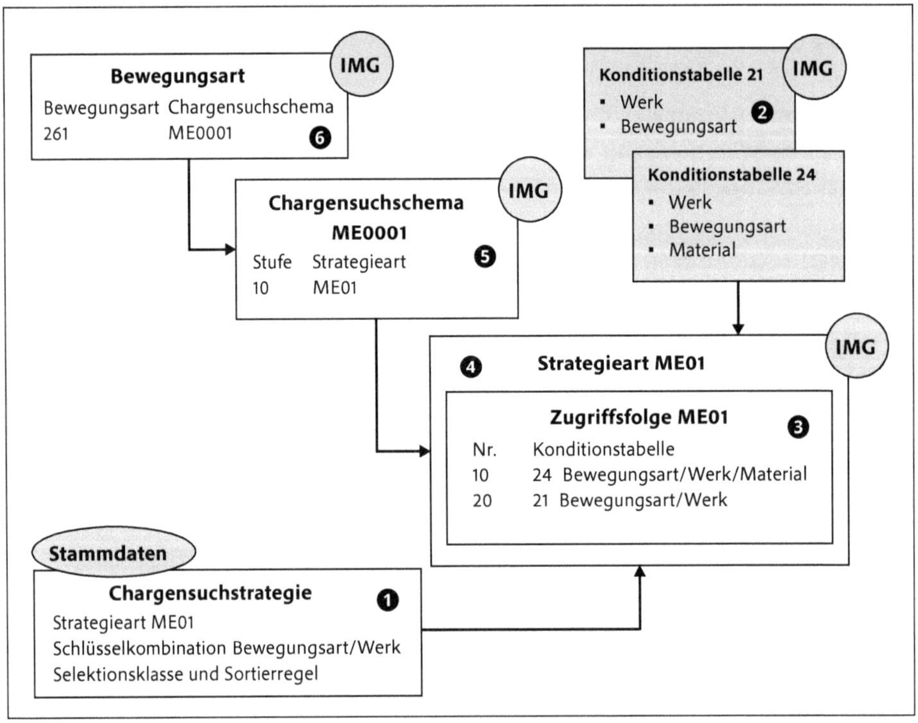

Abbildung 3.2 Customizing und Stammdaten der Chargenfindung

Der Aufbau der Einstellungen ist für alle Komponenten identisch. Eine Ausnahme bildet die Lagerverwaltung mit EWM, auf die wir in Abschnitt 3.5, »Besonderheiten bei der Chargenfindung mit SAP EWM«, eingehen.

In der Chargenfindung kommt die vor allem in der Preisfindung im Vertrieb, aber auch in der Konten- und Nachrichtenfindung eingesetzte *Konditionstechnik* zum Einsatz. Für jede Komponente hinterlegen Sie in den Stammdaten alle Informationen, die für den Anstoß einer Chargenfindung erforderlich sind. Für die Chargenfindung gibt es dafür die *Chargensuchstrategien* ❶. Hier definieren Sie über Merkmalsbewertungen in einer *Selektionsklasse*, nach welchen Kriterien im jeweiligen Geschäftsvorfall Chargen selektiert werden sollen. Über die *Sortierregel* steuern Sie die Sortierung der ermittelten Chargen, über eine *Mengenvorschlagsregel* legen Sie fest, wie eine Mengenaufteilung im Falle von Chargensplits erfolgen soll. Sie legen eine solche Suchstrategie zu einer *Schlüsselkombination* einer *Strategieart* an, wie im Beispiel in Abbildung 3.2 zu Strategieart ME01 und Schlüsselkombination **Bewegungsart/Werk**. Bevor Sie eine Chargensuchstrategie anlegen, sollten Sie im Customizing alle erforderlichen Einstellungen zur Konditionstechnik der Chargenfindung vorgenommen bzw. überprüft haben. Dies betrifft alle Objekte, die in Abbildung 3.2 mit IMG (*Implementation Guide*, dort nehmen Sie die Customizing-Einstellungen vor) gekennzeichnet sind.

In den *Konditionstabellen* definieren Sie Kombinationen von Schlüsselfeldern, zu denen Sie Chargensuchstrategien anlegen möchten ❷. Das kann in der Bestandsführung die Kombination aus **Bewegungsart** und **Werk** sein, wie in Konditionstabelle 21 aus Abbildung 3.2 dargestellt. Damit können Sie dann in jedem Werk pro Bewegungsart eine eigene Chargensuchstrategie definieren, die dann bei einer Warenbewegung mit dieser Bewegungsart im entsprechenden Werk verwendet wird.

In den *Zugriffsfolgen* legen Sie die Reihenfolge der Schlüsselkombinationen fest, in der das SAP-System bei der Chargenfindung nach einer Chargensuchstrategie sucht ❸. Im Beispiel in Abbildung 3.2 wird für Zugriffsfolge ME01 zuerst nach einer Suchstrategie über einen Zugriff gemäß Konditionstabelle 24 über die Schlüsselfelder **Werk**, **Bewegungsart** und **Material** gesucht. Falls hier keine Suchstrategie existiert, wird weiter nach einer Suchstrategie gesucht, die zur Schlüsselkombination **Werk** und **Bewegungsart** gemäß Konditionstabelle 21 angelegt wurde. Das gibt Ihnen die Möglichkeit, eine generische Chargensuchstrategie auf der Ebene **Werk** und **Bewegungsart** zu pflegen und für Ausnahmefälle materialspezifisch eine davon abweichende Strategie anzuwenden.

Einer *Strategieart* weisen Sie danach genau eine Zugriffsfolge zu ❹. Darüber hinaus können Sie in der Strategieart Vorschlagswerte für Steuerungsfelder zu Chargensplits und Mengenvorschlag sowie Daten zur Selektion und Sortierung der Ergebnisse einer Chargenfindung pflegen.

Als Nächstes weisen Sie die Strategiearten einem *Chargensuchschema* zu ❺. Zum Schluss hinterlegen Sie beim jeweiligen Geschäftsvorfall der Anwendung genau ein Chargensuchschema. Im Falle der Bestandsführung ist der relevante Geschäftsvorfall die Warenbewegung, gekennzeichnet über die Bewegungsart. Im Beispiel in Abbildung 3.2 ist das die Bewegungsart 261 zum Warenausgang zu einem Produktionsauftrag ❻.

Im Vertrieb wird das Chargensuchschema der Kombination aus Verkaufsorganisation, Vertriebsweg, Sparte und Vertriebsbelegart zugeordnet. In der Produktion erfolgt die Zuordnung zur Produktionsauftragsart.

Nachdem Sie nun gesehen haben, wie die verschiedenen Customizing- und Stammdatenobjekte zusammenhängen, gehen wir im Folgenden auf die Details ein. Sie erfahren, wie Sie die einzelnen Objekte pflegen können und was Sie dabei beachten sollten.

3.2.1 Selektionsklassen

Zur Spezifizierung der Suchkriterien, nach denen Sie Chargen in der Chargenfindung ermitteln möchten, benötigen Sie eine Selektionsklasse. Technisch gesehen, ist eine Selektionsklasse eine Chargenklasse, die Sie in Abschnitt 2.3.1, »Exkurs: Grundlagen des Klassensystems«, bereits kennengelernt haben. Sie können eine Selektionsklasse deshalb genau wie eine Chargenklasse über die SAP-Fiori-App **Klassen verwalten** (App-ID CL02) bzw. Transaktion CL02 (Klassenverwaltung) anlegen oder über die Menüpfade **Anwendungsübergreifende Komponenten • Klassensystem • Stammdaten • Klassenverwaltung** oder **Logistik • Zentrale Funktionen • Chargenverwaltung • Chargenfindung • Selektion und Sortierung • Selektionsklasse • Anlegen**. Alternativ können Sie auch den Customizing-Pfad (IMG •) **Logistik Allgemein • Chargenverwaltung • Chargenfindung und Chargenprüfung • Selektionsklassen definieren** zur Pflege von Selektionsklassen verwenden.

Damit weisen Sie einer Selektionsklasse alle Merkmale zu, deren Merkmalswerte Sie für die Chargenfindung näher spezifizieren möchten. Wenn Sie eine Chargensuchstrategie materialübergreifend definieren möchten, müssen Sie darauf achten, dass die Merkmale der Selektionsklasse eine Untermenge der Merkmale aller Chargenklassen der für die Chargenfindung relevanten Materialien darstellen. Falls Sie mit materialspezifischen Chargensuchstrategien arbeiten möchten, können Sie auch die Chargenklasse des Materials gleichzeitig als Selektionsklasse verwenden. Es gibt allerdings einige Besonderheiten beim Einsatz von Standardmerkmalen in der Chargenfindung zu beachten, auf die wir in Abschnitt 3.4.7, »Chargenfindung mit Standardmerkmalen«, näher eingehen werden.

[«] 3

Transportierbarkeit von Selektionsklassen und Sortierregeln

Obwohl Sie Selektionsklassen und Sortierregeln auch über das Customizing pflegen können, sind beide Objekte nicht an das Transportsystem des Customizings angeschlossen. Das bedeutet, dass Sie beide Objekte in jedem Mandanten manuell pflegen oder im Rahmen der Datenmigration aufbauen müssen.

3.2.2 Sortierregeln

Über die Sortierregel steuern Sie die Sortierung der ermittelten Chargen. Über den Menüpfad **Logistik • Zentrale Funktionen • Chargenverwaltung • Chargenfindung • Selektion und Sortierung • Sortierregel • Anlegen** (Transaktion CU70) können Sie eine Sortierregel anlegen. Alternativ können Sie auch den Customizing-Pfad (IMG •) **Logistik Allgemein • Chargenverwaltung • Chargenfindung und Chargenprüfung • Sortierregeln definieren** verwenden.

Zunächst vergeben Sie im Einstiegsbild einen bis zu 18-stelligen Namen für die Sortierregel. Im Bild **Basisdaten** geben Sie eine Bezeichnung ein (siehe Abbildung 3.3). Danach klicken Sie auf den Button **Merkmale**, um die Merkmale auszuwählen und zuzuordnen, nach denen die in der Chargenfindung ermittelten Chargen sortiert werden sollen.

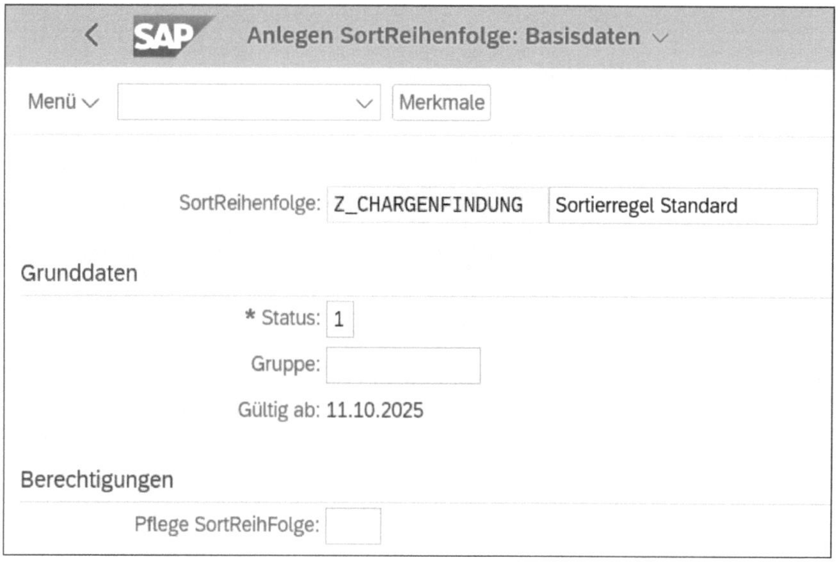

Abbildung 3.3 Sortierregel – Basisdaten

Im folgenden Bild können Sie nun alle relevanten Merkmale eingeben. Dabei können Sie sowohl Standardmerkmale wie LOBM_VFDAT (Verfallsdatum/MHD) als auch freie Merkmale verwenden. Darüber hinaus geben Sie jedem Merkmal mit, ob die Chargen gemäß der Bewertung dieses Merkmals **Aufsteigend** oder **Absteigend** sortiert werden sollen. Im Beispiel in Abbildung 3.4 werden die ermittelten Chargen zunächst aufsteigend nach dem Verfallsdatum/MHD sortiert, sodass die am ehesten ablaufenden Chargen zuerst verwendet werden. Falls Chargen mit gleichem Verfallsdatum/MHD existieren, werden diese gemäß ihrer Bewertung mit den zusätzlichen Sortierkriterien **Farbe** und **Sortierbare Menge Chargenfdg.** in aufsteigender Reihenfolge sortiert.

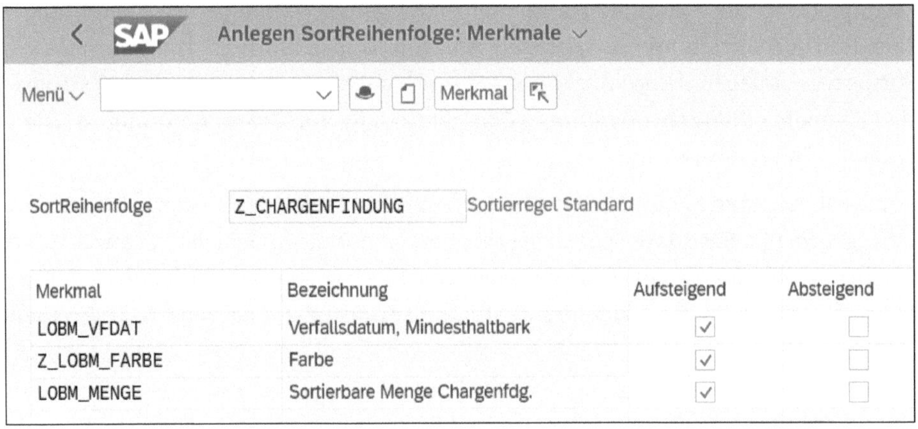

Abbildung 3.4 Sortierregel – Merkmale

[»]

Sortierung ohne Sortierreihenfolge

Falls Sie in einer Chargensuchstrategie keine Sortierregel gepflegt haben, werden die ermittelten Chargen im Standard immer gemäß ihrer Chargennummer sortiert.

Nach der Pflege der Selektionsklassen und Sortierregeln gehen wir nun in Abschnitt 3.2.3, »Nummernkreis der Chargensuchstrategien«, bis Abschnitt 3.2.9, »Zuordnung der Chargensuchschemata zum Geschäftsvorfall«, auf die Einstellungen im Customizing ein.

3.2.3 Nummernkreis der Chargensuchstrategien

Über den Customizing-Pfad (IMG •) **Logistik Allgemein • Chargenverwaltung • Chargenfindung und Chargenprüfung • Nummernkreis der Strategiesätze pflegen** (Transaktion OMAE) können Sie den Nummernkreis pflegen, der bei der Anlage einer Chargensuchstrategie für die Vergabe einer internen Nummer verwendet wird. Diese

Nummer ist für den Benutzer nicht relevant und dient lediglich zur internen Verwaltung der Chargensuchstrategien. Das relevante Nummernkreisobjekt heißt KONHH und enthält den Nummernkreis 01 mit einem Intervall von 0000001000 bis 9999999999. Dies ist die Standardeinstellung bei Auslieferung des SAP-Systems, die Sie auch so verwenden können.

3.2.4 Konditionstabellen, Feldkataloge und Kommunikationsstrukturen

Über eine Konditionstabelle definieren Sie die Schlüsselfelder bzw. die Schlüsselkombination, zu der Sie später eine Chargensuchstrategie anlegen können. Alle Konditionstabellen basieren auf Feldern, die in dem jeweiligen *Feldkatalog* einer Komponente zur Verfügung stehen. Die Felder der komponentenspezifischen Feldkataloge setzen sich dabei aus Feldern aus den *Kommunikationsstrukturen* der Chargenfindung KOMKH und KOMPH zusammen. Die Felder dieser Kommunikationsstrukturen enthalten alle relevanten Daten der Prozesse, in denen Sie die Chargenfindung aufrufen können, z. B. eines Warenausgangs oder einer Lieferung. Die Struktur KOMKH (Chargenfindung – Kommunikationskopf) enthält Informationen aus dem jeweiligen Belegkopf, die Struktur KOMPH (Chargenfindung – Kommunikationsposition) hingegen aus der Belegposition. Während der Chargenfindung werden die Informationen aus diesen beiden Tabellen in Form von *Includes* in der Kommunikationsstruktur KOMGH (Chargenfindung – zulässige Felder) zusammengemischt und stehen dabei zur Suche einer gültigen Chargensuchstrategie zur Verfügung.

In Abbildung 3.5 zeigen wir Ihnen anhand eines Beispiels, wie – ausgehend von den Informationen eines Belegs – der Zugriff auf eine von Ihnen definierte Chargensuchstrategie funktioniert:

- Die Kommunikationsstruktur KOMGH ❷ wird mit allen vorhandenen Informationen aus einem Beleg dynamisch gefüllt, in diesem Fall ein Warenausgang einer Komponente zu einem Produktionsauftrag ❶.
- Dadurch stehen alle Daten des Belegs für die Ermittlung einer passenden Chargensuchstrategie zur Verfügung. Falls Sie also nun eine Chargensuchstrategie zur Schlüsselkombination **Bewegungsart** 261 und **Werk** 0001 angelegt haben ❺, kann diese für die Chargenfindung verwendet werden.
- Die Schlüsselkombination findet sich in Form einer Konditionstabelle wieder ❹, die auf Basis der Felder aus dem Feldkatalog der Bestandsführung definiert wurde ❸.
- Dieser Feldkatalog wiederum besteht aus Feldern der Kommunikationsstrukturen KOMKH und KOMPH ❷.

Auf diese Weise werden die Daten aus einem Beleg eines laufenden Geschäftsprozesses heraus zur Ermittlung einer passenden Chargensuchstrategie verwendet.

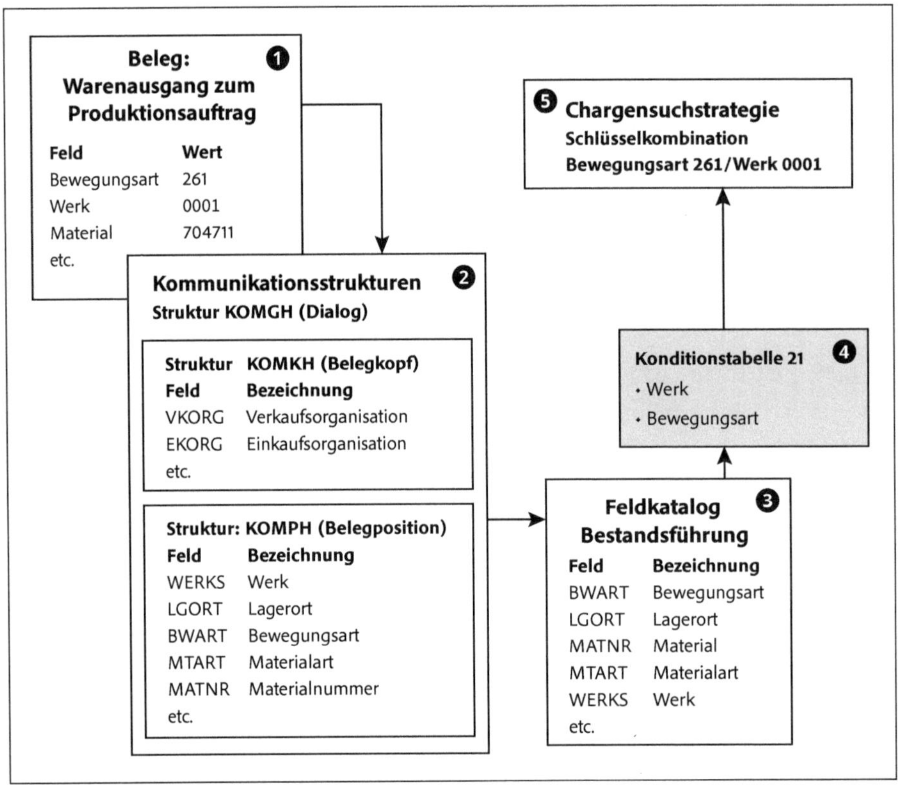

Abbildung 3.5 Relevante Objekte für den Zugriff auf eine Chargensuchstrategie, ausgehend von einem Beleg

Feldkataloge

Den im SAP-Standard ausgelieferten Umfang der Feldkataloge können Sie um weitere Felder ergänzen. Falls erforderlich, können Sie den Feldkatalogen weitere Felder der Kommunikationsstrukturen `KOMKH` und `KOMPH` hinzufügen und diese dann im nächsten Schritt einer selbst definierten Konditionstabelle zuweisen.

[!]

Mandantenunabhängige Customizing-Einstellungen

Bei der Pflege von Feldkatalogen und auch Konditionstabellen und Zugriffsfolgen sollten Sie beachten, dass diese mandantenübergreifend sind. Es handelt sich dabei nicht um Customizing-, sondern um Workbench-Objekte, die Sie nur mit der entsprechenden Berechtigung und einem Workbench-Auftrag pflegen können, falls zudem das Transportsystem aktiv ist. Die Notwendigkeit eines Transports innerhalb der Mandanten eines Systems entfällt dadurch.

So können Sie einen Feldkatalog erweitern: Zu jeder Anwendung gibt es genau einen Feldkatalog. Die Feldkataloge pflegen Sie über den Customizing-Eintrag der Konditionstabellen der jeweiligen Anwendung. Diese sind unter dem Menüpfad (IMG •) **Logistik Allgemein • Chargenverwaltung • Chargenfindung und Chargenprüfung • Konditionstabellen** zu finden.

Nachdem Sie den Menüpunkt der Konditionstabellen einer Anwendung ausgewählt haben, können Sie im daraufhin erscheinenden Fenster den Eintrag **Konditionen: Erlaubte Felder (Bestandsführung)** auswählen, wie am Beispiel der Bestandsführung in Abbildung 3.6 dargestellt.

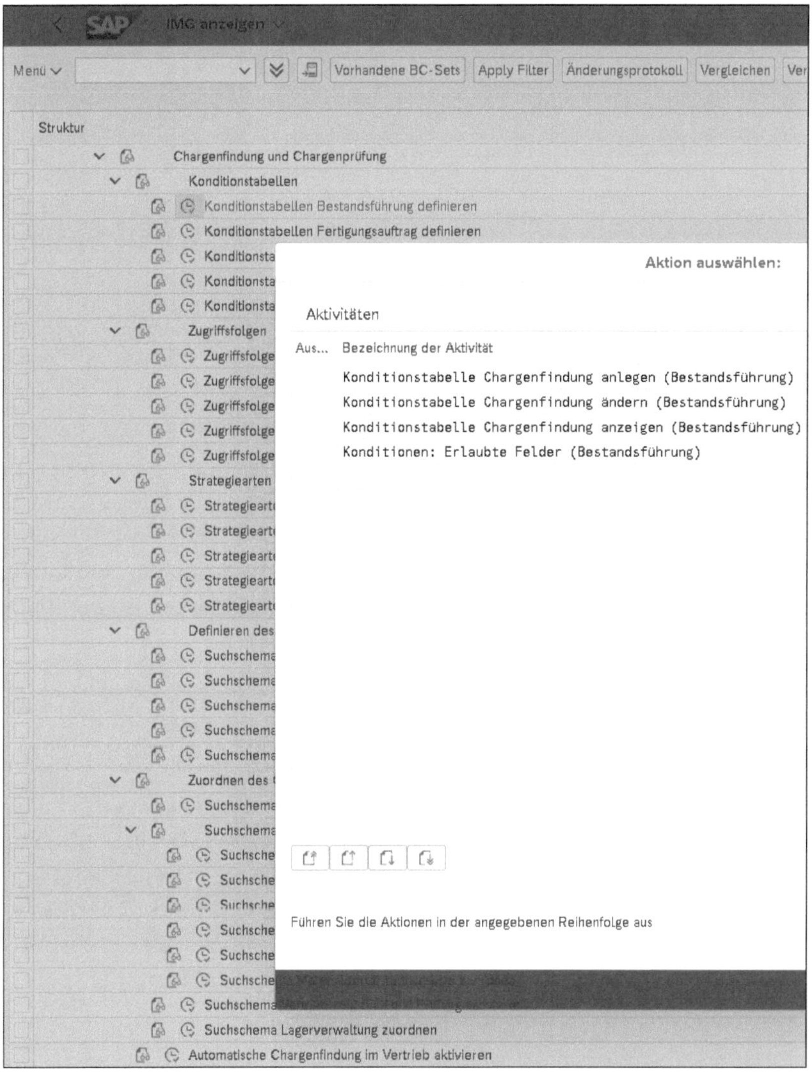

Abbildung 3.6 Customizing der Konditionstechnik in der Chargenfindung mit Untermenü zur Pflege von Konditionstabellen in der Bestandsführung

Durch die Auswahl dieses Eintrags gelangen Sie in die Pflege des Feldkatalogs der ausgewählten Anwendung. Mit einem Klick auf den Button **Neue Einträge** haben Sie die Möglichkeit, zusätzliche Felder in den Feldkatalog aufzunehmen (siehe Abbildung 3.7).

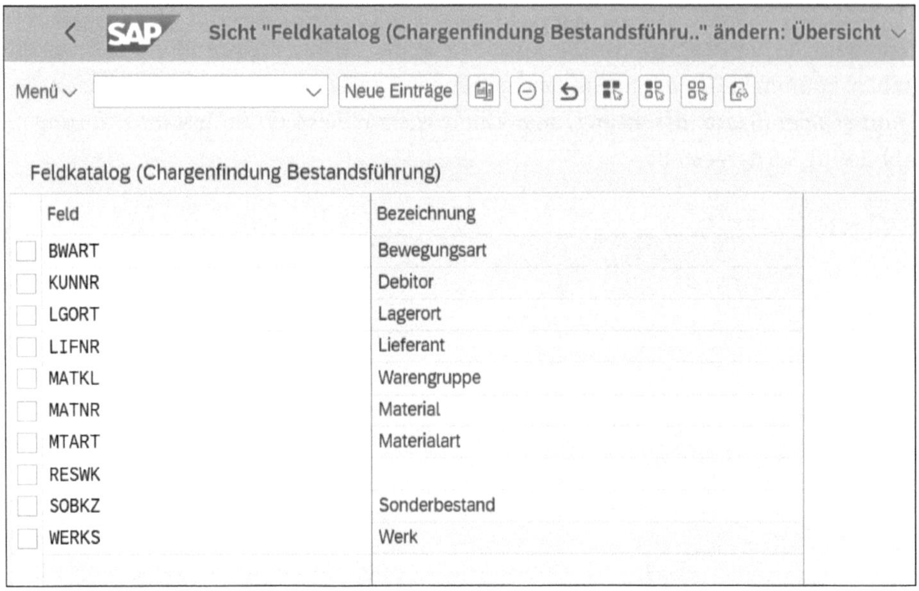

Abbildung 3.7 Feldkatalog für die Chargenfindung in der Bestandsführung

Dazu klicken Sie auf den Button, der erscheint, sobald Sie auf das erste leere Feld in der Spalte **Feld** klicken. Sie verzweigen dadurch in die Übersicht der Felder der Kommunikationsstrukturen KOMGH, KOMPH und KOMKH. Hier können Sie nun ein Feld durch Doppelklick auswählen und es dadurch in den Feldkatalog aufnehmen (siehe Abbildung 3.8).

[+]

Erweiterung der Kommunikationsstrukturen »KOMPH« und »KOMKH«

Beide Strukturen KOMPH und KOMKH beinhalten jeweils eine Include-Struktur, mit der Sie die Strukturen um weitere Felder ergänzen können. Für die Kommunikationsstruktur KOMPH ist dies das Include KOMPHZ, für die Kommunikationsstruktur KOMKH das Include KOMKHZ. Damit können Sie Felder oder auch eigene Strukturen ergänzen, die Sie anschließend über die Feldkataloge in Ihre Konditionstabellen aufnehmen. Um diese Felder während der Chargenfindung dynamisch zu füllen, verwenden Sie die Customer-Exits und Enhancement Points, die wir in Abschnitt 3.6.1, »Erweiterung der Kommunikationsstrukturen«, näher beschreiben.

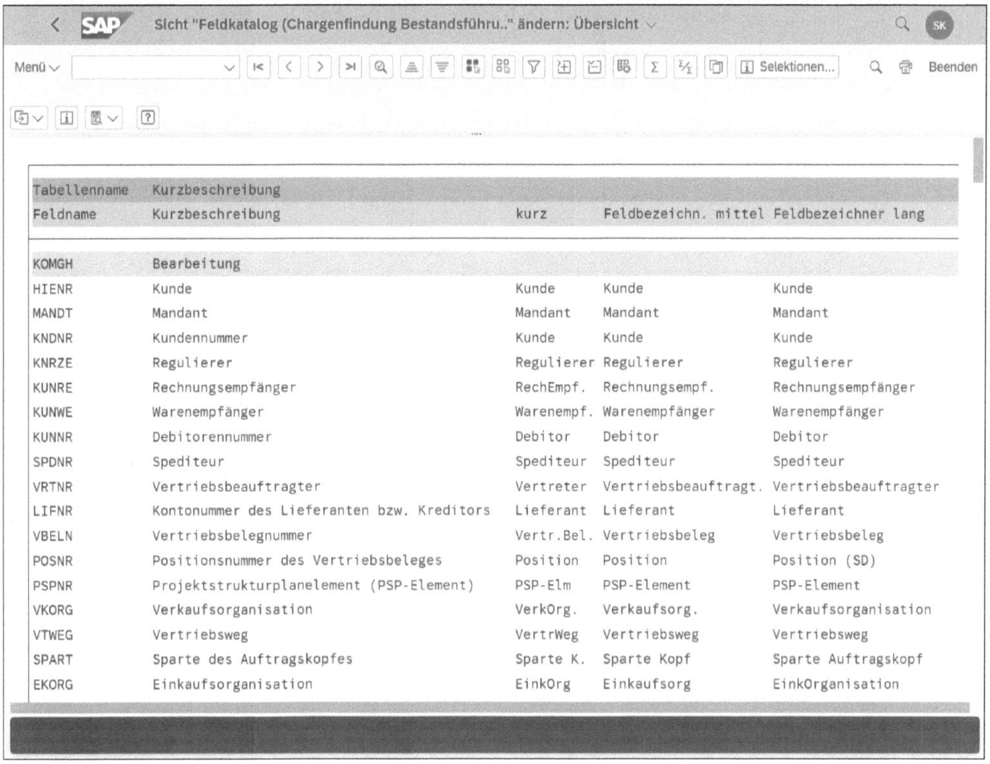

Sicht "Feldkatalog (Chargenfindung Bestandsführu.." ändern: Übersicht

Tabellenname / Feldname	Kurzbeschreibung	kurz	Feldbezeichn. mittel	Feldbezeichner lang
KOMGH	Bearbeitung			
HIENR	Kunde	Kunde	Kunde	Kunde
MANDT	Mandant	Mandant	Mandant	Mandant
KNDNR	Kundennummer	Kunde	Kunde	Kunde
KNRZE	Regulierer	Regulierer	Regulierer	Regulierer
KUNRE	Rechnungsempfänger	RechEmpf.	Rechnungsempf.	Rechnungsempfänger
KUNWE	Warenempfänger	Warenempf.	Warenempfänger	Warenempfänger
KUNNR	Debitorennummer	Debitor	Debitor	Debitor
SPDNR	Spediteur	Spediteur	Spediteur	Spediteur
VRTNR	Vertriebsbeauftragter	Vertreter	Vertriebsbeauftragt.	Vertriebsbeauftragter
LIFNR	Kontonummer des Lieferanten bzw. Kreditors	Lieferant	Lieferant	Lieferant
VBELN	Vertriebsbelegnummer	Vertr.Bel.	Vertriebsbeleg	Vertriebsbeleg
POSNR	Positionsnummer des Vertriebsbeleges	Position	Position	Position (SD)
PSPNR	Projektstrukturplanelement (PSP-Element)	PSP-Elm	PSP-Element	PSP-Element
VKORG	Verkaufsorganisation	VerkOrg.	Verkaufsorg.	Verkaufsorganisation
VTWEG	Vertriebsweg	VertrWeg	Vertriebsweg	Vertriebsweg
SPART	Sparte des Auftragskopfes	Sparte K.	Sparte Kopf	Sparte Auftragskopf
EKORG	Einkaufsorganisation	EinkOrg	Einkaufsorg	EinkOrganisation

Abbildung 3.8 Verfügbare Felder aus den Kommunikationsstrukturen zur Chargenfindung

Zum Schluss sollten Sie sicherstellen, dass Sie alle relevanten Felder in die anwendungsspezifischen Feldkataloge aufgenommen haben bzw. Ihnen die Standardfelder ausreichen. Nun können Sie auf Basis der Feldkataloge neue Konditionstabellen anlegen.

Konditionstabellen

Im nächsten Schritt prüfen Sie, ob die im Standard vorhandenen Konditionstabellen in der jeweiligen Anwendung Ihren Anforderungen genügen. Sie haben hier die Möglichkeit, gegebenenfalls eigene Konditionstabellen zu definieren, falls Sie neue Schlüsselkombinationen benötigen.

Wenn Sie eine neue Konditionstabelle anlegen, vergeben Sie eine Nummer für die Tabelle, die im Kundennamensraum zwischen 501 und 999 liegt. Über den Customizing-Pfad (IMG •) **Logistik Allgemein • Chargenverwaltung • Chargenfindung und Chargenprüfung • Konditionstabellen** gelangen Sie zur Pflege der ebenfalls anwendungsspezifischen Konditionstabellen. Hier können Sie für jede Komponente Konditionstabellen anlegen, ändern und anzeigen (siehe Abbildung 3.6). Nach Auswahl eines Menüpunkts im Untermenü der Konditionstabellen, z. B. für die Bestandsführung der Eintrag **Konditionstabelle Chargenfindung anlegen (Bestandsführung)**, gelangen Sie in das Einstiegsbild zur Anlage einer Konditionstabelle und können hier eine Nummer für Ihre neue Konditionstabelle vergeben. Danach drücken Sie [↵] und gelangen so in den Dialog zur Auswahl der Felder aus dem Feldkatalog der Anwendung, die Sie über Doppelklick in Ihre Konditionstabelle aufnehmen können, wie am Beispiel der Konditionstabelle 900 in Abbildung 3.9 dargestellt. Die aufgenommenen Felder erscheinen dann im Bereich links unter **Ausgewählte Felder**.

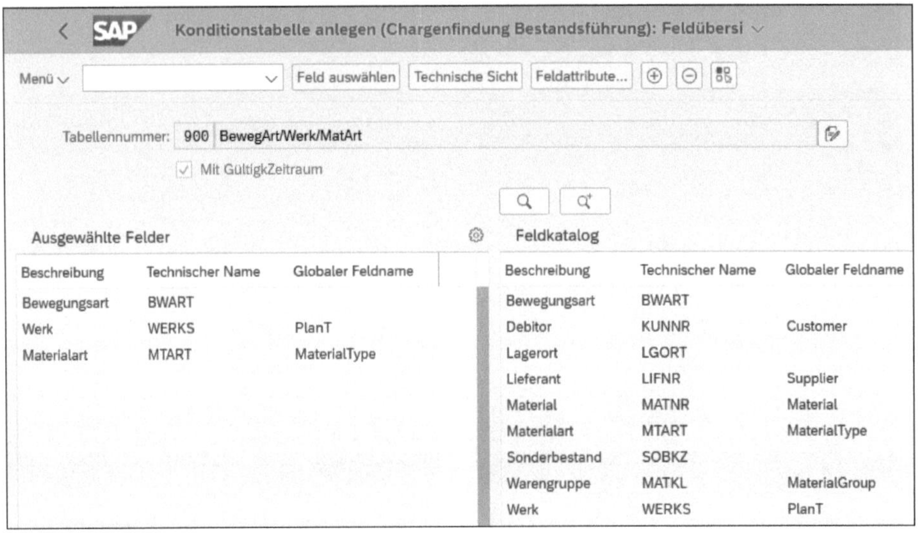

Abbildung 3.9 Eine neue Konditionstabelle anlegen

Sie sehen, dass das Kennzeichen **Mit GültigkZeitraum** für Konditionstabellen der Chargenfindung immer gesetzt ist. Dadurch haben Sie später die Möglichkeit, mehrere Chargensuchstrategien zu dieser Schlüsselkombination mit unterschiedlichen Gültigkeitszeiträumen anzulegen.

Nachdem Sie alle Felder ausgewählt haben, die Sie für die neue Schlüsselkombination benötigen, klicken Sie auf den Button **Technische Sicht**. Hier können Sie einstellen, wie Sie die Pflege der Chargensuchstrategien gestalten möchten, die zu dieser Konditionstabelle bzw. Schlüsselkombination angelegt werden (siehe Abbildung 3.10).

Die Felder, bei denen Sie das Kennzeichen **Positionsfeld** gesetzt haben, erscheinen dann bei der Pflege von Chargensuchstrategien über die Schnellerfassung als Position, wie in Abbildung 3.11 gezeigt. Das bedeutet, sie werden in Zeilenform dargestellt, sodass Sie in tabellarischer Form mehrere Suchstrategien für unterschiedliche Ausprägungen dieser Felder auf einmal anlegen können. Es muss immer mindestens ein Feld als Positionsfeld gekennzeichnet sein: Im Beispiel in Abbildung 3.10 handelt es sich dabei um das Feld **Materialart**.

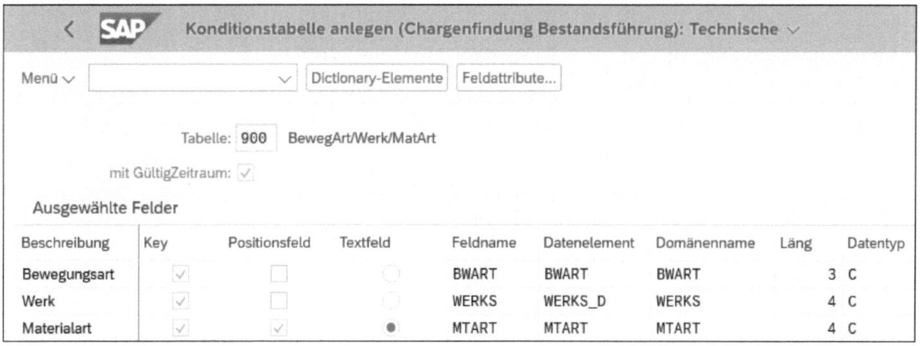

Abbildung 3.10 Technische Sicht einer Konditionstabelle

Falls Sie mehrere Felder als Zeilenfelder definieren, können Sie sich während der Pflege der Suchstrategien zu einem dieser Felder neben dem Wert zusätzlich die Bezeichnung anzeigen lassen. Dazu markieren Sie den Radiobutton **Textfeld** für dieses Feld.

Die übrigen Schlüsselfelder ohne das Kennzeichen **Positionsfeld** sind Muss-Felder beim Einstieg in die Pflegetransaktion und erscheinen im weiteren Verlauf im Kopf der Pflegetransaktion, wie Sie anhand eines Beispiels zur Anlage von Chargensuchstrategien in Abbildung 3.11 sehen können. Die eingegeben Werte für diese Felder gelten somit für alle innerhalb der aktuellen Pflegetransaktion angelegten Chargensuchstrategien, im Beispiel in Abbildung 3.11 sind das die Felder **Bewegungsart** und **Werk**.

Wir werden auf die Transaktionen zur Anlage von Chargensuchstrategien in Abschnitt 3.2.10 noch detailliert eingehen. Abbildung 3.11 dient deshalb nur dazu, die Auswirkungen der Einstellungen in einer Konditionstabelle auf die Gestaltung der Schnellerfassungsmaske für Chargensuchstrategien exemplarisch darzustellen.

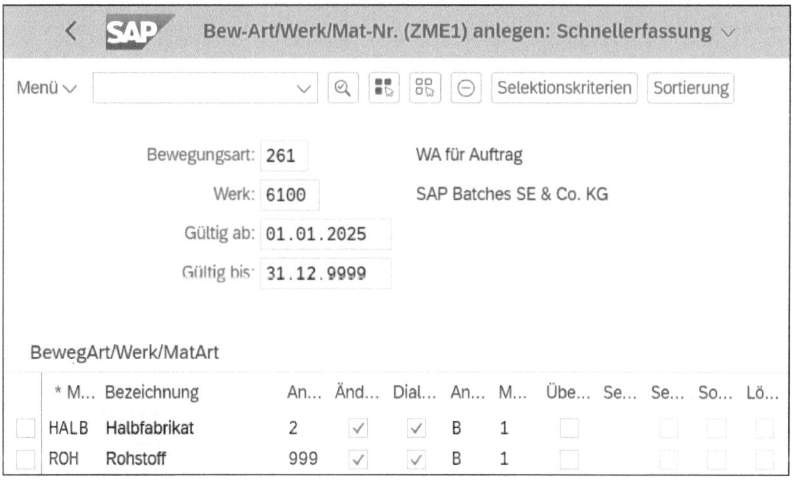

Abbildung 3.11 Schnellerfassung von Chargensuchstrategien

Nachdem Sie alle Einstellungen vorgenommen haben, generieren Sie die Konditionstabelle über den Menüpunkt **Konditionstabelle • Generieren**. Abschließend erhalten Sie ein Generierungsprotokoll zur Anlage und Aktivierung der Tabelle sowie zur Generierungsvormerkung der Reports und Dynpros für den Pflegedialog (siehe Abbildung 3.12). Die Konditionstabelle liegt jetzt als aktive transparente Tabelle vor und steht Ihnen zur weiteren Verwendung in der Chargenfindung zur Verfügung.

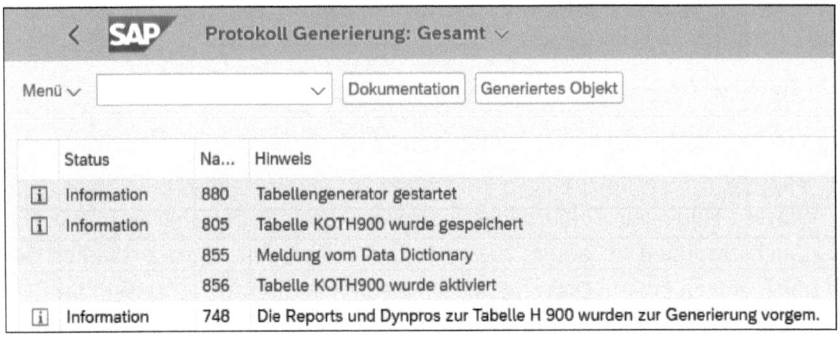

Abbildung 3.12 Generierungsprotokoll einer Konditionstabelle

[»]

Definition von Konditionstabellen

Konditionstabellen werden durch ihre Generierung als transparente Tabellen im Data Dictionary angelegt. Die Bezeichnung der Tabelle hat dabei folgende Form: z. B. KOTH900 für Konditionstabelle 900. Als Beispiel sehen Sie in Abbildung 3.13 das über den Menüpfad **Werkzeuge • ABAP Workbench • Entwicklung • Dictionary** (Transaktion SE11) dargestellte Data-Dictionary-Objekt KOTH900 der zuvor anlegten Konditionstabelle 900. Das Feld KAPPL gibt dabei an, für welche Anwendung die Konditionstabelle angelegt wurde, z. B. steht der Wert ME für die Bestandsführung.

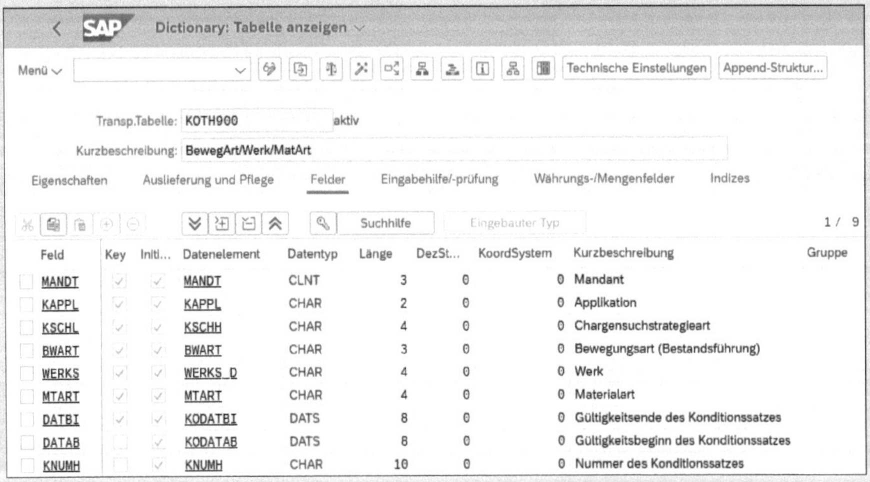

Abbildung 3.13 Data-Dictionary-Objekt einer Konditionstabelle

Nach der Definition zusätzlicher Konditionstabellen können Sie diese als mögliche Schlüsselkombinationen für Chargensuchstrategien in die Zugriffsfolgen aufnehmen, auf die wir in Abschnitt 3.2.5 eingehen.

3.2.5 Zugriffsfolgen

Zugriffsfolgen pflegen Sie (wie Feldkataloge und Konditionstabellen) anwendungsspezifisch. In den Zugriffsfolgen bringen Sie Konditionstabellen als mögliche Zugriffspfade für die Ermittlung einer Chargensuchstrategie in eine Reihenfolge. In dieser Reihenfolge sucht das SAP-System dann nach einer gültigen Chargensuchstrategie, falls im aktuellen Geschäftsprozess eine Chargenfindung angestoßen werden soll.

[«]

Vom »Spezifischen« zum »Allgemeinen« in der Zugriffsfolge

Bei der Definition der möglichen Zugriffe über die Reihenfolge der Konditionstabellen sollten Sie dabei die Konditionstabellen immer vom »Spezifischen« zum »Allgemeinen« anordnen. Eine Konditionstabelle, die z. B. das Feld **Material** enthält, beschreibt einen sehr detaillierten Zugriff im Gegensatz zu einer Konditionstabelle, die lediglich das Feld **Werk** enthält. Damit zuerst nach einem solchen spezifischen Zugriff gesucht wird, müssen diese Einträge weiter oben in der Reihenfolge stehen. Dadurch stellen Sie sicher, dass zuerst die genauer spezifizierte Chargensuchstrategie ermittelt wird, bevor nach einer allgemeiner gehaltenen Chargensuchstrategie weitergesucht wird. Falls eine Konditionstabelle lediglich aus Feldern wie **Bewegungsart** oder **Auftragsart** besteht, können Sie dazu eine Chargensuchstrategie mit einer viel allgemeineren Gültigkeit anlegen. Diese Zugriffe sollen als Letztes gelesen werden und werden deshalb weiter unten in der Reihenfolge in die Zugriffsfolge aufgenommen. So haben Sie die Möglichkeit, allgemeine Chargensuchstrategien zu definieren, die jedoch von Chargensuchstrategien für genauer spezifizierte Ausnahmen übersteuert werden.

Über den Customizing-Pfad (IMG •) **Logistik Allgemein • Chargenverwaltung • Chargenfindung und Chargenprüfung • Zugriffsfolgen** können Sie pro Komponente die Zugriffsfolgen anlegen, ändern und anzeigen (siehe Abbildung 3.6). Jede Zugriffsfolge besteht aus einer Reihe von möglichen Zugriffen in Form von Konditionstabellen, die anhand der Zugriffsnummer (Feld **Lnr.**) in eine Reihenfolge gebracht werden (siehe Abbildung 3.14). Diese Zugriffe werden dann der Reihe nach durchlaufen, wenn bei einer Chargenfindung eine gültige Chargensuchstrategie ermittelt werden soll.

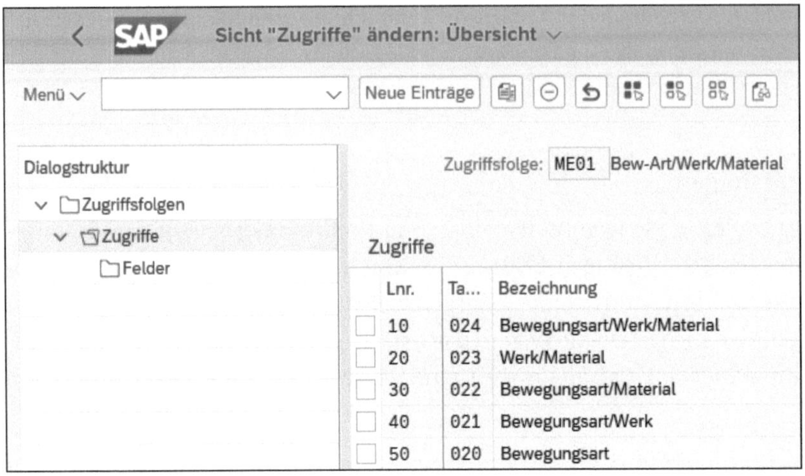

Abbildung 3.14 Zugriffsfolge ME01 mit sequenzieller Anordnung von Konditionstabellen

In der von SAP ausgelieferten Zugriffsfolge ME01 sehen Sie z. B., dass ausgehend von einem detaillierten Zugriff über die Konditionstabelle 024 (Bewegungsart/Werk/Material) die Zugriffe immer allgemeiner werden, bis letztlich über die Konditionstabelle 020 (Bewegungsart) nur noch auf Ebene der Bewegungsart nach einer Chargensuchstrategie gesucht wird. Das bedeutet, dass Sie zumindest auf der letzten Ebene eine Chargensuchstrategie pflegen sollten, falls Sie die Chargenfindung in einem Geschäftsprozess (z. B. Bewegungsart 261 – Warenausgang zur Produktion) nutzen möchten. Über die darüberliegenden Zugriffe können Sie auf der Ebene der Werke und/oder Materialien näher spezifizierte Ausnahmen definieren.

[zB]

Chargensuchstrategien innerhalb einer Zugriffsfolge

Auf der Ebene der höchsten Detailstufe über die Konditionstabelle 24 (Bewegungsart/Werk/Material) können Sie z. B. für bestimmte Materialien pro Werk und Bewegungsart eigene Chargensuchstrategien anlegen, die gezielt nach besonderen Ausprägungen von Chargen suchen. Falls Sie für eine Kombination aus Material, Werk und Bewegungsart jedoch keine Chargensuchstrategie angelegt haben, wird entlang der Zugriffsfolge immer weitergesucht, bis letztlich geschaut wird, ob zumindest über die Konditionstabelle 20 (Bewegungsart) für die aktuelle Bewegungsart eine Chargensuchstrategie vorhanden ist. Hier könnte für die Chargenfindung nur noch relevant sein, dass die Charge ihr Verfallsdatum/MHD noch nicht erreicht hat.

Beim Anlegen und Ändern einer Zugriffsfolge können Sie über den Button **Neue Einträge** neue Konditionstabellen in eine Zugriffsfolge aufnehmen. Als Beispiel haben wir die zuvor angelegte neue Konditionstabelle 900 unter der Zugriffsnummer 35 im Feld **Lnr.** in die Zugriffsfolge ZME1 aufgenommen (siehe Abbildung 3.15).

Abbildung 3.15 Zugriffsfolge ZME1 mit neu aufgenommener Konditionstabelle 900

Sie sehen in Abbildung 3.15, dass die Konditionstabelle 900 weiß unterlegt in der Liste dargestellt wird. Das liegt daran, dass Sie als nächsten Schritt für die Felder einer neu hinzugefügten Konditionstabelle eine Feldzuweisung vornehmen müssen. Diese Feldzuweisung verbindet das Feld der Konditionstabelle mit dem entsprechenden Feld aus der Kommunikationsstruktur KOMKH oder KOMPH, das während der Chargenfindung dynamisch mit dem Wert aus dem aktuellen Beleg gefüllt wird (siehe Abbildung 3.5 weiter vorne in diesem Kapitel). Um die Feldzuweisung vorzunehmen, navigieren Sie nach Markierung einer Konditionstabelle innerhalb einer Zugriffsfolge über einen Doppelklick auf die Ebene **Felder** (siehe Abbildung 3.16).

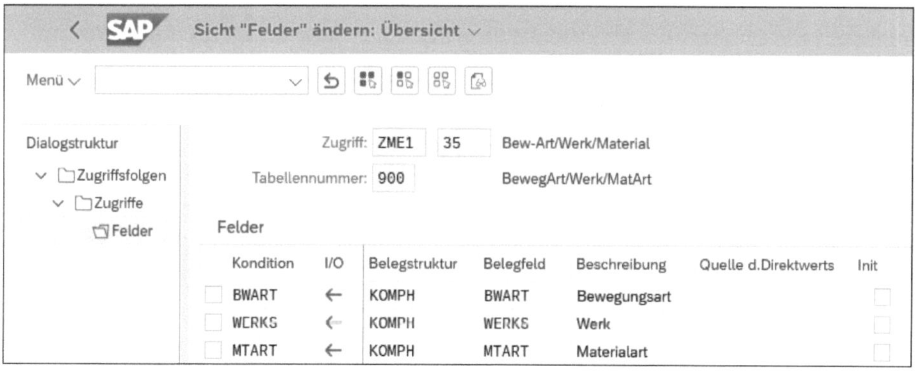

Abbildung 3.16 Feldzuweisung nach Aufnahme einer neuen Konditionstabelle in eine Zugriffsfolge

Allein dieser Aufruf reicht bereits aus, um die Feldzuweisung automatisch vorzunehmen. Sie könnten hier außerdem für jedes Feld unter **Quelle d.Direktwerts** konkrete

Merkmalsausprägungen hinterlegen. Das wird im Bereich der Chargenfindung allerdings nicht gemacht, um die Zugriffsfolge flexibel verwenden zu können. Eine Pflege von Feldwerten ist nur für die Preisfindung in der Komponente Vertrieb sinnvoll.

Beim Anlegen einer Chargensuchstrategie zur Strategieart ZME1, der die Zugriffsfolge ZME1 zugewiesen ist, erscheint dann die neu aufgenommene Konditionstabelle als Schlüsselkombination (siehe Abbildung 3.17).

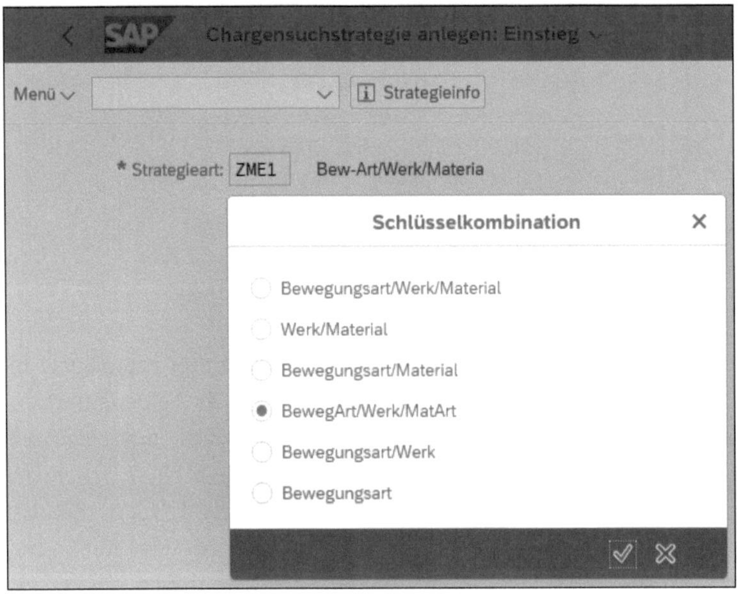

Abbildung 3.17 Verfügbare Schlüsselkombinationen bei der Anlage einer Chargensuchstrategie

Nachdem Sie erfahren haben, wie Sie Zugriffsfolgen pflegen können und worauf es bei der Pflege ankommt, lernen Sie in Abschnitt 3.2.6 ein Beispiel kennen, bei dem eine Feldzuweisung innerhalb der Zugriffsfolge geändert wird.

3.2.6 Feldzuweisung innerhalb einer Zugriffsfolge ändern

Sie können eine bereits existierende Feldzuweisung eines aus der Kommunikationsstruktur kommenden Belegfelds zu einem Konditionsfeld nachträglich ändern. Eine Einsatzmöglichkeit möchten wir Ihnen am Beispiel des Felds **Kunde** im Vertrieb vorstellen.

Definition der Konditionstabellen und Zugriffsfolge

In der Komponente Vertrieb (SD) haben Sie die Möglichkeit, den Kunden in der Chargensuchstrategie über seine Kundennummer sowohl in der Partnerrolle als Auftraggeber (Feld KNDNR) als auch in der Rolle des Warenempfängers (Feld KUNWE) zu verwenden. Ziel ist es, zuerst auf der Ebene des Auftraggebers eine Chargensuchstrategie zu ermitteln. Falls hier keine solche Strategie vorhanden ist, soll auf der Ebene des Warenempfängers weitergesucht werden.

Dazu definieren Sie entweder, wie in Abschnitt 3.2.4, »Konditionstabellen, Feldkataloge und Kommunikationsstrukturen«, beschrieben, im Vertrieb eine neue Konditionstabelle im Kundennamensraum oder verwenden eine von SAP ausgelieferte Konditionstabelle, wie z. B. die Konditionstabelle 002. In einer neu definierten Zugriffsfolge ZSD1 nehmen Sie dieselbe Konditionstabelle jeweils mit einer unterschiedlichen Zugriffsnummer (Feld **Lnr.**) zweimal auf (siehe Abbildung 3.18).

Abbildung 3.18 Zugriffsfolge mit zwei identischen Konditionstabellen

Nachdem Sie die möglichen Zugriffe bzw. Schlüsselkombinationen über die Aufnahme der Konditionstabellen definiert haben, nehmen Sie die Feldzuweisung vor.

Feldzuweisung in der Zugriffsfolge

Indem Sie auf die Ebene **Felder** verzweigen, wird zunächst in beiden Einträgen dem Konditionsfeld KNDNR das Belegfeld KNDNR (Auftraggeber) aus der Kommunikationsstruktur KOMKH automatisch zugewiesen. Nun haben Sie die Möglichkeit, für den zweiten Zugriff über die Konditionstabelle 002 mit der Zugriffsnummer 20 auf ein anderes Belegfeld Bezug zu nehmen. Dazu klicken Sie auf den Button [Feldkatalog] (**Belegfeld auswählen**) im unteren Bereich des Bildschirms und wählen in der darauffolgenden Liste der Felder der Kommunikationsstruktur KOMKH (Belegkopfdaten) das Feld KUNWE (Warenempfänger) aus. Das geänderte Referenz-Belegfeld sehen Sie dann in der Feldzuweisung (siehe Abbildung 3.19).

Sie haben jetzt alle notwendigen Einstellungen vorgenommen, um Chargensuchstrategien sowohl zum Auftraggeber als auch zum Warenempfänger anlegen zu können.

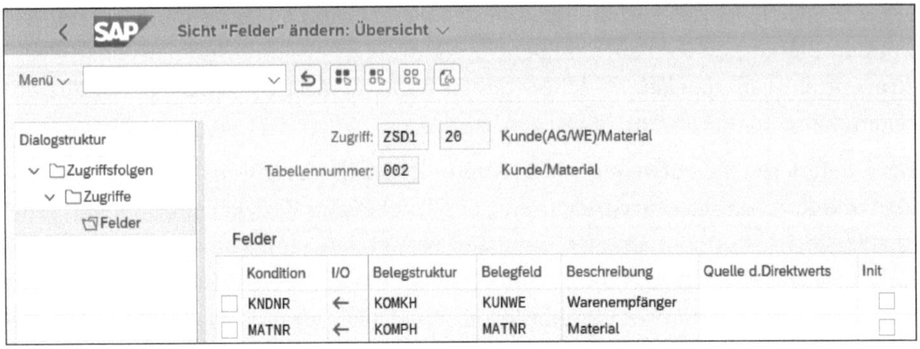

Abbildung 3.19 Feldzuweisung zu einer Konditionstabelle in einer Zugriffsfolge

Auswirkungen auf die Ermittlung einer Chargensuchstrategie

Falls nun eine Chargenfindung in einem Kundenauftrag oder einer Lieferung angestoßen wird, wird zunächst nach einer Chargensuchstrategie für den im Kundenauftrag oder der Lieferung stehenden Auftraggeber gesucht. Nur falls für diesen Kunden keine Chargensuchstrategie existiert, wird auf der Ebene des Warenempfängers weitergesucht.

3.2.7 Strategiearten

Nachdem Sie die Zugriffsfolgen festgelegt haben, definieren Sie für jede relevante SAP-Komponente die Strategiearten und weisen jeder Strategieart genau eine Zugriffsfolge zu. Über den Customizing-Pfad (IMG •) **Logistik Allgemein • Chargenverwaltung • Chargenfindung und Chargenprüfung • Strategiearten** können Sie pro Komponente die Strategiearten anlegen, ändern und anzeigen (siehe Abbildung 3.6). Dabei legen Sie die Strategiearten für eine Applikation bzw. eine Komponente an, indem Sie die entsprechende Customizing-Transaktion auswählen, z. B. **Strategiearten Bestandsführung definieren**. Die internen Codes für die Applikationen, die im Feld **KAPPL** in den Konditionstabellen abgelegt werden, lauten wie folgt:

- CO: Fertigungsaufträge (inklusive Prozessaufträge)
- ME: Bestandsführung
- V: Vertrieb
- WM: Lagerverwaltung

Nachdem Sie eine Strategieart zur Pflege ausgewählt haben und mithilfe des Buttons [Detail-Symbol] (**Detail**) in die Detailpflege verzweigt sind, können Sie verschiedene Steuer- und Vorschlagseinstellungen vornehmen.

Neben der obligatorischen Zuweisung einer Zugriffsfolge können Sie in der Strategieart Vorschlagswerte für Chargensuchstrategien hinterlegen. Diese werden dann automatisch bei der Anlage einer Chargensuchstrategie zu dieser Strategieart übernommen (siehe Abbildung 3.20).

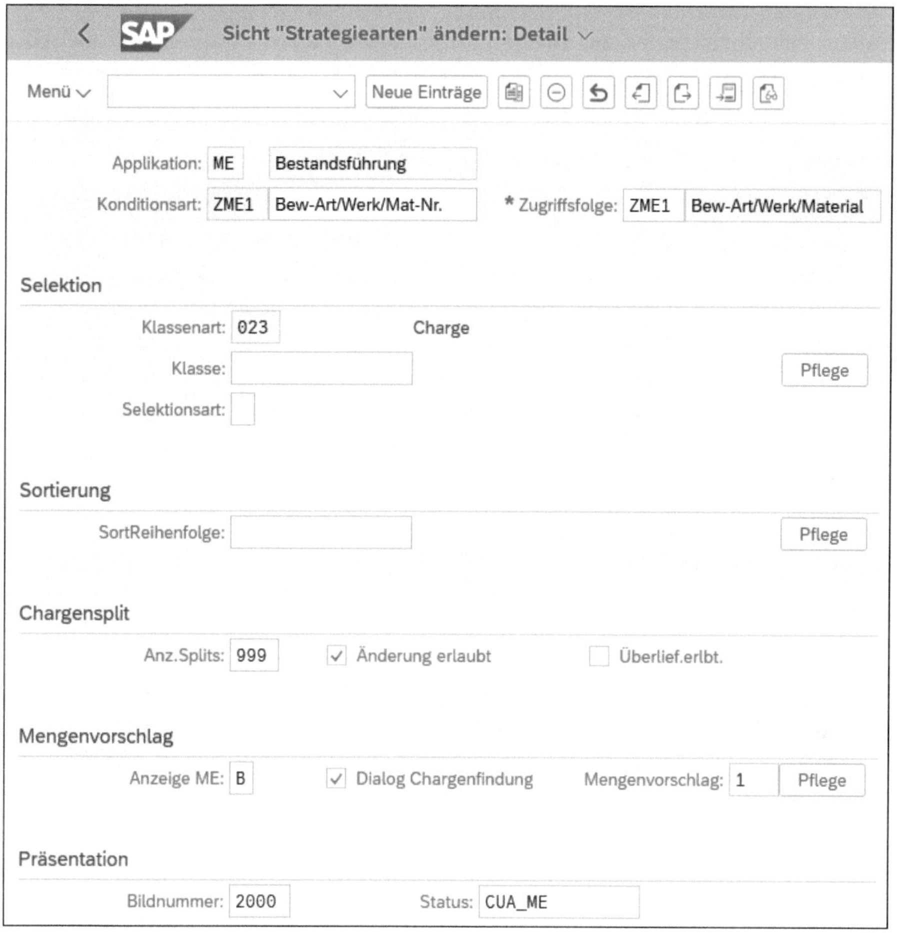

Abbildung 3.20 Strategieart in der Chargenfindung

Sie haben in diesem Zusammenhang die Möglichkeit, auf der Ebene der Strategieart bereits eine Selektionsklasse und eine Sortierregel zuzuweisen. Damit geben Sie die Merkmale für die Selektionskriterien und die Sortierung für alle Chargensuchstrategien vor, die für diese Strategieart angelegt werden. Allerdings sollten Sie dies nur tun, falls Sie mit dieser Selektionsklasse alle Kriterien bzw. Merkmale abgedeckt haben, die für alle Chargenfindungen über diese Strategieart erforderlich sind. Beachten Sie, dass dies für alle Schlüsselkombinationen dieser Strategieart gilt und die Selektionsklasse und die Sortierregel in der Chargensuchstrategie selbst nicht mehr geändert werden können. Falls Sie diese beiden Felder in der Strategieart leer lassen, sind Sie dadurch später bei der Pflege der Chargensuchstrategien flexibler. Sie können dann in jeder Chargensuchstrategie eine eigene Selektionsklasse und Sortierregel verwenden. So haben Sie die Möglichkeit, z. B. werks- oder materialartspezifisch jeweils unterschiedliche Kriterien oder Sortierungen bei der Chargenfindung heranzuziehen. Aus diesem Grund empfehlen wir Ihnen, die Selektionsklasse generell immer erst in den Chargensuchstrategien zuzuweisen, um einen höheren Grad an Flexibilität zu bewahren.

[»]

Strategieart versus Konditionsart

In den Transaktionen rund um die Chargenfindung, z. B. bei der Pflege einer Strategieart in Abbildung 3.20, treffen Sie sowohl auf den Begriff *Strategieart* als auch auf den Begriff *Konditionsart*. Da das Customizing der Chargenfindung auf der Konditionstechnik basiert und dort Konditionsarten verwendet werden, wurden diese für die Chargenfindung von SAP kurzerhand in *Strategiearten* umbenannt. Die Strategiearten werden intern allerdings immer noch als Konditionsarten verwaltet, deshalb taucht in einigen Transaktionen im Rahmen der Chargenfindung der Begriff *Konditionsart* auf, der in diesem Zusammenhang gleichbedeutend ist mit der Strategieart.

Im Folgenden möchten wir Ihnen die Details zu den Steuerparametern der einzelnen Bereiche in der Strategieart ZME1 aus Abbildung 3.20 vorstellen.

Selektion

Im Bereich **Selektion** können Sie optional im Feld **Klasse** eine Selektionsklasse hinterlegen. Einen weiteren Vorschlagswert stellt die Selektionsart dar, die festlegt, wie die Selektion der Chargen zu Beginn der Chargenfindung ausgeführt wird. Dabei haben Sie folgende Möglichkeiten:

- **(blank) – sofortige Selektion gemäß Selektionskriterien**
  Mit dieser Einstellung werden Chargen direkt bei Aufruf unter Berücksichtigung aller gültigen Selektionskriterien gesucht. Es werden nur diejenigen Chargen im Chargenfindungsergebnis angezeigt, die allen Selektionskriterien entsprechen.
- **N – keine Selektion zu Beginn der Chargenfindung**
  Falls Sie diese Option wählen, werden direkt nach dem Aufruf der Chargenfindung zunächst keine Chargen selektiert. Erst nach manuellem Anstoß und optionaler Änderung der Selektionskriterien erfolgt dann eine Chargenfindung.
- **O – Selektion ohne Berücksichtigung der Selektionskriterien**
  Diese Einstellung umgeht die Selektionskriterien aus einer Chargensuchstrategie und zeigt alle verfügbaren Chargen eines Materials im Ergebnis der Chargenfindung an. Es werden dadurch auch Chargen ermittelt, die aufgrund ihrer Merkmalsbewertungen unter der Berücksichtigung der Selektionskriterien nicht selektiert werden würden.

- **F – Selektionskriterien nicht änderbar in der Chargenfindung**
  Mit dieser Option läuft die Chargenfindung zunächst wie bei der ersten Option **sofortige Selektion gemäß Selektionskriterien** ab. Allerdings können im weiteren Verlauf die Selektionskriterien vom Benutzer nicht mehr im Dialog geändert werden. Eine solche Änderung könnte dazu führen, dass über eine Aufweichung der Selektionskriterien, die anfangs aufgrund ihrer Merkmalsbewertung nicht gefundenen Chargen nun doch ausgewählt werden können.

Wie sich die Einstellung des Kennzeichens **Selektionsart** auf die Chargenfindung auswirkt, sehen Sie anhand einiger Beispiele in Abschnitt 3.3.1, »Anstoß der Chargenfindung am Beispiel der Bestandsführung«.

Sortierung

Um die Reihenfolge der ermittelten Chargen zu beeinflussen, steht Ihnen eine Sortierregel zur Verfügung, die Sie im Feld **SortReihenfolge** im Bereich **Sortierung** eingeben. Dadurch können Sie z. B. die ermittelten Chargen nach dem Produktionsdatum oder dem Verfallsdatum/MHD sortieren lassen. Die vorgenommene Sortierung hat zudem Einfluss auf die Verteilung der Bedarfsmengen, was über die Mengenvorschlagsregel erfolgt, die wir Ihnen in diesem Abschnitt ebenfalls noch vorstellen werden.

Chargensplit

Im Bereich **Chargensplit** haben Sie die Möglichkeit, die Anzahl erlaubter Chargensplits zu begrenzen. Dies können Sie im Feld **Anz.Splits** angeben. Beachten Sie dabei, dass ein Chargensplit von 1 erforderlich ist, damit mindestens eine Charge ermittelt werden kann. Über das Kennzeichen **Änderung erlaubt** legen Sie fest, ob die aus der Chargensuchstrategie kommende Anzahl erlaubter Chargensplits vom Benutzer manuell im Dialog während der Chargenfindung geändert werden darf. Über das Kennzeichen **Überlief.erlbt.** (Überlieferungen erlaubt) lassen Sie zu, dass manuell über den Benutzer oder automatisch über eine Mengenvorschlagsregel die ursprüngliche Bedarfsmenge der Position überschritten werden darf. Falls z. B. Anbruchmengen vermieden werden sollen, indem nur komplette Chargen entnommen werden sollen, auch wenn die Bedarfsmenge kleiner ist, können Sie das durch dieses Kennzeichen abbilden.

Mengenvorschlag

Darüber hinaus stellen Sie im Bereich **Mengenvorschlag** ein, wie die Verteilung der Bedarfsmenge auf die ermittelten Chargen erfolgen soll. Dazu pflegen Sie eine Mengenvorschlagsregel im Feld **Mengenvorschlag**. Über den SAP-Standard steht Ihnen die Möglichkeit einer sogenannte *Top-down-* oder einer *Best-Match-Verteilung* zur Verfügung:

- **Top-down-Verteilung**
  Falls Sie diese Option wählen, wird die Bedarfsmenge entsprechend der Sortierung auf alle ermittelten Chargen von oben nach unten verteilt, bis die komplette Bedarfsmenge verteilt oder die maximale Anzahl erlaubter Chargensplits erreicht ist.
- **Best-Match-Verteilung**
  Mit dieser Regel wird ausgehend von der ersten Charge in der Sortierreihenfolge eine Charge gesucht, deren verfügbarer Bestand mit der Bedarfsmenge übereinstimmt bzw. ihr am nächsten kommt.

[+]

Anzahl Chargensplits und Mengenvorschlag

Wird die Anzahl erlaubter Chargensplits auf 1 begrenzt, sodass lediglich eine Charge ermittelt werden darf, sollte zusätzlich auch die Mengenvorschlagsregel **Best Match** gewählt werden. Sonst bleibt eventuell nach der Chargenfindung ein Teil der Bedarfsmenge offen und ohne Zuordnung einer Charge, wenn z. B. die über die Mengenvorschlagsregel **Top-Down** erste gefundene Charge die Bedarfsmenge nicht voll abdecken kann.

Auf die technische Realisierung sowie die Erweiterungsmöglichkeiten der Mengenvorschlagsregeln gehen wir in Abschnitt 3.4.6, »Verteilung der Bedarfsmenge«, ein.

Über das Kennzeichen **Dialog Chargenfindung** können Sie zudem steuern, ob beim Aufruf der Chargenfindung ein Dialog gestartet wird, in dem der Benutzer die ermittelten Chargen und die Verteilung der Menge nachträglich bearbeiten und somit das Ergebnis der Chargenfindung beeinflussen kann. Falls dieses Kennzeichen nicht gesetzt ist, läuft die Chargenfindung komplett im Hintergrund ab, und der Benutzer kann sich lediglich das Ergebnis der Chargenfindung anzeigen lassen, aber nichts mehr daran ändern.

Im Feld **Anzeige ME** stellen Sie ein, in welcher Mengeneinheit die Chargenmengen während der Chargenfindung angezeigt werden. Sie können sich die ermittelten Mengen entweder in der Basismengeneinheit des Materials (Wert A – Anzeige in Lagermengeneinheit) oder in der Belegmengeneinheit (Wert B – Anzeige in Erfassungsmengeneinheit des Belegs) anzeigen lassen. Die Wahl der Belegmengeneinheit ist dann sinnvoll, wenn Sie z. B. mit einer von der Basismengeneinheit unterschiedlichen Ausgabenmengeneinheit arbeiten, über die ein Material für einen Produktionsauftrag entnommen werden soll, und Sie diese Mengeneinheit dann auch in der Chargenfindung sehen möchten.

Präsentation

Die Einstellungen im Bereich **Präsentation** in den Feldern **Bildnummer** und **Status** sind Standardeinstellungen, im Bereich der Chargenverwaltung ist eine Änderung dieser Felder nicht vorgesehen. Diese Einstellungen beeinflussen die Bildfolge für die Schnellerfassung im Rahmen der Konditionspflege, was für die Verwendung der Konditionstechnik in der Chargenfindung nicht relevant ist.

3.2.8 Chargensuchschemata

Nach der Pflege der Strategiearten werden diese im nächsten Schritt in die komponentenspezifischen Chargensuchschemata aufgenommen. Ein Chargensuchschema muss deshalb mindestens eine Strategieart beinhalten. Die Zuweisung mehrerer Strategiearten ergibt dann Sinn, falls Sie z. B. mehrere Geschäftsbereiche in Ihrem Unternehmen haben, die die Chargenfindung unterschiedlich nutzen möchten. Dann können Sie für jeden Geschäftsbereich eine eigene Strategieart mit eigenen Zugriffsfolgen und Schlüsselkombinationen definieren. Die Pflege der Chargensuchschemata nehmen Sie im Customizing über den Menüpfad (IMG •) **Logistik Allgemein • Chargenverwaltung • Chargenfindung und Chargenprüfung • Definieren des Chargensuchschemas** vor. Dort definieren Sie pro Logistikkomponente die Chargensuchschemata.

In Abbildung 3.21 sehen Sie ein Beispiel des Chargensuchschemas der Bestandsführung ZME001 mit der zugewiesenen Strategieart ZME1.

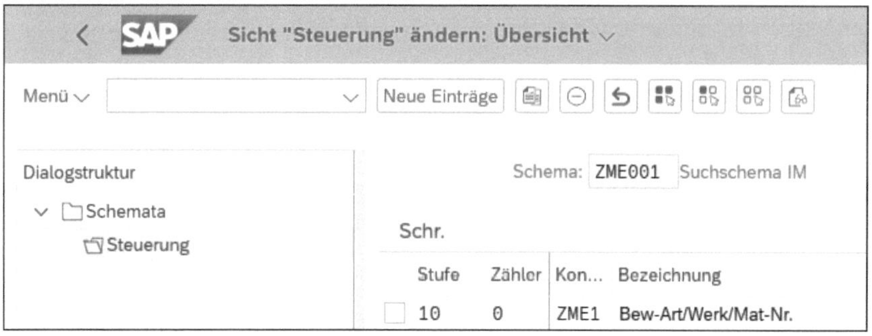

Abbildung 3.21 Chargensuchschema der Bestandsführung

Falls Sie einem Chargensuchschema mehrere Strategiearten zugewiesen haben, wird bei der Ermittlung einer Chargensuchstrategie zunächst der Eintrag mit dem kleinsten Zähler der niedrigsten Stufe ausgewählt. Falls zu den Schlüsselkombinationen der dahinterliegenden Zugriffsfolge keine Chargensuchstrategie vorhanden ist, wird die Strategieart der nächsten Stufe bzw. des nächsten Zählers herangezogen. Sobald allerdings eine Chargensuchstrategie gefunden wurde, erfolgt keine weitere Suche mehr. Das bedeutet, falls Sie mit mehreren Strategiearten arbeiten, sollten Sie sicherstellen, dass Sie keine zu allgemeinen Schlüsselkombinationen verwenden, da sonst eventuell eine Chargensuchstrategie zu einer Strategieart mit einer höheren Stufe niemals gefunden werden kann.

[!]

Was Sie beachten sollten, falls Sie einem Chargensuchschema mehrere Strategiearten zuweisen

In der Stufe 10 eines Chargensuchschemas haben Sie die Strategieart ZME1 gepflegt, die Sie für einen bestimmten Geschäftsbereich definiert haben. Als Stufe 20 haben Sie die Strategieart ZME2 definiert, die die besonderen Ausprägungen für einen anderen Geschäftsbereich umfasst. Nun haben Sie als letzte Schlüsselkombination der Zugriffsfolge der Strategieart ZME1 einen Zugriff mit lediglich dem Feld **Bewegungsart** definiert. Falls für die Bewegungsart 261 (Warenausgang zum Produktionsauftrag) zur Strategieart ZME1 eine Chargensuchstrategie angelegt wurde, wird diese bei einer Warenbewegung mit der Bewegungsart 261 als letzte Option immer gefunden. Dadurch ist es unmöglich, bei dieser Bewegungsart jemals in die Stufe 20 des Chargensuchschemas zu verzweigen, die die Strategieart ZME2 mit den für den anderen Geschäftsbereich relevanten Zugriffsfolgen und Schlüsselkombinationen enthält.

Falls Sie mehrere Strategiearten in einem Chargensuchschema verwenden möchten, sollten Sie deshalb in allen Schlüsselkombinationen immer entweder eine organisatorische Abgrenzung vornehmen, z. B. über das Werk, oder aber eine materialspezifische Abgrenzung, z. B. über die Warengruppe oder die Produkthierarchie. Die letzte Schlüsselkombination einer Zugriffsfolge würden Sie in diesem Fall z. B. mit den Schlüsseln **Bewegungsart** und **Warengruppe** definieren. So können Sie sicherstellen, dass alle Zugriffe sich gegenseitig ausschließen und deshalb auch angesteuert werden können.

Nachdem Sie nun für alle Komponenten, in denen Sie die Chargenfindung einsetzen möchten, die Chargensuchschemata definiert haben, weisen Sie im letzten Schritt die Suchschemata den Geschäftsprozessen in den Anwendungen zu. Wie Sie das machen, zeigen wir Ihnen im nächsten Abschnitt.

3.2.9 Zuordnung der Chargensuchschemata zum Geschäftsvorfall

Um die Chargenfindung pro Anwendung zu aktivieren, müssen Sie die Chargensuchschemata dem jeweiligen Geschäftsprozess zuordnen. Die relevanten Einstellungen dazu nehmen Sie im Customizing über den Menüpfad (IMG •) **Logistik Allgemein • Chargenverwaltung • Chargenfindung und Chargenprüfung • Zuordnen des Chargensuchschemas und Aktivierung der Prüfung** vor (siehe Abbildung 3.22).

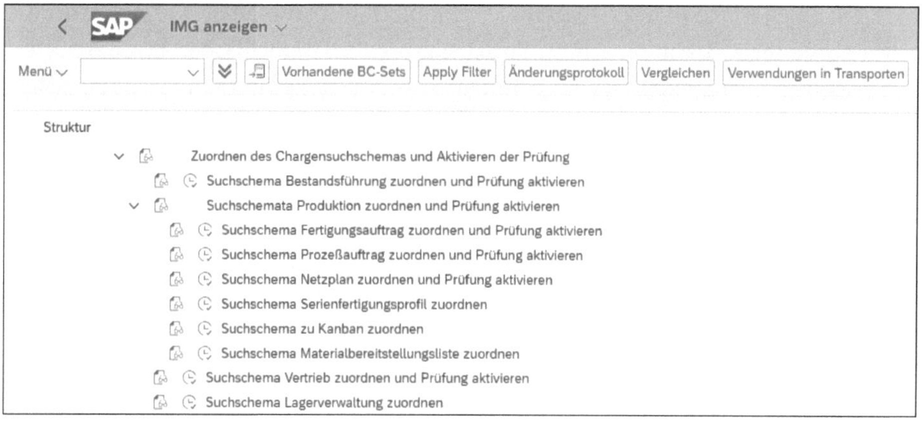

Abbildung 3.22 Customizing-Menü zur Zuordnung der Chargensuchschemata und Aktivierung der Chargenprüfung

Jede Anwendung nutzt dabei unterschiedliche Objekte für die Zuordnung der Chargensuchschemata. Im Folgenden werden wir Ihnen die Details pro Anwendung vorstellen.

Bestandsführung

In der Bestandsführung weisen Sie die Chargensuchschemata den Bewegungsarten zu, wie in Abbildung 3.23 beschrieben. Bei einer Warenbewegung mit der entsprechenden Bewegungsart wird dieses Chargensuchschema dann für die Chargenfindung herangezogen.

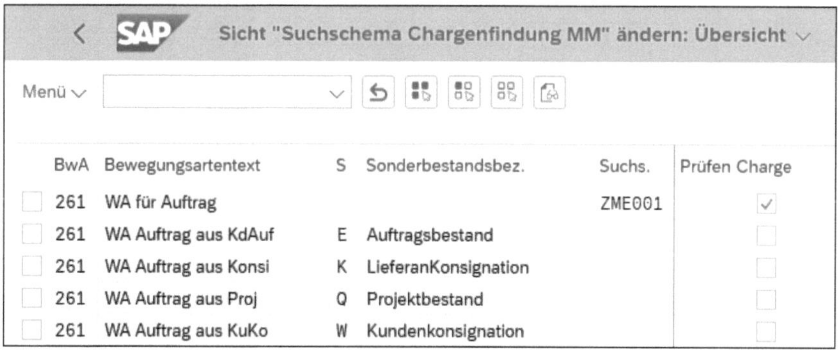

BwA	Bewegungsartentext	S	Sonderbestandsbez.	Suchs.	Prüfen Charge
261	WA für Auftrag			ZME001	✓
261	WA Auftrag aus KdAuf	E	Auftragsbestand		
261	WA Auftrag aus Konsi	K	LieferanKonsignation		
261	WA Auftrag aus Proj	Q	Projektbestand		
261	WA Auftrag aus KuKo	W	Kundenkonsignation		

Abbildung 3.23 Zuweisung der Chargensuchschemata in der Bestandsführung

Neben dem Chargensuchschema, das Sie für jede Bewegungsart im Feld **Suchs.** eintragen, können Sie zudem das Kennzeichen **Prüfen Charge** setzen. Dies bewirkt, dass nicht nur bei der Chargenfindung die Prüfung gegen die in der Chargensuchstrategie definierten Selektionskriterien erfolgt, sondern auch für den Fall, dass der Benutzer manuell eine Charge in das Chargenfeld eingibt. Damit können Sie verhindern, dass eine Charge, die z. B. aufgrund ihres Verfallsdatums/MHD nicht über die Chargenfindung ermittelt wird, manuell vom Benutzer ausgewählt werden kann. Falls Sie bei einer Warenbewegung eine Charge eingeben, die nicht den Selektionskriterien entspricht, wird die Systemmeldung LB 051 (Charge gemäß Selektionskriterien aus der Chargenfindung nicht zulässig) ausgegeben. In Transaktion OCHS oder über den Menüpfad (IMG •) **Logistik Allgemein • Chargenverwaltung • Eigenschaften der Systemmeldungen festlegen • Systemmeldungen** stellen Sie ein, ob Sie in diesem Fall eine Information (Meldungstyp I), eine Warnung (Meldungstyp W) oder eine Fehlermeldung (Meldungstyp F) ausgeben lassen möchten.

Produktion

In der Produktion gibt es verschiedene Stellen, an denen die Chargensuchschemata zugewiesen werden. Was Sie davon einstellen, hängt unter anderem davon ab, welche Art der Produktionsabwicklung in SAP S/4HANA Sie verwenden. Darüber hinaus hängt die Ermittlung der Chargensuchstrategie vom Prozess ab, in dem Sie die Chargenfindung für eine Stücklistenkomponente aufrufen, z. B. direkt in einem Produktionsauftrag selbst oder erst bei der Rückmeldung des Auftrags. Die Einstellungsmöglichkeiten der unterschiedlichen Produktionsarten erläutern wir Ihnen im Folgenden.

Fertigungsauftragsabwicklung

Falls Sie mit Fertigungsaufträgen in der Komponente PP arbeiten, weisen Sie die Chargensuchschemata pro Werk und Auftragsart zu, wie in Abbildung 3.24 gezeigt. Das eingetragene Chargensuchschema kommt zum Einsatz, sobald Sie im Fertigungsauftrag eine Chargenfindung für eine Auftragskomponente anstoßen.

Hier weisen Sie ein Chargensuchschema im entsprechenden Feld in den werksabhängigen Auftragsparametern zu. Auch an dieser Stelle steht Ihnen das Kennzeichen **Prüfen Charge** zur Verfügung. Falls Sie eine Komponentencharge im Auftrag eingeben, die nicht den Selektionskriterien entspricht, wird die Systemmeldung 40 086 (Charge gemäß Selektionskriterien aus der Chargenfindung nicht zulässig) ausgegeben. Über den Menüpfad (IMG •) **Produktion • Fertigungssteuerung • Systemanpassungen • Eigenschaften der Systemmeldungen festlegen • Systemmeldungen** (Transaktion OPJB) stellen Sie ein, ob Sie in diesem Fall eine Informations-, eine Warnungs- oder eine Fehlermeldung ausgeben möchten. Dies gilt dann auch für die manuelle Eingabe einer Charge in Prozessaufträgen und Netzplänen, falls das Kennzeichen **Prüfen Charge** in der entsprechenden Auftragsart gesetzt ist.

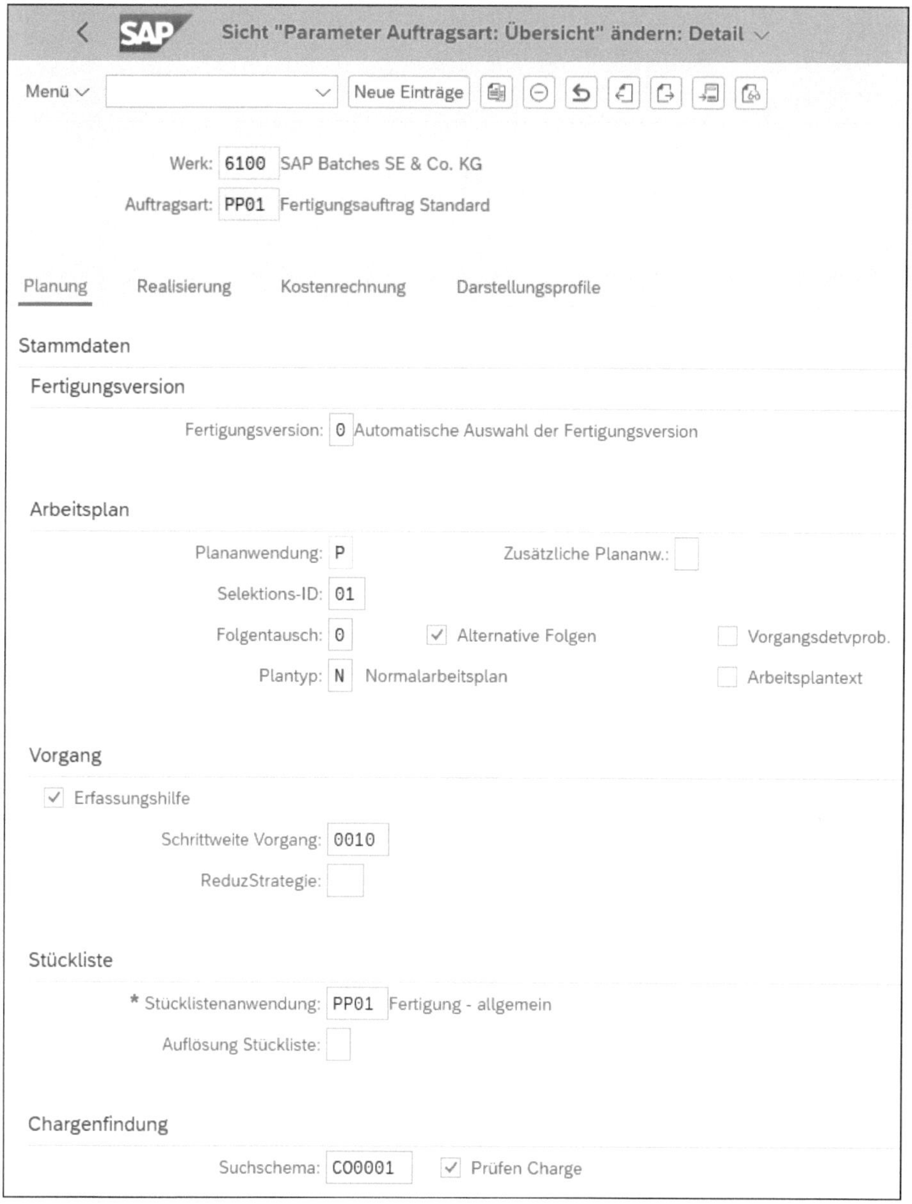

Abbildung 3.24 Ein Chargensuchschema einer Auftragsart für Fertigungsaufträge zuweisen

Prozessauftragsabwicklung

Wenn Sie anstelle der Fertigungsaufträge die Prozessaufträge in der Komponente PP-PI einsetzen, weisen Sie im Customizing die Chargensuchschemata ebenfalls pro Werk und Auftragsart zu, wie in Abbildung 3.25 beschrieben. Eine zu diesem Chargensuchschema definierte Chargensuchstrategie ermöglicht Ihnen dann, die Chargenfindung für die Auftragskomponenten im Prozessauftrag anzustoßen.

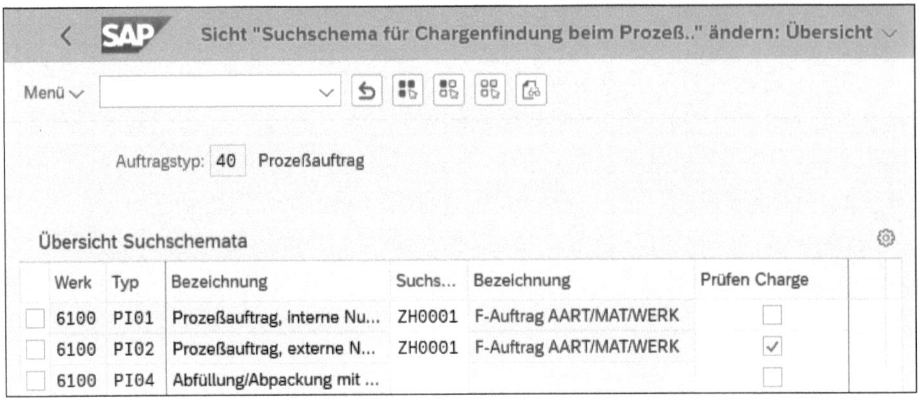

Abbildung 3.25 Chargensuchschemata den Auftragsarten für Prozessaufträge zuweisen

Analog zur Abwicklung über Fertigungsaufträge können Sie die Option **Prüfen Charge** pro Werk und Auftragsart aktivieren. Wenn Sie die Systemmeldung 40 086 (Charge gemäß Selektionskriterien aus der Chargenfindung nicht zulässig) über die Prozessauftragsabwicklung anpassen möchten, können Sie dies unter den Menüpfad (IMG •) **Produktionsplanung Prozessindustrie • Prozessauftrag • Systemanpassungen • Eigenschaften der Systemmeldungen festlegen • Systemmeldungen** (Transaktion O04C) vornehmen.

Projektsystem mit Netzplänen

Für den Fall, dass Sie mit Netzplänen aus dem Projektsystem arbeiten, haben Sie dieselben Einstellungsmöglichkeiten wie bei Fertigungs- oder Prozessaufträgen. Damit weisen Sie die Chargensuchschemata werksspezifisch der Auftragsart zu und setzen optional zusätzlich das Kennzeichen **PC** (Prüfen Charge) wie in Abbildung 3.26.

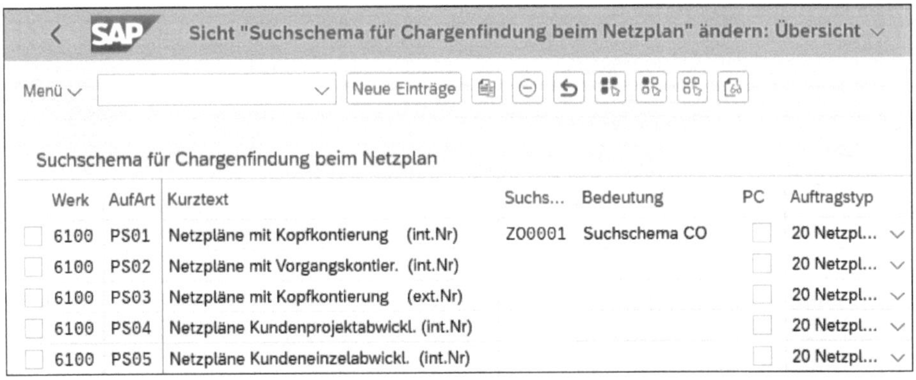

Abbildung 3.26 Chargensuchschemata den Auftragsarten für Netzpläne zuweisen

Nach den auftragsartorientierten Abwicklungen in der Produktion für eine Chargenfindung der Auftragskomponenten direkt im Auftrag gehen wir nun zur Serienfertigung und dem Nachschub über KANBAN und die Materialbereitstellungsliste über.

Serienfertigung

Im Gegensatz zur Chargenfindung für Auftragskomponenten in einem konkreten Produktionsauftrag findet diese bei der retrograden Entnahme in der Serienfertigung erst bei einer Warenbewegung statt. Dasselbe gilt für eine Chargenfindung beim Anstoß eines Nachschubs mit KANBAN oder über die Materialbereitstellungsliste. Eine solche Warenbewegung kann sowohl eine Umlagerung als auch eine Verbrauchsbuchung sein.

Die Steuerungsparameter der Serienfertigung befinden sich im Serienfertigungsprofil. Genau dort weisen Sie auch die Chargensuchschemata zu, wie in Abbildung 3.27 dargestellt.

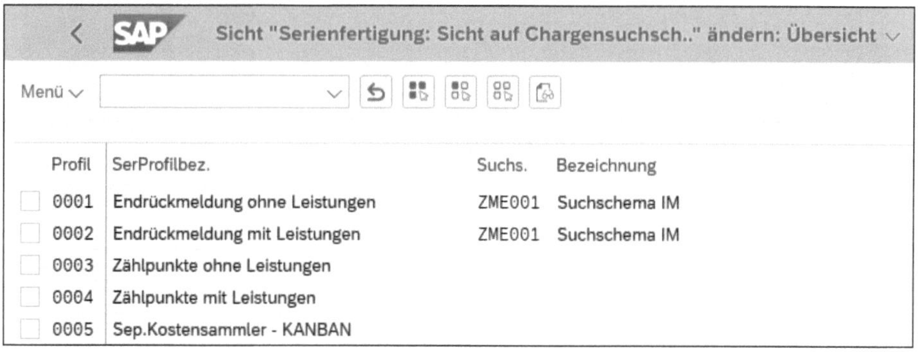

Profil	SerProfilbez.	Suchs.	Bezeichnung
0001	Endrückmeldung ohne Leistungen	ZME001	Suchschema IM
0002	Endrückmeldung mit Leistungen	ZME001	Suchschema IM
0003	Zählpunkte ohne Leistungen		
0004	Zählpunkte mit Leistungen		
0005	Sep.Kostensammler - KANBAN		

Abbildung 3.27 Chargensuchschemata den Serienfertigungsprofilen zuweisen

Sie sehen hier, dass es sich bei den Chargensuchschemata für die Serienfertigung und auch in der folgenden KANBAN-Abwicklung und der Materialbereitstellungsliste nicht mehr um Chargensuchschemata der Produktion handelt. Das liegt daran, dass Sie in diesen Fällen nicht mit Aufträgen arbeiten, in denen Chargen für Auftragskomponenten ausgewählt werden können. Vielmehr werden hier die Komponentenchargen im Rahmen der Bereitstellung oder der retrograden Entnahme, also während der Auftragsrückmeldung, bestimmt. Da es sich hier um Warenbewegungen handelt, kommen in diesen Fällen die Chargensuchschemata der Bestandsführung zum Einsatz. Das bedeutet, dass Sie hier z. B. auf Basis der Bewegungsart Ihre Chargensuchstrategien definieren.

Produktionsnachschub über KANBAN

Bei einem Nachschubanstoß mittels KANBAN erfolgt z. B. eine Umlagerung von einem Lagerort zu einem anderen. Deshalb wird einer KANBAN-Nachschubstrategie im

Customizing ebenso ein Chargensuchschema aus der Bestandsführung zugewiesen, wie in Abbildung 3.28 dargestellt.

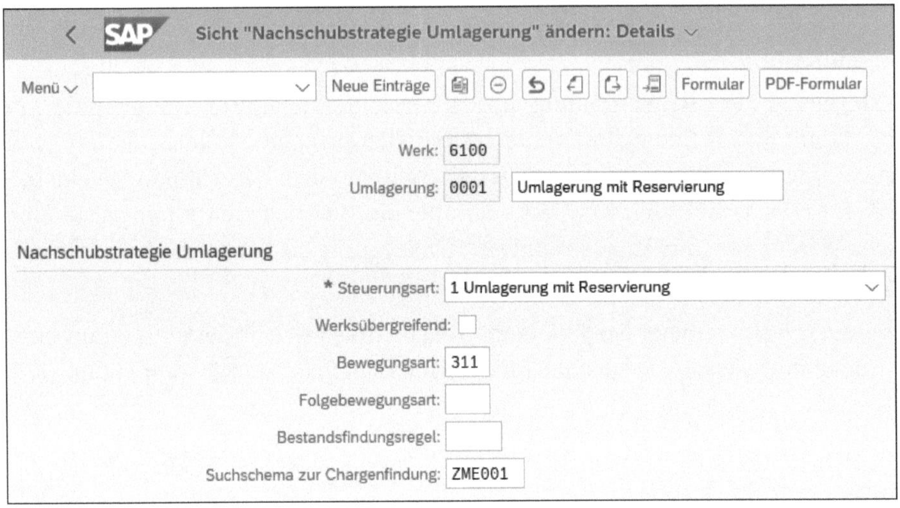

Abbildung 3.28 Ein Chargensuchschema einer KANBAN-Nachschubstrategie zuweisen

Als eine weitere Möglichkeit der Bereitstellung von Auftragskomponenten zeigen wir Ihnen im nächsten Punkt die Einstellungen zur Chargenfindung in der Materialbereitstellungsliste.

Produktionsversorgung über die Materialbereitstellungsliste

Eine Bereitstellung von Komponenten für einen Auftrag können Sie auch optional über die sogenannte *Materialbereitstellungsliste* (SAP-Fiori-App **Materialien für die Produktion bereitstellen** (App-ID MF60) bzw. Transaktion MF60) vornehmen. Falls Sie damit eine Bereitstellung auf Lagerortebene über eine Umlagerung von Lagerort an Lagerort vornehmen, wird das im Customizing werksspezifisch zugewiesene Chargensuchschema zur Ermittlung einer Chargensuchstrategie herangezogen (siehe Abbildung 3.29).

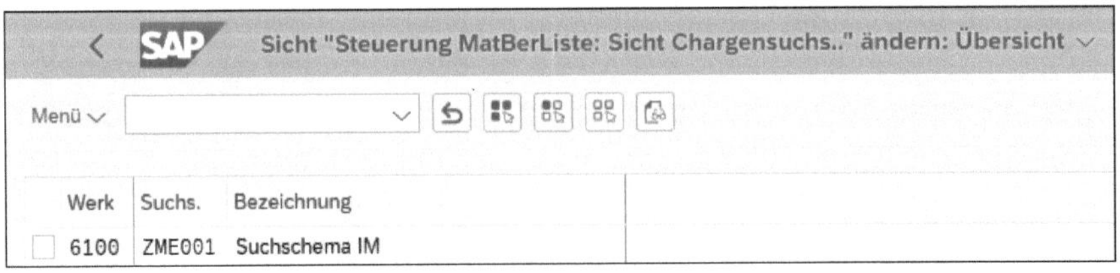

Abbildung 3.29 Chargensuchschemata für die Materialbereitstellungsliste zuweisen

Auch hier wird ein Chargensuchschema aus der Bestandsführung verwendet, da bei dieser Art der Produktionsversorgung eine Warenbewegung in Form einer Umlagerung vorliegt.

Vertrieb

Im Vertrieb können Sie die Chargenfindung in verschiedenen Belegen anstoßen – etwa im Kundenauftrag, in der Lieferung, im Angebot oder im Mengenkontrakt. Die Zuordnung der Chargensuchschemata erfolgt hier zur Kombination aus Verkaufsorganisation, Vertriebsweg, Sparte und Vertriebsbelegart, wie in Abbildung 3.30 dargestellt. Als Vertriebsbelegart geben Sie eine Auftragsart (z. B. »TA«), eine Angebotsart (z. B. »AG«) oder eine Kontraktart (z. B. »KM«) ein, allerdings keine Lieferart. Die Chargenfindung in der Lieferung wird über die Auftragsart des Kundenauftrags gesteuert, der der Lieferung zugrunde liegt.

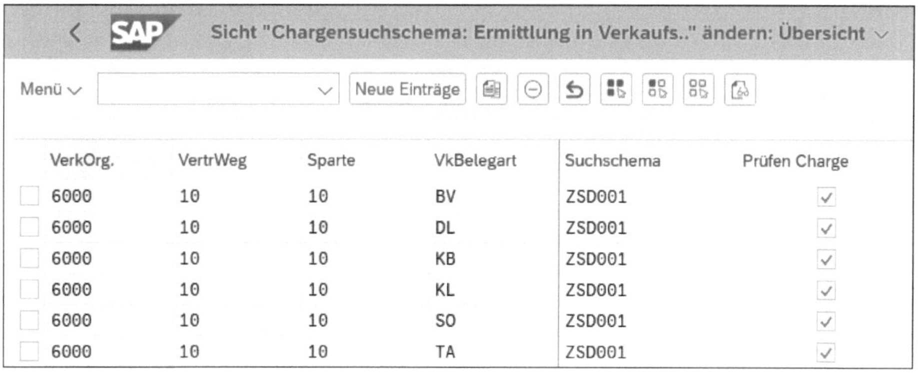

VerkOrg.	VertrWeg	Sparte	VkBelegart	Suchschema	Prüfen Charge
6000	10	10	BV	ZSD001	✓
6000	10	10	DL	ZSD001	✓
6000	10	10	KB	ZSD001	✓
6000	10	10	KL	ZSD001	✓
6000	10	10	SO	ZSD001	✓
6000	10	10	TA	ZSD001	✓

Abbildung 3.30 Chargensuchschemata im Vertrieb zuweisen

Im Vertrieb haben Sie ebenfalls die Möglichkeit, manuell eingegebene Chargen gegen die Selektionskriterien aus der Chargensuchstrategie prüfen zu lassen, indem Sie das Kennzeichen **Prüfen Charge** setzen. Falls Sie dann z. B. im Kundenauftrag oder in der Lieferung eine Charge manuell eingeben, die nicht den Selektionskriterien entspricht, wird die Systemmeldung VL 215 ausgegeben (Charge & gemäß Selektionskriterien aus der Chargenfindung nicht zulässig). Über den Menüpfad (IMG •) **Logistics Execution • Versand • Systemanpassungen • Eigenschaften von Systemmeldungen festlegen • Meldungstypen von Systemmeldungen festlegen** (Transaktion OVM1) stellen Sie den Meldungstyp (Information, Warnung oder Fehler) ein.

Chargenfindung in Nachschublieferungen

Für die Steuerung der Chargenfindung in Nachschublieferungen weisen Sie das Chargensuchschema der Default-Auftragsart aus der Lieferart zu. Nachschublieferungen werden z. B. im Rahmen von Intercompany-Prozessen verwendet und basieren auf einer Umlagerungsbestellung anstelle eines Kundenauftrags. Im Standard kommt dafür die Lieferart NL zum Einsatz, die als Default-Auftragsart DL zugewiesen hat (siehe Abbildung 3.31). Lieferarten pflegen Sie im Customizing unter dem Menüpfad

(IMG •) **Logistics Execution • Versand • Lieferungen • Lieferarten definieren** (Transaktion OVLK).

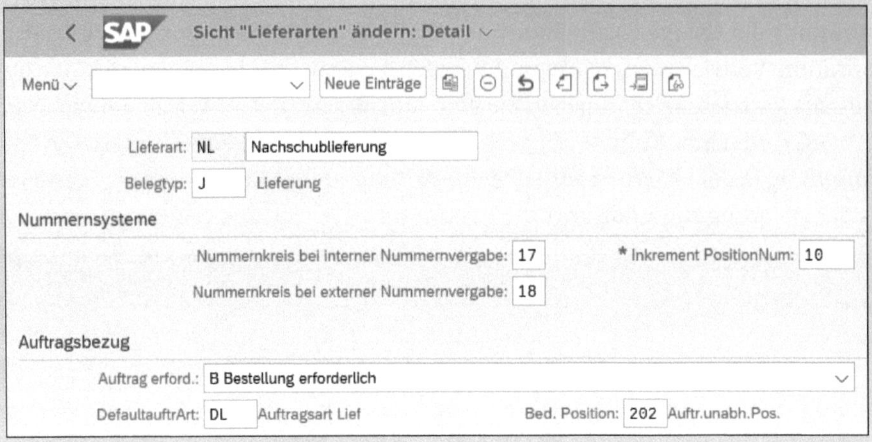

Abbildung 3.31 Nachschublieferart definieren

Darüber hinaus können Sie die Chargenfindung sowohl im Kundenauftrag als auch in der Lieferung automatisch anstoßen. Das bedeutet, dass bei der Anlage des Belegs für alle chargenpflichtigen Positionen eine automatische Chargenfindung ohne Dialog erfolgt. Jedoch hat der Benutzer immer noch die Möglichkeit, die Ergebnisse der Chargenfindung zu ändern. Die automatische Chargenfindung stellen Sie im Customizing über den Menüpfad (IMG •) **Logistik Allgemein • Chargenverwaltung • Chargenfindung und Chargenprüfung • Automatische Chargenfindung im Vertrieb aktivieren** ein. Hier setzen Sie separat für Kundenauftragspositionstypen und Lieferpositionstypen das Kennzeichen für die Aktivierung der automatischen Chargenfindung. In Abbildung 3.32 ist die Einstellung exemplarisch für Lieferpositionstypen dargestellt, dieselbe Einstellung können Sie für Kundenauftragspositionstypen ebenfalls vornehmen.

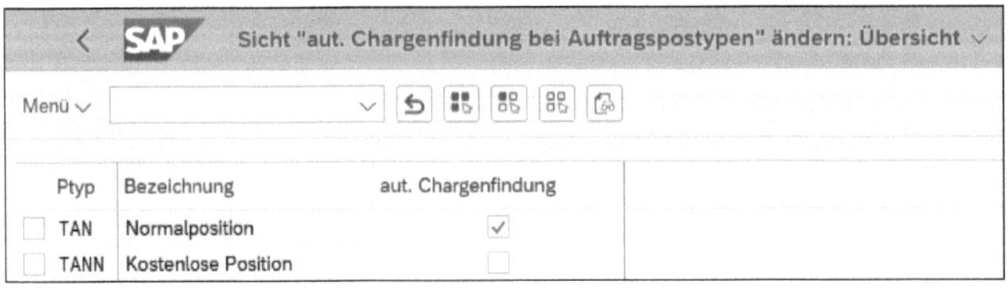

Abbildung 3.32 Die automatische Chargenfindung im Vertrieb aktivieren

Sie kennen jetzt alle Einstellungen zur Chargenfindung im Customizing und können darauf aufbauend Chargensuchstrategien anlegen. Wie Sie dazu vorgehen, erfahren Sie im folgenden Abschnitt.

3.2.10 Chargensuchstrategien

Nachdem Sie alle erforderlichen Customizing-Einstellungen geprüft und gegebenenfalls gepflegt haben, können Sie in den jeweiligen Anwendungen die Chargensuchstrategien anlegen. Da es sich hier um Stammdaten handelt, können diese nicht transportiert werden und müssen in jedem System bzw. Mandanten angelegt werden. Im Folgenden gehen wir auf den generellen Aufbau einer Chargensuchstrategie am Beispiel der Bestandsführung und anschließend auf die spezifischen Besonderheiten in den Komponenten Produktion und Vertrieb ein.

Aufbau einer Chargensuchstrategie am Beispiel der Bestandsführung

Den generellen Aufbau einer Chargensuchstrategie möchten wir Ihnen hier am Beispiel der Bestandsführung zeigen. Zum Anlegen einer Chargensuchstrategie in der Bestandsführung verwenden Sie Transaktion MBC1 (Chargensuchstrategie anlegen; bzw. Transaktion MBC2 zum Ändern und Transaktion MBC3 zum Anzeigen) oder den Menüpfad **Logistik • Materialwirtschaft • Bestandsführung • Umfeld • Chargensuchstrategie • Anlegen**.

Nachdem Sie die Transaktion aufgerufen haben, geben Sie zunächst die Strategieart ein, zu der Sie die Chargensuchstrategie anlegen möchten. Über den Matchcode werden Ihnen hier alle Strategiearten aus dem Customizing angeboten, die zur jeweiligen Applikation (hier: ME – Bestandsführung) existieren. Sie sollten allerdings eine Strategieart wählen, die dem Geschäftsprozess über das Chargensuchschema auch zugewiesen ist, für den Sie jetzt die Chargensuchstrategie anlegen.

[zB]

Wie kann ich wissen, ob ich beim Anlegen einer Chargensuchstrategie die richtige Strategieart gewählt habe?

Im Customizing können Sie überprüfen, ob Sie eine Chargensuchstrategie zur richtigen Strategieart angelegt haben. Wenn Sie z. B., wie in Abbildung 3.33 dargestellt, die Strategieart ZME1 auswählen und eine Chargensuchstrategie für die Bewegungsart 261 (Warenausgang zum Produktionsauftrag) anlegen möchten, muss die Strategieart ZME1 auch im Chargensuchschema enthalten sein (siehe Abbildung 3.21), das Sie der Bewegungsart 261 zugewiesen haben (siehe Abbildung 3.23).

Nachdem Sie die Strategieart eingegeben haben, wählen Sie im Pop-up die Schlüsselkombination, zu der Sie die Chargensuchstrategie anlegen möchten, z. B. zu **Bewegungsart**, **Werk** und **Materialart**, wie in Abbildung 3.33 dargestellt. In diesem Pop-up werden Ihnen alle Konditionstabellen in Form von Schlüsselkombinationen angezeigt, die in den Zugriffsfolgen der von Ihnen eingegebenen Strategieart enthalten sind. Diese Zuordnung ist in Abbildung 3.14 dargestellt.

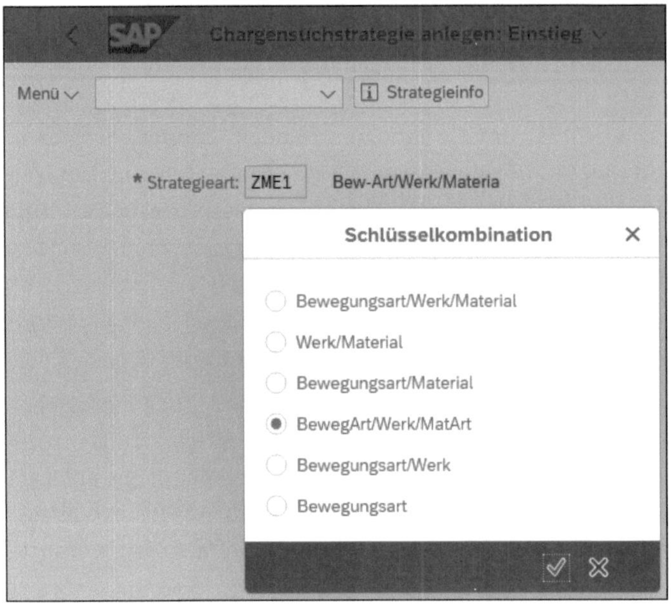

Abbildung 3.33 Einstieg zur Anlage einer Chargensuchstrategie in der Bestandsführung

Nachdem Sie sich für eine Schlüsselkombination entschieden haben, gelangen Sie in die Schnellerfassungsmaske, in der Sie eine oder auch mehrere Chargensuchstrategien in Tabellenform anlegen können. Im Kopf erscheinen nun die Merkmale aus der Konditionstabelle, die Sie bei der Definition der Konditionstabelle nicht mit dem Kennzeichen **Positionsfeld** versehen haben. Bei der Konditionstabelle 900 sind dies die Merkmale **Bewegungsart** und **Werk**, wie Abbildung 3.10 zeigt. Die dazugehörigen Merkmalswerte sind also gültig für alle Suchstrategien, die Sie in diesem Dialog anlegen bzw. pflegen.

Außerdem können Sie hier einen Gültigkeitszeitraum definieren, falls die Chargensuchstrategie erst ab einem zukünftigen Datum gültig sein soll. In diesem Fall pflegen Sie das Feld **Gültig ab**, das ansonsten automatisch mit dem aktuellen Tagesdatum gefüllt wird. Über das Datumsfeld **Gültig bis** können Sie die Gültigkeit ebenfalls auf ein Datum in der Zukunft einschränken, ansonsten wird hier automatisch der 31.12.9999 eingetragen. Ein Datum in der Vergangenheit können Sie nicht eingeben. Allerdings kann eine Chargenfindung auch nicht zu einem Datum in der Vergangenheit erfolgen, sodass die Definition einer Chargensuchstrategie in der Vergangenheit nicht erforderlich ist. Sobald Sie die erste Chargensuchstrategie pflegen, werden die Datumsangaben fixiert und können ohne ein Abbrechen und Neustarten des Pflegedialogs nicht mehr geändert werden.

Zunächst geben Sie die Schlüsselmerkmale vor, die Sie in der Definition der Konditionstabelle nicht mit dem Kennzeichen **Positionsfeld** versehen haben. Diese erscheinen als Muss-Felder und gelten für alle in diesem Dialog bearbeiteten Suchstrategien. Danach legen Sie in jeder Zeile für diejenigen Schlüsselmerkmale eine Chargensuchstrategie an, für die Sie in der Definition der Konditionstabelle das Kennzeichen **Positionsfeld** gesetzt haben, wie in Abbildung 3.34 für das Merkmal **Materialart**.

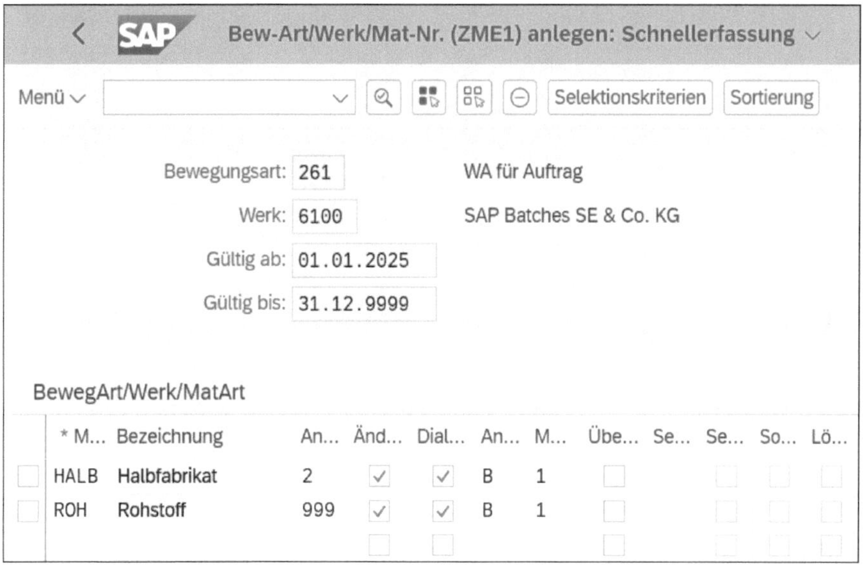

Abbildung 3.34 Schnellerfassung für die Anlage von Chargensuchstrategien in der Bestandsführung

Sobald Sie die Merkmalswerte für eine Chargensuchstrategie vollständig angegeben haben – wie im Beispiel in Abbildung 3.34 Bewegungsart 261, Werk 6100 und Materialart ROH –, werden die Vorschlagswerte aus der Strategieart im Customizing gelesen und automatisch für die Chargensuchstrategie übernommen. Indem Sie eine Zeile markieren und auf den Button (**Detail**) klicken, verzweigen Sie in die Details der markierten Chargensuchstrategie, die in Abbildung 3.35 dargestellt sind.

Die einzelnen Felder und Steuerungsmöglichkeiten in einer Chargensuchstrategie haben wir Ihnen bereits im Rahmen der Strategiearten in Abschnitt 3.2.7 vorgestellt.

Falls Sie in der Strategieart keine Selektionsklasse und Sortierregel vorgegeben haben, können Sie diese hier nun pflegen. Danach werden die nicht eingabebereiten Kennzeichen **Selektion definiert** bzw. **Sortierung definiert** im Bereich **Steuerung • Selektionssteuerung** automatisch gesetzt.

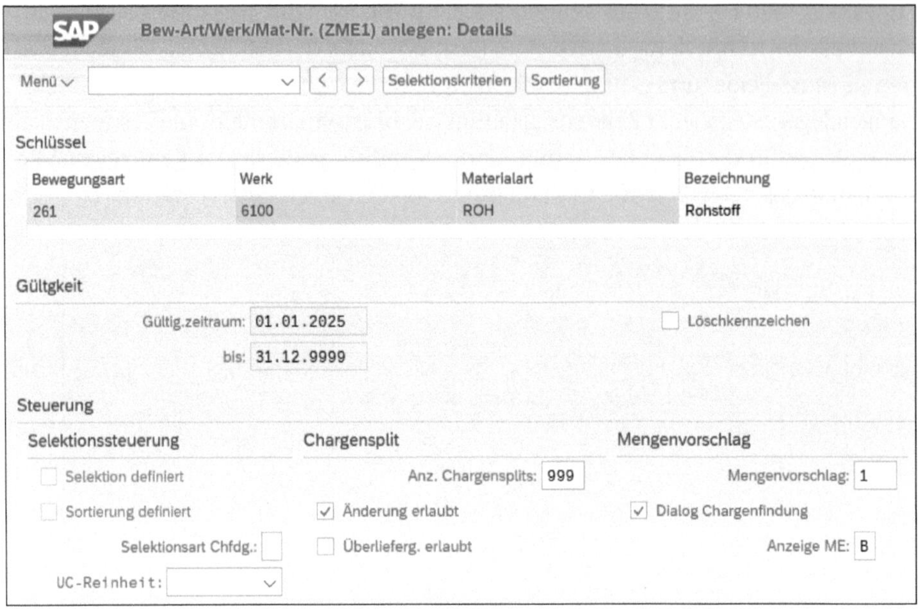

Abbildung 3.35 Details einer Chargensuchstrategie in der Bestandsführung

Dazu klicken Sie auf den Button **Selektionskriterien** am oberen Bildschirmrand. Hier können Sie im Feld **Klasse** die Selektionsklasse zuweisen und die Selektionskriterien für die Chargenfindung definieren. Zuerst wählen Sie eine Klasse der Klassenart 023 als Selektionsklasse aus, und im nächsten Schritt pflegen Sie die Selektionskriterien, wie in Abbildung 3.36 dargestellt. In diesem Beispiel sollen in der Chargenfindung Chargen ohne Löschkennzeichen und mit dem Zustand **frei** gesucht werden.

Nach der Pflege der Selektionskriterien klicken Sie auf den Button **Sortierung** im Detailbild der Chargensuchstrategie, um eine Sortierregel zu hinterlegen, wie in Abbildung 3.37 dargestellt. Die in der Sortierregel definierte Sortierreihenfolge mit den relevanten Merkmalen und dem Kennzeichen für eine auf- oder absteigende Sortierung (**Aufsteig.** bzw. **Absteigend**) wird im unteren Bereich **Sortierreihenfolge** angezeigt.

Chargensuchstrategien können Sie nicht löschen, da sie für bereits im System vorhandene Vorgänge erhalten bleiben müssen. Sie können allerdings im Detailbild der Chargensuchstrategie ein Löschkennzeichen setzen (siehe Abbildung 3.35), falls Sie die Chargensuchstrategie nicht mehr verwenden möchten. Eine Chargensuchstrategie mit Löschkennzeichen wird dann beim Aufruf einer Chargenfindung innerhalb des Gültigkeitszeitraums der Chargensuchstrategie nicht mehr herangezogen. Falls Sie allerdings zu einem abweichenden Gültigkeitszeitraum zur selben Schlüsselkombination eine weitere Chargensuchstrategie gepflegt haben, die kein Löschkennzeichen besitzt, können Sie diese sehr wohl weiterverwenden.

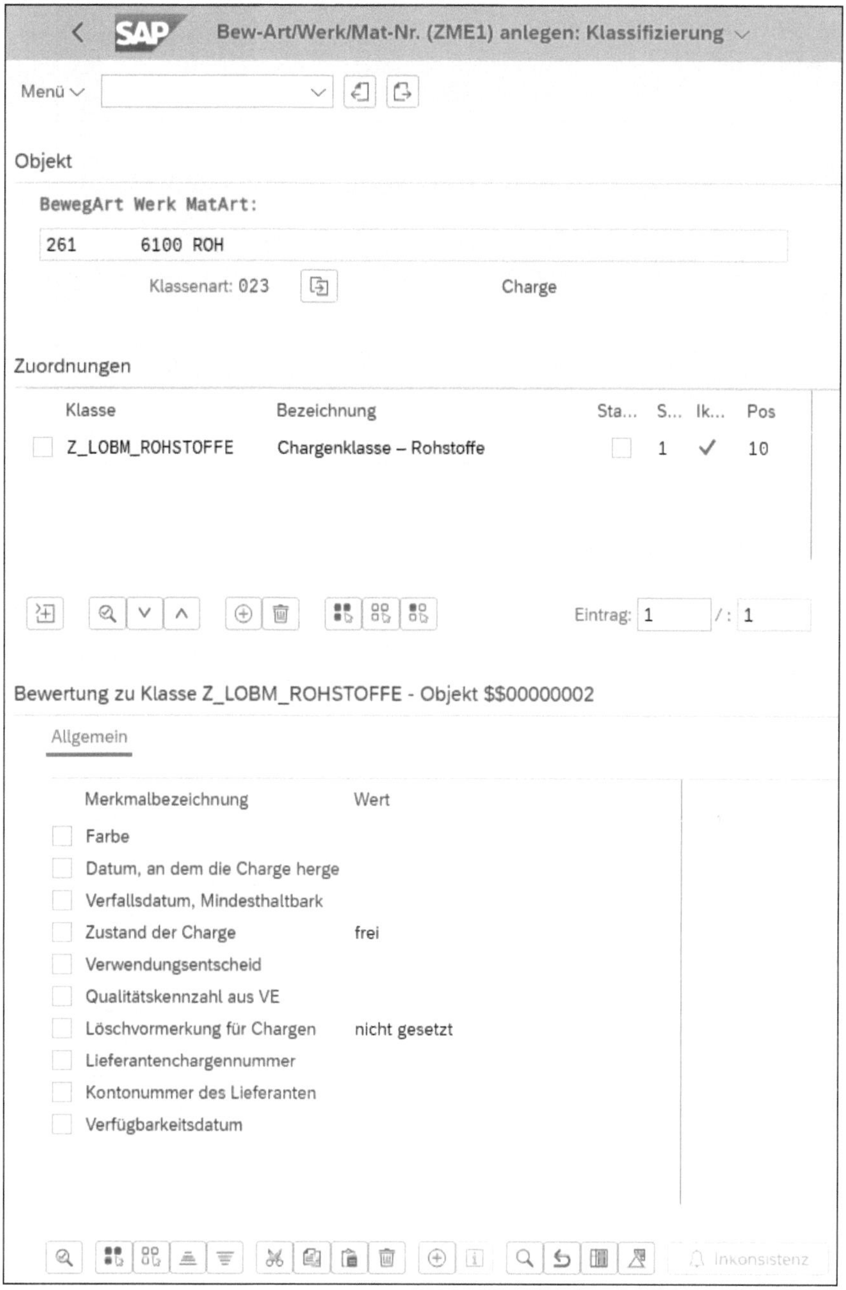

Abbildung 3.36 Selektionskriterien einer Chargensuchstrategie in der Bestandsführung

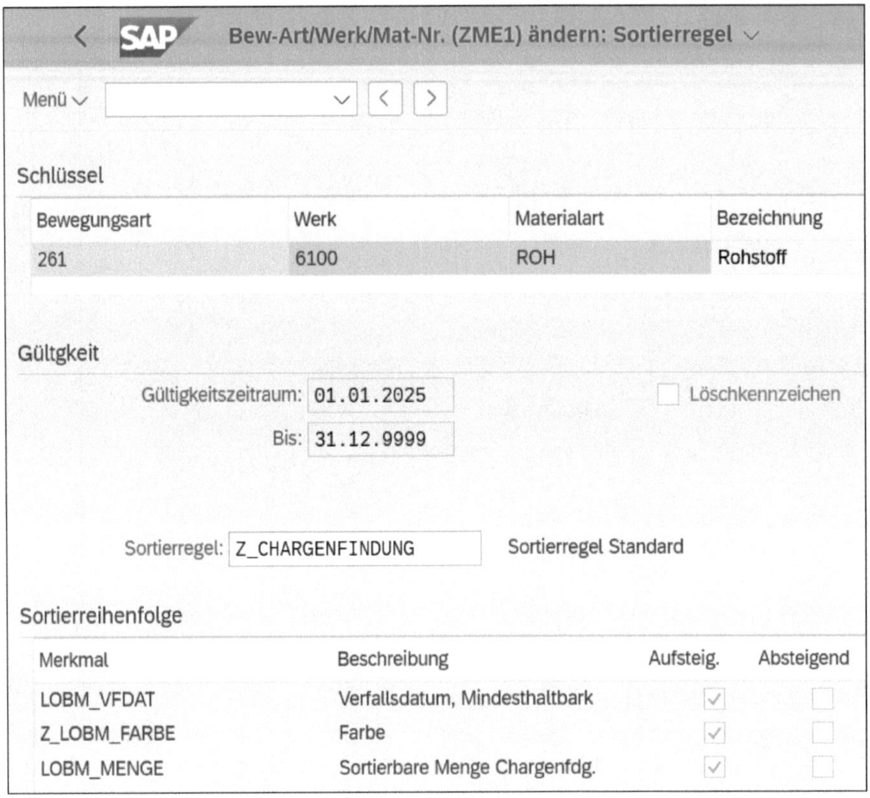

Abbildung 3.37 Sortierregel einer Chargensuchstrategie in der Bestandsführung

Eine Übersicht der vorhandenen Chargensuchstrategien erhalten Sie, wenn Sie im Einstiegsbild der Pflege der Suchstrategien nach Eingabe einer Strategieart auf den Button Strategieinfo (**Strategieinfo**) klicken. Sie können dann im folgenden Selektionsbild weitere Kriterien zur Einschränkung der Selektion der Chargensuchstrategien eingeben. Ansonsten werden Ihnen alle zur eingegebenen Strategieart existierenden Chargensuchstrategien mit dem jeweiligen Gültigkeitszeitraum aufgelistet, wie in Abbildung 3.38 dargestellt. Außerdem werden pro Chargensuchstrategie die Steuerparameter angezeigt, die Selektionskriterien und die Sortierregeln können Sie sich ebenfalls einblenden lassen.

Im weiteren Verlauf dieses Abschnitts gehen wir nun auf die Besonderheiten der Chargensuchstrategien in den anderen Komponenten ein.

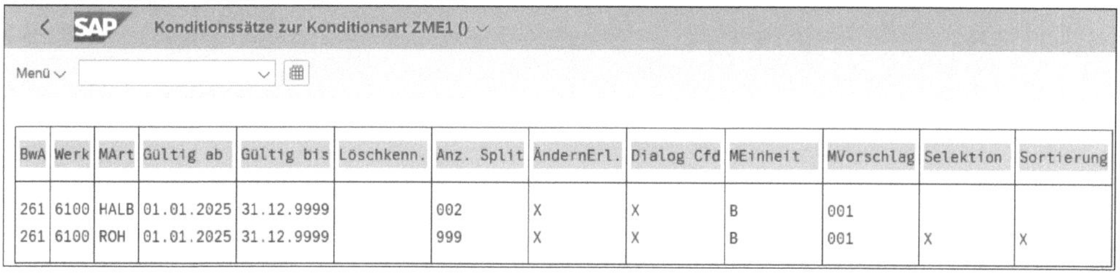

Abbildung 3.38 Übersicht der Chargensuchstrategien zu einer Strategieart anzeigen

Besonderheiten der Chargensuchstrategien in der Produktion

Die Chargensuchstrategien in der Produktion entsprechen in Aufbau und Pflege den Chargensuchstrategien in der Bestandsführung. Der einzige Unterschied besteht im Aufruf der Transaktion, hier verwenden Sie Transaktion COB1 (Chargensuchstrategie anlegen) zur Anlage einer Chargensuchstrategie (bzw. Transaktion COB2 zum Ändern und Transaktion COB3 zum Anzeigen). Alternativ erreichen Sie die Transaktion über den Menüpfad **Logistik • Produktion • Fertigungssteuerung • Warenbewegungen • Chargensuchstrategie • Anlegen** für Chargensuchstrategien in der Komponente PP bzw. über den Menüpfad **Logistik • Produktion - Prozess • Prozessauftrag • Umfeld • Chargensuchstrategie • Anlegen** für Chargensuchstrategien in der Komponente PP-PI. In der Produktion wählen Sie eine Strategieart und eine zugehörige Schlüsselkombination aus der Applikation Produktion, um Ihre Chargensuchstrategie anzulegen.

Allerdings gibt es in der Produktion eine Besonderheit bei der Ermittlung der für die Chargenfindung gültigen Selektionskriterien. Sie haben hier zusätzlich die Möglichkeit, in der Stückliste eine Position zu klassifizieren und dort Selektionskriterien zu hinterlegen, die dann während der Chargenfindung priorisiert verwendet werden und dadurch die Selektionskriterien aus der Chargensuchstrategie überschreiben. Dadurch können Sie z. B. produktionsprozess- bzw. rezepturspezifische Kriterien für die Selektion einer Materialkomponente abbilden.

Dazu gehen Sie über die SAP-Fiori-App **Stückliste ändern** (App-ID CS02) bzw. Transaktion CS02 (Materialstückliste ändern) in die Pflege einer Stückliste. In der Stückliste markieren Sie die relevante Position und wählen den Menüpfad **Zusätze • Chargenklassifizierung**. Hier wird automatisch die Chargenklasse der Materialkomponente angezeigt, und Sie können nun Selektionskriterien pflegen, wie in Abbildung 3.39 dargestellt. Hier wurde z. B. das Merkmal **Farbe** als zusätzliches Selektionskriterium mit dem Wert RAL 5003 Saphirblau für die Bestimmung geeigneter Chargen definiert.

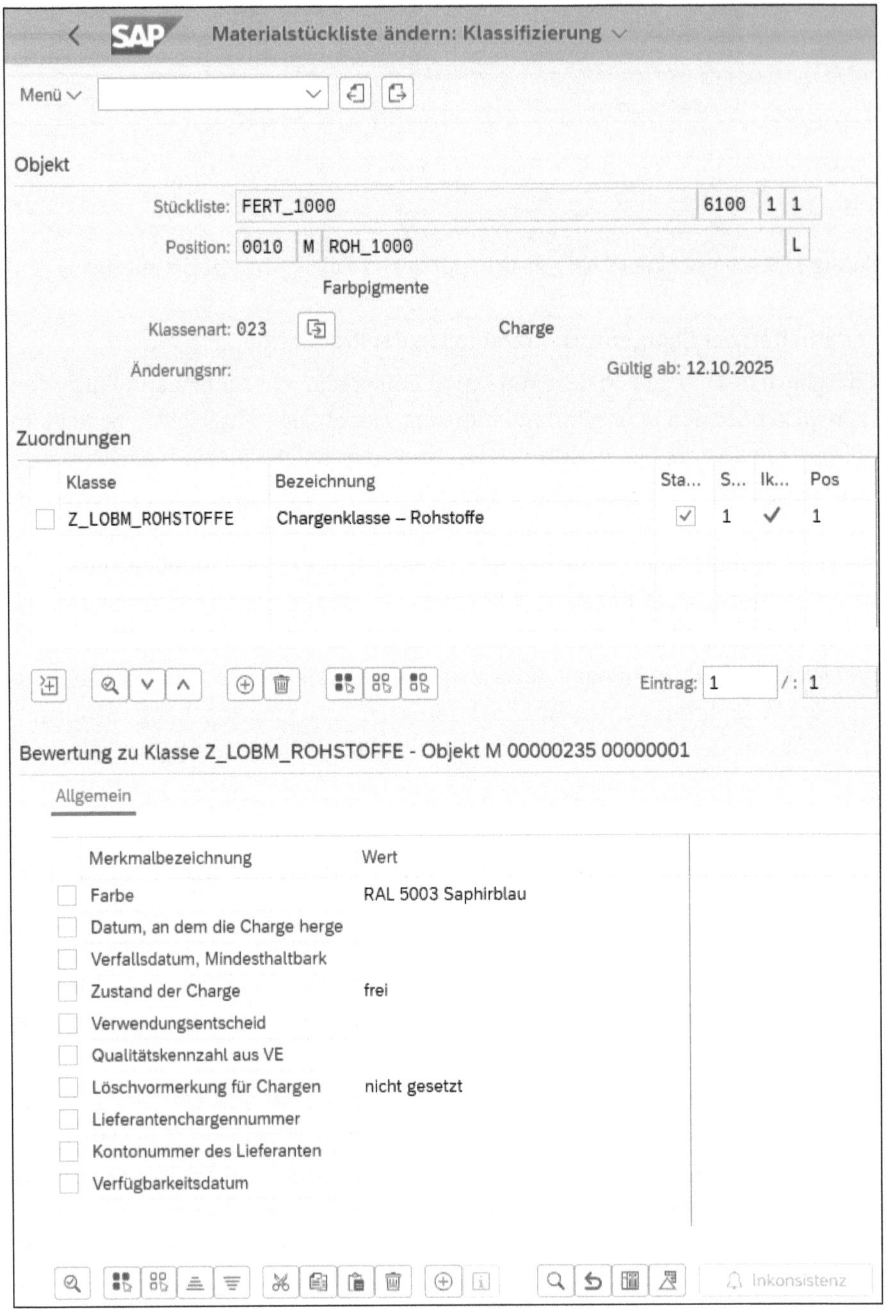

Abbildung 3.39 Selektionskriterien in der Stückliste pflegen

Diese Selektionskriterien werden nun verwendet, sobald Sie die Komponente über diese Stückliste in einem Produktionsauftrag einsetzen und die Chargenfindung dafür im Produktionsauftrag anstoßen.

[«]

Customer-Exit zur Festlegung der Reihenfolge zur Bestimmung der Selektionskriterien

Im Standard werden während einer Chargenfindung in einem Produktionsauftrag die Selektionskriterien aus der Chargensuchstrategie immer mit den Selektionskriterien aus der Stücklistenklassifizierung überschrieben, falls Sie dort welche gepflegt haben. Diese Prioritäten können Sie im Customer-Exit EXIT_SAPLCOMK_008 der Erweiterung PPCO0013 verändern.

Besonderheiten der Chargensuchstrategien im Vertrieb

Die Chargensuchstrategien im Vertrieb pflegen Sie analog zu den Chargensuchstrategien in der Bestandsführung und Produktion. Sie verwenden dazu die Transaktion VCH1 zum Anlegen (bzw. Transaktion VCH2 zum Ändern und Transaktion VCH3 zum Anzeigen). Alternativ können Sie auch die Menüpfade im Vertrieb oder in Logistics Execution wählen: **Logistik • Vertrieb • Stammdaten • Produkte • Chargensuchstrategie • Anlegen** oder **Logistik • Logistics Execution • Stammdaten • Material • Chargensuchstrategie • Lieferung • Anlegen**. Die Chargensuchstrategien, die Sie für den Vertrieb anlegen, werden dann für eine Chargenfindung in allen Vertriebsbelegen verwendet – sowohl in einem Kundenauftrag als auch in einer Lieferung.

3.3 Aufruf der Chargenfindung

Wie in Abbildung 3.1 dargestellt, können Sie die Chargenfindung an verschiedenen Stellen in den Anwendungen aufrufen: z. B. während einer Warenbewegung in der Bestandsführung, während der Bearbeitung der Materialliste im Produktionsauftrag oder in der Positionsübersicht einer Auslieferung an einen Kunden. In diesem Abschnitt lernen Sie die unterschiedlichen Stellen in den Anwendungen kennen und erfahren außerdem, welche Möglichkeiten der Einflussnahme und Analyse Ihnen der Dialogmodus bietet.

3.3.1 Anstoß der Chargenfindung am Beispiel der Bestandsführung

In der Bestandsführung können Sie die Chargenfindung während der Erfassung einer Belegposition aufrufen, z. B. bei einem Warenausgang oder bei einer Umlagerung mit der SAP-Fiori-App **Warenbewegung buchen** (App-ID MIGO) bzw. Transaktion MIGO (Warenbewegung). Zunächst geben Sie die relevanten Daten wie Materialnummer, Werk, Lagerort, Bewegungsart und Menge zu einer Belegposition ein. Daraufhin erscheint in der Positionsübersicht bzw. während der Bearbeitung der Position auf der Registerkarte **Menge** der Button (**Bestandsfindung**) für die integrierte Bestands- und Chargenfindung, wie in Abbildung 3.40 dargestellt.

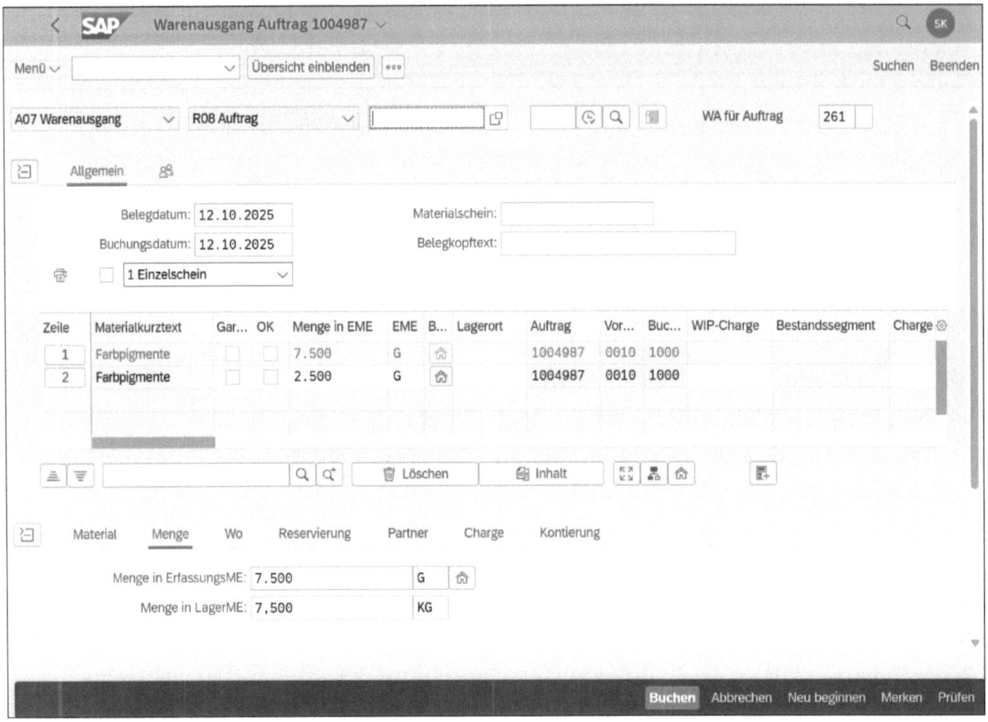

Abbildung 3.40 Warenausgangsposition in Transaktion MIGO

Sobald Sie auf den Button (**Bestandsfindung**) klicken, wird zunächst die Bestandsfindung aufgerufen, falls diese aktiviert ist. Danach wird zusätzlich die Chargenfindung für diese Position angestoßen, falls es sich um ein chargenpflichtiges Material handelt. Es wird nun nach einer gültigen Chargensuchstrategie gesucht, die für diesen Geschäftsvorfall definiert ist.

[»]

Chargenfindung ohne Selektionskriterien oder ohne gültige Chargensuchstrategie

Falls nach dem Aufruf der Chargenfindung keine Chargensuchstrategie oder lediglich eine Chargensuchstrategie ohne Selektionskriterien ermittelt werden kann, erscheint daraufhin eine Informationsmeldung mit dem Text »Chargenfindung für `<Materialnummer>` ohne Selektions-Vorgaben« (Systemmeldung CO 653).

Außerdem wird ohne ermittelte Suchstrategie in der Statuszeile die Systemmeldung LB 014 (Es konnte keine Suchstrategie ermittelt werden) ausgegeben. Eine automatische Ermittlung von Chargen ist in diesem Fall nicht möglich. Im Dialogmodus bzw. in der Anzeige des Chargenfindungsergebnisses zu einer Chargenfindung, die zuvor im Hintergrund stattgefunden hat, bleibt die Anzeige im Bereich **Chargenauswahl** deshalb leer.

Abhängig davon, ob in der Chargensuchstrategie das Kennzeichen **Dialog Chargenfindung** gesetzt ist, verzweigen Sie entweder in den Dialog zur Chargenfindung, wie in Abbildung 3.41 dargestellt, oder die Chargenfindung läuft im Hintergrund ab. Falls eine im Hintergrund gestartete Chargenfindung ohne Dialog erfolgreich war, werden die ermittelten Chargen dabei direkt in die Belegposition geschrieben.

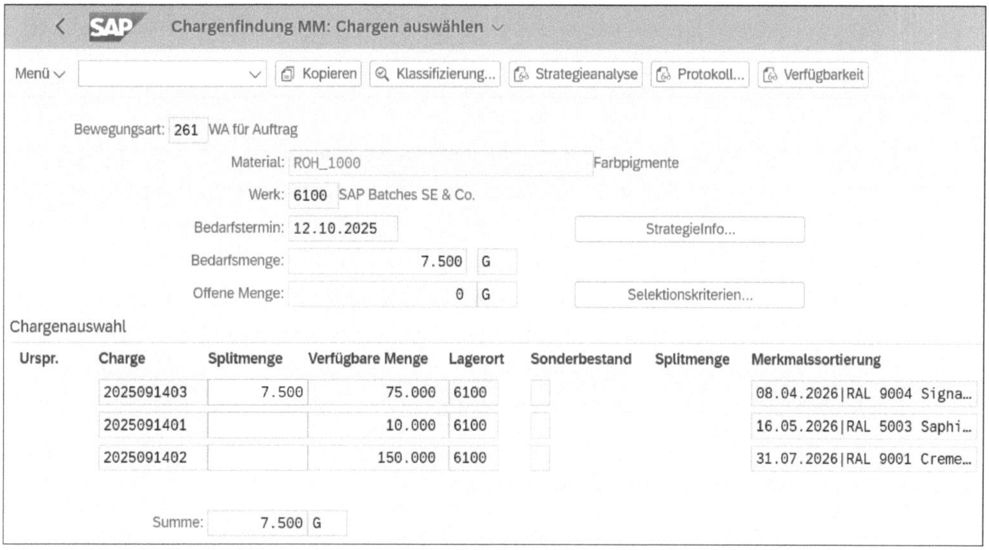

Abbildung 3.41 Dialog der Chargenfindung während einer Warenbewegung

Bei der Chargenfindung im Dialog werden alle verfügbaren Chargen, die den Selektionskriterien entsprechen, entsprechend der Sortierung in eine Reihenfolge gebracht und im Bereich **Chargenauswahl** zusammen mit der verfügbaren Menge aufgelistet. In der Komponente der Bestandsführung wird dabei allerdings nur dann eine ATP-Verfügbarkeitsprüfung (ATP = Available-to-Promise) durchgeführt, falls Sie die entsprechenden Customizing-Einstellungen vorgenommen haben. Nur dann erscheint im Dialog der Chargenfindung ein Button zur Anzeige der Verfügbarkeitssituation. In den hier dargestellten Beispielen wurde allerdings auf eine ATP-Prüfung bei Warenbewegungen verzichtet, sodass auch während der Chargenfindung keine Verfügbarkeitsprüfung erfolgt und die aktuelle Bestandsmenge anstelle der verfügbaren Menge im Feld **Verfügbare Menge** angezeigt wird. Die Verteilung der Bedarfsmenge auf die einzelnen Chargen im Feld **Splitmenge** erfolgt gemäß der Mengenvorschlagsregel, die Sie in der Chargensuchstrategie gepflegt haben. Darüber hinaus wird bei dieser Verteilung auch die maximale Anzahl erlaubter Chargensplits berücksichtigt.

Chargenfindung ohne Selektionskriterien

Falls Sie den Parameter **Selektionsart** in der Chargensuchstrategie auf O (Selektion ohne Selektionskriterien) gesetzt haben, werden die Selektionskriterien aus der Chargensuchstrategie nicht verwendet. Es erscheint die Informationsmeldung mit dem Text »Chargenfindung für `<Materialnummer>` ohne Selektions-Vorgaben« (Systemmeldung CO 653), und im Chargenfindungsergebnis werden grundsätzlich alle verfügbaren Chargen angezeigt.

Zu jeder Charge wird außerdem im Feld **Merkmalssortierung** die Bewertung der Sortiermerkmale aus der Sortierregel dargestellt. Im Beispiel in Abbildung 3.41 wurden die ermittelten Chargen nach ihrem Verfallsdatum/MHD in aufsteigender Reihenfolge aufgelistet. Falls es sich um eine gesperrte Charge mit dem Chargenzustand **nicht frei** handelt, wird zusätzlich im Feld S ein X gesetzt. Darauf werden wir in Abschnitt 4.1, »Chargenzustandsverwaltung«, noch näher eingehen. Sie haben nun verschiedene Möglichkeiten, das Ergebnis der Chargenfindung zu analysieren und auch zu ändern. Diese möchten wir Ihnen im weiteren Verlauf dieses Abschnitts vorstellen.

Manuelle Umverteilung der Bedarfsmenge

Sie haben die Möglichkeit, die Mengenverteilung auf die ermittelten Chargen durch einfaches Überschreiben der Mengen im Feld **Splitmenge** manuell zu ändern. Die Summe der Mengen zu allen Chargen darf dabei die Bedarfsmenge überschreiten, falls Sie das Kennzeichen **Überlieferung erlaubt** in der Chargensuchstrategie gesetzt haben. Falls Sie nicht die gesamte Bedarfsmenge verteilen und eine nicht zugeteilte Menge übrig bleibt, wird diese im Feld **Offene Menge** ausgewiesen. Abhängig von der Anwendung, in der Sie sich befinden, wird dies unterschiedlich gehandhabt, falls Sie das Ergebnis der Chargenfindung mit einer offenen Menge übergeben. Im Falle der Bestandsführung wird dadurch die Belegpositionsmenge auf die aus der Chargenfindung übernommene Menge reduziert. Nach erfolgreicher Buchung des Belegs wird die ursprüngliche Reservierungsmenge um diese reduzierte Menge abgebaut.

Protokoll der Chargenfindung

Über den Button [Protokoll...] können Sie nachvollziehen, welche Schritte im Rahmen der Chargenfindung zu dem dargestellten Ergebnis in Form der ermittelten Chargen und der verteilten Mengen geführt haben (siehe Abbildung 3.42). Dieses Protokoll wird dabei jedes Mal zur Laufzeit, d. h. bei jedem Aufruf der Chargenfindung, neu geschrieben bzw. erweitert, solange Sie die Transaktion nicht verlassen.

Die Details zum Ablauf der Chargenfindung stellen wir Ihnen in Abschnitt 3.4 noch ausführlich vor.

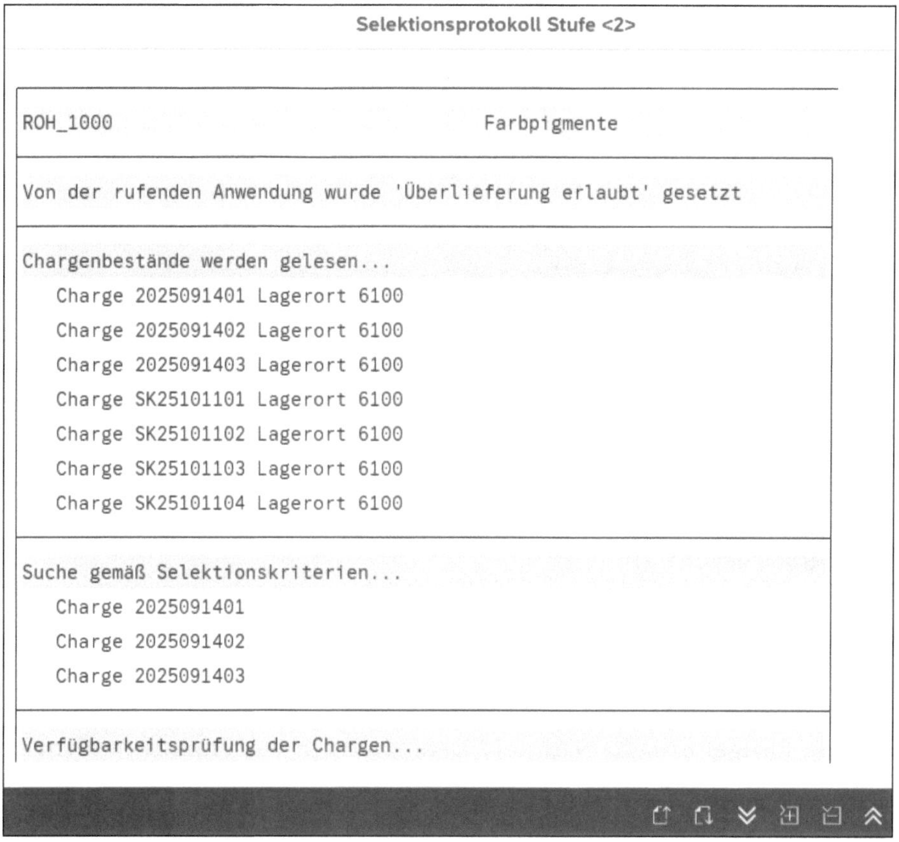

Abbildung 3.42 Protokoll der Chargenfindung

Strategieanalyse

Über den Button [Strategieanalyse] (**Strategieanalyse**) erfahren Sie, welche Chargensuchstrategie auf Basis welchen Zugriffs bzw. welcher Schlüsselkombination für diese Chargenfindung ermittelt wurde. Das Icon ■ im linken Bereich in Abbildung 3.43 gibt an, welches Chargensuchschema verwendet wurde (hier: ZME001) und auf Basis welcher Strategieart (hier: ZME1) und welchen Zugriffs (hier: 035 (ZME1)) die ermittelte Chargensuchstrategie angelegt wurde. Zudem wird die interne Nummer der Chargensuchstrategie angezeigt (hier: 0000001014). Die Details des Zugriffs wie die Schlüsselkombination (hier: Bewegungsart, Werk und Materialart) werden im rechten Bereich erläutert.

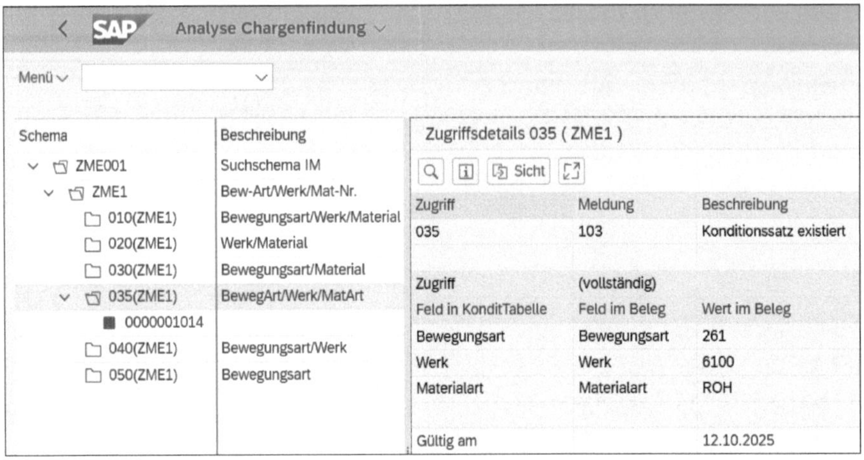

Abbildung 3.43 Strategieanalyse der Chargenfindung

Klassifizierung der Chargen

Darüber hinaus können Sie sich für alle ermittelten Chargen die Klassifizierung und dazu im Vergleich die Selektionskriterien anzeigen lassen. Dazu setzen Sie den Cursor auf eine Charge und klicken auf den Button Klassifizierung..., um zu dem in Abbildung 3.44 dargestellten Vergleich zu gelangen. Sie können dann mithilfe der Buttons (**Vorherige Charge**) bzw. (**Nächste Charge**) zwischen den ermittelten Chargen wechseln.

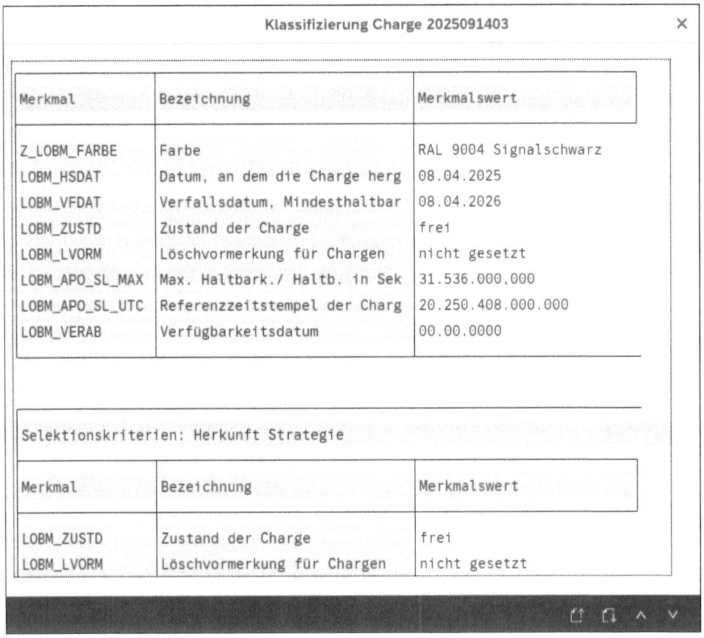

Abbildung 3.44 Klassifizierungsdaten der ermittelten Chargen

Änderung der Selektionskriterien

Falls Sie die Selektionskriterien, die aus der Chargensuchstrategie gelesen wurden, nachträglich ändern möchten, haben Sie dazu über den Button **Strategieinfo...** die Möglichkeit. Durch eine Modifizierung der Merkmalsgrenzen können Sie so entweder weitere Chargen in die Ergebnisliste einbeziehen oder auch das Ergebnis weiter einschränken. Eine solche Änderung können Sie allerdings nur dann vornehmen, falls dies nicht ausdrücklich in der Chargensuchstrategie über das Kennzeichen **Selektionsart** ausgeschlossen wurde: Selektionsart F (Selektionskriterien nicht änderbar in der Chargenfindung) erlaubt eine solche Änderung im Dialog der Chargenfindung nicht. Im Beispiel von Abbildung 3.45 wurde über den Button (**Ändern**) das Merkmal Z_LOBM_FARBE (**Farbe**) als zusätzliches Selektionskriterium mit den Werten RAL 5003 Saphirblau und RAL 9001 Cremeweiß aufgenommen. Als Resultat werden die Chargen von der Selektion ausgeschlossen, deren Farbe nicht in diesem Wertebereich liegt.

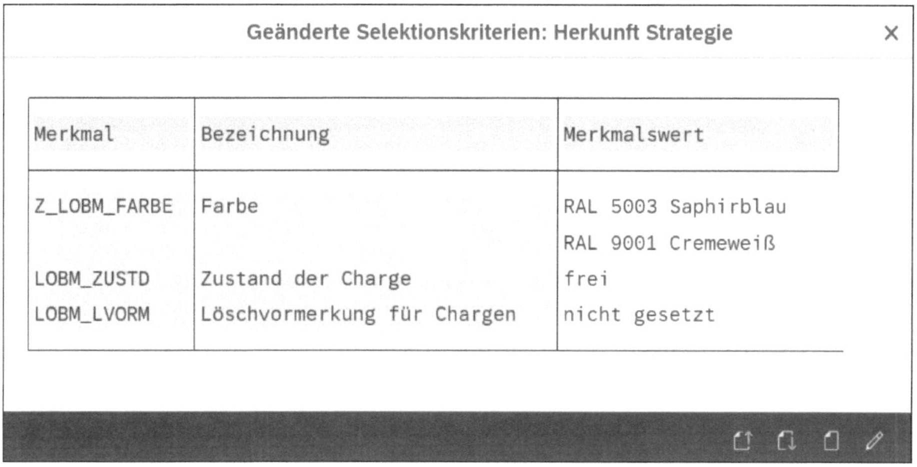

Merkmal	Bezeichnung	Merkmalswert
Z_LOBM_FARBE	Farbe	RAL 5003 Saphirblau
		RAL 9001 Cremeweiß
LOBM_ZUSTD	Zustand der Charge	frei
LOBM_LVORM	Löschvormerkung für Chargen	nicht gesetzt

Abbildung 3.45 Selektionskriterien in der Chargenfindung ändern

Modifizierung der Parameter aus der Chargensuchstrategie

Wenn Sie auf den Button **Strategieinfo...** klicken, können Sie sich hier die Parameter der verwendeten Chargensuchstrategie anzeigen lassen und einige davon auch ändern. Zum Beispiel können Sie eine andere Mengenvorschlagsregel oder Sortierregel wählen oder auch die Anzahl der erlaubten Chargensplits ändern. Wenn Sie auf den Button Kopieren (**Übernehmen**) klicken, kommen die geänderten Einstellungen sofort zum Einsatz, und es wird Ihnen das entsprechende neue Ergebnis der Chargenfindung präsentiert (siehe Abbildung 3.46).

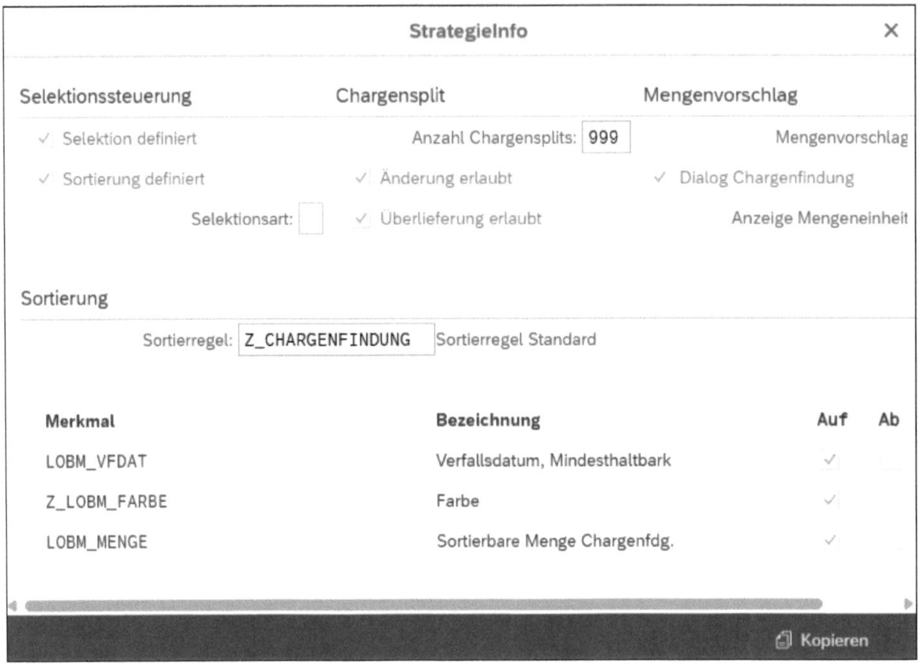

Abbildung 3.46 Strategieinfo zur durchgeführten Chargenfindung

Chargenfindung ohne Selektionsvorgaben

Über den Menüpunkt **Chargenfindung • Ohne Selektionsvorg.** haben Sie die Option, sich alle verfügbaren Chargen ohne Berücksichtigung von Selektionskriterien in der Ergebnisliste anzeigen zu lassen. Falls diese Option ausgewählt wird, werden auch Chargen gefunden, die keine Klassifizierungssicht besitzen oder deren Merkmalsbewertungen sich nicht innerhalb der Selektionskriterien befinden. Falls Sie diese Option wählen, sind allerdings die übrigen Steuerkennzeichen wie Mengenvorschlagsregel, Anzahl Chargensplits etc. nach wie vor gültig. Diese können Sie weiterhin über den Button **Selektionskriterien...** ändern.

[+]

Ausschalten der Option »ohne Selektionskriterien«

Eventuell möchten Sie nicht, dass Benutzer die Option **ohne Selektionskriterien** manuell auswählen können. In diesem Fall können beliebige Chargen in den Beleg übernommen werden, auch falls diese z. B. bereits ihr Verfallsdatum/MHD überschritten haben oder aus anderen Gründen den Spezifikationen z. B. eines Kunden nicht entsprechen. Um dies zu verhindern, könnten Sie ein Ausblenden dieser Option im Menü über ein eigenes Berechtigungsobjekt steuern, das Sie dazu selbst definieren.

Übernahme des Chargenfindungsergebnisses

Mit dem Button Kopieren (**Kopieren**)werden die ermittelten Chargen in die Belegposition übernommen. Im Falle eines Chargensplits wird jeweils eine Zeile pro Charge unter der ursprünglichen Belegposition 1 angelegt, wie in Abbildung 3.47 dargestellt.

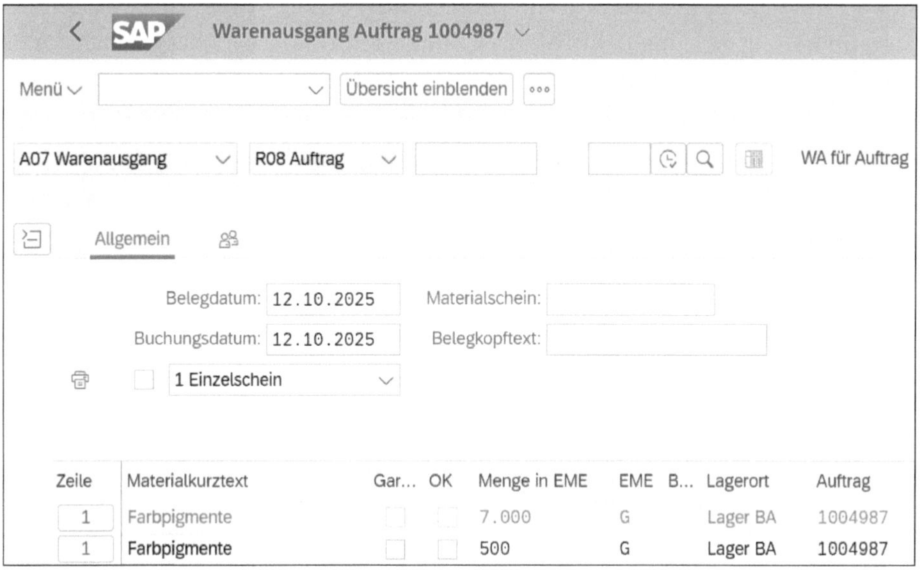

Abbildung 3.47 Chargenfindungsergebnisse in die Belegposition übernehmen

Mit der Übernahme der gefundenen Chargen und der zugeteilten Splitmengen ist die Chargenfindung abgeschlossen. Wenn Sie die Chargen wieder aus der Positionsübersicht löschen und die ursprüngliche Positionsmenge auf eine Position eintragen, können Sie die Chargenfindung erneut anstoßen.

3.3.2 Besonderheiten bei der Chargenfindung in der Produktion

In diesem Abschnitt werden wir auf die Besonderheiten der Chargenfindung in der Produktion eingehen. Neben dem generellen Ablauf und den Unterschieden zwischen den Komponenten PP und PP-PI erläutern wir Ihnen die Möglichkeiten der automatischen Chargenfindung im Produktionsauftrag. Zudem gehen wir auf die Chargenfindung in der Serienfertigung sowie während der Materialbereitstellung mittels KANBAN und der Materialbereitstellungsliste ein.

Durchführung der Chargenfindung und Übernahme der ermittelten Chargen

Die Chargenfindung in der Produktion für die Komponenten eines Auftrags erfolgt in der Materialliste im Produktionsauftrag. Für chargenpflichtige Komponenten wird dazu ein sogenannter *Chargenschlüssel* im gleichnamigen Feld zunächst auf den Wert

X gesetzt. X ist dabei der Initialwert, der angibt, dass die Komponente chargenpflichtig ist.

Sie stoßen die Chargenfindung an, indem Sie eine Komponente markieren und auf den Button (**Chargenfindung**) klicken. Falls allerdings bereits Mengen zu einer Position eines Produktionsauftrags entnommen wurden, können Sie eine Chargenfindung im Auftrag nicht mehr durchführen. Für die Ermittlung der Chargensuchstrategie wird der Bedarfstermin herangezogen. Das bedeutet, die Chargensuchstrategie muss zum Bedarfstermin gültig sein, sonst kann sie nicht gefunden werden.

Während der Chargenfindung findet eine ATP-Prüfung gemäß der Prüfungssteuerung pro Werk, Auftragsart und Vorgang (eröffneter oder freigegebener Auftrag) statt, die Sie in Transaktion OPJK (Prüfungssteuerung definieren) einstellen. Dabei wird abhängig vom Status des Auftrags die relevante Prüfregel selektiert und zusammen mit der Prüfgruppe aus dem Materialstamm der entsprechende Prüfungsumfang herangezogen. Das Ergebnis der Verfügbarkeitsprüfung können Sie sich dann über den Button Verfügbarkeit (**Verfügbarkeit**) in Form der Verfügbarkeitsübersicht anzeigen lassen.

Falls die Selektionskriterien für eine Komponente in der Stückliste gepflegt wurden, werden die Selektionskriterien aus der Chargensuchstrategie durch diese überschrieben. Zudem wird bei der Anzeige der Klassifizierungsdaten wie in Abbildung 3.44 anstelle von **Selektionskriterien: Herkunft Strategie** die Herkunft **Selektionskriterien: Herkunft Fertigungsaufträge (Stücklisten-Klassif.)** ausgegeben.

Nach einer erfolgten Chargenfindung wird für jede übernommene Charge unter derselben Positionsnummer eine zusätzliche Zeile mit dem Chargenschlüssel 2 angelegt, der angibt, dass es sich um einen sogenannten *Chargeneinzelsatz* handelt. Die ursprüngliche Zeile mit der Originalmenge und einer eventuell verbleibenden offenen Menge wird mit dem Chargenschlüssel 1 versehen, der den *Chargensummensatz* kennzeichnet.

[»]

Unterschiede in der Chargenfindung in den Komponenten PP und PP-PI

Die Chargenfindung läuft in den beiden Komponenten PP und PP-PI generell identisch ab. Der einzige Unterschied liegt darin, dass bei lediglich einem gefundenen Chargeneinzelsatz zu einer Komponente in der Komponente PP diese Charge unter dem initialen Chargenschlüssel X übernommen wird. In der Komponente PP-PI wird dazu immer eine zusätzliche Zeile mit einem Chargeneinzelsatz erzeugt. Falls Sie dieses Verhalten ebenso in Fertigungsaufträgen wünschen, können Sie in der Komponente PP im Fertigungssteuerungsprofil des produzierten Materials das Kennzeichen **Immer Chargensplit** setzen (Menüpfad (IMG •) **Produktion • Fertigungssteuerung • Stammdaten • Fertigungssteuerungsprofil für diskrete Fertigung definieren** (Transaktion OPKP)). So wird bei einer Chargenfindung der Komponenten auch dann ein Chargeneinzelsatz angelegt, wenn lediglich eine Charge aus der Chargenfindung übernommen wird.

Am Beispiel der Bearbeitung eines Fertigungsauftrags mit der SAP-Fiori-App **Fertigungsaufträge ändern** (App-ID CO02) bzw. die Transaktion CO02 (Ändern Fertigungsauftrag) in Abbildung 3.48 wurde für das Material ROH_3000 eine Chargenfindung durchgeführt. Die ursprüngliche Bedarfsmenge der Komponente war 120 ST. Über die Chargenfindung wurden 50 ST der Charge 2025102601 und 50 ST der 2025102602 übernommen. Aus der unzureichenden Verfügbarkeit ergibt sich eine offene Menge von 20 ST, die nun auf der Chargensummenposition mit Chargenschlüssel 1 als offene Bedarfsmenge stehenbleibt. Für das chargenpflichtige Material ROH_3100 mit einer Bedarfsmenge von 80 ST wurde noch keine Chargenfindung vorgenommen, deshalb ist der Chargenschlüssel weiterhin mit X bewertet.

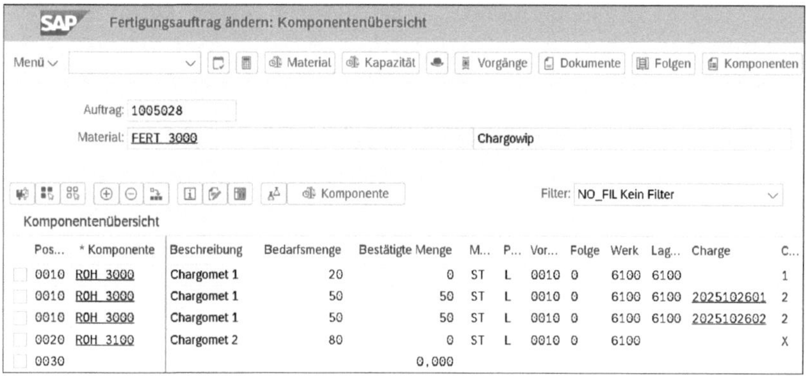

Pos...	* Komponente	Beschreibung	Bedarfsmenge	Bestätigte Menge	M...	P...	Vor...	Folge	Werk	Lag...	Charge	C...
0010	ROH_3000	Chargomet 1	20	0	ST	L	0010	0	6100	6100		1
0010	ROH_3000	Chargomet 1	50	50	ST	L	0010	0	6100	6100	2025102601	2
0010	ROH_3000	Chargomet 1	50	50	ST	L	0010	0	6100	6100	2025102602	2
0020	ROH_3100	Chargomet 2	80	0	ST	L	0010	0	6100			X
0030				0,000								

Abbildung 3.48 Chargenfindung im Fertigungsauftrag

Alternativ zum Anstoß der Chargenfindung können Sie eine Charge auch direkt in das Feld **Charge** in der Komponentenübersicht eintragen. Falls Sie das Kennzeichen **Prüfen Charge** in der Zuordnung des Chargensuchschemas zur Kombination aus Werk und Auftragsart gesetzt haben (siehe Abschnitt 3.2.9, Unterabschnitt »Produktion«), wird auch eine manuell eingetragene Charge gegen die Selektionskriterien aus der Chargensuchstrategie geprüft. Entsprechend Ihren Einstellungen wird dann eine Meldung ausgegeben. Einen Chargensplit können Sie bei einer manuellen Eingabe nur realisieren, indem Sie eine neue Position zur gleichen Komponente anlegen und dort die zusätzliche Charge eintragen.

[!]

Manuelle Chargeneingabe und Verfügbarkeitsprüfung

Bei einer automatischen Chargenfindung findet immer auch eine ATP-Prüfung gemäß der Prüfungssteuerung zur Auftragsart statt. Falls Sie allerdings in der Komponentenübersicht eine Charge manuell eintragen, wird für diese Charge die Verfügbarkeit nicht automatisch geprüft. Eine Prüfung erfolgt nur dann, wenn Sie diese nachträglich manuell für die Position mit der eingetragenen Charge aufrufen oder eventuell automatisch bei der Freigabe des Auftrags, falls Sie dies in der Prüfungssteuerung so eingestellt haben.

Automatische Chargenfindung

In der Produktion haben Sie zudem die Möglichkeit, die Chargenfindung einer Komponente bei Freigabe des Produktionsauftrags automatisch anzustoßen. Dazu setzen Sie im Materialstamm der Komponente in der Sicht **Disposition 2** das Kennzeichen **Chargenerfassung** auf den Wert 3 (**Automatische Chargenfindung bei Auftragsfreigabe**), wie in Abbildung 3.49 dargestellt.

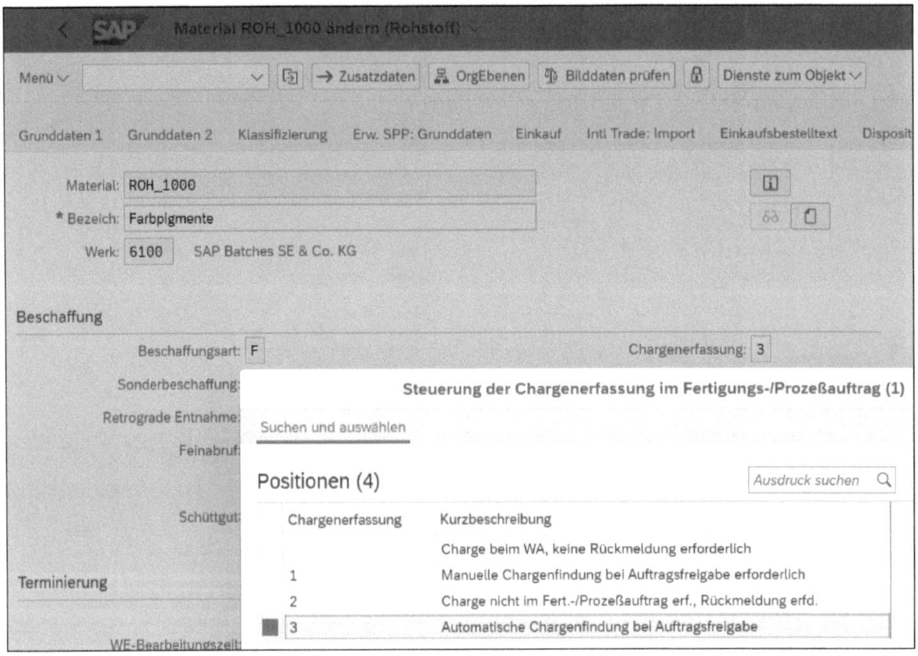

Abbildung 3.49 Automatische Chargenfindung für Auftragskomponenten über das Kennzeichen »Chargenerfassung«

Falls Sie dieses Kennzeichen auf 1 setzen (**Manuelle Chargenfindung bei Auftragsfreigabe erforderlich**), müssen Sie vor der Auftragsfreigabe entweder manuell eine Charge für diese Komponente eintragen oder die Chargenfindung manuell anstoßen, um eine Chargenzuteilung für die Komponente und Bedarfsmenge vorzunehmen.

Falls in diesen beiden Fällen entweder keine Charge über die Chargenfindung ermittelt werden kann oder Sie keine Charge manuell für die Komponente eingetragen haben, wird die Systemmeldung CO 691 (Chargenangabe für Material `<Materialnummer>` erforderlich) ausgegeben (siehe Abbildung 3.50).

In einem solchen Fall müssen Sie entweder eine Charge vor einer erneuten Freigabe des Auftrags bestimmen, oder Sie können die Fehlermeldung über eine entsprechende Einstellung im Customizing übergehen, die wir Ihnen im nächsten Abschnitt vorstellen.

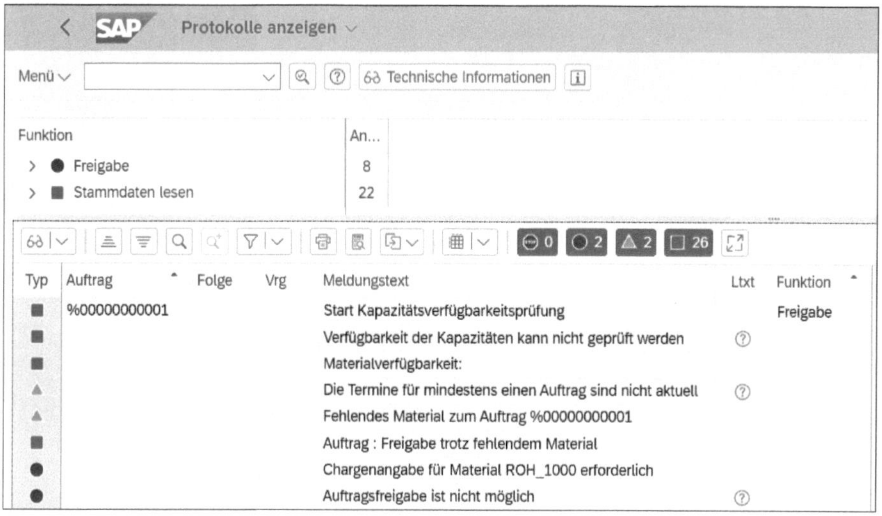

Abbildung 3.50 Fehler bei der Auftragsfreigabe aufgrund fehlender Chargenangabe einer Komponente

Fehlerbehandlung im Falle einer automatischen Chargenfindung bei Auftragsfreigabe

Über eine Customizing-Einstellung können Sie die Fehlermeldung aus Abbildung 3.50 umgehen und einen Auftrag trotzdem freigeben, auch wenn bei eingestellter automatischer Chargenfindung für eine Komponente keine Charge ermittelt werden konnte bzw. keine Charge manuell für die Komponente eingetragen wurde. In der Prüfungssteuerung in Transaktion OPJK (Prüfungssteuerung definieren) gibt es das Kennzeichen **Freigabe Material** unter dem Bereich **Chargenzuordnung**, mit dem Sie die Freigabe eines Produktionsauftrags bei einer fehlenden Chargenzuteilung steuern (siehe Abbildung 3.51).

Sie können eine Auftragsfreigabe erlauben, obwohl keine Charge für eine Komponente mit dem Kennzeichen **Chargenerfassung** 1 (**Manuelle Chargenfindung bei Auftragsfreigabe erforderlich**) oder 3 (**Automatische Chargenfindung bei Auftragsfreigabe**) angegeben wurde (siehe Abbildung 3.49). Dazu setzen Sie das Kennzeichen entweder auf den Wert 2, falls Sie dies grundsätzlich erlauben möchten, oder auf den Wert 1, falls in einem solchen Fall der Benutzer über die Freigabe entscheiden soll. Für den Benutzerentscheid erscheint dann ein Pop up.

Der Unterschied zwischen der Einstellung blank und dem Wert 3 (**Keine Freigabe bei fehlenden Chargen**) besteht darin, dass bei der Einstellung blank ein Auftrag trotz einer eventuell offenen Menge freigegeben werden kann, falls eine Charge manuell vor der Freigabe zugeteilt wurde. Falls das Kennzeichen auf den Wert 3 gesetzt ist, muss die komplette Bedarfsmenge durch Chargenzuteilungen bedient sein, sonst wird eine Auftragsfreigabe abgelehnt.

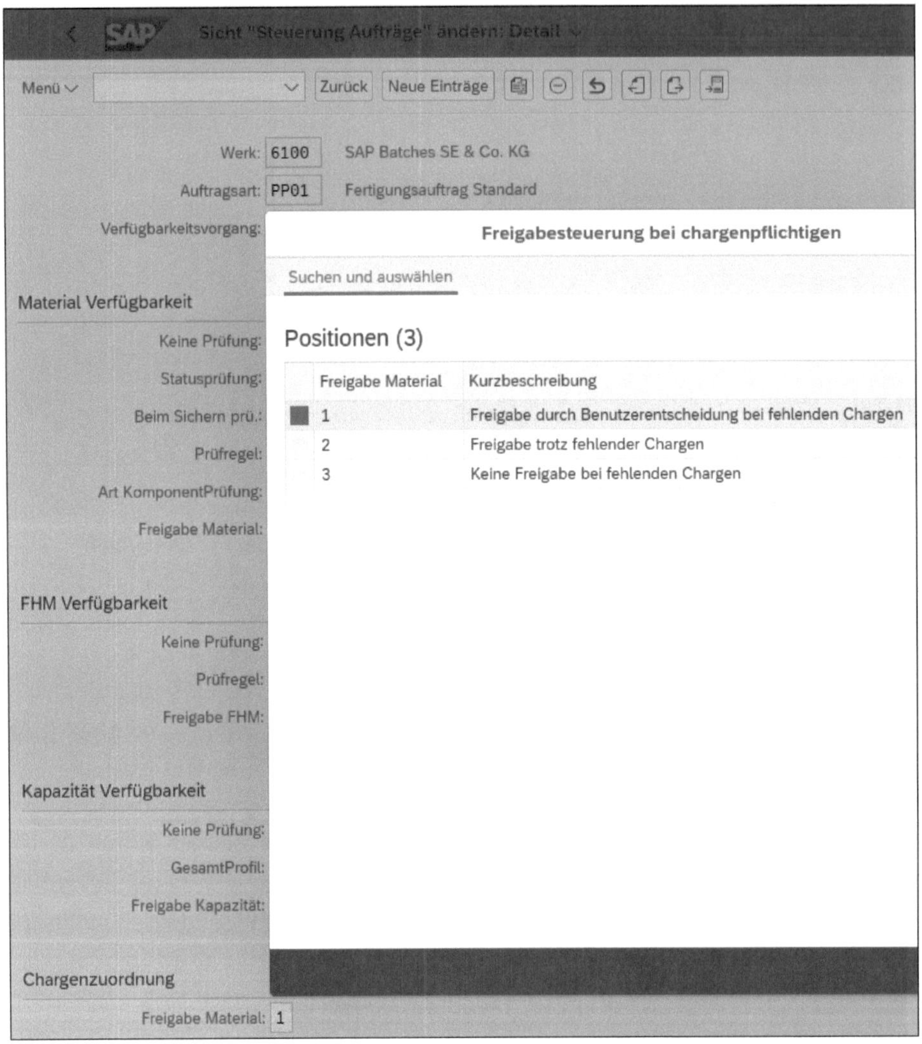

Abbildung 3.51 Prüfungssteuerung mit Freigabesteuerung bei chargenpflichtigen Materialien

[»]

Zusätzliche Steuerung der Auftragsfreigabe über einen Customer-Exit

Die Einstellung **Freigabe Material** aus Abbildung 3.51 können Sie z. B. für bestimmte Materialien oder abhängig von der verbleibenden offenen Menge im Customer-Exit EXIT_SAPLCOZR_003 der Erweiterung PPCO0021 über den Parameter EXECUTE_RELEASE übersteuern.

Serienfertigung

In der Serienfertigung wird die Chargenfindung automatisch während der Rückmeldung über Transaktion MFBF (Rückmeldung Serienfertigung) bzw. in der Sammelerfassungstransaktion MF42N (Sammelerfassung von Rückmeldungen) aufgerufen. Dabei wird zunächst das Chargensuchschema selektiert, das Sie dem Serienfertigungsprofil hinterlegt haben. Falls dort keines zugewiesen ist, wird das Chargensuchschema ermittelt, das der für den Warenausgang relevanten Bewegungsart zugewiesen ist, im Regelfall ist dies die Bewegungsart 261. Falls ein Chargensuchschema ermittelt werden konnte, wird die Chargenfindung während der Rückmeldung automatisch gestartet, und die Selektionskriterien und Steuerparameter aus der ermittelten Chargensuchstrategie werden gelesen, sofern Sie eine angelegt haben.

Ausgehend vom Einstiegsbild der Transaktion MFBF (Rückmeldung Serienfertigung), können Sie, wie in Abbildung 3.52 dargestellt, über den Button [Buchen mit Korrektur] (**Buchen mit Korrektur von Komponenten und/oder Leistungen**) die Rückmeldung buchen und dabei die Chargenfindung direkt aufrufen.

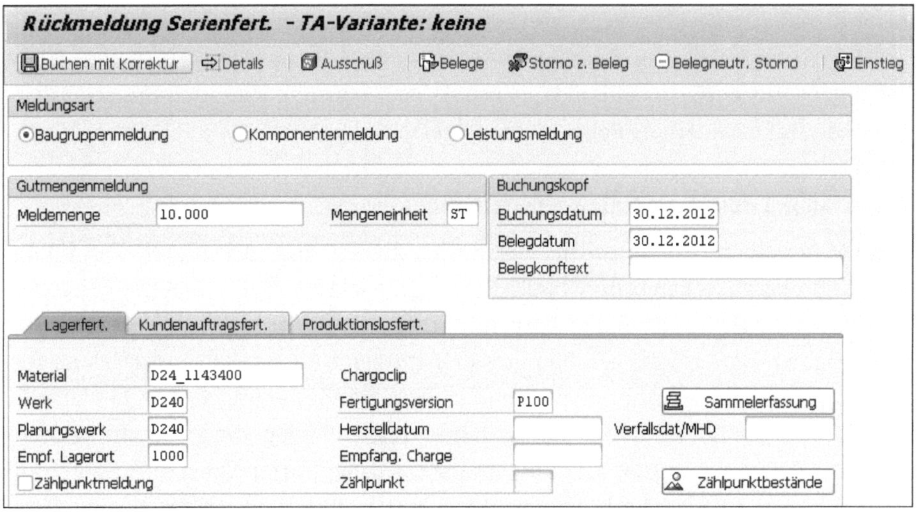

Abbildung 3.52 Durchführung einer Rückmeldung in der Serienfertigung

Sofern Sie in Ihrer Chargensuchstrategie das Kennzeichen **Dialog Chargenfindung** aktiviert haben, verzweigen Sie in den Dialog zur Chargenfindung. Ansonsten werden die ermittelten Chargen direkt in die Materialübersicht übernommen, wie in Abbildung 3.53 dargestellt.

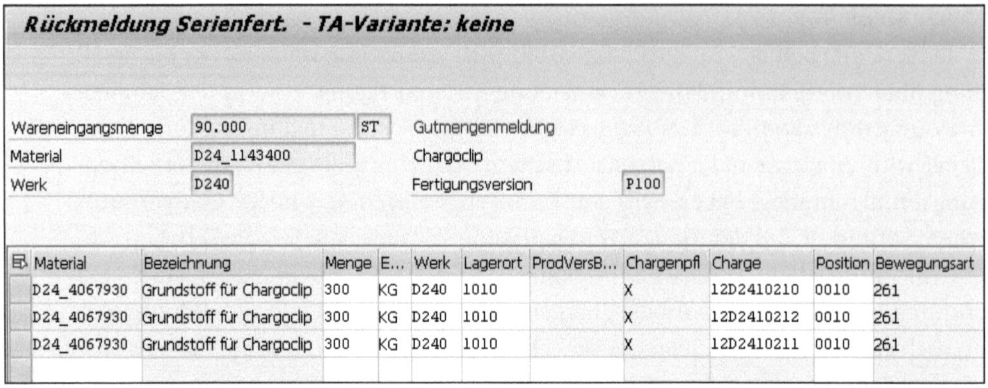

Abbildung 3.53 Materialübersicht mit übernommenen Chargen aus der Chargenfindung

In der Serienfertigung erfolgt die sogenannte *retrograde Entnahme* der Komponenten bei einer Rückmeldung. Deshalb müssen Sie im Falle einer automatischen Chargenfindung sicherstellen, dass die ermittelten und gebuchten Chargen auch mit den in der Realität eingesetzten Chargen übereinstimmen. Zum Beispiel könnten Sie einen Verbrauch der ältesten Chargen unter Ausschluss der Chargen mit Zustand **Nicht frei** in der Chargenfindung abbilden. Ein solches Vorgehen wäre auch in der Produktion über organisatorische Regelungen umsetzbar.

Bereitstellung mittels der Materialbereitstellungsliste

In der Materialbereitstellungsliste, die Sie über die SAP-Fiori-App **Materialien für die Produktion bereitstellen** (App-ID MF60) bzw. Transaktion MF60 (Materialbereitstellungsliste) aufrufen, kommt die Chargenfindung ebenfalls zum Einsatz. Wie in der Serienfertigung werden auch hier Chargensuchstrategien aus der Bestandsführung verwendet, da die Chargenfindung während einer Warenbewegung aufgerufen wird. In diesem Fall findet die Chargenfindung während einer Umlagerung statt, die im Standard über die Bewegungsart 311 durchgeführt wird. Sie starten dabei die Chargenfindung, indem Sie ein Nachschubelement markieren und dann auf den Button **Chargen-/Bestandsfindung** klicken, wie in Abbildung 3.54 dargestellt.

Sofern Sie in Ihrer Chargensuchstrategie das Kennzeichen **Dialog Chargenfindung** aktiviert haben, verzweigen Sie in den Dialog zur Chargenfindung, ansonsten werden die ermittelten Chargen direkt in die Materialbereitstellungsliste übernommen, wie in Abbildung 3.55 gezeigt.

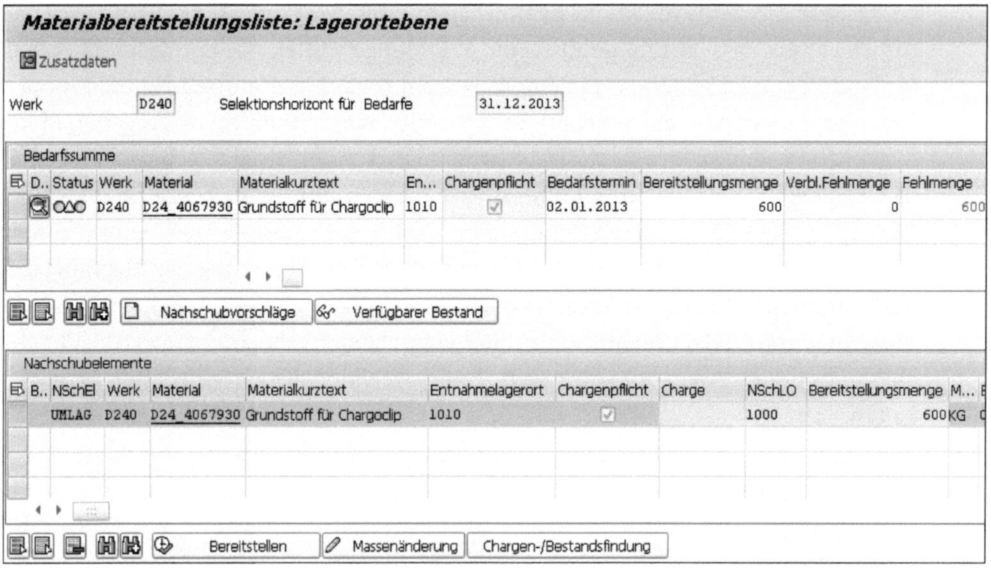

Abbildung 3.54 Anstoß der Chargenfindung in der Materialbereitstellungsliste

Abbildung 3.55 Ermittelte Chargen in der Materialbereitstellungsliste

3.3.3 Besonderheiten bei der Chargenfindung im Vertrieb

In der Vertriebskomponente können Sie die Chargenfindung an mehreren Stellen anstoßen: im Angebot, im Mengenkontrakt, im Kundenauftrag und in der Lieferung. Über eine Chargenfindung im Angebot oder im Mengenkontrakt kann eine Charge bereits sehr frühzeitig für einen bestimmten Kunden reserviert werden. Dies setzt natürlich voraus, dass die Charge auch eine ATP-Menge besitzt, also entweder schon auf Bestand liegt oder ein Zugangselement wie ein Produktionsauftrag für die Produktion dieser Charge bereits existiert. Falls Sie die Chargenfindung im Angebot, Mengenkontrakt oder im Kundenauftrag vornehmen, können Sie aus technischen Gründen keinen Chargensplit durchführen und deshalb nur eine Charge pro Position auswählen. Falls Sie zu diesen Zeitpunkten noch keine Charge auswählen möchten, können Sie dies in der Lieferung oder auch während der Erstellung der Lageraufgabe zur Kommissionierung der Lieferung in der Komponente EWM erledigen, falls Sie diese im Einsatz haben. Spätestens bei der Warenausgangsbuchung muss die Charge allerdings bekannt sein. Im Folgenden zeigen wir Ihnen die verschiedenen Möglichkeiten.

Chargenfindung im Angebot

Ein Angebot legen Sie mit der SAP-Fiori-App **Verkaufsangebote anlegen** (App-ID VA21) bzw. Transaktion VA21 (Verkaufsangebote anlegen) an. Falls Sie zu einer Angebotsposition eine Chargenfindung durchführen möchten, können Sie diese in der Positionsübersicht über den Button (**Chargenfindung Pos.**) manuell anstoßen, wie in Abbildung 3.56 dargestellt.

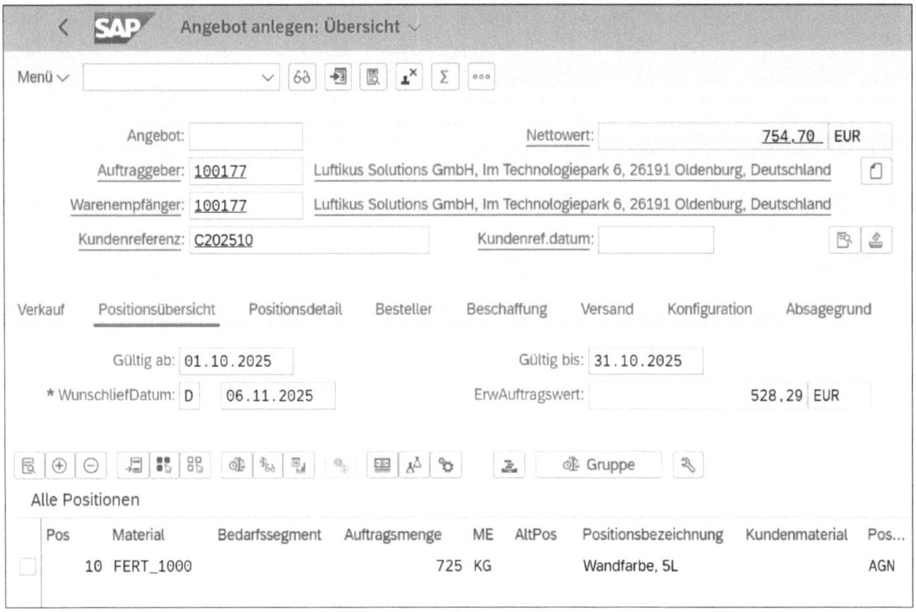

Abbildung 3.56 Positionsübersicht im Angebot

Sobald Sie die Chargenfindung aufgerufen haben, verzweigen Sie entsprechend Ihrer Einstellung in den Dialog der Chargenfindung. Dort wird die Systemmeldung LB 006

(Die Anzahl der Chargensplits ist auf 001 begrenzt) ausgegeben, da im Angebot kein Chargensplit möglich ist. Auch wenn Sie im Dialog einen Chargensplit vornehmen, wird dieser nicht an die Position übergeben.

Die im Angebot ermittelte Charge wird dann automatisch in den Kundenauftrag übernommen, der mit Bezug zu dem Angebot angelegt wird. Falls Sie die Charge im Auftrag ändern, wird die Systemmeldung V4 142 (Vorlage-Beleg &1, &2 hat Charge &3) ausgegeben, deren Meldungstyp Sie über den Menüpfad (IMG •) **Vertrieb • Verkauf • Verkaufsbelege • Variable Meldungen definieren** (Transaktion OVAH) anpassen können.

Erforderliche Einstellungen bei einer Chargenfindung im Angebot

Falls Sie sich entscheiden, bereits im Angebot eine Chargenfindung vorzunehmen, sollten Sie darauf achten, über den Einteilungstyp des Angebots die Verfügbarkeitsprüfung zu aktivieren, damit die Angebotsmenge bestätigt und damit für den Kunden reserviert werden kann. Darüber hinaus sollte für den Einteilungstyp ein Bedarf abgesetzt werden, der mit dem Kundenauftrag verrechnet werden kann. Im Beispiel in Abbildung 3.57 sind für Einteilungstyp BP dazu beide Kennzeichen **Vfp** (Verfügbarkeitsprüfung Verkauf) und **Bd** (Bedarfsübergabe aus Vertrieb) entsprechend gesetzt. Der Customizing-Pfad, über den Sie dies einstellen können, lautet (IMG •) **Vertrieb • Grundfunktionen • Verfügbarkeitsprüfung und Bedarfsübergabe • Bedarfsübergabe • Ablauf je Einteilungstyp festlegen.**

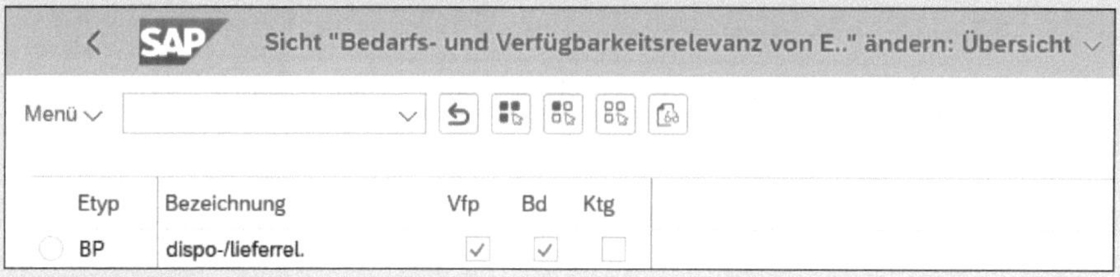

Abbildung 3.57 Bedarfs- und Verfügbarkeitsrelevanz von Einteilungstypen

Chargenfindung im Mengenkontrakt

Im Mengenkontrakt stoßen Sie die Chargenfindung auf der Ebene der Positionsdetails an. Auch hier ist kein Chargensplit wie im Angebot möglich, die Chargenfindung verläuft ansonsten analog zur Chargenfindung im Angebot.

Chargenfindung im Kundenauftrag

Sie können sich zwischen einer automatischen und einer manuellen Chargenfindung im Kundenauftrag entscheiden. Die automatische Chargenfindung aktivieren Sie im Customizing pro Auftragspositionstyp (siehe Abschnitt 3.2.9, Unterabschnitt »Vertrieb«). Dadurch wird sofort beim Anlegen des Auftrags, ohne in den Dialog zur Chargenfindung zu springen, eine geeignete Charge ermittelt und in die Positionsübersicht geschrieben. Die manuelle Chargenfindung rufen Sie in der SAP-Fiori-App **Kundenaufträge anlegen** (App-ID VA01) bzw. Transaktion VA01 (Kundenaufträge anlegen) oder SAP-Fiori-App **Kundenaufträge ändern** (App-ID VA02) bzw. Transaktion VA02 (Kundenaufträge ändern) in der Positionsübersicht über den Button (**Chargenfindung für Pos.**) auf, wie in Abbildung 3.58 dargestellt.

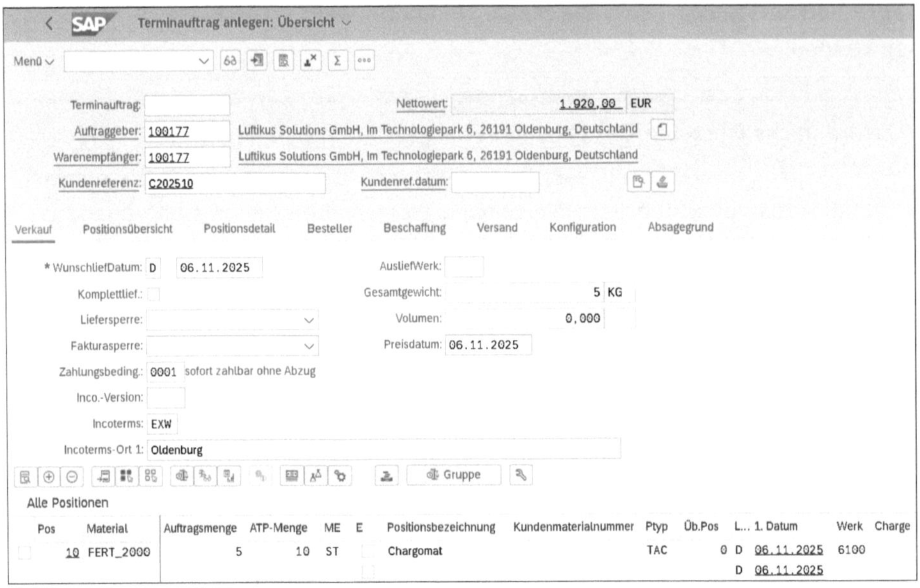

Abbildung 3.58 Positionsübersicht im Kundenauftrag

Sobald Sie die Chargenfindung aufgerufen haben, wird wie bei der Chargenfindung im Angebot entsprechend Ihrer Einstellung in den Dialog der Chargenfindung verzweigt und auch hier die Systemmeldung LB 006 (Die Anzahl der Chargensplits ist auf 001 begrenzt) ausgegeben. Auch wenn Sie im Dialog einen Chargensplit vornehmen, wird dieser nicht in die Position übernommen. Wenn die Auftragsmenge der Position die maximal verfügbare Splitmenge einer Charge übersteigt, kann die Position nicht vollständig bestätigt werden, obwohl die ursprüngliche ATP-Menge auf Werks- oder Lagerortebene ausreichend war (10 ST), wie aus Abbildung 3.58 hervorgeht. Nach der Übernahme einer ermittelten Charge wird deren zugeteilte Menge in der Positionsübersicht wie in Abbildung 3.59 im Feld **Auftragsmenge** (5 ST) angezeigt, die offene Auftragsmenge bleibt zunächst unbestätigt.

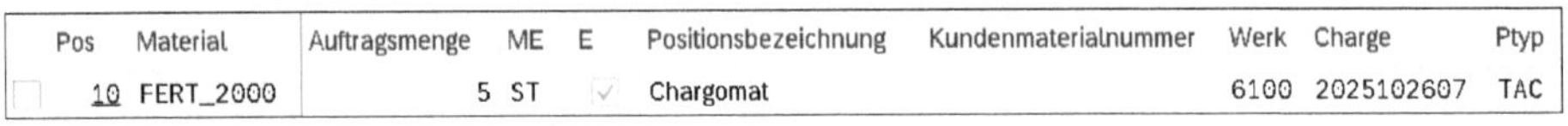

Abbildung 3.59 Ausschnitt der Positionsübersicht im Kundenauftrag mit aus der Chargenfindung übernommener Charge

In diesem Fall müssen Sie eine weitere Position für die offene Bedarfsmenge anlegen und für diese erneut eine Chargenfindung durchführen, was zu einem Ergebnis wie in Abbildung 3.60 führt.

	Pos	Material	Auftragsmenge	ME	E	Positionsbezeichnung	Kundenmaterialnummer	Werk	Charge
	10	FERT_2000	3	ST	✓	Chargomat		6100	2025102607
	20	FERT_2000	2	ST	✓	Chargomat		6100	2025102605

Abbildung 3.60 Ausschnitt der Positionsübersicht im Kundenauftrag mit zwei aus der Chargenfindung übernommenen Chargen

Falls Sie nun im Kundenauftrag Chargen zugeordnet haben, werden diese auf Hauptpositionsebene in die Lieferung übernommen. Sie können die Chargen in der Lieferung nicht mehr ändern bzw. keine erneute Chargenfindung in der Lieferung durchführen oder weitere Chargensplits vornehmen. Dazu müssen Sie die Chargen aus dem Kundenauftrag löschen, dann können Sie in der Lieferung eine Chargenfindung anstoßen.

Chargenfindung in der Auslieferung

Sie haben folgende Möglichkeiten, eine Chargenzuteilung in einer Auslieferung zu realisieren:

- Übernahme der Chargen aus einem Kundenauftrag
- manueller Eintrag von Chargen
- automatische Chargenfindung
- manueller Anstoß der Chargenfindung

Falls Sie im Kundenauftrag bereits eine Charge zugeordnet haben, können Sie diese Zuordnung in der Lieferung nicht mehr ändern. Bei einer manuellen Zuordnung können Sie jede beliebige Charge eintragen, deren Verfügbarkeit gemäß den Einstellungen zum Lieferpositionstyp automatisch geprüft wird. Eine manuell eingetragene Charge können Sie zusätzlich automatisch gegen die Selektionskriterien prüfen lassen, falls Sie das Kennzeichen **Prüfen Charge** bei der Zuordnung des Chargensuchschemas gesetzt haben (siehe Abbildung 3.30).

Sie können wie im Kundenauftrag auch für einen Lieferpositionstyp eine automatische Chargenfindung einstellen (siehe Abbildung 3.32). Dann nimmt das System beim Anlegen der Lieferung, z. B. mit der SAP-Fiori-App **Auslieferung anlegen – Mit Auftragsbezug** (App-ID VL01N) bzw. Transaktion VL01N (Auslieferung zum Kd.auftrag anlegen), diese sofort ohne Dialog vor (siehe Abbildung 3.61), auch wenn Sie das Kennzeichen **Dialog Chargenfindung** in Ihrer Chargensuchstrategie gesetzt haben. Dies gilt dann lediglich bei erneutem manuellen Anstoß der Chargenfindung.

Ohne automatische Chargenfindung klicken Sie in der Positionsübersicht einer Auslieferung auf den Button [Chargensplit] (**Chargensplit zur Position**). Damit gelangen Sie in die in Abbildung 3.62 dargestellte Positionsdetailsicht.

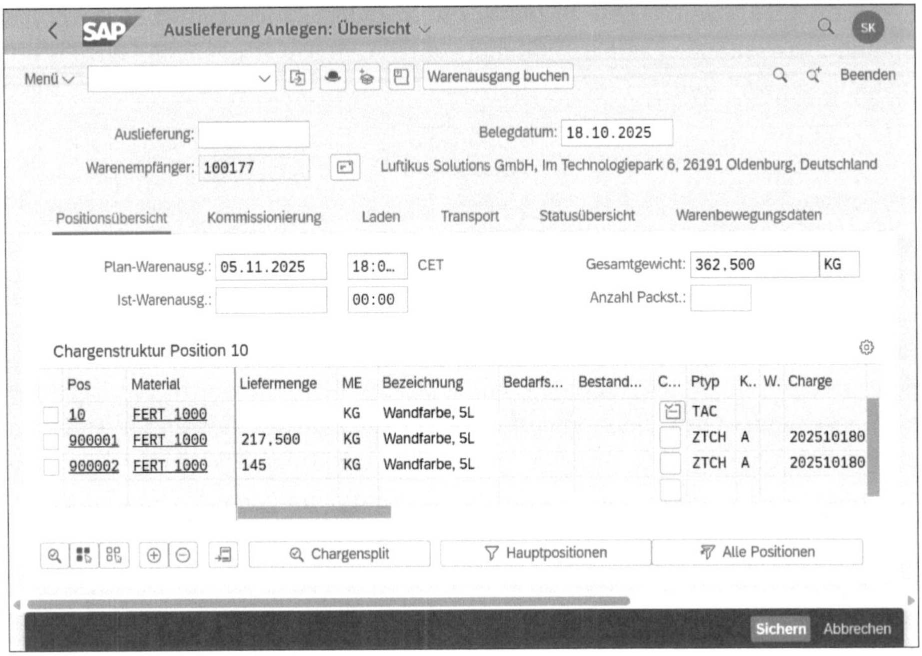

Abbildung 3.61 Positionsübersicht einer Auslieferung mit automatischer Chargenfindung

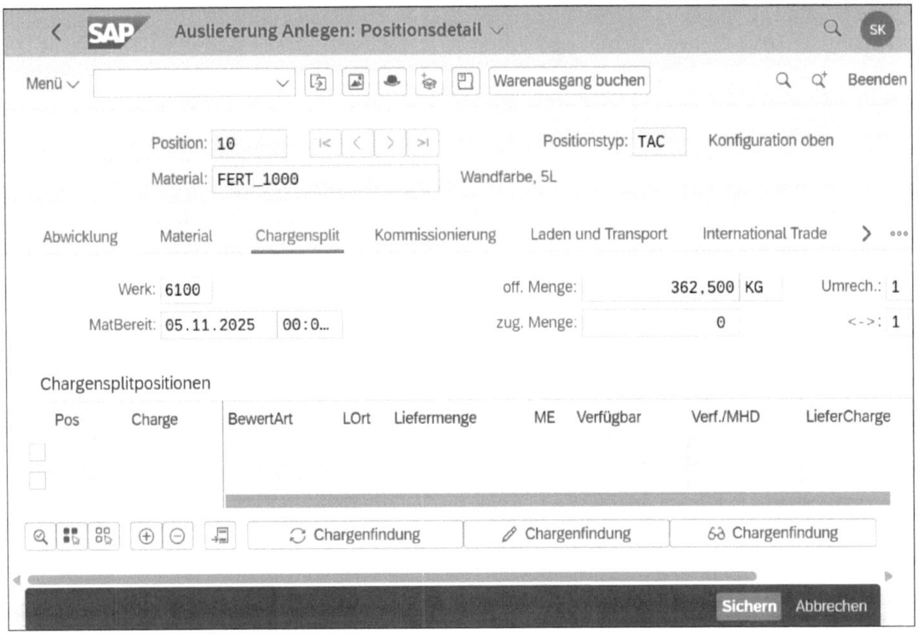

Abbildung 3.62 Positionsdetail einer Auslieferung

Hier klicken Sie auf den Button [Chargenfindung] (**Neue Chargenfindung**), um eine Chargenfindung anzustoßen. Nach der Übernahme der ermittelten Chargen, entweder im Dialog oder im Hintergrund, werden für die übernommenen Chargen in der Positionsdetailsicht Chargensplitpositionen angelegt (siehe Positionsnummern 900001 und 900002 in Abbildung 3.63).

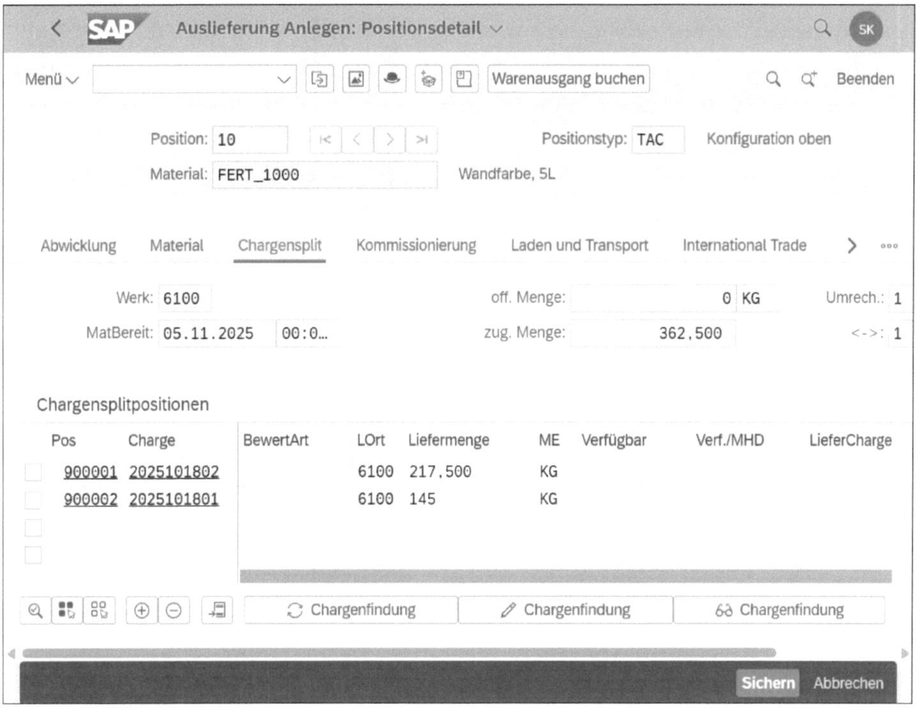

Abbildung 3.63 Positionsdetail einer Auslieferung mit aus der Chargenfindung übernommenen Chargen

Sie können sich nun das Ergebnis der Chargenfindung anzeigen lassen, dazu klicken Sie auf den Button [Chargenfindung] (**Chargenfindung anzeigen**). Über den Button [Chargenfindung] (**Chargenfindung ändern**) können Sie die Selektionskriterien ändern, um die Auswahl der ermittelten Chargen weiter einzuschränken oder auszuweiten. Indem Sie erneut auf den Button [Chargenfindung] (**Neue Chargenfindung**) klicken, wird das Ergebnis der letzten Chargenfindung verworfen und eine neue Chargenfindung durchgeführt.

Im weiteren Verlauf der Lieferungsabwicklung ist die Überposition nicht mehr relevant für die Kommissionierung. Diese erfolgt dann auf der Ebene der Chargensplitpositionen, für die nun der Kommissionierstatus geführt wird. Falls Sie die Kommissionierung über Lageraufgaben in der SAP EWM durchführen, werden die ermittelten Chargen aus der Lieferung automatisch an die EWM-Lieferung weitergegeben.

3.4 Ablauf der Chargenfindung

Sie haben bereits alle erforderlichen Stammdaten und Customizing-Einstellungen für die Chargenfindung kennengelernt. Darüber hinaus haben wir Ihnen gezeigt, wie Sie die Chargenfindung in den verschiedenen Anwendungen aufrufen können und welche Unterschiede es dabei gibt. In diesem Abschnitt möchten wir Ihnen nun detailliert erläutern, welche Prozesse sowohl im Vordergrund als auch im Hintergrund ablaufen, sobald Sie den Button zur Chargenfindung anklicken oder eine automatische Chargenfindung angestoßen wird. Eine Übersicht der Prozesse finden Sie in Abbildung 3.64.

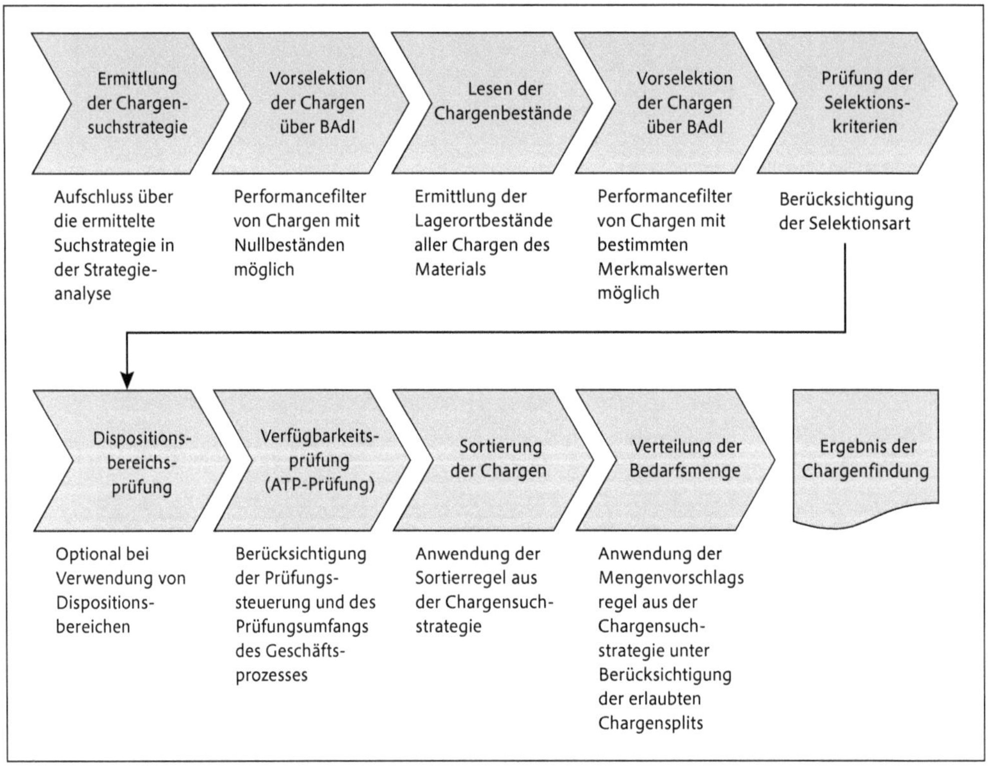

Abbildung 3.64 Ablauf der Chargenfindung

Einen ersten Eindruck vom Ablauf der Chargenfindung bekommen Sie zudem, wenn Sie sich das Chargenfindungsprotokoll anschauen, das Sie während der Chargenfindung aufrufen können. Ein Beispiel sehen Sie in Abbildung 3.65.

Anhand der Darstellung des Ablaufs der Chargenfindung in Abbildung 3.64 möchten wir Ihnen die einzelnen Schritte erläutern, die letztlich zu dem Ergebnis führen, das Ihnen im Dialog der Chargenfindung angezeigt wird.

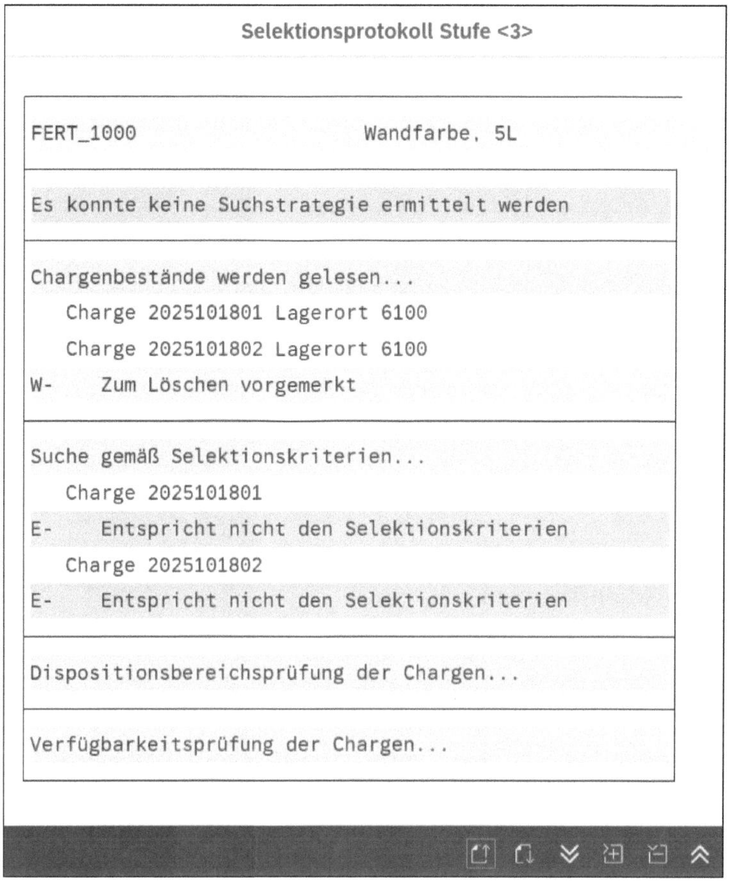

Abbildung 3.65 Protokoll der Chargenfindung

3.4.1 Ermittlung der Suchstrategie

Nach dem Aufruf der Chargenfindung wird zunächst eine gültige Chargensuchstrategie gesucht. Falls keine ermittelt werden kann, wird die Meldung »Es konnte keine Suchstrategie ermittelt werden« am Anfang des Protokolls ausgegeben. Falls Sie über das Kennzeichen **Selektionsart** in der Chargensuchstrategie (siehe Abschnitt 3.2.7, Unterabschnitt »Selektion«) ein Überschreiben der Selektionskriterien während der Chargenfindung verbieten (Wert F), wird an dieser Stelle die Meldung »Die Selektionskriterien sind gemäß Strategiesatz nicht änderbar« ausgegeben.

3.4.2 Lesen der Chargenbestände

Danach werden für alle Chargen des Materials die Bestände ermittelt. Falls Sie die Chargenstammsätze über einen längeren Zeitraum nicht archivieren, kann sich dies negativ auf die Performance auswirken. Alternativ können Sie aus Performancegründen auch die Lagerortsegmente von Chargen mit Nullbestand von der weiteren Bearbeitung ausschließen. Dazu verwenden Sie das BAdI VB_BD_SELECTION, das vor der Bestandsermittlung aufgerufen wird. Diesen Aufruf können Sie im Dialog der Chargenfindung später über den Menüpfad **Chargenfindung • Ohne BAdI-Vorselekt.** umgehen.

[»]

Chargen mit Löschkennzeichen in der Chargenfindung

Chargen mit Löschkennzeichen werden an dieser Stelle mit dem Warnhinweis »W – Zum Löschen vorgemerkt« gekennzeichnet – wie etwa die Charge 2025101802 aus dem Beispiel in Abbildung 3.65. Diese können aber trotzdem selektiert werden, und im weiteren Verlauf können Sie dafür sogar einen Warenausgang buchen. Das ist allerdings abhängig vom Meldungstyp zur Systemmeldung M7 144 (Charge & des Materials & ist zum Löschen vorgemerkt), den Sie in Transaktion OMCQ (Systemmeldungen Bestandsführung) entweder auf **Warnung** oder **Fehler** einstellen können.

3.4.3 Prüfung der Selektionskriterien

Als Nächstes werden die Selektionsart und die Selektionskriterien aus der Chargensuchstrategie ermittelt. Wenn die Selektionsart eine Selektion gemäß Selektionskriterien vorsieht, werden diese zunächst für die Selektion verwendet. Allerdings können sie unter Umständen durch Selektionskriterien aus der Stücklistenklassifizierung ersetzt werden, was im Protokoll durch die Information »Die Selektionskriterien aus dem Strategiesatz wurden überschrieben« dokumentiert wird. Falls Sie aufgrund der Einstellung des Kennzeichens **Selektionsart** in der Chargensuchstrategie die Chargenfindung ohne Selektionskriterien durchführen, wird dies ebenfalls protokolliert: Es wird die Meldung »Die Chargenfindung wurde ohne Selektionsvorgaben durchgeführt« (Wert O) bzw. »Gemäß Strategiesatz keine Selektion zu Beginn der Chargenfindung« (Wert N) ausgegeben.

Falls eine Charge vom Ergebnis ausgeschlossen wurde, weil sie nicht den Selektionskriterien entspricht, wird die Meldung »E – Entspricht nicht den Selektionskriterien« unterhalb der Charge ausgegeben. Im Beispiel aus Abbildung 3.65 ist dies für die beiden Chargen 2025101801 und 2025101802 der Fall. Darüber hinaus wird diese Meldung immer generell für alle Chargen ausgegeben, falls zuvor keine Suchstrategie ermittelt werden konnte.

3.4.4 Verfügbarkeitsprüfung

Abhängig von den Einstellungen im jeweiligen Geschäftsprozess findet danach eine Verfügbarkeitsprüfung auf Chargenebene statt. Das bedeutet, dass für alle bislang selektierten Chargen eine ATP-Prüfung (ATP = Available-to-Promise) durchgeführt wird, um die jeweils verfügbare Menge der Chargen zum Bedarfstermin zu ermitteln und sie im Chargenfindungsdialog darzustellen. Bei der ATP-Prüfung wird auf den drei Ebenen Charge, Lagerort und Werk die ATP-Menge berechnet. Falls Sie mit Dispositionsbereichen arbeiten, werden diese ebenfalls berücksichtigt. Als Ergebnis der Prüfung wird dann die Menge übernommen, die mindestens auf allen Ebenen bestätigt werden kann. Falls auf einer der Ebenen keine ATP-Menge ermittelt werden kann, wird im Protokoll der Chargenfindung für die Charge die Meldung »E – Kein verfügbarer Bestand« ausgegeben.

Für die ATP-Prüfung wird aus der Prüfungssteuerung der Anwendung die jeweils gültige Prüfregel ermittelt, die zusammen mit der Prüfgruppe aus dem Materialstamm den Prüfungsumfang steuert. Die anwendungsspezifischen Details zur Bestimmung des Prüfungsumfangs stellen wir Ihnen in den folgenden Unterabschnitten vor. Anhand des Beispiels eines Fertigungsauftrags zeigen wir Ihnen zudem die Funktionsweise der ATP-Prüfung auf der Ebene der Charge, die während der Chargenfindung im Hintergrund ausgeführt wird.

Ermittlung des Prüfungsumfangs und ATP-Prüfung während der Chargenfindung in der Produktion

In der Komponente PP stellen Sie in der Prüfungssteuerung im Customizing über Transaktion OPJK (Prüfungssteuerung definieren) pro Werk und Auftragsart ein, welche Prüfregel beim Anlegen bzw. bei der Freigabe eines Produktionsauftrags verwendet werden soll. In Abbildung 3.66 sehen Sie, dass für die Auftragsart PP01 im Werk 6100 beim Verfügbarkeitsvorgang 2, also bei der Prüfung für einen freigegebenen Auftrag, die Prüfregel PP verwendet wird.

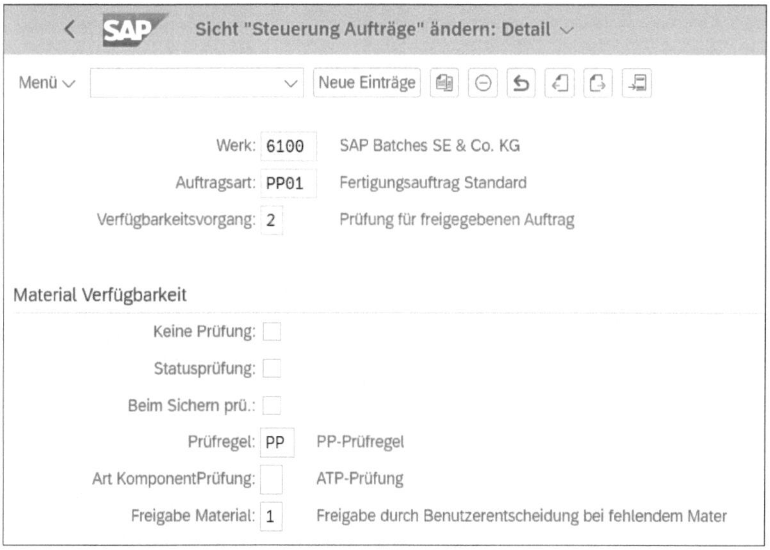

Abbildung 3.66 Prüfungssteuerung der ATP-Prüfung in der Komponente PP pro Werk und Auftragsart

Die Abwicklung für Prozessaufträge der Komponente PP-PI ist identisch mit der Abwicklung der Fertigungsaufträge in der Komponente PP, deshalb werden wir im weiteren Verlauf dieses Abschnitts auf eine gesonderte Darstellung für Prozessaufträge verzichten.

Im Materialstamm einer Komponente pflegen Sie z. B. in der Sicht **Disposition 3** die Prüfgruppe der Verfügbarkeitsprüfung im Feld **Verfügbarkeitsprüfung**, die bei einer ATP-Prüfung dieses Materials angewandt werden soll. In diesem Fall ist das die Prüfregel CH (siehe Abbildung 3.67).

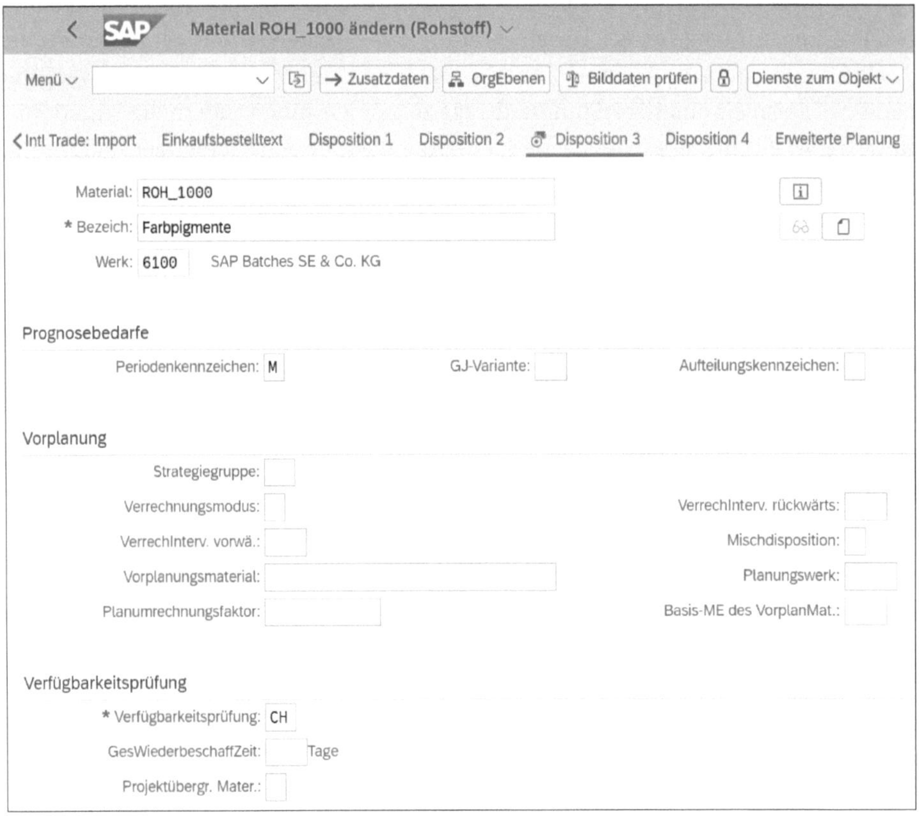

Abbildung 3.67 Prüfregel für die ATP-Prüfung im Materialstamm

Über die Kombination aus Prüfregel und Prüfgruppe der Verfügbarkeitsprüfung legen Sie nun im Customizing in Transaktion OPJJ (Prüfungsumfang definieren) den Prüfungsumfang fest. Hier definieren Sie, welche Zugangs- und Abgangselemente in der ATP-Prüfung berücksichtigt werden, wie in Abbildung 3.68 dargestellt.

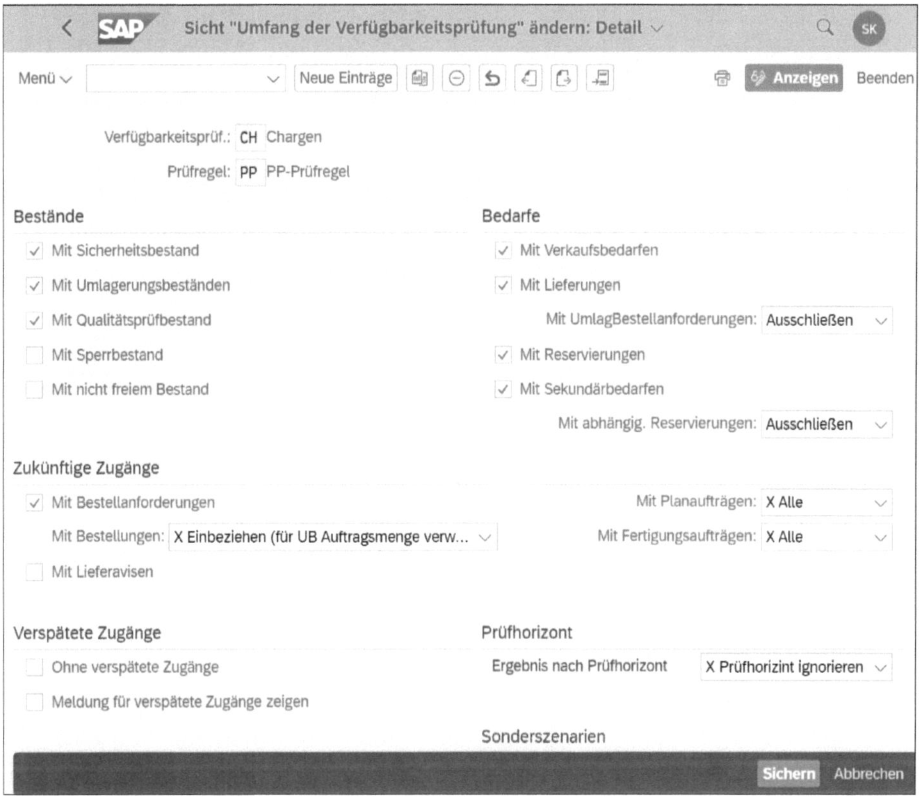

Abbildung 3.68 Prüfungsumfang der ATP-Prüfung

Prüfungsumfang ohne Berücksichtigung der Wiederbeschaffungszeit

Für Prozesse, in denen die Chargenfindung zum Einsatz kommt, müssen Sie immer ohne Berücksichtigung der Wiederbeschaffungszeit prüfen. Falls Sie also im Kundenauftrag, in der Lieferung oder im Produktionsauftrag eine Chargenfindung vornehmen, muss in dem dafür relevanten Prüfungsumfang dieses Kennzeichen gesetzt sein. Sonst wird bei der ATP-Prüfung auf Chargenebene, die während der Chargenfindung durchgeführt wird, immer eine unendliche verfügbare Menge (9.999.999.999) angezeigt, falls der Bedarfstermin des Materials hinter dem Ende der Wiederbeschaffungszeit liegt.

Anhand eines Beispiels möchten wir Ihnen nun erläutern, wie die verfügbaren Mengen von Chargen ermittelt werden.

Bei der Auftragsfreigabe wurde eine ATP-Prüfung auf den Ebenen Werk und Lagerort durchgeführt. In der Komponentenübersicht eines freigegebenen Fertigungsauftrags in Abbildung 3.69 sehen Sie, dass die Bedarfsmenge der Komponente ROH_2000 von 10 ST bei dieser Prüfung voll bestätigt wurde, da die bestätigte Menge ebenfalls 10 ST beträgt.

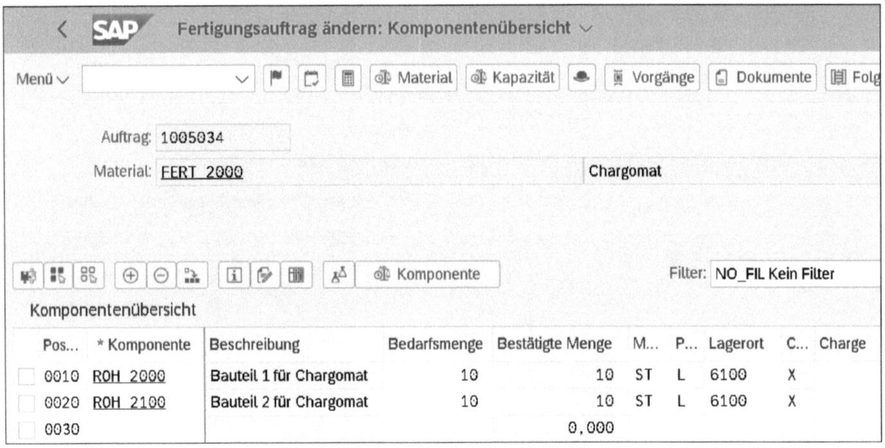

Abbildung 3.69 Komponentenübersicht im Fertigungsauftrag

Wenn Sie nun über den Button (**Chargenfindung**) in den Dialog der Chargenfindung für die Komponente ROH_2000 verzweigen, sehen Sie in Abbildung 3.70 die folgende Situation: Die Charge 12D2410211 hat eine verfügbare Menge von 6 ST, die Charge 12D2410210 von 4 ST. Da der Gesamtbedarf aus dem Feld **Bedarfsmenge** sich auf 10 ST beläuft, verbleibt keine **Offene Menge**.

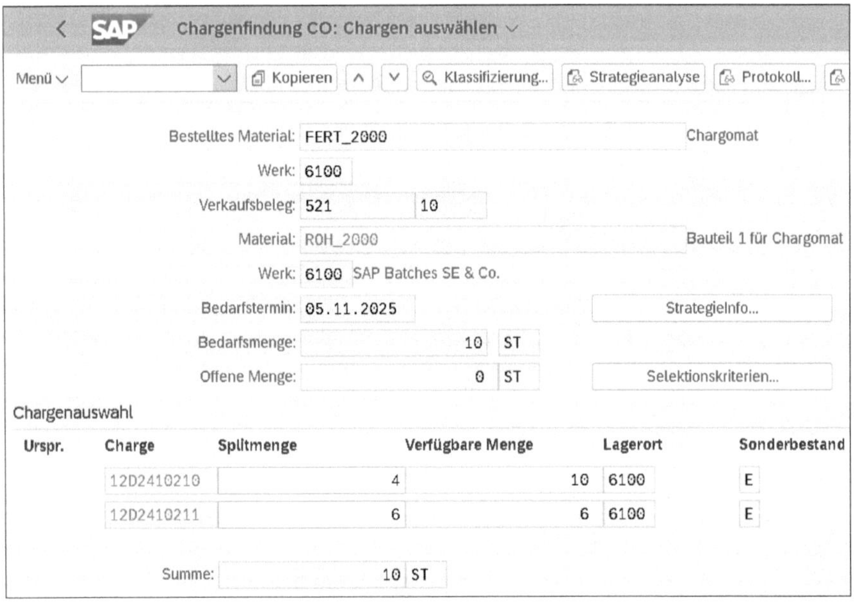

Abbildung 3.70 Dialog der Chargenfindung für eine Komponente im Fertigungsauftrag

Falls Differenzen zwischen den beiden ATP-Prüfungen auftreten, können Sie diese über den Button Verfügbarkeit analysieren (siehe Abbildung 3.71).

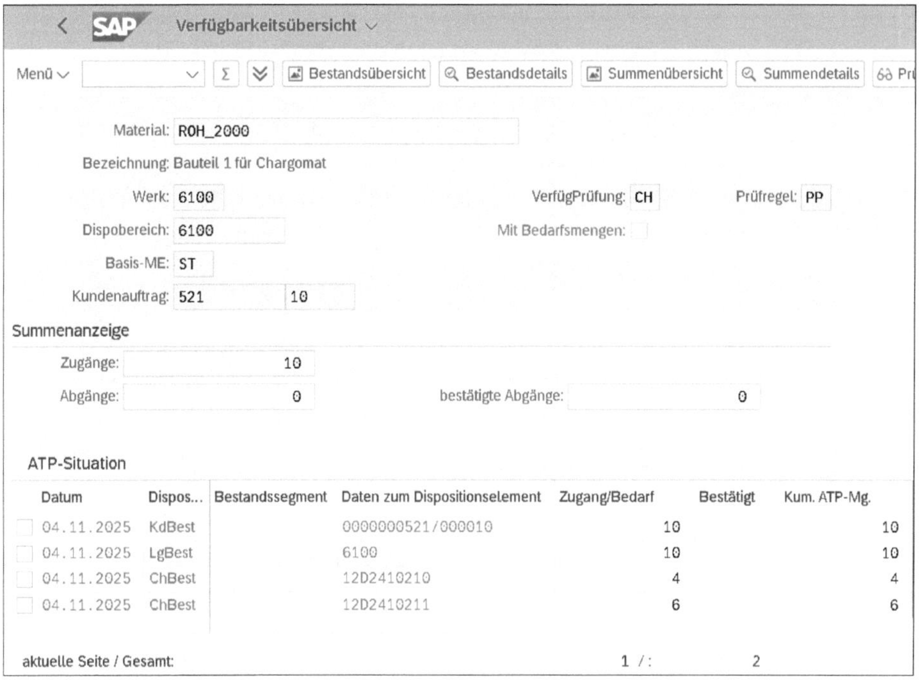

Abbildung 3.71 Verfügbarkeitsübersicht in der Chargenfindung: Ebenen Werk und Lagerort

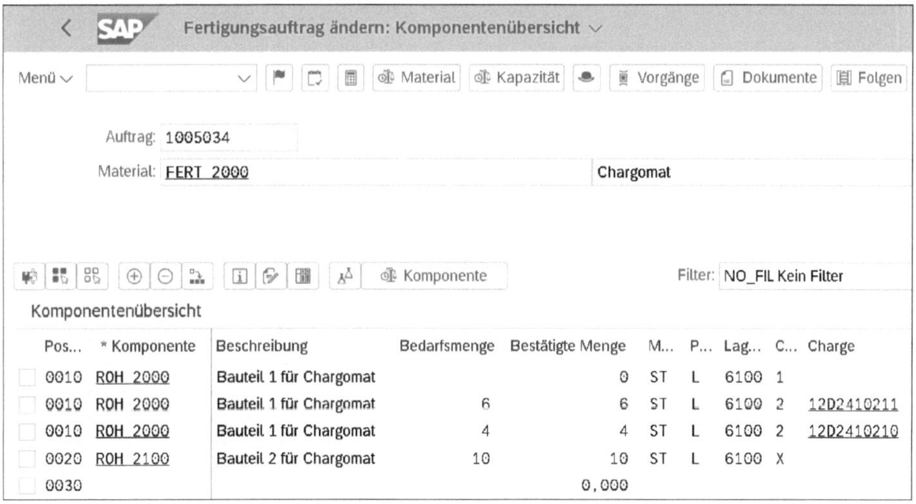

Abbildung 3.72 Komponentenübersicht im Fertigungsauftrag nach Übernahme ermittelter Chargen

In Abbildung 3.72 sehen Sie, dass in diesem Fall keine offene Menge aufgrund fehlender Verfügbarkeit bzw. ATP-Menge auf der Ebene Charge bestätigt werden konnte.

[+]

Vermeidung von unbestätigten Mengen nach der ATP-Prüfung in der Chargenfindung

Sie sollten im Prüfungsumfang für chargenpflichtige Materialien keine Zugangselemente wie Bestellungen oder Produktionsaufträge berücksichtigen, wenn diese keine Chargeninformation für die Bestell- bzw. Auftragsposition enthalten. Sonst können diese Elemente nicht als Zugang in der ATP-Prüfung auf der Ebene Charge berücksichtigt werden, die während der Chargenfindung ausgeführt wird. Dadurch verhindern Sie, dass die zuvor auf den Ebenen Werk und Lagerort bestätigten Bedarfsmengen nach einer Chargenfindung auf der Ebene Charge plötzlich wieder unbestätigt sind.

Eine Bestellung z. B. würde nur dann in der ATP-Prüfung auf der Ebene Charge berücksichtigt werden, wenn Sie für die Bestellposition eine Charge anlegen (siehe dazu Abschnitt 2.4.4, »Chargenneuanlage im Einkauf«). Ein Produktionsauftrag als Zugangselement wäre auch nur dann sinnvoll, wenn im Auftragskopf die zu produzierende Charge bereits angelegt wurde (siehe Abschnitt 2.4.3, »Chargenneuanlage in der Produktion«). Dann könnte der Auftrag als Zugang bei der ATP-Prüfung auf der Ebene Charge berücksichtigt werden. Wichtig dabei ist, dass auf jeden Fall das Lagerortsegment der Charge existiert, sonst kann der zukünftige Lagerortbestand der Charge – resultierend aus dem Zugangselement – nicht berücksichtigt werden.

Ermittlung des Prüfungsumfangs für die Chargenfindung in der Bestandsführung

In der Bestandsführung richten Sie die Verfügbarkeitsprüfung im Customizing mit Transaktion OMCP (Dynamische Verfügbarkeitsprüfung einrichten) ein. Um eine Verfügbarkeitsprüfung bei einer Warenbewegung anzustoßen, aktivieren Sie diese zunächst pro Bewegungsart, wie in Abbildung 3.73 anhand der Bewegungsart 261 (WA für Auftrag) dargestellt. Indem Sie keinen Eintrag im Feld **Dynamische Verfüg.** vornehmen, schalten Sie die Verfügbarkeitsprüfung aus.

Sie können hier pro Bewegungsart zwischen einer Warnung und einer Fehlermeldung auswählen sowie auf eine Meldungsausgabe lediglich bei Nichtverfügbarkeit einschränken.

Zudem müssen Sie, wie in Abbildung 3.74 dargestellt, auf der Transaktionsebene eine Prüfregel zuweisen, damit der Prüfungsumfang bestimmt werden kann. Für einen Warenausgang zu einem Produktionsauftrag wären das die Transaktionen MB1A (Warenentnahme) und MIGO_GI (Warenbewegung).

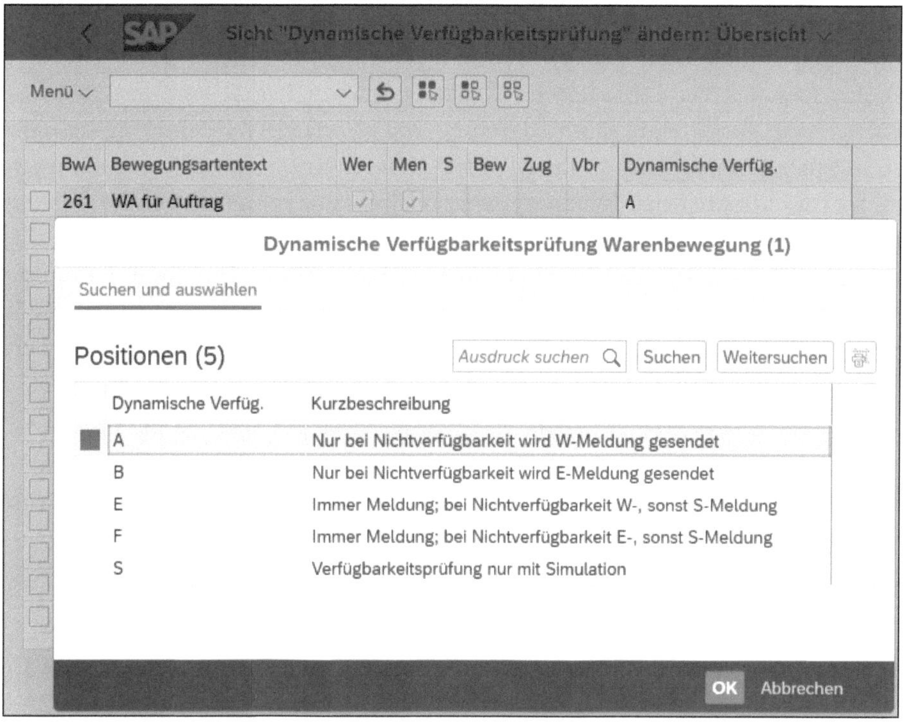

Abbildung 3.73 Aktivierung der Verfügbarkeitsprüfung in der Bestandsführung

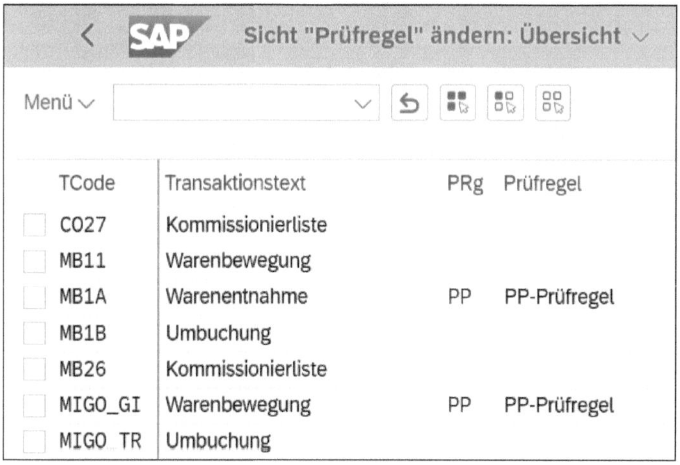

Abbildung 3.74 Eine Prüfregel für die Verfügbarkeitsprüfung in der Bestandsführung zuweisen

Den Prüfungsumfang definieren Sie im Anschluss analog zu Komponente PP zur Kombination aus Prüfregel und Prüfgruppe der Verfügbarkeitsprüfung aus dem Materialstamm.

Ermittlung des Prüfungsumfangs für die Chargenfindung im Vertrieb

Im Vertrieb sind die Prüfregeln programmintern vorgegeben und können nicht frei definiert bzw. den Vertriebsbelegen zugewiesen werden. Für die Verfügbarkeitsprüfung in einem Kundenauftrag wird dazu immer die Prüfregel A (SD-Auftrag) verwendet, in einer Lieferung die Prüfregel B (SD-Lieferung). Den jeweiligen relevanten Prüfungsumfang pro Beleg definieren Sie im Customizing in Transaktion OVZ9 (Steuerung der Verfügbarkeitsprüfung), ebenfalls zur Kombination aus Prüfregel und Prüfgruppe der Verfügbarkeitsprüfung aus dem Materialstamm. Um die ATP-Prüfung vornehmen zu können, setzen Sie zudem in der Bedarfsklasse das Kennzeichen **Vfp** und im Einteilungstyp das Kennzeichen **Verfügbarkeit** (Verfügbarkeitsprüfung Verkauf).

In der Lieferungsabwicklung haben Sie außerdem die Möglichkeit, die Verfügbarkeitsprüfung in der Lieferung vorzunehmen, wie in Abbildung 3.75 dargestellt. Diese Einstellung nehmen Sie im Customizing über Transaktion OVLP (Lieferungspositionstypen ändern) vor.

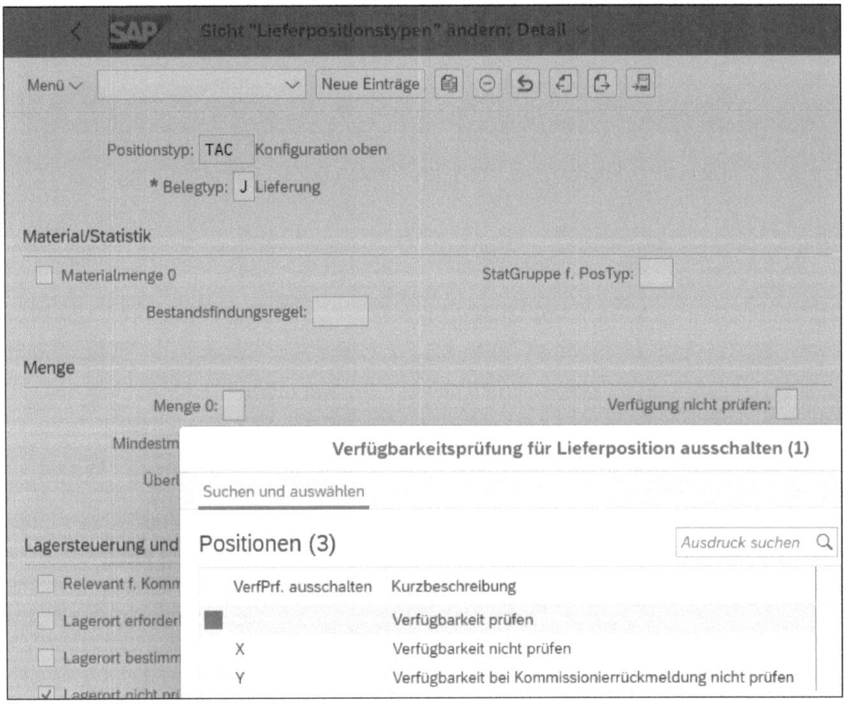

Abbildung 3.75 Verfügbarkeitsprüfung für Lieferposition ausschalten

3.4.5 Sortierung

Nach der Ermittlung der Chargen mit verfügbaren Mengen werden diese gemäß der Sortierregel aus der Chargensuchstrategie sortiert. Die Chargenbewertungen zu den

Merkmalen aus der Sortierung werden entsprechend ihrer Reihenfolge im Feld **Merkmalssortierung** angezeigt. In Abbildung 3.76 sehen Sie in der Merkmalssortierung, dass die Chargen zunächst aufsteigend nach der Farbe angeordnet sind. Falls mehrere Chargen das gleiche Datum besitzen, werden diese aufsteigend nach ihrer verfügbaren Menge sortiert. Dies wird über den Begriff **Menge** in der Merkmalssortierung veranschaulicht, hinter dem sich das Standardmerkmal LOBM_MENGE verbirgt.

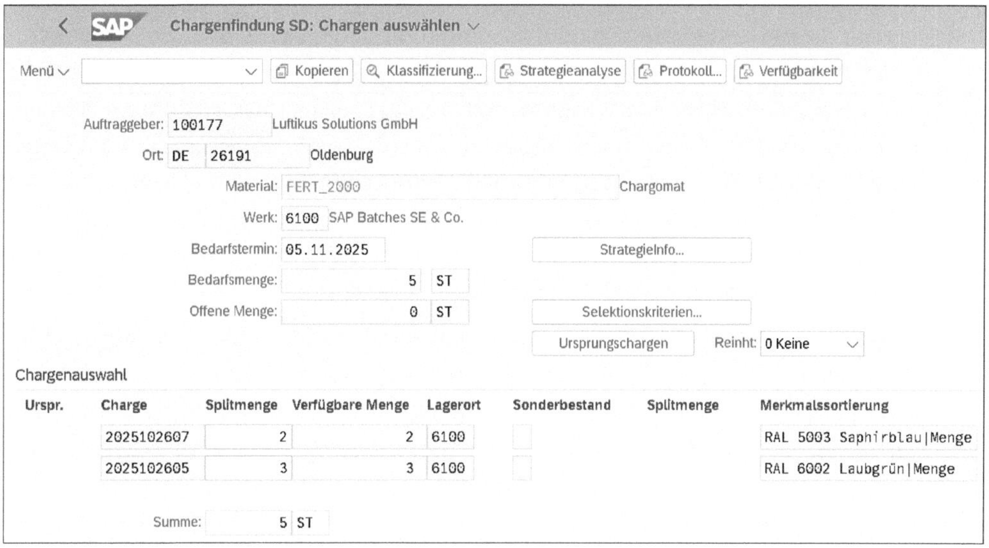

Abbildung 3.76 Sortierung der ermittelten Chargen in der Chargenfindung

Die dabei zugrunde liegende Sortierregel lassen Sie sich über den Button **Strategieinfo...** anzeigen (siehe Abbildung 3.77).

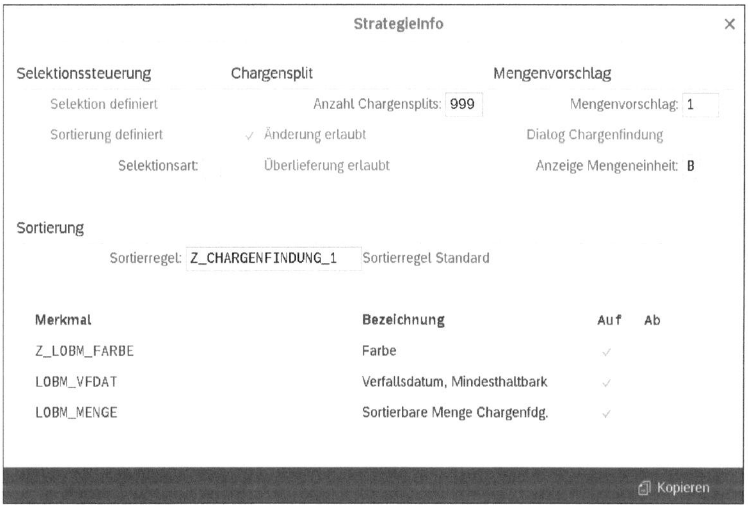

Abbildung 3.77 Verwendete Sortierregel in der Strategieinfo der Chargenfindung

Dort erhalten Sie Aufschluss darüber, dass es sich bei dem in der Sortierung verwendeten Datum um das Verfallsdatum der Charge handelt (Merkmal LOBM_VFDAT).

3.4.6 Verteilung der Bedarfsmenge

Im letzten Schritt im Ablauf der Chargenfindung wird die Bedarfsmenge unter Berücksichtigung der Anzahl der erlaubten Chargensplits auf die ermittelten Chargen verteilt. Dazu werden die Anzahl der erlaubten Chargensplits und die Mengenvorschlagsregel aus der Chargensuchstrategie verwendet. In Abbildung 3.77 im vorigen Abschnitt sehen Sie im Feld **Mengenvorschlag**, dass bei der Chargenfindung die Mengenvorschlagsregel 1 (**top-down**) angewandt wurde. Diese Regel verteilt die Bedarfsmenge nach der Top-down-Methode auf die ermittelten Chargenmengen. Dabei wird beginnend mit der ersten Charge in der Sortierung die verfügbare Menge jeder gefundenen Charge zur Deckung der Bedarfsmenge verwendet, bis diese vollständig erfüllt ist oder die Anzahl erlaubter Chargensplits erreicht ist.

Falls Sie nun die Mengenvorschlagsregel auf 2 ändern, wird eine Verteilung gemäß der vordefinierten Regel **Best Match** vorgenommen. Diese beinhaltet einen Algorithmus, der entlang der Sortierreihenfolge der ermittelten Chargen nach genau einer Charge sucht, deren verfügbare Menge der Bedarfsmenge am nächsten kommt, wobei die Bedarfsmenge voll erfüllt sein muss. In Abbildung 3.78 ist dies die Charge 12D2410210, deren verfügbare Menge ausreicht, um die Bedarfsmenge vollständig zu decken.

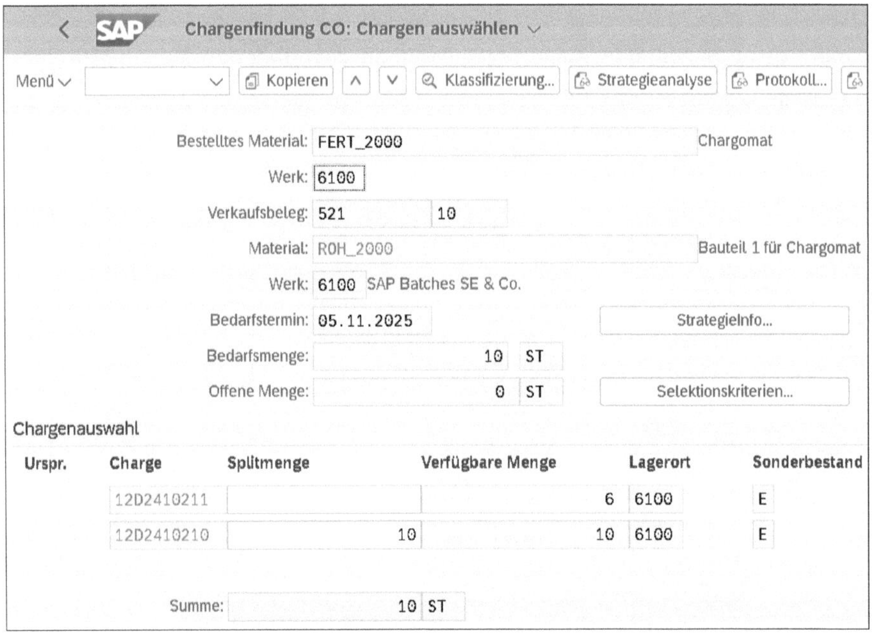

Abbildung 3.78 Mengenverteilung »Best Match« in der Chargenfindung

Falls der Mengenvorschlag zu keinem akzeptablen Ergebnis führt, können Sie die Bedarfsmenge manuell auf die Splitmengen der Chargen verteilen.

Um eigene Mengenvorschlagsregeln zu pflegen, rufen Sie die Pflegetransaktion einer beliebigen Strategieart im Customizing auf, wie in Abbildung 3.20 weiter vorne in diesem Kapitel dargestellt. Dort klicken Sie auf den Button **Pflege** neben dem Feld **Mengenvorschlag**. Dadurch verzweigen Sie in die Transaktion zur Pflege der Formroutinen, die für den Mengenvorschlag in der Chargenfindung verwendet werden (siehe Abbildung 3.79).

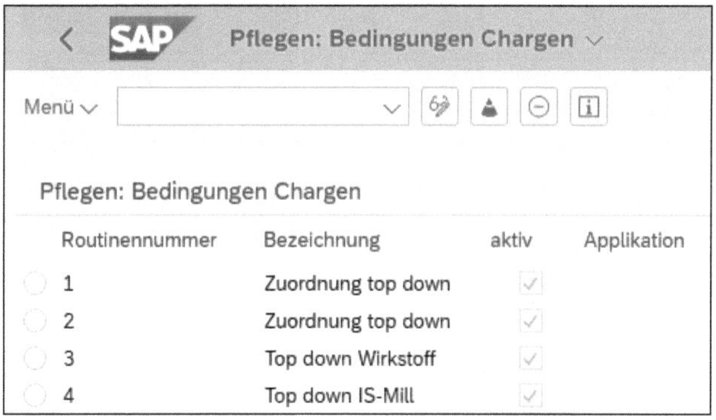

Abbildung 3.79 Pflege der Formroutinen zum Mengenvorschlag in der Chargenfindung

Hier können Sie neue Formroutinen zum Mengenvorschlag definieren und den Programmcode dazu einpflegen. Indem Sie eine Formroutine selektieren und auf den Button (**Quelltext**) klicken, gelangen Sie in den ABAP Editor mit dem Quelltext. Neue Mengenvorschlagsregeln werden automatisch im Include `LV01FNNN` abgelegt.

3.4.7 Chargenfindung mit Standardmerkmalen

Standardmerkmale können Sie an verschiedenen Stellen einsetzen: zur Klassifizierung (siehe Abschnitt 2.3.3, »Objektmerkmale und Standardmerkmale für die Chargenverwaltung«) sowie zur Selektion und Sortierung von Chargen im Rahmen der Chargenfindung.

Um ein Merkmal für die Selektion nutzen zu können, muss es allerdings auch in der Klassifizierung der Charge enthalten sein. Sie können für die Selektion z. B. folgende Standardmerkmale verwenden:

- LOBM_LVORM (Löschvormerkung für Chargen): Damit schließen Sie Chargen mit Löschkennzeichen aus, die eventuell noch eine ATP-Menge besitzen.
- LOBM_ZUSTD (Zustand der Charge): Über den Zustand können Sie die Selektion auf freie Chargen einschränken (siehe dazu Abschnitt 4.1 zur Chargenzustandsverwaltung).

- LOBM_QSCORE (Qualitätskennzahl aus VE): Über die Qualitätskennzahl aus dem Verwendungsentscheid der Qualitätsprüfung können Sie höherwertige und minderwertige Chargen unterscheiden. Diese können zwar alle noch gebrauchs- bzw. verkaufsfähig sein, allerdings können Sie dadurch Chargen mit besonderer Qualität für bestimmte Einsatzzwecke bzw. Kunden vorsehen und dafür in der Chargenfindung selektieren.
- LOBM_UDCODE (Verwendungsentscheid): Den Verwendungsentscheid-Code (VE-Code) können Sie ähnlich einsetzen wie die Qualitätskennzahl, um z. B. Chargen mit einem bestimmten VE-Code generell vom Verkauf auszuschließen, für bestimmte Kunden aber zuzulassen.

Einige Standardmerkmale sind zudem mit Beziehungswissen versehen und werden während der Chargenfindung dynamisch bewertet. Ein Beispiel für eine dynamische Berechnung mit Beziehungswissen sind die Merkmale LOBM_RLZ (Geforderte Restlaufzeit Charge), LOBM_VFDAT (Verfallsdatum, Mindesthaltbarkeit) und LOBM_LFDAT (Lieferdatum Chargenfindung). Die damit vorgesehene Abwicklung der Chargenfindung, integriert mit der Mindesthaltbarkeitsprüfung, stellen wir Ihnen in Abschnitt 4.2.4, »Chargenfindung auf Basis einer Restlaufzeit«, vor. Hier wird der noch verbleibende Zeitraum bis zum Erreichen des Verfallsdatums/MHD der Chargen mit einer in der Chargensuchstrategie vorgegebenen Mindestrestlaufzeit verglichen und zur Chargenauswahl herangezogen.

Spezielle Standardmerkmale für die Verwendung in Sortierregeln sind die Merkmale LOBM_MENGE (Sortierbare Menge Chargenfindung), LOBM_LGORT (Lagerort) und LOBM_BPRIO (Bestandsfindung: Priorität). Diese werden während der Chargenfindung dynamisch ermittelt und können dort zur Sortierung verwendet werden. Die Merkmale LOBM_MENGE und LOBM_LGORT dürfen Sie allerdings aus technischen Gründen nicht in die Chargenklasse zur Klassifizierung aufnehmen.

[»]

Sortierung nach Chargennummer

Falls Sie die Chargen gemäß ihrer Chargennummer sortieren möchten, können Sie dazu ein Objektmerkmal anlegen (siehe Abschnitt 2.3.3, »Objektmerkmale und Standardmerkmale für die Chargenverwaltung«). Dort pflegen Sie auf der Registerkarte **Zusatzdaten** einen Verweis auf den Tabellennamen BDBATCH und den Feldnamen CHARG. Dieses Merkmal können Sie dann in Ihrer Sortierregel verwenden, um die ermittelten Chargen in aufsteigender oder in absteigender Reihenfolge nach der Chargennummer zu sortieren.

3.5 Besonderheiten bei der Chargenfindung mit SAP EWM

In diesem Abschnitt beschreiben wir die Besonderheiten und Einschränkungen bei der Chargenfindung mit SAP Extended Warehouse Management (SAP EWM).

Bei der Chargenfindung mit SAP EWM unterscheidet man zwischen drei Szenarien:

- Die Chargenfindung findet bereits im ERP statt, und die ermittelte Charge wird an SAP EWM übermittelt.
- Das ERP-System übermittelt *Chargensuchkriterien* an SAP EWM, und die Chargenfindung wird mit diesen in SAP EWM durchgeführt. Die Chargensuchkriterien sind in der Auslieferung einzusehen und änderbar (siehe Abbildung 3.80).
- Es werden keine Charge und auch keine Kriterien an SAP EWM übermittelt.

Abbildung 3.80 Chargenselektionskriterien in der ERP-Auslieferung

3.5.1 Chargenfindung im ERP und Übermittlung der Charge an SAP EWM

Wenn die Chargenfindung bereits im ERP-System stattfindet (siehe dazu Abschnitt 3.4, »Ablauf der Chargenfindung«), werden die gefundenen Chargen mit der Replikation der Auslieferung an SAP EWM übermittelt. Dadurch ist es nicht mehr möglich, die Chargen im Auslieferungsauftrag oder bei der Kommissionierung in SAP EWM zu ändern.

Der zu kommissionierende Bestand wird nur innerhalb der vorgegebenen Charge gesucht. Weitere Bestandsfindungskriterien, wie z. B. First In, First Out können ebenfalls angewendet werden. Diese können innerhalb von Auslagerungsregeln definiert werden. Die Einstellungen für die *Auslagerungsregel* findet man unter dem folgenden Pfad im SAP-Customizing: **SCM Extended Warehouse Management • Extended Warehouse Management • Warenausgangsprozess • Strategien • Auslagerungsregeln festlegen**.

3.5.2 Chargenfindung mit Chargensuchkriterien

Wenn die Chargenfindung anhand von Suchkriterien im EWM stattfinden soll, können die Chargensuchkriterien an SAP EWM übermittelt werden. Unter Berücksichtigung dieser Kriterien findet anschließend die Bestandsfindung statt.

In den Chargensuchkriterien wird beispielsweise das Merkmal Ursprungsland mit dem Wert **DE** mitgegeben (siehe Abbildung 3.81). Diese Chargensuchkriterien werden mit der Replikation der Auslieferung an SAP EWM übermittelt. Dadurch werden bei der Bestandsfindung nur entsprechende Bestände mit diesem Merkmal berücksichtigt.

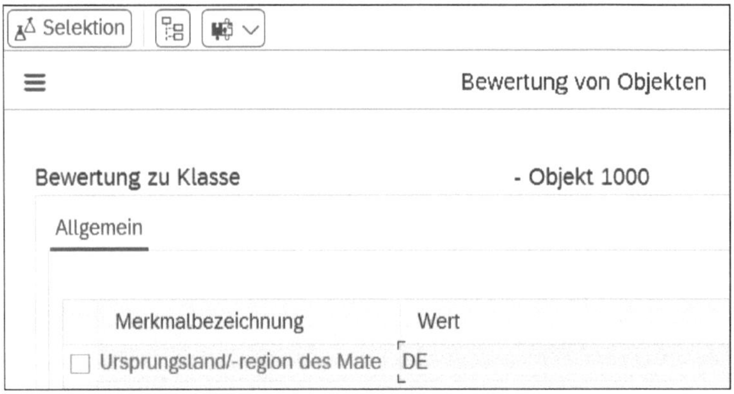

Abbildung 3.81 Chargenkriterien im Auslieferungsauftrag

Es werden nur passende Chargen mit dem relevanten Merkmalen ermittelt, und anschließend werden weitere Suchkriterien, wie z. B. First In, First Out angewandt.

3.5.3 Chargenfindung ohne Kriterien in SAP EWM

Wenn keine Charge oder Chargenkriterien aus dem ERP-System mitgegeben werden, verwendet SAP EWM die eingestellte Auslagerregel zur Bestandsfindung. Diese gibt an, in welcher Reihenfolge die gefunden Bestände (Quants) sortiert werden. Für die Bestandsfindung können z. B. Kriterien wie *First In, First Out*, Mindesthaltbarkeitsdatum, Charge und einige mehr eingestellt werden (siehe Abbildung 3.82). Diese Kriterien sind reine alphanumerische Merkmale, und die Sortierung kann auf- oder absteigend erfolgen.

Die Pflege der Auslagerungsregel nehmen Sie im Customizing über den Menüpfad **SCM Extended Warehouse Management • Extended Warehouse Management • Warenausgangsprozess • Strategien • Auslagerungsregeln festlegen** vor.

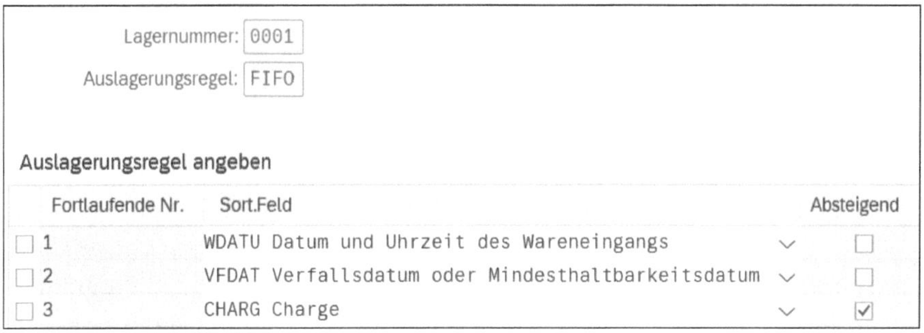

Abbildung 3.82 Auslagerungsregel festlegen

3.6 Erweiterungsmöglichkeiten

Die Chargenfindung lässt sich an verschiedenen Stellen kundenspezifisch erweitern. Wir zeigen Ihnen in diesem Abschnitt, was Sie bei der Erweiterung einer Kommunikationsstruktur beachten sollten und welche Customer-Exits es für die Chargenfindung gibt.

3.6.1 Erweiterung der Kommunikationsstrukturen

Sie können die Kommunikationsstrukturen, die während der Chargenfindung dynamisch gefüllt werden, um zusätzliche Felder erweitern. Diese Felder stehen Ihnen dann in den Feldkatalogen zur Verfügung, und Sie können sie in Ihren Konditionstabellen verwenden, um die Zugriffe für Ihre Chargensuchstrategien zu definieren.

Dazu nehmen Sie die neuen Felder zunächst in das Include der jeweiligen Kommunikationsstruktur auf. Für die Kommunikationsstruktur KOMKH (Chargenfindung – Kommunikationskopf) ist dies das Include KOMKHZ, für die Kommunikationsstruktur KOMPH (Chargenfindung – Kommunikationsposition) das Include KOMPHZ. Dadurch werden die neuen Felder auch automatisch in der Kommunikationsstruktur KOMGH (Chargenfindung – zulässige Felder) hinzugefügt, die aus technischen Gründen die Kommunikationsstrukturen KOMKH und KOMPH zusammenfasst.

Darüber hinaus müssen die neuen Felder in den Kommunikationsstrukturen mit Daten aus der Anwendung gefüllt werden. Um dazu Ihren eigenen Programmcode einzufügen, nutzen Sie entweder releasewechselfähige Enhancement Points, die zu Beginn der Chargenfindung aufgerufen werden, oder aber dafür vorgesehene Customer-Exits. Die verschiedenen Möglichkeiten in den einzelnen Anwendungen erläutern wir Ihnen im Folgenden.

Vertrieb

Mithilfe eigenen Programmcodes können Sie in den Enhancement Points neue Felder der Kommunikationsstrukturen mit Daten aus der Anwendung versorgen. Die zwei Enhancements für die Chargenfindung in der Lieferung Vertrieb finden Sie in den Includes RVCOMFZZ (Kommunikationskopf) und RVCOMFZ1 (Kommunikationsposition). Hier befinden sich die Formroutinen USEREXIT_KOMPBV2_FILL (Include RVCOMFZ1) und USEREXIT_KOMKBV2_FILL (Include RVCOMFZZ). Diese Formroutinen zur Verwendung H (Chargenfindung) und Applikation V2 (Versand) können Sie mit Ihrem Programmcode füllen, um die neuen Felder aus der Kommunikationsstruktur mit Werten aus der Lieferung zu versehen.

Bestandsführung

In der Bestandsführung verwenden Sie dazu den Enhancement Point im Include RVCOMFZ2, das die beiden Formroutinen USEREXIT_KOMKBME_FILL und USEREXIT_KOMPBME_FILL für die Applikation ME (Bestandsführung) enthält. Als weitere Möglichkeit zur Versorgung der Felder in den Kommunikationsstrukturen steht Ihnen die Erweiterung SAPLV01F mit dem Customer-Exit EXIT_SAPLV01F_002 (Kontrolle der Kommunikationsstrukturen in der Chargenfindung) zur Verfügung.

Produktion

Für das Füllen der produktionsrelevanten Felder in den Kommunikationsstrukturen in der Produktion nutzen Sie die Erweiterung PPCO0013. In dem darin enthaltenen Customer-Exit EXIT_SAPLCOMK_008 (Ändern der Prioritäten der Selektionskriterien Chargenfindung) können Sie die Priorität für die Herkunft der Selektionskriterien für die Chargenfindung ändern und haben darüber hinaus auch Zugriff auf die Kommunikationsstrukturen.

3.6.2 BAdI und Customer-Exit

Das in Abschnitt 3.4.2, »Lesen der Chargenbestände«, bereits erwähnte BAdI VB_BD_SELECTION können Sie verwenden, um aus Performancegründen eine Vorselektion der Chargen durchzuführen. Die Aktivierung nehmen Sie im Customizing über den Menüpfad (IMG •) **Logistik Allgemein • Chargenverwaltung • Chargenfindung und Chargenprüfung • BAdI: Vorselektion von Chargen innerhalb der Chargenfindung** vor. Mithilfe der Methode PRESELECT_STOCKS (Vorselektion von Chargenbeständen) können Sie Lagerortsegmente von Chargen mit Nullbestand herausfiltern. Die Methode

PRESELECT_BATCHES (Vorselektion von Chargen) ermöglicht Ihnen, Chargen anhand ihrer Merkmalsbewertung von der weiteren Bearbeitung auszuschließen.

Über die Methode SEL_CRIT_CHANGE des BAdI VB_BD_SELECTION_CRITERIA haben Sie die Möglichkeit, auf die Selektionskriterien Einfluss zu nehmen. Sie können z. B. die Selektionskriterien unter bestimmten Bedingungen ändern oder Merkmale von der Findung ausschließen. Die gleiche Funktion bietet Ihnen der Customer-Exit EXIT_SAPLV01F_001 (Kontrolle der Selektionskriterien für die Chargenfindung) der in Abschnitt 3.6.1, »Erweiterung der Kommunikationsstrukturen«, erwähnten Erweiterung SAPLV01F.

Über den Mengenvorschlag in der Suchstrategie wird die Regel zur Verteilung der Bedarfsmenge auf die ermittelten Chargen festgelegt. In der Standardeinstellung bedeutet dies, dass der Mengenvorschlag aus der Auswahl der ersten verfügbaren Charge besteht. Diese Verteilung der Mengen können Sie über das BAdI LOBM_BATCH_DET_QTY_PROPOSAL aus dem Erweiterungsspot LOBM_BATCH_DETERMINATION ändern. Die Aktivierung erfolgt im Customizing über den Menüpfad (IMG •) **Logistik Allgemein • Chargenverwaltung • Chargenfindung und Chargenprüfung • BAdI: Verfahren zum Mengenvorschlag**.

3.7 Zusammenfassung

In diesem Kapitel haben Sie die Einsatzmöglichkeiten der Chargenfindung kennengelernt und einen Überblick über alle Einstellungen erhalten, die dafür benötigt werden. Sie kennen nun alle notwendigen Customizing-Einstellungen, basierend auf der Konditionstechnik, sowie die komponentenspezifischen Besonderheiten und die erforderlichen Stammdaten. Sie haben gesehen, an welchen Stellen die Chargenfindung in den jeweiligen Komponenten aufgerufen werden kann und welche Automatismen dabei möglich sind. Darüber hinaus haben wir Ihnen im Detail die einzelnen Schritte erläutert, die bei einer Chargenfindung durchlaufen werden. Zudem haben Sie erfahren, wie Sie das Ergebnis einer Chargenfindung mithilfe der Strategieanalyse und des Chargenfindungsprotokolls nachvollziehen können. Abgerundet wurde das Kapitel, indem wir Ihnen den Einsatz der Standardmerkmale in der Chargenfindung erläutert sowie die Erweiterungsmöglichkeiten in Form von Enhancement Points, BAdIs und Customer-Exits dargestellt haben.

Im folgenden Kapitel lernen Sie weitere, tief in die Logistikkomponenten integrierte Funktionen der Chargenverwaltung kennen, die Ihnen dabei helfen, Ihre Logistikprozesse zu optimieren.

Kapitel 4
Funktionen der Chargenverwaltung

Aufbauend auf den grundlegenden Funktionen der Chargenverwaltung zeigen wir Ihnen in diesem Kapitel weitere integrierte Funktionen für Chargen in der Supply Chain.

In den vorangegangenen Kapiteln haben Sie die Chargenanlage, die Chargenklassifizierung und die Chargenfindung als grundlegende Funktionen der Chargenverwaltung kennengelernt. Sie wissen dadurch, wie eine Charge entsteht, wie Sie die Eigenschaften einer Charge verwalten und den Wiedereinsatz einer Charge steuern können.

Dieses Kapitel stellt Ihnen weitere Funktionen vor, über die die Chargenverwaltung tiefer in die einzelnen Logistikkomponenten eingebunden werden kann: Dazu zählt z. B. die Chargenzustandsverwaltung, die eng mit Bestandsführung und Lagerverwaltung verknüpft ist. Sie ermöglicht es Ihnen, eine Charge auf Knopfdruck global zu sperren, ohne die einzelnen Bestände auf Werks- und Lagerortebene manuell umbuchen zu müssen. Ein weiterer Bestandteil des Kapitels ist die Mindesthaltbarkeitsabwicklung (MHD-Abwicklung), die in der Bestandsführung angesiedelt ist (im Bereich Materialwirtschaft, MM). Sie können damit neben dem Verfallsdatum/MHD auch das Herstelldatum einer Charge verwalten.

Im weiteren Verlauf des Kapitels werden wir außerdem auf die Integration der Chargenverwaltung in die SAP-Komponente für das Qualitätsmanagement (QM) eingehen. Sie erfahren, wie Sie die Prüfergebnisse als Chargenspezifikationen ablegen können und welche Möglichkeiten Ihnen die wiederkehrende Prüfung unter anderem zum Sperren abgelaufener Chargen bietet. Außerdem beschreiben wir die Auswirkungen des Qualitätsprüfbestands auf die Chargenfindung und die Qualitätsprüfzeugnisse zu Chargen.

4.1 Chargenzustandsverwaltung

Mithilfe der Chargenzustandsverwaltung können Sie die Gebrauchsfähigkeit einer Charge steuern. Dies erfolgt über die beiden möglichen Chargenzustände **Frei verwendbar** und **Nicht frei**. Sie setzen den Chargenzustand über die Optionen zum Kennzeichen **Chargenzustand** im Chargenstamm, wie in Abbildung 4.1 am Beispiel einer nicht freien Charge gezeigt. Sie ändern z. B. den Zustand einer Charge von **Frei verwendbar** auf **Nicht frei**, wenn Sie die Verwendung der Charge einschränken bzw. die Charge sperren möchten.

Chargenzustandsverwaltung aktivieren

Bei der Aktivierung der Chargenzustandsverwaltung entsteht bei den Stammdaten kein zusätzlicher Aufwand. Lediglich auf der Ebene der Bewegungsdaten ist eine Statusänderung im Chargenstamm (oder alternativ über das Qualitätsmanagement) durchzuführen.

Durch die Aktivierung der Chargenzustandsverwaltung kann eine Charge global gesperrt werden, was beispielsweise im Rahmen einer Rückrufaktion ein schnelles und gezieltes Reagieren ermöglicht. Zudem lassen sich Sperrbestände und nicht freie Chargenbestände in den logistischen Prozessen differenzierter berücksichtigen.

Abbildung 4.1 Chargenstamm mit Chargenzustand

Eine Änderung des Zustands hat dabei eine direkte Auswirkung auf die Bestände der Charge. Bei einer Umstellung auf **Nicht frei** werden die Bestände in der Bestandsart **Frei verwendbar** über alle Werke und Lagerorte automatisch im Hintergrund an die Bestandsart **Nicht frei** umgebucht. Der große Vorteil dabei ist, dass Sie dadurch eine Charge mandantenweit sperren können, ohne die Teilbestände pro Werk und Lagerort einzeln umbuchen zu müssen. Aufgrund der Homogenität einer Charge gilt der Zustand immer für alle Teilbestände einer Charge. Auf diese Weise kann sich niemals ein Teilbestand einer Charge im frei verwendbaren Bestand und gleichzeitig ein anderer Teilbestand derselben Charge im nicht freien Bestand befinden.

Sie können einige logistische Prozesse für nicht freie Bestände einer Charge einschränken. Sobald Sie die Chargenzustandsverwaltung aktiviert haben, haben Sie dazu in den Logistikkomponenten folgende Einstellungsmöglichkeiten:

- Aktivierung der Chargenzustandsverwaltung pro Werk, falls Sie die Chargeneindeutigkeit auf Werksebene definiert haben (Einstellung in der Chargenverwaltung)
- Definition des Initialzustands einer Charge als **Frei verwendbar** oder **Nicht frei** pro Werk und Materialart (Einstellung in der Chargenverwaltung)
- Steuerung der Chargenzustandsänderung durch einen Benutzer über ein Berechtigungsobjekt (Einstellung in der Chargenverwaltung)
- Einstellung des Meldungstyps (Warnung oder Fehler) im Falle einer nicht erlaubten Warenbewegung einer nicht freien Charge (Einstellung in der Bestandsführung)
- Erlauben bzw. Verbieten einer lagerinternen Bewegung für nicht freie Chargen pro Lager und Bewegungsart (Einstellung in der Lagerverwaltung)
- Definition der Verfügbarkeit von nicht freien Chargenbeständen im Rahmen des MRP-Laufs pro Werk (Einstellung in der Produktion)
- Definition der Verfügbarkeit von nicht freien Chargenbeständen im Rahmen der ATP-Verfügbarkeitsprüfung (Einstellung in der Produktion, im Vertrieb und in der Bestandsführung)
- Möglichkeit der Selektion von nicht freien Chargen in der Chargenfindung (Einstellung in der Chargenverwaltung)

Auf diese Einstellungen gehen wir in den folgenden Abschnitten ein.

4.1.1 Chargenzustandsverwaltung einrichten

Falls Sie sich für die Nutzung der Chargenzustandsverwaltung entschieden haben, nehmen Sie zunächst die generelle Aktivierung vor. Die dafür vorgesehene Transaktion rufen Sie im Customizing über den Pfad (IMG •) **Logistik Allgemein • Chargenverwaltung • Chargenebene bestimmen und Zustandsverwaltung aktivieren** (Transaktion OMCT) auf. Es erscheint das in Abbildung 4.2 dargestellte Menü.

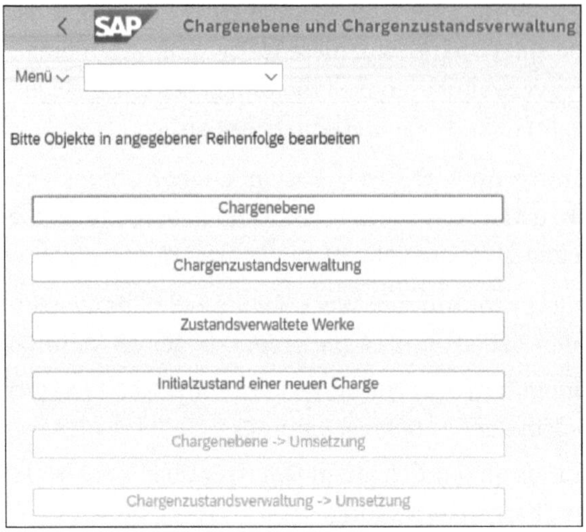

Abbildung 4.2 Chargenebene definieren und Chargenzustandsverwaltung einrichten

Dort klicken Sie auf den Button **Chargenzustandsverwaltung** (Transaktion OMCS) und wählen im darauffolgenden Bild die Option **aktiv** (siehe Abbildung 4.3).

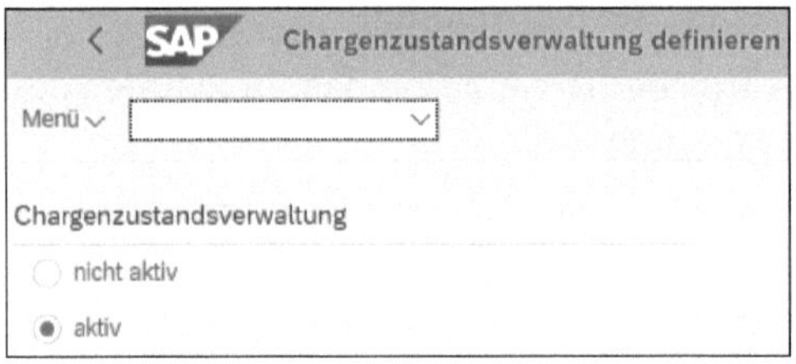

Abbildung 4.3 Chargenzustandsverwaltung aktivieren

Wenn Sie die Chargeneindeutigkeit auf Material- oder Mandantenebene definiert haben, wird die Chargenzustandsverwaltung automatisch in allen Werken aktiv. Wenn Sie die Chargeneindeutigkeit auf Werksebene definiert haben, können Sie im Menü der Chargenebene und der Chargenzustandsverwaltung von Abbildung 4.2 über den Button **Zustandsverwaltete Werke** (Transaktion OMCU) außerdem eine Aktivierung pro Werk vornehmen (siehe Abbildung 4.4).

Einstellung der Chargenzustandsverwaltung nach einer Mandantenkopie

Wie auch die Einstellungen zur Chargenebene ist die Aktivierung der Zustandsverwaltung nicht transportierbar und kann auch bei einer Mandantenkopie aus technischen Gründen nicht übernommen werden. Nach einer Mandantenkopie wird die Zustandsverwaltung allerdings automatisch aktiviert, falls Chargen vorhanden sind. Falls nicht, wird sie nicht aktiviert. Sie sollten dies kontrollieren und die gewünschte Einstellung gegebenenfalls manuell vornehmen.

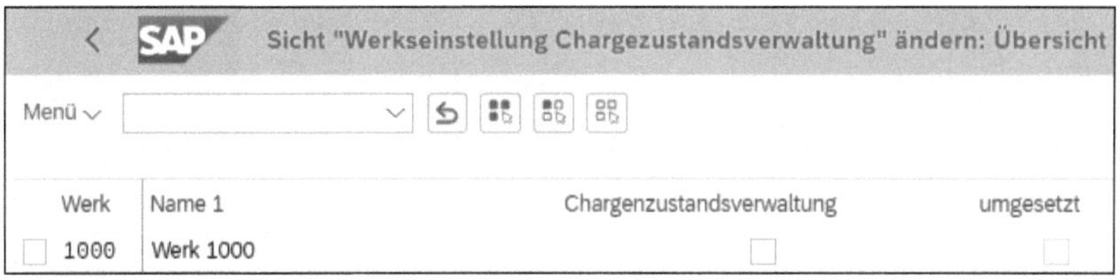

Abbildung 4.4 Chargenzustandsverwaltung pro Werk aktivieren

Darüber hinaus haben Sie die Möglichkeit, den Initialzustand einer Charge zu definieren. Dieser Zustand wird dann beim Anlegen einer Charge automatisch festgelegt. Im Menü der Chargenebene und der Chargenzustandsverwaltung von Abbildung 4.2 stellen Sie dies über den Button **Initialzustand einer neuen Charge** (Transaktion OMAB) ein. Wenn Sie die Chargeneindeutigkeit auf Werksebene definiert haben, setzen Sie das Kennzeichen **Initialzustand** pro Werk und Materialart. Ansonsten legen Sie über dieses Kennzeichen lediglich pro Materialart fest, ob eine neu angelegte Charge initial den Zustand **Nicht frei** erhalten soll, wie in Abbildung 4.5 z. B. für die Materialarten FERT und HALB vorgegeben.

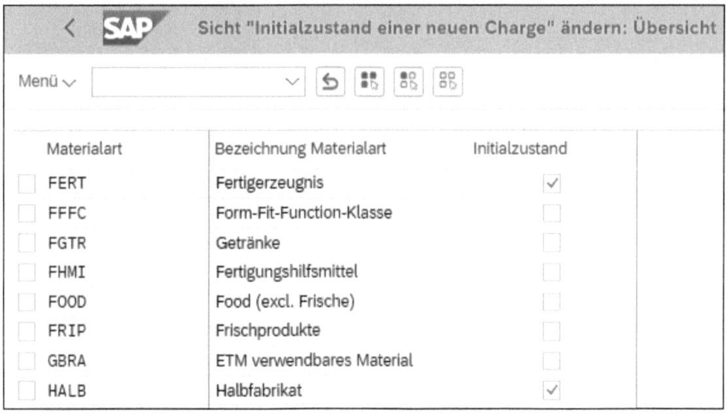

Abbildung 4.5 Initialzustand einer Charge festlegen

Customer-Exit zur Bestimmung des Initialzustands von Chargen

Über die Erweiterung SAPLV01D, die den Customer-Exit EXIT_SAPLV01D_001 enthält, können Sie die Definition des Initialzustands pro Werk und Materialart aus der Customizing-Einstellung überschreiben.

Falls Sie eine Umsetzung der Chargenebene vorgenommen haben, wurden dadurch die Chargendaten auf eine andere Datenbanktabelle portiert, z. B. von Tabelle MCHA auf Tabelle MCH1 (siehe Abschnitt 1.4.2, »Änderung und technische Umsetzung der Chargenebene«). Deshalb müssen Sie zudem mithilfe des Buttons **Chargenzustands-**

verwaltung → Umsetzung auch die Umsetzung der Chargenzustände auf Tabellenebene anstoßen.

4.1.2 Chargenzustand ändern

Eine Zustandsänderung einer Charge können Sie lediglich über das Kennzeichen **Chargenzustand** im Chargenstamm oder aber beim Treffen des Verwendungsentscheids zu einem Prüflos vornehmen. Darauf gehen wir in Abschnitt 4.3.1, »Übertragung von Prüfergebnissen an Chargenmerkmale«, näher ein. Für die dadurch angestoßenen Umbuchungen aller freien Bestände der Charge in den nicht freien Bestand wird die interne Bewegungsart 341 (UL Frei an Nichtfrei) – bzw. 342 (UL Nichtfrei an Frei) im umgekehrten Fall – verwendet. Diese Bewegungsarten können Sie allerdings nicht bei einer manuellen Umbuchung auswählen. Eine manuelle Umbuchung für eine Chargenteilmenge in oder aus dem nicht freien Bestand ist nicht möglich, da eine Konsistenz zwischen Chargenzustand und Bestandsart der Chargenteilbestände so nicht gewährleistet werden könnte. Es müssen abhängig vom Chargenzustand alle Teilbestände immer gleichzeitig entweder in den frei verwendbaren oder nicht freien Bestand umgebucht werden.

Allerdings sind dabei lediglich Bestände in der Bestandsart **Frei verwendbar** von einer Umbuchung in den nicht freien Bestand betroffen und umgekehrt. Alle anderen Bestandsarten wie gesperrter Bestand, Qualitätsprüfbestand, Retourenbestand etc. werden dadurch zunächst nicht beeinflusst. Nur bei einer Umbuchung von einer dieser Bestandsarten in den frei verwendbaren Bestand würde die Umbuchung für eine nicht freie Charge automatisch in den nicht freien Bestand erfolgen. Der Grund dafür ist, dass eine nicht freie Charge keinen frei verwendbaren Bestand haben kann.

[»]

Unterschied zwischen nicht freiem Bestand und gesperrtem Bestand

Beim gesperrten Bestand handelt es sich um eine Bestandsart. Beim nicht freien Bestand handelt es sich zwar ebenfalls um eine Bestandsart, die allerdings immer im Zusammenhang mit dem Chargenzustand gesehen werden muss. Wie bereits erwähnt, kann eine Charge nicht gleichzeitig frei verwendbaren Bestand und nicht freien Bestand haben. Der Chargenzustand, der an diese Bestandsarten geknüpft ist, gilt aufgrund der Homogenität einer Charge immer für alle Teilmengen einer Charge. Im Gegensatz dazu kann sich allerdings eine Teilmenge einer Charge im frei verwendbaren Bestand und gleichzeitig eine andere Teilmenge derselben Charge im gesperrten Bestand befinden. Zudem können Sie bestimmte Vorgänge bzw. Warenbewegungen wie einen Warenausgang vom nicht freien Bestand aus erlauben, was vom gesperrten Bestand aus nicht möglich ist. Über eine Chargenteilmenge im gesperrten Bestand würden Sie somit ein beschädigtes Gebinde einer Charge abbilden. Über den nicht freien Bestand bzw. Zustand würden Sie dagegen eine fehlerhafte Charge oder eine Charge mit unzureichender Spezifikation abbilden.

Den Zusammenhang zwischen dem Chargenzustand und den verschiedenen Bestandsarten haben wir Ihnen in Abbildung 4.6 anhand eines Beispiels veranschaulicht.

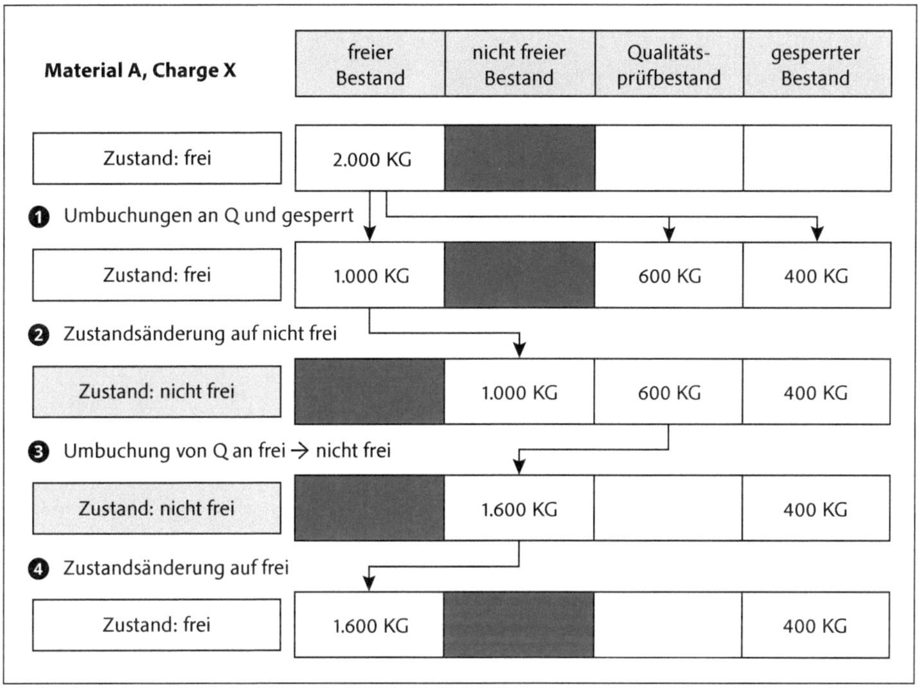

Abbildung 4.6 Chargenzustand und Bestandsarten

In der Ausgangssituation in Abbildung 4.6 haben Sie 2.000 KG frei verwendbaren Bestand der Charge X des Materials A. Sie buchen davon 600 KG in den Qualitätsprüfbestand um und zudem 400 KG in den gesperrten Bestand aufgrund eines fehlerhaften Gebindes ❶. Nun stellen Sie während der Qualitätsprüfung der Teilmenge ein Problem in der Chargenspezifikation fest. Sie ändern deshalb den Chargenzustand auf **Nicht frei**, um eine weitere Verwendung der Charge zunächst zu unterbinden. Dabei verbleiben die zuvor umgebuchten Teilbestände im Qualitätsprüfbestand und im gesperrten Bestand. Der frei verwendbare Bestand von 1.000 KG wird allerdings im Hintergrund mit der Bewegungsart 341 in den nicht freien Bestand umgebucht ❷. Nach einer erneuten Überprüfung der Charge, die die Verwendbarkeit nun doch bestätigte, geben Sie den Qualitätsprüfbestand über eine Umbuchung wieder frei. Jedoch erfolgt diese Umbuchung zunächst automatisch in den nicht freien Bestand, da der Zustand der Charge noch als **Nicht frei** definiert ist ❸. Über die Zustandsänderung auf **Frei verwendbar** wird die Charge endgültig freigegeben. Im Hintergrund wird der nicht freie Bestand mit der Bewegungsart 342 schließlich in den freien Bestand umgebucht ❹.

Eine Zustandsänderung nehmen Sie über die App **Charge ändern** oder **Charge verwalten** im Chargenstamm vor, indem Sie das Kennzeichen **Chargenzustand** auf den entsprechenden Chargenzustand umstellen. Beim Sichern wird dann ein Änderungsprotokoll im Chargenstamm geschrieben. Gegebenenfalls wird aufgrund der automatischen Umbuchung aller Teilbestände in den freien bzw. nicht freien Bestand im Hintergrund ein Materialbeleg erzeugt.

In Abbildung 4.7 sehen Sie ein Beispiel eines Materialbelegs, bei dem durch die Zustandsänderung im Materialstamm alle Teilmengen der Charge mit der Bewegungsart 341 (UL Frei an Nichtfrei) vom freien in den nicht freien Bestand gebucht wurden. Dabei wurden 10 L ST in Lagerort 0001 und 13 L ST im Lagerort 0002 umgebucht.

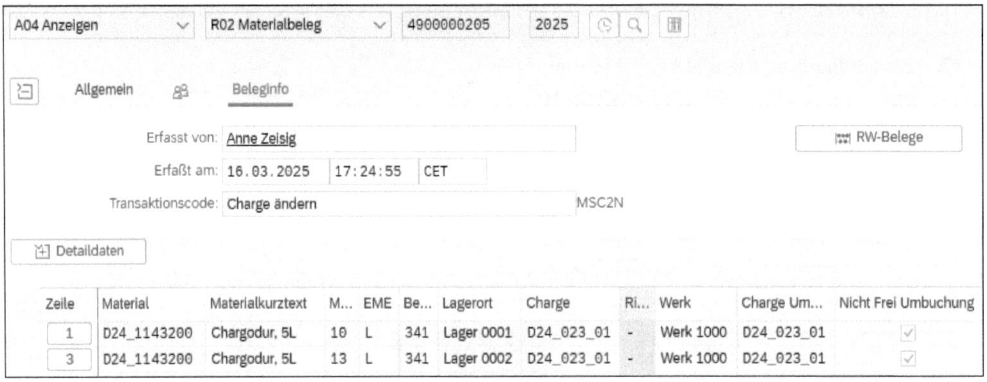

Abbildung 4.7 Materialbeleg zur Zustandsänderung

Um die Bestände für das Material anzuzeigen, rufen Sie Transaktion MMBE (Bestandsübersicht) mit Anzeigeversion 14 (Chargen mit Zustand) auf, die auch die Bestandsart **Nicht frei verwendbar** enthält. Die Teilmengen der nicht freien Charge 12D2420112 in den Lagerorten 0001 und 0002 befinden sich im nicht frei verwendbaren Bestand (siehe Abbildung 4.8).

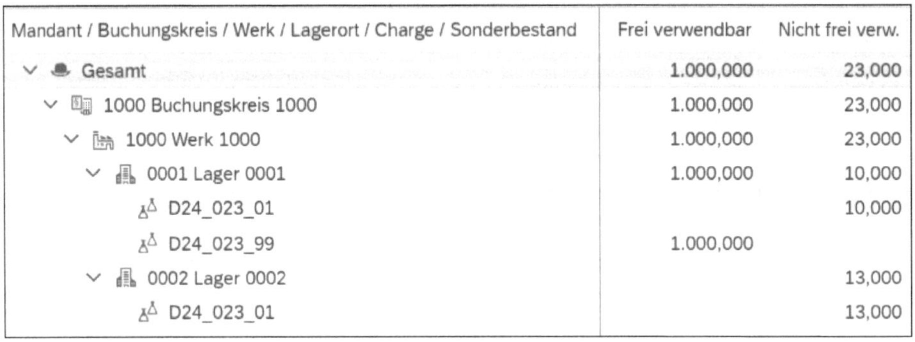

Abbildung 4.8 Bestandsübersicht mit nicht freien Chargen

Falls Sie nun eine Warenbewegung zu der nicht freien Charge 12D2420112 buchen möchten, wird eine Systemmeldung ausgegeben:

- **Systemmeldung M7 665 (Charge & hat den Zustand <nicht frei>)**
  Diese Meldung wird ausgegeben, falls die Quellcharge den Zustand **Nicht frei** besitzt. Das ist z. B. bei einem Warenausgang einer nicht freien Charge der Fall oder falls die Quellcharge bei einer Umbuchung oder Umlagerung den Zustand **Nicht frei** hat.
- **Systemmeldung M7 670 (Charge & hat den Zustand <nicht frei>)**
  Diese Meldung wird hingegen ausgegeben, falls die Zielcharge den Zustand **Nicht frei** besitzt. Das ist z. B. bei einem Wareneingang einer nicht freien Charge der Fall oder falls die Zielcharge bei einer Umbuchung oder Umlagerung den Zustand **Nicht frei** hat.

Die Meldungsart der beiden Systemmeldungen können Sie im Customizing über Transaktion OMCQ (Systemmeldungen der Bestandsführung) einstellen. Sie wählen hier zwischen einer Warn- oder einer Fehlermeldung (W oder E).

4.1.3 Berechtigung für die Zustandsänderung

Bei einer Chargenzustandsänderung handelt es sich um eine kritische Aktion, da Sie eine Charge global sperren oder auch freigeben können. Dies gilt in besonderem Maße für die Freigabe einer Charge in der pharmazeutischen Industrie. Sie haben in diesem Zusammenhang die Möglichkeit, die Berechtigung für eine Zustandsänderung mithilfe des Berechtigungsobjekts M_MATE_ZST einzuschränken. Auf diese Weise können Sie einem Benutzer erlauben oder verbieten, den Chargenzustand zu ändern.

[+]

Berechtigung zur Freigabe einer Charge

Über das Berechtigungsobjekt M_MATE_ZST können Sie keine separate Berechtigung für die Richtung der Änderung vergeben, d. h. für das Sperren oder die Freigabe einer Charge, sondern lediglich für eine generelle Zustandsänderung. Sie können eine Unterscheidung jedoch über das Berechtigungsobjekt der Bewegungsarten M_MSEG_BWA realisieren. Indem Sie einem Benutzer z. B. lediglich die Berechtigung für Bewegungsart 341 (UL Frei an Nichtfrei) zuweisen, kann der Benutzer über eine Zustandsänderung auf **Nicht frei** eine Charge sperren, jedoch nicht freigeben. Dazu benötigt er zusätzlich die Berechtigung für Bewegungsart 342 (UL Nichtfrei an Frei).

4.1.4 Integration der Zustandsverwaltung in die Lagerverwaltung

Die notwendigen Einstellungen werden im Detail von uns in Abschnitt 8.4, »Chargen in der Produktion«, beschrieben.

4.1.5 Zustandsverwaltung in der Disposition

Im Rahmen der Disposition (Bedarfsplanung) legen Sie fest, welche Bestände als verfügbar angesehen und somit zur Bedarfsdeckung im Rahmen der Nettobedarfsrechnung im Planungslauf berücksichtigt werden. Neben dem Umlagerungsbestand und dem gesperrten Bestand können Sie auch den nicht freien Bestand als verfügbar kennzeichnen. Diese Einstellung nehmen Sie über den Customizing-Pfad (IMG •) **Produktion • Bedarfsplanung • Planung • Dispositionsrechnung • Bestände • Verfügbarkeit Bestand Umlagerung/gesperrt/nicht frei festl.** vor. Dazu setzen Sie pro Werk das Kennzeichen **Nicht freier Bestand**, wie in Abbildung 4.9 für das Werk 1000 dargestellt.

Abbildung 4.9 Verfügbare Bestände für die Bedarfsplanung

In der aktuellen Bedarfs-/Bestandsliste (Transaktion MD04) wird der nicht freie Bestand von Chargen dann als Teil des Werksbestands (Dispositionselement **BStand**) angezeigt. Sie haben hier allerdings die Möglichkeit, sich den freien Bestand separat vom nicht freien Bestand anzeigen zu lassen:

- **im Falle der Nicht-Verfügbarkeit des nicht freien Bestands für die Bedarfsplanung**
  Nach einem Klick auf den Button (**zusätzliche Bestände vorhanden**) für das Dispositionselement **BStand** (Werksbestand) erscheint ein Pop-up mit Detailinformationen zum Werksbestand. Im Beispiel in Abbildung 4.10 existieren neben 1.000 L frei verwendbarem Bestand zusätzlich 23 L nicht frei verwendbarer Bestand zum Material D24_1143200.
- **im Falle der Verfügbarkeit des freien Bestands für die Bedarfsplanung**
  In diesem Fall können Sie sich durch einen Klick auf den Button (**Details zum Element**) für das Dispositionselement **BStand** (Werksbestand) die Detailinformationen und die Aufteilung des Werksbestands anzeigen lassen.

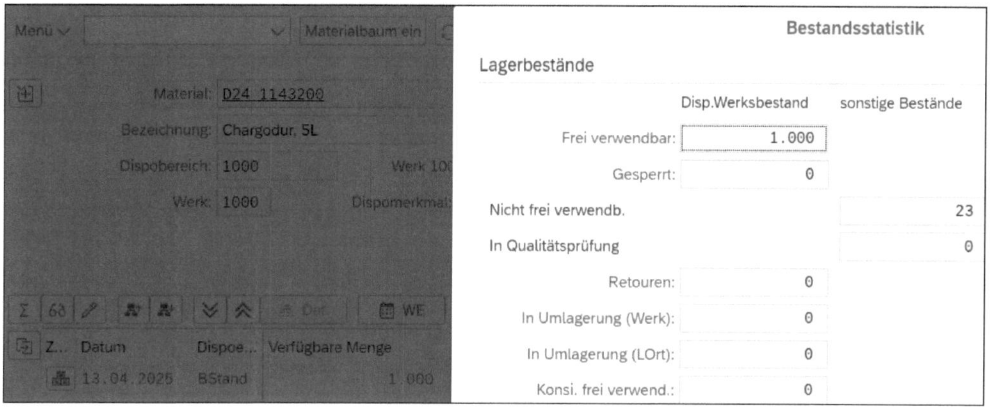

Abbildung 4.10 Aktuelle Bedarfs-/Bestandsliste mit Details zum Werksbestand

Sie kennen nun das Systemverhalten bei der jeweiligen Einstellung bezüglich der Verfügbarkeit des freien Bestands für die Bedarfsplanung.

4.1.6 Zustandsverwaltung in der Verfügbarkeitsprüfung

Eine ATP-Verfügbarkeitsprüfung (ATP = Available-to-Promise) können Sie in einem Beleg wie einem Kundenauftrag, einer Lieferung oder einem Produktionsauftrag anstoßen. Wie Sie in Abschnitt 3.4.4, »Verfügbarkeitsprüfung«, erfahren haben, ist die ATP-Verfügbarkeitsprüfung Bestandteil des Chargenfindungsprozesses. Bei der Definition des Prüfungsumfangs entscheiden Sie, ob der nicht freie Bestand einer Charge als verfügbar angesehen wird oder nicht. Dies stellen Sie z. B. im Customizing der Produktion mit Transaktion OPJJ (Prüfungsumfang definieren) ein.

Hier wählen Sie einen relevanten Prüfungsumfang aus und setzen im Bereich **Bestände** das Kennzeichen **Mit nicht freiem Bestand** (siehe Abbildung 4.11). Die Einstellungen des Prüfungsumfangs werden dann auf Basis der Kombination der Prüfgruppe aus dem Material und der jeweiligen Prüfregel aus dem Geschäftsprozess gezogen. Dieselbe Einstellung für den Prüfungsumfang können Sie auch im Customizing des Vertriebs (Transaktion OVZ9) und der Bestandsführung (Transaktion OMCP) vornehmen.

[+]

Geschäftsprozessabhängige Steuerung der Verfügbarkeit bzw. Verwendung von nicht freien Chargenbeständen

Über die in Abschnitt 4.1.5, »Zustandsverwaltung in der Disposition«, beschriebene Einstellung können Sie den nicht freien Bestand generell als verfügbar kennzeichnen, sodass der Bestand einer Charge mit Zustand **Nicht frei** z. B. in Transaktion MD04 (aktuelle Bedarfs-/Bestandsliste) im verfügbaren Werksbestand enthalten ist. Pro Geschäftsprozess unterscheiden Sie jedoch, ob die nicht freien Bestände verfügbar sind und tatsächlich verwendet werden oder nicht. Zum Beispiel können Sie festlegen, dass nicht freie Chargen über Lieferungen zu Umlagerungsbestellungen in ein Verteilzentrum transportiert werden dürfen. Allerdings sind sie für Kundenaufträge nicht verfügbar und werden in Lieferungen an Kunden über die Chargenfindung ebenfalls ausgeschlossen (siehe Abschnitt 4.1.7, »Zustandsverwaltung in der Chargenbewertung und Chargenfindung«).

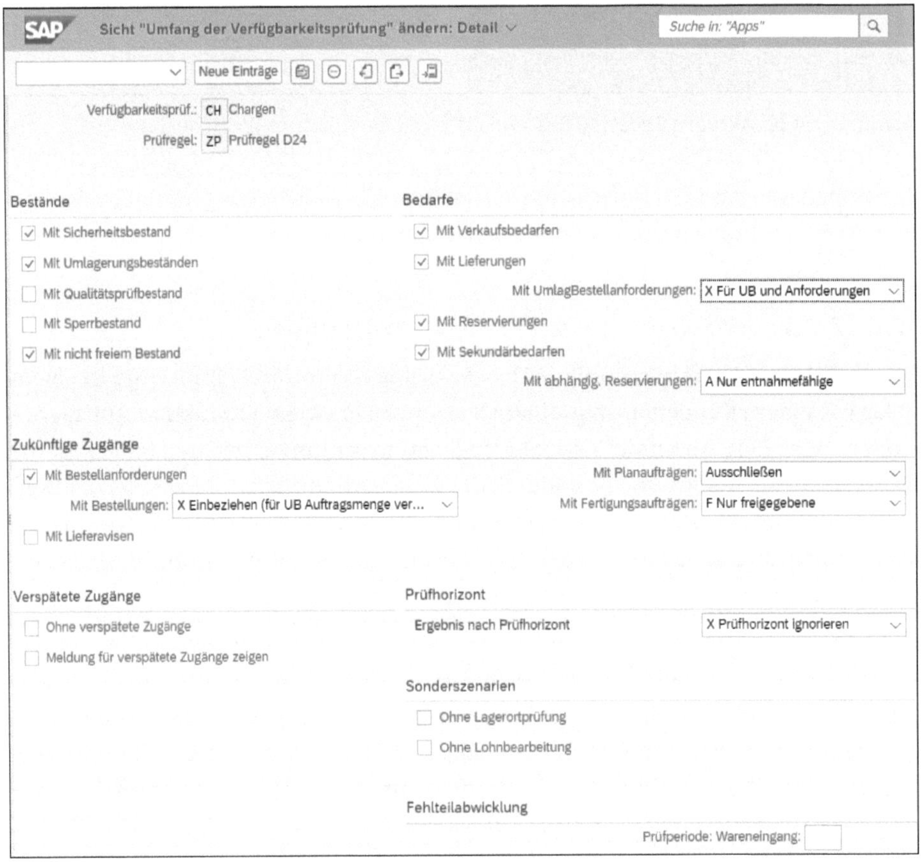

Abbildung 4.11 Prüfungsumfang mit nicht freiem Bestand

4.1.7 Zustandsverwaltung in der Chargenbewertung und Chargenfindung

Über das Standardmerkmal LOBM_ZUSTD haben Sie die Möglichkeit, den aktuellen Chargenzustand in den Klassifizierungsdaten einer Charge bzw. zusätzlich in einer Selektionsklasse der Chargenfindung einzubinden. Dadurch können Sie in der Chargenfindung die Chargenselektion auf freie bzw. nicht freie Chargen einschränken.

Falls Sie manuell eine nicht freie Charge in einer Belegposition eingetragen und dabei die Chargenprüfung im Customizing bei der Zuweisung des Chargensuchschemas aktiviert haben, wird die Systemmeldung **Charge gemäß Selektionskriterien aus der Chargenfindung nicht zulässig** ausgegeben. Im Customizing können Sie die Meldung pro Komponente ausblenden oder den Meldungstyp auf Warnung oder auf Fehlermeldung setzen (siehe Abschnitt 3.2.9, »Zuordnung der Chargensuchschemata zum Geschäftsvorfall«).

4.2 Mindesthaltbarkeitsabwicklung

In der Industrie werden unterschiedliche Begriffe verwendet, die angeben, bis zu welchem Datum ein Produkt verkauft bzw. verwendet werden darf. Während z. B. in der Lebensmittel- und in der Konsumgüterindustrie meist vom *Mindesthaltbarkeitsdatum* gesprochen wird, kommt in der chemischen und der pharmazeutischen Industrie eher der Begriff des *Verfallsdatums* zum Einsatz. Alternativ existieren weitere Begriffe, etwa die *Abverkaufs-* und *Aufbrauchfrist* für Pflanzenschutzmittel oder das *Verbrauchsdatum* (»Zu-verbrauchen-bis:«-Datum) für leicht verderbliche Lebensmittel.

Im SAP-System haben Sie die Möglichkeit, den jeweiligen Sachverhalt über das Verfallsdatum/MHD abzubilden, das Sie z. B. bei einem Wareneingang angeben können und das dann für chargenpflichtige Materialien im Chargenstamm hinterlegt wird. Die Art der Interpretation und Handhabung dieser Datumsangabe steuern Sie über diverse Systemeinstellungen. Sie können auf Basis dieses Datums und unter Berücksichtigung einer von Ihnen gewählten Vorlaufzeit z. B. Chargen sperren (siehe dazu Abschnitt 4.3.2, »Terminüberwachung von Chargen«) oder die Selektion von Chargen in der Chargenfindung davon abhängig machen.

Die Mindesthaltbarkeitsabwicklung ist eine Funktion der Bestandsführung, die in die Chargenverwaltung integriert ist. Sie können eine Mindesthaltbarkeit für Materialien zwar auch ohne die Chargenverwaltung pflegen und prüfen, allerdings gibt es in diesem Fall keinen Bezug zu Teilbeständen des Materials. Wirklich sinnvoll wird der Einsatz der MHD-Abwicklung deshalb erst im Zusammenhang mit Chargen über das Hinterlegen des Produktionsdatums und des Verfallsdatums/MHD im Chargenstamm.

Im Folgenden erläutern wir Ihnen die dafür notwendigen Einstellungen im Customizing und in den Stammdaten wie dem Materialstamm. Im weiteren Verlauf des Abschnitts gehen wir auf die Prozesse ein, in denen Sie das Herstelldatum angeben und das Verfallsdatums/MHD automatisch berechnen lassen können. In diesem Zusammenhang sind zudem Prüfungen möglich, die den weiteren Prozessablauf beeinflussen: Zum Beispiel kann dadurch ein Verbrauch einer abgelaufenen Charge verhindert werden. Neben einem möglichen Einsatz des Verfallsdatums/MHD bei der Chargenfindung zeigen wir Ihnen darüber hinaus die Erweiterungsmöglichkeiten im Rahmen der Mindesthaltbarkeitsabwicklung.

4.2.1 Einstellungen im Materialstamm

Um die Mindesthaltbarkeitsprüfung für ein Material zu aktivieren, pflegen Sie eine Mindestrestlaufzeit im Materialstamm. Obwohl sich das Feld **Mindestrestlaufzeit** in der werksspezifischen Sicht **Werksdaten/Lagerung1** befindet, handelt es sich um ein Feld auf Mandantenebene, das für alle Werke gültig ist. Bei einem Wareneingang z. B. zu einer Bestellung kann auf die im Material definierte Mindestrestlaufzeit geprüft werden. Diese ist definiert als der Zeitraum, den eine Charge mindestens noch haltbar sein muss, damit für sie ein Wareneingang gebucht werden kann. Weitere für die Mindesthaltbarkeitsabwicklung relevante Daten in der Materialstammsicht **Werksdaten/Lagerung1** sehen Sie in Abbildung 4.12.

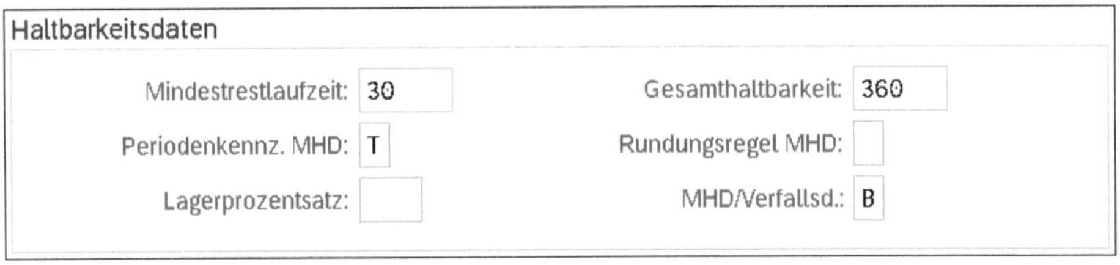

Abbildung 4.12 Ausschnitt: Haltbarkeitsdaten im Materialstamm

Dazu gehört die **Gesamthaltbarkeit**, die Sie optional pflegen können. Falls Sie diese angegeben haben, können bzw. müssen Sie abhängig von den Customizing-Einstellungen z. B. beim Wareneingang ein Herstelldatum eingeben. Das Verfallsdatum/MHD wird dann über die Formel Verfallsdatum/MHD = Herstelldatum + Gesamthaltbarkeit automatisch berechnet. Welche Customizing-Einstellungen hier notwendig sind, erläutern wir Ihnen in Abschnitt 4.2.2, »Einstellungen im Customizing zur Bewegungsart«. Eine Gesamthaltbarkeit von einem Tag bedeutet dabei, dass das Verfallsdatum/MHD gleich dem Herstelldatum gesetzt wird. Falls das Material chargenpflichtig ist, werden diese Datumsangaben beim Verbuchen der Warenbewegung direkt in den Chargenstamm geschrieben.

Darüber hinaus geben Sie in den Haltbarkeitsdaten im Materialstamm ein Periodenkennzeichen und optional eine Rundungsregel für die Berechnung des Verfallsdatums/MHD an. Als Bewertung für das Feld **Periodenkennz. MHD** stehen Ihnen dabei die möglichen Werte J (Jahr), M (Monat), T (Tag) und W (Woche) zur Verfügung. Die Periode zu den Angaben in den Feldern **Mindestrestlaufzeit** und **Gesamthaltbarkeit** definieren Sie über dieses Periodenkennzeichen. Dabei geben Sie die Mindestrestlaufzeit und die Gesamthaltbarkeit immer unter Verwendung desselben Periodenkennzeichens an. Sie können deshalb nicht die Gesamthaltbarkeit in Monaten angeben und gleichzeitig eine Mindestrestlaufzeit in Tagen pflegen.

Außerdem wird das Periodenkennzeichen für das Format des Verfallsdatums/MHD verwendet. Ein Wert von 10 im Feld **Gesamthaltbarkeit** und das Periodenkennzeichen W (Woche) bedeuten dann, dass eine Charge, gerechnet ab Herstelldatum, zehn Wochen haltbar ist. Zusätzlich stehen Ihnen dann für die Berechnung eines Verfallsdatums/MHD als Rundungsregel im Feld **Rundungsregel MHD** die Optionen in Tabelle 4.1 zur Verfügung:

Option	Erklärung
(blank)	keine Rundung
–	Anfang der gewählten Periode (Woche, Monat oder Jahr)
+	Ende der gewählten Periode (Woche, Monat oder Jahr)
F	Anfang der folgenden Periode (Woche, Monat, Jahr)

Tabelle 4.1 Optionen für die Rundungsregel

Dabei müssen Sie beachten, dass auf Tabellenebene das berechnete und gerundete Verfallsdatum/MHD immer als Tagesdatum und nicht als Periode gemäß dem Periodenkennzeichen abgelegt wird. Lediglich die Darstellung im Materialbeleg und im Chargenstamm erfolgt im Format der eingestellten Periodizität wie Monat oder Woche. Auch im Standardmerkmal LOBM_VFDAT wird das Verfallsdatum/MHD immer als Tagesdatum abgelegt.

Wenn Sie das Verfallsdatum/MHD manuell im Chargenstamm ändern möchten, können Sie manuell nur die Periode eingeben, in der das Verfallsdatum/MHD gepflegt ist (z. B. 12.2025 für den Monat Dezember 2025). Um einen anderen Tag (z. B. den Anfang der Periode) als Verfallsdatum/MHD zu definieren, müssen Sie über einen Matchcode (F4-Taste) den gewünschten Tag auswählen, da Sie manuell kein Tagesdatum eingeben können.

[zB]

Rundungsregeln für die Berechnung des Verfallsdatums/MHD

Falls Sie z. B. eine Mindestrestlaufzeit von 1 und eine Gesamthaltbarkeit von 3 pflegen und zudem das Periodenkennzeichen M einstellen, verhält sich das System abhängig von der Rundungsregel folgendermaßen:

Sie haben als Rundungsregel »keine Rundung« (Wert (blank)) gewählt: Sie geben beim Wareneingang einer Charge zu einem Produktionsauftrag das Herstelldatum 15.09.2025 an. Als Verfallsdatum/MHD berechnet das System nun den 15.12.2025 und zeigt diesen Wert im Chargenstamm als 12.2025 an.

Sie haben als Rundungsregel »Ende der gewählten Periode« (Wert +) gewählt: Sie geben beim Wareneingang einer Charge zu einem Produktionsauftrag das Herstelldatum 15.09.2025 an. Als Verfallsdatum/MHD berechnet und rundet das System nun auf den 31.12.2025 und zeigt diesen Wert im Chargenstamm als 12.2025 an.

Die Felder zur Angabe einer maximalen Lagerungszeit **Max. Lagerungszeit** und **Zeiteinheit** für die zugehörige Einheit dienen lediglich zu Informationszwecken und haben keine funktionale Bedeutung.

4.2.2 Einstellungen im Customizing zur Bewegungsart

Die im vorangegangenen Abschnitt erläuterten Einstellungen im Materialstamm werden nur aktiv, wenn die Mindesthaltbarkeitsprüfung im Customizing aktiviert ist. Folgen Sie dazu im Customizing der Chargenverwaltung oder der Bestandsführung dem Pfad (IMG •) **Logistik Allgemein • Chargenverwaltung • Mindesthaltbarkeitsdatum (MHD) • Mindesthaltbarkeitsprüfung einstellen** bzw. (IMG •) **Materialwirtschaft • Bestandsführung und Inventur • Wareneingang • Mindesthaltbarkeitsprüfung einstellen** (Transaktion OMJ5).

Unter dem Menüpunkt **Mindesthaltbarkeitsprüfung einstellen** aktivieren Sie die Mindesthaltbarkeitsprüfung zunächst pro Werk über den Button **Werk**, indem Sie für ein oder mehrere Werke das Kennzeichen **MHD/Herst.** setzen. Im nächsten Schritt steuern Sie über den Button **Bewegungsart**, ob und wie ein Verfallsdatum/MHD bzw. ein Herstelldatum erfasst und gegebenenfalls geprüft werden soll. Sie können zu jeder Bewegungsart das Kennzeichen **MHDatum prüfen** einstellen (siehe Abbildung 4.13).

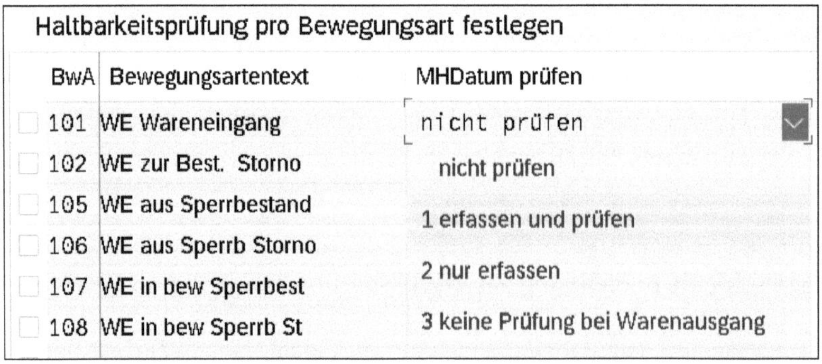

Abbildung 4.13 Mindesthaltbarkeitsprüfung pro Bewegungsart einstellen

Die möglichen Ausprägungen des Kennzeichens **MHDatum prüfen** stellen wir Ihnen im Folgenden vor.

Nicht prüfen (Wert »blank«)

Falls Sie für eine Bewegungsart zum Wareneingang die Einstellung **nicht prüfen** verwenden, z. B. für Bewegungsart 101 (Wareneingang zur Bestellung in das Lager), werden beim Buchen eines Wareneingangs die Felder für Herstelldatum und Verfallsdatum/MHD nicht angeboten. Sie können diese Informationen deshalb auch nicht eingeben und nicht automatisch in die gebuchte Charge übertragen, obwohl Sie eventuell eine Mindestrestlaufzeit und Gesamthaltbarkeit im Material gepflegt haben.

Erfassen und prüfen (Wert 1)

Mit der Einstellung **erfassen und prüfen** werden beim Buchen eines Wareneingangs mit dieser Bewegungsart z. B. in der SAP-Fiori-App **Warenbewegung buchen** (Transaktion MIGO) die Felder **Herstelldatum** und **Verfallsdatum/MHD** auf der Registerkarte **Charge** angeboten (siehe Abbildung 4.14).

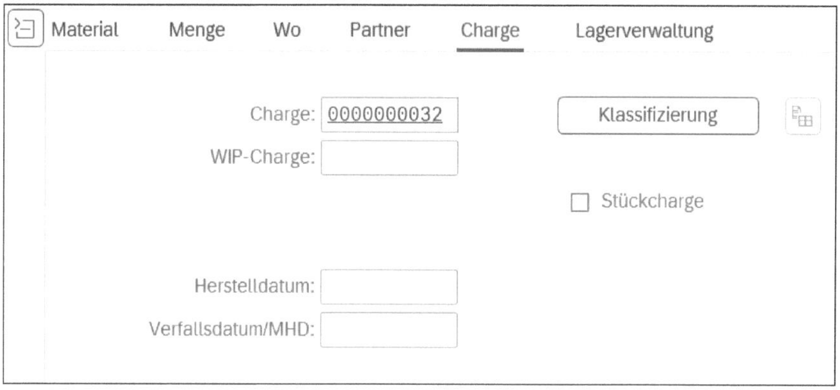

Abbildung 4.14 Chargendaten einer Wareneingangsposition in SAP-Fiori-App »Warenbewegung buchen« (MIGO)

Bei einem Wareneingang wird nun geprüft, ob eine Charge bereits Haltbarkeitsdaten besitzt. Falls dies so ist, werden die Felder **Herstelldatum** und **Verfallsdatum/MHD** mit den Werten aus der Charge vorbelegt. Falls dies nicht so ist, weil es sich z. B. um den ersten Wareneingang der Charge handelt, finden folgende Prüfungen statt:

- **Keine Mindestrestlaufzeit**
  Falls Sie im Materialstamm keine Mindestrestlaufzeit gepflegt haben, müssen Sie auch keine Haltbarkeitsdaten beim Wareneingang einer neuen Charge eingeben. Da die Felder angeboten werden, bleibt es Ihnen überlassen, ob Sie Werte dafür pflegen, die dann auch im Materialbeleg und im Chargenstamm abgelegt werden.
- **Mindestrestlaufzeit, aber keine Gesamthaltbarkeit**
  Falls Sie im Materialstamm eine Mindestrestlaufzeit, aber keine Gesamthaltbarkeit gepflegt haben, werden Sie beim Wareneingang einer neuen Charge vom System über die Fehlermeldung 12 019 (Bitte geben Sie das Mindesthaltbarkeitsdatum

ein) aufgefordert, das Verfallsdatum/MHD anzugeben. Ist für das von Ihnen eingetragene Verfallsdatum/MHD nun die Mindestrestlaufzeit unterschritten, wird die Systemmeldung 12 008 ausgegeben (Das MHD in der akt. Position (<angegebenes Verfallsdatum/MHD>) ist um <Anzahl überschrittene Perioden> <Periodizität> überschritten). Die Mindestrestlaufzeit wird dabei verglichen mit der Differenz zwischen dem Verfallsdatum/MHD und dem Buchungsdatum. Sie können den Meldungstyp über Transaktion OMCQ (Systemmeldungen der Bestandsführung) einstellen und die Meldung entweder ausblenden oder als Warn- oder Fehlermeldung deklarieren.

- **Mindestrestlaufzeit und Gesamthaltbarkeit**
  Falls Sie im Materialstamm zusätzlich zur Mindestrestlaufzeit eine Gesamthaltbarkeit gepflegt haben, werden Sie beim Wareneingang einer neuen Charge vom System über die Fehlermeldung 12 018 (Bitte geben Sie das Herstelldatum ein) aufgefordert, das Herstelldatum der Charge anzugeben. Das Verfallsdatum/MHD wird nun berechnet auf Basis des Herstelldatums plus der Gesamthaltbarkeit. Ist die Mindestrestlaufzeit unterschritten, wird auch hier die oben beschriebene Systemmeldung 12 008 ausgegeben. Sie können in diesem Fall anstelle des Herstelldatums zwar auch direkt ein Verfallsdatum/MHD angeben, das ebenfalls geprüft wird, allerdings wird dann kein Herstelldatum im Chargenstamm abgelegt.

Ohne die vom System angeforderte Information des Herstell- oder Verfallsdatums/MHD können Sie die Warenbewegung aufgrund der Fehlermeldung nicht speichern!

Nachdem Sie die Warenbewegung erfolgreich gespeichert haben, werden das Verfallsdatum/MHD und das Herstelldatum in den Chargenstamm geschrieben. Falls Sie zudem die Standardmerkmale LOBM_HSDAT (Herstelldatum) und LOBM_VFDAT (Verfallsdatum) in die Chargenklasse des Materials aufgenommen haben, werden diese ebenfalls im Chargenstamm bewertet.

[!]

Mehrere Wareneingänge zur selben Charge

Falls Sie z. B. mit der SAP-Fiori-App **Warenbewegung buchen** (MIGO) mehrere Wareneingänge zur selben Charge buchen und dabei ein anderes Herstelldatum eingeben, wird das Herstelldatum in der Charge überschrieben und das Verfallsdatum/MHD neu berechnet.

Falls Sie dabei kein neues Herstelldatum eingeben, aber in der Zwischenzeit das Verfallsdatum/MHD geändert haben, wird diese Änderung bei einem erneuten Wareneingang zur selben Charge überschrieben. Die Gesamthaltbarkeit aus dem Materialstamm wird dabei immer erneut gelesen, das Verfallsdatum/MHD neu berechnet und der Chargenstamm damit aktualisiert. Wie Sie diese Neuberechnung unterdrücken können, erläutern wir Ihnen am Ende von Abschnitt 4.2.3, »Besonderheiten bei Erfassung des Herstelldatums in der Produktion«.

Nur erfassen (Wert 2)

Falls Sie für eine Bewegungsart zum Wareneingang die Einstellung **nur erfassen** gewählt haben, werden die Felder für Herstelldatum und Verfallsdatum/MHD beim Buchen eines Wareneingangs angeboten. Sie können dann beide Felder pflegen, die beim Sichern der Warenbewegung in die Charge geschrieben werden. Das Verfallsdatum/MHD wird auch hier automatisch berechnet, sofern Sie eine Gesamthaltbarkeit im Materialstamm eingetragen haben. Allerdings wird keine Meldung ausgegeben, falls Sie keine Datumsinformationen eingeben, und es findet auch keine Prüfung gegen eine Mindestrestlaufzeit statt.

Keine Prüfung bei Warenausgang (Wert 3)

Die Einstellung **keine Prüfung bei Warenausgang** ist lediglich bei Bewegungsarten zum Warenausgang oder für Umlagerungen sinnvoll. Bei dieser Einstellung wird keine Meldung ausgegeben, falls bei einer eingegebenen Charge das Verfallsdatum/MHD bereits überschritten ist. Ansonsten wird in einem solchen Fall die Systemmeldung M7 667 (Mindesthaltbarkeits-/Verfallsdatum & der Charge & ist überschritten) als Warnung oder als Fehler ausgegeben, abhängig davon, wie Sie den Meldungstyp in Transaktion OMCQ (Systemmeldungen der Bestandsführung) definiert haben.

[zB]

Keine Prüfung bei Warenausgang bei einer Entnahme für Verschrottung

Für Bewegungsart 551 (Entnahme für Verschrottung aus Frei verwendbar) wäre diese Einstellung z. B. sinnvoll. Sie können damit eine Verschrottung für Chargen mit abgelaufenem Verfallsdatum/MHD buchen, ohne dass eine Warnung oder sogar eine Fehlermeldung ausgegeben wird.

4.2.3 Besonderheiten bei Erfassung des Herstelldatums in der Produktion

Wenn Sie die Mindesthaltbarkeitsabwicklung im Zusammenhang mit eigengefertigten Materialien nutzen, werden Sie im Regelfall eine Mindestrestlaufzeit sowie eine Gesamthaltbarkeit für diese Materialien im Materialstamm pflegen und das Verfallsdatum/MHD vom System beim Wareneingang berechnen lassen. Diese Annahme treffen wir nun für die im Folgenden beschriebenen Szenarien.

Sie haben unterschiedliche Möglichkeiten, den Wareneingang aus der Produktion zu buchen und dabei einer Charge das Herstelldatum mitzugeben. Sie können dazu die SAP-Fiori-App **Warenbewegung buchen** (MIGO) nutzen oder Sie nutzen z. B. bei einer Rückmeldung zum Produktionsauftrag einen automatischen Wareneingang des zu produzierenden Materials.

Herstelldatum bei Produktionsauftragsrückmeldung

Für den letzten Vorgang im Arbeitsplan bzw. die letzte Phase im Planungsrezept können Sie einen Steuerschlüssel mit dem Kennzeichen **Aut. Wareneingang** verwenden. Das hat zur Folge, dass bei der Auftragsrückmeldung, z. B. mit der SAP-Fiori-App **Rückmeldung zum Prozessauftrag erfassen** (CORK), ein automatischer Wareneingang der produzierten Charge angestoßen wird. Bei aktivierter Mindesthaltbarkeitsprüfung mittels der Einstellung **erfassen und prüfen** (Wert 1) müssen Sie – wie im vorangegangenen Abschnitt beschrieben – auch hier während der Auftragsrückmeldung ein Herstelldatum angeben. Zunächst prüft das SAP-System, ob Sie die zu produzierende Charge im Produktionsauftragskopf bereits angelegt haben bzw. ob eine Charge beim Wareneingang mit der Bewegungsart 101 automatisch angelegt werden soll (siehe Abschnitt 2.4.2, »Chargenneuanlage und Chargenmerkmalsbewertung in der Bestandsführung«).

Falls Sie bereits eine Charge angelegt haben, wird geprüft, ob diese schon Mindesthaltbarkeitsdaten besitzt. Falls noch keine Mindesthaltbarkeitsdaten vorhanden sind oder aber die Charge automatisch beim Wareneingang mit der Bewegungsart 101 angelegt wird, erscheint ein Pop-up zur Eingabe des Herstelldatums, sobald Sie bei der Auftragsrückmeldung über den Button **Warenbewegungen** in die Warenbewegungsübersicht verzweigen (siehe Abbildung 4.15).

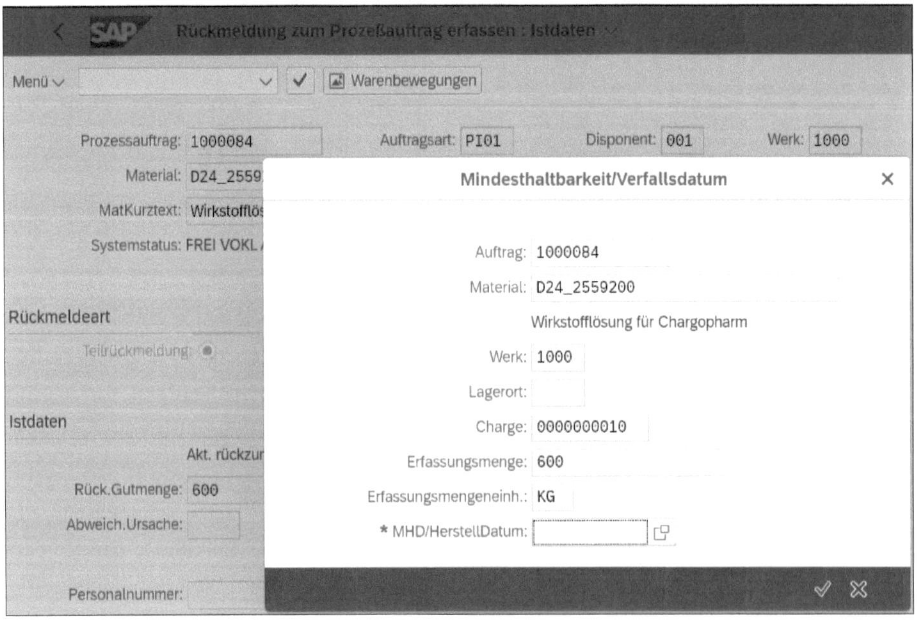

Abbildung 4.15 Herstelldatum bei der Auftragsrückmeldung erfassen

Falls Sie die Rückmeldung direkt sichern, ohne in die Warenbewegungsübersicht zu wechseln, erscheint dieses Pop-up ebenfalls, da die Warenbewegung ohne Angabe des

Herstelldatums nicht durchgeführt werden kann. Auch wenn Sie bei einer erneuten Rückmeldung in der Warenbewegungsübersicht eine neue Charge für das Endprodukt eingeben, erscheint das Pop-up. Falls Sie in dem Pop-up das Herstelldatum nicht eingeben und die Bearbeitung abbrechen, kann der Wareneingang nicht gebucht werden, und es wird ein Fehlersatz für automatische Warenbewegungen geschrieben, den Sie dann mithilfe der SAP-Fiori-App **Warenbewegungen nachbearbeiten** (COGI) nachbearbeiten müssen.

Buchung mehrerer Wareneingänge zu einer Charge

Bei mehreren Auftragsrückmeldungen mit einem automatischen Wareneingang zur gleichen Charge können Sie theoretisch jedes Mal in der Warenbewegungsübersicht im Feld **Herstelldatum** ein neues Herstelldatum eingeben. Dies würde den Wert im Feld **Herstelldatum** im Chargenstamm überschreiben, und das Verfallsdatum/MHD würde ebenfalls neu berechnet und überschrieben werden. Um dies zu unterbinden, können Sie in Transaktion OCHS für die Systemmeldung 12 004 (Herst.datum Charge &1 (&2) entspr. nicht dem eingeg. Herst.datum (&3)) den Meldungstyp **Fehler** einstellen. Der Benutzer kann dadurch ein bereits in der Charge eingetragenes Herstelldatum in der Auftragsrückmeldung nicht mehr überschreiben.

Wareneingangsbuchung aus der Produktion über die App »Warenbewegung buchen«

Über die SAP-Fiori-App **Warenbewegung buchen** (Transaktion MIGO) können Sie den Wareneingang zu einem Produktionsauftrag buchen. Hier können Sie ein Herstellungsdatum und ein Verfallsdatum/MHD angeben (siehe Abbildung 4.16).

Abbildung 4.16 Wareneingangsbuchung aus der Produktion über MIGO

Bei aktivierter Mindesthaltbarkeitsprüfung muss ein Herstelldatum eingegeben werden, das Sie manuell in das Feld **Herstelldatum** eintragen müssen. Ist kein Herstelldatum eingegeben, gibt das SAP-System einen Fehler aus, und Sie können den Wareneingang nicht buchen. Nachdem Sie ein Herstelldatum eingegeben haben, wird das

Verfallsdatum/MHD berechnet, und beide Angaben werden in den Chargenstamm geschrieben.

Falls Sie nun jedoch zu einem Produktionsauftrag einen Wareneingang für mehrere Positionen zur selben Charge buchen, verhält sich das System folgendermaßen:

- Das beim ersten Wareneingang eingegebene und im Chargenstamm abgelegte Herstelldatum wird im Chargenstamm nicht überschrieben, auch wenn Sie bei nachfolgenden Wareneingängen mit Transaktion COWBHUWE (Wareneingang mit HU) ein anderes Herstelldatum eingeben.
- Falls eine Gesamthaltbarkeit im Materialstamm gepflegt ist, wird diese auf jeden Fall gelesen, das Verfallsdatum/MHD wird neu berechnet und der Chargenstamm damit aktualisiert.

[»]

Unterdrückung der Neuberechnung des Verfallsdatums/MHD

Falls Sie diese Neuberechnung des Verfallsdatums/MHD unterdrücken möchten, z. B. weil das Datum manuell im Chargenstamm oder im Verwendungsentscheid in der Komponente QM geändert wurde, können Sie dies über den Customer-Exit EXIT_SAPLVBMD_001 oder das BAdI VB_SLED_MANAGEMENT realisieren, auf die wir in Abschnitt 4.2.5, »Erweiterungsmöglichkeiten«, eingehen werden.

4.2.4 Chargenfindung auf Basis einer Restlaufzeit

Sie können vor der Buchung des Warenausgangs bereits in der Chargenfindung von den Mindesthaltbarkeitsdaten Gebrauch machen, um Chargen von einer Selektion auszuschließen (siehe Kapitel 3, »Chargenfindung«). Eine Charge könnte aufgrund ihres bevorstehenden Verfallsdatums/MHD für bestimmte Prozesse nicht mehr geeignet sein – etwa für einen Einsatz in der Produktion oder für eine Zuordnung zu einer Auslieferung an einen Kunden.

Dazu stehen Ihnen folgende Standardmerkmale zur Verfügung:

- **LOBM_VFDAT (Verfallsdatum, Mindesthaltbark)**
  Verfallsdatum/MHD der Charge, das auf Basis des Chargenstamms bewertet wird
- **LOBM_LFDAT (Lieferdatum Chargenfindung)**
  Lieferdatum, das dynamisch aus der aufrufenden Funktion heraus bewertet wird, z. B. mit dem Lieferdatum aus der Auslieferungsposition oder mit dem Bedarfstermin aus der Produktionsauftragskomponente
- **LOBM_RLZ (Geforderte Restlaufzeit Charge)**
  Restlaufzeit, die eine Charge für eine Auslieferung an einen Kunden bzw. für die Verwendung in der Produktion noch mindestens haltbar sein muss.

In der Chargenklasse nehmen Sie lediglich das Merkmal LOBM_VFDAT auf, damit dies für die ermittelten Chargen zum Vergleich herangezogen werden kann. Die Merkmale LOBM_VFDAT, LOBM_RLZ und LOBM_LFDAT müssen allerdings alle in der Selektionsklasse für die Chargenfindung enthalten sein.

In den Selektionskriterien der Chargensuchstrategie geben Sie dann im Merkmal LOBM_RLZ die gewünschte Restlaufzeit in Tagen (d) für die Ermittlung der Chargen an. Zum Beispiel pflegen Sie eine Restlaufzeit von zehn Tagen in Form der Merkmalsbewertung > 10 d. Das Merkmal LOBM_LFDAT ist dabei nicht eingabebereit, da es dynamisch bewertet wird, und das Merkmal LOBM_VFDAT lassen Sie in der Chargensuchstrategie unbewertet.

Über die SAP-Fiori-App **Merkmalverwaltung** (CT04) sehen Sie, dass im Merkmal LOBM_RLZ das in Abbildung 4.17. dargestellte Beziehungswissen hinterlegt ist (siehe Abschnitt 2.3.3, »Objektmerkmale und Standardmerkmale für die Chargenverwaltung«). Damit wird bei der Chargenfindung dynamisch das Datum berechnet, bis zu dem eine Charge mindestens noch haltbar sein muss, um die geforderte Restlaufzeit zu erfüllen.

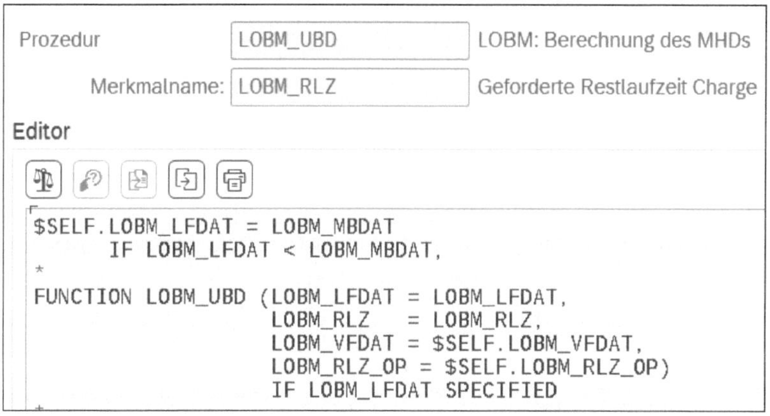

Abbildung 4.17 Beziehungswissen im Standardmerkmal LOBM_RLZ

Nach dem Aufruf der Chargenfindung, z. B. in einem Produktionsauftrag oder in einer Lieferung, werden im Chargenfindungsergebnis dann nur diejenigen Chargen angezeigt, die zum Lieferdatum bzw. zum Materialbereitstellungsdatum noch mindestens für den Zeitraum der angegebenen Restlaufzeit haltbar sind. Auf das dynamisch bewertete Lieferdatum wird die Restlaufzeit addiert, was zu dem Verfallsdatum/MHD führt, das eine Charge noch nicht erreicht haben darf. Falls das Verfallsdatum/MHD einer Charge vor diesem Datum liegt, wird sie nicht ermittelt.

[zB]

Chargenfindung mit Restlaufzeit

Sie rufen eine Chargenfindung in einer Auslieferung mit Lieferdatum 01.09.2025 auf. Das Merkmal LOBM_LFDAT (Lieferdatum Chargenfindung) wird deshalb dynamisch mit diesem Datum bewertet. In der Chargensuchstrategie haben Sie das Merkmal LOBM_RLZ mit dem Wert > 30 d versehen. Das während der Chargenfindung dynamisch berechnete maximale Verfallsdatum/MHD LOBM_VFDAT wird in der aufgerufenen Chargenfindung deshalb mit > 30.09.2025 angegeben. Dies bedeutet, dass Chargen mit einem Verfallsdatum/MHD bis zu diesem Datum nicht selektiert werden. Sie haben nun verfügbaren Bestand zweier Chargen, Charge A mit dem Verfallsdatum/MHD 15.09.2025 und Charge B mit Verfallsdatum/MHD 15.10.2025. Charge A wird nicht selektiert, da ihr Verfallsdatum/MHD nicht größer als 30.09.2025 ist, Charge B hingegen schon, da ihr Verfallsdatum/MHD größer als 30.09.2025 ist.

4.2.5 Erweiterungsmöglichkeiten

Es stehen Ihnen zwei Erweiterungen zur Verfügung, mit denen Sie die Mindesthaltbarkeitsabwicklung beeinflussen können, falls diese im Customizing im Werk und für die Bewegungsart aktiviert ist: die Erweiterung SAPLMHD1 und das BAdI VB_SLED_MANAGEMENT.

Über den Customizing-Pfad (IMG •) **Logistik Allgemein • Chargenverwaltung • Mindesthaltbarkeitsdatum (MHD) • Customer Exit zur Berechnung/Prüfung des MHD einrichten** gelangen Sie zu der Erweiterung SAPLMHD1. Diese enthält den Customer-Exit EXIT_SAPLVBMD_001, der im Funktionsbaustein VB_MAINTAIN_MHD aufgerufen wird. Zur Steuerung der Berechnung und zur Prüfung des Verfallsdatums/MHD können Sie die Parameter C_CALC und C_CHECK verwenden.

[zB]

Ausschalten der Neuberechnung des Verfallsdatums/MHD bei mehreren Wareneingängen zur Charge

Sie können mit diesem Customer-Exit z. B. die Neuberechnung und das Überschreiben des Verfallsdatums/MHD bei einem weiteren Wareneingang zur gleichen Charge verhindern. Dazu initialisieren Sie den Parameter C_CALC (Berechnung des MHD), falls das Verfallsdatum/MHD bereits gesetzt ist, was Sie über den Parameter C_MHDAT abfragen können.

Außerdem können Sie den aus Funktionsbaustein VB_MAINTAIN_MHD übergebenen Parameter C_CHECK (keine MHD-Berechnung, nur Check der Daten) entsprechend modifizieren, um dadurch die in Abbildung 4.14 in Abschnitt 4.2.2, »Einstellungen im Customizing zur Bewegungsart«, beschriebene Customizing-Einstellung zur Mindesthaltbarkeitsprüfung zu übersteuern.

[zB]

Werksspezifische Mindesthaltbarkeitsprüfung pro Bewegungsart über Modifikation des Parameter C_CHECK

Sie stellen im Customizing der Mindesthaltbarkeitsprüfung für Bewegungsart 101 (siehe ebenfalls Abschnitt 4.2.2) den Parameter **MHDatum prüfen** auf 2 (**nur erfassen**). Dieser Eintrag wird an den Customer-Exit `EXIT_SAPLVBMD_001` in Form des Parameters `C_CHECK` übergeben. Im Customer-Exit stellen Sie nun den Parameter für bestimmte Werke auf den Wert 1 (**erfassen und prüfen**) um. Dies hat zur Folge, dass bei einem Wareneingang in diesen Werken ein Herstelldatum bzw. Verfallsdatum/MHD erfasst werden muss, falls im Materialstamm die Haltbarkeitsdaten gepflegt sind.

Über den Customizing-Eintrag (IMG •) **Logistik Allgemein • Chargenverwaltung • Mindesthaltbarkeitsdatum (MHD) • BAdI: Steuerung der Mindesthaltbarkeitsabwicklung** können Sie das BAdI `VB_SLED_MANAGEMENT` implementieren und aktivieren. Das BAdI enthält die Methode `MAINTAIN_SLED_PARAMETERS`, mit der Sie ebenfalls die Parameter der Mindesthaltbarkeitsabwicklung verändern können. Im Gegensatz zur Erweiterung `SAPLMHD1` stehen Ihnen als zusätzliche Informationen alle Felder aus dem Materialbeleg und den Strukturen zur Verbuchungs- und Dialogsteuerung zur Verfügung. Damit könnten Sie zudem zwischen einem Wareneingang aus der Produktion und zu einer Bestellung unterscheiden, um die Mindesthaltbarkeitsabwicklung für ein sowohl eigengefertigtes als auch fremdbeschafftes Material unterschiedlich ablaufen zu lassen.

[!]

Vorgelagerter Customer-Exit EXIT_SAPMM07M_003 zur Pflege von Chargenstammdaten

Vor dem Absprung in Customer-Exit `EXIT_SAPLVBMD_001` und BAdI `VB_SLED_MANAGEMENT` wird zudem der Customer-Exit `EXIT_SAPMM07M_003` aufgerufen, über den der Chargenstamm beeinflusst werden kann. Hier können Sie z. B. bereits das Herstelldatum und das Verfallsdatum/MHD füllen. Über die in diesem Abschnitt beschriebenen Erweiterungen haben Sie dann die Möglichkeit, eine Neuberechnung auszuschalten.

4.3 Chargenverwaltung und Qualitätsmanagement

Die Chargenverwaltung wird in den meisten Fällen im Zusammenhang mit der SAP-Komponente QM (Qualitätsmanagement) eingesetzt. Durch die Integration haben Sie die Möglichkeit, im Rahmen einer Qualitätsprüfung Ergebnisse zu einer konkreten Charge zu erfassen und in QM eine Entscheidung über die weitere Verwendung der Charge zu treffen. Die während einer Qualitätsprüfung erfassten Ergebnisse zu einer Charge lassen sich dabei automatisch auch in die Chargenklassifizierung übertragen. So haben Sie die Möglichkeit, z. B. unter Berücksichtigung dieser Ergebnisse die

Chargen in einer Chargenfindung zu selektieren oder ausgewählte Prüfergebnisse einer Charge auf einem Qualitätszeugnis auszugeben. Sie können darüber hinaus wiederkehrende Prüfungen zu einer Charge durchführen, die periodisch auf Basis eines Prüfintervalls automatisch angestoßen werden, mit dem Sie außerdem abgelaufene Chargen sperren können. Darüber hinaus hat der Qualitätsprüfbestand, in dem sich eine Charge während einer Prüfung befinden kann, eine Auswirkung auf die Disposition. Diese Punkte werden in diesem Abschnitt vorstellen. Wir gehen jedoch nicht auf alle Funktionen des Qualitätsmanagements im Detail ein. Nähere Informationen dazu finden Sie in dem Buch »Qualitätsmanagement mit SAP S/4HANA« von Yvonne Lorenz et al. (SAP PRESS 2024).

4.3.1 Übertragung von Prüfergebnissen an Chargenmerkmale

Im Qualitätsmanagement können Sie Prüfungen zu unterschiedlichen betriebswirtschaftlichen Prozessen durchführen. Dies kann z. B. eine Prüfung beim Wareneingang zu einer Bestellung oder zu einem Produktionsauftrag sein. Alternativ können Sie eine prozessbegleitende Prüfung parallel zum Fertigungsprozess durchführen. Die Ergebnisse können aus dem Prüflos an ein Chargenmerkmal übertragen werden. Im Folgenden erklären wir Ihnen die notwendigen Schritte und Voraussetzungen.

Grundlage

Die Voraussetzung für eine Überleitung ist die Verwendung der Materialspezifikation. Soll die Bewertung der Charge ohne die Materialinspektion über ein Stammprüfmerkmal erfolgen, kann das in den Voreinstellungen auf Werksebene eingestellt werden (siehe Abbildung 4.18).

Abbildung 4.18 Grundeinstellungen auf Werksebene

Diese Einstellungen finden Sie im Customizing unter dem Menüpfad **Qualitätsmanagement • Grundeinstellungen • Voreinstellungen auf Werksebene pflegen**.

Anlage der Stammprüfmerkmale

Zunächst legen Sie ein Stammprüfmerkmal im Qualitätsmanagement mit Verbindung zu einem Klassenmerkmal an (siehe Abbildung 4.19). Nur mit dieser Verbindung lassen sich erfasste Prüfergebnisse auf ein Klassenmerkmal einer Charge übertragen. Das Klassenmerkmal muss sich dabei in der Chargenklasse des Materials befinden. Wie Sie ein Klassenmerkmal anlegen, es einer Klasse zuordnen und ein Material klassifizieren, haben wir Ihnen in Kapitel 2, »Entstehung und Verwaltung einer Charge«, gezeigt. Das Stammprüfmerkmal wird in der SAP-Fiori-App **Prüfmerkmal anlegen** (App-ID QS21), die Transaktion QS21 oder über den Menüpfad **Logistik • Qualitätsmanagement • Qualitätsplanung • Grunddaten • Prüfmerkmal • Anlegen/Version anlegen/ändern** durchgeführt.

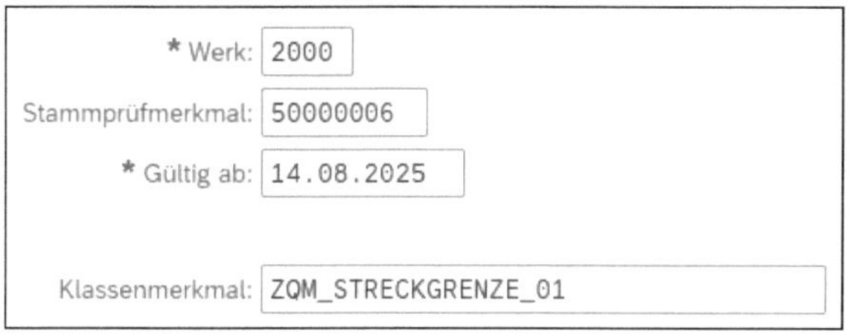

Abbildung 4.19 Stammprüfmerkmal mit Verbindung zu einem Klassenmerkmal anlegen

Bei der Anlage werden der Merkmalstyp (quantitativ oder qualitativ) und der Kurztext automatisch vom Klassenmerkmal in das Stammprüfmerkmal übernommen. Das Kennzeichen **Referenzmerkmal** wird automatisch gesetzt und kann nicht geändert werden. So wird die Konsistenz zwischen dem Stammprüfmerkmal und dem verbundenen Klassenmerkmal gewährleistet.

Bei quantitativen Stammprüfmerkmalen können Sie die Maßeinheit nicht ändern. Auf Basis der Werteangaben im Klassenmerkmal (hier 200,00 bis 500,00) werden die Steuerkennzeichen **Unterer Grenzwert** und **Oberer Grenzwert** automatisch gesetzt. Dabei wird der untere Wert des Werteintervalls zunächst in das Feld **Untere Grenze** und der obere Wert in das Feld **Obere Grenze** in den quantitativen Daten zum Stammprüfmerkmal übernommen, und die Werte können dort geändert werden.

Steuerkennzeichen im Prüfmerkmal

Bei quantitativen Merkmalen mit Referenz zu einem Klassenmerkmal sollten Sie darauf achten, das Steuerkennzeichen **Summarische Erfassung** zu setzen. Sie können für referenzierte Prüfmerkmale keine Einzelwerte erfassen, dazu müssen Sie die Merkmale im Prüfplan entsperren.

Das Steuerkennzeichen **Messwerte erfassen** sollte ebenfalls gesetzt sein, damit gewährleistet ist, dass der Benutzer Ergebniswerte bei der Qualitätsprüfung erfasst und diese dadurch an die Chargenklassifikation übergeben werden können. Die Steuerkennzeichen **Unterer Grenzwert** und **Oberer Grenzwert** in einem quantitativen Stammprüfmerkmal können Sie nicht ändern. Falls Sie also mit nur einem Grenzwert arbeiten möchten (z. B. nur eine obere Grenze: < 10), müssen Sie dies bereits beim Anlegen des Klassenmerkmals berücksichtigen.

Falls Sie Ergebnisse aus einem qualitativen Stammprüfmerkmal an die Chargenklassifizierung übergeben möchten, muss für das verbundene Klassenmerkmal eine Werteprüfung auf Basis eines Katalogs eingestellt sein. Beim Anlegen des Stammprüfmerkmals wird dann das Steuerkennzeichen **Merkmalsausprägung** automatisch gesetzt und der im Klassenmerkmal zugeordnete Katalog mit den möglichen **Merkmalsausprägungen** übernommen.

Materialspezifikation und Prüfdaten im Materialstamm pflegen

Als weitere Voraussetzung für die Übertragung der Prüfergebnisse muss eine *Materialspezifikation* für das zu prüfende Material vorliegen. In der Materialspezifikation verknüpfen Sie diejenigen Stammprüfmerkmale mit den Klassenmerkmalen, die für eine Übertragung der Ergebnisse infrage kommen. Die Pflege rufen Sie über die SAP-Fiori-App **Materialspezifikation bearbeiten** (App-ID QS61), die Transaktion QS61 oder den Menüpfad **Logistik • Qualitätsmanagement • Qualitätsplanung • Prüfplanung • Materialspezifikation • Bearbeiten** auf.

Im Einstiegsbild geben Sie lediglich die Materialnummer ein. Im Pflegebild der Materialspezifikation sehen Sie alle Klassenmerkmale aus der Chargenklasse des Materials, zu denen ein Stammprüfmerkmal angelegt wurde. Zu jedem Klassenmerkmal werden das zugehörige Stammprüfmerkmal und die Toleranzgrenzen angezeigt, die Sie in der Klassifizierungssicht im Materialstamm zu jedem Merkmal gepflegt haben. Ein Beispiel dafür sehen Sie in Abbildung 4.20.

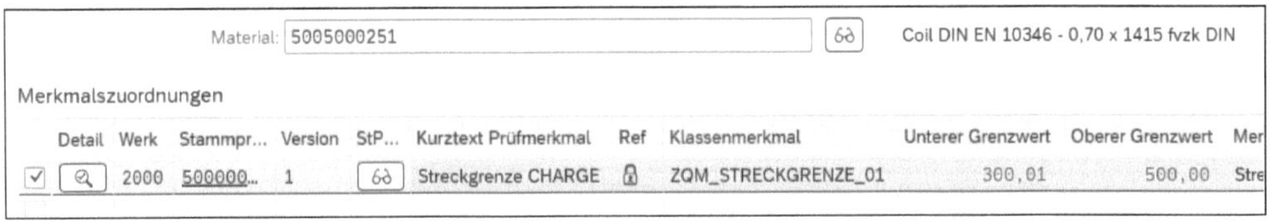

Abbildung 4.20 Materialspezifikation mit Verknüpfung von Stammprüfmerkmalen mit Klassenmerkmalen pflegen

Im Klassenmerkmal wurde der Wertebereich 300,01 bis 500,00 angegeben, deshalb sind im zugehörigen Stammprüfmerkmal die Steuerkennzeichen **Untere Grenze** und **Obere Grenze** automatisch gesetzt.

Im Materialstamm wurde für das Klassenmerkmal ZQM_STRECKGRENZE_01 das Intervall 300,00 bis 500,00 gepflegt, wie in Abbildung 4.21 gezeigt. Dieser Wert ergibt in der Materialspezifikation in Abbildung 4.20 den unteren Grenzwert 300,01 und den oberen Grenzwert 500,00.

Abbildung 4.21 Für die Qualitätsprüfung relevante Merkmalsgrenzen im Materialstamm

Nach dem erstmaligen Aufruf der Materialspezifikation speichern Sie diese über den Button **Sichern**; dadurch haben Sie die Verbindung der Stammprüfmerkmale zu den Klassenmerkmalen für dieses Material hergestellt.

Übergabe von Prüfergebnissen an Chargen ohne Materialspezifikation

Alternativ zur Pflege der Materialspezifikation für alle relevanten Materialien können Sie die Übertragung von Prüfergebnissen an Chargen auch generell über eine Customizing-Einstellung aktivieren. Diese Einstellung erreichen Sie über den Menüpfad (IMG •) **Logistik • Qualitätsmanagement • Grundeinstellungen • Voreinstellungen auf Werksebene pflegen**. Hier setzen Sie für das entsprechende Werk das Kennzeichen **Chargenbewertung ohne Materialspezifikation** auf der Registerkarte **Prüflosabschluss** im Bereich **Chargenbewertung**. Wenn Sie diese Funktion aktiviert haben, ist allerdings keine materialabhängige Steuerung der Übertragung mehr möglich.

Falls Sie für Ihre Materialien die Materialspezifikationen nicht pflegen, können Sie darüber hinaus die Toleranzgrenzen in der Klassifizierungssicht des Materials nicht für eine Qualitätsprüfung heranziehen. Diese werden ohne Materialspezifikation nicht in der Prüfung berücksichtigt. Sie müssen dann die Stammprüfmerkmale im Prüfplan entsperren und dort die Toleranzgrenzen pflegen. Dies kann wiederum dazu führen, dass Sie für diejenigen Materialen jeweils einen eigenen Prüfplan benötigen, die sich in der Prüfung lediglich in den Toleranzgrenzen unterscheiden.

Um eine Qualitätsprüfung für ein Material in Form eines Prüfloses anstoßen zu können, müssen Sie im Materialstamm in der Sicht **Qualitätsmanagement** über den Button **Prüfeinstellung** eine Prüfart einrichten und aktivieren. In Abbildung 4.22 sehen Sie ein Beispiel zur Prüfart 01 (Prüfung beim WE zur Bestellung). Da das Kennzeichen **Prüfen mit Mat.Spez.** gesetzt ist, wird bei der Prüfung eine Materialspezifikation verwendet. Dadurch haben Sie die Möglichkeit, in den Klassifizierungsdaten zur Chargenklasse des Materials Toleranzgrenzen zu pflegen (siehe Abbildung 4.21). Diese werden als Vorgaben für die Prüfung herangezogen. Falls Sie die Qualitätsprüfung auf Basis eines Prüfplans vornehmen möchten, setzen Sie das Kennzeichen **Prüfen mit Plan**. Indem Sie das Kennzeichen **Autom.Vorgabenzuord.** setzen, werden die Materialspezifikation und der Prüfplan dem Prüflos automatisch bei dessen Erzeugung zugeordnet. Das Kennzeichen **Merkmale prüfen** ist zudem für eine Ergebniserfassung zu Prüfmerkmalen erforderlich, die dann an die Klassenmerkmale der Chargen übertragen werden können.

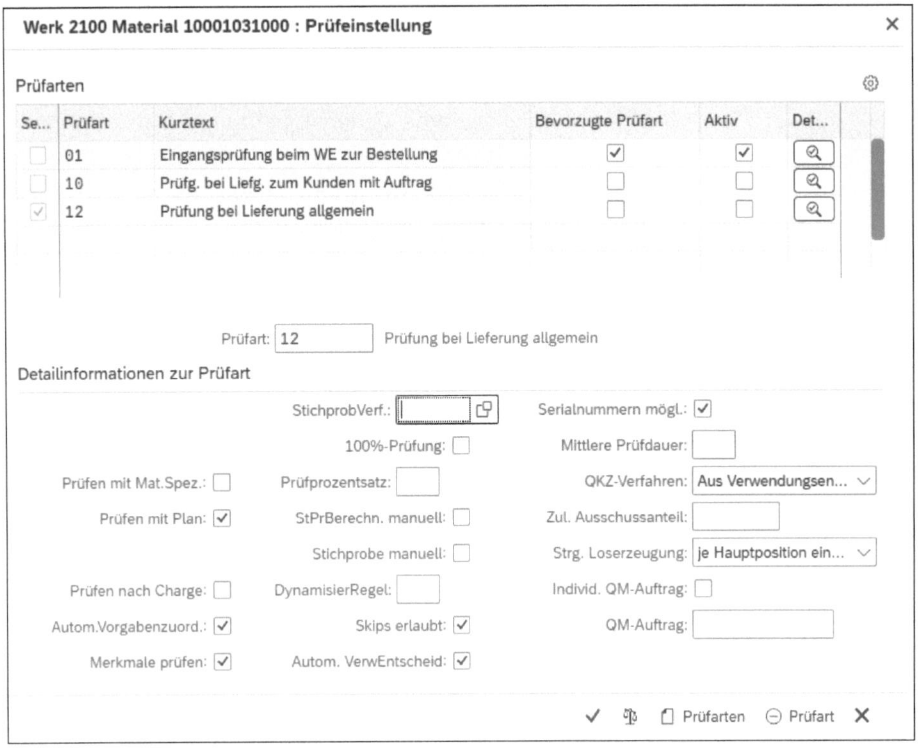

Abbildung 4.22 Prüfeinstellungen zum Material

Für die Prüflosherkünfte 10 (Lieferung zum Kunden mit Kundenauftrag), 11 (Lieferung zum Kunden ohne Kundenauftrag) und 12 (Lieferung allgemein) können Sie in der Prüfart zudem das Kennzeichen **Prüfen nach Charge** setzen. Über eine solche Prüfart wird bei einer Auslieferung an einen Kunden eine Qualitätsprüfung angestoßen. Als Vorgaben für die Prüfung werden dann die Selektionskriterien aus der Chargenfindung herangezogen, falls Sie mit referenzierten Stammprüfmerkmalen im Prüfplan arbeiten. So haben Sie die Möglichkeit, dynamisch gegen kundenspezifische Vorgaben zu prüfen und dabei nur einen Prüfplan für ein oder mehrere Materialien pflegen zu müssen.

Der Parameter **Strg. Loserzeugung** steuert den Bezug des zu erzeugenden Prüfloses. Die zur Auswahl stehenden Optionen sind dabei abhängig von der jeweiligen Prüflosherkunft:

- **1 (je Materialbeleg, Material, Charge und Lagerort)**
  Mit dieser Einstellung wird für jede einzelne Warenbewegung ein Prüflos erzeugt. Es können dadurch zur gleichen Charge eines Materials gleichzeitig mehrere Prüflose existieren, wenn mehrere Warenbewegungen zu dieser Charge in den gleichen Lagerort erfolgt sind. Ein neues Prüflos wird somit auch dann angelegt, wenn zeitgleich bereits ein Prüflos zu der Kombination von Material, Charge und Lagerort in Bearbeitung ist.
- **2 (je Material, Charge und Lagerort)**
  Falls Sie diese Einstellung wählen, wird durch eine weitere Warenbewegung zur gleichen Kombination von Material, Charge und Lagerort kein neues Prüflos erzeugt, wenn zu dieser Kombination noch ein Prüflos in Bearbeitung ist. In diesem Fall wird der Bestand des offenen Prüfloses durch die weitere Buchung erhöht.
- **X (je Bestell-/Umlagerbestellposition, Charge und Lagerort)**
  Bei dieser Einstellung wird nur beim ersten Wareneingang zu einer Bestellposition oder einer Produktionsauftragsposition ein Prüflos eröffnet, sofern es sich um die gleiche Kombination aus Charge und Lagerort handelt.
- **(blank) (je Materialbelegposition)**
  Damit wird generell zu jeder Belegposition ein Prüflos eröffnet. Zeitgleich vorliegende, nicht abgeschlossene Prüflose werden nicht berücksichtigt.
- **Y (frühe Loseröffnung zur Auftragsposition)**
  Das Prüflos zum Produktionsauftrag wird über alle zuvor beschriebenen Optionen erst mit der Wareneingangsbuchung zum Auftrag erzeugt. Mithilfe der Einstellung Y wird bereits bei der Freigabe eines Produktionsauftrags ein Prüflos erzeugt. Auf diese Weise stehen Ihnen in der Komponente QM die Informationen zum Produktionsauftrag und die Möglichkeit der Ergebniserfassung früher zur Verfügung.
- **3 (je Chargensplitposition ein Prüflos)**
  Wenn zu einer Hauptposition einer Lieferung eine oder mehrere Chargensplitpositionen existieren, wird für jede dieser Splitpositionen ein Prüflos eröffnet, sobald die Charge bekannt ist.
- **(blank) (je Hauptposition ein Prüflos)**
  Für die Hauptposition einer Lieferung wird ein Prüflos eröffnet. Für jede Chargensplitposition wird ein Teillos eröffnet.

Tabelle 4.2 listet die Einstellungsoptionen des Kennzeichens **Strg. Loserzeugung** für die relevanten Prüflosherkünfte auf.

Prüflosherkunft	Bezeichnung	Optionen
01	Eingangsprüfung beim WE zur Bestellung	1, 2, X, (blank)
04	Prüfung beim WE aus der Produktion	1, 2, X, Y, (blank)
05	Prüfung bei sonstigem Wareneingang	1, 2, (blank)
08	Prüfung bei einer Umlagerung	1, 2, X, (blank)
10	Prüfung bei Lieferung zum Kunden mit Auftrag	3, (blank)
11	Prüfung bei Lieferung zum Kunden ohne Auftrag	3, (blank)
12	Prüfung bei Lieferung allgemein	3, (blank)

Tabelle 4.2 Ausprägungen des Kennzeichens zur Steuerung der Loserzeugung pro Prüflosherkunft

[»]

Prüfung mit multiplen Spezifikationen

Sie haben zudem die Möglichkeit, mit der Funktion der multiplen Spezifikationen zu arbeiten, um z. B. kunden- oder länderspezifische Anforderungen zu berücksichtigen. Sie können dann Informationen über die Eignung einer Charge, z. B. für bestimmte Kunden oder Länder, über die Standardmerkmale LOBM_COUNTRY_OK (zulässig für Land), LOBM_COUNTRY_NOK (nicht zulässig für Land), LOBM_CUSTOMER_OK (zulässig für Kunde) und LOBM_CUSTOMER_NOK (nicht zulässig für Kunde) abbilden und in den Chargen ablegen.

Ergebniserfassung und Verwendungsentscheid

Bei der Erzeugung des Prüfloses werden die Vorgaben wie der Prüfplan und die Materialspezifikation dem Prüflos zugeordnet. Der Prüfplan enthält die referenzierten Stammprüfmerkmale, die mit den Klassenmerkmalen verbunden sind. Dabei werden auch die Toleranzgrenzen aus der Klassifizierung im Materialstamm gelesen und als Vorgaben für die Ergebniserfassung verwendet. Sie können dann z. B. mit der SAP-Fiori-App **Prüfergebnisse erfassen - Arbeitsvorrat hierarchisch** (App-ID QE51n) oder der Transaktion QE01 (Ergebnis erfassen) Ergebnisse zum Prüflos erfassen und die Merkmale mit einer Bewertung abschließen (siehe Abbildung 4.23).

[»]

Stammprüfmerkmale im Prüfplan

Die Stammprüfmerkmale im Prüfplan müssen referenziert sein, damit die Toleranzgrenzen aus dem Materialstamm als Vorgaben für die Prüfung herangezogen werden können. Sie können aber dabei trotzdem jedem Prüfmerkmal im Prüfplan ein eigenes Stichprobenverfahren und eine eigene Prüfmethode zuweisen.

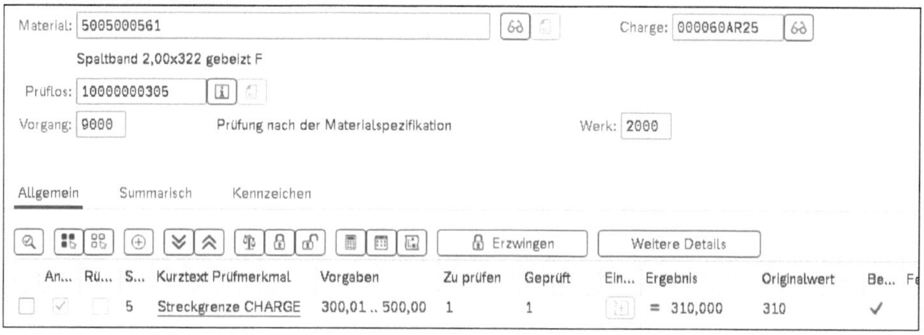

Abbildung 4.23 Ergebnisse zum Prüflos erfassen

Nachdem Sie die Prüfergebnisse erfasst haben, treffen Sie mit der SAP-Fiori-App **Verwendungsentscheid erfassen** (App-ID QA11) oder der Transaktion QA11 den Verwendungsentscheid für das Prüflos, wie in Abbildung 4.24 gezeigt.

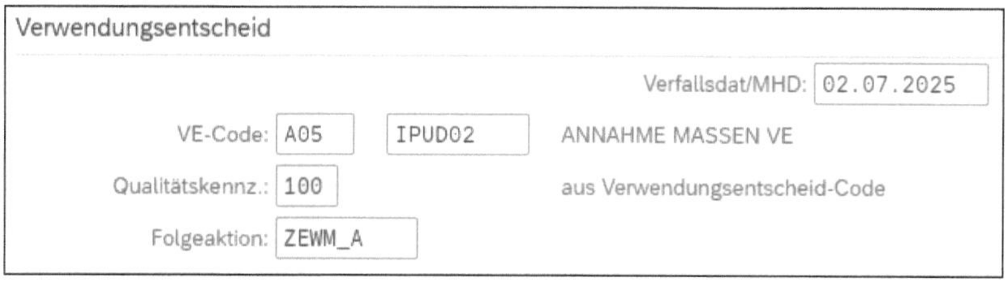

Abbildung 4.24 Verwendungsentscheid mit Verfallsdatum/MHD und Chargenzustand

Im Feld **Verfallsdat/MHD** können Sie das berechnete Verfallsdatum/MHD der Charge manuell anpassen. Dies könnte erforderlich sein, falls aufgrund der Prüfergebnisse festgestellt wurde, dass die Haltbarkeit der Charge von der regulären Gesamthaltbarkeit aus dem Materialstamm abweicht, die für die automatische Berechnung verwendet wird (siehe dazu Abschnitt 4.2, »Mindesthaltbarkeitsabwicklung«).

Über den Button **ChargZustand** (in Abbildung 4.24 nicht zu sehen) haben Sie die Möglichkeit, den Chargenzustand der Charge zu ändern, sofern dies über den Verwendungsentscheid-Code nicht bereits fest vorgegeben ist.

Nach dem Sichern des Verwendungsentscheids mit einem **VE-Code** werden die Prüfergebnisse an die Charge übertragen. Dabei erscheint in der Statuszeile die Meldung **Chargenklassifizierung wird durchgeführt**.

Im Anzeige- und im Bearbeitungsmodus des Verwendungsentscheids, z. B. mit Transaktion QA13 (Verwendungsentscheid anzeigen), können Sie nun in das Protokoll der Chargenklassifizierung springen. Dazu klicken Sie neben dem Feld **Bewertung Code** auf den Button (**Protokolle zum Verwendungsent.**), es erscheint dann ein Protokoll, wie in Abbildung 4.25 dargestellt.

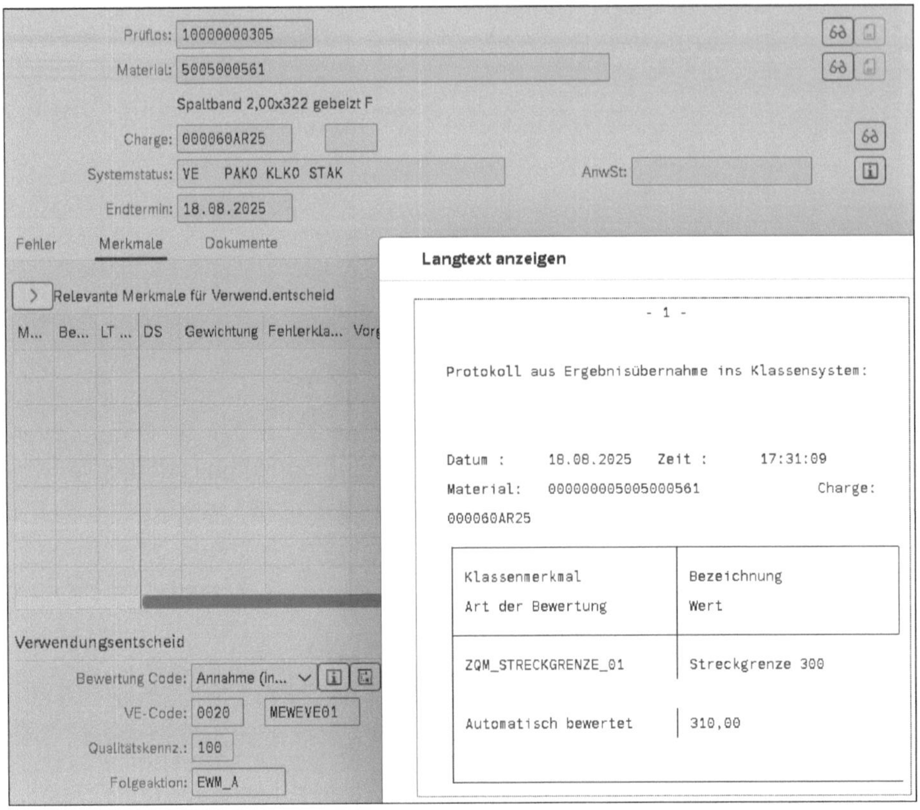

Abbildung 4.25 Protokoll der Prüfergebnisübernahme im Verwendungsentscheid

Mit der SAP-Fiori-App **Charge anzeigen** (App-ID MSC3n) oder der Transaktion MSC3N (Charge anzeigen) sehen Sie nun im Chargenstamm auf der Registerkarte **Klassifizierung**, dass die Prüfergebnisse aus der Ergebniserfassung von Abbildung 4.23 bzw. aus dem Protokoll der Ergebnisübernahme von Abbildung 4.25 in die Chargenklassifizierung übertragen wurden (siehe Abbildung 4.26). Darüber hinaus wurden die Standardmerkmale LOBM_UDCODE (Verwendungsentscheid-Code) und LOBM_QSCORE (Qualitätskennzahl aus VE) ebenfalls automatisch gefüllt. Diese können Sie nun in der Chargenfindung verwenden.

Die Änderungsbelege zur Klassifizierung rufen Sie mit dem Button (**Geänderte Werte anzeigen**) auf der Registerkarte **Änderungen** auf. Dort sehen Sie im unteren Eintrag in Abbildung 4.27, dass die Merkmalswerte sowie die Chargenzustandsänderung aus der Transaktion QA11 (Verwendungsentscheid treffen) stammen.

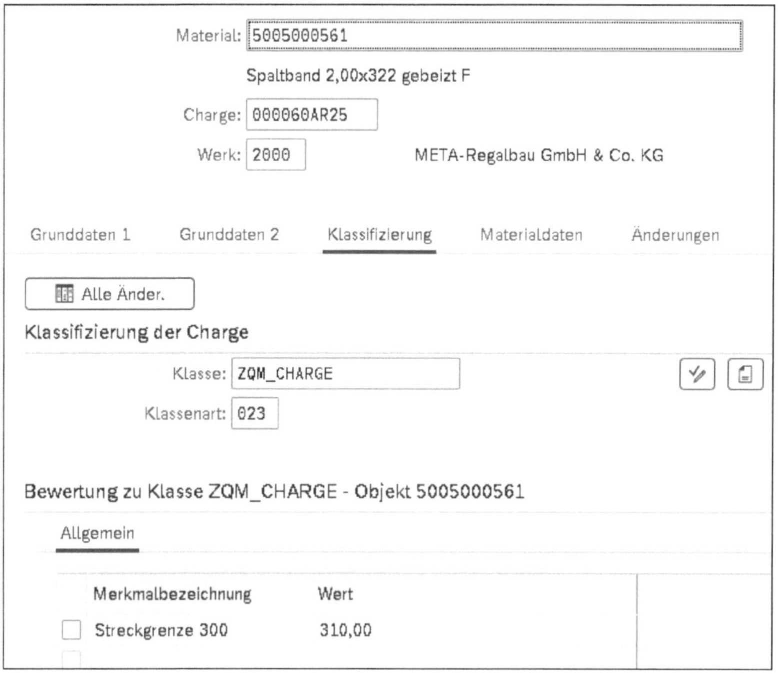

Abbildung 4.26 Übertragene Prüfergebnisse im Chargenstamm

Abbildung 4.27 Änderungsbelege der Chargenklassifizierung

Zeitpunkt der Übergabe der Ergebnisse bei bestandsrelevanten Prüflosen

Bei bestandsrelevanten Prüflosen wird die Übergabe der Ergebnisse an die Chargenklasse beim Treffen des Verwendungsentscheids nur dann durchgeführt, wenn die Bestandsbuchungen zuvor abgeschlossen worden sind. Dies können Sie am Systemstatus BEND (Bestand vollständig entlastet) des Prüfloses erkennen.

Zusammenfassung

In diesem Abschnitt haben wir Ihnen gezeigt, wie Sie durch die Verwendung von Stammprüfmerkmalen und Materialspezifikationen Ergebnisse von Prüfungen an die Klassifikation von Chargen übergeben. Das ermöglicht Ihnen, Chargen für weitere logistische Prozesse zu kennzeichnen. Damit können diese Chargen abgestimmt auf die nächsten Schritte identifiziert und über die Chargenfindung ermittelt werden.

4.3.2 Terminüberwachung von Chargen

Über die wiederkehrende Prüfung im Qualitätsmanagement können Sie eine terminliche Überwachung von Chargen mit denen im Lager durchführen. Dies beinhaltet zwei Funktionen: zum einen die periodische Überprüfung von Chargen und zum anderen das Sperren von Chargen in Abhängigkeit von ihrem Verfallsdatum/MHD. Im Folgenden zeigen wir Ihnen die dafür erforderlichen Einstellungen in den Stammdaten sowie den Ablauf beider Funktionen. Die Einstellungen beziehen sich nicht auf die wiederkehrende Prüfung in SAP EWM.

Einstellungen im Materialstamm

Die Voraussetzung für die Terminüberwachung von Chargen ist die Aktivierung einer Prüfart der Prüflosherkunft 09 (Wiederkehrende Prüfung). Zusätzlich geben Sie ein Prüfintervall an, falls Sie neben dem Sperren der Chargen auch die Funktion der wiederkehrenden Prüfung nutzen möchten. Im Materialstamm in der Sicht **Qualitätsmanagement** legen Sie über den Button **Prüfeinstellung** für das Material eine Prüfart der Prüflosherkunft 09 (Wiederkehrende Prüfung von Chargen) an und aktivieren sie, wie in Abbildung 4.28 dargestellt.

[+]

Verwendung eines eigenen Prüfplans für die wiederkehrende Prüfung

Sie haben im Customizing in den Einstellungen zur Prüfart die Möglichkeit, eine andere Planverwendung für die Prüfart einzustellen. Dadurch können Sie, z. B. im Gegensatz zu den regulären Prüfungen beim Wareneingang, für eine periodische Überprüfung einen reduzierten Prüfumfang in einem dafür vorgesehenen eigenen Prüfplan abbilden.

Im Feld **Prüfintervall** pflegen Sie im Materialstamm in der Sicht **Qualitätsmanagement** die Anzahl von Tagen, nach denen eine Charge erneut geprüft werden soll (siehe Abbildung 4.29).

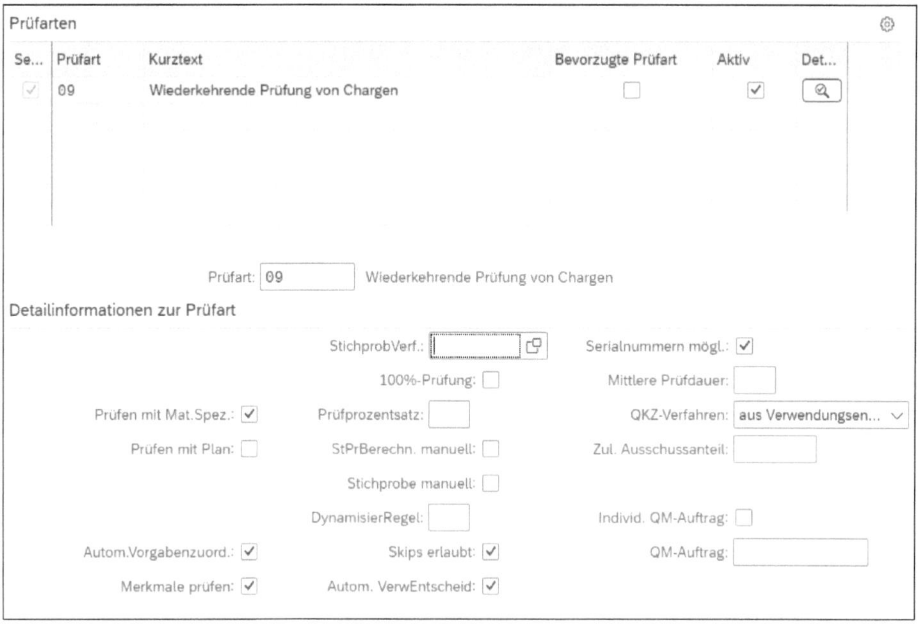

Abbildung 4.28 Prüfeinstellungen im Materialstamm zur wiederkehrenden Prüfung

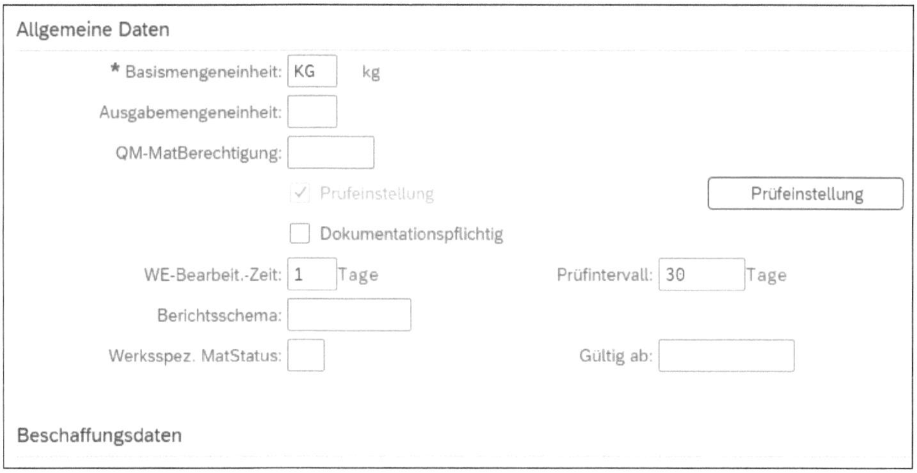

Abbildung 4.29 Prüfintervall in der Sicht »Qualitätsmanagement« im Materialstamm

Sobald Sie das Feld **Prüfintervall** gefüllt haben, wird beim ersten Wareneingang zu einer Charge das Datumsfeld **Nächste Prüfung** im Chargenstamm gefüllt. Dieses Datum wird automatisch berechnet, indem das Prüfintervall zum Wareneingangsdatum addiert wird. Im Beispiel in Abbildung 4.30 wurde für die Charge das MHD-Datum

01.09.2025 gesetzt. Indem Sie das Prüfintervall in Tagen von diesem Datum abziehen, gelangen Sie zu dem Datum **Nächste Prüfung**, dem 15.08.2025.

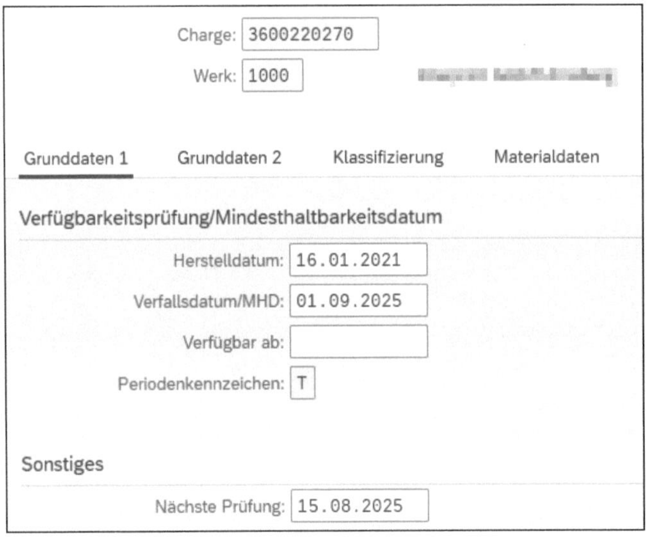

Abbildung 4.30 Chargenstamm mit nächstem Prüfdatum

Wiederkehrende Prüfungen

Sie können die wiederkehrende Prüfung entweder manuell anstoßen oder einen Job einplanen, der periodisch im Hintergrund läuft und regelmäßig für alle relevanten Chargen Prüflose für die wiederkehrende Prüfung anlegt. Für den manuellen Aufruf wählen Sie die SAP-Fiori-App **Wiederkehrende Prüfungen von Chargen anstoßen** (App-ID QA07), die Transaktion QA07 oder den Menüpfad **Logistik • Qualitätsmanagement • Qualitätsprüfung • Arbeitsvorrat • Prüfloseröffnung • Terminüberwachung • Anstoß manuell**. Sie gelangen in das Selektionsbild aus Abbildung 4.31, in dem Sie die Selektion der für die Prüfung anstehenden Chargen über die Parameter **Material**, **Werk** und **Charge** einschränken können.

Im Selektionsbild aus Abbildung 4.31 können Sie zudem im Bereich **Zusätzliche Materialbewegungen zum Zeitpunkt wiederkehrender Prüfung** einen Wert im Feld **Vorlauf in Tagen** angeben, anhand dessen die Chargen selektiert werden. Das System berechnet einen sogenannten *Eröffnungshorizont*, indem es diese Vorlaufzeit zum aktuellen Tagesdatum addiert. Falls das nächste Prüfdatum einer Charge mit Bestand vor oder genau auf dieses Datum fällt, wird für die Charge die Aktion ausgeführt, die Sie über die nachfolgenden Optionen ausgewählt haben.

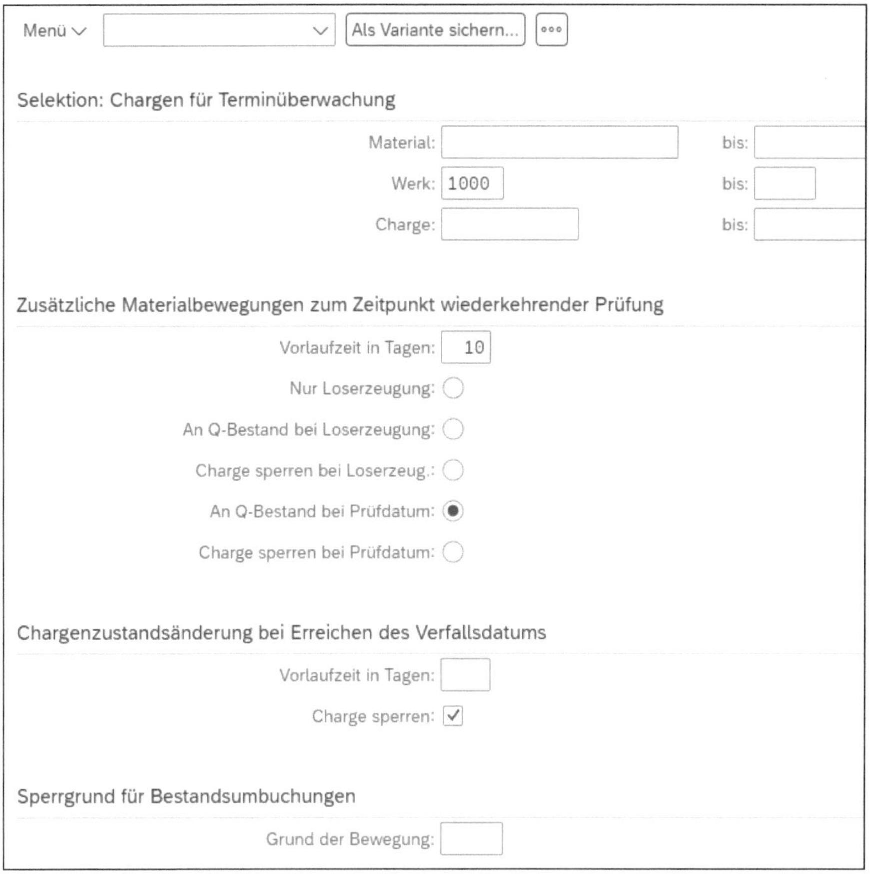

Abbildung 4.31 Selektionsbild beim Anstoß einer wiederkehrenden Prüfung

Hier haben Sie folgende Möglichkeiten:

- **Nur Loserzeugung**
  Für eine ermittelte Charge wird pro Lagerortsegment mit Bestand ein Prüflos zum aktuellen Tagesdatum erzeugt, falls nicht bereits ein offenes Prüflos existiert. Eine Umbuchung von frei verwendbarem Bestand in den Qualitätsprüfbestand erfolgt dabei nicht.
- **An Q-Bestand bei Loserzeugung**
  Für eine ermittelte Charge wird pro Lagerortsegment mit Bestand ein Prüflos zum aktuellen Tagesdatum erzeugt. Der frei verwendbare Bestand wird dabei sofort in den Qualitätsprüfbestand umgebucht.
- **Charge sperren bei Losererzeug.**
  Für eine ermittelte Charge wird pro Lagerortsegment mit Bestand ein Prüflos zum aktuellen Tagesdatum erzeugt. Darüber hinaus wird bei aktiver Zustandsverwaltung der Zustand einer ermittelten Charge sofort auf **nicht frei** gesetzt. Ohne Zu-

standsverwaltung wird der frei verwendbare Bestand einer ermittelten Charge in allen Lagerorten sofort in den gesperrten Bestand umgebucht. Falls bereits ein offenes Prüflos und frei verwendbarer Bestand der Charge existieren, wird lediglich die Statusänderung bzw. die Umbuchung durchgeführt.

- **An Q-Bestand bei Prüfdatum**
  Für eine ermittelte Charge wird pro Lagerortsegment mit Bestand ein Prüflos zum aktuellen Tagesdatum erzeugt, falls nicht bereits ein offenes Prüflos existiert. Der frei verwendbare Bestand einer Charge wird am Tag ihres nächsten Prüfdatums in den Qualitätsprüfbestand umgebucht.
- **Charge sperren bei Prüfdatum**
  Für eine ermittelte Charge wird pro Lagerortsegment mit Bestand ein Prüflos zum aktuellen Tagesdatum erzeugt. Bei aktiver Zustandsverwaltung wird der Zustand einer Charge am Tag ihres nächsten Prüfdatums auf **Nicht frei** gesetzt. Ohne Zustandsverwaltung wird anstelle der Zustandsänderung der frei verwendbare Bestand in allen Lagerorten in den gesperrten Bestand umgebucht.

Nachdem Sie die Selektionsparameter gepflegt haben, starten Sie den Report über den Button **Ausführen**.

[+]

Optionen beim Anstoß der wiederkehrenden Prüfung

Die Vorlaufzeit können Sie dazu nutzen, vor dem eigentlichen geplanten Prüfdatum bereits ein Prüflos zu eröffnen. In dem Zeitraum zwischen dem Eröffnen des Prüfloses und dem eigentlichen Prüfdatum treffen Sie dann alle Vorkehrungen für eine Prüfung, etwa das Ziehen einer Probe und den Transport der Probe ins Labor. Falls Sie zusätzlich wünschen, dass die Charge weiterhin dispositiv verfügbar ist und bis zum Zeitpunkt des Prüfdatums zur weiteren Verarbeitung eingesetzt oder verkauft werden kann, verwenden Sie die Option **An Q-Bestand bei Prüfdatum** oder **Charge sperren bei Prüfdatum**. Falls die Charge sogar noch während der Prüfung dispositiv verfügbar sein soll, wählen Sie die Option **Nur Loserzeugung**.

Nachdem Sie die wiederkehrende Prüfung angestoßen haben, gibt das System ein Protokoll aus (siehe Abbildung 4.32). Dieses Protokoll enthält eine Beschreibung aller Aktionen, die im Hintergrund durchgeführt wurden. Der Anstoß der wiederkehrenden Prüfung wurde in diesem Beispiel mit der Option **An Q-Bestand bei Prüfdatum** gestartet. Dadurch wurde für die Chargen, deren Prüfdatum erreicht wurde, jeweils ein Prüflos pro Lagerortsegment mit Bestand erzeugt und der frei verwendbare Bestand in den Qualitätsprüfbestand umgebucht, z. B. für Charge 3600334544. Falls Sie den Report zum Anstoß der wiederkehrenden Prüfung jeden Tag ausführen, wird der frei verwendbare Bestand dieser Chargen zusätzlich in den Qualitätsprüfbestand umgebucht, sobald deren Prüfdatum erreicht ist.

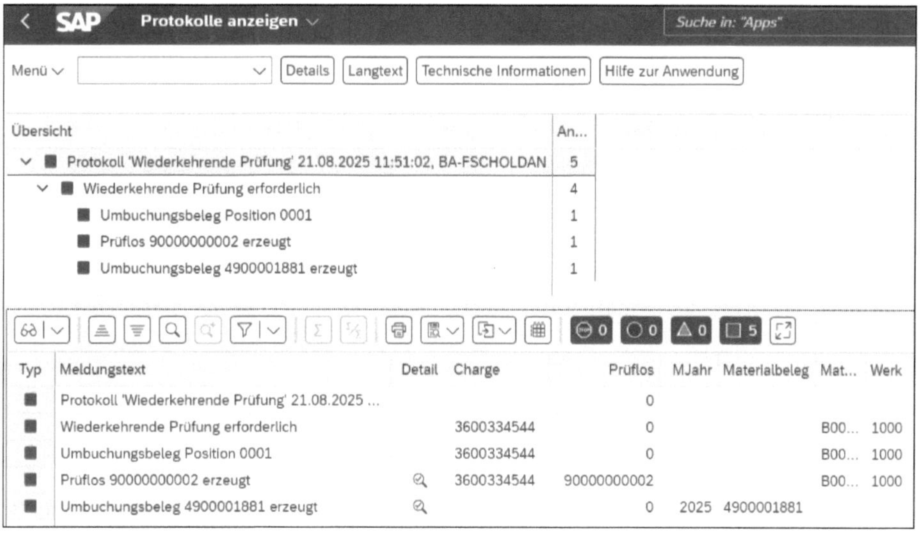

Abbildung 4.32 Protokoll zur wiederkehrenden Prüfung

Sobald Sie den Verwendungsentscheid treffen, wird das nächste Prüfdatum der geprüften Charge neu berechnet und im Chargenstamm aktualisiert, indem zum Datum des Verwendungsentscheids das Prüfintervall addiert wird.

Dispositive Verfügbarkeit von Chargen erst zum Endtermin des Prüfloses zur wiederkehrenden Prüfung

Falls Sie in Ihrer ATP-Prüfregel den Qualitätsprüfbestand als dispositiv verfügbar eingestellt haben, haben Sie folgende Möglichkeit:

Sie berechnen und pflegen die mittlere Prüfdauer für die Prüfart der Prüflosherkunft 09 (siehe Abbildung 4.28) nach der Formel *mittlere Prüfdauer = Vorlauf in Tagen + geplante Dauer der Prüfung*. Damit erreichen Sie, dass der Endtermin des Prüfloses auch dem tatsächlich geplanten Enddatum der Prüfung entspricht. Dadurch wird der Qualitätsprüfbestand der Charge in Prüfung zu diesem geplanten Enddatum der Prüfung bei einer ATP-Verfügbarkeitsprüfung wieder als dispositiv verfügbar angesehen.

Alternativ zum manuellen Anstoß der wiederkehrenden Prüfung können Sie diese auch über einen periodischen Job einplanen. Dazu nutzen Sie die SAP-Fiori-App **Wiederkehrende Prüfung ändern – Jobplanung** (App-ID QA05), die Transaktion QA05 oder den Menüpfad **Logistik • Qualitätsmanagement • Qualitätsprüfung • Arbeitsvorrat • Prüfloseröffnung • Terminüberwachung • Planung der Jobs**.

Alle bei der wiederkehrenden Prüfung erstellten Protokolle können Sie sich zudem über die SAP-Fiori-App **Wiederkehrende Prüfungen anzeigen – Chargenterminprotokoll** (App-ID QA07L), die Transaktion QA07L oder den Menüpfad **Logistik • Qualitäts-**

management • Qualitätsprüfung • Arbeitsvorrat • Prüfloseröffnung • Terminüberwachung • Protokoll anzeigen lassen.

[»]

Einschränkungen bei wiederkehrenden Prüfungen auf Handling-Unit-verwalteten Lagerorten

Falls Sie eine wiederkehrende Prüfung auf Handling-Unit-pflichtigen Lagerorten anstoßen, werden zwar Prüflose für die relevanten Chargen angelegt, allerdings sind diese Prüflose nicht bestandsverwaltet. Damit ist kein Qualitätsprüfbestand für diese Chargen bzw. die Handling Units möglich.

Sperren von Chargen in Abhängigkeit vom Verfallsdatum/MHD

Über die wiederkehrende Prüfung haben Sie zusätzlich die Möglichkeit, Chargen mit Bestand abhängig von ihrem Verfallsdatum/MHD zu sperren. Dazu müssen Sie ebenfalls im Materialstamm eine Prüfart der Prüflosherkunft 09 gepflegt und aktiviert haben. Ein Prüfintervall ist allerdings in diesem Fall nicht notwendig. Um das Sperren der Chargen zu ermöglichen, setzen Sie im Bereich **Chargenzustandsänderung bei Erreichen des Verfallsdatums** im Selektionsbild der Transaktion zum Anstoß der wiederkehrenden Prüfung aus Abbildung 4.31 das Kennzeichen **Charge sperren**. Auch hier können Sie einen Wert im Feld **Vorlauf in Tagen** zur Berechnung eines Eröffnungshorizonts pflegen wie bei der wiederkehrenden Prüfung. Falls Sie den Report mit diesen Einstellungen starten, wird für alle Chargen mit einem Verfallsdatum/MHD innerhalb des Eröffnungshorizonts bei aktiver Zustandsverwaltung der Zustand auf **Nicht frei** gesetzt. Ohne Zustandsverwaltung wird der frei verwendbare Bestand der Chargen in allen Lagerorten in den gesperrten Bestand umgebucht.

[»]

Verfallsdatum/MHD vor Datum der nächsten Prüfung

Das Sperren der Charge aufgrund eines Verfallsdatums im Eröffnungshorizont hat Priorität gegenüber der Prüfloserzeugung zu einer wiederkehrenden Prüfung. Falls das Verfallsdatum/MHD einer Charge vor dem Datum der nächsten Prüfung liegt, wird kein Prüflos erzeugt. Die Charge kann in diesem Fall lediglich gesperrt werden. Dazu müssen Sie allerdings das Kennzeichen **Charge sperren** gesetzt haben. Falls Sie das Kennzeichen nicht gesetzt haben, wird ebenfalls kein Prüflos erzeugt, es wird im Protokoll lediglich die Information **Verfallsdatum für Charge erreicht** ausgegeben.

4.3.3 Qualitätsprüfzeugnisse zu Chargen

Um Kunden die Qualität des gelieferten Produkts zu bescheinigen, können Sie die Funktion der Zeugniserstellung im SAP-System nutzen. Im Sprachgebrauch der Qualitätssicherung finden sich neben *Zeugnis* unter anderem auch die Begriffe *Zertifikat* oder *Werksbescheinigung*. All diese Bezeichnungen werden im SAP-System unter dem Begriff Zeugnis vereinheitlicht.

Sie können Zeugnisse entweder zu einer SD-Lieferung automatisch erzeugen und z. B. mit den anderen Lieferpapieren ausgeben, oder Sie können sie jederzeit manuell ohne Bezug zu einer Lieferung erzeugen.

Für die Erstellung von Zeugnissen verwenden Sie Zeugnisvorlagen. In diesen können Sie die auszugebenden Merkmale und kundenspezifische Anforderungen abbilden. Zur Ermittlung der Werte können Sie auf die Chargenverwendung zurückgreifen. Dies geht auch über verschiedene Produktionsstufen hinweg. Die notwendigen Zeugnisvorlagen pflegen Sie in der SAP-Fiori-App **Qualitätszeugnisvorlage anlegen** (App-ID QC01), über die Transaktion QC01 oder den Menüpfad **Logistik • Qualitätsmanagement • Qualitätszeugnis • Ausgang • Zeugnisvorlage • Anlegen**. Anstelle eines Stammprüfmerkmals können Sie hier auch ein Chargenmerkmal aus einer Chargenklasse als Zeugnismerkmal verwenden. Dazu wählen Sie die Kategorie **Klassenmerkmal** aus (siehe Abbildung 4.33). Um nun dieses Zeugnismerkmal mit einem Merkmalswert einer Charge zu bewerten, stellen Sie als Ergebnisherkunft den Wert **Chargenklassifizierung** ein. Zur Ermittlung der Vorgaben zum Zeugnismerkmal wählen Sie dann als Prüfvorgabenherkunft im Feld **Herkunft Prüfvorgab.** den Wert **Chargenspezifikation**. Dadurch werden die Toleranzgrenzen, die zu einem Ergebnis ausgegeben werden, zunächst aus den Selektionsvorgaben der Chargenfindung herangezogen, über die die Charge ermittelt wurde. Falls Sie hier keine Grenzen spezifiziert haben bzw. das Merkmal dort nicht bewertet ist, werden die Grenzen aus der Klassifizierung im Materialstamm (Klassenart 023 bzw. 022) verwendet.

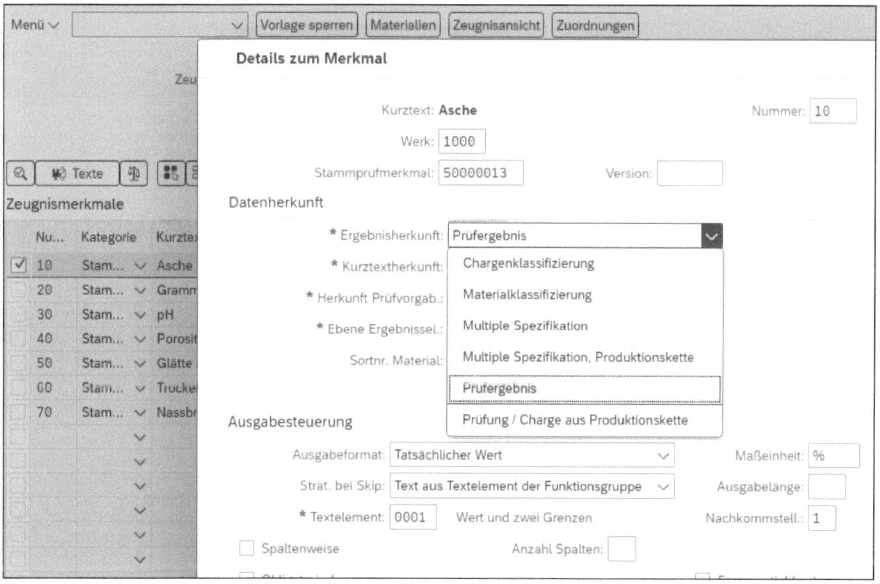

Abbildung 4.33 Zeugnismerkmaldetails in der Zeugnisvorlage

Manuelle Ausgabe

Mit der SAP-Fiori-App **Qualitätszeugnisse zur Lieferung** (App-ID QC20) oder der Transaktion QC20 (Zeugniserstellung zur Lieferung) erstellen Sie ein Qualitätszeugnis zur Lieferung. Sobald Sie dies für eine Lieferung anstoßen, die eine Charge enthält, werden die Ergebnisse bzw. die Vorgaben entsprechend auf dem Zeugnis ausgegeben (siehe Abbildung 4.34).

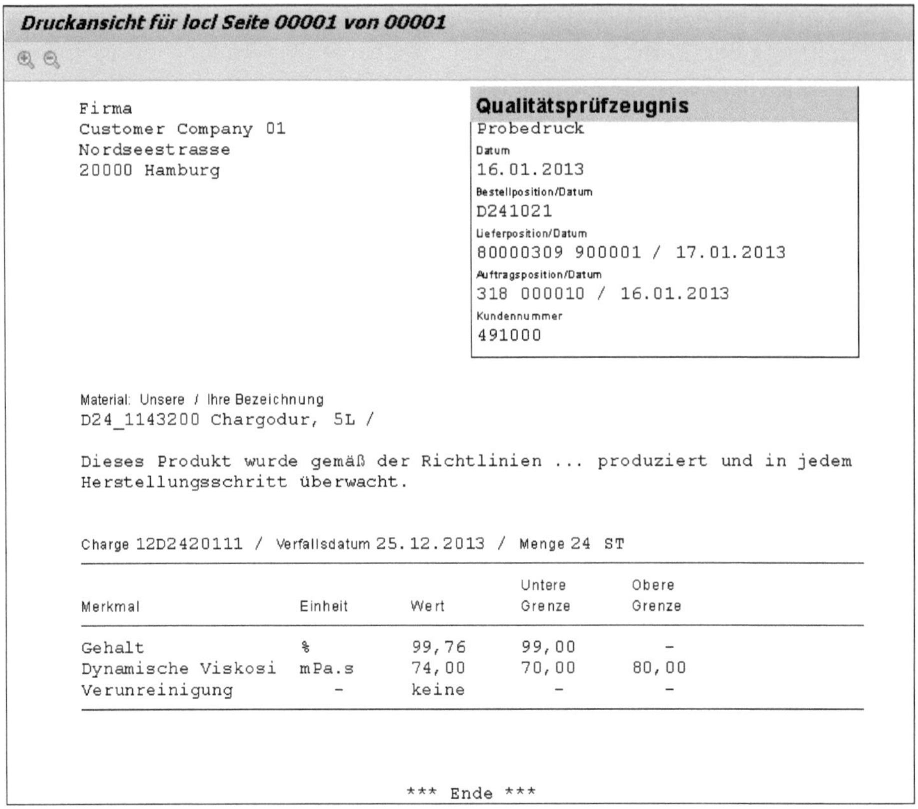

Druckansicht für locl Seite 00001 von 00001

Firma
Customer Company 01
Nordseestrasse
20000 Hamburg

Qualitätsprüfzeugnis
Probedruck
Datum
16.01.2013
Bestellposition/Datum
D241021
Lieferposition/Datum
80000309 900001 / 17.01.2013
Auftragsposition/Datum
318 000010 / 16.01.2013
Kundennummer
491000

Material: Unsere / Ihre Bezeichnung
D24_1143200 Chargodur, 5L /

Dieses Produkt wurde gemäß der Richtlinien ... produziert und in jedem Herstellungsschritt überwacht.

Charge 12D2420111 / Verfallsdatum 25.12.2013 / Menge 24 ST

Merkmal	Einheit	Wert	Untere Grenze	Obere Grenze
Gehalt	%	99,76	99,00	-
Dynamische Viskosi	mPa.s	74,00	70,00	80,00
Verunreinigung	-	keine	-	-

*** Ende ***

Abbildung 4.34 Ausgabe eines Qualitätsprüfzeugnisses

Automatische Ausgabe

Sie können Zeugnisse auch automatisch als Lieferpapier erstellen lassen. Dazu verwendet das SAP-System Nachrichtenarten, die der SD-Lieferposition im SD-Customizing zugeordnet werden.

SAP liefert folgende Nachrichtenarten für Zeugnisse aus:

- LQCA (QZeugnis Warenempf.)
- LQCB (QZeugn. Auftraggeber)

Diese Nachrichtenarten sind im Nachrichtenschema V20001 (Positionsnachrichten) enthalten. Das Nachrichtenschema wird dem Lieferpositionstyp zugeordnet. Sämtliche Einstellungen zur Nachrichtenfindung sollten Sie in Zusammenarbeit mit dem SD-Team in Ihrem Unternehmen vornehmen, da dieses bereits Erfahrungen mit der Erstellung der Lieferpapiere hat.

Über die Nachrichtenkondition legen Sie fest, dass das Zeugnis als Nachrichtenart automatisch gefunden wird. Legen Sie hierzu einen Zeugnisempfänger in Transaktion VV21 oder über den Menüpfad **Logistik • Qualitätsmanagement • Qualitätszeugnis • Ausgang • Zeugnisempfänger • Anlegen** an. Nun geben Sie die Nachrichtenart LQCA an und bestätigen die Eingabe. Als Erstes sehen Sie das Pop-up-Fenster zur Auswahl der Schlüsselkombination der Zugriffsfolge. Sie können definieren, mit welcher Schlüsselkombination die Nachricht gefunden wird (siehe Abbildung 4.35). Je detaillierter diese Kombination ist, desto mehr Einträge müssen Sie vornehmen. Solche Kombinationen sind beliebig im SD-Customizing erweiterbar.

Abbildung 4.35 Zugriffsfolge der Nachrichtenfindung

Zugriffsfolge definieren

Wenn Sie z. B. einen Eintrag in der Kombination **Verkaufsorganisation / Kundennummer** vornehmen, wird jedes Mal ein Zeugnis erstellt, wenn eine Charge zu diesem Kunden ausgeliefert wird. Sie müssen diesen Eintrag nur einmal pro Kunde und Verkaufsorganisation vornehmen. Wenn Sie jedoch die Zugriffsfolge **Vk.org/Vt.weg/Sparte/Kunde** wählen, müssen Sie zusätzlich zum Kunden und zur Verkaufsorganisation auch die Einträge für den Vertriebsweg und die Sparte vornehmen. Diesen Eintrag sollten Sie also nur verwenden, wenn ein Kunde über mehrere Vertriebswege beliefert wird und zu einem besonderen Vertriebsweg, z. B. im Direktverkauf, kein Zeugnis erhalten soll.

Qualitätszeugnis zum Prüflos mit multiplen Spezifikationen

Für die Zeugniserstellung zu Prüflosen mit multiplen Spezifikationen steht Ihnen die SAP-Fiori-App **Qualitätszeugnis zum Prüflos mit multiplen Spezifikationen** (App-ID QCMS) zur Verfügung.

Weitere Informationen zur Erstellung von Zeugnissen finden Sie im Buch »Qualitätsmanagement mit SAP S/4HANA« von Yvonne Lorenz et al. (SAP PRESS 2024) in Kapitel 17, »Zeugnis«.

4.4 Zusammenfassung

Sie haben in diesem Kapitel weitere Funktionen kennengelernt, mit denen die Chargenverwaltung noch tiefer in die Supply Chain integriert ist. Die Chargenzustandsverwaltung ermöglicht Ihnen, eine Charge komplett zu sperren, unabhängig davon, wo sich die einzelnen Teilmengen befinden. Darüber hinaus können Sie gezielt steuern, welche betriebswirtschaftlichen Aktionen Sie für gesperrte Chargen erlauben möchten und welche nicht. Über die Integration der Mindesthaltbarkeitsabwicklung in die Chargenverwaltung können Sie Haltbarkeitsinformationen in den Chargen ablegen und dadurch die Materialflüsse und den Einsatz der Chargen beeinflussen. Die tiefe Integration in das Qualitätsmanagement erlaubt es Ihnen, Ergebnisse aus der Qualitätsprüfung direkt in die Chargen zu schreiben. Diese Daten stehen Ihnen dann bei der Chargenfindung zur Verfügung oder können auf Qualitätsprüfzeugnissen ausgegeben werden.

Kapitel 5
Weitere Chargenkonzepte

In diesem Kapitel lernen Sie die Dokumentationscharge, die Ursprungscharge und die WIP-Charge kennen. Diese erweiterten Chargenkonzepte bieten Ihnen zusätzliche Funktionen, die in der bisher vorgestellten Chargenverwaltung nicht enthalten sind. Sie erhalten außerdem einen Überblick über die getrennte Bewertung mit Chargen und die Chargeneinzelbewertung.

Über das »Lean Batch Management« der Dokumentationscharge erreichen Sie eine Nachverfolgbarkeit von Chargen im SAP-System, ohne den kompletten Buchungsaufwand der »normalen« Chargenverwaltung zu haben. Welche Einstellungen Sie dazu vornehmen müssen und welche Auswirkungen dies auf den Prozessablauf hat, erfahren Sie in Abschnitt 5.1, »Chargenverwaltung ›Lean‹: Dokumentationschargen«. Danach stellen wir Ihnen die Ursprungscharge und die WIP-Charge (WIP = Work In Process) vor (siehe Abschnitt 5.2 und Abschnitt 5.3). Diese beiden Funktionen wurden ursprünglich für die Stahl-, Papier- und Textilindustrie entwickelt. Sie können z. B. Bestellungen und Produktionsaufträgen eine nicht bestandsgeführte Ursprungscharge zuordnen. Die Eigenschaften der Ursprungscharge lassen sich dann automatisch auf alle Rohstoffchargen bis hin zu den produzierten Chargen übertragen, wodurch der Buchungsaufwand erheblich reduziert wird. Die WIP-Chargenabwicklung ermöglicht Ihnen eine Rückverfolgung von sogenannten WIP-Chargen, die temporär innerhalb der Bearbeitungsschritte eines Produktionsauftrags entstehen. Neben einer detaillierten Fortschrittsüberwachung bieten Ihnen die WIP-Chargen eine tiefere Integration in das Qualitätsmanagement sowie eine noch genauere Chargenrückverfolgbarkeit. Nach einem Vergleich der verschiedenen Chargenkonzepte (siehe Abschnitt 5.4) schließen wir das Kapitel mit den Optionen zur getrennten Bewertung (siehe Abschnitt 5.5) ab. Es ist möglich, die Materialbewertung anhand bestimmter Kriterien vorzunehmen oder jede Charge einzeln zu bewerten.

5.1 Chargenverwaltung »Lean«: Dokumentationschargen

Mithilfe der Dokumentationscharge erreichen Sie eine Nachverfolgbarkeit von Chargen im SAP-System, ohne dass ein Buchungsaufwand wie bei einer »normalen« Chargenverwaltung entsteht. Man könnte diese Vorgehensweise deshalb auch *Lean Batch Management* nennen, da der Umfang, die Komplexität der Funktion und der Buchungsaufwand bei Warenbewegungen wesentlich geringer sind. Der Grund dafür und gleichzeitig auch der wesentliche Unterschied zur normalen Chargenverwaltung ist die fehlende Verwaltung von Beständen auf Chargenebene. Deshalb stehen andererseits bestimmte Funktionen der Chargenverwaltung, wie die Chargenfindung, nicht zur Verfügung. Da Dokumentationschargen auch in Verbindung mit Chargenstammsätzen eingesetzt werden können, kann die Klassifizierung jedoch verwendet werden – wenn auch mit einigen Einschränkungen. Darüber hinaus ist eine Vererbung von Chargendaten über die Chargenableitung möglich.

Als ein mögliches Einsatzgebiet von Dokumentationschargen bietet sich deshalb z. B. die Erfassung von Abfall oder Materialien zur Wiederaufarbeitung an. Sie können hier ohne eine aufwendige Bestandsführung trotzdem eine durchgängige Rückverfolgbarkeit über den Chargenverwendungsnachweis gewährleisten. Das Gleiche gilt für Materialien, für die eine Bestandsführung nur umständlich abzubilden ist bzw. bei denen eine gewisse Ungenauigkeit in Kauf genommen werden muss, wie etwa bei Pipeline-, Tank- oder Silomaterialien.

In diesem Abschnitt erfahren Sie, unter welchen Voraussetzungen Sie Dokumentationschargen einsetzen können. Er zeigt Ihnen darüber hinaus die notwendigen Einstellungen im Customizing. Außerdem stellen wir Ihnen vor, wie Sie Dokumentationschargen in der Bestandsführung und in der Produktion erfassen. Ein Beispiel zur Rückverfolgung über den Chargenverwendungsnachweis rundet den Abschnitt ab.

[»]

Aufwand und Nutzen der Dokumentationscharge

Bei der Dokumentationscharge entsteht bei den Stammdaten kein zusätzlicher Aufwand. Bei den Bewegungsdaten müssen die Dokumentationschargen jedoch in ausgewählten Transaktionen erfasst werden.

Der potenzielle Nutzen liegt in einer lückenlosen Rückverfolgbarkeit über den Chargenverwendungsnachweis, ohne dass eine Bestandsführung auf Chargenebene erforderlich ist.

5.1.1 Erforderliche Einstellungen

Um die Funktion der Dokumentationscharge nutzen zu können, nehmen Sie zunächst die generelle Aktivierung im Customizing über den Menüpfad (IMG •) **Logistik Allgemein • Chargenverwaltung • Dokumentationschargen • Dokumentationscharge aktivieren** (Transaktion OMCDB) vor.

Im nächsten Schritt entscheiden Sie sich, für welche Materialarten Sie die Dokumentationschargen aktivieren möchten. Dies stellen Sie ebenfalls im Customizing über den Menüpfad (IMG •) **Logistik Allgemein • Chargenverwaltung • Dokumentationschargen • Erfassung pro Materialart einstellen** ein (siehe Abbildung 5.1). Außerdem definieren Sie hier pro Materialart, ob beim Wareneingang zu einer Dokumentationscharge zusätzlich im Hintergrund ein Chargenstamm angelegt werden soll. Dabei haben Sie im Standard allerdings nicht wie bei normalen Chargen die Möglichkeit, über Objekt- und Standardmerkmale weitere Daten automatisch aus dem jeweiligen Beleg zu übernehmen. In der regulären Chargenverwaltung können so Informationen aus einem Materialbeleg, einer Bestellung oder einem Produktionsauftrag in den Chargenstamm übernommen werden. Um dies auch für Dokumentationschargen zu realisieren, nutzen Sie die in Abschnitt 2.4.6, »Chargenneuanlage über Funktionsbaustein«, beschriebene Erweiterung SAPLV1ZN. Damit lassen sich Chargenstamm- und Chargenmerkmalsdaten automatisch füllen bzw. bewerten.

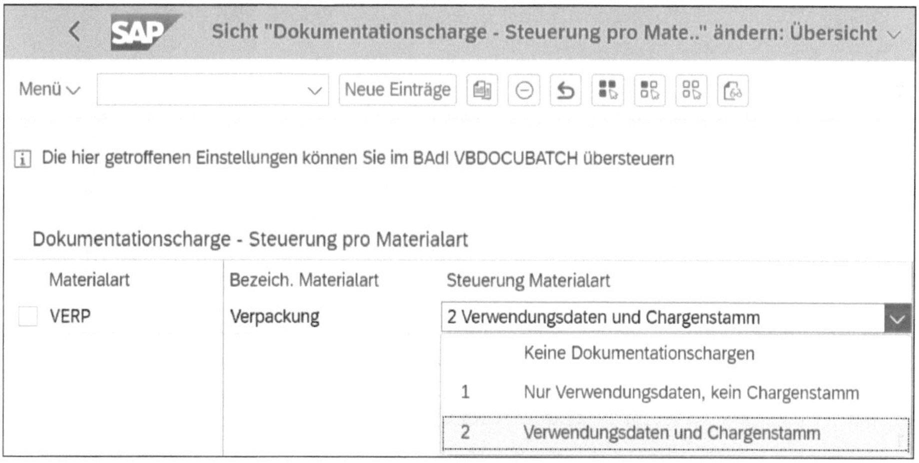

Abbildung 5.1 Steuerung der Dokumentationscharge pro Materialart

Darüber hinaus definieren Sie pro Prozessschritt, ob eine Erfassung von Dokumentationschargen obligatorisch oder nicht möglich ist. Diese Customizing-Einstellung erreichen Sie über den Menüpfad (IMG •) **Logistik Allgemein • Chargenverwaltung • Dokumentationschargen • Erfassung für manuelle Prozessschritte einstellen** (siehe Abbildung 5.2).

Hier stellen Sie zu folgenden Prozessschritten ein, ob die Erfassung von Dokumentationschargen entweder obligatorisch oder nicht möglich sein soll:

- Wareneingang zur Fremdbeschaffung (Anlieferung, Warenbewegung)
- Wareneingang zur Lohnbearbeitung (Warenbewegung)
- Warenausgang zur Lohnbearbeitung (Warenbewegung)
- Wareneingang zum Auftrag (Auftragsrückmeldung, Warenbewegung)

- Warenausgang zum Auftrag und Netzplan (Auftragsrückmeldung, Warenbewegung)
- Kommissionierung Lieferung an Kunden (Auslieferung)

Außerdem geben Sie im Feld **Anzahl Dokumentationschargen** an, wie viele Zeilen im Beleg zur Eingabe von Dokumentationschargen vorgegeben werden. Es ist trotzdem möglich, weitere Positionen einzugeben, da weitere Zeilen jederzeit vom Benutzer hinzugefügt werden können. Zusätzlich steuern Sie über das Kennzeichen **Mengenprüfung** eine mögliche Prüfung der eingegebenen Mengen. Eine Prüfung der Aufteilung der Belegpositionsmenge auf die eingegebenen Dokumentationschargen kann entweder mit Warnung oder mit einem Fehler ausgegeben werden, falls die Summe der eingegebenen Mengen nicht mit der Belegpositionsmenge übereinstimmt.

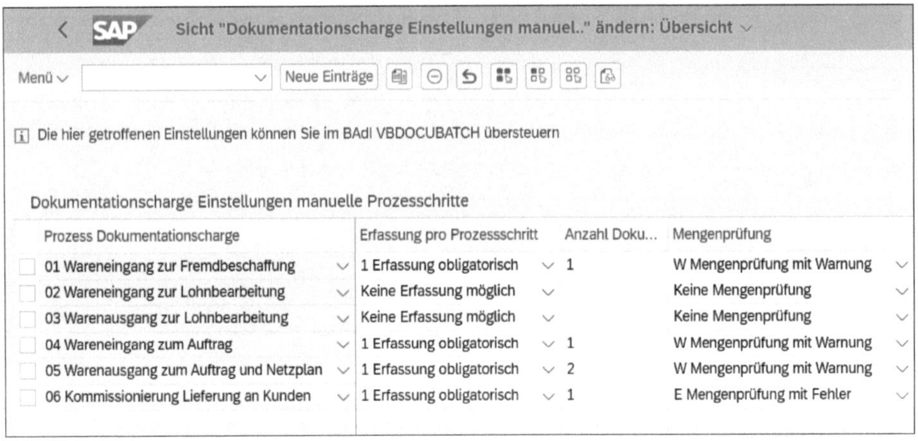

Sicht "Dokumentationscharge Einstellungen manuel.." ändern: Übersicht

Menü | Neue Einträge

Die hier getroffenen Einstellungen können Sie im BAdI VBDOCUBATCH übersteuern

Dokumentationscharge Einstellungen manuelle Prozesschritte

Prozess Dokumentationscharge	Erfassung pro Prozessschritt	Anzahl Doku...	Mengenprüfung
01 Wareneingang zur Fremdbeschaffung	1 Erfassung obligatorisch	1	W Mengenprüfung mit Warnung
02 Wareneingang zur Lohnbearbeitung	Keine Erfassung möglich		Keine Mengenprüfung
03 Warenausgang zur Lohnbearbeitung	Keine Erfassung möglich		Keine Mengenprüfung
04 Wareneingang zum Auftrag	1 Erfassung obligatorisch	1	W Mengenprüfung mit Warnung
05 Warenausgang zum Auftrag und Netzplan	1 Erfassung obligatorisch	2	W Mengenprüfung mit Warnung
06 Kommissionierung Lieferung an Kunden	1 Erfassung obligatorisch	1	E Mengenprüfung mit Fehler

Abbildung 5.2 Einstellungen zur Dokumentationscharge abhängig vom Prozess

Wenn Sie SAP EWM einsetzen, müssen Sie die Funktion der Dokumentationschargen zusätzlich für SAP EWM im Customizing aktivieren, damit Sie die Rückverfolgbarkeit eines Materials auch mit SAP EWM gewährleisten können, ohne dass der Bestand des Materials chargengeführt werden muss. Über den Menüpfad (IMG •) **SCM Extended Warehouse Management • Extended Warehouse Management • Prozessübergreifende Einstellungen • Chargenverwaltung • Dokumentationscharge einstellen** aktivieren Sie den Einsatz von Dokumentationschargen zur Kombination von Positionsart und Positionstyp (siehe Abbildung 5.3). Das System erfasst eine Dokumentationscharge vor dem Wareneingang als Zusatzinformation. Im Warenausgang muss spätestens bei der Quittierung der Kommissionier-Lageraufgabe die Dokumentationscharge erfasst werden. Sowohl in der Anlieferung als auch in dem Auslieferungsauftrag steht die Zusatzinformation im Feld **Charge**.

Positionsarten Lieferung: AddOn-Daten

PosArt	Belegtyp	Bezeichnung	DokCharge
ICR	PDI	Kundenretouren	☐
IDFO	PDI	AnliefProzess mit Frachtauftrag	☐
IDIS	PDI	Korrekturlieferung Normalposition	☐
IDKN	PDI	Position Versorgungsbereich (eingeh.)	☐
IDLV	PDI	Normalposition Anlieferung	☑
IDPD	PDI	Lean-Anlieferung WE Produktion	☐
IDPP	PDI	Anlieferung Normalposition WE Produktion	☐
IDPS	PDI	Position Versorgungsbereich (eingeh.)	☐
IDTR	PDI	Normalposition Nachschublieferung	☐
IKSR	PDI	Bausatzerstellung/Bausatzzerlegung	☐
IPAC	PDI	Verpackung Anlieferung	☐
IRTR	PDI	Retoure Umlagerung zur Bestellung	☐
IWIP	PDI	Anlieferungsposition: Ware in Arbeit	☐
OBSP	PDO	Chargenunterposition	☐
ODCR	PDO	Normalpos. Auslieferung Retoure an Kunde	☐
ODFO	PDO	Ausgang: Position mit Frachtauftrag	☐

Abbildung 5.3 Dokumentationschargen im EWM aktivieren

[!]

Chargenpflicht im Materialstamm

Im Customizing definieren Sie pro Materialart und pro Prozessschritt, ob eine Dokumentationscharge im Beleg mitgegeben werden muss oder nicht. Deshalb darf im Materialstamm für die Materialien mit Dokumentationschargen die Chargenpflicht nicht aktiv sein. Falls das Kennzeichen **Chargenpflicht** im Material gesetzt ist, übersteuert dies eine mögliche Aktivierung der Funktion der Dokumentationscharge, und das Material ist dadurch regulär chargenpflichtig.

Sie haben nun alle erforderlichen Einstellungen vorgenommen und können die Dokumentationschargen jetzt verwenden.

5.1.2 Ablauf der Erfassung

Im Customizing haben Sie zuvor definiert, in welchen Prozessschritten die Eingabe einer Dokumentationscharge obligatorisch sein soll. In den folgenden Belegen können Sie nun abhängig vom Prozess Dokumentationschargen erfassen:

- **Materialbeleg zur Warenbewegung**
  - Wareneingang zur Fremdbeschaffung

  - Wareneingang und Warenausgang zur Lohnbearbeitung
  - Wareneingang und Warenausgang zur Produktion
- **Auftragsrückmeldung**
  - Wareneingang und Warenausgang zur Produktion
- **Versandbeleg**
  - Wareneingang zur Fremdbeschaffung in der Anlieferung
  - Kommissionierung und Lieferung an Kunden in der Auslieferung

Im Folgenden werden wir Ihnen exemplarisch die Erfassung von Dokumentationschargen bei einem Wareneingang zur Bestellung und bei einer Auftragsrückmeldung in der Komponente PP-PI zeigen.

Dokumentationschargen in Warenbewegungen

Im Beispiel von Abbildung 5.4 werden bei einem Wareneingang zu einer Bestellung mit der SAP-Fiori-App **Warenbewegung buchen** (App-ID MIGO) bzw. Transaktion MIGO (Warenbewegung) Dokumentationschargen erfasst.

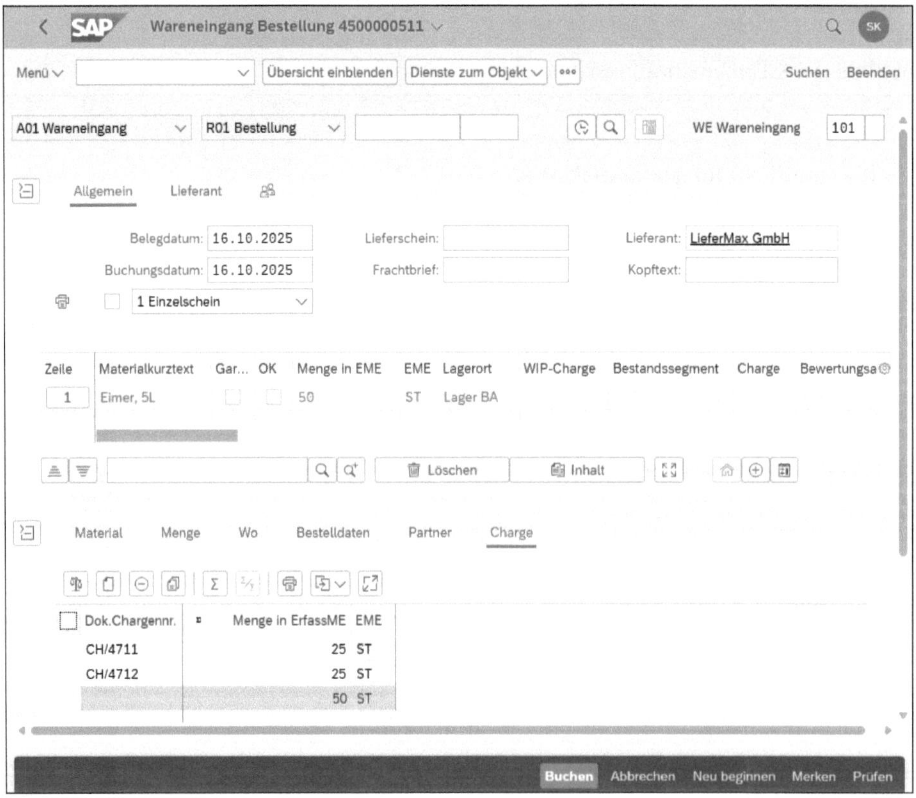

Abbildung 5.4 Dokumentationschargen in Transaktion MIGO eingeben

Auf der Registerkarte **Charge** sehen Sie anstelle eines Felds zur Eingabe einer Charge eine Liste, in die Sie eine oder auch mehrere Dokumentationschargen inklusive einer Mengenverteilung eingeben können.

In diese Liste geben Sie die Dokumentationschargen manuell ein, falls Sie über das BAdI VBDOCUBATCH keine Logik implementiert haben, mit der die Einträge automatisch vorgegeben werden. Über eine solche Logik können Sie z. B. Schablonen definieren, die das Datum, die Zeit, den Lieferanten (im Falle eines Wareneingangs zu einer Bestellung) oder die Produktionslinie (im Falle eines Wareneingangs zu einem Produktionsauftrag) enthalten.

[!]

Identifizierung der tatsächlichen Mengen als Dokumentationschargen

Um eine Rückverfolgbarkeit zu gewährleisten, sollten Sie organisatorisch sicherstellen, dass die physischen (Teil-)Mengen auch über die eingegebenen Dokumentationschargennummern identifiziert werden können – z. B. mithilfe von Etiketten.

Über die Buttons auf der Registerkarte **Charge** aus Abbildung 5.4 rufen Sie die in Tabelle 5.1 beschriebenen Funktionen auf:

Button	Funktion	Bearbeitungsfunktion
	**Eingaben prüfen**	die Eingaben prüfen, z. B. auf numerische Werte im Mengenfeld; eine kundenspezifische Prüfung ist über die Methode BATCH_NUMBER_CHECK des in Abschnitt 5.1.5, »Erweiterungsmöglichkeiten«, beschriebenen BAdI VBDOCUBATCH möglich
	**Zeile anhängen**	beliebig viele zusätzliche Zeilen in der Tabelle erzeugen, um weitere Positionen einzugeben
	**Zeile löschen**	eine Zeile löschen
	**Zeile duplizieren**	eine Zeile duplizieren
	**Summe**	Summenzeile ein- oder ausblenden
	**Vollbild ein-/ausschalten**	die Liste zur Erfassung der Dokumentationschargen als Vollbild anzeigen bzw. wieder auf die Darstellung aus Abbildung 5.4 zurückkehren

Tabelle 5.1 Bearbeitungsfunktionen beim Erfassen von Dokumentationschargen

Falls Sie mehrere Dokumentationschargen mit jeweils einer Menge eingegeben haben, prüft das System abhängig von der Customizing-Einstellung, ob die Summe der von Ihnen eingegebenen Mengen mit der ursprünglich eingegebenen Menge im Beleg übereinstimmt. Die Warnmeldung, die Sie möglicherweise erhalten, können Sie übergehen, damit akzeptieren Sie allerdings eine Inkonsistenz zwischen der Belegpositionsmenge und der Summe der von Ihnen eingegebenen Mengen. Das liegt daran, dass die Belegpositionsmenge nicht automatisch aktualisiert wird. Wenn Sie eine Fehlermeldung erhalten, müssen Sie zuerst die Belegpositionsmenge korrekt auf die von Ihnen eingegebenen Dokumentationschargen anpassen, bevor Sie die Bearbeitung fortsetzen können.

Unterstützte Transaktionen bei Warenbewegungen

Sie haben lediglich mit der Transaktion MIGO (Warenbewegung) die Möglichkeit, im Rahmen von Wareneingängen und Warenausgängen Dokumentationschargen einzugeben. Aus diesem Grund funktioniert die Beleganzeige mit Dokumentationschargen auch nur über die Transaktion MIGO. Dokumentationschargen können bei Umbuchungen oder Umlagerungen nicht erfasst werden.

Verwendung von Dokumentationschargen in der Produktion

Im Gegensatz zu »regulären« Chargen können Dokumentationschargen nicht im Produktionsauftrag vergeben oder bestimmt werden. Eine Eingabe ist nur im Rahmen der Warenbewegungen zu Produktionsaufträgen möglich. Dabei können Sie Warenausgänge zu Produktionsaufträgen nicht nur über Transaktion MIGO (Warenbewegung) erfassen, sondern auch im Rahmen von Auftragsrückmeldungen, z. B. über Transaktion COR6N (Lohn-Rückmeldeschein zum Prozessauftrag), die wir hier als Beispiel verwenden. Nach Auswahl einer Rückmeldung zu einer Phase eines Prozessauftrags gelangen Sie über den Button Warenbewegungen (**Aufruf Warenbewegungsübersicht**) in die Übersicht der zu dieser Rückmeldung zu buchenden Warenbewegungen (siehe Abbildung 5.5).

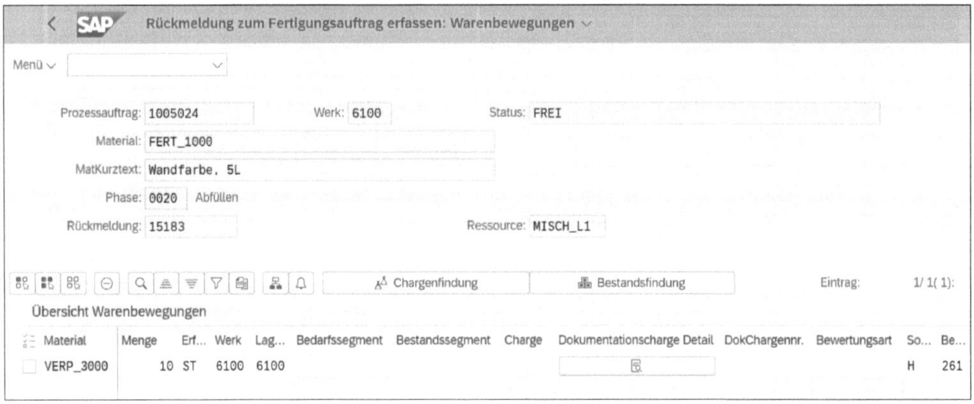

Abbildung 5.5 Dokumentationschargen bei der Auftragsrückmeldung eingeben

Hier können Sie im Feld **DokChargennr.** pro Position für alle relevanten Materialien eine Dokumentationscharge eingeben, für die diese Funktion aktiv ist. Nachdem Sie auf den Button [icon] (**Details zur DokuCharge anzeigen**) geklickt haben, können Sie weitere Positionen von Dokumentationschargen eingeben und eine Mengenaufteilung vornehmen (siehe Abbildung 5.6).

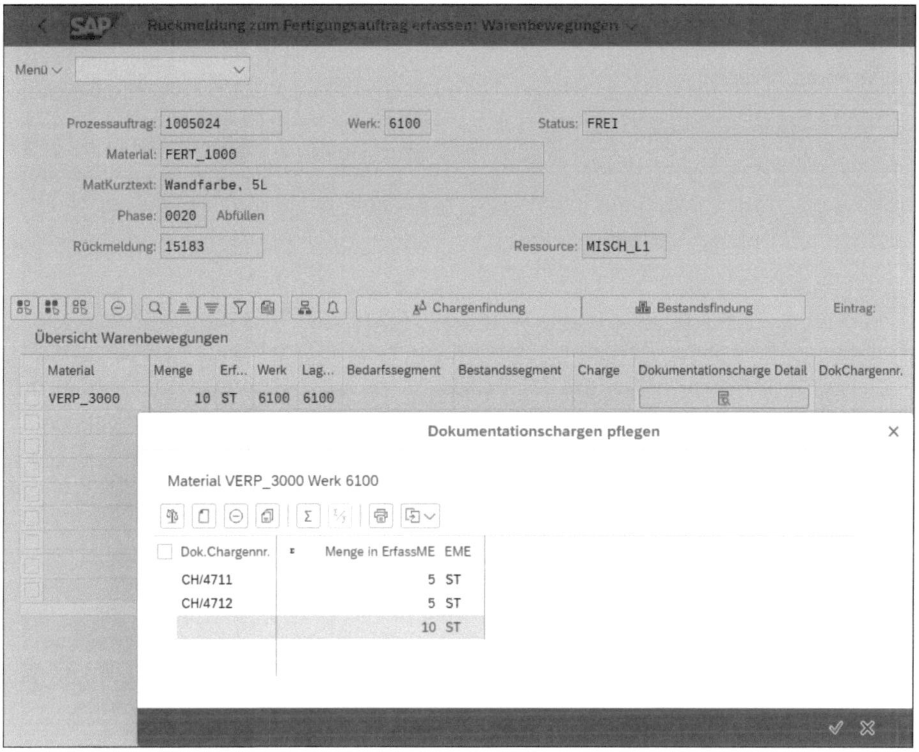

Abbildung 5.6 Details zur Dokumentationscharge in der Auftragsrückmeldung

Falls Sie mehrere Dokumentationschargen für eine Position eingegeben haben, erscheint nach Bestätigung des Pop-ups im Feld **DokChargennr.** der Belegposition anstelle einer konkreten Chargennummer dann der Eintrag **(MEHRERE)**, wie in Abbildung 5.7 dargestellt.

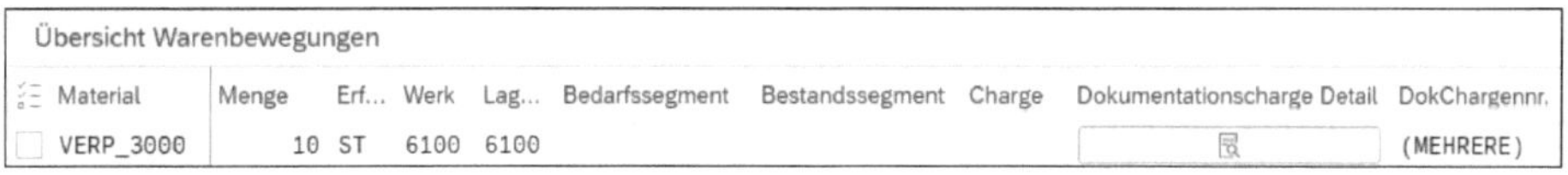

Abbildung 5.7 Mehrere Dokumentationschargen in der Warenbewegungsübersicht der Auftragsrückmeldung

Da Sie in der SAP-Fiori-App **Warenbewegungen nachbearbeiten** (App-ID COGI) bzw. Transaktion COGI (Nachbearbeitung fehlerh. Warenbeweg.) keine Dokumentationschargen erfassen können, müssen Sie diese immer in der Rückmeldung angeben. Falls nun eine Warenbewegung fehlschlägt, wird zunächst ein vorläufiger Chargenverwendungssatz in Form einer geplanten Warenbewegung erzeugt. Sobald Sie den Fehlersatz in Transaktion COGI oder der entsprechenden App verarbeiten, wird dieser in einen echten Chargenverwendungssatz umgesetzt. Dieses Vorgehen gilt auch für die Nachbearbeitung vorgemerkter Rückmeldeprozesse über die SAP-Fiori-App **Vordefinierte Bestätigungsprozesse** (App-ID CO1P) bzw. Transaktion CO1P (Vorgemerkte Rückmeldeprozesse).

[»]

Einsatzgebiete der Dokumentationschargen in der Produktion

Sie können Dokumentationschargen sowohl in allen übrigen Rückmeldetransaktionen zum Fertigungsauftrag, zum Prozessauftrag und in der Serienfertigung als auch bei der Kommissionierung erfassen.

Nicht unterstützt werden allerdings die Materialbereitstellungslisten mit den Transaktionen MF60 (Materialbereitstellungsliste) und MF63 (Bereitstellungssituation) sowie die Kommissionierlisten mit den Transaktionen MB26 (Kommissionierliste) und MF65 (Umlagern zur Reservierung). Von der Rückmeldung entkoppelte Warenbewegungen sind ebenfalls nicht möglich, da in diesem Fall die Dokumentationschargen vom Benutzer nicht erfasst werden können.

Dokumentationschargen im Versand

Im Versand legen Sie für ankommende Materialien die Dokumentationschargen in der Positionsübersicht in der Anlieferung an, z. B. über die SAP-Fiori-App **Anlieferung anlegen** (App-ID VL31N) bzw. Transaktion VL31N (Anlieferung anlegen). Im Falle eines Materials, das zur Auslieferung ansteht, geben Sie die Dokumentationschargen in der Auslieferung bei der Kommissionierung an, z. B. über die SAP-Fiori-App **Auslieferung anlegen – Mit Auftragsbezug** bzw. Transaktion VL01N (Auslieferung zum Kd.auftrag anlegen). Nachdem Sie die Dokumentationschargen im Versandbeleg angelegt haben, wird ein vorläufiger Chargenverwendungssatz erzeugt, der bereits im Chargenverwendungsnachweis berücksichtigt wird. Sobald Sie die Warenbewegung gebucht haben, wird ein endgültiger Chargenverwendungssatz angelegt.

5.1.3 Einschränkungen beim Einsatz der Dokumentationscharge

Es gibt einige Einschränkungen für Dokumentationschargen im Vergleich zur regulären Chargenverwaltung. Folgende Funktionen der Chargenverwaltung sind für Dokumentationschargen nicht verfügbar:

- in den Belegen sind keine Dokumentationschargen enthalten
- keine Chargenfindung

- keine automatische Bewertung von Chargenstammfeldern bzw. -merkmalen, z. B. über Objekt- und Standardmerkmale; dazu verwenden Sie das BAdI VBDOCUBATCH zur Dokumentationscharge (siehe Abschnitt 5.1.5, »Erweiterungsmöglichkeiten«)
- keine automatische Chargennummernvergabe im SAP-Standard, dazu verwenden Sie ebenfalls das BAdI VBDOCUBATCH
- keine Bestandsveränderungen bei Änderung des Chargenzustands (siehe Abschnitt 4.1, »Chargenzustandsverwaltung«)

Einige Funktionen, die normalerweise einen Chargenbezug haben, sind bei der Verwendung von Dokumentationschargen aufgrund der fehlenden Bestandsverwaltung auf Chargenebene lediglich ohne Chargenbezug möglich. Dazu zählen die Prüflosabwicklung in der Komponente QM und die Verfügbarkeitsprüfung. Darüber hinaus gibt es zusätzliche Einschränkungen, die Sie bei einem Einsatz der Dokumentationschargen beachten sollten:

- keine Dokumentationschargen im Umlagerungsbestellprozess mit Lieferungen
- keine Unterstützung von Prozessen in Handling-Unit-verwalteten Lagerorten, Serialnummern und KANBAN
- keine Erfassung von Dokumentationschargen in RFID-Transaktionen oder im Task and Resource Management (TRM)
- keine Kopplung zu anderen Systemen wie PP/DS, SAP BW (Business Warehouse) oder SAP CRM (Customer Relationship Management)
- keine Erweiterung zu bestehenden IDocs (z. B. Lieferavis/Lieferung Nachrichtentyp DESADV)

5.1.4 Rückverfolgung über den Chargenverwendungsnachweis

Der Grund für den Einsatz von Dokumentationschargen ist die Möglichkeit der Rückverfolgung von Teilmengen eines Materials. Für Dokumentationschargen gibt es, wie bereits erläutert, jedoch keine Bestandsführung. Deshalb existieren dafür auch keine Materialbelege. Diese sind allerdings die Grundlage des Chargenverwendungsnachweises, den Sie über die SAP-Fiori-App **Chargenverwendungen anzeigen** (App-ID MB56) bzw. Transaktion MB56 (Chargenverwendungsnachweis auswerten) aufrufen. Damit Dokumentationschargen nun trotzdem im Chargenverwendungsnachweis integriert werden können, müssen Sie bei der Aktivierung des Chargenverwendungsnachweises die Option **synchron buchen** auswählen (siehe dazu Abschnitt 7.2, »Chargenverwendungsnachweis«). Dadurch kann die Verwendung der Dokumentationschargen mit Bezug zum aktuellen Beleg im Verwendungsnachweis direkt fortgeschrieben werden. In Abbildung 5.8 sehen Sie ein Beispiel eines Bottom-up-Chargenverwendungsnachweises auf Basis einer Dokumentationscharge.

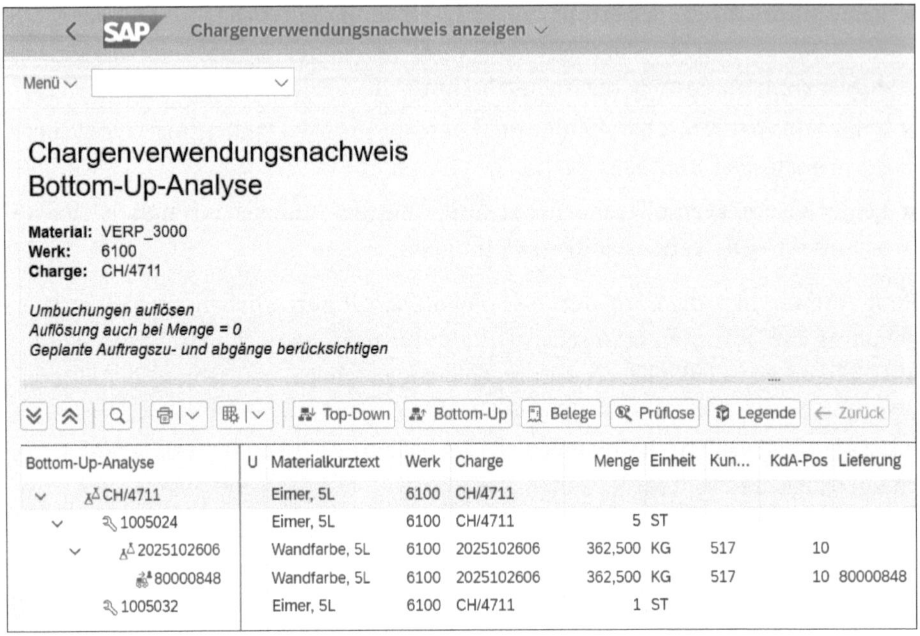

Abbildung 5.8 Bottom-up-Chargenverwendungsnachweis einer Dokumentationscharge

Ausgehend von der Dokumentationscharge CH/4711 des Materials VERP_3000, können Sie hier analysieren, in welche Produktionsaufträge bzw. Zwischen- und Endproduktchargen sie eingegangen ist. In der letzten Stufe erfahren Sie, mit welchen Lieferungen die Endproduktchargen an Kunden ausgeliefert wurden, und sehen die zugrunde liegenden Kundenaufträge. Weitere Informationen zum Chargenverwendungsnachweis erhalten Sie ebenfalls in Abschnitt 7.2.

5.1.5 Erweiterungsmöglichkeiten

Um die bestehenden Funktionen für Dokumentationschargen zu erweitern und an Ihre Bedürfnisse anzupassen, steht Ihnen das BAdI VBDOCUBATCH zur Verfügung. Sie haben damit die Möglichkeit, die Grundeinstellungen im Customizing zu übersteuern, die wir Ihnen in Abschnitt 5.1.1, »Erforderliche Einstellungen«, vorgestellt hatten. Außerdem enthält das BAdI Methoden, mit denen Sie Dokumentationschargennummern bei der Erfassung vorschlagen sowie manuell eingegebene Nummern prüfen lassen können. Das BAdI finden Sie im Customizing unter dem Menüpfad (IMG •) **Logistik Allgemein • Chargenverwaltung • Dokumentationschargen • BAdI: Dokumentationscharge**. Im Rahmen dieses BAdI stehen Ihnen folgende Methoden zur Verfügung:

- **PRODUCT_CHANGE (Materialeinstellungen ändern)**
  Mithilfe dieser Methode können Sie die Customizing-Einstellung der Aktivierung pro Materialart übersteuern. Dadurch ist eine Aktivierung auch für einzelne Materialien einer Materialart oder Werke möglich, obwohl die Dokumentationschargen für diese Materialart inaktiv sind.
- **PROCESS_CHANGE (Einstellungen der Prozessschritte ändern)**
  Hier können Sie die Einstellung im Customizing übersteuern, ob pro Prozessschritt die Erfassung von Dokumentationschargen **obligatorisch** oder **nicht möglich** ist. Zum Beispiel könnten Sie hier für bestimmte Produktionsauftragsarten die Erfassung von Dokumentationschargen beim Warenausgang und Wareneingang ausschalten, während für alle übrigen die Erfassung obligatorisch ist.
- **DOCUBATCHES_PRELOAD (Dokumentationschargen vorbelegen)**
  Diese Methode ermöglicht einen automatischen Vorschlag bei der Erfassung von Dokumentationschargennummern, z. B. bei einem Wareneingang. Ähnlich einer internen Chargennummernvergabe können Sie hier Schablonen nutzen, um Dokumentationschargennummern vorzugeben, z. B. eine mit einem Datums- und Zeitstempel sowie einem Produktionsliniencode versehene Chargennummer.
- **BATCH_NUMBER_CHECK (Dokumentationschargennummer prüfen)**
  Falls Dokumentationschargen manuell vom Benutzer erfasst werden, z. B. bei einem Warenausgang, können Sie mithilfe dieser Methode die eingegebenen Nummern auf Zulässigkeit prüfen. Zum Beispiel könnten Sie hier prüfen, ob für die Charge ein Chargenstamm existiert und die Nummer von einer korrekten Produktionslinie stammt. Dies setzt voraus, dass Sie zuvor beim Wareneingang den Code für die Produktionslinie mithilfe der Methode DOCUBATCHES_PRELOAD in die Chargennummer integriert haben.
- **BATCH_MASTER_CREATE (Einstellung ändern 'Chargenstamm anlegen')**
  Mit dieser Methode können Sie die Customizing-Einstellung übersteuern, ob bei der Erfassung von Dokumentationschargen bei einem Wareneingang auch gleichzeitig ein Chargenstamm im Hintergrund angelegt wird. Dies können Sie z. B. vom Prozessschritt, von der Produktionsauftragsart oder weiteren Informationen abhängig machen.

[!]

Selektive Auswahl von Materialien innerhalb einer Materialart

Falls lediglich für ausgewählte Materialien einer Materialart die Möglichkeit der Eingabe einer Dokumentationscharge über das BAdI aktiviert werden soll, muss trotzdem ein Eintrag in der Steuerungstabelle pro Materialart (siehe Abbildung 5.1) für diese Materialart vorhanden sein. Nur dann wird das BAdI auch durchlaufen. Für die Materialart würden Sie in diesem Fall den Eintrag **Keine Dokumentationschargen** wählen und dann im BAdI für die relevanten Materialien die Dokumentationscharge aktivieren.

5.2 Ursprungscharge

Die Funktion zur Verwaltung von Ursprungschargen wurde unter anderem für die Stahl-, Papier- und Textilindustrie entwickelt. Über diese eigene Chargenart können Sie z. B. einer Bestellposition eine Ursprungscharge zuordnen, auf der dann alle nachfolgenden Zwischenstufen und Endprodukte basieren sollen. Sie halten damit alle ursprünglichen Eigenschaften der Ursprungscharge fest, die sich im weiteren Produktionsverlauf nicht mehr ändern. Sie können nun diese Eigenschaften automatisch an alle nachfolgenden Produktionsstufen weitergeben, was den Buchungsaufwand in erheblichem Maße reduziert. Dabei können Sie ein nicht bestandsgeführtes und nicht bewertetes sogenanntes Ursprungschargen-Referenzmaterial nutzen und dies einem oder mehreren Materialien zuordnen. Alternativ zur Bestellung können Sie auch einem eigengefertigten Material über den Produktionsauftrag eine Ursprungscharge zuordnen. Die Ursprungscharge ist dabei sowohl in den Chargenverwendungsnachweis als auch in das Batch Information Cockpit integriert.

[»]

Aufwand und Nutzen der Ursprungscharge

Bei der Ursprungscharge müssen Sie in den Stammdaten zusätzliche Einstellungen im Materialstamm vornehmen, optional ist jedoch die Pflege von Referenzmaterialien. In den Bewegungsdaten müssen die Ursprungschargen zu Bestellungen und Produktionsaufträgen zugeordnet werden.

Der potenzielle Nutzen besteht in der Reduzierung des Aufwands und der Fehleranfälligkeit durch automatische Vererbung der Chargenmerkmalswerte aus der Ursprungscharge.

5.2.1 Stammdaten

Um die Funktion der Ursprungscharge zu aktivieren, setzen Sie das Kennzeichen **Ursprungscharge-Referenzmaterial** in den globalen Einstellungen zum Materialstamm. Dies nehmen Sie im Customizing über den Menüpfad (IMG •) **Logistik Allgemein • Materialstamm • Grundeinstellungen • Globale Einstellungen vornehmen** (Transaktion OMTO) vor. Es werden dann die beiden Felder **UC-Führung** und **UC-Referenzmaterial** in den Materialstammsichten **Einkauf**, **Arbeitsvorbereitung** und **Werksdaten/Lagerung1** eingeblendet, wie in Abbildung 5.9 exemplarisch für die Sicht **Einkauf** dargestellt. Wenn Sie das Kennzeichen **UC-Führung** (Ursprungschargenführung) setzen, ist die Chargenpflicht obligatorisch und kann in diesem Fall auch nicht deaktiviert werden.

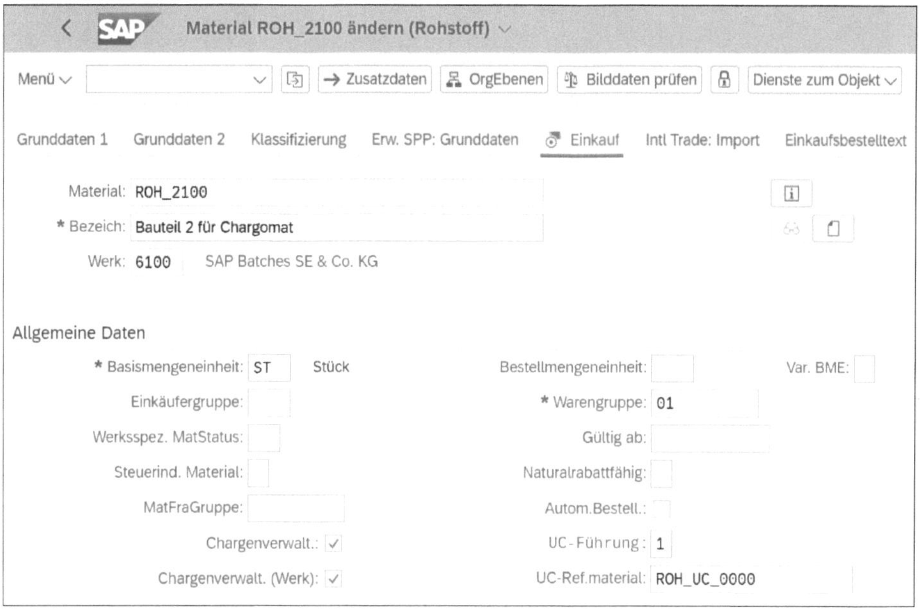

Abbildung 5.9 Ursprungschargenführung im Materialstamm setzen

Falls Sie ein Referenzmaterial für Ursprungschargen verwenden möchten, tragen Sie es im Feld **UC-Ref.material** ein. Sobald Sie dann wie im Beispiel aus Abbildung 5.9 für das Material ROH_2100 eine Ursprungscharge anlegen, wird diese automatisch zu dessen Ursprungschargen-Referenzmaterial ROH_UC_0000 angelegt.

[zB]

Verwendung eines Ursprungschargen-Referenzmaterials

Das Ursprungschargen-Referenzmaterial kann dabei ein unbewertetes Material sein. Dies ermöglicht Ihnen die Trennung von Bestandschargen zum einen und Ursprungschargen ohne Bestand zum anderen. Die Bestandschargen können Sie mit einer reduzierten Anzahl von Chargenmerkmalen versehen, wobei Sie in den Ursprungschargen umfangreiche Analyseergebnisse in den Chargenmerkmalen hinterlegen. Falls Sie die kompletten Analyseergebnisse der Ursprungscharge im weiteren logistischen Prozess z. B. für eine Chargenfindung benötigen, können Sie natürlich auch alle Merkmalswerte auf die Bestandschargen übertragen, indem Sie einfach für beide Materialien dieselbe Chargenklasse verwenden.

Falls Sie ohne Referenzmaterial arbeiten, wird eine Ursprungscharge automatisch zum Material aus der Bestellposition bzw. aus dem Produktionsauftrag angelegt.

[»]

Erweiterungen zur Ursprungscharge in der Branchenlösung Mill Products (IS-MP)

In der Branchenlösung Mill Products haben Sie zusätzlich die Möglichkeit, in einem Schritt den Chargenzustand aller Chargen zu ändern, die einer Ursprungscharge zugeordnet sind. Zudem können Sie eine sogenannte *ursprungsreine Chargenfindung* durchführen. Dabei können für eine Auftragsposition im Rahmen der Chargenfindung nur Chargen derselben Ursprungscharge ermittelt werden.

5.2.2 Einsatz von Ursprungschargen in Beschaffung und Produktion

In diesem Abschnitt beschreiben wir Ihnen ein mögliches Szenario für den Einsatz von Ursprungschargen zur durchgängigen Vererbung der Eigenschaften einer Lieferantencharge entlang des gesamten Wertschöpfungsprozesses. Diese Lieferantencharge zur Komponente ROH_2100, die Ihnen in mehreren Bestellungen geliefert wird, definieren Sie als Ursprungscharge. Dabei bilden Sie jede angelieferte Teilmenge als eigenständige Charge im Bestand ab, immer auf derselben Ursprungscharge basierend. Die Komponente ROH_2100 wird dann in einem Produktionsauftrag zu Material FERT_2000 weiterverarbeitet.

Chargenstamm für Ursprungscharge anlegen

Zunächst legen Sie z. B. mit der SAP-Fiori-App **Chargen verwalten** (App-ID F2462) bzw. Transaktion MSC1N (Charge anlegen) einen Chargenstamm zum Ursprungschargen-Referenzmaterial an, um so die Lieferantencharge abzubilden. Dort pflegen Sie die ursprünglichen Eigenschaften, die für alle Teilmengen gelten, die von dieser Lieferantencharge geliefert werden. Sobald Sie eine Bestellung für die Komponente angelegt haben, können Sie diese Charge der Bestellung als Ursprungscharge zuordnen. Diese Zuordnung nehmen Sie über folgenden Menüpfad vor: **Logistik • Zentrale Funktionen • Chargenverwaltung • Ursprungscharge • Ursprungschargen in der Beschaffung** (Transaktion BMOBPUR).

In Abbildung 5.10 wird die Charge UC_1000001 des Ursprungschargen-Referenzmaterials ROH_UC_0000 der Bestellung 4500000512 des Materials ROH_2100 zugeordnet. Dadurch wird für die als Ursprungscharge deklarierte Charge UC_1000001 automatisch das Kennzeichen **Ursprungscharge** im Chargenstamm gesetzt.

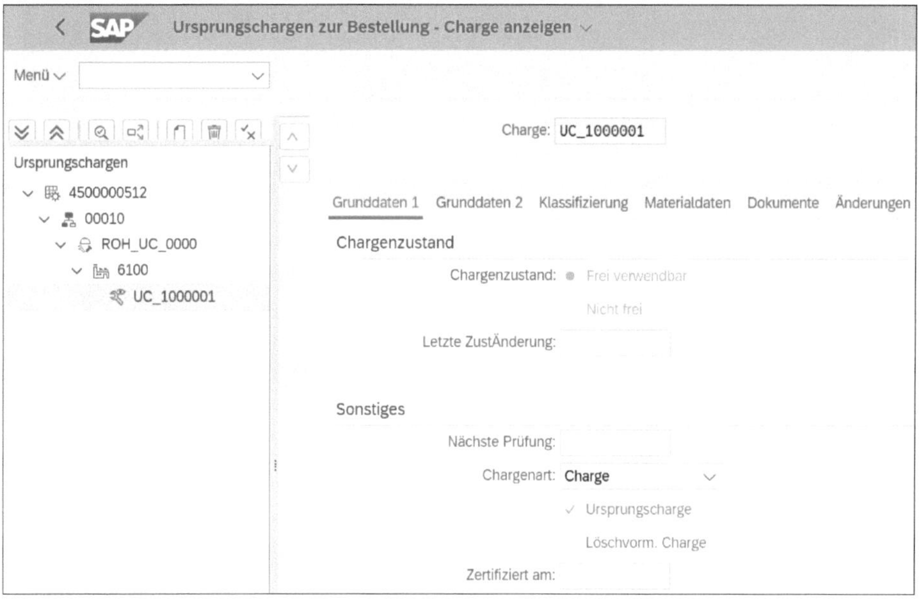

Abbildung 5.10 Ursprungscharge zur Bestellung anlegen

Bestellabwicklung und Wareneingangsbuchung

Sobald Sie den Wareneingang zu dieser Bestellung buchen, werden die Merkmalswerte der Ursprungscharge auf die Wareneingangscharge automatisch übertragen. Voraussetzung dafür ist, dass Sie das Kopieren von Merkmalen aus der Klassifizierung von Ursprungschargen beim Wareneingang aktiviert haben. Diese Einstellung nehmen Sie im Customizing über den Menüpfad (IMG •) **Logistik Allgemein • Chargenverwaltung • Chargenbewertung • Bewertung bei Warenbewertungen in der Bestandsführung • Chargenklassifizierung bei Warenbewegungen aktivieren** (Transaktion OMCV) vor (siehe Abbildung 5.11). Zur Bewegungsart 101 (Wareneingang) setzen Sie dazu das Kennzeichen **Merkmale kop.** auf eine der folgenden Ausprägungen (siehe dazu auch Abschnitt 2.4.2, »Chargenneuanlage und Chargenmerkmalsbewertung in der Bestandsführung«):

1	Übernahme der Merkmalswerte aus der Klassifizierung
3	Übernahme der Merkmalswerte aus der Variantenkonfiguration (Konfiguration der Auftragsposition) und ergänzend aus der Klassifizierung
4	Übernahme der Merkmalswerte aus der Klassifizierung und ergänzend aus der Variantenkonfiguration

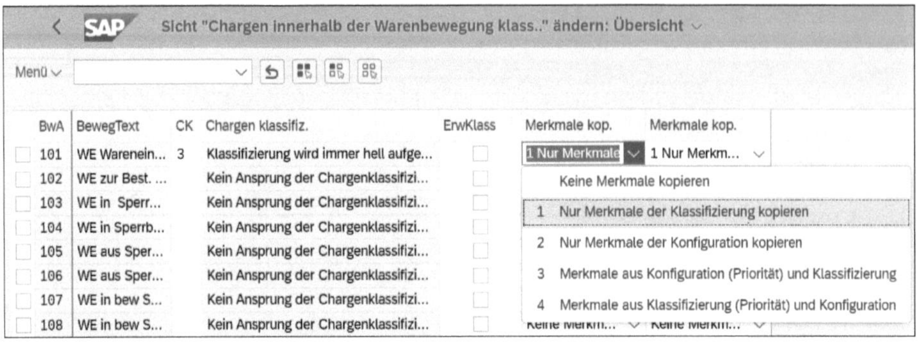

Abbildung 5.11 Kopierregeln für Chargenmerkmalswerte bei Warenbewegungen einstellen

Mit der Ausprägung 1 übernehmen Sie für gleiche Quell- und Zielchargenmerkmale ausschließlich die Merkmalswerte aus der Klassifizierung der Ursprungscharge bzw. der WIP-Charge (siehe Abschnitt 5.3). Bei den Ausprägungen 3 und 4 werden sowohl Merkmale aus der Klassifizierung als auch aus der Variantenkonfiguration mit jeweils unterschiedlicher Priorisierung berücksichtigt.

[»]

Standardmerkmale zur Ursprungscharge

Wenn Sie einen Wareneingang zu einer Bestellung mit Bezug zu einer Ursprungscharge buchen, werden ebenfalls die verfügbaren Standardmerkmale zur Ursprungschargenabwicklung automatisch bewertet. Dazu gehören die Standardmerkmale LOBM_UCCHA (Ursprungscharge), LOBM_UCMAT (Material zur Ursprungscharge) und LOBM_UCWRK (Werk der Ursprungscharge), die Sie dazu in Ihre Chargenklasse aufnehmen.

Produktion

Die ursprünglichen Eigenschaften der Lieferantencharge sind über die gesamte Wertschöpfungskette gültig und sollen deshalb auch auf das gefertigte Produkt vererbt werden. Deshalb weisen Sie nun auch dem Produktionsauftrag die Ursprungscharge zu. Dazu nutzen Sie den Menüpfad **Logistik • Zentrale Funktionen • Chargenverwaltung • Ursprungscharge • Ursprungschargen in der Fertigung** (Transaktion BMOB-PRO). Alternativ können Sie die Zuordnung einer Ursprungscharge direkt im Produktionsauftrag über den Menüpfad **Springen • Ursprungscharge • Anlegen** vornehmen. Über den Button (**Vererbende Ursprungscharge zuordnen**) werden Ihnen automatisch die Ursprungschargen zur Einsatzkomponente bzw. zu deren Ursprungschargen-Referenzmaterial vorgeschlagen. Sie wählen nun die entsprechende Ursprungscharge aus (siehe Abbildung 5.12). Voraussetzung für die Zuordnung einer vererbenden Ursprungscharge ist, dass Sie im Produktionsauftrag bereits die Chargen für die Komponente, z. B. über die Chargenfindung, ermittelt haben.

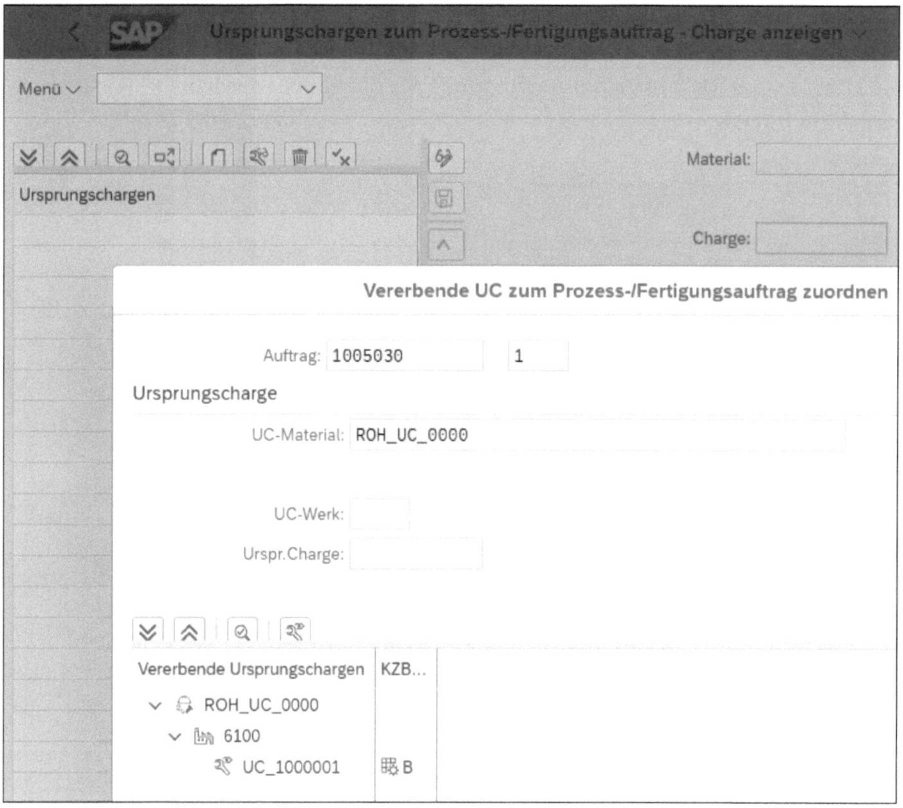

Abbildung 5.12 Vererbende Ursprungscharge zum Produktionsauftrag zuordnen

Beim nachfolgenden Wareneingang zum Produktionsauftrag werden die Merkmalswerte aus der Ursprungscharge automatisch auf die Wareneingangscharge übernommen.

Ursprungschargen-Referenzmaterial in der Fertigungsversion

Falls Sie ein Ursprungschargen-Referenzmaterial in der Fertigungsversion angegeben haben, wird dieses anstelle des Referenzmaterials aus dem Materialstamm verwendet.

Chargenverwendungsnachweis

Über den Chargenverwendungsnachweis können Sie schnell identifizieren, in welche Produktionsaufträge diejenigen Komponentenchargen eingeflossen sind, die auf einer bestimmten Ursprungscharge basieren. In Abbildung 5.13 sehen Sie einen Top-down-Chargenverwendungsnachweis für die Ursprungscharge UC_1000001. Die beiden Rohstoffchargen 2025102603 und 2025102604 wurden dabei mit Bezug zu dieser

Ursprungscharge angelegt. Außerdem wurde die Ursprungscharge UC_1000001 im Produktionsauftrag 1005030 eingesetzt, mit dem die Endproduktcharge 2025102605 produziert wurde. Ursprungschargen können Sie dabei über das Icon (**Ursprungscharge**) identifizieren.

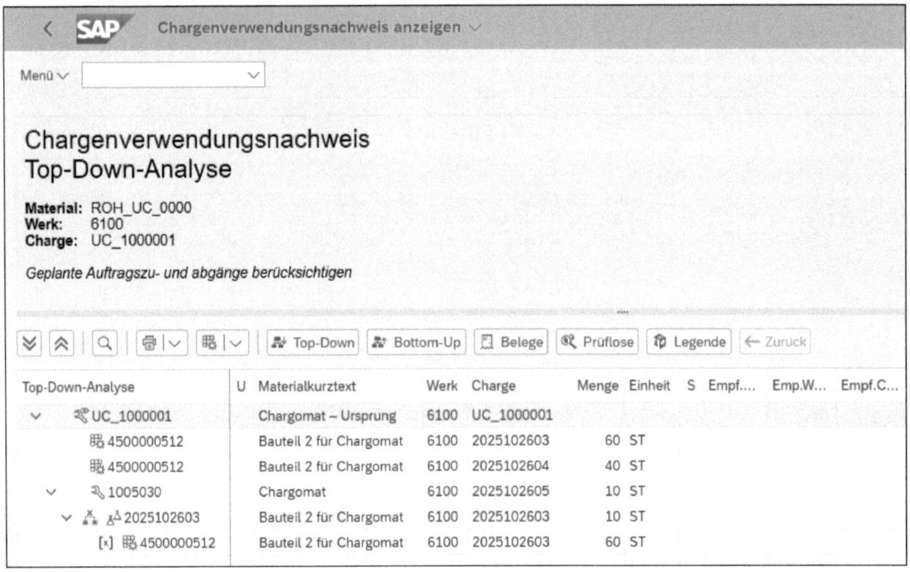

Abbildung 5.13 Chargenverwendungsnachweis für eine Ursprungscharge

5.3 WIP-Chargen

Mit der regulären Chargenabwicklung erreichen Sie eine Dokumentation und Rückverfolgbarkeit der Komponentenchargen, die in den Produktionsprozess eingehen, sowie der produzierten Chargen, die aus dem Produktionsprozess heraus entstehen. Der Materialfluss während der einzelnen Bearbeitungsschritte der Produktion bleibt dabei allerdings verborgen. Ein Produktionsauftrag stellt dabei eine »Blackbox« dar und ist der feinste Detaillierungsgrad bzw. das verknüpfende Element zwischen Komponenten- und produzierten Chargen im Chargenverwendungsnachweis.

Die WIP-Charge (WIP = Work In Process) ermöglicht Ihnen die Abbildung von Chargen, die temporär während des Produktionsprozesses auftreten. Dadurch können Sie WIP-Chargen während der Rückmeldung zum Produktionsauftrag anlegen und bearbeiten, um so den Materialfluss exakt zu beschreiben. Sie bilden dadurch, ausgehend von den Chargen der Einsatzkomponenten über die WIP-Chargen, den kompletten Materialfluss bis zu den produzierten Chargen ab. Eine solche detaillierte Abwicklung kann aus Gründen der Qualitätskontrolle sowie aufgrund erhöhter Anforderungen an die Rückverfolgbarkeit erforderlich sein. Weitere optionale Ausprägungen der WIP-Chargenabwicklung sind eine zusätzliche Bestandsführung auf der Ebene der

WIP-Chargen sowie eine Bewertung von WIP-Chargen. Dadurch können Sie den Wert einer WIP-Charge über die Plankosten des aktuellen Bearbeitungsschritts ermitteln. Das der WIP-Chargenabwicklung zugrunde liegende Konzept und die Abbildung im SAP-System lernen Sie in diesem Abschnitt kennen. Zudem sehen Sie, wie WIP-Chargen in die »reguläre« Chargenverwaltung integriert sind.

[«]

Aufwand und Nutzen der WIP-Charge

Bei der WIP-Charge müssen Sie in den Stammdaten zusätzliche Einstellungen im Materialstamm und am Arbeitsplan bzw. Planungsrezept vornehmen, optional ist jedoch die Pflege von Referenzmaterialien. In den Bewegungsdaten müssen die WIP-Chargen in der Auftragsrückmeldung manuell erfasst und bearbeitet werden.

Der potenzielle Nutzen besteht in der Chargenrückverfolgung innerhalb der Bearbeitungsschritte eines Produktionsauftrags. Darüber hinaus ermöglicht die WIP-Charge die mengen- und wertmäßige Berücksichtigung von Teilmengen von Zwischenprodukten, ohne dass dafür eine eigene Fertigungs- oder Planungsebene eingeführt werden muss. Außerdem werden der Aufwand und die Fehleranfälligkeit reduziert, da die Chargenstamm- und -merkmalsdaten von den Komponentenchargen über die WIP-Chargen bis zu den produzierten Wareneingangschargen automatisch vererbt werden.

[«]

WIP-Chargenabwicklung in PP und PP-PI

Sie können WIP-Chargen in den SAP-S/4HANA-Komponenten PP und PP-PI verwenden, die Funktion ist in beiden Fällen identisch. Die verfügbaren Aktionen zu WIP-Chargen stehen Ihnen in PP bei der Rückmeldung zum Vorgang zur Verfügung, in PP-PI bei der Rückmeldung zur Phase.

5.3.1 Konzept und Ablauf der WIP-Chargenabwicklung

Die WIP-Chargenabwicklung basiert auf den Prozesschargen aus der Branchenlösung SAP for Mill Products (IS-MP). Diese wurden als WIP-Chargen in den SAP-Standard übernommen. Sie können damit den Materialfluss während des Produktionsprozesses über temporär auftretende Chargen, die die spezielle Chargenart *WIP-Charge* besitzen, detailliert abbilden. Dabei ist es nicht notwendig, für diese Zwischenproduktionsstufen eigene Materialnummern und somit weitere Bedarfsplanungsebenen einzuführen.

Eine WIP-Charge existiert lediglich innerhalb eines Produktionsprozesses, der als genau ein Produktionsauftrag im SAP-System dargestellt wird. Die Menge und die Eigenschaften einer WIP-Charge repräsentieren dabei den momentanen Bearbeitungsstand des produzierten Materials während eines Arbeitsvorgangs. Sie legen

WIP-Chargen deshalb während der Rückmeldung zu einem Produktionsauftrag an. Dort können Sie sie auch bearbeiten, indem Sie mehrere WIP-Chargen zusammenführen oder eine WIP-Charge teilen. Darüber hinaus ordnen Sie dort WIP-Chargen zu Komponentenchargen und zu Chargen des gefertigten Materials zu.

[!]

Keine gleichzeitige Verwendung von WIP-Chargen und Dokumentationschargen in einem Produktionsauftrag möglich

Falls Sie Dokumentationschargen verwenden (siehe Abschnitt 5.1, »Chargenverwaltung ›Lean‹: Dokumentationschargen«), müssen Sie dabei beachten, dass WIP-Chargen und Dokumentationschargen nicht im selben Produktionsauftrag auftreten dürfen. Eine Auftragsrückmeldung mit beiden Chargenkonzepten zugleich ist nicht möglich.

Grundlegender Ablauf

Den grundlegenden Ablauf einer WIP-Chargenabwicklung haben wir Ihnen anhand eines Beispiels in Abbildung 5.14 dargestellt. Dieses Beispiel werden wir zudem in Abschnitt 5.3.3 wieder aufgreifen, in dem wir Ihnen den Ablauf der WIP-Chargenabwicklung im SAP-System vorstellen.

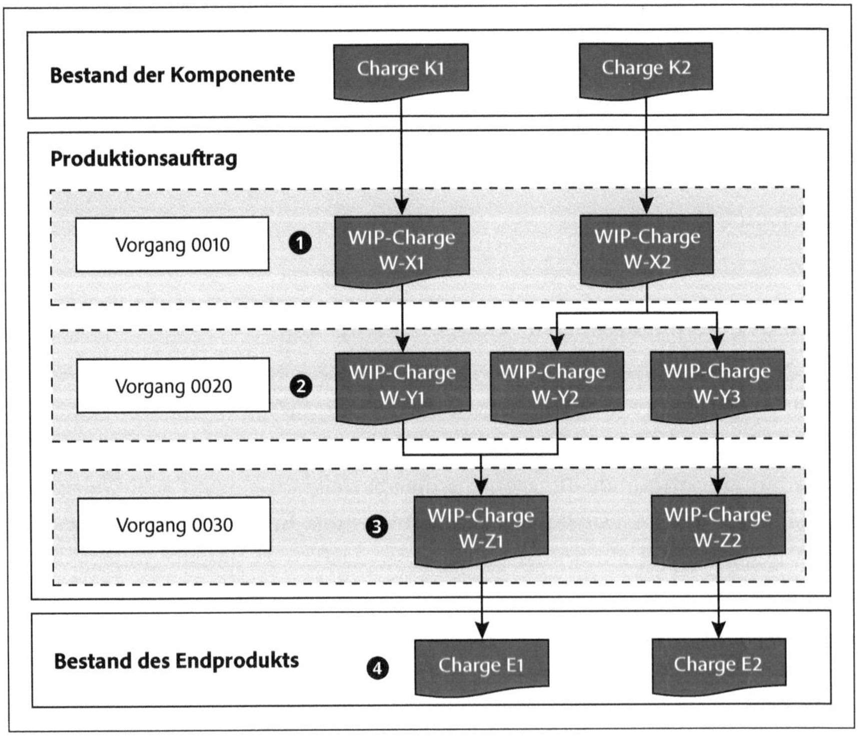

Abbildung 5.14 WIP-Chargenabwicklung bei der Auftragsrückmeldung

Bei der Rückmeldung des ersten Arbeitsvorgangs 0010 aus Abbildung 5.14 buchen Sie den Warenausgang der Komponentencharge K1. Dabei legen Sie die erste während dieses Vorgangs entstandene WIP-Charge W-X1 an ❶. Eine weitere WIP-Charge W-X2 entsteht aus der Komponentencharge K2.

Zum Vorgang 0020 melden Sie drei weitere WIP-Chargen zurück: WIP-Charge W-Y1, die aus der vorherigen WIP-Charge W-X1 entstanden ist, sowie die beiden WIP-Chargen W-Y2 und W-Y3, die beide aus einer Teilung aus WIP-Charge W-X2 hervorgegangen sind ❷.

Im letzten Vorgang 0030 melden Sie WIP-Charge W-Z1 zurück, die aus der Zusammenführung der beiden vorherigen WIP-Chargen W-Y1 und W-Y2 entstand, sowie WIP-Charge W-Z2 mit direktem Bezug zur WIP-Charge W-Y3 ❸. Dabei melden Sie außerdem die Produktion der beiden Chargen E1 und E2 zurück, die Sie jeweils mit einer Referenz zu WIP-Charge W-Z1 und W-Z2 versehen ❹. Wenn Sie nun den Chargenverwendungsnachweis für WIP-Chargen aufrufen, wird der komplette Materialfluss, den Sie über die WIP-Chargen abgebildet haben, dort angezeigt.

Abbildung von Qualitätskriterien und anderen Chargenmerkmalen

Optional können Sie für die WIP-Chargen die Klassifizierung nutzen, um in den WIP-Chargen Qualitätsdaten oder andere Merkmalswerte zu hinterlegen. Dadurch werden die Merkmalswerte von den eingesetzten Komponentenchargen automatisch auf die WIP-Chargen kopiert. Ebenso werden die Merkmalswerte einer WIP-Charge auf die WIP-Charge der nächsten Produktionsstufe weitergegeben. Im letzten Arbeitsvorgang lassen sich die Merkmalswerte der WIP-Chargen ebenfalls auf eine Wareneingangscharge kopieren.

Bestandsführung von WIP-Chargen

Als eine weitere Detaillierungsstufe ist eine Bestandsführung auf der Ebene der WIP-Chargen möglich. Das ist dann sinnvoll, wenn Sie auch in den Bestandsübersichten den aktuellen Zwischenstand der Bearbeitung innerhalb eines Produktionsauftrags verfolgen möchten, vor allem wenn dieser über einen längeren Zeitraum läuft oder Sie den Bestand während eines Produktionsstopps verwalten möchten.

Dazu ordnen Sie dem produzierten Material, zu dem Sie WIP-Chargen anlegen möchten, ein unbewertetes Ursprungschargen-Referenzmaterial zu (siehe Abschnitt 5.2.1, »Stammdaten«). Zu diesem Referenzmaterial werden dann die WIP-Chargen automatisch angelegt – nicht zum produzierten Material. Ohne diese Zuordnung wird ein Wareneingang zu einer WIP-Charge mit dem aktuell gültigen Preis des zu produzierenden Materials gebucht, obwohl durch den Wareneingang lediglich ein Zwischenstand der Produktion und dessen Bestandswert dokumentiert werden soll. Auf diese Weise würde der Bestandswert verfälscht im System abgebildet werden.

Bewertung von WIP-Chargenbeständen

Alternativ zur reinen Bestandsführung von WIP-Chargen können Sie zudem in jedem Vorgang eine Bewertung der WIP-Chargenbestände vornehmen. Eine WIP-Charge wird dann beim Wareneingang mit den Plankosten des aktuellen Arbeitsvorgangs bewertet. In diesem Fall benötigen Sie allerdings ein Ursprungschargen-Referenzmaterial mit einer bewerteten Materialart. Alternativ weisen Sie kein Referenzmaterial zu, sodass die WIP-Chargen direkt zum produzierten Material angelegt werden. Eine zusätzliche Voraussetzung ist, dass Sie für das produzierte Material die Funktion der Chargeneinzelbewertung aktivieren, die dann auch für die WIP-Chargen gilt (siehe dazu auch Abschnitt 5.5.2, »Chargeneinzelbewertung«), nur so ist die Bewertung der WIP-Chargenbestände möglich.

[»]

Integration der WIP-Chargen mit weiteren Prozessen in der Logistik

Sie können für WIP-Chargen zudem eine Qualitätsprüfung durchführen. Um ein Prüflos zu einer WIP-Charge bei einem Wareneingang zu erzeugen, nutzen Sie eine Prüfart der Prüflosherkunft 05 (Sonstiger Wareneingang). Auch hier können Sie die Prüfergebnisse an die WIP-Chargen übertragen (siehe Abschnitt 4.3.1, »Übertragung von Prüfergebnissen an Chargenmerkmale«).

Sie haben darüber hinaus die Möglichkeit, die WIP-Chargenabwicklung bei der Rückmeldung fremdbearbeiteter Vorgänge zu nutzen. Dadurch können Sie einem Lohnbearbeiter Komponenten in Form von WIP-Chargen zur Verfügung stellen, die während des Eigenfertigungsprozesses entstanden sind.

5.3.2 Erforderliche Einstellungen

Abhängig davon, welche Funktionen der WIP-Chargenabwicklung Sie verwenden möchten, nehmen Sie verschiedene Einstellungen vor. Neben der generellen Aktivierung gibt es zusätzliche erforderliche Einstellungen, falls Sie für WIP-Chargen zusätzlich eine Bestandsführung ermöglichen möchten. Die Details dazu erfahren Sie in diesem Abschnitt.

WIP-Chargenabwicklung aktivieren

Sobald Sie sich entschieden haben, die WIP-Chargen zu nutzen, aktivieren Sie diese zunächst im Customizing über den Menüpfad (IMG •) **Logistik Allgemein • Chargenverwaltung • WIP-Chargen • WIP-Charge aktivieren** (Transaktion OMCWB). Nach einer erfolgten Aktivierung können Sie diese Einstellung allerdings nicht mehr zurücknehmen. Das bedeutet, dass die dadurch aktivierten Ergänzungen im Customizing und in den Stammdaten immer angezeigt werden.

[«]

Aktivierung der Business Functions für WIP-Chargen

Wenn Sie WIP-Chargen einsetzen möchten, müssen Sie zuvor im Customizing die dazu vorgesehene Business Function aktiviert haben. Dies erledigen Sie über den Menüpfad (IMG •) **Business Functions aktivieren** (Transaktion SFW5). Im Ordner **ENTERPRISE_BUSINESS_FUNCTIONS** finden Sie die beiden Business Functions LOG_PP_WIP_BATCH (Work In Process-Charge) und LOG_PP_WIP_BATCH_02 (Work In Process-Charge Erweiterungen). Um eine Business Function im nächsten Schritt zu aktivieren, markieren Sie zuerst das Kennzeichen Geplanter Zustand und klicken dann auf den Button [Änderungen aktivieren].

Erst nach Aktivierung der Business Function LOG_PP_WIP_BATCH steht Ihnen im Customizing der Eintrag zur Aktivierung der WIP-Chargen zur Verfügung. Mit der Business Function LOG_PP_WIP_BATCH_02 können Sie zudem eine Bewertung von WIP-Chargen durchführen. Darüber hinaus ermöglicht sie generell die parallele Nutzung von Dokumentationschargen und WIP-Chargen in einem System. Eine gleichzeitige Nutzung beider Funktionen während eines Rückmeldevorgangs ist allerdings von SAP nicht vorgesehen.

Bestandsführung für WIP-Chargen

Sie können neben der Fortschreibung der Chargenverwendung zusätzlich eine Bestandsführung für WIP-Chargen realisieren. Dazu aktivieren Sie zunächst die Möglichkeit, für WIP-Chargen während einer Auftragsrückmeldung eine Wareneingangsbuchung durchzuführen. Diese Einstellung nehmen Sie in den auftragsartabhängigen Parametern im Customizing über folgenden Menüpfad (IMG •) **Produktion • Fertigungssteuerung • Stammdaten • Auftrag • Auftragsartabhängige Parameter definieren** (Transaktion OPL8) vor.

Hier setzen Sie auf der Registerkarte **Realisierung** im Bereich **WIP-Charge** das Kennzeichen **Warenbewegung zur WIP-Charge buchen**. Sie können dann bei der Rückmeldung eine Wareneingangsbuchung zu einer WIP-Charge vornehmen, sofern der Steuerschlüssel des Vorgangs dies vorsieht bzw. erlaubt. Um sich die Materialbelege dazu in den dokumentierten Warenbewegungen im Produktionsauftrag anzeigen zu lassen, setzen Sie auf der gleichen Registerkarte zusätzlich das Kennzeichen **WE zur WIP-Charge** im Bereich **Dokumentation von Warenbewegungen** (siehe Abbildung 5.15).

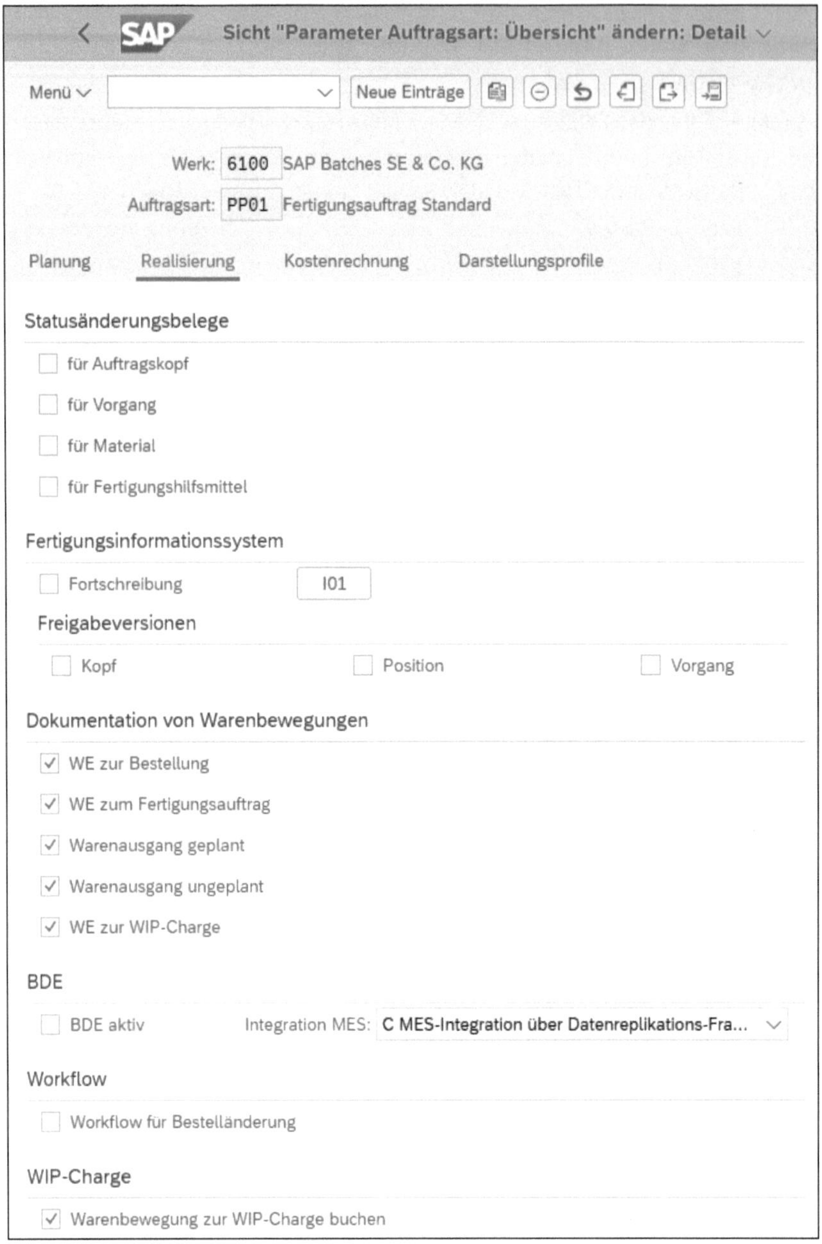

Abbildung 5.15 Wareneingang zur WIP-Charge aktivieren

[!]

Einschränkung bei der Bestandsführung und -bewertung von WIP-Chargen

In der WIP-Chargenabwicklung können Sie keine Kundeneinzelbestandsführung und -bewertung nutzen.

Darüber hinaus pflegen Sie die Bewegungsarten, die für den Wareneingang und den Warenausgang von WIP-Chargen verwendet werden sollen. Dies stellen Sie im Customizing über den Menüpfad (IMG •) **Produktion • Fertigungssteuerung • Integration • Bewegungsarten festlegen** (Transaktion OPKA) ein. Wie in Abbildung 5.16 dargestellt, wählen Sie hier entweder die Standardbewegungsarten 521 (Eingang ohne Auftrag) und 522 (WR Eingang ohne FAuf) oder verwenden eigendefinierte Bewegungsarten.

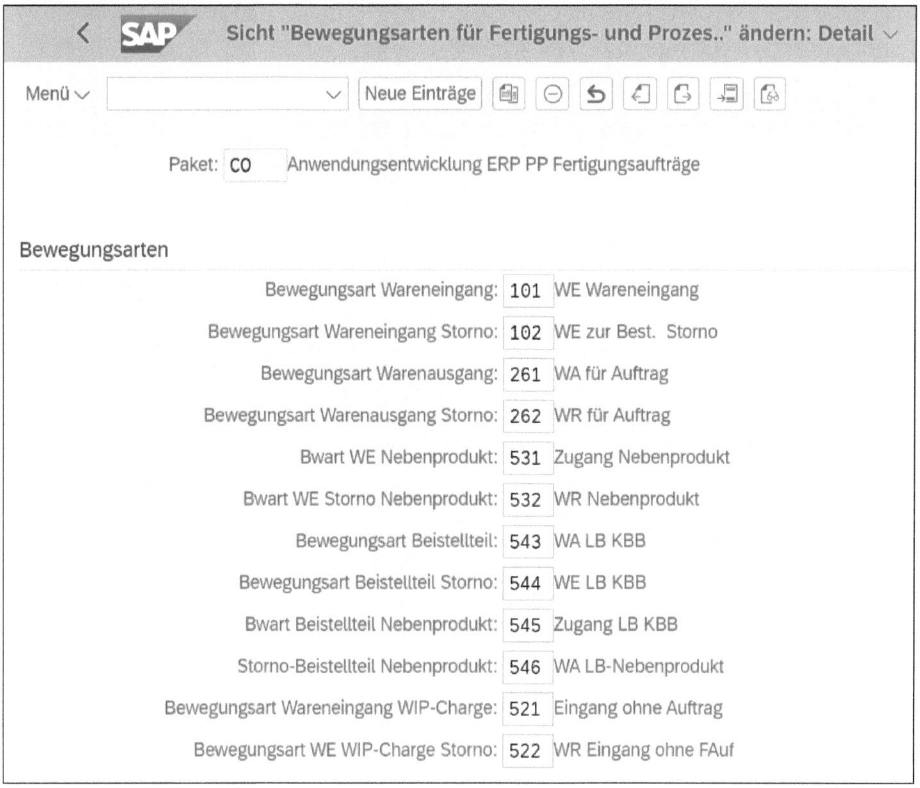

Abbildung 5.16 Bewegungsarten für die Fertigungsauftragsabwicklung einstellen

Warenbewegungen zu WIP-Chargen nach Aktivierung nicht möglich

Nach der Aktivierung der WIP-Chargenabwicklung sind Bestandsbuchungen von WIP-Chargen aufgrund technischer Restriktionen bei der Aktivierung der Business Function noch nicht möglich. Deshalb müssen Sie den im SAP-Hinweis 1251288 enthaltenen Report einbauen und ausführen, erst dann können Sie Warenbewegungen zu WIP-Chargen buchen. Dieser setzt im Customizing der relevanten Bewegungsarten 521 und 522 das interne Kennzeichen **Kz. Bwart WIP-Charge**, das in der Pflegetransaktion der Bewegungsarten (Transaktion OMJJ) nicht änderbar ist.

Steuerschlüssel für die Anlage und Wareneingangsbuchung von WIP-Chargen

Für eine vorgangsabhängige Steuerung der Aktionen zu WIP-Chargen legen Sie entsprechende Steuerschlüssel an, die Sie im Arbeitsplan den Vorgängen bzw. im Planungsrezept den Phasen zuweisen. Dies nehmen Sie im Customizing über den Menüpfad (IMG •) **Produktion • Fertigungssteuerung • Stammdaten • Arbeitsplandaten • Steuerschlüssel definieren** (Transaktion OPJ8) vor. In Abbildung 5.17 sehen Sie den Steuerschlüssel ZW01 mit den beiden für die WIP-Chargenabwicklung relevanten Kennzeichen **WIP-Charge** und **Steu.WE WIP-Charge**.

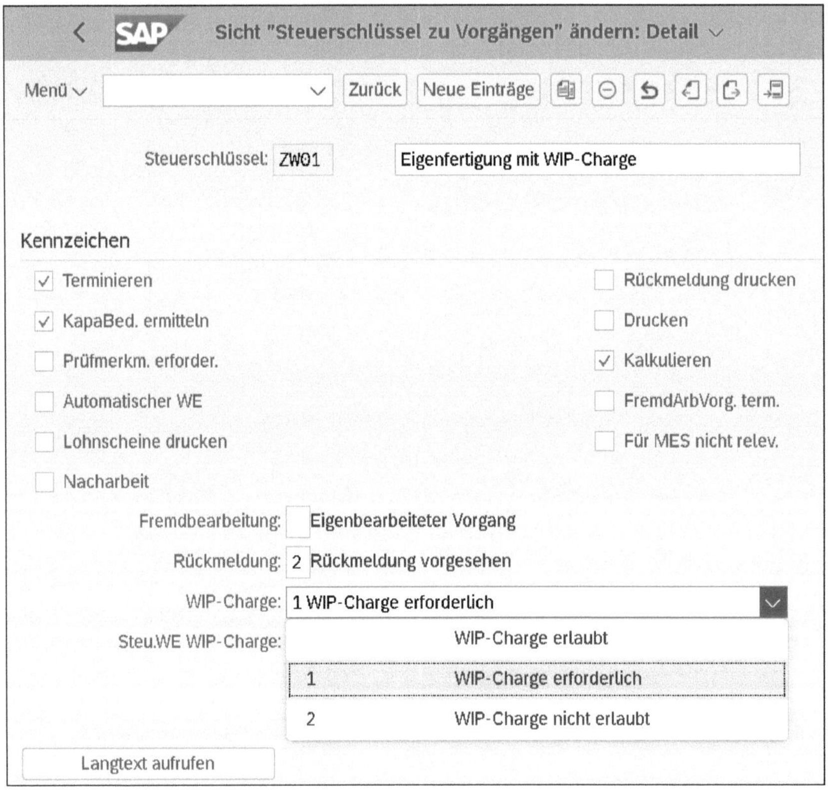

Abbildung 5.17 Steuerschlüssel für Rückmeldung von WIP-Chargen definieren

Über das Kennzeichen **WIP-Charge** können Sie bei der Rückmeldung eines Vorgangs mit diesem Steuerschlüssel die Anlage von WIP-Chargen erlauben (Wert (blank), **WIP-Charge erlaubt**), erzwingen (Wert 1, **WIP-Charge erforderlich**) oder verbieten (Wert 2, **WIP-Charge nicht erlaubt**). Das Kennzeichen **Steu.WE WIP-Charge** steuert, ob Sie bei der Rückmeldung zu einem Vorgang zusätzlich einen Wareneingang zu einer WIP-Charge buchen können. Voraussetzung dafür ist allerdings, dass Sie in den auftragsartabhängigen Parametern das Kennzeichen **Warenbewegung zur WIP-Charge buchen** gesetzt haben.

[!]

Meilensteinrückmeldung, automatischer Wareneingang und retrograde Entnahmen bei WIP-Chargen

Meilensteinrückmeldungen sind im Zusammenhang mit WIP-Chargen nicht möglich, deshalb sollten Sie den Parameter **Rückmeldung** nicht auf den Wert 1 (**Meilensteinrückmeldung**) setzen.

Den automatischen Wareneingang für das zu fertigende Material können Sie nicht ausschalten. Das zu fertigende Material wird bei der Rückmeldung immer im Detailbereich für den Wareneingang angezeigt, auch wenn Sie das Kennzeichen **Automatischer WE** im Steuerschlüssel nicht gesetzt haben. Allerdings wird dabei keine Wareneingangsmenge vorgeschlagen wie bei einem automatischen Wareneingang ohne WIP-Chargen.

Die retrograde Entnahme von Komponenten können Sie ebenfalls nicht ausschalten. Bei einer Rückmeldung werden immer automatisch alle Komponenten im Detailbereich für den Warenausgang angezeigt, die dem Vorgang zugeordnet sind, für den Sie gerade eine Rückmeldung durchführen. Auch Warenausgangsmengen werden hier nicht vorgeschlagen.

Rückmeldungsprofil für WIP-Chargenabwicklung

Das Rückmeldungsprofil steuert das Design und die möglichen Aktionen im Dialogbildschirm einer Auftragsrückmeldung. Deshalb legen Sie ein spezielles Rückmeldungsprofil an, das die Anlage und die Bearbeitung von WIP-Chargen während einer Auftragsrückmeldung ermöglicht. Dies konfigurieren Sie im Customizing über den Menüpfad (IMG •) **Produktion • Fertigungssteuerung • Vorgänge • Rückmeldung • Einbilderfassung • Einbilderfassung für Fertigungsauftragsrückmeldung definieren** (Transaktion OPKO). Wie in Abbildung 5.18 gezeigt, nehmen Sie hier die drei Detailbereiche 8290, 8295 und 8285 in das Rückmeldungsprofil auf, die speziell für die WIP-Chargenabwicklung entwickelt wurden.

Damit dieses Profil bei einer Auftragsrückmeldung zum Einsatz kommt, müssen Sie es in Ihren Benutzervorgaben über den Pfad **System • Benutzervorgaben • Benutzerdaten** (Transaktion SU3) einstellen. Dazu weisen Sie der Parameter-ID CORUPROF (**Profil Rückmeldung**) auf der Registerkarte **Parameter** das Profil ZWIP1 als Parameterwert zu.

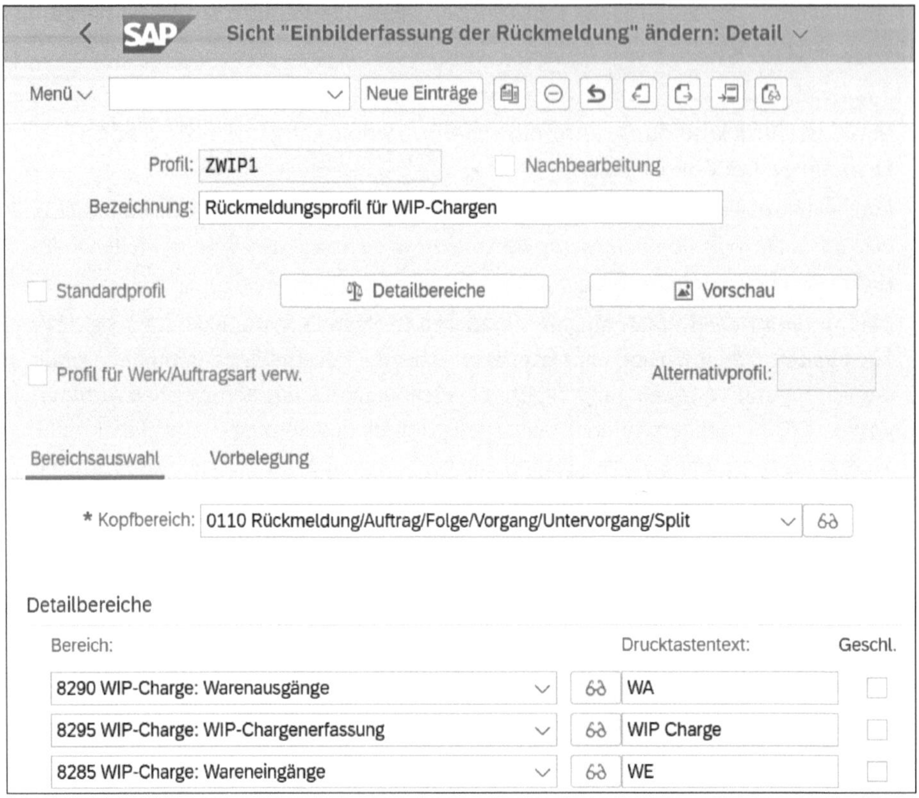

Abbildung 5.18 Einbilderfassung für Auftragsrückmeldung konfigurieren

[»]

Button »Warenbewegungen« bei der Auftragsrückmeldung

Da Sie aufgrund dieser Konfiguration des Rückmeldebildschirms die Wareneingänge und Warenausgänge in den Detailbereichen verwalten können, wird der Button **Warenbewegungen** bei der Auftragsrückmeldung ausgeblendet. Bitte beachten Sie zusätzlich, dass Sie keine Wareneingänge für Nebenprodukte bei einer Rückmeldung mit WIP-Chargen buchen können. Dies geht nur entkoppelt von der Rückmeldung über die SAP-Fiori-App **Warenbewegung buchen** bzw. Transaktion MIGO.

Merkmalswerte auf Wareneingangschargen kopieren

Sie können außerdem entscheiden, ob Sie bei einer Wareneingangsbuchung zur Auftragsposition die Chargenmerkmalswerte der zugrunde liegenden Ursprungschargen und WIP-Chargen auf die Wareneingangscharge kopieren möchten. Die möglichen Einstellungen dazu haben wir Ihnen bereits in Abschnitt 5.2.2, »Einsatz von Ursprungschargen in Beschaffung und Produktion«, vorgestellt. Falls Sie dabei für das Kennzeichen **Merkmale Kopieren** die Option 1 (**Übernahme der Merkmalswerte aus der Klassifizierung**) gewählt haben, übernehmen Sie für gleiche Quell- und Zielchargenmerkmale ausschließlich die Merkmalswerte aus der Klassifizierung der WIP-Charge und zusätzlich einer Ursprungscharge, falls vorhanden. Dabei werden bereits übernommene Merkmale der WIP-Charge nicht überschrieben. Bei den Ausprägungen 3 und 4 werden Merkmale sowohl aus der Klassifizierung als auch aus der Variantenkonfiguration mit jeweils unterschiedlicher Priorisierung berücksichtigt.

[«]

Berücksichtigung der Kopierregeln

Die Kopierregeln der Merkmalswerte kommen lediglich in den folgenden Transaktionen zum Einsatz: CO11N (Lohn-Rückmeldeschein zum Vorgang eines Fertigungsauftrags), COR6N (Lohn-Rückmeldeschein zur Phase eines Prozessauftrags) und MIGO (Warenbewegung).

Aktivierung der WIP-Chargenabwicklung im Materialstamm

Als letzte notwendige Einstellung aktivieren Sie nun zusätzlich die WIP-Chargenabwicklung für das chargenpflichtige Material, für das Sie während der Auftragsrückmeldung mit WIP-Chargen arbeiten möchten. Dazu setzen Sie im Materialstamm in der Sicht **Arbeitsvorbereitung** das Kennzeichen zur Ursprungschargenführung **UC-Führung** auf den Wert 1 (**erlaubt**). Nur dann können Sie im Arbeitsplan des Materials einem Vorgang einen Steuerschlüssel zuweisen, der das Anlegen oder eine Wareneingangsbuchung zu WIP-Chargen vorsieht.

[!]

WIP-Chargen und Ursprungschargen

Obwohl Sie für die WIP-Chargen technisch die Ursprungscharge verwenden, können Sie beide Funktionen nicht gleichzeitig in vollem Umfang nutzen. Sie können für einen Produktionsauftrag entweder eine Ursprungscharge zuordnen (siehe Abschnitt 5.2.2, »Einsatz von Ursprungschargen in Beschaffung und Produktion«) oder für den Produktionsauftrag WIP-Chargen anlegen. Innerhalb der Rückmeldungen eines Produktionsauftrags können Sie dann allerdings mit Ursprungschargen arbeiten, die jedoch keinen Bezug mehr zu einer Einsatzkomponente haben, sondern nur zu einer WIP-Charge.

Darüber hinaus können Sie optional die Bestandsführung für WIP-Chargen nutzen und während der Auftragsrückmeldungen Warenbewegungen zu WIP-Chargen buchen. Dazu weisen Sie ein unbewertetes Ursprungschargen-Referenzmaterial zu, das Sie im Feld **UC-Ref.material** eintragen (siehe Abbildung 5.19). Für dieses Material setzen Sie ebenfalls das Kennzeichen zur Ursprungschargenführung.

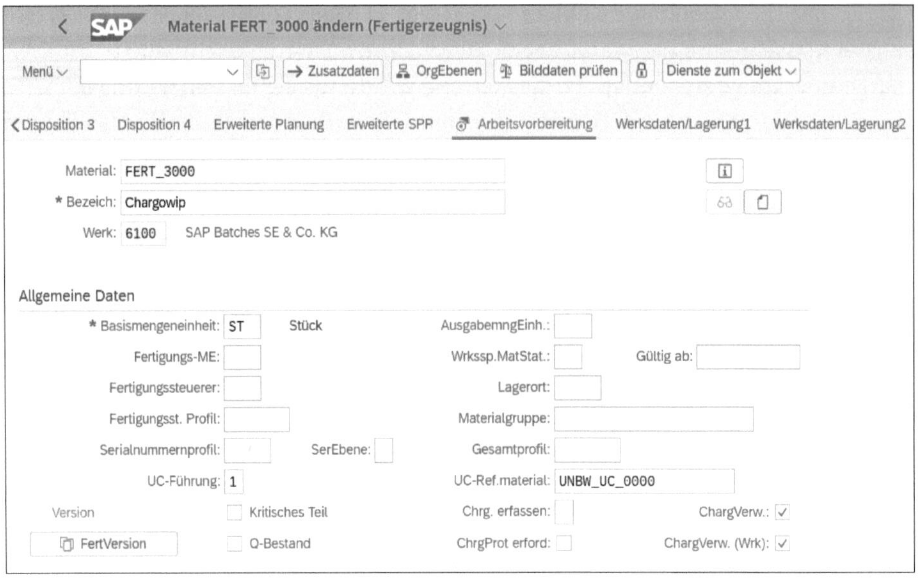

Abbildung 5.19 Daten zur Ursprungschargenführung zur Aktivierung der WIP-Chargenabwicklung pflegen

Bewertung von WIP-Chargen

Für eine zusätzliche Bewertung der WIP-Chargenbestände aktivieren Sie über den Bewertungstyp X (**Autom (Charge)**) in der Sicht **Buchhaltung 1** die Chargeneinzelbewertung (siehe dazu Abschnitt 5.5.2).

5.3.3 Ablauf

Anhand des Beispiels eines Fertigungsauftrags basierend auf Abbildung 5.14 lernen Sie in diesem Abschnitt den Ablauf der WIP-Chargenabwicklung kennen. Sie erfahren dabei, wie Sie WIP-Chargen anlegen, bearbeiten und »echten« Chargen zuordnen.

Einschränkung in der WIP-Chargenabwicklung bei Verwendung der BAPIs der Auftragsrückmeldung

Die WIP-Chargenabwicklung ist als reine Dialogfunktion über die SAP-Fiori-App **Fertigungsauftragvorgang rückmelden** (App-ID CO11N) bzw. Transaktion CO11N (Einbilderfassung Rückmeldung) oder die SAP-Fiori-App **Prozessauftragsphase rückmelden** (App-ID COR6N) bzw. Transaktion COR6N (Einbilderfassung Rückmeldung) gedacht. Deshalb sind nicht alle im Dialog verfügbaren Bearbeitungsfunktionen für WIP-Chargen über die Standard-BAPIs der Auftragsrückmeldungen verfügbar.

Sie können WIP-Chargen nur während einer Rückmeldung zu einem Produktionsauftrag erstellen und bearbeiten. Eine Auftragsrückmeldung rufen Sie über die SAP-Fiori-App **Fertigungsauftragvorgang rückmelden** bzw. Transaktion CO11N auf. Geben Sie dazu die Auftragsnummer im Feld **Auftrag** und die Vorgangsnummer des aktuellen Bearbeitungsvorgangs im Feld **Vorgang** ein. Die übrigen Daten wie die Rückmeldenummer sowie die Folge werden automatisch hinzugelesen, sobald Sie die [↵]-Taste gedrückt haben.

Bei der ersten Rückmeldung zum ersten Arbeitsvorgang legen Sie die WIP-Chargen der ersten Produktionsstufe an und verbinden diese mit Ihren Eingangs- bzw. Komponentenchargen. Dazu markieren Sie im Detailbereich **WA** eine Komponente und stoßen über den Button [⌂] (**Bestandschargenfindung WA**) die Chargenfindung für die Komponente an. Im Dialogbildschirm der Chargenfindung für die Materialkomponente, wie Material ROH_3000 aus Abbildung 5.20, wählen Sie die Chargen aus, für die Sie mit dieser Rückmeldung den Warenausgang buchen möchten. Im Beispiel aus Abbildung 5.21 wurden zwei Chargen K1 und K2 der Materialkomponente ROH_3000 mit einer Menge von 60 ST bzw. 40 ST aus der Chargenfindung übernommen.

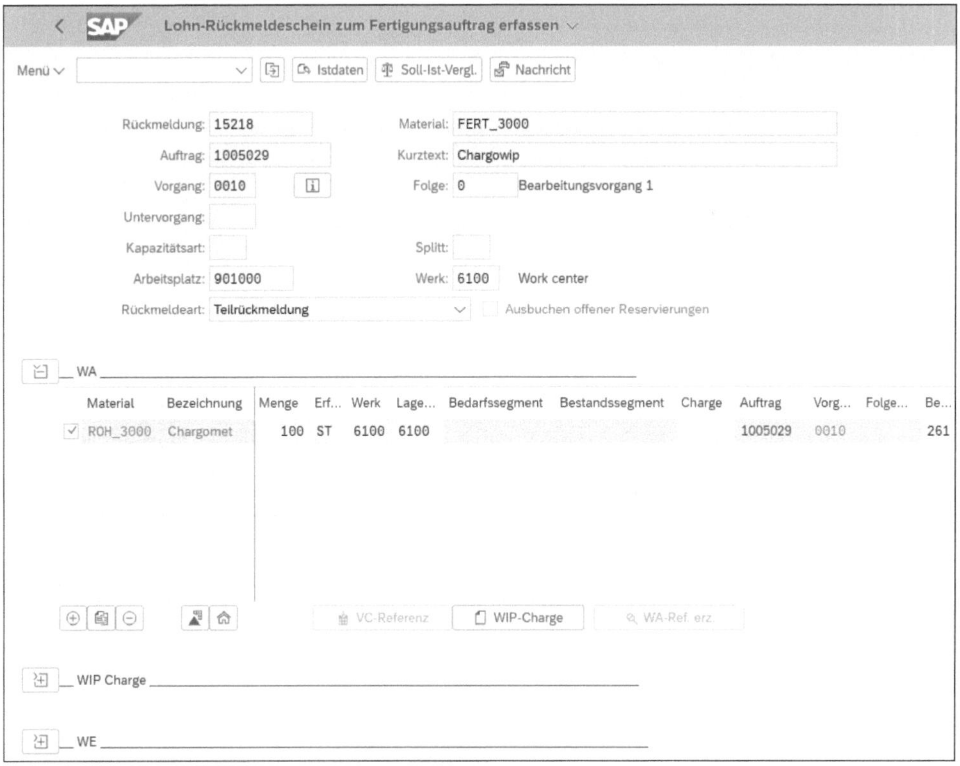

Abbildung 5.20 Menge für Komponentencharge eingeben

Aus den ermittelten Komponentenchargen erzeugen Sie nun jeweils eine WIP-Charge, indem Sie nacheinander die Zeilen markieren und dann auf den Button [WIP-Charge] (**WIP-Charge anlegen**) klicken. Ein Pop-up erscheint, in dem Sie eine Chargennummer für die WIP-Charge eingeben, z. B. W-X1 in Abbildung 5.21.

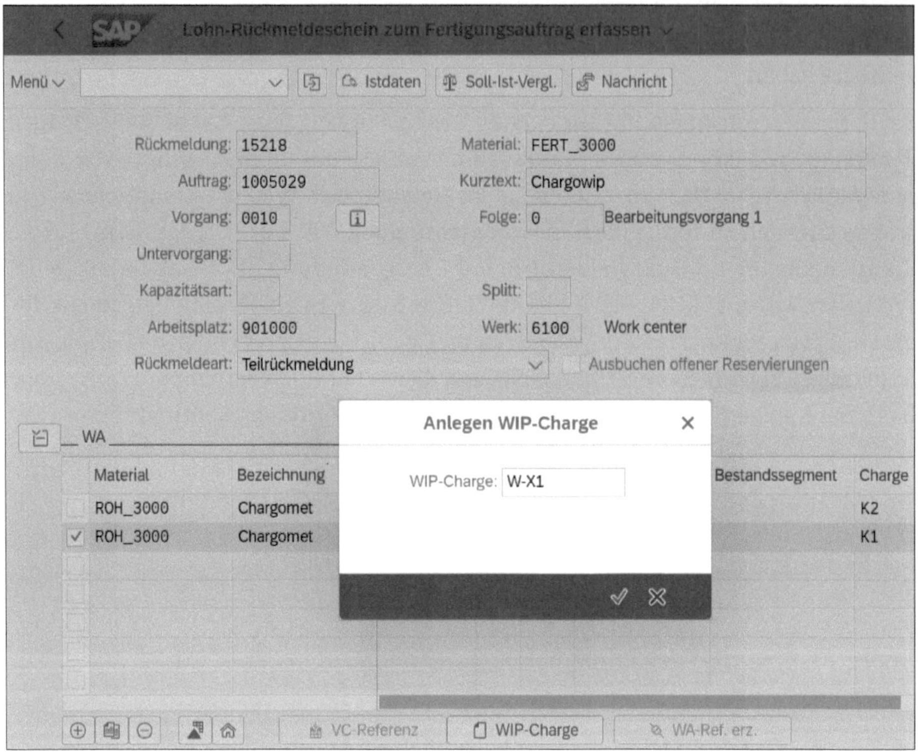

Abbildung 5.21 WIP-Charge mit Referenz zur Komponentencharge anlegen

Falls Sie im Auftragskopfmaterial ein Ursprungschargen-Referenzmaterial gepflegt haben, werden alle WIP-Chargen zu diesem Material angelegt, hier zu Material UNBW_UC_0000. Bei der Anlage der WIP-Charge wird nun automatisch der Klassifizierungsbildschirm aufgerufen, in dem Sie optional die Merkmalswerte für die Charge pflegen können. Falls Sie die WIP-Charge mit Referenz angelegt haben, wie in diesem Fall mit Referenz zu einer Komponentencharge, werden sowohl die Chargenmerkmalswerte als auch die Chargenstammdaten der Quellcharge automatisch kopiert. Bei der WIP-Charge W-X1 aus Abbildung 5.22 ist dies der Merkmalswert für das Chargenmerkmal **Stückgewicht in KG**, das von der Komponentencharge K1 übernommen wird.

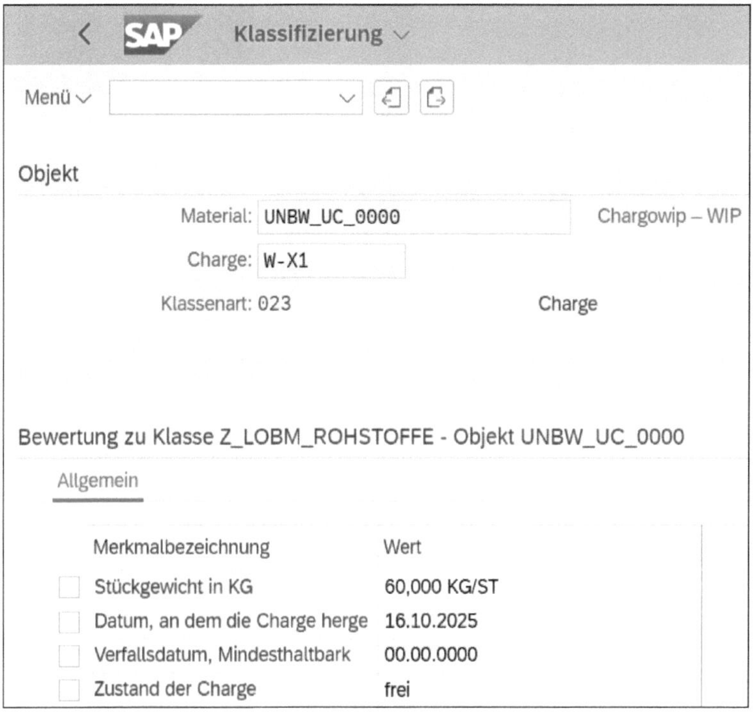

Abbildung 5.22 Klassifizierung der WIP-Charge

Um den Wareneingang zu buchen, pflegen Sie nun in derselben Rückmeldung für die beiden erzeugten WIP-Chargen die Wareneingangsdaten im Detailbereich **WIP Charge**. Sie setzen dazu das Kennzeichen WE (**Wareneingang buchen**), falls dies über Steuerschlüssel des Vorgangs nicht bereits vorgeschlagen wurde. Darüber hinaus geben Sie die Wareneingangsmengen und die Gutmengen ein, mit denen der Vorgang dann jeweils rückgemeldet wird. Für die beiden WIP-Chargen wird automatisch die Bewegungsart 521 gesetzt, mit der beim Sichern der Rückmeldung der Wareneingang gebucht wird, wie in Abbildung 5.23 gezeigt. Sie können alle Daten zu einer WIP-Charge auch in einem Pop-up mit den Details zur WIP-Charge pflegen, in das Sie über einen Klick auf den Button (**Detailbild aufrufen**) gelangen.

Verbuchung der Rückmeldungen mit WIP-Chargen

Obwohl Sie sowohl die anstehende Warenausgangsbuchung der Komponente als auch die Wareneingänge der beiden WIP-Chargen in derselben Rückmeldetransaktion eingegeben haben (siehe Abbildung 5.21 und Abbildung 5.23), werden dennoch drei einzelne Rückmeldungen zum Auftrag gebucht: eine Rückmeldung für den Warenausgang der Komponente und zwei Rückmeldungen der WIP-Chargen mit den gekoppelten Wareneingängen.

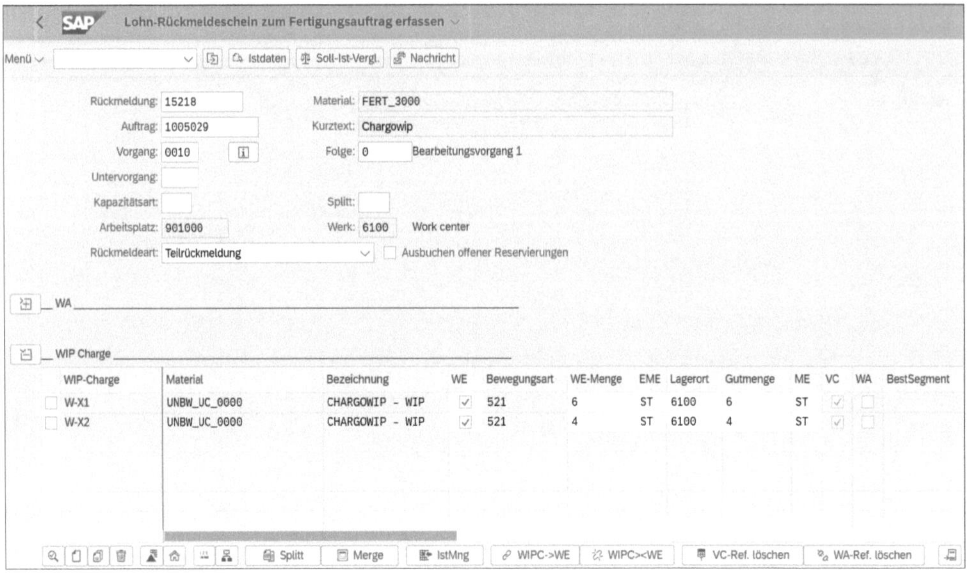

Abbildung 5.23 Wareneingang der WIP-Charge

Bei der Rückmeldung des nächsten Arbeitsvorgangs 0020 möchten Sie nun die zuvor gebuchte WIP-Charge W-X2 in zwei neue WIP-Chargen W-Y2 und W-Y3 splitten. Dazu markieren Sie die Charge im Detailbereich **WIP Charge** und klicken auf den Button Splitt (**Splitt von WIP-Chargen**). Sie können nun in einem Pop-up eine beliebige Anzahl Splits eingeben, in den daraufhin erscheinenden Pop-ups vergeben Sie die neuen Chargennummern. Auch hier können Sie die Klassifizierungsdaten der neuen WIP-Chargen pflegen, deren Merkmalswerte zunächst von der Quell-WIP-Charge automatisch kopiert werden. Die für den Split selektierte WIP-Charge wird mit der Bewegungsart 522 vermerkt, um sie beim Sichern der Rückmeldung aus dem Bestand zu buchen. Gleichzeitig wird den neuen WIP-Chargen die Bewegungsart 521 zugewiesen, sobald Sie das Kennzeichen WE (**Wareneingang buchen**) setzen. In Abbildung 5.24 wurde die Vorgänger-WIP-Charge W-X2 in die zwei neuen WIP-Chargen W-Y2 und W-Y3 gesplittet. Zudem wurde aus der WIP-Charge W-X1 die WIP-Charge W-Y1 angelegt.

Bei der Rückmeldung des letzten Vorgangs 0030 werden zwei der im Vorgang 0020 entstandenen WIP-Chargen wieder zusammengeführt. Indem Sie die beiden Chargen W-Y1 und W-Y2 markieren und auf den Button Merge (**Merge von WIP-Chargen**) klicken, wird daraus eine neue WIP-Charge W-Z1 erzeugt. Diese merken Sie für den Wareneingang mit der Bewegungsart 521 vor, indem Sie wieder das Kennzeichen WE (**Wareneingang buchen**) setzen und eine Wareneingangsmenge eingeben. Die beiden zusammengeführten WIP-Chargen W-Y1 und W-Y2 werden dann mit der Bewegungsart 522 aus dem Bestand gebucht (siehe Abbildung 5.25). Diese Rückmeldung müssen Sie nun zunächst sichern, bevor Sie die neu erzeugte WIP-Charge W-Z1 weiterverwenden können, z. B. als Referenz für eine Wareneingangscharge.

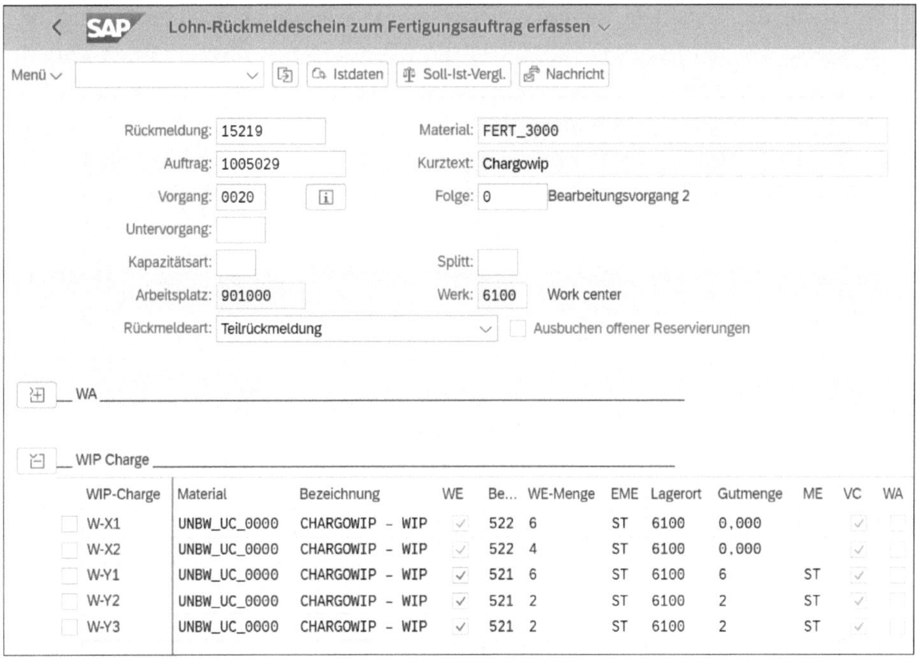

Abbildung 5.24 WIP-Charge über die »Splitt«-Funktion aufteilen

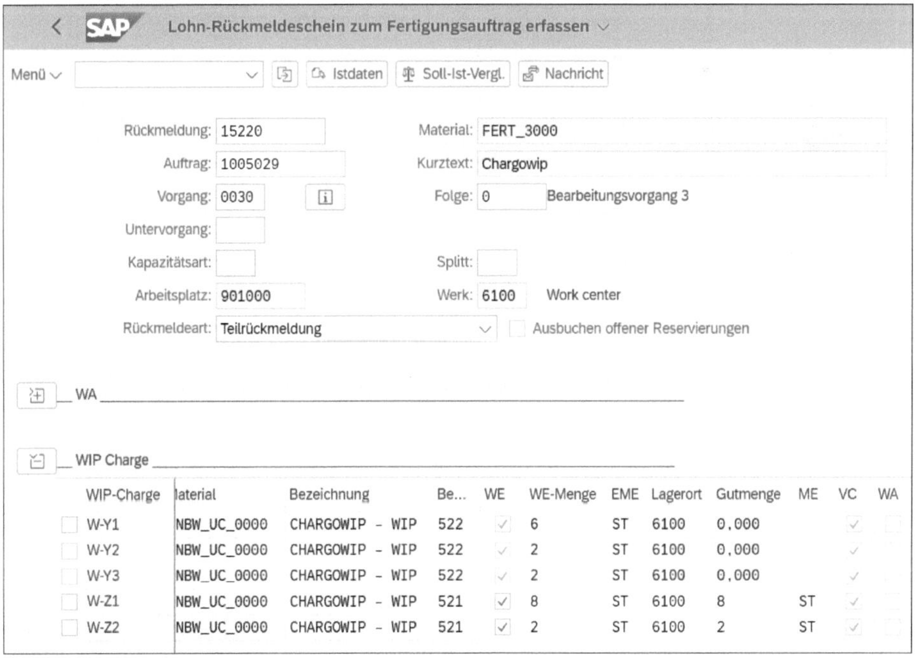

Abbildung 5.25 WIP-Chargen über die »Merge«-Funktion zusammenführen

Nachdem Sie die Rückmeldung also gesichert haben, nehmen Sie erneut eine Rückmeldung für den Vorgang 0030 vor. Um die WIP-Charge nun mit einer Wareneingangscharge zu verbinden, markieren Sie die WIP-Charge im Detailbereich **WIP Charge** sowie das Auftragskopfmaterial im Detailbereich **WE**. Danach klicken Sie auf den Button WIPC->WE (**WIP-Charge zuordnen**), und es erscheint dann ein Pop-up, in dem Sie eine Wareneingangscharge eingeben können, wie die Charge E1 in Abbildung 5.26.

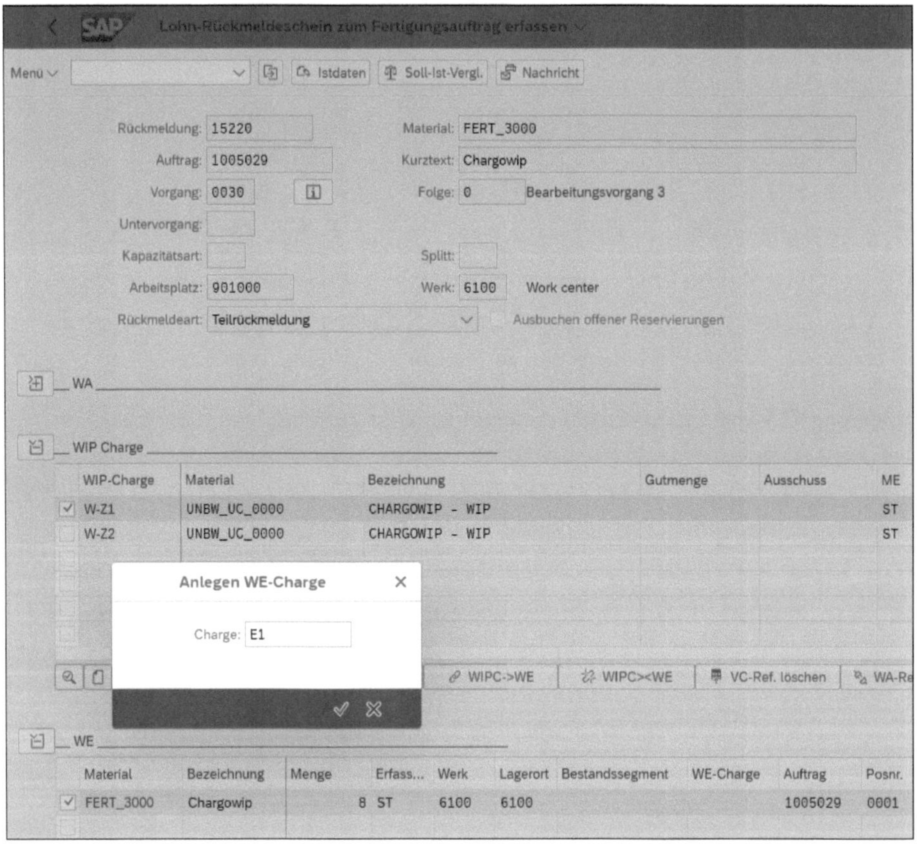

Abbildung 5.26 Wareneingangscharge mit Bezug zur WIP-Charge anlegen

Nachdem Sie die Chargennummer für die Wareneingangscharge vergeben haben – wie die Chargennummer E1 im Beispiel in Abbildung 5.26 –, wird diese sowohl im Detailbereich **WIP Charge** als auch im Detailbereich **WE** jeweils in der Spalte **WE-Charge** angezeigt (siehe Abbildung 5.27).

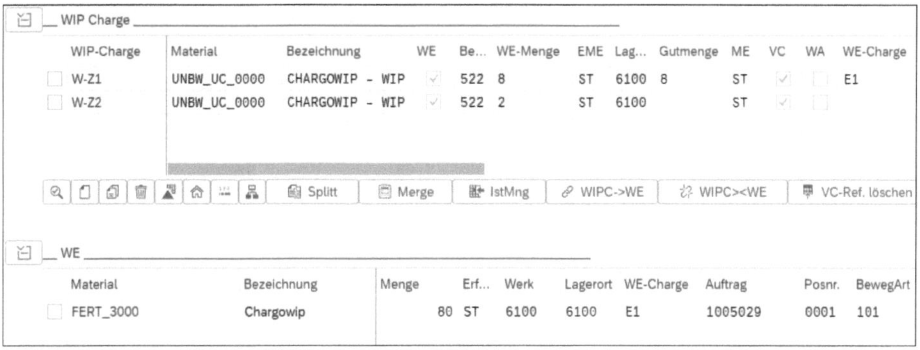

Abbildung 5.27 Ausschnitt aus der Auftragsrückmeldung: auf Basis einer WIP-Charge angelegte Wareneingangscharge

Jetzt sichern Sie die Rückmeldung, dadurch werden sowohl der Warenausgang der WIP-Charge W-Z1 als auch der Wareneingang für die WE-Charge E1 des Auftragsmaterials gebucht.

Aktueller Verwendungsnachweis aller erzeugten WIP-Chargen

Sie können sich während jeder Rückmeldung über den Button (**WIP-Charg.-Verwendungsnachweis**) im Detailbereich **WIP Charge** den kompletten Materialfluss für den Produktionsauftrag anzeigen lassen. Dieser umfasst alle beteiligten Einsatzchargen, WIP-Chargen und Wareneingangschargen.

In der Auftragsbearbeitung mit der SAP-Fiori-App **Fertigungsaufträge ändern** (App-ID CO02) bzw. die Transaktion CO02 (Ändern Fertigungsauftrag) können Sie für den aktuellen Auftrag den Chargenverwendungsnachweis für WIP-Chargen aufrufen. Dazu wählen Sie im Fertigungsauftrag den Menüpfad **Umfeld • WIP-Charge • Verwendung anzeigen**. Es erscheint dann, wie in Abbildung 5.28 dargestellt, der Top-down-Chargenverwendungsnachweis – ausgehend von den produzierten Wareneingangschargen E1 und E2 über die während der Rückmeldungen erfassten WIP-Chargen bis zu den Warenausgangschargen K1 und K2 der Auftragskomponente.

WIP-Chargen im Standard-Chargenverwendungsnachweis

Sie können den Chargenverwendungsnachweis der WIP-Chargen innerhalb eines Produktionsauftrags oder während einer Auftragsrückmeldung aufrufen. Im Standard-Chargenverwendungsnachweis (siehe den gleichnamigen Abschnitt 7.2), den Sie z. B. über Transaktion MB56 (Chargenverwendungsnachweis auswerten) aufrufen, werden die WIP-Chargen allerdings nicht integriert angezeigt.

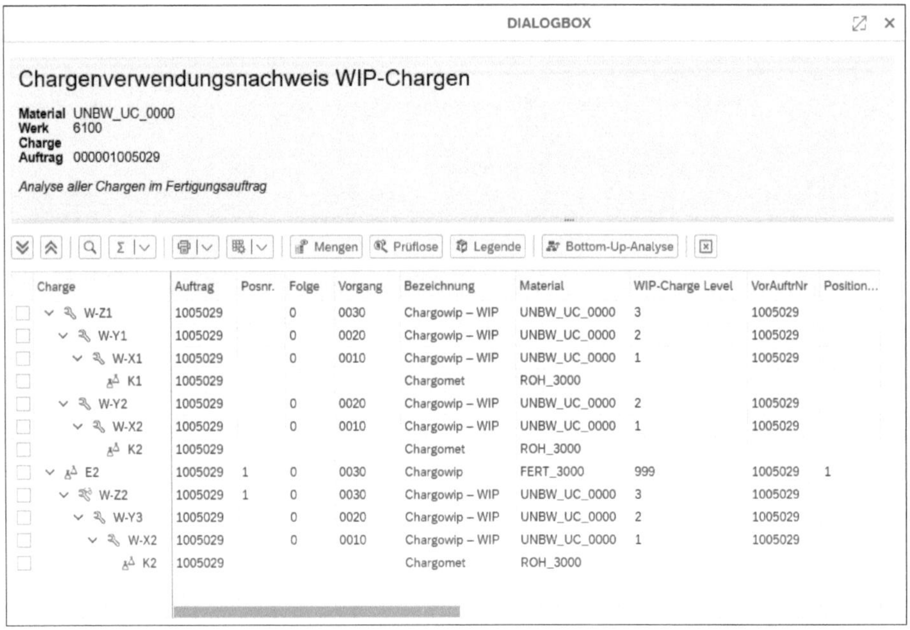

Abbildung 5.28 Chargenverwendungsnachweis für WIP-Chargen im Fertigungsauftrag anzeigen

5.3.4 Erweiterungsmöglichkeiten

Für Erweiterungen im Rahmen der WIP-Chargenabwicklung stehen Ihnen mehrere BAdIs zur Verfügung. Sie finden diese im Customizing unter dem Menüpfad (IMG •) **Logistik Allgemein • Chargenverwaltung • WIP-Chargen**.

Es handelt sich dabei um folgende BAdIs:

- `CO_WIPB_TA_COMP` **(Toleranzbewertung für den Soll-Ist-Vergleich Klassifizierung)**
  Über einen sogenannten *Soll-Ist-Vergleich* stoßen Sie einen Vergleich der Klassifizierungsdaten einer WIP-Charge mit den Konfigurationsdaten der Auftragsposition in einem Produktionsauftrag an. Voraussetzung dazu ist, dass Sie die Variantenkonfiguration einsetzen. Mit dem hier genannten BAdI steuern Sie die Ausgabe des Soll-Ist-Vergleichs sowie die dabei herangezogenen Kriterien wie die Toleranzgrenzen.
- `CO_WIPB_CHG_CLSF` **(Verändern / Berechnen auf Basis der Merkmale Klassifikation)**
  Mit diesem BAdI können Sie die Klassifizierung aller in einer Auftragsrückmeldung oder bei einer Wareneingangsbuchung erfassten Chargen beeinflussen. Zum Beispiel geben Sie für die Chargenmerkmalswerte dabei Vorschlagswerte vor oder ändern die Chargenmerkmalswerte, etwa über Berechnungen oder Abhängigkeiten.

- CO_WIPB_CLSF_PRE **(Merkmale aus Vorgängercharge in WIP-Charge übernehmen)**
  Bei einer nachträglichen Zuordnung einer Einsatzcharge als Vorgängercharge werden die Merkmalswerte der Einsatzcharge nicht an die WIP-Charge vererbt. Damit vom System doch Merkmalswerte der Einsatzcharge vererbt werden, können Sie mit diesem BAdI eine individuelle Logik für die Vererbung implementieren.
- WORKORDER_GOODSMVT **(Automatische Warenbewegungen)**
  Dabei handelt es sich um ein BAdI, das generell für Auftragsrückmeldungen eingesetzt werden kann. Es ermöglicht Ihnen, alle Warenbewegungen zu manipulieren, die im Rahmen einer Rückmeldung abgesetzt werden, auch die zu WIP-Chargen.
- BADI_MAN_WIP_BATCH_VAL **(Bewertung WIP-Charge)**
  Dieses BAdI erlaubt Ihnen, die Bestimmung des Preises einer WIP-Charge beim Wareneingang zu beeinflussen. Anstelle der Berechnung auf Basis der Plankosten im SAP-Standard können Sie hier eine eigene Preisermittlung vorgeben.

Sie kennen nun die verfügbaren Erweiterungen in der WIP-Chargenabwicklung, die Sie mithilfe von BAdIs implementieren.

5.4 Vergleich der verschiedenen Chargenkonzepte im SAP-System

Sie haben nun verschiedene Möglichkeiten und Ausprägungen der Chargenverwaltung kennengelernt. Zunächst sind natürlich die »regulären« Chargen zu nennen, die Ihnen den kompletten Funktionsumfang der Chargenverwaltung bieten. Darüber hinaus haben Sie aber auch gesehen, dass Sie abhängig von Ihren Anforderungen auch z. B. die Dokumentationscharge als vereinfachte Form einer Chargenverwaltung nutzen können, falls lediglich der Aspekt der Rückverfolgung für Sie wichtig ist. Außerdem haben Sie in diesem Kapitel die Ursprungscharge sowie die WIP-Chargenabwicklung kennengelernt, die als Erweiterungen zur regulären Chargenabwicklung zusätzliche Funktionen bieten.

In diesem Abschnitt möchten wir Ihnen die verschiedenen Arten der Chargen gegenüberstellen. Das soll Sie bei der Entscheidungsfindung unterstützen, welche der Chargenkonzepte Sie am besten verwenden sollten, um die Prozesse in Ihrem Unternehmen optimal abzubilden. Zusammenfassend lassen sich grob folgende Unterscheidungen hinsichtlich der verschiedenen Chargenkonzepte nennen:

- **Reguläre Charge**
  Komponentenübergreifende Abbildung der Bestände von homogenen Teilmengen mit kompletter Funktionalität der Chargenverwaltung, inklusive eines lückenlosen Verwendungsnachweises

[zB]

Einsatzgebiet der regulären Chargen

Die reguläre Chargenverwaltung setzen Sie ein für Materialien aller Produktionsstufen, für die eine exakte Bestandsführung von bewerteten, homogenen Teilmengen erforderlich ist und die relevant für die Bedarfsplanung sind.

- **Dokumentationscharge**
  Erfassung von Chargen in ausgewählten Transaktionen vor dem Hintergrund der Rückverfolgung ohne Bestandsführung

[zB]

Einsatzgebiet der Dokumentationschargen

Mit dieser Art von Chargen können Sie Materialien verwalten, bei denen eine exakte Mengenangabe nicht erforderlich ist und eine gewisse Ungenauigkeit der Zuordnung von Teilmengen und Chargen akzeptiert werden kann, z. B. für Abfall als Nebenprodukt, Tank- und Silomaterialien sowie Materialien in hochautomatisierten Linienfertigungen.

- **WIP-Charge**
  Abbildung der Teilmengen von Zwischenprodukten ohne eigene Materialnummer innerhalb eines Produktionsauftrags mit möglicher Berücksichtigung von Bestand, Eigenschaften und Wert

[zB]

Einsatzgebiet der WIP-Chargen

Mit WIP-Chargen lassen sich z. B. Materialien in der Stahl-, Papier und Textilindustrie abbilden. Sie können hier auf Basis eines Materials eine Bestandsführung und Bewertung von Teilmengen der Zwischenstufen der Produktion ermöglichen, ohne eigene Materialien für die Zwischenstufen und somit jeweils eine eigene Bedarfsplanungsstufe einzuführen. Diese Teilmengen oder auch Einzelstücke lassen sich in den jeweiligen Zwischenstufen mit speziellen Eigenschaften bzw. Abweichungen für eine spätere Weiterverwendung erfassen und bearbeiten.

- **Ursprungscharge**
  Erfassung und Vererbung von nicht veränderbaren Eigenschaften einer Ausgangscharge auf alle Produktionsstufen

[zB]

Einsatzgebiet der Ursprungschargen

Die Ursprungschargenführung eignet sich z. B. für Materialien zur Abbildung eines Färbeloses der ersten Produktionsstufe in der Textilindustrie oder einer Schmelze in der Stahlindustrie. Sie hinterlegen dabei grundsätzliche Analysen eines Färbeloses oder einer Schmelze. Die von Ihnen gewünschten Eigenschaften werden dabei auf die weiteren Produktionsstufen übertragen. Diejenigen Analysewerte, die nicht unbedingt übertragen werden sollen, weil sie im weiteren logistischen Prozess nicht benötigt werden, stehen trotzdem jederzeit zum Abruf oder für Analysen in der Ursprungscharge zur Verfügung.

In Tabelle 5.2 finden Sie weitere Details zu den verfügbaren Funktionen und Voraussetzungen der unterschiedlichen Chargenkonzepte.

	»Reguläre« Charge	**Dokumentationscharge**	**WIP-Charge**	**Ursprungscharge**
Einsetzbar in Verbindung mit »regulärer Charge«	*nicht zutreffend*	nein, schließen sich für ein Material gegenseitig aus	chargenpflichtiges Material obligatorisch	chargenpflichtiges Material obligatorisch
Anwendungsübergreifender Einsatz	ja	ja, aber nur in ausgewählten Transaktionen verfügbar	nein, existiert nur innerhalb eines Produktionsauftrags	ja
Eigener Chargenstamm	ja	möglich, aber nur in eingeschränktem Umfang	ja, eigene Chargenart *WIP-Charge*	ja, mit speziellem Kennzeichen **Ursprungscharge**
Chargennummerierung	ja	nein	ja	ja
Ableitung von Chargendaten	ja	möglich, nur in Verbindung mit Chargenstamm	ja	ja
Einbindung im Chargenverwendungsnachweis	ja	ja	nur als Zusatzinformation zum Produktionsauftrag	ja, separat gekennzeichnet
Chargenbestand	ja	nein	möglich	möglich
Bewerteter Bestand	abhängig von der Materialart	nein	möglich über Chargeneinzelbewertung	abhängig von der Materialart

Tabelle 5.2 Vergleich der verschiedenen Chargenkonzepte in SAP S/4HANA

	»Reguläre« Charge	Dokumentationscharge	WIP-Charge	Ursprungscharge
Chargenzustandsverwaltung	ja	ja, aber ohne Bestand	ja	ja
Chargenklassifizierung	ja	möglich, nur in Verbindung mit Chargenstamm	ja	ja
Qualitätsprüfungen	ja	nein	ja	ja
Chargenfindung	ja	nein	ja, aber nur in der Auftragsrückmeldung	ja
Integration in andere SAP-Lösungen wie PP/DS, BW	ja	nein	ja	ja, über Standardmerkmale
Selektion im Batch Information Cockpit	ja	möglich, nur in Verbindung mit Chargenstamm	ja	ja

Tabelle 5.2 Vergleich der verschiedenen Chargenkonzepte in SAP S/4HANA (Forts.)

Es existieren zudem folgende Einschränkungen, falls Sie mehrere Chargenkonzepte gleichzeitig einsetzen möchten:

- Dokumentationschargen und WIP-Chargen können Sie nicht gleichzeitig innerhalb desselben Produktionsauftrags verwenden.
- Falls Sie mit WIP-Chargen arbeiten, können Sie nur eine WIP-Charge als Ursprungscharge kennzeichnen, aber keine Charge einer Einsatzkomponente.
- Sie können keine WIP-Chargen zu einem Produktionsauftrag erfassen, zu dem Sie bereits eine Ursprungscharge zugeordnet haben.

5.5 Getrennte Bewertung mit Chargen und Chargeneinzelbewertung

Mithilfe der getrennten Bewertung und deren Sonderform der Chargeneinzelbewertung haben Sie die Möglichkeit, Teilbestände mithilfe von Chargen nicht nur mengenmäßig, sondern auch wertmäßig zu unterscheiden. In diesem Abschnitt erfahren Sie, welche Einstellungen Sie dazu benötigen.

5.5.1 Getrennte Bewertung

Über den Menüpfad (IMG •) **Materialwirtschaft • Bewertung und Kontierung • Getrennte Bewertung • Getrennte Bewertung aktivieren** (Transaktion OMWO) wird die getrennte Materialbewertung grundsätzlich zugelassen (siehe Abbildung 5.29). Das hat nicht zur Folge, dass jedes Material getrennt bewertet sein muss.

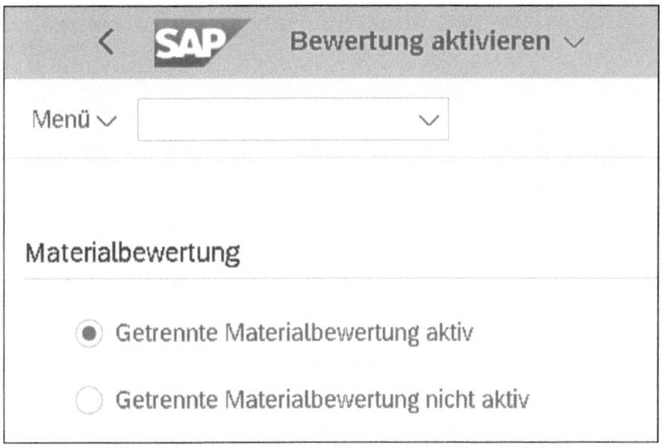

Abbildung 5.29 Getrennte Bewertung aktivieren

Zusätzlich zur Chargenpflicht eines Materials können Sie die getrennte Bewertung für jedes Material aktivieren. Bei der getrennten Bewertung wird über den Bewertungstyp des Materials gesteuert, welche unterschiedlichen Bewertungsarten möglich sind.

Die Einstellung nehmen Sie in der Buchhaltungssicht eines Materialstamms vor, die Sie z. B. über die SAP-Fiori-App **Material ändern** (App-ID MM02) bzw. Transaktion MM02 (Material ändern) erreichen. Unter der Registerkarte **Buchhaltung 1** können Sie für das Feld **Bewertungstyp** beispielsweise den Wert H (**Herkunft**) hinterlegen, um die Ursprungsländer als Bewertungsarten zu verwenden. Oder Sie nutzen den Bewertungstyp B (**Bez. Eig./Fremd**), um zwischen eigengefertigten und fremdbeschafften Chargen eines Materials zu unterscheiden. Für jede Bewertungsart können Sie dabei eine eigene Preissteuerung einstellen. Auf Materialebene ist in diesem Fall die **Preissteuerung** V (**Gleitender Durchschnittspreis/Periodischer Verrechnungspreis**) obligatorisch, damit über alle Bewertungsarten auf Bewertungskreisebene der gleitende Durchschnittspreis ermittelt werden kann (siehe Abbildung 5.30).

Die verfügbaren Bewertungsarten pro Bewertungstyp definieren Sie im Customizing über den Menüpfad (IMG •) **Materialwirtschaft • Bewertung und Kontierung • Getrennte Bewertung • Getrennte Bewertung einstellen** (Transaktion OMWC). In Abbildung 5.31 sehen Sie zwei Bewertungsarten, die für den Bewertungstyp H (**Herkunft**) verwendet werden können: LAND 1 und LAND 2.

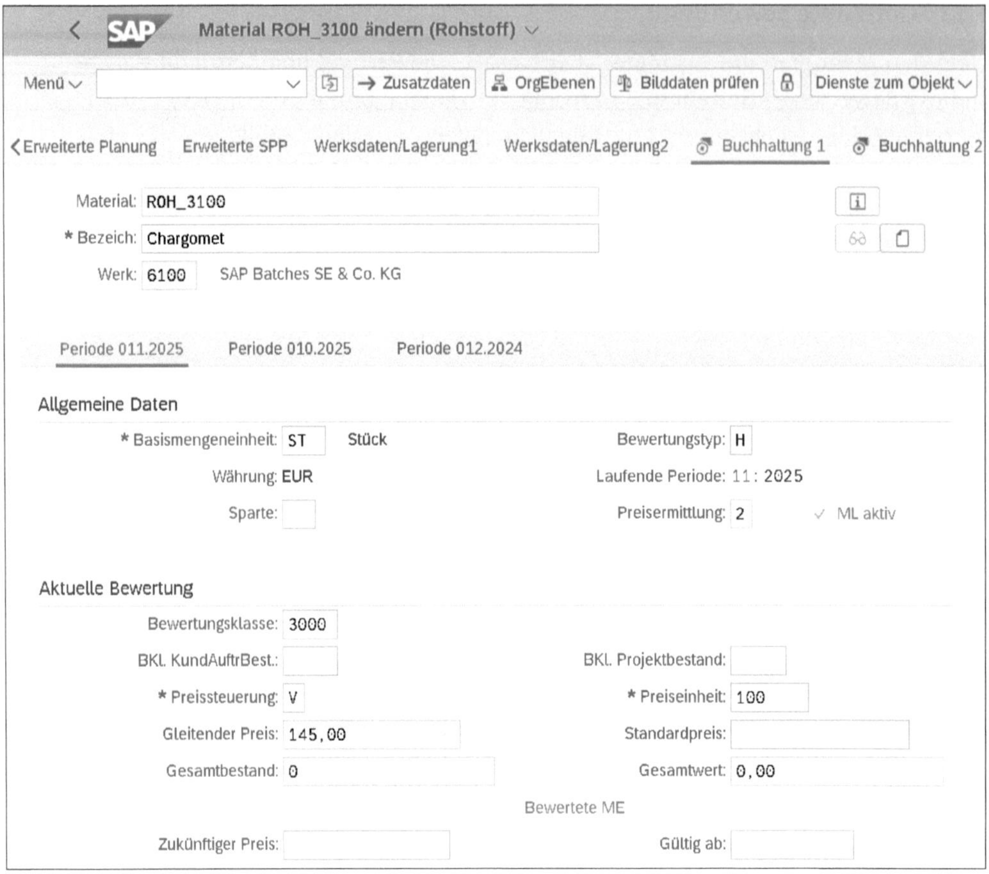

Abbildung 5.30 Bewertungstyp in der Buchhaltungssicht des Materialstamms

Bei einem chargenpflichtigen Material müssen Sie jeder Charge beim Wareneingang genau eine Bewertungsart zuweisen (siehe Abbildung 5.32). Diese Bewertungsart wird im Chargenstamm hinterlegt und kann über das Standardmerkmal LOBM_BWTAR automatisch in die Chargenklassifizierung übernommen und dadurch in der Chargenfindung verwendet werden. Zuvor müssen Sie für jede mögliche Bewertungsart eine eigene Buchhaltungssicht im Materialstamm angelegt haben, was Sie z. B. über die SAP-Fiori-App **Material anlegen** (App-ID MM01) bzw. die Transaktion MM01 (Material anlegen) vornehmen.

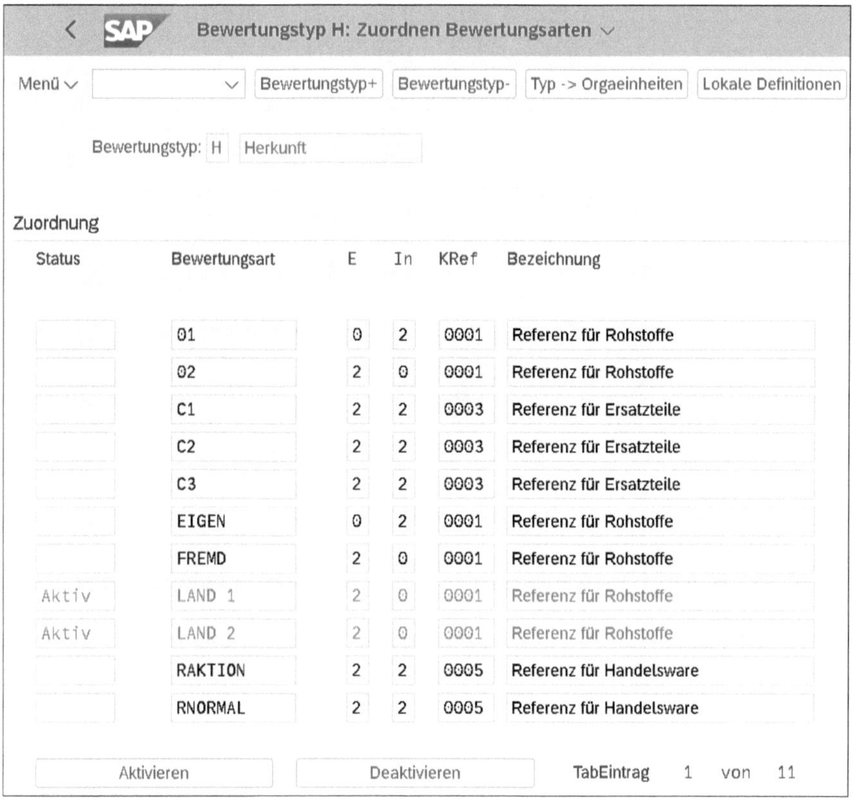

Abbildung 5.31 Bewertungsarten pro Bewertungstyp aktivieren

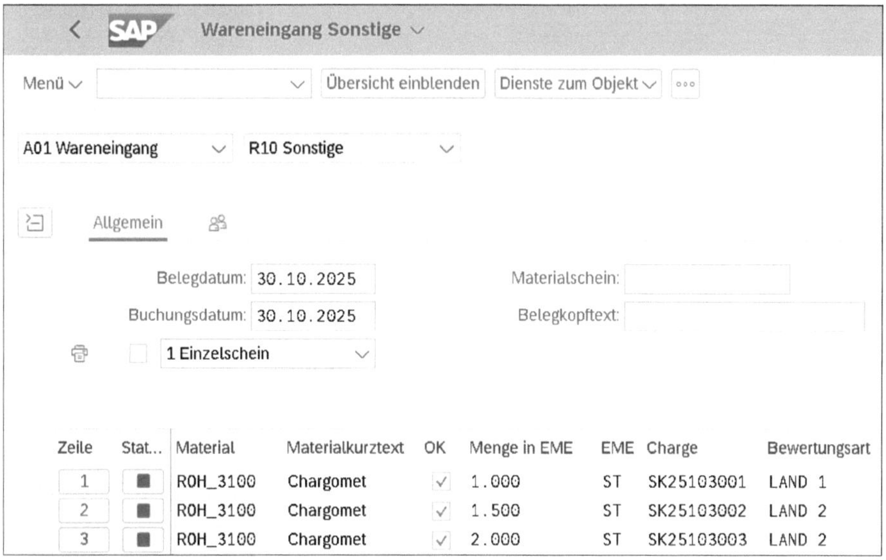

Abbildung 5.32 Wareneingang von Chargen mit getrennter Bewertung buchen

Preis und Bestandswert können Sie im weiteren Verlauf pro Bewertungsart analysieren, d. h. in diesem Fall pro Ursprungsland. Außerdem können Sie in der Bestandsübersicht im Batch Information Cockpit SAP-Fiori-App **Batch Information Cockpit** (App-ID BMBC) bzw. Transaktion BMBC (Batch Information Cockpit) die Bestände pro Bewertungsart sehen, wie in Abbildung 5.33 dargestellt. Weitere Informationen zum Batch Information Cockpit erhalten Sie im gleichnamigen Abschnitt 7.4.

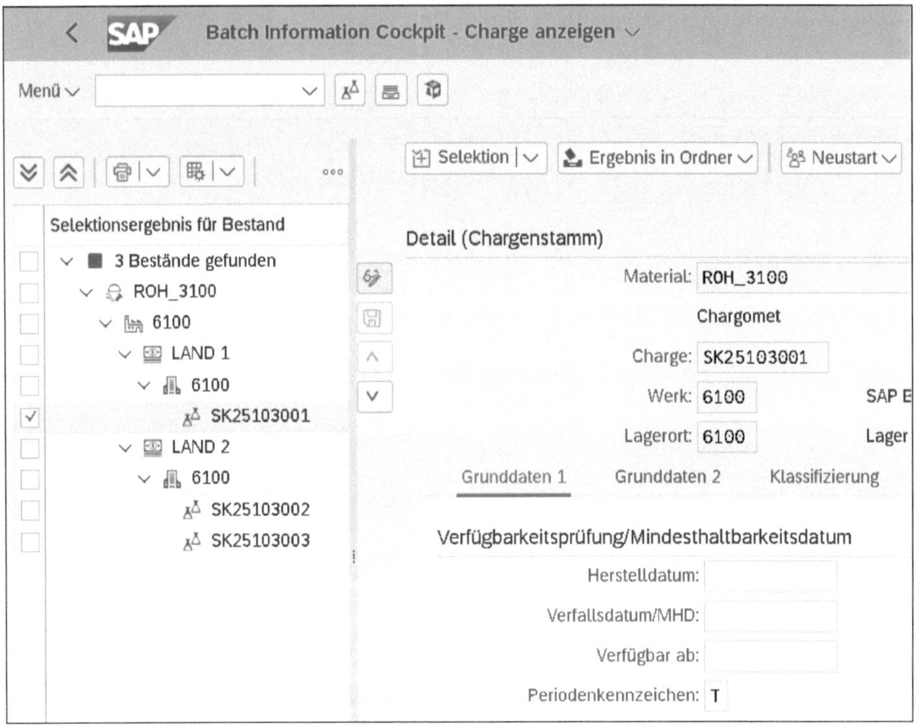

Abbildung 5.33 Chargenbestände mit Bewertungsart im Batch Information Cockpit anzeigen

5.5.2 Chargeneinzelbewertung

Im Rahmen der getrennten Bewertung können Sie auch die Chargeneinzelbewertung einsetzen. Dies ist eine Sonderform der getrennten Bewertung, mit der Preis und Bestandswert für jede einzelne Charge anstelle vorgegebener Bewertungsarten verwaltet werden. Dies ist vor allem dann nützlich, wenn Sie die Funktion der chargenspezifischen Mengeneinheiten nutzen (siehe das gleichnamige Kapitel 6). Um die Chargeneinzelbewertung einzustellen, setzen Sie im Materialstamm in der Sicht **Buchhaltung 1** das Kennzeichen **Bewertungstyp** auf X (**Autom (Charge)**). Das hat zur Folge, dass für jede Charge bei der ersten Warenbewegung automatisch eine eigene Bewertungsart angelegt wird, die der Chargennummer entspricht.

5

Automatische Vergabe der Bewertungsart

In der Definition des Bewertungstyps X, die über den Menüpfad (IMG •) **Materialwirtschaft • Bewertung und Kontierung • Getrennte Bewertung • Getrennte Bewertung einstellen** (Transaktion OMWC) eingestellt wird, ist im SAP-Standard über das Kennzeichen **BA autom.** festgelegt, dass die Bewertungsart bei Wareneingangsbuchungen automatisch gesetzt und ein Bewertungssatz angelegt wird (siehe Abbildung 5.34). Diese Eigenschaft muss für diesen Bewertungstyp zwingend im Customizing aktiviert sein, damit beim Wareneingang einer Charge die Bewertungsart automatisch vergeben und im Materialstamm die Buchhaltungssicht dafür angelegt wird.

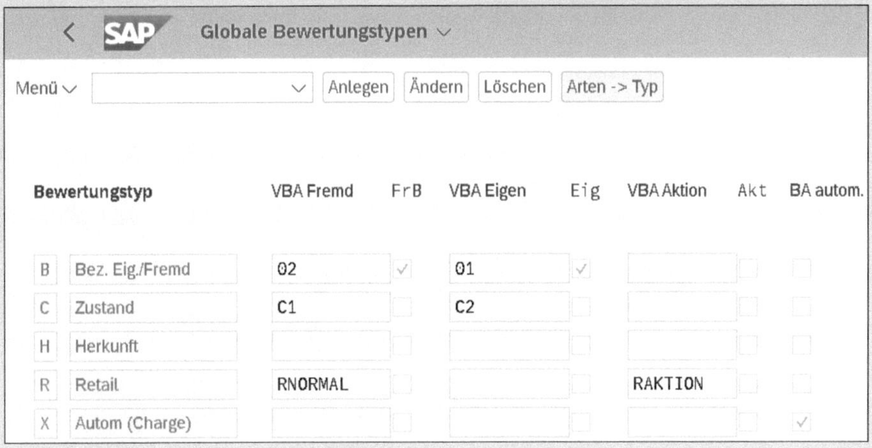

Abbildung 5.34 Globale Bewertungstypen

Wie bei der »normalen« getrennten Bewertung muss auch für die Chargeneinzelbewertung die Preissteuerung V für gleitende Durchschnittspreise auf Materialebene eingestellt sein. Auf Ebene der Bewertungsart wird die Preissteuerung aus den Eigenschaften der Materialart übernommen. Diese können Sie über den Menüpfad (IMG •) **Logistik Allgemein • Materialstamm • Grundeinstellungen • Materialarten • Eigenschaften der Materialarten festlegen** pflegen. In Abbildung 5.35 ist die **Preissteuerung** V (**Gleitender Durchschnittspreis/Periodischer Verrechnungspreis**) zur Materialart ROH hinterlegt. Dadurch wird der Bestandswert zur Charge bei einer Wareneingangsbuchung aus der dazugehörigen Bestellung ermittelt. Wenn die Preissteuerung zur Materialart auf S (**Standardpreis**) geändert wird, ermittelt das System den Bestandswert auf Ebene der Bewertungsart aus dem Standardpreis der Materialebene.

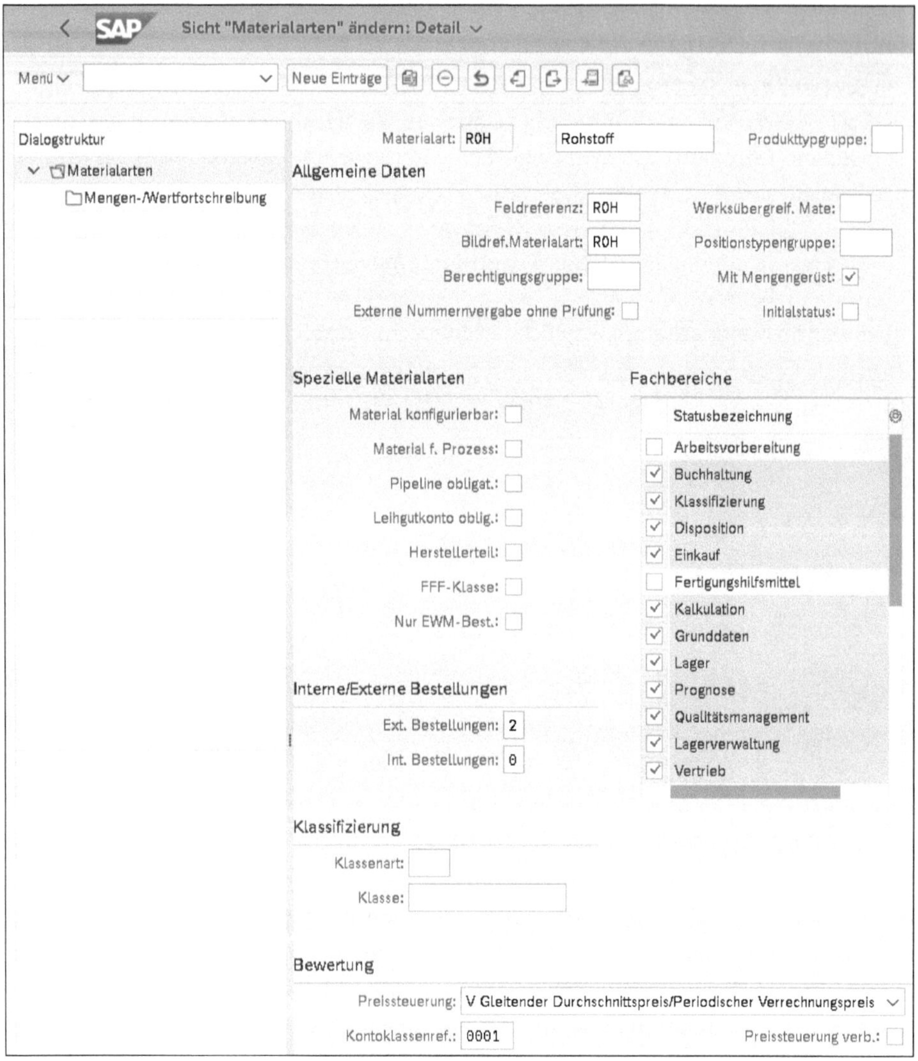

Abbildung 5.35 Preissteuerung zur Materialart ROH festlegen

[»]

Chargeneinzelbewertung mit Produktionsprozess

Wenn zu einem Material die getrennte Chargeneinzelbewertung eingestellt ist, die Sie über Ihre Produktionsprozesse selbst herstellen, setzt das System bei einer Wareneingangsbuchung ebenfalls die Bewertungsart automatisch und legt einen Bewertungssatz zum Materialstamm an. Sollten weitere Chargen zu dem Fertigungsauftrag oder Prozessauftrag eingebucht werden, wird die Bewertungsart aus der ersten Charge des Fertigungsauftrags bzw. Prozessauftrags übernommen.

5.6 Zusammenfassung

In diesem Kapitel haben Sie weitere Chargenkonzepte kennengelernt, die Ihnen zusätzliche, über die reguläre Chargenverwaltung hinausgehende Funktionen bieten. Dazu zählt die Dokumentationscharge für eine vereinfachte Form der Rückverfolgbarkeit in der Chargenverwaltung. Sie haben erfahren, wie Sie die dazu notwendigen Customizing-Einstellungen vornehmen und wie Sie Dokumentationschargen in verschiedenen Komponenten erfassen. Außerdem haben wir Ihnen die Funktionen der Ursprungscharge und der WIP-Charge vorgestellt. Die Ursprungscharge ermöglicht es Ihnen, die ursprünglichen Eigenschaften z. B. einer Rohstoffcharge, die sich im weiteren Produktionsverlauf nicht mehr ändern, festzuhalten. Durch das automatische Vererben dieser gleichbleibenden Chargenmerkmale vom Rohstoff zum Endprodukt gewährleisten Sie die Datenintegrität über alle Produktionsstufen. Mit der WIP-Charge haben Sie die Möglichkeit, den Bearbeitungsstand und den Materialfluss innerhalb eines Produktionsauftrags mengen- und wertmäßig abzubilden. Nach der Vorstellung wurde ein Vergleich der verschiedenen Chargenkonzepte durchgeführt. Zum Abschluss dieses Kapitels haben wir Ihnen gezeigt, welche Möglichkeiten Ihnen im Hinblick auf die Bewertung von chargenpflichtigen Materialien, abgesehen von einer reinen Bewertung auf Materialebene, zur Verfügung stehen.

Kapitel 6
Chargenspezifische Mengeneinheiten

Dieses Kapitel zeigt Ihnen, was chargenspezifische Mengeneinheiten sind und wann Sie diese sinnvoll einsetzen sollten. Sie lernen alle notwendigen Einstellungen dazu sowie ein Beispielszenario kennen, das sich über alle Anwendungen hinweg erstreckt.

Chargenspezifische Mengeneinheiten ermöglichen es Ihnen, die physischen Mengen von Chargen in alternativen Mengeneinheiten mit einem variablen Umrechnungsfaktor für jede Charge zu führen. Durch chargenspezifische Mengeneinheiten ergeben sich auch Vorteile im Zusammenhang mit der Bestandsbewertung: Wenn Sie mit der Chargeneinzelbewertung arbeiten, können Sie jede Charge mit ihrem eigenen Preis bewerten und die Chargen dadurch nicht nur bestandsmäßig, sondern auch wertmäßig unterscheiden.

Dieses Kapitel erläutert Ihnen zunächst das Konzept der chargenspezifischen Mengeneinheiten und deren Integration in die Supply Chain. Danach zeigen wir Ihnen die notwendigen Einstellungen im Customizing und in den Stammdaten. Anschließend lernen Sie den Einsatz der chargenspezifischen Mengeneinheiten im Einkauf, in der Produktion und im Vertrieb kennen.

[«]

Chargenspezifische Mengeneinheiten

Im Kontext der chargenspezifischen Mengeneinheiten entsteht Aufwand bei der Pflege der relevanten Stammdaten im Materialstamm. Zudem können bei der Chargeneinzelbewertung optional Standardpreise der chargenspezifischen Mengeneinheiten pro Material gepflegt werden. Bei den Bewegungsdaten entsteht hingegen kein zusätzlicher Aufwand.

Der Nutzen besteht in der Anzeige der Bestände, der Bewertung von Chargen und der Pflege von Verkaufspreisen für Chargen unter Berücksichtigung der chargenspezifischen Mengeneinheiten sowie in der Berücksichtigung und Verwendung der chargenspezifischen Mengeneinheiten in den Stammdaten und Belegen der Logistik.

6.1 Konzept der chargenspezifischen Mengeneinheiten

Im Materialstamm haben Sie die Möglichkeit, verschiedene alternative Mengeneinheiten zu einem Material zu pflegen, die Sie über einen Umrechnungsfaktor von der Basismengeneinheit ableiten. Damit wird die Menge eines Materials, das in Kilogramm geführt wird, über einen Umrechnungsfaktor automatisch in eine alternative Mengeneinheit umgerechnet, z. B. in Stück. Dies setzt allerdings voraus, dass jedes Stück dieses Materials ein fest vorgegebenes Gewicht hat.

Die chargenspezifischen Mengeneinheiten erlauben es Ihnen, diesen Umrechnungsfaktor auf der Ebene der Chargen anstelle der Ebene des Materials zu führen. Im SAP-System werden die Bestände und Bestandsbewegungen dabei weiterhin in der Basismengeneinheit gespeichert. Sie können in den Belegen und Bestandsübersichten die Mengen allerdings zusätzlich umgerechnet in den chargenspezifischen Mengeneinheiten sehen.

Die folgenden Funktionen können Sie auf Basis der chargenspezifischen Mengeneinheiten durchführen:

- Bestandsbewertung der Chargen
- Pflege von Einkaufskonditionen und Erfassung von Einkaufsbelegen wie Bestellanforderung und Bestellung
- Pflege von Verkaufspreisen und Erfassung von Vertriebsbelegen, z. B. Kundenauftrag, Lieferung und Faktura
- Erfassung von Produktionsaufträgen, Angaben von Komponentenmengen in Rezepturen und Chargenfindung für Auftragskomponenten
- Bedarfsplanung und ATP-Verfügbarkeitsprüfung in Basismengeneinheit, jedoch unter Berücksichtigung chargenspezifischer Mengeneinheiten

Dabei stehen Ihnen zwei verschiedenen Arten von chargenspezifischen Mengeneinheiten zur Verfügung, die *Anteilsmengeneinheiten* und die *Produktmengeneinheiten*. In Abschnitt 6.1.1 und Abschnitt 6.1.2 erläutern wir Ihnen das jeweils zugrunde liegende Konzept und zeige Ihnen die Einsatzmöglichkeiten.

6.1.1 Anteilsmengeneinheiten

In der Pharma-, Chemie-, Lebensmittel- und Konsumgüterindustrie setzen sich die Mengen von Einsatzkomponenten und gefertigten Materialien aus verschiedenen Anteilen zusammen. Die Anteile umfassen z. B. Wirkstoffe und Träger- oder Lösungsanteile. Diese Anteile können einen Einfluss auf die verschiedensten Größen haben:

- den Preis eines Rohstoffs
- die Bewertung der Bestände

- die Rezeptur in der Produktion
- die Bedarfsplanung
- den Verkaufspreis

Sie können diese Wirkstoff- oder Lösungsanteile mithilfe chargenspezifischer Mengeneinheiten in Form von Anteilsmengen abbilden. Dabei kann sich eine physische Menge aus mehreren Anteilsmengen zusammensetzen. Sie definieren dann Ihren Anforderungen entsprechend diejenigen Anteilsmengen, die Sie im SAP-System abbilden möchten. Sie können dabei für jede Anteilsmengeneinheit bestimmen, ob diese zur Bewertung der Chargen herangezogen wird. Falls Sie mit mehreren Anteilsmengeneinheiten arbeiten, definieren Sie eine davon als führende. Diese führende Anteilsmenge können Sie dann zudem in der Bedarfsplanung und Verfügbarkeitsprüfung berücksichtigen.

[zB]

Anteilsmengeneinheiten eines Rohstoffs in der pharmazeutischen Industrie

Ein eingekaufter Rohstoff wird im SAP-System mit der Basismengeneinheit KG (Kilogramm) verwaltet. Da die Wirkstoffanteile des Rohstoffs von Charge zu Charge variieren können, verwenden Sie für diesen Rohstoff parallel die beiden Anteilsmengeneinheiten KW1 (Kilogramm Wirkstoff 1) und KW2 (Kilogramm Wirkstoff 2). Zu jeder Charge wird neben dem physischen Gewicht ein Umrechnungsfaktor in Prozent erfasst, mit dem der Anteil des jeweiligen Wirkstoffs am Gesamtgewicht angegeben wird. Über die Umrechnungsfaktoren »Gehalt Wirkstoff 1« und »Gehalt Wirkstoff 2« geben Sie für jede Charge an, welchen Anteil der Wirkstoff am Gesamtgewicht der Charge hat.

6.1.2 Produktmengeneinheiten

In der stahl-, holz-, papier- und textilverarbeitenden Industrie sollen Materialien zusätzlich zu ihrer Basismengeneinheit (z. B. Stück) meist in einer alternativen Mengeneinheit geführt werden (z. B. Kilogramm). Auch hier werden Warenbewegungen in der Basismengeneinheit durchgeführt; allerdings hängen der Einkaufspreis, die Bewertung und der Verkaufspreis von der alternativen Mengeneinheit ab, die sich von Charge zu Charge unterscheiden kann. Indem Sie die zweite Art der chargenspezifischen Mengeneinheiten einsetzen, die Produktmengeneinheiten, können Sie die komplette physische Menge einer Charge in einer alternativen Mengeneinheit darstellen, ebenfalls mit einem chargenspezifischen Umrechnungsfaktor. Damit lassen sich im SAP-System z. B. unterschiedliche chargenspezifische Stückgewichte oder Abmessungen abbilden.

Produktmenge eines Endprodukts in der Stahlindustrie

Ein Endprodukt wird im SAP-System mit der Basismengeneinheit ST (Stück) verwaltet. Jede Produktionscharge kann z. B. auf Kundenwunsch mit anderen Abmessungen und daraus resultierend mit einem unterschiedlichen Stückgewicht produziert werden. Um dies abzubilden, nutzen Sie die Produktmengeneinheit KG (Kilogramm). Jede Charge besitzt neben der Stückzahl einen Umrechnungsfaktor mit der Mengeneinheit KPS (KG pro Stück), mit dem Sie für jede Charge das Stückgewicht angeben können.

6.2 Aktivierung und Stammdatenpflege

In diesem Abschnitt erfahren Sie, wie Sie im ersten Schritt die chargenspezifischen Mengeneinheiten aktivieren und anschließend die notwendigen Einstellungen im Customizing und in den Stammdaten vornehmen.

Abbildung 6.1 beschreibt für beide Arten der chargenspezifischen Mengeneinheiten, wie die benötigten Maßeinheiten zusammenhängen (Punkte ❶ bis ❸) und wie alle Einstellungen im Materialstamm letztlich zusammengeführt werden (Punkt ❹):

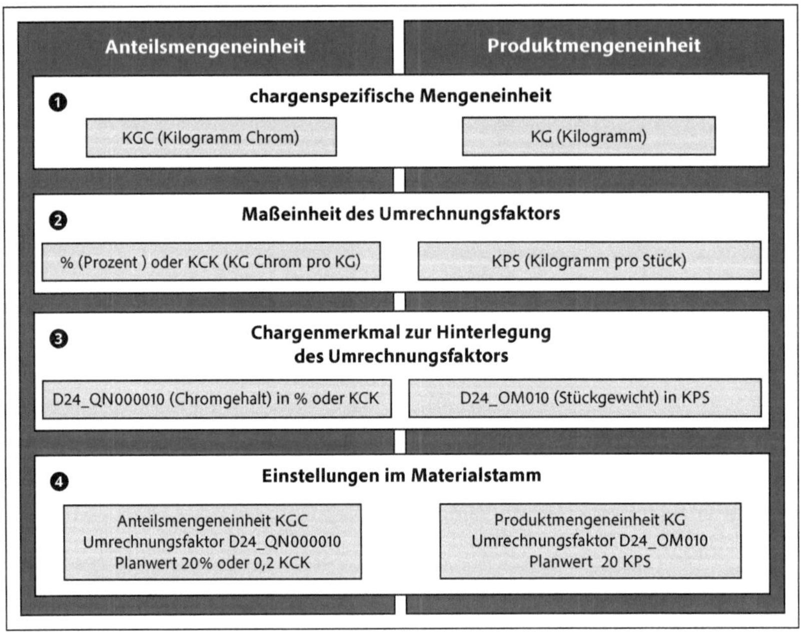

Abbildung 6.1 Erforderliche Einstellungen für die Nutzung chargenspezifischer Mengeneinheiten

1. Sie definieren im Customizing, welche Maßeinheiten Sie als chargenspezifische Mengeneinheiten verwenden möchten.

2. Zu jeder chargenspezifischen Mengeneinheit legen Sie fest, welche Maßeinheit der Umrechnungsfaktor zwischen Basismengeneinheit und chargenspezifischer Mengeneinheit hat.
3. Der Umrechnungsfaktor wird in den Chargen als Merkmalswert hinterlegt. Dafür legen Sie die erforderlichen Stammdaten in der Klassifizierung an.
4. Zum Schluss pflegen Sie für die relevanten Materialien die Mengeneinheiten und die Klassifizierungsdaten im Materialstamm.

Optional können Sie zudem noch die Einstellungen für die Chargeneinzelbewertung auf Basis der chargenspezifischen Mengeneinheiten vornehmen.

Auf die einzelnen Schritte im Customizing und in der Stammdatenpflege werden wir nun in diesem Abschnitt detailliert eingehen.

6.2.1 Einstellungen im Customizing

Zunächst aktivieren Sie die chargenspezifischen Mengeneinheiten im Customizing über den Menüpfad (IMG •) **Logistik allgemein • Chargenverwaltung • Chargenspezifische Materialmengeneinheiten • Chargenspezifische Materialmengeneinheiten aktivieren** (Transaktion OMWS).

Danach legen Sie die von Ihnen benötigten chargenspezifischen Mengeneinheiten in den allgemeinen Einstellungen im Customizing an, falls diese noch nicht existieren. Dazu wählen Sie den Menüpfad (IMG •) **SAP NetWeaver • Allgemeine Einstellungen • Maßeinheiten überprüfen** (Transaktion CUNI). Hier wählen Sie den Dimensionsschlüssel **(dimensionslos)** und klicken dann auf den Button **Maßeinheiten**. In der Liste mit den Maßeinheiten können Sie über den Button ▢ **(Anlegen)** die benötigte chargenspezifische Mengeneinheit definieren, wie in Abbildung 6.2 dargestellt. Für die Beispielszenarien in Abschnitt 6.3, »Chargenspezifische Mengeneinheiten in der Supply Chain«, haben wir die Maßeinheit KGC (Kilogramm Chrom) definiert. Diese wird für einen in Kilogramm geführten Rohstoff als Anteilsmengeneinheit verwendet.

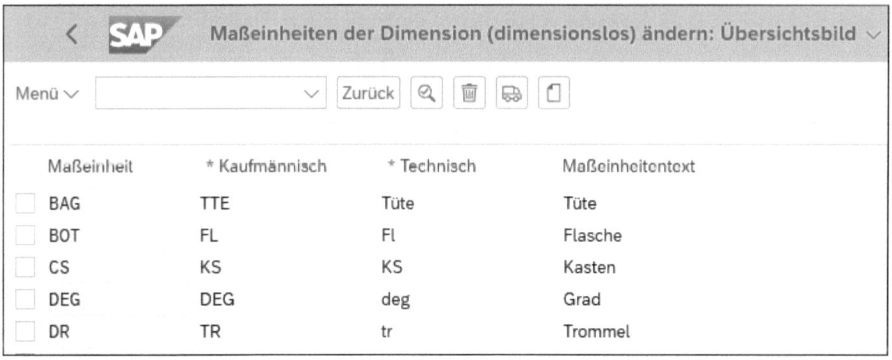

Abbildung 6.2 Maßeinheit »Kilogramm Chrom« definieren

Darüber hinaus haben wir dafür die Maßeinheit KCK (Kilogramm Chrom pro Kilogramm) angelegt. Diese kann als Maßeinheit für den Umrechnungsfaktor verwendet werden, der in den Chargen angegeben wird.

Für ein in Stück geführtes Endprodukt mit Basismengeneinheit ST wird darüber hinaus die Maßeinheit KG als Produktmengeneinheit verwendet sowie die Maßeinheit KPS (Kilogramm pro Stück) für den Umrechnungsfaktor.

Zusammenhang zwischen Basismengeneinheit, chargenspezifischer Mengeneinheit und Maßeinheit für den Umrechnungsfaktor

Ein Material wird in der Basismengeneinheit KG geführt. Als chargenspezifische Mengeneinheit wird KGC (Kilogramm Chrom) verwendet. Diese beiden Mengeneinheiten werden durch einen Umrechnungsfaktor mit der Maßeinheit KCK (Kilogramm Chrom pro Kilogramm) in Bezug gebracht. Zum Beispiel errechnet sich bei einer Menge 20 KGC pro 100 KG ein Umrechnungsfaktor von 5 KCK.

Im nächsten Schritt definieren Sie die zu verwendenden Anteils- und Produktmengeneinheiten als chargenspezifische Mengeneinheiten wie in Abbildung 6.3 die Anteilsmengeneinheit KGC und die Produktmengeneinheit KG. Diese Einstellung nehmen Sie über den Pfad (IMG •) **Logistik allgemein • Chargenverwaltung • Chargenspezifische Materialmengeneinheiten • Chargenspezifische Materialmengeneinheiten bearbeiten** (Transaktion BMA1) vor. Hier weisen Sie zudem jeder chargenspezifischen Mengeneinheit die Referenzmengeneinheit zu, die ihr zugrunde liegt. Für die Anteilsmengeneinheit KGC ist dies die Mengeneinheit KG. Dadurch wird eine dimensionsgerechte Umrechnung in die physische Menge ermöglicht. Falls die chargenspezifische Mengeneinheit bereits einer Dimension zugeordnet ist wie im Falle der Produktmengeneinheit KG, tragen Sie als Referenz einfach die chargenmengenspezifische Mengeneinheit selbst ein.

Abbildung 6.3 Anteils- und Produktmengeneinheiten definieren

Abhängig davon, ob Sie mit Anteilsmengeneinheiten oder Produktmengeneinheiten arbeiten, nehmen Sie die auf den folgenden Seiten beschriebenen zusätzlichen Einstellungen vor.

Anteilsmengeneinheit

Für Anteilsmengeneinheiten können Sie Umrechnungsfaktoren in Prozentangaben verwenden, da sie einen Anteil an der physischen Gesamtmenge darstellen. Dazu gibt es im Standard bereits Einstellungen zur prozentualen Berechnung für Prozent, Promille, Massenpromille und Volumenprozent. Diese können Sie über den Pfad (IMG •) **Logistik allgemein • Chargenverwaltung • Chargenspezifische Materialmengeneinheiten • Anteilsberechnung • Prozentuale Berechnung festlegen** (Transaktion BMA2) prüfen und, falls notwendig, erweitern. In Abbildung 6.4 ist die Definition der Maßeinheit Prozent mit dem Zähler 1 und dem Nenner 100 dargestellt, die wir für dieses Beispiel verwenden werden.

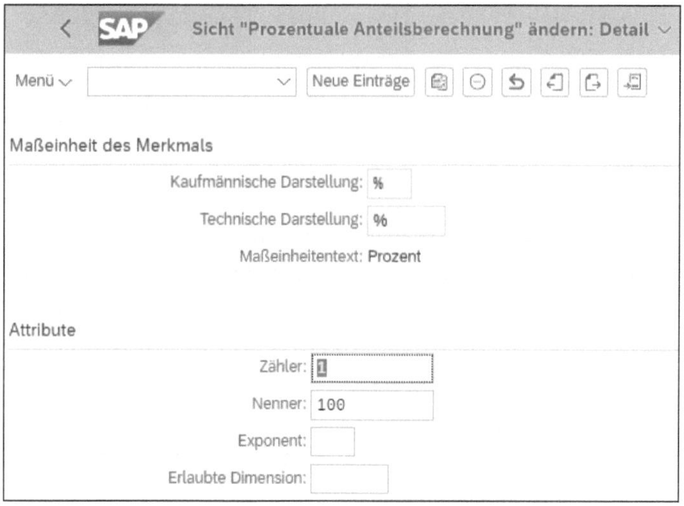

Abbildung 6.4 Prozentuale Anteilsberechnung definieren

Falls Sie nicht mit Prozentangaben arbeiten möchten, setzen Sie im nächsten Schritt die chargenspezifische Mengeneinheit in Bezug zur Basismenge (siehe Abbildung 6.5). Der chargenspezifische Umrechnungsfaktor wird dann nicht in Prozent, sondern in der hier definierten Maßeinheit dargestellt. Dazu nutzen Sie den Customizing-Pfad (IMG •) **Logistik allgemein • Chargenverwaltung • Chargenspezifische Materialmengeneinheiten • Anteilsberechnung • Berechnung Anteilsmenge aus Basismenge definieren** (Transaktion BMA3).

Für die Abbildung der Anteilsmengeneinheit, z. B. für einen Rohstoff, wird dabei die chargenspezifische Mengeneinheit KGC zur Basismengeneinheit KG in Bezug gesetzt. Damit kann über die Angabe der Gesamtmenge in KG und der darin enthaltenen Menge Chrom in KG der Chromanteil in Form des Umrechnungsfaktors mit der Maßeinheit KCK bzw. **kgc/kg** berechnet werden.

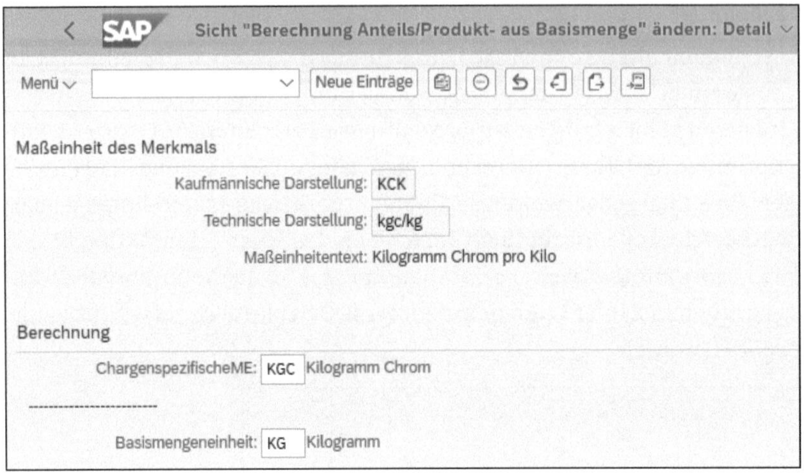

Abbildung 6.5 Verhältnis von Anteilsmengeneinheit zu Basismengeneinheit definieren

Produktmengeneinheit

Für die Produktmengeneinheit KG wurde ebenfalls die Relation aus chargenspezifischer Mengeneinheit und Basismengeneinheit definiert (siehe Abbildung 6.6). Für die Chargen eines Endprodukts, das in Stück geführt wird, kann über die Maßeinheit KPS (Kilogramm pro Stück) ein variables Gewicht pro Stück als Umrechnungsfaktor abgebildet werden, der einer Charge hinterlegt werden kann. Der Customizing-Pfad für diese Einstellung lautet (IMG •) **Logistik allgemein • Chargenverwaltung • Chargenspezifische Materialmengeneinheiten • Produktmengenumrechnung • Berechnung Produktmenge aus Basismenge definieren** (Transaktion BMA3).

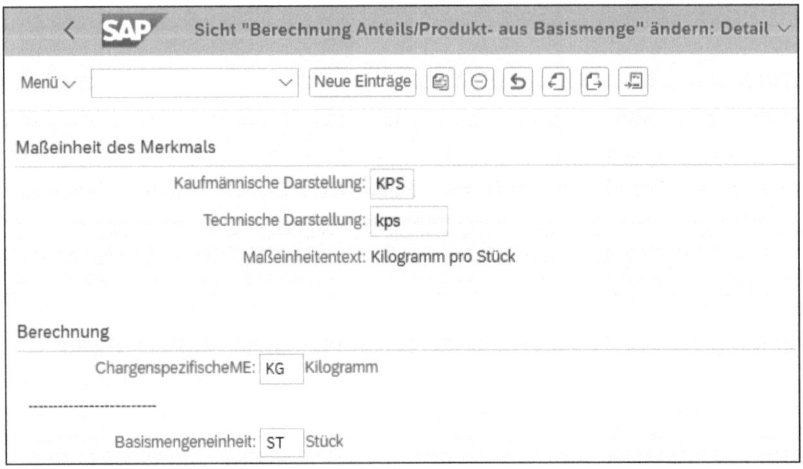

Abbildung 6.6 Verhältnis von Produktmengeneinheit und Basismengeneinheit definieren

Entsprechend Ihren Anforderungen können Sie auch die umgekehrte Relation von der Basismengeneinheit zur chargenspezifischen Mengeneinheit definieren. Dazu verwenden Sie den Menüpfad (IMG •) **Logistik allgemein • Chargenverwaltung • Chargenspezifische Materialmengeneinheiten • Produktmengenumrechnung • Berechnung Basismenge aus Produktmenge definieren** (Transaktion BMA4).

Damit haben Sie die erforderlichen Einstellungen im Customizing vorgenommen und können sie für die Stammdatenpflege verwenden.

6.2.2 Einstellungen in den Stammdaten

Zur Nutzung der chargenspezifischen Mengeneinheiten sind zusätzliche Einstellungen im Klassensystem nötig (siehe Abschnitt 2.3.1, »Exkurs: Grundlagen des Klassensystems«). Die Aktivierung der chargenspezifischen Mengeneinheiten erfolgt letztlich im Materialstamm. Beides erläutern wir Ihnen in diesem Abschnitt.

Klassensystem

Zunächst benötigen Sie ein numerisches Klassenmerkmal, um den Umrechnungsfaktor für eine Anteilsmenge oder eine Produktmenge abzubilden. Das Merkmal legen Sie mit Transaktion CT04 (Merkmalverwaltung) an. In diesem Merkmal, das in der Chargenklasse enthalten sein muss, können Sie dann den Umrechnungsfaktor wie den Chromgehalt aus Abbildung 6.7 für eine Charge hinterlegen. Da es sich beim Chromgehalt um eine Anteilsmengeneinheit handelt, können Sie hier die Maßeinheit Prozent für das Merkmal verwenden. Im Bereich **Bewertung** müssen Sie außerdem die Option **Einwertig** markieren, um das Merkmal als einwertig zu kennzeichnen.

[«]

Maßeinheit des Klassenmerkmals zur Abbildung des Umrechnungsfaktors

Alternativ können Sie dem Merkmal D24_QN000010 (CHROMGEHALT) aus Abbildung 6.7 auch die Maßeinheit **kgc/kg** (Kilogramm Chrom pro Kilogramm) zuweisen. Mithilfe dieser Maßeinheit lässt sich wie auch mit der Maßeinheit % der Umrechnungsfaktor zwischen der chargenspezifischen Mengeneinheit KGC (Kilogramm Chrom) und der Basismengeneinheit KG darstellen.

Wie auch für eine Anteilsmengeneinheit bilden Sie den Umrechnungsfaktor für eine Produktmengeneinheit mit einem Merkmal ab. Dazu weisen Sie als Maßeinheit genau diejenige zu, die Sie zuvor als Relation aus chargenspezifischer Mengeneinheit zur Basismengeneinheit definiert haben (siehe Abbildung 6.6 weiter vorne). Für das Stückgewicht in Kilogramm, das in den Beispielszenarien in Abschnitt 6.3, »Chargenspezifische Mengeneinheiten in der Supply Chain«, als Produktmengeneinheit für das Endprodukt verwendet wird, ist das die Maßeinheit **kps** (Kilogramm pro Stück), wie in Abbildung 6.8 dargestellt.

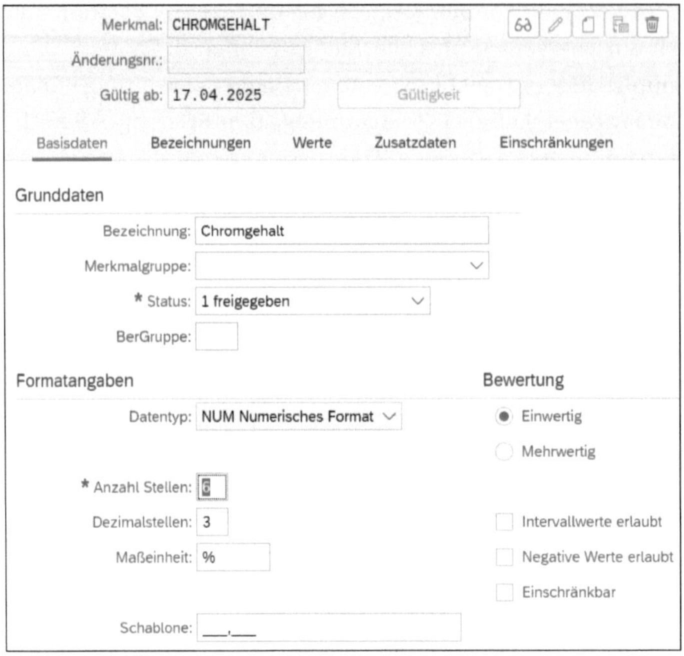

Abbildung 6.7 Merkmal »CHROMGEHALT« in Prozent

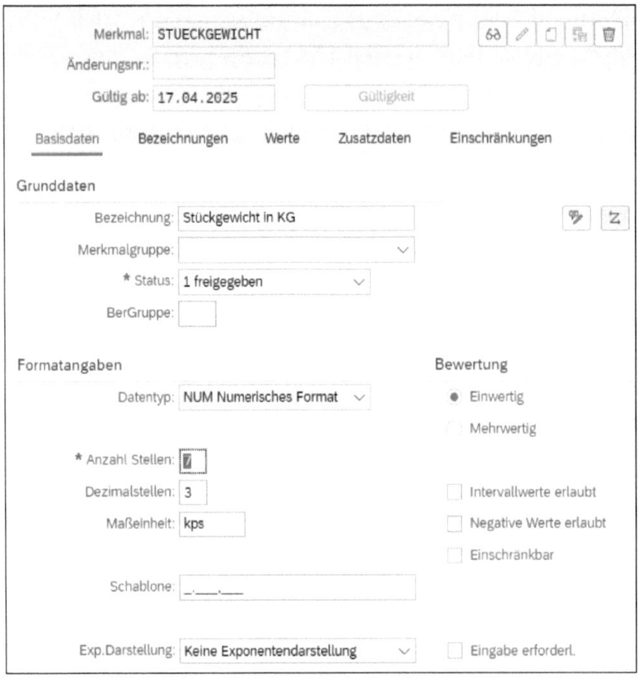

Abbildung 6.8 Merkmal »STÜCKGEWICHT« in KG mit Mengeneinheit »kps« (Kilogramm pro Stück)

Das Merkmal zur Hinterlegung des Umrechnungsfaktors nehmen Sie nun mit Transaktion CL02 (Klassenverwaltung) in eine Chargenklasse auf. Diese weisen Sie später den Materialien zu, für die Sie die chargenspezifischen Mengeneinheiten nutzen möchten. Auf der Registerkarte **Basisdaten** der Klasse nehmen Sie eine zusätzliche Kennzeichnung vor, die diese Chargenklasse für die Verwendung mit chargenspezifischen Mengeneinheiten geeignet macht. Dazu wählen Sie im Feld **Anwendungssicht** den Eintrag S (Stoff/Stahl), wie in Abbildung 6.9 dargestellt.

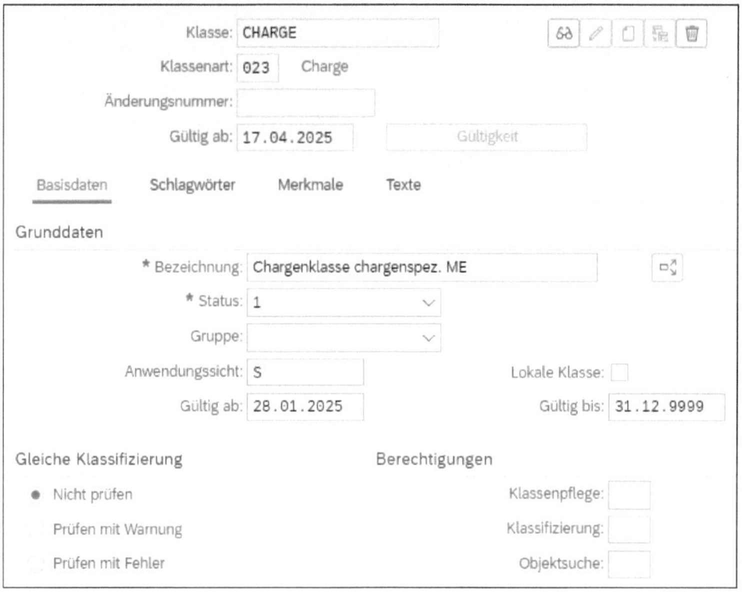

Abbildung 6.9 Basisdaten einer Klasse mit Anwendungssicht S

Auf der Registerkarte **Merkmale** kennzeichnen Sie ebenfalls alle Merkmale, die als Umrechnungsfaktor einer chargenspezifischen Mengeneinheit verwendet werden sollen. Auch hier wählen Sie im Feld **Anwendungssichten** den Eintrag S (Stoff/Stahl) und setzen den Haken in der Spalte **Ant.-/Prod.-ME rel.**, um die Anteils-/Produktmengeneinheit als relevant zu markieren, wie in Abbildung 6.10 dargestellt.

Abbildung 6.10 Merkmale einer Klasse mit Anwendungssicht S

Damit haben Sie alle notwendigen Einstellungen im Klassensystem vorgenommen und können diese Chargenklasse den Materialien zuweisen und die darin mit der Anwendungssicht S enthaltenen Merkmale nutzen, wie im folgenden Abschnitt beschrieben.

Einstellungen der Mengeneinheiten im Materialstamm

Im Materialstamm weisen Sie mit Transaktion MM02 (Material ändern) bzw. der SAP-Fiori-App **Material ändern** (App-ID MM02) in der Sicht **Klassifizierung** die Chargenklasse zu, die das Merkmal für den Umrechnungsfaktor enthält. Darüber hinaus definieren Sie nun eine oder mehrere chargenspezifische Mengeneinheiten im Material. Dazu klicken Sie, ausgehend von einer beliebigen Sicht im Materialstamm, auf den Button → Zusatzdaten (**Absprung zu Zusatzdaten**). Hier wählen Sie die Registerkarte **Anteils-/ProduktME** (siehe Abbildung 6.11).

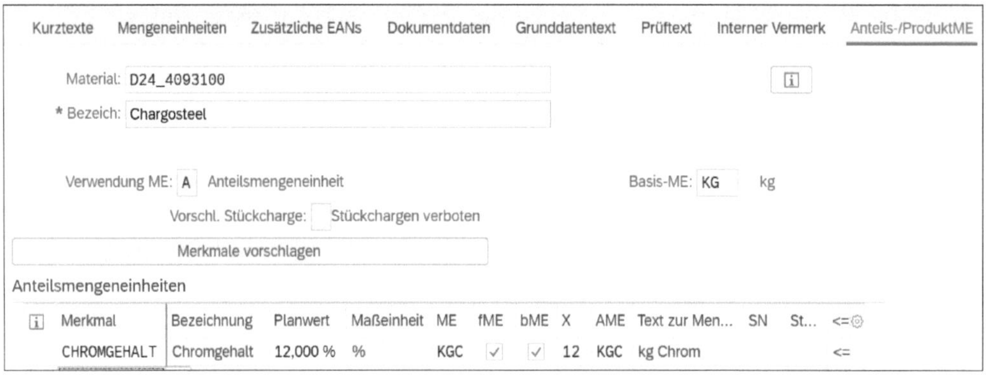

Abbildung 6.11 Anteilsmengeneinheit »Chromgehalt« im Material zuordnen und pflegen

Im Feld **Verwendung ME** geben Sie zunächst die Art der chargenspezifischen Mengeneinheit ein, die Sie für dieses Material nutzen möchten: Geben Sie entweder A für eine **Anteilsmengeneinheit** oder B für eine **Produktmengeneinheit** ein. Es werden Ihnen daraufhin alle Merkmale aus der Chargenklasse vorgeschlagen, für die Sie die Anwendungssicht S gepflegt haben. Hier wählen Sie nun den geeigneten Umrechnungsfaktor in Form eines Merkmals aus und geben dazu die chargenspezifische Mengeneinheit im Feld **ME** an.

Im Beispiel in Abbildung 6.11 haben wir für den Rohstoff D24_4093100 (Chargosteel) die Art **Anteilsmengeneinheit** gepflegt. Hier kommt die Mengeneinheit KGC (Kilogramm Chrom) als chargenspezifische Mengeneinheit zum Einsatz. Der Umrechnungsfaktor von der Basismengeneinheit KG in die Anteilsmengeneinheit KGC wird über das Merkmal **CHROMGEHALT** (Chromgehalt in Prozent) in den Chargen abgelegt.

Den theoretischen Umrechnungsfaktor für die chargenspezifische Mengeneinheit pflegen Sie hier im Materialstamm im Feld **Planwert** im Gegensatz zum tatsächlichen chargenspezifischen Umrechnungsfaktor. Dieser wird in der Charge im Merkmal **CHROMGEHALT** hinterlegt. Solange noch keine Charge vorhanden ist oder der tatsächliche Umrechnungsfaktor in der Charge noch nicht bekannt ist, rechnet das SAP-System mit dem Planwert.

Falls die Bewertung des Materials auf Basis der Anteilsmenge erfolgen soll, setzen Sie zusätzlich das Kennzeichen **bME** (bewertungsrelevante Mengeneinheit) wie im Beispiel für Merkmal **CHROMGEHALT** in Abbildung 6.11. Sie können dann für jede damit gekennzeichnete Anteilsmengeneinheit einen Standardpreis hinterlegen. Wie das geht, zeigen wir Ihnen im nächsten Abschnitt »Einstellungen zur Chargeneinzelbewertung«.

Über das Kennzeichen **fME** (führende Mengeneinheit) haben Sie die Möglichkeit, anstelle der physischen Menge die damit gekennzeichnete chargenspezifische Mengeneinheit für die Bedarfsplanung und die Verfügbarkeitsprüfung zu nutzen. Die Details dazu erläutern wir Ihnen in Abschnitt 6.3.3, »Planungsprozess«.

Für das Fertigerzeugnis D24_1143500 (Chargochrom) in Abbildung 6.12 haben wir die Art **Produktmengeneinheit** eingestellt. Dabei wird die chargenspezifische Mengeneinheit KG verwendet, die über das Merkmal **STUECKGEWICHT** (Stückgewicht in KG) mit der Maßeinheit **kps** (Kilogramm pro Stück) in den Chargen umgerechnet wird.

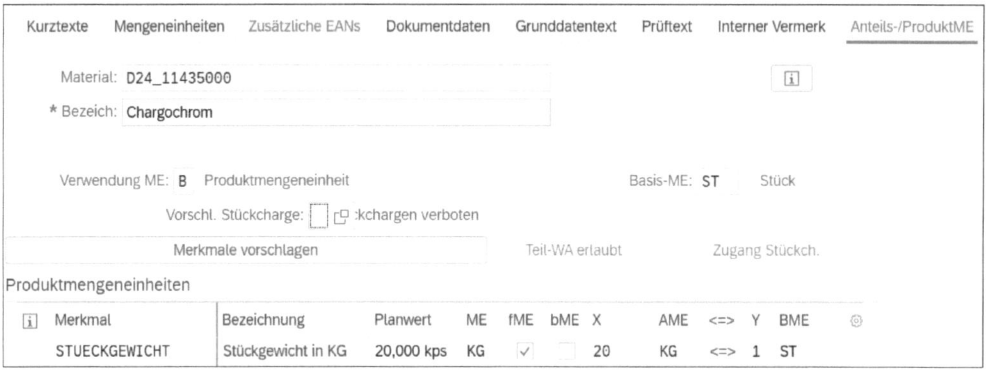

Abbildung 6.12 Produktmengeneinheit »Stückgewicht in KG« im Material zuordnen und pflegen

Damit haben Sie die erforderlichen Einstellungen im Materialstamm komplettiert. Optional können Sie nun noch die Einstellungen zur Chargeneinzelbewertung vornehmen, falls Sie die Chargenbestände abhängig von den chargenspezifischen Mengeneinheiten bewerten möchten.

Einstellungen zur Chargeneinzelbewertung

Falls der Wert einer Charge eines fremdbeschafften Materials von einer Anteilsmenge oder einer Produktmenge abhängt, können Sie die Chargen des Materials auf Basis ihrer chargenspezifischen Mengeneinheiten bewerten. Dazu nutzen Sie die Chargeneinzelbewertung, die Sie im Material über Transaktion MM02 (Material ändern) in der Sicht **Buchhaltung 1** aktivieren. Dies ermöglicht Ihnen nicht nur eine Unterscheidung der Bestände der Chargen, sondern auch eine zusätzliche wertmäßige Abgrenzung.

[»]

Voraussetzungen für eine Bewertung auf Basis der chargenspezifischen Mengeneinheiten

Voraussetzung für eine Bewertung auf Basis der chargenspezifischen Mengeneinheiten ist die getrennte Bewertung von Chargen bzw. die Chargeneinzelbewertung, die wir Ihnen in Abschnitt 5.5, »Getrennte Bewertung mit Chargen und Chargeneinzelbewertung«, vorgestellt haben. Dazu müssen Sie im Materialstamm in der Sicht **Buchhaltung 1** den Bewertungstyp X (Chargeneinzelbewertung) und die Preissteuerung V (Gleitender Durchschnittspreis/Periodischer Verrechnungspreis) einstellen. Als weitere Voraussetzung muss im Customizing bei den Eigenschaften der Materialart die V-Preissteuerung als Vorschlag hinterlegt sein.

Außerdem setzen Sie wie im Beispiel des Rohstoffs D24_4093100 in Abbildung 6.11 für eine chargenspezifische Mengeneinheit das Kennzeichen **bME** (bewertungsrelevante Mengeneinheit).

[»]

Bewertungsrelevante chargenspezifische Mengeneinheiten

Falls Sie mit Anteilsmengeneinheiten arbeiten, können Sie auch mehrere Anteilsmengeneinheiten als bewertungsrelevant definieren. Dies ist sinnvoll, wenn ein Material z. B. mehrere Wirkstoffe enthält, nach deren Gehalt sich der Einkaufspreis richtet. Die Bewertung der Chargen errechnet sich dann aus der Summe der Werte ihrer Anteilsmengen.

Falls Sie mit Produktmengeneinheiten arbeiten, können Sie lediglich eine davon als bewertungsrelevant definieren, da diese immer den gesamten Bestand in der Basismengeneinheit in einer alternativen Mengeneinheit darstellen.

Sobald eine chargenspezifische Mengeneinheit als bewertungsrelevant definiert wurde, wird im Materialstamm auf der Ebene Material/Werk automatisch das Kennzeichen **Bewertete ME** (Bewertung auf Basis der chargenspezifischen Mengeneinheit) in der Sicht **Buchhaltung 1** gesetzt (siehe Abbildung 6.13).

Um die Chargen abhängig von ihren Anteilsmengen oder Produktmengen wertmäßig unterscheiden zu können, pflegen Sie pro chargenspezifische Mengeneinheit einen Standardpreis. Dazu legen Sie einen Bewertungssatz zur Kombination aus Material, Bewertungskreis und chargenspezifischer Mengeneinheit an (siehe Abbildung

6.14). Hierzu verwenden Sie die SAP-Fiori-App **Bewertung für chargenspezifische Einheit anlegen** oder die Transaktion MWB1. Die Preiseinheit ist dabei eine Menge in der chargenspezifischen Mengeneinheit, zu der Sie einen Standardpreis angeben.

Abbildung 6.13 Ausschnitt aus der Sicht »Buchhaltung 1« im Materialstamm mit Standardpreis

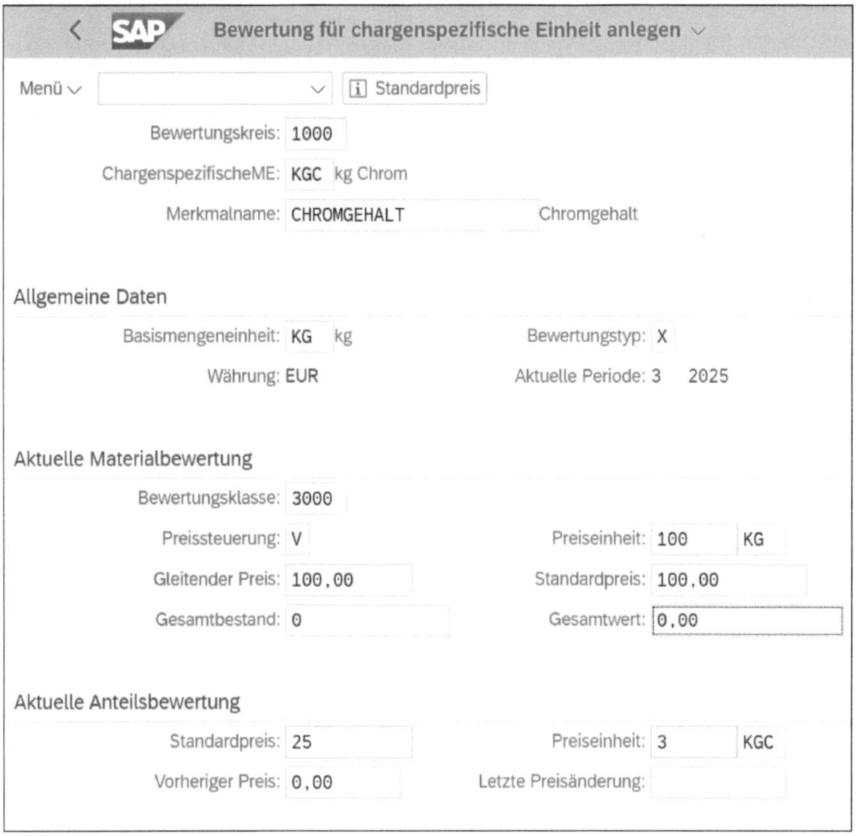

Abbildung 6.14 Den Standardpreis für die Bewertung auf Basis einer chargenspezifischen Mengeneinheit festlegen

[»]

Preissteuerung für chargenspezifische Mengeneinheiten

Den Preis für eine chargenspezifische Mengeneinheit können Sie nur als Standardpreis pflegen. Die Pflege eines gleitenden Durchschnittspreises ist hier nicht möglich.

Wenn Sie auf den Button Preisübernahme (**Chargeneinzelbewertung**) unten rechts klicken, wird für jede Charge der gleitende Preis ermittelt und in die zugehörige Bewertungsart im Materialstamm geschrieben. Wie in Abschnitt 5.5, »Getrennte Bewertung mit Chargen und Chargeneinzelbewertung«, beschrieben, wird aufgrund der Chargeneinzelbewertung bei der ersten Warenbewegung einer Charge eine gleichnamige Bewertungsart im Materialstamm automatisch angelegt. Bei der Bewertung der Charge wird die Menge der Charge in der bewertungsrelevanten chargenspezifischen Mengeneinheit durch die Preiseinheit aus Abbildung 6.14 dividiert und mit dem dort festgelegten Standardpreis multipliziert.

[zB]

Ermittlung der Bewertung einer Charge

Sie haben z. B. 1.000 KG einer Charge auf Lager. Aufgrund eines Chromanteils von 12 % ergibt dies umgerechnet in die chargenspezifische Mengeneinheit KGC (KG Chrom) eine Menge von 120 KGC. Dividiert durch die Preiseinheit 3 KGC und multipliziert mit dem Standardpreis 25 EUR resultiert daraus ein Bestandswert von 1.000 EUR.

Sie können auch mehrere Anteilsmengeneinheiten über das Kennzeichen **bME** (bewertungsrelevante Mengeneinheit) im Materialstamm als bewertungsrelevant kennzeichnen (siehe Abbildung 6.11). In diesem Fall fließen alle berechneten Teilwerte kumuliert in die Bewertung der Chargen ein und bilden dadurch den Gesamtwert. Um nachvollziehen zu können, wie die Bestimmung des Standardpreises erfolgt, können Sie sich über den Button Standardpreis (**Ermittlung des Standardpreises**) alle in die Bewertung eingehenden Anteilsmengen anzeigen lassen (siehe Abbildung 6.15).

[»]

Erzeugniskalkulation für eigengefertigte Materialien

Für eigengefertigte Materialien führen Sie in der Regel eine Erzeugniskalkulation durch und übergeben die dadurch ermittelten Herstellkosten als Bewertungspreis an den Materialstamm. In diesem Fall setzen Sie das Kennzeichen **bME** (bewertungsrelevante Mengeneinheit) nicht, da die chargenspezifischen Mengeneinheiten für die Bewertung hier keine Rolle spielen. Für eigengefertigte Materialien erfolgt die Bewertung auf Basis der Erzeugniskalkulation.

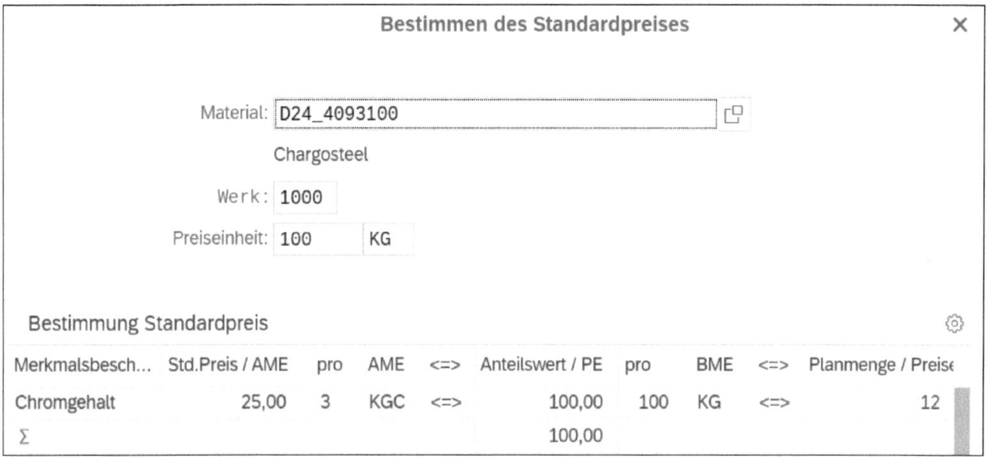

Abbildung 6.15 Information zur Bestimmung des Standardpreises

6.2.3 Konsistenzprüfung

Mithilfe der Konsistenzprüfung können Sie Chargen identifizieren, deren Merkmal für den Umrechnungsfaktor unbewertet ist oder die eine inkonsistente Merkmalsbewertung besitzen. Die Konsistenzprüfung rufen Sie über den Menüpfad **Logistik • Zentrale Funktionen • Chargenverwaltung • Chargenspezifische Mengeneinheiten • Konsistenzprüfung chargenspezifische ME** (Transaktion MWBC) auf. Ein Beispiel dazu sehen Sie in Abbildung 6.16. Nach einem Klick auf den Button (**Umrechnung in die Basismengeneinheit**) öffnet sich ein Pop-up, in dem für das Material oder eine konkrete Charge die Umrechnung von der chargenspezifischen Mengeneinheit in die Basismengeneinheit erläutert wird.

In der Liste werden alle Materialien bzw. deren Chargen mit einer konsistenten Merkmalsbewertung mit der grünen Ampel ■ dargestellt, Materialien ohne Umrechnungsfaktor mit der gelben Ampel ▲ und Materialien, die eine Inkonsistenz aufweisen, mit der roten Ampel ●. Inkonsistente Merkmalsbewertungen sollten Sie über den Button Ändern (**Charge ändern**) in der Klassifizierungssicht im Chargenstamm korrigieren. Im Regelfall sollten diese nicht auftreten, aber beim Einsatz kundeneigener Erweiterungen oder nach einer Datenübernahme von Merkmalswerten und Beständen sollten Sie die Konsistenz der Daten auf jeden Fall überprüfen.

Im folgenden Abschnitt 6.3 gehen wir auf die Auswirkungen der in diesem Abschnitt vorgestellten Einstellungen auf die Prozesse in der Supply Chain ein.

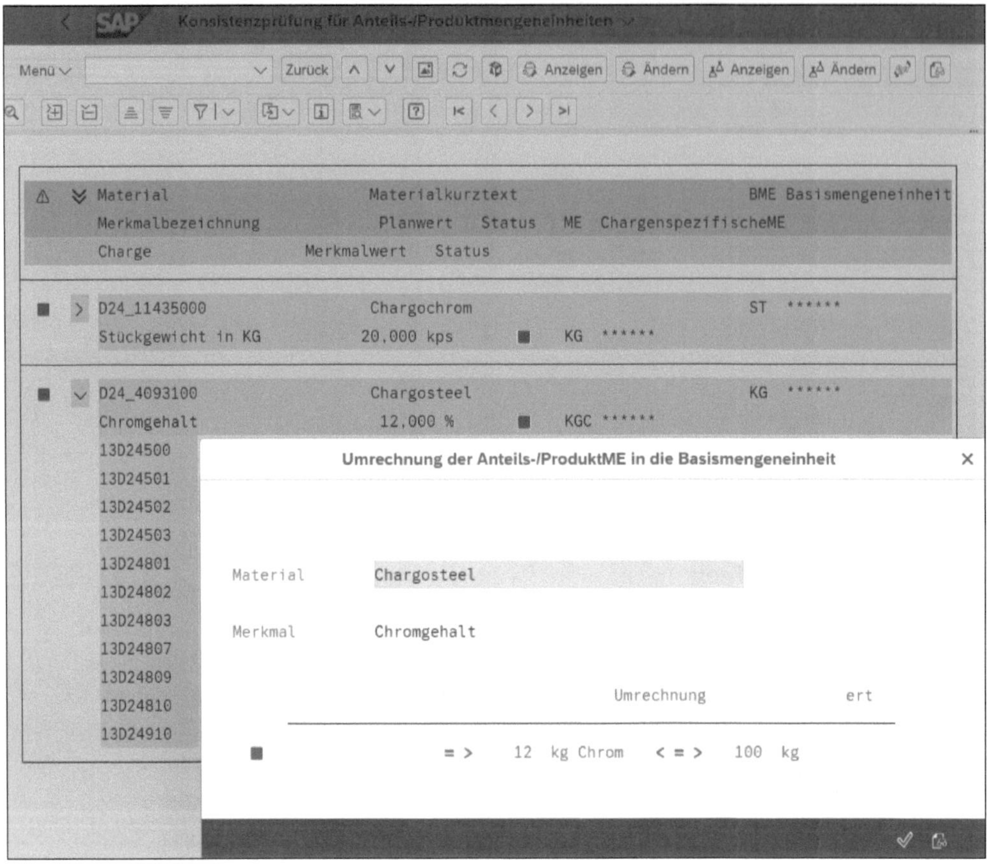

Abbildung 6.16 Konsistenz für chargenspezifische Mengeneinheiten überprüfen

6.3 Chargenspezifische Mengeneinheiten in der Supply Chain

In diesem Abschnitt zeigen wir Ihnen die Auswirkungen der chargenspezifischen Mengeneinheiten auf die Prozesse in der Supply Chain. Sie können sich z. B. die Bestände eines Materials auch in der chargenspezifischen Mengeneinheit anzeigen lassen. Im Einkauf haben Sie die Möglichkeit, Konditionen auf Basis von chargenspezifischen Mengeneinheiten zu pflegen und Bestellungen in einer chargenspezifischen Mengeneinheit anzulegen. In der Produktion können sowohl die Auftragsmenge als auch die Komponentenmengen in der Stückliste in der chargenspezifischen Mengeneinheit angegeben werden. Ebenso kann eine Preisfindung im Vertrieb auf einer chargenspezifischen Mengeneinheit basieren.

6.3.1 Bestandsführung

In der Bestandsführung erfolgen alle Warenbewegungen grundsätzlich in der Basismengeneinheit. Eine Fortschreibung der Warenbewegungen in einer chargenspezifischen Mengeneinheit kann deshalb nicht erfolgen. Sie können sich allerdings Bestände jederzeit in einer chargenspezifischen Mengeneinheit anzeigen lassen, indem Sie die entsprechende Mengeneinheit in einer Bestandsübersicht auswählen. Mithilfe des chargenspezifischen Umrechnungsfaktors erfolgt dann die Umrechnung von der Basismengeneinheit in die chargenspezifische Mengeneinheit.

6.3.2 Einkaufsprozess

In diesem Abschnitt zeigen wir Ihnen einen Einkaufsprozess, bei dem die Konditionen und die Bestandsbewertung von Chargen auf einer chargenspezifischen Mengeneinheit basieren.

Pflege der Konditionen im Einkaufsinfosatz auf Basis des Chromgehalts

Im Einkauf können Sie für Rohstoffe mit schwankender Qualität und Eigenschaften die Konditionen z. B. an den jeweiligen Gehalt des Wirk- oder Wertstoffanteils knüpfen. Diesen haben Sie analog zum Chromgehalt aus Abbildung 6.11 mithilfe einer Anteilsmenge abgebildet. Zur Pflege der Konditionen können Sie z. B. über die SAP-Fiori-App **Einkaufsinfosätze verwalten** (App ID F1982) einen Einkaufsinfosatz anlegen, in dem Sie zunächst die Bestellmengeneinheit und die Umrechnung in die Basismengeneinheit pflegen. Diese wird von den Definitionen der Mengeneinheiten aus dem Materialstamm übernommen. Wie in Abbildung 6.17 dargestellt, entsprechen hier 100 KG in der Basismengeneinheit 12 KGC (Kilogramm Chrom) in der Anteilsmengeneinheit.

In der Registerkarte **Konditionen** finden Sie die Optionen zur Pflege der Konditionen, wo Sie einen Preis auf Basis der chargenspezifischen Mengeneinheit eingeben können. Im Beispiel in Abbildung 6.18 sind dies 100 EUR pro 12 KGC (Kilogramm Chrom).

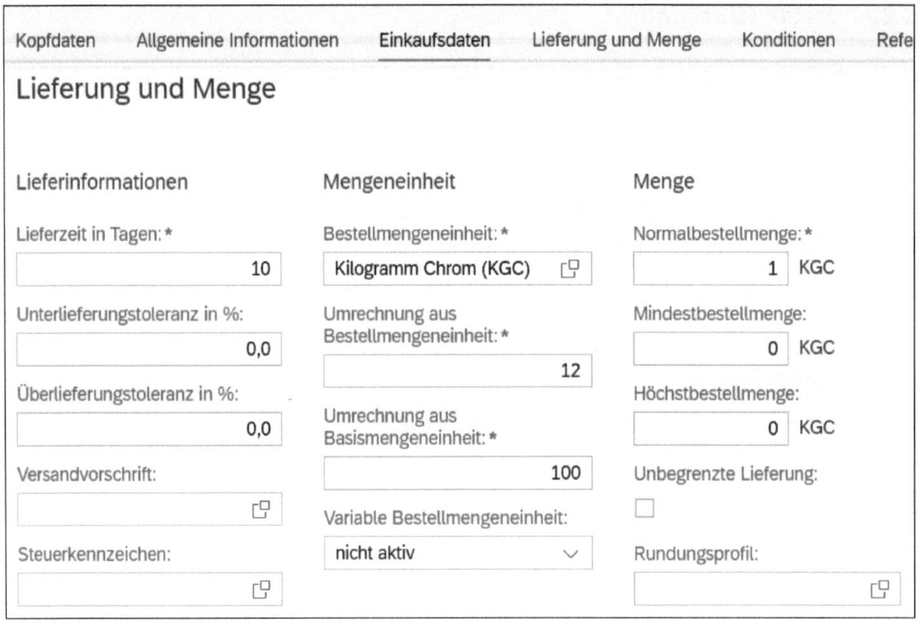

Abbildung 6.17 Die Bestellmengeneinheit im Einkaufsinfosatz festlegen

Abbildung 6.18 Konditionen in Abhängigkeit von der chargenspezifischen Mengeneinheit pflegen

[»]

Verwendung der chargenspezifischen Mengeneinheit als Bestellmengeneinheit

Falls Sie die chargenspezifische Mengeneinheit generell als Bestellmengeneinheit verwenden möchten, können Sie diese auch direkt im Materialstamm in der Sicht **Einkauf** im Feld **Bestellmengeneinheit** pflegen. Falls die Bestellmengeneinheit variieren kann, aktivieren Sie das zusätzlich über das Kennzeichen **Var.BME** (Variable Bestellmengeneinheit aktiv). Sie können dann in der Bestellung auch eine von der im Einkaufsinfosatz angegebenen abweichende Bestellmengeneinheit wählen.

Anlegen einer Bestellung

Mit diesen Einstellungen im Einkaufsinfosatz können Sie dann in den Einkaufsbelegen wie Bestellanforderung oder Bestellung die Bestellmenge in der chargenspezifischen Mengeneinheit erfassen. Eine Bestellung können Sie, wie in Abbildung 6.19 dargestellt, mit der SAP-Fiori-App **Bestellung anlegen** (App ID ME21N) erstellen. Dabei wird in der Bestellentwicklung neben der Bestellmenge auch die physische Menge im Feld **Best.Mng in LME** (Bestellmenge in Lagermengeneinheit) fortgeschrieben.

Abbildung 6.19 Bestellung mit Bestellmenge in chargenspezifischer Mengeneinheit

Wareneingang zur Bestellung mit geplantem Chromgehalt

Als Erfassungsmengeneinheit für den Wareneingang zur Bestellung über die SAP-Fiori-App **Warenbewegung buchen** (App ID MIGO; Vorgang: Wareneingang zum Referenzbeleg Bestellung) wird dann ebenfalls die chargenspezifische Mengeneinheit verwendet. Die Menge wird parallel dazu in der (physischen) Lagermengeneinheit angezeigt. Im Beispiel in Abbildung 6.20 sind dies 12 KGC (Kilogramm Chrom), die 100 KG physischem Gewicht entsprechen. Dabei wird für die zu buchende Charge automatisch eine gleichnamige Bewertungsart vorgeschlagen, falls Sie mit der Chargeneinzelbewertung arbeiten.

Falls zum Zeitpunkt des Wareneingangs der tatsächliche Chromgehalt der Charge noch nicht bekannt ist, wird zunächst mit dem Planwert aus dem Materialstamm gerechnet. In diesem Fall ist dies ein Chromgehalt von 12 %, sodass wie beim Buchen des Wareneingangs in Abbildung 6.20 12 KG Chrom einem physischen Gewicht von 100 KG entsprechen. Sie sehen dann in der Bestandsübersicht mit der SAP-Fiori-App **Bestandsübersicht**, wie in Abbildung 6.21 dargestellt, den Bestand der Charge 13D24910 in der chargenspezifischen Mengeneinheit KGC (Kilogramm Chrom).

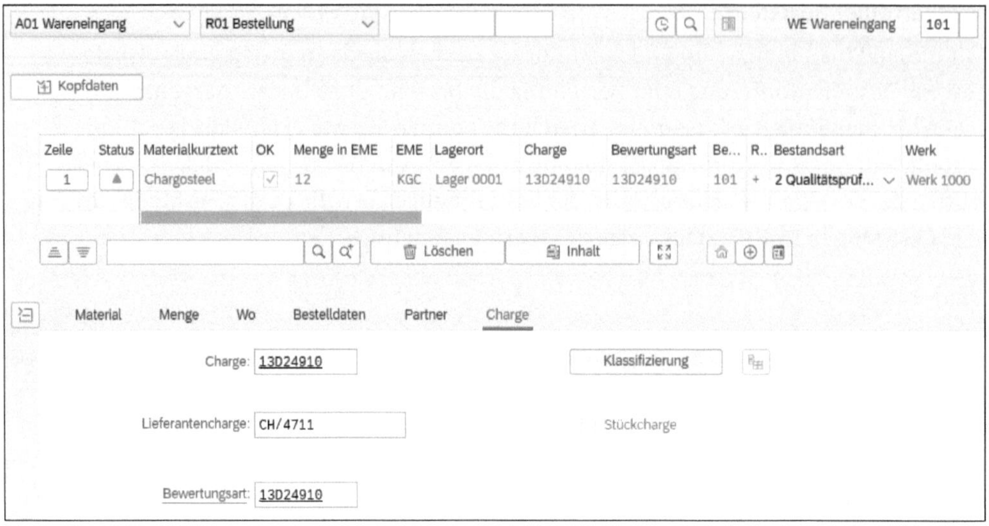

Abbildung 6.20 Wareneingang zur Bestellung in chargenspezifischer Mengeneinheit

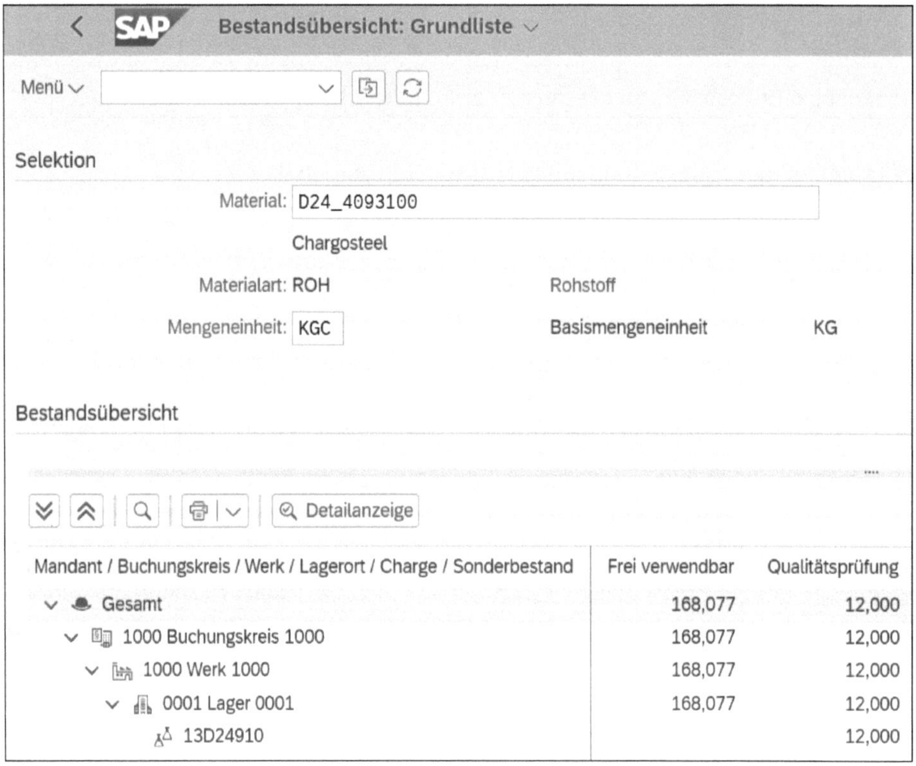

Abbildung 6.21 Bestand in chargenspezifischer Mengeneinheit

Das physische Gewicht wird in KG angezeigt, wenn Sie im Feld **Mengeneinheit** anstelle von KGC die Mengeneinheit KG eingeben und die Ansicht mithilfe des Buttons (**Auffrischen**) aktualisieren (siehe Abbildung 6.22).

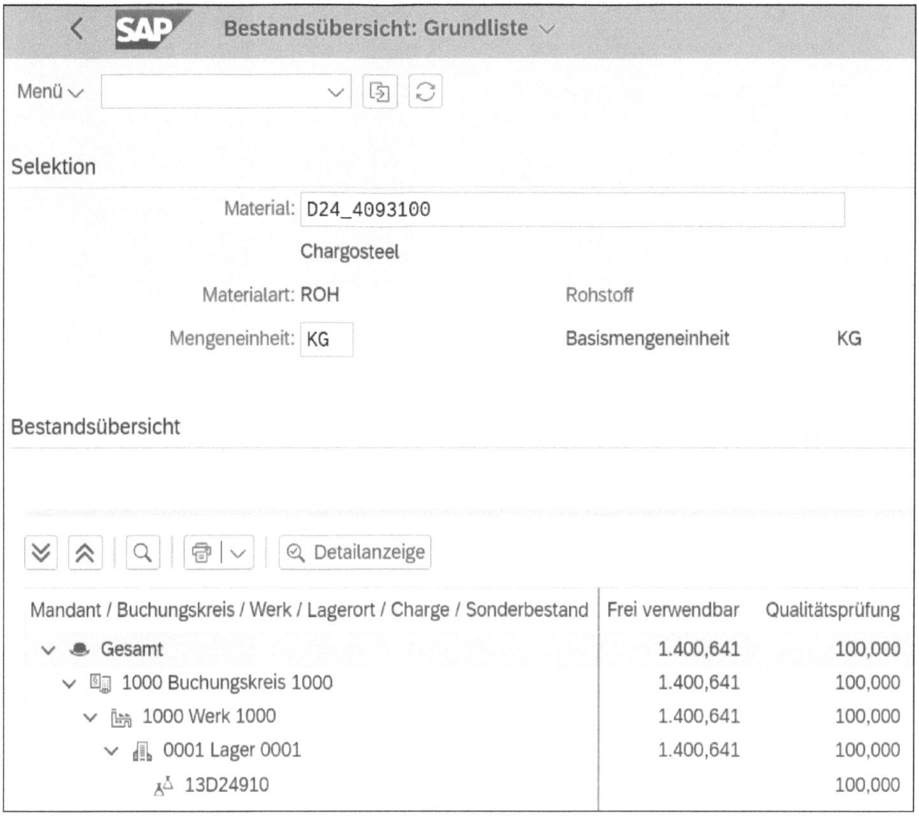

Abbildung 6.22 Bestand in Basismengeneinheit

Qualitätsprüfung zur Bestimmung des tatsächlichen Chromgehalts

In diesem Szenario wird nun der tatsächliche Chromgehalt der Charge über eine Qualitätsprüfung ermittelt. Sobald Sie den Verwendungsentscheid mit der SAP-Fiori-App **Verwendungsentscheid erfassen**(App-ID QA11) sichern, wird der Umrechnungsfaktor bzw. das Merkmal **CHROMGEHALT** in der Charge mit dem Ergebnis der Qualitätsprüfung bewertet. Falls nun aufgrund des Prüfergebnisses eine Korrektur der Menge in der chargenspezifischen Mengeneinheit durchgeführt wird, wird eine Meldung ausgegeben (siehe Abbildung 6.23). Sie werden dort aufgefordert, die Bestellentwicklung zu aktualisieren.

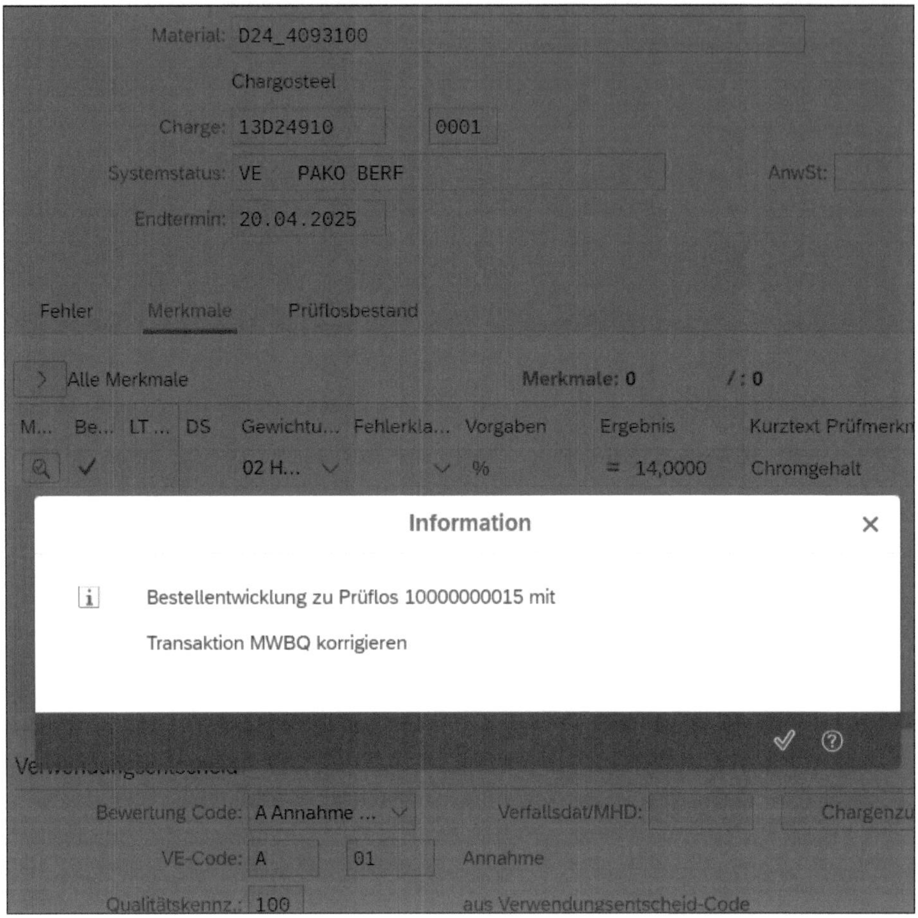

Abbildung 6.23 Aufforderung zur Aktualisierung der Bestellentwicklung beim Verwendungsentscheid

Wenn Sie die Bestandsübersicht in der chargenspezifischen Mengeneinheit KGC aufrufen, sehen Sie, dass sich nach der Bewertung der Charge mit dem tatsächlichen Chromgehalt die Anteilsmenge der geprüften Charge geändert hat. Da der Chromanteil nun von 12 % auf 14 % korrigiert wurde, wurde die Anteilsmenge des Wareneingangs entsprechend von 12 KGC auf 14 KGC korrigiert (siehe Abbildung 6.24). Der physische Bestand von 100 KG bleibt dabei unverändert.

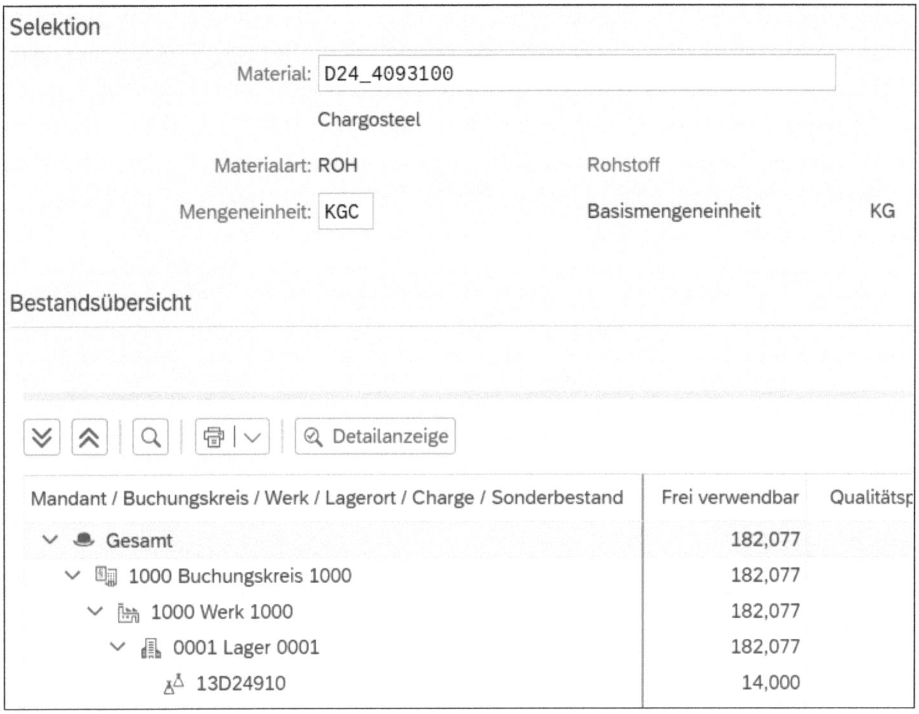

Abbildung 6.24 Bestand in chargenspezifischer Mengeneinheit nach Korrektur des Chromanteils

Korrektur der Bestellentwicklung aufgrund von Abweichungen im Chromgehalt

Die im vorangegangenen Abschnitt vorgenommene Korrektur des Chromanteils führen Sie nun auch in der Bestellentwicklung der Bestellung durch. Dazu folgen Sie dem Menüpfad **Logistik • Zentrale Funktionen • Chargenverwaltung • Chargenspezifische Mengeneinheiten • Nachverrechnung Wareneingang • Erfassen mit Bezug zum Prüflos** (Transaktion MWBQ). Hier geben Sie das Prüflos sowie das Beleg- und das Buchungsdatum ein (siehe Abbildung 6.25) und stoßen dann die Korrekturbuchung mit einem Klick auf den Button **Ausführen** an.

Abbildung 6.25 Bestellentwicklung mit Bezug zum Prüflos korrigieren

Als Ergebnis erhalten Sie ein Pop-up mit der Meldung **Materialbeleg <Materialbelegnummer> zur Korrektur der Bestellentwicklung zu Prüflos <Prüflosnummer> gebucht**. In der Bestellentwicklung sehen Sie den dadurch erzeugten Materialbeleg mit der Bewegungsart 141 bei einer positiven Nachverrechnung bzw. mit der Bewegungsart 142 bei einer negativen Nachverrechnung. Wie in Abbildung 6.26 gezeigt, wurden in diesem Fall mit dem Materialbeleg 5000000168 zusätzliche 2 KGC auf die Bestellung nachverrechnet.

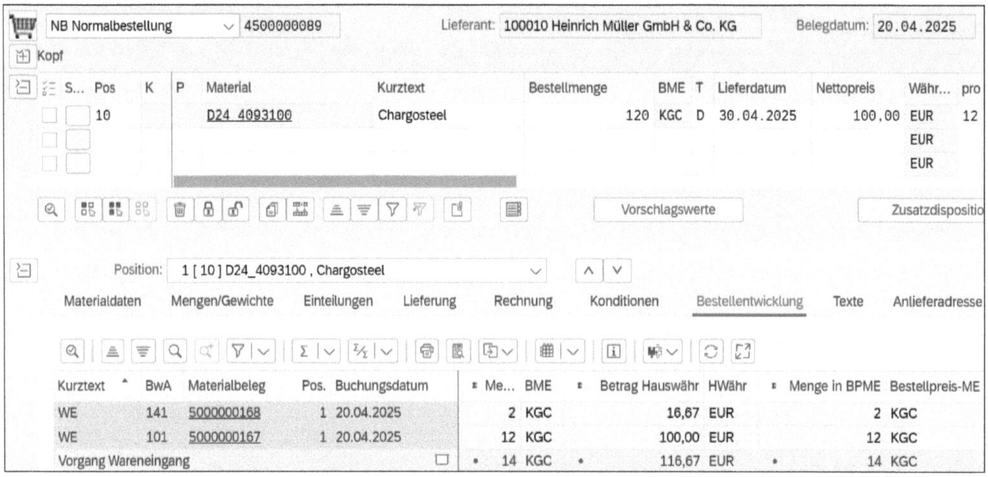

Abbildung 6.26 Bestellentwicklung nach Korrektur auf Basis eines Prüfloses

Sie können auch ohne eine integrierte Qualitätsprüfung arbeiten und den Merkmalswert für den Chromgehalt nachträglich manuell im Chargenstamm anpassen. In diesem Fall stoßen Sie die Nachverrechnung und die Aktualisierung der Bestellentwicklung auf Basis der Bestellungsdaten über die transaktionale SAP-Fiori-App **Nachverrechnung Wareneingang** (Transaktion MWBE) an.

Fazit

Sie haben gesehen, wie Sie die chargenspezifischen Mengeneinheiten in den Einkaufsprozess integrieren können und welche Vorteile Ihnen das bringt. Die Abbildung von Konditionen und Chargenbestandswerten auf Basis von chargenspezifischen Mengeneinheiten ermöglicht Ihnen im Einkauf eine bessere Transparenz und Kontrolle über Schwankungen von Qualität und Eigenschaften der Rohstoffe.

6.3.3 Planungsprozess

Die Bedarfsplanung und auch die Verfügbarkeitsprüfung auf Werks- und Lagerortebene werden immer in der Basismengeneinheit durchgeführt. Die Ermittlung der verfügbaren Bestände kann nicht für chargenspezifische Anteilsmengen vorgenommen werden, auch wenn Sie Belege in chargenspezifischen Mengeneinheiten im System einstellen, die zu Bedarfen führen. Dies kann z. B. in Form eines Kundenauftrags der Fall sein, bei dem die Auftragsmenge in einer Anteilsmengeneinheit wie KGC (Kilogramm Chrom) eingegeben wird. Ein anderes Beispiel ist die Angabe einer Komponentenmenge in einer Stückliste in der Produktion, z. B. in KGW (Kilogramm Wirkstoff).

Das System rechnet während der Bedarfsplanung und der Verfügbarkeitsprüfung die Bedarfsmenge in der chargenspezifischen Mengeneinheit immer mit dem Planwert aus dem Materialstamm in die Basismengeneinheit um. Um allerdings trotzdem chargenspezifische Abweichungen vom Planwert berücksichtigen zu können, gibt es die sogenannten *Bestandskorrekturfaktoren*. Über diese können Sie den verfügbaren Bestand während der Bedarfs- und der Verfügbarkeitsrechnung korrigieren, um so die tatsächlichen Anteilsmengen der Chargen zu berücksichtigen. Sie können allerdings immer nur eine Anteilsmengeneinheit dafür hinzuziehen, die Sie im Materialstamm mit dem Kennzeichen **fME** (führende Mengeneinheit) versehen (siehe Abbildung 6.11).

[«]

Auswirkungen der Korrektur der verfügbaren Bestände auf die tatsächliche Bestandssituation

Die Korrektur des verfügbaren Bestands wird nur temporär während der Bedarfsplanung und der Verfügbarkeitsprüfung durchgeführt. Sie hat keine Auswirkung auf den tatsächlichen physischen Bestand und die Bestandsübersichten, es werden dabei weder Korrekturbuchungen durchgeführt noch Materialbelege erzeugt.

In Abbildung 6.27 sehen Sie ein Beispiel einer Neuberechnung des Bestandskorrekturfaktors für ein Material. Für jedes Werk und jeden Lagerort wird dabei, basierend auf den tatsächlichen Umrechnungsfaktoren der Chargen mit Bestand, ein Korrekturfaktor berechnet. Die Umrechnungsfaktoren der Bestandschargen sehen Sie, wenn Sie auf den Button [icon] (**Alle Chargen anzeigen**) klicken. In diesem Beispiel ergibt sich in der obersten Zeile zum Werk 1000 in der Spalte **Abweichung** ein Korrekturfaktor von –10,028 %, da im gewichteten Durchschnitt die Chargen mit Bestand einen geringeren Chromgehalt aufweisen als der Planwert. Um diesen Faktor werden die verfügbaren Mengen in der Bedarfsplanung und der Verfügbarkeitsprüfung reduziert.

Die Berechnung der Bestandskorrekturfaktoren stoßen Sie über die transaktionale SAP-Fiori-App **Bestandskorrekturfaktoren ermitteln** (oder Transaktion MWBK) an. Sie können die Berechnung selektiv für eine Auswahl von Materialien aufrufen oder auch lediglich mit Angabe von Werk und Lagerort, eine Hintergrundbearbeitung ist ebenfalls möglich. Sobald Sie die neu berechneten Korrekturfaktoren über den Button **Sichern** gesichert haben, erscheint das Symbol [icon] (**keine Aktualisierung erforder-**

lich) in der Spalte **Status** und gibt damit an, dass die Korrekturfaktoren auf dem aktuellen Stand sind.

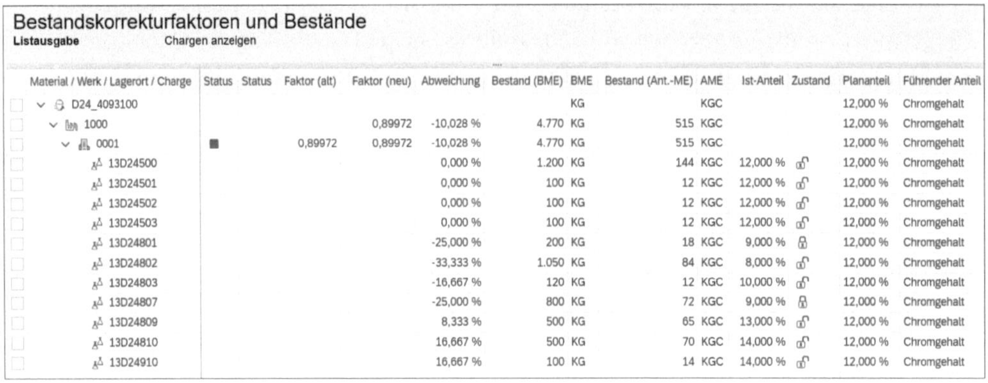

Bestandskorrekturfaktoren und Bestände
Listausgabe Chargen anzeigen

Material / Werk / Lagerort / Charge	Status	Status	Faktor (alt)	Faktor (neu)	Abweichung	Bestand (BME)	BME	Bestand (Ant.-ME)	AME	Ist-Anteil	Zustand	Plananteil	Führender Anteil
D24_4093100							KG		KGC			12,000 %	Chromgehalt
1000				0,89972	-10,028 %	4.770	KG	515	KGC			12,000 %	Chromgehalt
0001	■		0,89972	0,89972	-10,028 %	4.770	KG	515	KGC			12,000 %	Chromgehalt
13D24500					0,000 %	1.200	KG	144	KGC	12,000 %		12,000 %	Chromgehalt
13D24501					0,000 %	100	KG	12	KGC	12,000 %		12,000 %	Chromgehalt
13D24502					0,000 %	100	KG	12	KGC	12,000 %		12,000 %	Chromgehalt
13D24503					0,000 %	100	KG	12	KGC	12,000 %		12,000 %	Chromgehalt
13D24801					-25,000 %	200	KG	18	KGC	9,000 %		12,000 %	Chromgehalt
13D24802					-33,333 %	1.050	KG	84	KGC	8,000 %		12,000 %	Chromgehalt
13D24803					-16,667 %	120	KG	12	KGC	10,000 %		12,000 %	Chromgehalt
13D24807					-25,000 %	800	KG	72	KGC	9,000 %		12,000 %	Chromgehalt
13D24809					8,333 %	500	KG	65	KGC	13,000 %		12,000 %	Chromgehalt
13D24810					16,667 %	500	KG	70	KGC	14,000 %		12,000 %	Chromgehalt
13D24910					16,667 %	100	KG	14	KGC	14,000 %		12,000 %	Chromgehalt

Abbildung 6.27 Bestandskorrekturfaktoren für die führende Anteilsmenge berechnen

[+]

Periodisches Einplanen der Neuberechnung

Sie sollten die Durchführung dieser Berechnung möglichst täglich einplanen (Programm RVBWSCOR), damit die Bedarfsplanung und die Verfügbarkeitsprüfung auf Basis aktueller Chargendaten durchgeführt werden können. Dazu nutzen Sie im Selektionsbild die Optionen **Hintergrundverarbeitung** und **Aktualisieren**.

6.3.4 Erzeugniskalkulation

Sie definieren die Kalkulationslosgröße in der Basismengeneinheit und führen deshalb die Kalkulation ebenfalls damit aus. Eine Erzeugniskalkulation in einer chargenspezifischen Mengeneinheit ist nicht möglich. Falls Sie in der Stückliste Komponentenmengen in einer chargenspezifischen Mengeneinheit gepflegt haben, werden diese für die Kalkulation mittels des Planwerts in die Basismengeneinheit umgerechnet. Sobald Sie den in der Erzeugniskalkulation ermittelten Preis für ein eigengefertigtes Produkt aktivieren, wird der Standardpreis für die bewertungsrelevante chargenspezifische Mengeneinheit gesetzt und gilt fortan für Chargen, die nach der Aktivierung neu angelegt werden.

6.3.5 Produktionsprozess

In einem Produktionsauftrag können Sie sowohl mit einer Auftragsmenge als auch mit Komponentenmengen in chargenspezifischen Mengeneinheiten arbeiten. Die Chargenfindung für die Komponenten kann ebenfalls auf Basis chargenspezifischer Mengeneinheiten erfolgen.

Auftragsmengen in chargenspezifischer Mengeneinheit

Einen Fertigungsauftrag legen Sie mit Transaktion CO01 (Fertigungsauftrag anlegen) an. Im Auftragskopf können Sie die Auftragsmenge in der chargenspezifischen Mengeneinheit angeben, wie in Abbildung 6.28 dargestellt. Es erfolgt dabei allerdings automatisch eine Umrechnung in die Basismengeneinheit unter Berücksichtigung des Planwerts. Die Abwicklung der Aufträge wie die Auftragskalkulation, die Ermittlung der Komponentenmengen auf Basis der Stückliste und auch die Warenbewegungen finden immer in der Basismengeneinheit statt.

Abbildung 6.28 Fertigungsauftrag mit Auftragsmenge in chargenspezifischer Mengeneinheit

> **Automatische Anlage von Aufträgen in der Produktion in chargenspezifischer Mengeneinheit**
>
> Sie können bereits bei der Anlage des Planauftrags eine chargenspezifische Mengeneinheit verwenden, die bei der Umsetzung in einen Produktionsauftrag übernommen wird. Falls Sie in der Materialstammsicht **Arbeitsvorbereitung** im Feld **Fertigungs-ME** (Fertigungsmengeneinheit) die chargenspezifische Mengeneinheit eintragen, legt die Bedarfsplanung die Planaufträge bereits mit dieser Mengeneinheit an. Allerdings wird auch hier die Auftragsmenge immer in der Basismengeneinheit abgespeichert und nur über die Umrechnung in der chargenspezifischen Mengeneinheit angezeigt.

Verfügbarkeitsprüfung im Auftrag

Falls Sie für eine Komponente mit einer führenden chargenspezifischen Mengeneinheit eine ATP-Verfügbarkeitsprüfung durchführen, werden die Bestandskorrekturfaktoren berücksichtigt, die wir Ihnen in Abschnitt 6.3.3, »Planungsprozess«, vorgestellt haben. Dies ist erforderlich, da die Verfügbarkeitsprüfung immer in der Basismengeneinheit vorgenommen wird. Allerdings werden für die Chargenbestände dadurch mögliche Abweichungen vom Planwert des Umrechnungsfaktors berücksichtigt.

Im Beispiel der Bestandsübersicht in Abbildung 6.29 (SAP-Fiori-App **Bestandsübersicht**) beläuft sich der für die ATP-Verfügbarkeitsprüfung relevante Bestand des Materials D24_4093100 auf 4.770 KG. Dies beinhaltet den frei verwendbaren (3.770 KG) und den nicht frei verwendbaren Bestand (1.000 KG), die beide im Prüfungsumfang für eine Verfügbarkeitsprüfung enthalten sind. Gesperrter Bestand wird in diesem Beispiel in der ATP-Verfügbarkeitsprüfung nicht berücksichtigt und wurde auch zuvor von der Berechnung der Bestandskorrekturfaktoren ausgeschlossen.

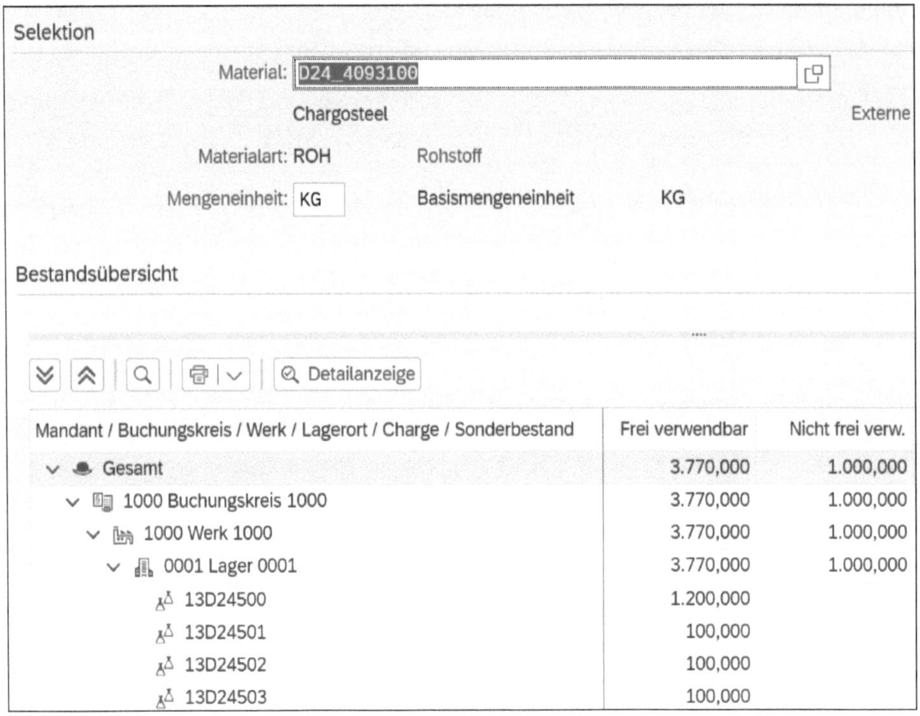

Abbildung 6.29 Bestandsübersicht in Basismengeneinheit

In der Darstellung der im Fertigungsauftrag angestoßenen Verfügbarkeitsprüfung in Abbildung 6.30 sehen Sie, dass der Werksbestand mit dem Bestandskorrekturfaktor –10,028 % aus Abbildung 6.27 korrigiert wurde. Anstelle von 4.770 KG werden lediglich 4.291,665KG als Werksbestand angegeben. Der für die Verfügbarkeitsprüfung berücksichtigte physische Bestand wurde in der Verfügbarkeitssicht um den Korrekturfaktor 10,028 % reduziert.

Abbildung 6.30 Verfügbarkeitsprüfung mit Werksbestand unter Berücksichtigung des Bestandskorrekturfaktors

Komponentenmengen und Chargenfindung in chargenspezifischer Mengeneinheit

In der Stückliste können Sie Komponentenmengen in einer chargenspezifischen Mengeneinheit pflegen. Falls Sie im Produktionsauftrag eine Chargenfindung auf Basis der chargenspezifischen Mengeneinheit durchführen möchten, müssen Sie jedoch in der relevanten Chargensuchstrategie das Kennzeichen **Anzeige ME** auf den Wert B (Anzeige in Erfassungsmengeneinheit des Belegs) gesetzt haben. Mit dem Wert A (Anzeige in Lagermengeneinheit) würde die Chargenfindung sonst in der Basismengeneinheit erfolgen.

In Abbildung 6.31 sehen Sie eine Chargenfindung im Fertigungsauftrag für eine Komponente, für die eine Einsatzmenge in der chargenspezifischen Mengeneinheit KGC (Kilogramm Chrom) gepflegt wurde. Deshalb werden sowohl die Bedarfsmenge der Komponente als auch die verfügbaren Mengen aller ermittelten Chargen in der Mengeneinheit KGC angezeigt.

Auftragskalkulation mit Komponentenmengen in einer chargenspezifischen Mengeneinheit

Sie können die Komponentenmengen in der Stückliste in der Basismengeneinheit angeben, die Bewertung allerdings zu einer chargenspezifischen Mengeneinheit eingestellt haben. In diesem Fall werden im Produktionsauftrag die Kosten für den Komponentenverbrauch zunächst auf Basis des Planwerts für den Umrechnungsfaktor ermittelt. Sobald Sie eine Chargenfindung durchgeführt haben, werden die tatsächlichen Umrechnungsfaktoren der Chargen bei der Kostenermittlung berücksichtigt.

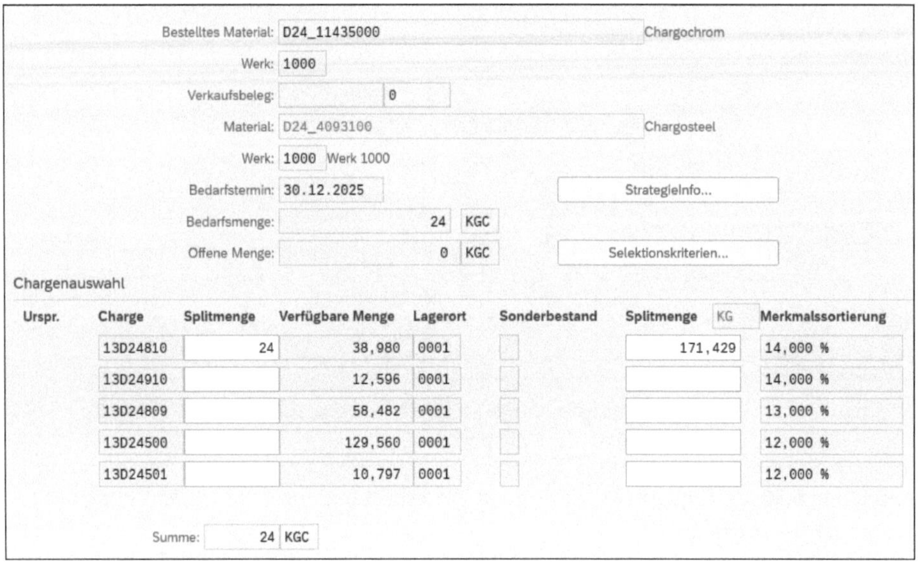

Abbildung 6.31 Chargenfindung für eine Fertigungsauftragskomponente auf Basis der chargenspezifischen Mengeneinheit

Wareneingang zum Produktionsauftrag

Bei einem mit einer Anteilsmengeneinheit geführten Material geben Sie beim Wareneingang zum Produktionsauftrag die Wareneingangsmenge abhängig von der Mengeneinheit der Auftragsmenge in der Basismengeneinheit oder in der Anteilsmengeneinheit an. Falls Sie die Menge in der Anteilsmengeneinheit angeben, wird diese immer zum Planwert des Umrechnungsfaktors direkt in die Basismengeneinheit umgerechnet. Solange der tatsächliche Umrechnungsfaktor der Charge nicht bekannt ist, wird der Bestand in der Anteilsmengeneinheit unter Berücksichtigung des Planwerts angezeigt. Wird entweder sofort beim Wareneingang oder später über die Qualitätsprüfung ein abweichender Umrechnungsfaktor in die Charge geschrieben, wird dies beim Aufruf einer Bestandsübersicht in der chargenspezifischen Mengeneinheit entsprechend angepasst.

Falls es sich bei der chargenspezifischen Mengeneinheit des produzierten Materials um eine Produktmengeneinheit handelt, können Sie beim Erfassen des Wareneingangs sowohl die Menge in der Basismengeneinheit als auch in der chargenspezifischen Mengeneinheit angeben. Dadurch kann das System den Umrechnungsfaktor für die gebuchte Charge automatisch berechnen und in der Chargenklassifizierung als Merkmalswert ablegen. Voraussetzung dafür ist, dass Sie im Materialstamm bei der Pflege der chargenspezifischen Mengeneinheiten das Kennzeichen **fME** (führende Mengeneinheit) gesetzt haben (siehe Abbildung 6.12). Ist dieses Kennzeichen nicht gesetzt, können Sie die Wareneingangsmenge lediglich in der Auftragsmengeneinheit angeben, und das System rechnet die Menge automatisch über den Planwert in die jeweils andere Mengeneinheit um.

In Beispiel in Abbildung 6.32 wird ein Wareneingangsbeleg mit der SAP-Fiori-App **Warenbewegung buchen** (App-ID MIGO) erzeugt. Hier geben Sie eine Menge von 10 ST an und überschreiben das automatisch ermittelte entsprechende Gewicht von 200 KG gemäß einem Planwert von 20 KPS (Kilogramm pro Stück) mit einem abweichenden Gewicht von 220 KG. Da hier für die Produktmengeneinheit KG das Kennzeichen **fME** gesetzt ist, können Sie die Wareneingangsmenge sowohl in der Produktmengeneinheit KG als auch in der Basismengeneinheit ST eingeben.

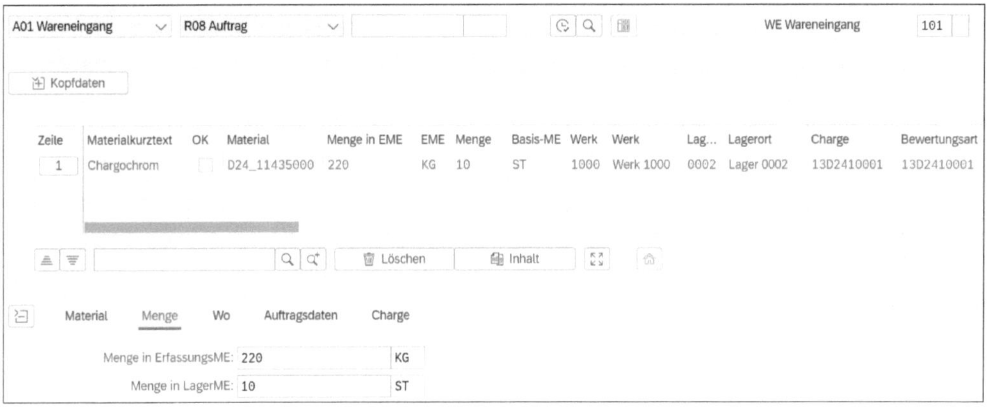

Abbildung 6.32 Wareneingang zum Auftrag mit Angabe der Wareneingangsmenge in zwei Mengeneinheiten

Das dadurch automatisch ermittelte und vom Planwert abweichende Stückgewicht von 22 KPS (Kilogramm pro Stück) wird automatisch in die Klassifizierung der Charge übernommen. Das können Sie sich auf der Registerkarte **Charge** über den Button **Klassifizierung** ansehen (siehe Abbildung 6.33).

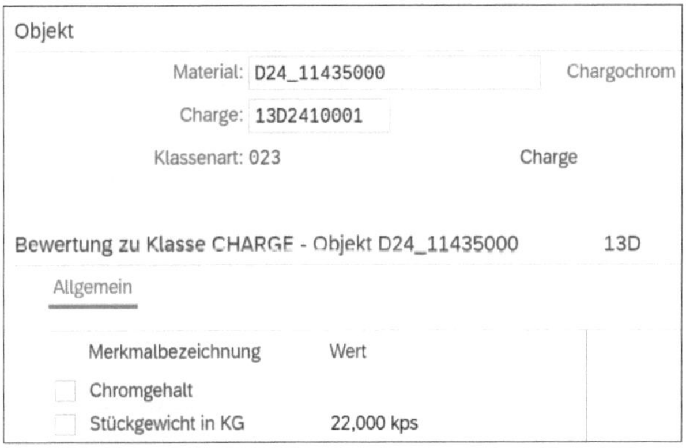

Abbildung 6.33 Automatische Übernahme des Umrechnungsfaktors in die Chargenklassifizierung

[»]

Automatische Berechnung des Umrechnungsfaktors für eine Produktmenge über Beziehungswissen

Beim Buchen eines Wareneingangs wird der Umrechnungsfaktor, wie »Stückgewicht in KG«, normalerweise nicht automatisch berechnet, falls Sie das Kennzeichen **fME** (führende Mengeneinheit) nicht gesetzt haben. Sie können dann die Wareneingangsmenge lediglich in der Belegmengeneinheit eingeben, also entweder nur die physische Menge oder nur die Menge in der Produktmengeneinheit.

Mithilfe des Beziehungswissens, das Sie im Klassensystem zu einem Merkmal definieren können (siehe dazu Abschnitt 2.3.3, »Objektmerkmale und Standardmerkmale für die Chargenverwaltung«) können Sie den Umrechnungsfaktor allerdings trotzdem automatisch berechnen lassen. Falls Sie ein Material in der Basismengeneinheit ST (Stück) führen und als Produktmengeneinheit KG (Kilogramm) verwenden, könnte das Stückgewicht z. B von den Abmessungen der gefertigten (oder auch extern beschafften) Charge abhängen, z. B. Länge, Breite und Dicke. Sie können die dafür notwendigen Parameter für die Abmessungen als Chargenmerkmale ablegen. Die für die Berechnung notwendige Formel hinterlegen Sie im Beziehungswissen des Merkmals für den Umrechnungsfaktor. Sie bewerten dann z. B. während des Wareneingangs einer Charge die Merkmale mit den tatsächlichen Abmessungswerten. Dadurch wird der Umrechnungsfaktor für die Charge automatisch berechnet und die Menge in der chargenspezifischen Mengeneinheit ebenfalls umgerechnet und fortgeschrieben.

Fazit

In diesem Abschnitt haben wir Ihnen gezeigt, wie Sie die chargenspezifischen Mengeneinheiten in der Produktion einsetzen können. Sie können Komponentenchargen in der Produktion über die Chargenfindung abhängig z. B. von Ihren Anteilsmengen entsprechend der Rezeptur gezielt auswählen. Über eine Verwaltung der produzierten Chargen in einer chargenspezifischen Mengeneinheit schaffen Sie außerdem die Voraussetzung für den Verkauf, davon abhängig die Verkaufspreise zu gestalten. Mehr dazu erfahren Sie im folgenden Abschnitt.

6.3.6 Vertriebsprozess

Auch bei der Festlegung der Verkaufspreise können Sie Preiskonditionen auf Basis chargenspezifischer Mengeneinheiten definieren. Einen Kundenauftrag können Sie dann sowohl in der Basismengeneinheit als auch in der chargenspezifischen Mengeneinheit anlegen. Sobald Sie in einem Vertriebsbeleg mit einer Auftragsmenge in der Basismengeneinheit die Chargen zugeordnet haben, werden die tatsächlichen Umrechnungsfaktoren aus den Chargen herangezogen. Damit werden die physischen

Mengen der Chargensplitpositionen in die chargenspezifische Mengeneinheit umgerechnet, die für die Ermittlung der Konditionswerte relevant ist und auf deren Basis Sie die Faktura erstellen.

Pflege der Verkaufspreise

Im Vertrieb können Sie im Konditionssatz den Verkaufspreis eines Materials mit Bezug auf eine chargenspezifische Mengeneinheit definieren. Die Kondition PR00 (Preis) pflegen Sie z. B. im Materialstamm mit Transaktion MM02 (Material ändern) in der Sicht **Vertrieb: VerkOrg 1** über den Button **Konditionen**. Dazu geben Sie in beiden Feldern **ME** die chargenspezifische Mengeneinheit ein. Im Beispiel in Abbildung 6.34 wurde der Verkaufspreis für Material D24_1143500 in Bezug zur chargenspezifischen Mengeneinheit KG definiert, die Basismengeneinheit des Materials ist ST.

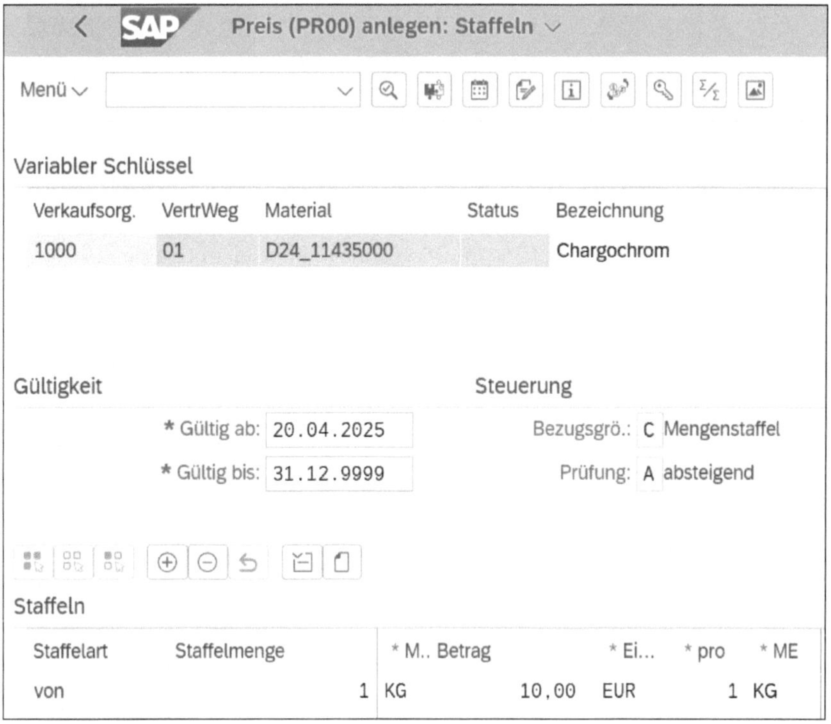

Abbildung 6.34 Verkaufspreis mit Bezug zu einer chargenspezifischen Mengeneinheit

> **Konditionen für Anteilsmengeneinheiten**
>
> Falls Sie Anteilsmengeneinheiten verwenden, können Sie den Verkaufspreis auch als Summe mehrerer Einzelpreiskonditionen von verschiedenen Anteilen definieren.

Konditionsermittlung im Kundenauftrag

Sie legen nun mit der SAP-Fiori-App **Kundenaufträge verwalten** (App-ID F1873) und SAP-Fiori-App **Verkaufsbelege anlegen** (App-ID VA01) einen Kundenauftrag in der Basismengeneinheit ST an. Da Sie noch keine konkrete Charge spezifiziert haben, wird bei der Preisermittlung der Position zunächst mit dem Planwert des Umrechnungsfaktors aus dem Materialstamm gerechnet. In diesem Fall sind dies 20 KG pro ST (siehe Abbildung 6.35).

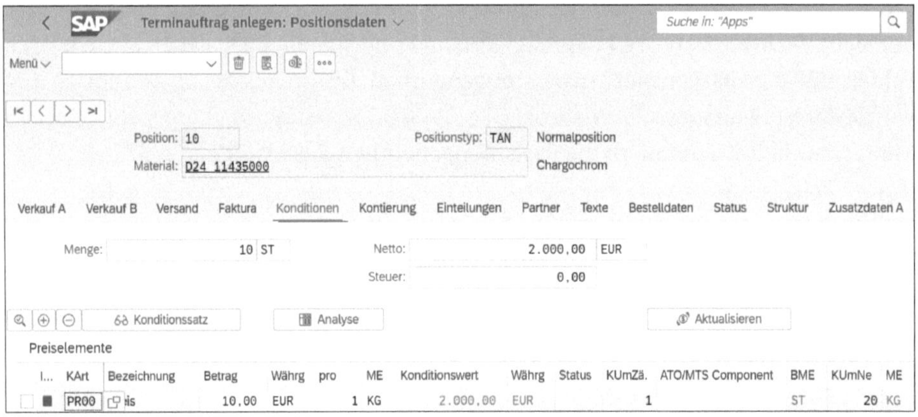

Abbildung 6.35 Konditionen einer Auftragsposition ohne Angabe einer Charge

Sobald Sie nun der Position eine Charge zuweisen und die Konditionen erneut aufrufen, wird der tatsächliche Umrechnungsfaktor der Charge berücksichtigt, die Auftragsmenge in die chargenspezifische Mengeneinheit umgerechnet und der Konditionswert entsprechend angepasst. Im Beispiel in Abbildung 6.36 wurde zuvor eine Charge mit dem Umrechnungsfaktor 18 KG pro ST selektiert. Dies führte zu einer Reduktion des Konditionswerts von 2.000 EUR auf 1.800 EUR.

Abbildung 6.36 Konditionen einer Auftragsposition nach Zuweisung einer Charge

Faktura mit Chargensplitpositionen aus der Lieferung

Mit Transaktion VL01N (Lieferung anlegen) legen Sie eine Lieferung zu einem Kundenauftrag an. Im Gegensatz zum Kundenauftrag können Sie in der Lieferung Chargensplitpositionen bilden. Dies kann notwendig sein, wenn die verfügbare Menge einer einzelnen Charge nicht ausreichend ist, um die gesamte Bedarfsmenge einer Kundenauftragsposition zu decken. In Abbildung 6.37 sehen Sie ein Beispiel mit zwei Chargensplitpositionen. Charge 13D2410001 hat dabei ein Stückgewicht von 18 KG, Charge 13D2410002 hat ein Stückgewicht von 15 KG.

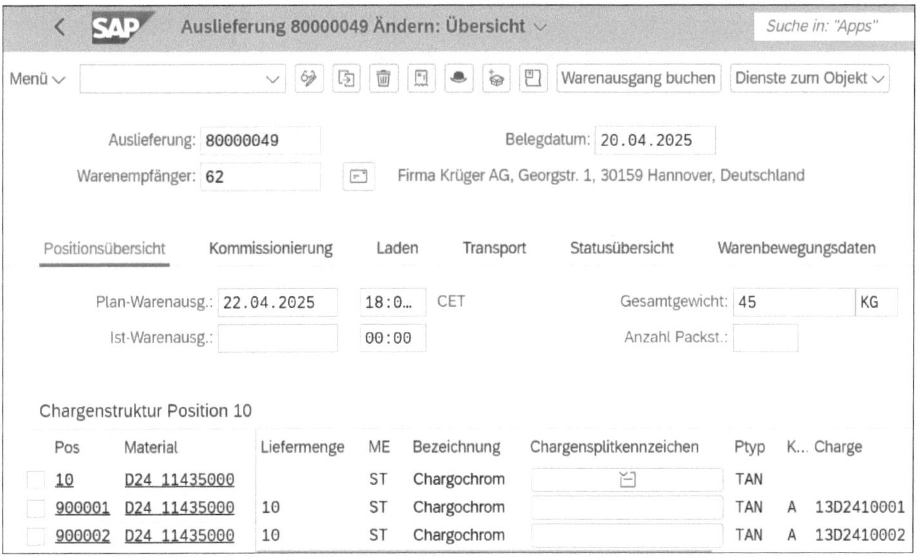

Abbildung 6.37 Lieferung mit zwei Chargensplitpositionen

Chargenfindung auf Basis einer chargenspezifischen Mengeneinheit

Wie auch im Produktionsauftrag können Sie hier eine Chargenfindung auf Basis der chargenspezifischen Mengeneinheiten durchführen (siehe Abschnitt 6.3.5, »Produktionsprozess«). Dazu setzen Sie einfach in der relevanten Chargensuchstrategie das Kennzeichen **Anzeige ME** auf den Wert B (Anzeige in Erfassungsmengeneinheit des Beleges).

Sie können nun entweder auf Ebene der Chargensplitpositionen oder auf der Hauptposition fakturieren. Bei einer Faktura auf Ebene der Chargensplitpositionen werden die tatsächlichen Umrechnungsfaktoren aus den Chargen zur Ermittlung der Mengen in der chargenspezifischen Mengeneinheit herangezogen.

Falls Sie auf Hautpositionsebene fakturieren, werden die Mengen aller Chargensplitpositionen in der chargenspezifischen Mengeneinheit für die Konditionsermittlung auf der Hauptposition verwendet. Diese Option ist in Abbildung 6.38 dargestellt, die die Konditionen der Hauptposition bei der Anlage einer Faktura mit der SAP-Fiori-App **Faktura anlegen** (App-ID F0798) zeigt. Es wurden jeweils 10 ST der beiden Chargen 13D2410001 mit Stückgewicht 18 KG und 13D2410002 mit Stückgewicht 15 KG ausgeliefert (siehe Abbildung 6.37). Kumuliert ergeben die Gewichte 330 KG, die bei der Faktura in Abbildung 6.38 dem Kunden berechnet werden.

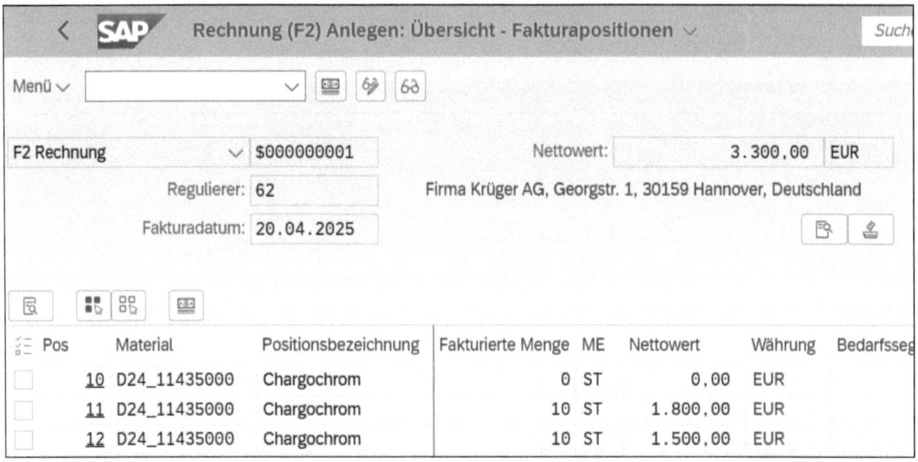

Abbildung 6.38 Konditionsermittlung auf Hauptpositionsebene in der Faktura

6.4 Zusammenfassung

Sie haben in diesem Kapitel erfahren, in welchen Bereichen Sie chargenspezifische Mengeneinheiten sinnvoll einsetzen können und wie Sie die dafür notwendigen Einstellungen im Customizing und in den Stammdaten vornehmen. Darüber hinaus haben Sie anhand vieler Beispielszenarien gesehen, wie sich diese Funktion durch alle Anwendungen zieht und welche Möglichkeiten sich Ihnen dadurch bieten. Wir haben Ihnen gezeigt, wie Sie eine Chargenbewertung auf Basis chargenspezifischer Mengeneinheiten vornehmen können und wie dadurch der Einkaufsprozess beeinflusst wird. Sie haben die Möglichkeiten des Einsatzes von Anteils- und Produktmengen in der Produktionsplanung und -steuerung sowie im Vertriebsprozess kennengelernt, wo Sie Verkaufspreise auf Basis chargenspezifischer Mengeneinheiten definieren können.

Kapitel 7
Reporting

In diesem Kapitel lernen Sie die verschiedenen Reporting-Möglichkeiten rund um Chargen kennen. Neben den Standardberichten in der Logistik, dem Chargenverwendungsnachweis und SAP Global Batch Traceability lernen Sie das Batch Information Cockpit als zentrales Reporting-Instrument der Chargenverwaltung im Detail kennen.

Der SAP-S/4HANA-Standard bietet Ihnen eine Vielzahl von Analysetools. Hierzu gehören z. B. Auswertungen zur Untersuchung der Mindesthaltbarkeit von Chargen, zu Warenbewegungen zu Produktionsaufträgen und zu Qualitätsprüfungen von Chargen. Der Chargenverwendungsnachweis dient der lückenlosen Rückverfolgung von der Entstehung über die Fertigung bis zur Auslieferung von Chargen. Er basiert auf Materialbelegen aus der Bestandsführung und bezieht dabei zudem Belege aus den Logistikkomponenten wie Produktionsaufträge, Prüflose, Bestellungen und Lieferungen mit ein. Das von SAP S/4HANA entkoppelte SAP Global Batch Traceability (SAP GBT) ermöglicht zudem einen systemübergreifenden Chargenverwendungsnachweis und eine Anbindung von Nicht-SAP-Systemen. Im Batch Information Cockpit (BIC) stehen Ihnen Informationen aus der Supply Chain – etwa Bestandsinformationen, Informationen zur Qualität und zur Verfügbarkeit von Chargen – für Auswertungen bereit. In diesem Kapitel stellen wir Ihnen die Berichtswerkzeuge vor, mit denen Sie eine Vielzahl von Fragestellungen rund um Chargen in Ihrem Unternehmen beantworten können.

7.1 Chargen-Reporting in der Logistik

Dieser Abschnitt stellt Ihnen die wichtigsten SAP-S/4HANA-Standardauswertungen vor, mit denen Sie in den verschiedenen SAP-Komponenten Chargeninformationen analysieren können.

7.1.1 Allgemeine Chargenauswertungen

Mit der SAP-Fiori-App **Chargen verwalten** (App-ID F2462) können Sie Chargen nach verschiedenen Kriterien selektieren und sich nähere Informationen anzeigen lassen. So können Sie die Chargen unter anderem nach dem Verfallsdatum filtern, um sich schnell einen Überblick zu verschaffen (siehe Abbildung 7.1). In unserem Beispiel wurde das MHD-Datum als Verfallsdatum gewählt.

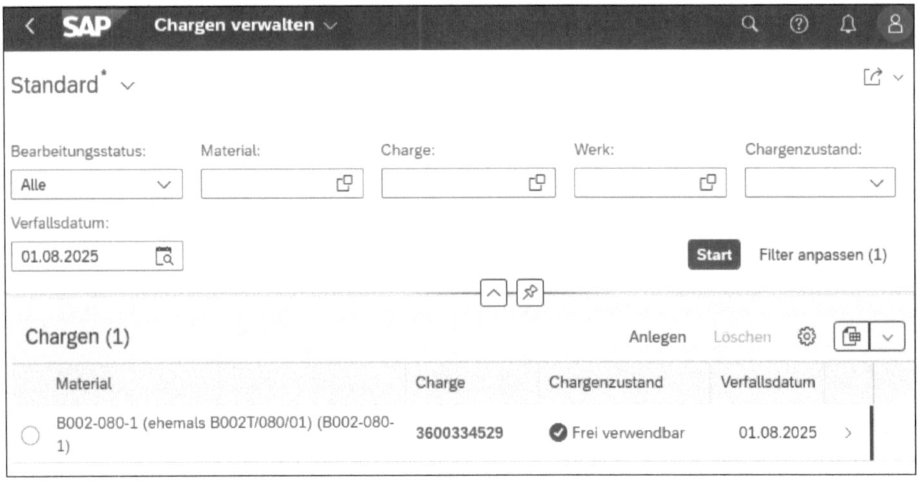

Abbildung 7.1 Chargen verwalten mit Selektion auf das Verfallsdatum

Daneben stehen über die Filterfunktion Filter anpassen (1) verschiedene Selektionskriterien bereit.

7.1.2 Bestandsauswertungen mit Berücksichtigung der Mindesthaltbarkeit

In der Bestandsverwaltung (SAP-Komponente MM) und der Lagerverwaltung, die in SAP EWM vorgenommen wird, gibt es eine Vielzahl von Bestandsübersichten auf Lagerort- und Lagerplatzebene, die alle auch die Bestände zu Chargen berücksichtigen. Darüber hinaus gibt es weitere Reports, die als zusätzliche Informationen das Verfallsdatum/MHD der Chargen enthalten (siehe dazu auch Abschnitt 4.2, »Mindesthaltbarkeitsabwicklung«).

In der Bestandsführung finden Sie die sogenannte *Mindesthaltbarkeitsliste*, die Sie über die SAP-Fiori-App **MHD-Liste** (App-ID MB5M), die Transaktion MB5M oder den Menüpfad: **Logistik • Zentrale Funktionen • Chargenverwaltung • Werkzeuge • Terminüberwachung • MHD-Liste** aufrufen. Im Selektionsbildschirm geben Sie eine Restlaufzeit ein, die eine Charge noch mindestens haltbar sein muss, um von der Selektion ausgeschlossen zu werden. Falls die eingegebene Restlaufzeit allerdings unterschritten wird, wird die entsprechende Charge in der Liste angezeigt (siehe Abbildung 7.2). Im Beispiel wurden in der Selektion als Restlaufzeit 10 Tage eingegeben, sodass alle Chargen selektiert werden, die in den nächsten 10 Tagen ihr Verfallsdatum/MHD erreichen.

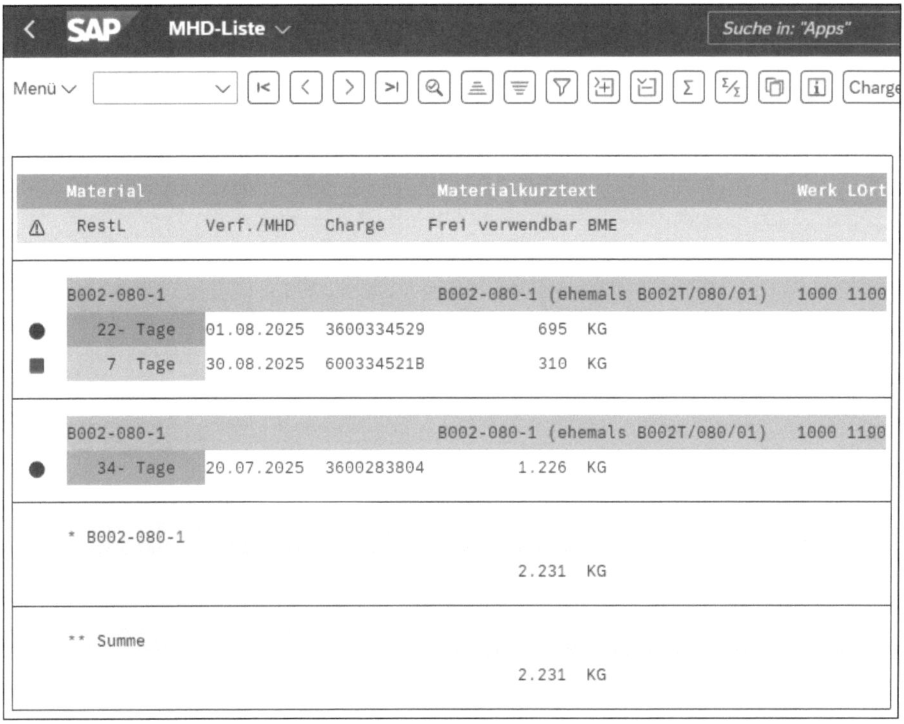

Abbildung 7.2 Mindesthaltbarkeitsliste für Lagerortbestände

7.1.3 Auswertungen des Qualitätsmanagements

Das Qualitätsmanagement (QM) in SAP S/4HANA beinhaltet einen Bericht zur Analyse der Prüfergebnisse von Chargen. Dazu verwenden Sie die Ergebnishistorie, die Sie über die SAP-Fiori-App **Historie zum Planmerkmal** (App-ID QGP1) oder folgenden Menüpfad aufrufen: **Logistik • Qualitätsmanagement • Qualitätsprüfung • Infosystem • Prüfergebnis • Historie zum Planmerkmal**. In diesem Bericht können Sie z. B. entlang der Zeitachse die Prüfergebnisse zu einem Merkmal zusammen mit den geprüften Chargen darstellen (siehe Abbildung 7.3).

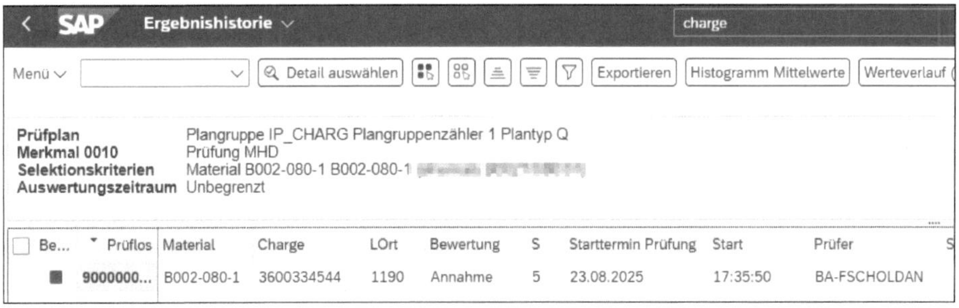

Abbildung 7.3 Ergebnishistorie zu Qualitätsprüfungen für Chargen

Sie können die Daten auch grafisch darstellen oder in Microsoft Excel exportieren, um z. B. Trendanalysen durchzuführen.

[»]

Nur im SAP GUI verfügbare Funktionen

Einige Funktionen, wie z. B. **Histogramm Mittelwerte** und **Werteverlauf**, sind nur im SAP GUI für Windows verfügbar (siehe Abbildung 7.4).

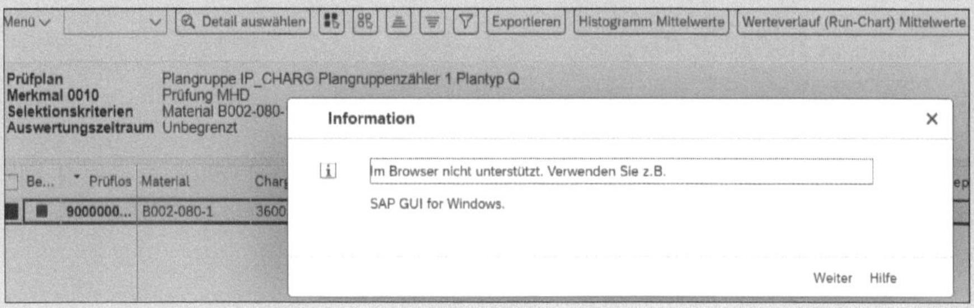

Abbildung 7.4 Unterstützung nur im SAP GUI

7.1.4 Auswertungen in der Produktion

In der Produktion (PP und PP-PI) steht Ihnen das Auftragsinformationssystem zur Verfügung, mit dem Sie eine Vielzahl von Analysen durchführen können. Eine Auswertungsmöglichkeit ist dabei die Analyse der dokumentierten Warenbewegungen. Damit untersuchen Sie alle Warenbewegungen von Chargen zu Produktionsaufträgen. In der Komponente PP-PI rufen Sie das Auftragsinfosystem über die SAP-Fiori-App **Auftragsinformationssystem** (App-ID COOISPI) auf oder über den Menüpfad: **Logistik • Produktion – Prozess • Prozessauftrag • Auswertungen • Auftragsinfosystem • Prozessauftragsinformationssystem** (Transaktion COOISPI). Sie sehen in Abbildung 7.5, dass Sie sich z. B. pro Material eine chronologische Übersicht anzeigen lassen können, die alle Buchungen (Wareneingänge und Warenausgänge) von Chargen zu Produktionsaufträgen beinhaltet.

[»]

Auftragsinformationssystem in PP

Analog zum Prozessauftragsinformationssystem aus der SAP-Komponente PP-PI nutzen Sie in PP das Auftragsinformationssystem für Fertigungsaufträge über den Menüpfad **Logistik • Produktion • Fertigungssteuerung • Infosystem • Auftragsinformationssystem** (Transaktion COOIS).

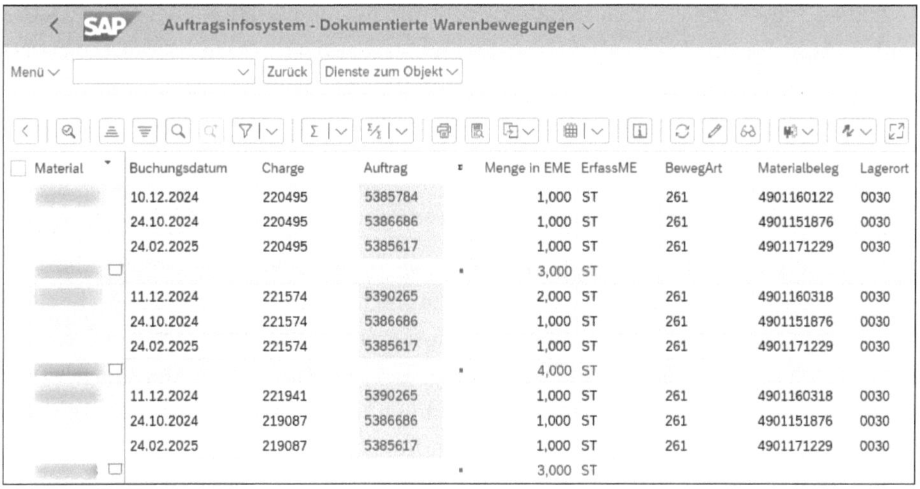

Abbildung 7.5 Transaktion COOIS mit dokumentierten Warenbewegungen

7.2 Chargenverwendungsnachweis

Der Chargenverwendungsnachweis ermöglicht es Ihnen, die Verwendung einer Charge entlang der kompletten logistischen Kette in SAP S/4HANA zu analysieren. So können Fragestellungen zu Produkthaftung und Produktsicherheit sowie zu Reklamationen beantwortet werden. Dazu wird im SAP-System bei einer für die Rückverfolgung relevanten Buchung oder bei einer Erzeugung eines Materialbelegs ein sogenannter *Chargenverwendungssatz* geschrieben. Diese Sätze werden beim Aufruf des Chargenverwendungsnachweises gelesen, um diesen basierend auf aktuellen Daten dynamisch aufzubauen und anzuzeigen.

Voraussetzung für einen lückenlosen Nachweis ist allerdings, dass Sie alle für die Analyse relevanten Materialien über alle Stufen als chargenpflichtig definiert haben. Nur dann lässt sich z. B. über eine Bottom-up-Analyse ausgehend von einer Rohstoffcharge nachvollziehen, wie diese Rohstoffcharge beschafft wurde und über welche produzierten Zwischenproduktchargen und Produktionsaufträge sie in Endproduktchargen eingegangen ist.

Sie können außerdem über die Lieferungen identifizieren, an welche Kunden alle Endproduktchargen versandt wurden, die diese Rohstoffcharge enthalten. Auf die gleiche Weise können Sie umgekehrt über eine Top-down-Analyse ausgehend von einer Endproduktcharge herausfinden, welche Zwischenprodukt- und Rohstoffchargen darin enthalten sind.

In diesem Abschnitt erläutern wir die Voraussetzungen, die für Analysen über den Chargenverwendungsnachweis notwendig sind. Im weiteren Verlauf des Abschnitts zeigen wir Ihnen die Einstellungen im Customizing, die verschiedenen Möglichkeiten des Aufrufs und die Interpretation des Ergebnisses der Chargenverwendungsanalyse. Darüber hinaus lernen Sie die Erweiterungsmöglichkeiten und die Multi-Batch-Funktion für eine differenziertere Analyse in der Serienfertigung kennen.

7.2.1 Voraussetzungen für den Chargenverwendungsnachweis

Für eine lückenlose Rückverfolgung müssen alle in der Analyse beteiligten Materialien chargenpflichtig sein. Nur für ein chargenpflichtiges Material wird beim Buchen eines Materialbelegs ein Chargenverwendungssatz in der Tabelle CHVW fortgeschrieben. Die Chargenverwendungssätze basieren auf Materialbelegen, deshalb werden auch Stornobelege berücksichtigt. Auch Umbuchungen von Charge an Charge und Umlagerungen gehen in den Chargenverwendungsnachweis ein.

Die Einstellungen zum Chargenverwendungsnachweis nehmen Sie im Customizing über den Pfad (IMG •) **Logistik Allgemein • Chargenverwaltung • Chargenverwendungsnachweis • Chargenverwendungsnachweis einrichten** vor. Im Standard ist der Chargenverwendungsnachweis für alle Werke aktiv. Sie haben dabei die Möglichkeit, pro Werk die Fortschreibung der Chargenverwendungssätze in der Tabelle CHVW zu deaktivieren. Außerdem können Sie zwischen einer synchronen und einer asynchronen Buchung wählen (siehe Abbildung 7.6).

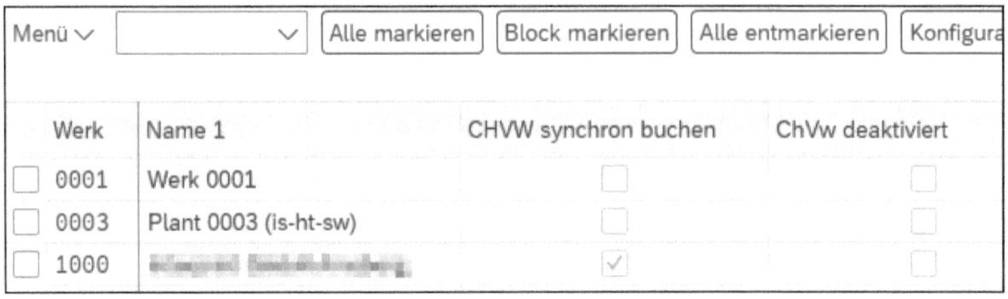

Werk	Name 1	CHVW synchron buchen	ChVw deaktiviert
0001	Werk 0001	☐	☐
0003	Plant 0003 (is-ht-sw)	☐	☐
1000	[illegible]	✓	☐

Abbildung 7.6 Chargenverwendungsnachweis einrichten

Eine asynchrone Buchung sollten Sie jedoch nur dann einstellen, wenn Sie im laufenden Systembetrieb auf Performanceprobleme stoßen. Dies ist in SAP S/4HANA in der Regel nicht mehr der Fall. Bei einer asynchronen Buchung müssen Sie im Nachhinein die Chargenverwendungstabelle manuell aufbauen. Verwenden Sie dafür die SAP-Fiori-App **Chargenverwendungstabelle aufbauen** (App-ID MB57), die Transaktion MB57 oder den Pfad **Logistik • Zentrale Funktionen • Chargenverwaltung • Chargenverwendung • Aufbauen**. Unter Angabe einer Periode für das Buchungsdatum oder über Materialbelegnummern und Materialbelegjahre können Sie die Materialbelege zum nachträglichen Aufbau der Chargenverwendungsdatei auswählen. In einem Protokoll werden dann alle der Tabelle CHVW hinzugefügten Chargenverwendungssätze angezeigt, wie im Beispiel in Abbildung 7.7 dargestellt.

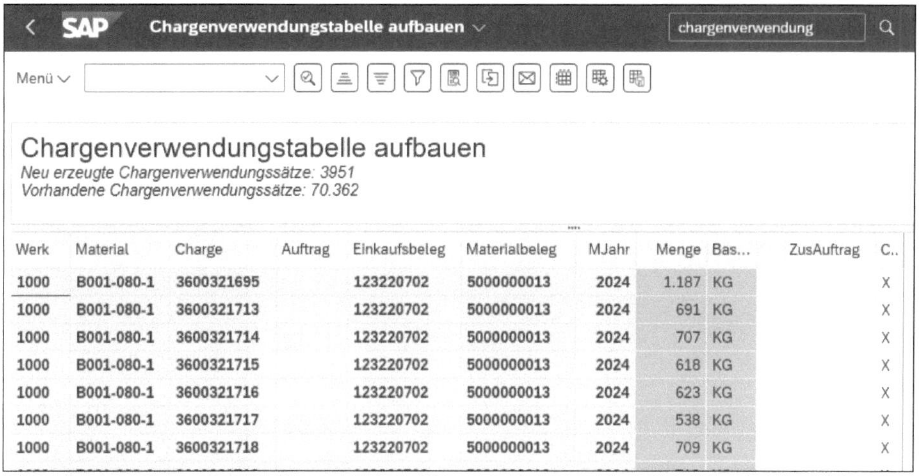

Abbildung 7.7 Protokoll zum Aufbau der Chargenverwendungstabelle anzeigen

Falls Sie den Chargenverwendungsnachweis für ein Werk deaktiviert haben, können Sie über eine nachträgliche Aktivierung und den manuellen Aufbau der Chargenverwendungsdatei den Chargenverwendungsnachweis trotzdem nutzen. Voraussetzung dafür ist, dass sich alle für den manuellen Aufbau relevanten Belege noch im System befinden und nicht archiviert wurden.

Bei der synchronen Buchung wird die Chargenverwendungstabelle direkt bei der Verbuchung eines Materialbelegs fortgeschrieben. Deshalb können Sie in diesem Fall die Materialbelege archivieren, da alle für den Chargenverwendungsnachweis erforderlichen Informationen bereits in Form von Chargenverwendungssätzen extrahiert und in der Tabelle CHVW gespeichert wurden.

7.2.2 Chargenverwendungsnachweis aufrufen

Sie können den Chargenverwendungsnachweis entweder ausgehend von einer Charge oder ausgehend von einem Kundenauftrag/einer Lieferung aufrufen.

Um den Chargenverwendungsnachweis auf Basis einer Ausgangscharge zu nutzen, verwenden Sie die SAP-Fiori-App **Chargenverwendungsnachweis anzeigen** (App-ID MB56), die Transaktion MB56 oder den Menüpfad **Logistik • Zentrale Funktionen • Chargenverwaltung • Chargenverwendung • Anzeigen**. Sie gelangen zu dem in Abbildung 7.8 dargestellten Selektionsbild.

Abbildung 7.8 Selektionsbildschirm zum Chargenverwendungsnachweis

Hier geben Sie als Ausgangspunkt für die Chargenverwendungsanalyse **Materialnummer**, **Werk** und **Charge** ein. Danach entscheiden Sie sich im Bereich **Art der Auflösung** für die Richtung der Analyse, die Sie durchführen möchten:

- **Top-Down-Analyse**
  Wählen Sie diese Option, wenn Sie z. B. ausgehend von einer Fertigerzeugnischarge die eingegangenen Chargen der Zwischenprodukte entlang der Produktionskette bis hin zu den Rohstoffchargen analysieren möchten.

- **Bottom-Up-Analyse**
  Diese Option sollten Sie wählen, wenn Sie z. B. ausgehend von einer Rohstoffcharge die Verwendung dieser in Zwischenprodukten bis hin zu Fertigproduktchargen analysieren möchten.

Im Bereich **Einstellungen** können Sie weitere Steuerparameter angeben:

- Mithilfe der **Auflösungstiefe** können Sie die Auflösung auf die eingegebene Anzahl von Auflösungsstufen einschränken. Im Standard bzw. ohne Angabe in diesem Feld werden maximal 99 Stufen aufgelöst. Bei langen Laufzeiten können Sie hier die Anzahl der Stufen einschränken, um schneller zu einem Ergebnis zu gelangen.
- Die Chargenverwendungsanalyse ist werksübergreifend, kann aber mit der Angabe **zulässige Werke** aus Performancegründen auf bestimmte Werke eingeschränkt werden.
- Falls Sie das Kennzeichen **Umbuchungen auflösen** setzen, werden auch Umbuchungen von Charge an Charge angezeigt und mit dem Icon (**Umlagerung**) in der Spalte **U** gekennzeichnet.
- Falls ein CO-Auftrag bei der Chargenverwendungsanalyse beteiligt ist, kann es zu sehr langen Laufzeiten oder Abbrüchen kommen, da mit Bezug zu einem CO-Auftrag oft sehr viele Buchungen durchgeführt werden. Deshalb werden CO-Aufträge zunächst lediglich angezeigt, die Buchungen zu einem CO-Auftrag aber nur dann aufgelöst, falls Sie das Kennzeichen **CO-Auftrag auflösen** gesetzt haben.
- Über das Kennzeichen **Zuordnung Prüflos prüfen** wird in der Ergebnisliste mit dem Icon Prüflose (**Prüflos vorhanden**) in der Spalte **Prüflos** auf ein vorhandenes Prüflos hingewiesen.
- Das Kennzeichen **Auflösung auch bei Menge = 0** löst auch die Chargenverwendung von Chargen auf, deren Buchungen vollständig storniert wurden. Eine komplette Stornierung erkennen Sie daran, dass die kumulierte Menge aller Buchungen zur Charge gleich 0 ist. Dies wird durch das Icon Σ (**Buchung(en) storniert**) gekennzeichnet wird.
- Das Kennzeichen **Akt. Chargenzustand anzeigen** bewirkt, dass im Verwendungsnachweis zu jeder Charge abhängig vom Chargenzustand das Icon (**Gesperrt**) oder (**Frei**) in der Spalte **Z** (Aktueller Chargenzustand) angezeigt wird.
- Bei gesetztem Kennzeichen **Lieferantencharge anzeigen** wird die Lieferantencharge aus dem Chargenstamm gelesen und in der Spalte **LiefCharge** ausgegeben.

Im Bereich **Einstellungen zur erweiterten Darstellung** haben Sie folgende Möglichkeiten, die Analyse zu erweitern:

Über das Kennzeichen **Geplante Warenbewegungen** werden auch geplante zukünftige Warenbewegungen berücksichtigt, die in der Tabelle CHVW_PRE geschrieben werden. So wird z. B. ein Satz in dieser Tabelle erzeugt, wenn Sie im Kopf eines Produktionsauftrags oder in der Materialliste des Auftrags zu einer Komponente eine Charge eintragen, ohne allerdings eine Warenbewegung zu buchen. Fehlerhafte Warenbewegungen zu Dokumentationschargen während einer Auftragsrückmeldung werden ebenfalls dort abgelegt (siehe Abschnitt 5.1.2, »Ablauf der Erfassung«). Diese geplanten Warenbewegungen werden dann im Chargenverwendungsnachweis mit dem Icon (**Vorläufige Zuordnung**) gekennzeichnet.

Das Kennzeichen **Archivdaten nachlesen** erlaubt darüber hinaus die Berücksichtigung bereits archivierter Chargenverwendungsdaten.

Wenn Sie im Selektionsbildschirm zum Chargenverwendungsnachweis weiter herunterscrollen, haben Sie außerdem die Wahl zwischen den Darstellungsformen **hierarchische Baumstruktur** oder **hierarchische Liste**. In der Baumstruktur können Sie die einzelnen Stufen in Form von Teilbäumen expandieren und komprimieren, das Listformat eignet sich eher zum Download, z. B. nach Excel.

Nach einem Klick auf den Button Analyse starten (**Chargenverwendungsnachweis starten**) gelangen Sie in die Baumstruktur (siehe Abbildung 7.9).

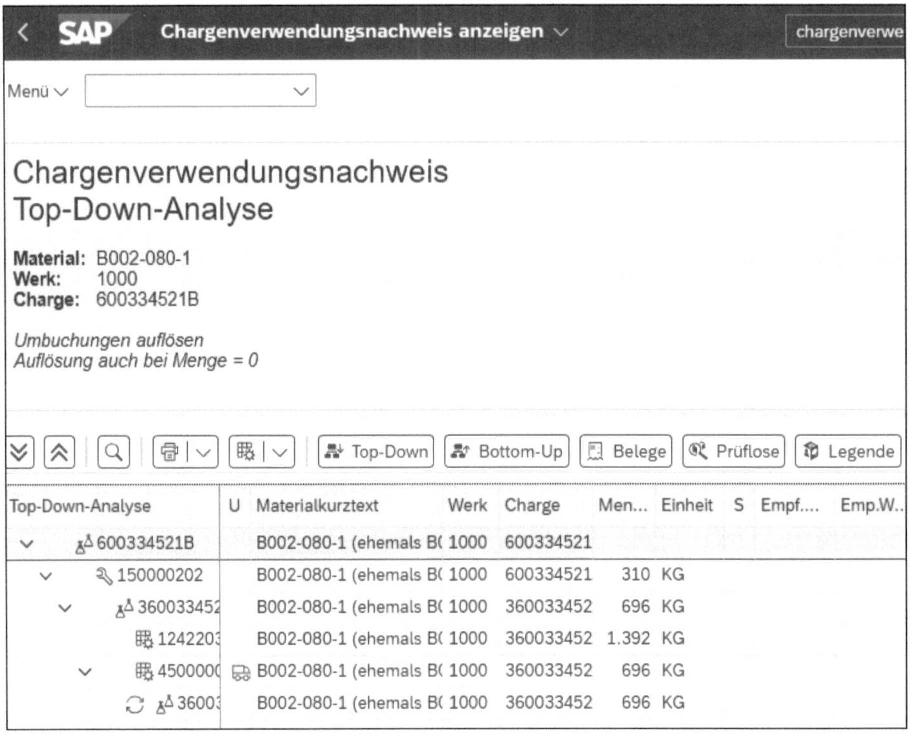

Abbildung 7.9 Chargenverwendungsnachweis

Indem Sie nun den Cursor auf einer beliebigen Charge positionieren und anschließend auf den Button Top-Down (**Top-Down-Analyse**) oder Bottom-Up (**Bottom-Up-Analyse**) klicken, können Sie ausgehend von dieser Charge in eine neue Verwendungsanalyse navigieren. Über den Button ← Zurück (1) (**Vorherige Anzeige**) gelangen Sie wieder zur vorherigen Analyse. Die Verzweigungsstufe wird Ihnen in Klammern angezeigt.

Zudem können Sie sich über den Button [Belege] (**Materialbelege**) ein Pop-up mit allen Materialbelegen zu einer Charge anzeigen lassen, die für den Chargenverwendungsnachweis gelesen wurden. Mit dem Button [Prüflose] (**Prüflos/e zur Charge**) verzweigen Sie direkt in das aktuellste Prüflos zur Charge. Darüber hinaus können Sie per Doppelklick in die Anzeige aller Objekte navigieren, z. B. in den Chargenstamm, den Materialstamm, einen Auftrag oder eine Lieferung.

Die zweite Art des Aufrufs des Chargenverwendungsnachweises ist die sogenannte *Pick-up-Liste*, die Sie über die SAP-Fiori-App **Pick-Up-Liste für Chargenverwendungsnachweis** (App-ID MB5C), die Transaktion MB5C oder den Menüpfad **Logistik • Zentrale Funktionen • Chargenverwaltung • Chargenverwendung • Pick-Up-Liste** starten. Hier können Sie als Ausgangspunkt zusätzlich zur Charge oder auch anstelle einer Charge einen Vertriebsbeleg wie einen Kundenauftrag oder eine Lieferung eingeben. Wenn Sie keinen konkreten Beleg eingeben, können Sie im Bereich **Listumfang** Vertriebsbelegarten abwählen, um die Laufzeit der Selektion zu verkürzen. Nach Auswahl einer Charge zum Vertriebsbeleg verzweigen Sie in eine Top-down- oder Bottom-up-Analyse und haben im weiteren Verlauf der Analyse alle bereits erläuterten Möglichkeiten zur Navigation im Chargenverwendungsnachweis.

7.2.3 Chargengenaue Fortschreibung des Chargenverwendungsnachweises in der Serienfertigung

Wenn Sie in der Serienfertigung einen Chargenverwendungsnachweis aufrufen, werden immer alle Komponentenchargen und alle produzierten Chargen angezeigt, die während der Ist-Datenerfassung zum selben Produktkostensammler verbucht wurden. Dies sagt allerdings nichts über eine Chargenverwendung aus, da sich der Produktkostensammler aufgrund seiner Laufzeit als Verbindungsobjekt zwischen Eingangs- und Ausgangschargen nicht eignet. Sie können allerdings über die sogenannte Multi-Batch-Funktion erreichen, dass für die während genau einer Ist-Datenerfassung gebuchten Chargen ein Chargenverwendungsnachweis in Tabelle CHVW_INC geschrieben wird. Dadurch werden die produzierten Chargen mit den tatsächlich eingesetzten Komponentenchargen verknüpft.

Dazu setzen Sie im Serienfertigungsprofil das Kennzeichen **Fortschreibung Chargenverwendungsnachweis** (siehe Abbildung 7.10). Zur Pflege der Serienfertigungsprofile im Customizing gelangen Sie über den Menüpfad (IMG •) **Produktion • Serienfertigung • Steuerung • Serienfertigungsprofile festlegen**.

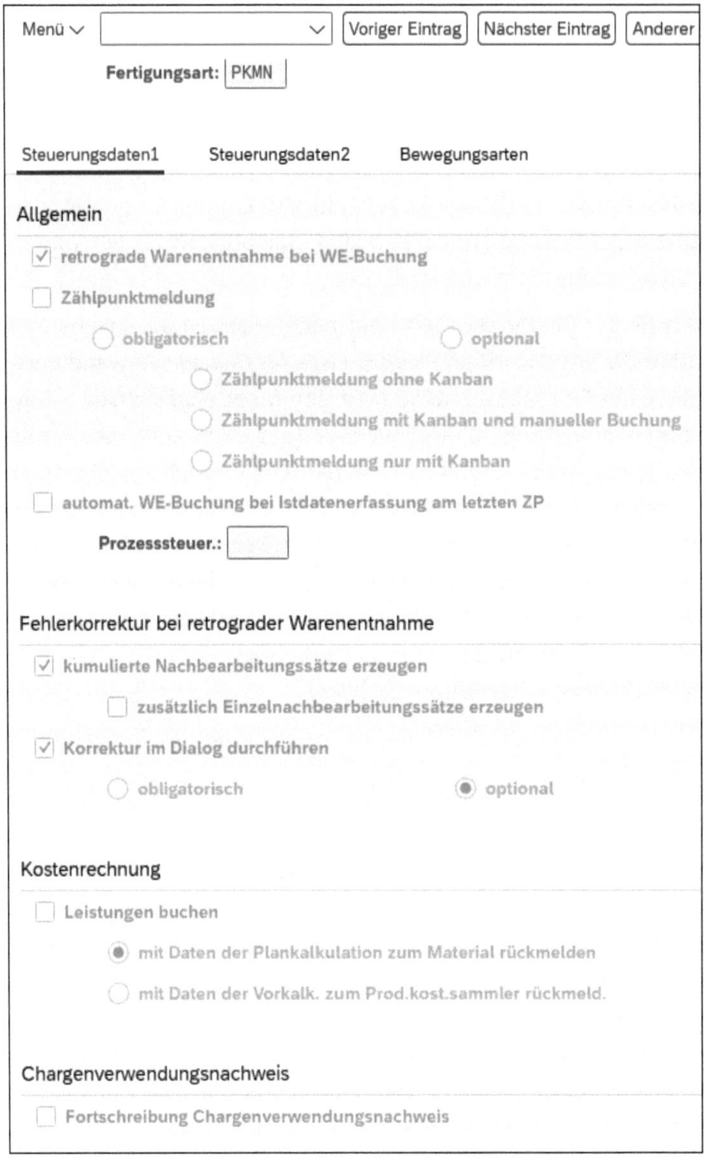

Abbildung 7.10 Multi-Batch-Fortschreibung im Serienfertigungsprofil aktivieren

Voraussetzung zur Aktivierung der Multi-Batch-Funktion

Um die Multi-Batch-Funktion des Chargenverwendungsnachweises aktivieren zu können, müssen Sie im Serienfertigungsprofil das Kennzeichen **zusätzlich Einzelnachbearbeitungssätze erzeugen** gesetzt haben. Im Fehlerfall kann nur durch die Erzeugung von Einzelnachbearbeitungssätzen eine eindeutige Zuordnung einer Komponentencharge zu einer produzierten Charge erfolgen.

Um die erweiterte Chargenverwendungsanalyse durchzuführen, rufen Sie Transaktion MB56 (Chargenverwendungsnachweis) auf und setzen im Selektionsbild das Kennzeichen **Multi Batch Auswertung** (siehe Abbildung 7.11).

Abbildung 7.11 Ausschnitt der Selektionsparameter im Chargenverwendungsnachweis: Multi-Batch-Auswertung aktivieren

Sie sehen dann im Ergebnis, z. B. bei einem Top-down-Chargenverwendungsnachweis, alle Komponentenchargen, die während einer Ist-Datenerfassung zu einer produzierten Charge angegeben und dadurch retrograd entnommen wurden. Im Beispiel in Abbildung 7.12 wurden die zwei Komponentenchargen 13D24ROH01 und 13D24ROH03 bei der Ist-Datenerfassung zur produzierten Charge 13D24FERT1 verbraucht.

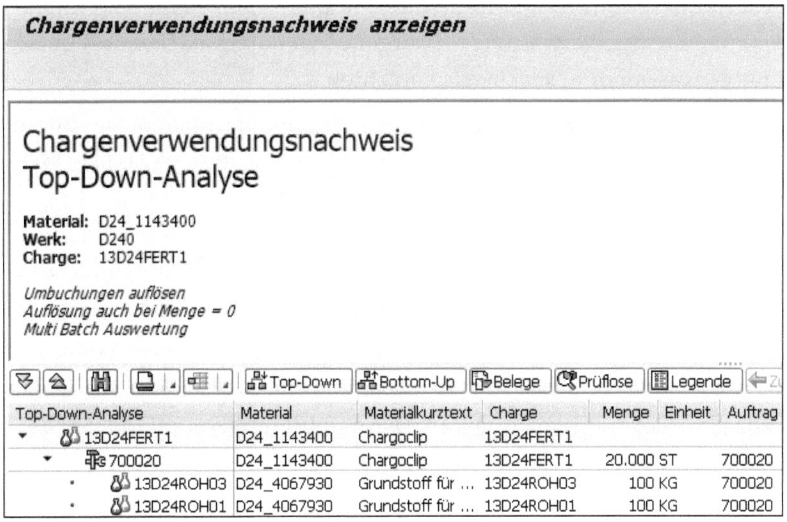

Abbildung 7.12 Chargenverwendungsnachweis mit Multi-Batch-Auswertung

Als Nächstes rufen Sie den Chargenverwendungsnachweis für eine andere produzierte Charge auf, die auf Basis desselben Produktkostensammlers (Auftrag 7000020) produziert wurde. Im Beispiel in Abbildung 7.13 ist dies die produzierte Charge 13D24-FERT2. Hier wurde lediglich die Komponentencharge 13D24ROH02 während der Ist-Datenerfassung verbucht.

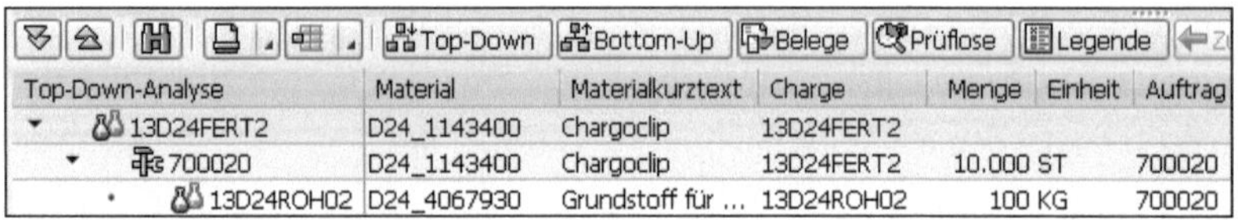

Top-Down-Analyse	Material	Materialkurztext	Charge	Menge	Einheit	Auftrag
13D24FERT2	D24_1143400	Chargoclip	13D24FERT2			
700020	D24_1143400	Chargoclip	13D24FERT2	10.000	ST	700020
13D24ROH02	D24_4067930	Grundstoff für ...	13D24ROH02	100	KG	700020

Abbildung 7.13 Ausschnitt des Chargenverwendungsnachweises mit Multi-Batch-Auswertung

Diese chargengenaue Fortschreibung des Chargenverwendungsnachweises wird bei allen Varianten der Ist-Datenerfassung, z. B. mit Transaktion MFBF (Rückmeldung Serienfertigung), durchgeführt. Dabei werden zudem Stornobuchungen sowie auch nachbearbeitete Fehlersätze berücksichtigt.

7.2.4 Erweiterungsmöglichkeiten

Mithilfe der Erweiterung SAPLCHVW können Sie den Chargenverwendungsnachweis mit eigenen Daten anreichern. Der darin enthaltenen Customer-Exit EXIT_SAPLCHVW_001 (BWUL: Felder in Append CHVWSHADOW_Z füllen) erlaubt Ihnen zum einen, zusätzliche Einträge in die Chargenverwendungstabelle aufzunehmen, und zum anderen, den Chargenverwendungsnachweis um zusätzliche Spalteninformationen zu erweitern. Sie finden die Erweiterung im Customizing unter dem Menüpfad (IMG •) **Logistik Allgemein • Chargenverwaltung • Chargenverwendungsnachweis • Customer Exit für Chargenverwendungsnachweis einrichten**.

Zusätzlich steht Ihnen das BAdI VB_GET_POS_PLANT zur Verfügung, mit dem Sie eine automatische Werksermittlung realisieren können. Der Benutzer kann so das Feld **Werk** im Selektionsbildschirm leer lassen, und im Falle mehrerer möglicher Werke wird ihm ein Pop-up zur Auswahl angezeigt. Zu diesem BAdI gelangen Sie über den Customizing-Pfad (IMG •) **Logistik Allgemein • Chargenverwaltung • Chargenverwendungsnachweis • Business Add-In: Erweiterung der automatischen Werksermittlung**.

Das BAdI VB_GET_EXT_BATCHES ermöglicht Ihnen, Datensätze aus externen Datenquellen in den Chargenverwendungsnachweis zu integrieren. Sie können hier z. B. Daten aus dem System eines Lieferanten einbinden. Dieses BAdI implementieren Sie über den folgenden Pfad im Customizing: (IMG •) **Logistik Allgemein • Chargenverwaltung • Chargenverwendungsnachweis • Business Add-In: Zugriff auf kundeneigene Chargenverwendungsdaten**.

7.3 SAP Global Batch Traceability

Bei der in diesem Abschnitt vorgestellten SAP Global Batch Traceability (SAP GBT) handelt es sich um eine eigenständige, von SAP S/4HANA unabhängige Anwendung zur Chargenrückverfolgung. Anders als der Chargenverwendungsnachweis aus dem gleichnamigen Abschnitt 7.2 ermöglicht Ihnen SAP GBT eine Analyse von Chargenverwendungen über die Grenzen eines SAP-S/4HANA-Systems hinaus. Darüber hinaus erlaubt es Ihnen, die Verwendung von mehreren Chargen gleichzeitig zu analysieren. Dadurch können Sie die Auswirkungen problembehafteter Chargen systemübergreifend auf die gesamte Supply Chain schneller untersuchen und entsprechende Maßnahmen wie Rückrufaktionen zeitnah einleiten. Vor allem aufgrund von behördlichen Auflagen z. B. in der Lebensmittel- und Pharmaindustrie müssen innerhalb kürzester Zeit fehlerbehaftete Chargen ermittelt und Rückrufaktionen gestartet werden.

In diesem Abschnitt stellen wir Ihnen die Grundlagen und Funktionen von SAP GBT vor und zeige Ihnen ein Beispielszenario für eine Rückrufaktion auf Basis diverser Analysen und Berichte in SAP GBT. Sie erfahren außerdem, welche Szenarien zur Systemintegration und welche Erweiterungsmöglichkeiten Ihnen SAP GBT bietet.

7.3.1 Technische Grundlagen

Die Installation von SAP GBT nehmen Sie auf einem eigenen Server auf Basis von SAP NetWeaver vor. SAP GBT verwendet die Benutzeroberflächentechnologie des SAP NetWeaver Business Clients (NWBC). Dieser wird zunächst für die in SAP GBT integrierten grafischen Darstellungen benötigt, aber auch, damit Sie z. B. direkt zu Objekten in SAP S/4HANA – etwa Produktionsaufträge, Lieferungen und Bestellungen – navigieren können.

Sie können SAP-S/4HANA-Systeme oder auch Systeme von Drittanbietern an SAP GBT anbinden. Falls Sie mit einem SAP-S/4HANA-System arbeiten, wird die Datenbasis für SAP GBT ausgehend von der Tabelle des Chargenverwendungsnachweises CHVW in SAP S/4HANA aufgebaut (siehe Abschnitt 7.2.1, »Voraussetzungen für den Chargenverwendungsnachweis«). Beim Fortschreiben eines Eintrags in Tabelle CHVW über eine Warenbewegung wird gleichzeitig ein Eintrag in einer sogenannten *GBT-Transfertabelle* vorgenommen, die sich ebenfalls in SAP S/4HANA befindet. Beim Aufbau der GBT-Transfertabelle werden allerdings auch Warenbewegungen berücksichtigt, die für die Tabelle CHVW nicht relevant sind, wie z. B. Lagerort-an-Lagerort-Buchungen.

Über einen Remote Function Call (RFC), der von SAP GBT ausgeführt wird, werden die Daten aus der Transfertabelle abgeholt und anschließend gelöscht. Die Frequenz dieses Datenabrufs können Sie selbst bestimmen. Mit dem Löschen der abgeholten Daten wird gewährleistet, dass bei einem erneuten Abruf lediglich neue oder geänderte Einträge des Chargenverwendungsnachweises nach SAP GBT übertragen werden. Mithilfe dieser Methode wird in SAP GBT ein globales Netzwerk für die Chargenrückverfolgung aufgebaut, das Sie so aus verschiedenen Systemen versorgen können.

[»]

Berücksichtigung von Sonderfunktionen der Chargenverwaltung in SAP GBT

In SAP GBT werden neben den regulären Chargenverwendungssätzen aus der Tabelle CHVW auch die Sätze zur Multi-Batch-Auswertung aus der Tabelle CHVW_INC berücksichtigt (siehe Abschnitt 7.2.3, »Chargengenaue Fortschreibung des Chargenverwendungsnachweises in der Serienfertigung«). Darüber hinaus werden auch Chargenverwendungssätze von Dokumentationschargen zu SAP GBT übertragen (siehe Abschnitt 5.1, »Chargenverwaltung ›Lean‹: Dokumentationschargen«).

In SAP GBT werden lediglich Informationen zur Chargenverwendung und damit die Beziehungen der Chargen zu Objekten bzw. Belegen sowie die Chargenstamm- und -klassifizierungsdaten gespeichert. Dadurch werden die Referenzen zu den beteiligten SAP-S/4HANA-Belegen wie Kundenauftrag, Bestellung oder Produktionsauftrag in SAP GBT dokumentiert. Darüber hinaus können Sie weitere Detailinformationen zu den Belegen als sogenannte *Attribute* zu SAP GBT übertragen, die Sie selbst definieren. Alle anderen Informationen, die Sie während einer Analyse in SAP GBT benötigen, z. B. Bestände, werden dynamisch hinzugelesen. Dazu wird ebenfalls die RFC-Technologie verwendet. Erweiterte Stammdateninformationen, z. B. zu Materialien, Kunden oder Lieferanten, werden über die ALE-Schnittstelle (ALE = Application Link Enabling) zu SAP GBT übertragen. Dazu werden IDocs (Intermediate Documents) als Datencontainer für die Übertragung verwendet.

7.3.2 Funktionen

Im Vergleich zum Chargenverwendungsnachweis in SAP S/4HANA ermöglicht SAP GBT eine Chargenrückverfolgung auf Basis von Verwendungsdaten aus mehreren Systemen. Darüber hinaus besitzt SAP GBT einen erweiterten Funktionsumfang. Neben der hierarchischen Baumstruktur der Top-down- und Bottom-up-Verwendungsanalysen, die auch im Chargenverwendungsnachweis in SAP S/4HANA möglich sind, bietet Ihnen SAP GBT zusätzlich folgende Funktionen:

- **Vorgelagerte Chargensuche**
  In SAP GBT steht Ihnen vor dem Aufruf des Verwendungsnachweises eine Chargensuche zur Verfügung, mit der Sie die zu analysierenden Chargen mittels umfangreicher Selektionskriterien ermitteln können. Damit suchen Sie Chargen z. B. auf Basis ihres Verfallsdatums/MHD, des Chargenzustands, beliebiger Chargenmerkmale oder einer Produktionslinie. Alternativ haben Sie die Möglichkeit, Chargen zu selektieren, die z. B. mit Bezug zu einem Produktionsauftrag, einer Bestellung oder einer Lieferung angelegt wurden.

- **Gleichzeitige Analyse der Chargenverwendung von mehreren Chargen**
  Nach der Ermittlung der relevanten Chargen können Sie die unterschiedlichen Verwendungsanalysen bzw. Berichte für mehrere Chargen gleichzeitig starten.
- **Grafische Analyse des globalen Chargennetzwerks**
  Ausgehend von einer Charge, die Sie als Ursprungskonten definieren, wird das globale Chargennetzwerk sowohl bottom-up als auch top-down grafisch basierend auf der HTML5-Technologie dargestellt, und Sie können darin navigieren. Die Navigation bietet Ihnen weitere Funktionen – etwa die Anzeige von Detailinformationen bzw. der Attribute zum jeweiligen Objekt oder einen Absprung in den zugehörigen Beleg in SAP S/4HANA, z. B. eine Lieferung oder eine Bestellung.
- **Integrierte Berichtsfunktionen**
  Für die ermittelten Chargen können Sie verschiedene Berichte aufrufen – etwa Bestandsinformationslisten, Verteilungslisten oder Materialbilanzlisten.
- **Identifizierung und Reparatur von fehlenden Verknüpfungen**
  Über ein BAdI lassen sich Brüche im Chargennetzwerk aufgrund von systemübergreifenden Prozessen identifizieren und die fehlenden Verknüpfungen automatisch anlegen. Über eine von SAP ausgelieferte Beispielimplementierung wird z. B. bei einem systemübergreifenden Umlagerungsprozess die Bestellung aus einem System mit dem zugehörigen Kundenauftrag aus dem anderen System verbunden.
- **Berücksichtigung von Kunden- und Lieferantenretouren**
  Retouren von Kunden und Lieferanten sind in das Chargennetzwerk voll integriert. Alle Rücklieferungen und Retourenbestellungen werden grafisch im Netzwerk als eigene Knoten angezeigt.
- **Integration zu SAP EWM**
  SAP GBT ermöglicht eine vollständige Integration von SAP EWM. Da Bestandsbewegungen von SAP EWM mit SAP S/4HANA synchronisiert werden, werden diese Bewegungen auch automatisch in SAP GBT integriert. Aufgrund der Integration von Bewegungen innerhalb SPA EWM werden diese ebenfalls zu SAP GBT übertragen und sind dort im Chargennetzwerk ersichtlich.
- **Handling-Unit-Netzwerk**
  Falls ein Material mit Handling Unit verwaltet ist, werden die Handling Units vollständig im Chargennetzwerk in SAP GBT abgebildet. Auch das Verpacken, Auspacken und Umpacken von Handling Units wird grafisch im Netzwerk dargestellt. Hierbei kann die Handling-Unit-Verwaltung in SAP S/4HANA oder in SAP EWM abgebildet sein. Die Handling Units können zudem in den mit SAP GBT erstellten Berichten ausgegeben werden (z. B. in der Verteilungsliste).

- **Chargen-Arbeitslisten**
  Sie haben die Möglichkeit, beliebige Chargen sogenannten Arbeitslisten zuzuordnen, und diese mit anderen Benutzern zu teilen. Dies kann entweder manuell oder über einen Report auf Basis einer definierten Zuordnungslogik erfolgen. Für die Chargen in einer Arbeitsliste können Sie dann vordefinierte Follow-up-Funktionen anstoßen, z. B. das Umbuchen in Qualitätsprüf- oder Sperrbestand oder das Anlegen von Qualitätsmeldungen zu diesen Chargen.
- **Integration in SAP Information Lifecycle Management (SAP ILM)**
  Um gesetzliche Vorgaben wie die Datenschutz-Grundverordnung (DSGVO) zu erfüllen, ist das Verwalten von Geschäftspartnerdaten von Kunden und Lieferanten in SAP GBT in SAP ILM integriert. Über ein konfigurierbares Regelwerk kann gesteuert werden, wann persönliche Daten wie Adressdaten in SAP GBT gelöscht werden.

7.3.3 Erweiterungsmöglichkeiten

Sie haben die Möglichkeit, SAP GBT an vielen Stellen über Erweiterungen an Ihre Bedürfnisse anzupassen. Sie können auch Nicht-SAP-Systeme an SAP GBT anbinden, um Ihr globales Netzwerk für die Chargenrückverfolgung auch von Fremdsystemen mit Daten zu versorgen. Dazu verwenden Sie entweder die SAP Integration Suite, SAP Process Integration, SAP MII (Manufacturing Integration and Intelligence) oder eine andere serviceorientierte Architektur als Middleware, um Ihr Fremdsystem mit SAP GBT zu verbinden. Auch ein einfacher Dateiimport ist möglich, um SAP GBT mit den Chargenverwendungsdaten zu versorgen. Alternativ binden Sie Ihr Fremdsystem an SAP S/4HANA an, um dort die Chargenverwendungstabelle CHVW zu füllen. Diese Lösung erlaubt Ihnen, die im Standard verfügbare Integration zwischen SAP S/4HANA und SAP GBT zu nutzen.

Darüber hinaus können Sie alle Berichte, Ihren Anforderungen entsprechend erweitern oder anpassen. Außerdem lassen sich zusätzliche Belegfelder in Form von Attributen zu den Objekten wie Lieferungen oder Produktionsaufträgen automatisch von SAP S/4HANA zu SAP GBT übertragen, damit diese direkt in SAP GBT zur Verfügung stehen. Auch die Regeln zur automatischen Erkennung und Reparatur fehlender Verknüpfungen bei systemübergreifenden Prozessen können Sie über ein BAdI selbst definieren.

7.4 Batch Information Cockpit

Das Batch Information Cockpit (BIC) ist das zentrale Arbeitswerkzeug der Chargenverwaltung zur Selektion, Analyse und Bearbeitung von Chargen. Die tiefe Integration in die SAP-Logistikkomponenten ermöglicht Ihnen darüber hinaus eine Betrachtung von Chargen aus Sicht der Bestandsführung und des Qualitätsmanagements. Außerdem können Sie Informationen bezüglich Klassifizierung, Verfügbarkeit und Haltbarkeit der Chargen in Ihre Analysen einbinden. Folgende Fragestellungen lassen sich z. B. dadurch beantworten:

- Welche Chargen erreichen demnächst ihr Verfallsdatum/MHD, sodass diese z. B. gesperrt werden müssen?
- Welche Chargenbestände sind auf Lager, welche Qualität haben sie, und wie sind die zugehörigen Chargenmerkmale bewertet?
- Wie ist die derzeitige Verfügbarkeit von ausgewählten chargenpflichtigen Materialien, und wie hoch sind die ATP-Mengen in chargenspezifischen Mengeneinheiten wie »Kilogramm Wirkstoff«?

In diesem Abschnitt lernen Sie zunächst den grundlegenden Aufbau, die Funktionen und die Customizing-Einstellungen zur Konfiguration des BIC kennen. Zudem zeigen wir Ihnen, wie Sie die Selektion benutzerspezifisch aufrufen können und welche Darstellungsmöglichkeiten der Selektionsergebnisse existieren. Sie finden darüber hinaus Beispiele zu Analysen von Beständen, Selektionen über Chargenmerkmale und Haltbarkeit sowie zur Integration des Chargenverwendungsnachweises. Am Ende des Abschnitts erfahren Sie, welche Erweiterungsmöglichkeiten Sie bei der Selektion und der Aufbereitung der Ergebnisse haben.

7.4.1 Aufbau und Funktionsweise

Das BIC besteht aus zwei Hauptbereichen: dem Selektions- und dem Bearbeitungsbereich auf der rechten Seite und dem Navigationsbereich auf der linken Seite (siehe Abbildung 7.14).

Nachdem Sie eine Selektion durchgeführt haben ❶, werden die Selektionsergebnisse im Navigationsbereich auf der linken Bildschirmseite dargestellt ❷. Dabei können Sie sich zu den selektierten Chargen sowohl Chargenstammsatzinformationen als auch Informationen zu den Chargenbeständen anzeigen lassen. Sie haben nun die Möglichkeit, in die Chargenstammsatzpflege für ausgewählte Chargen zu navigieren. Diese Bearbeitung erfolgt wiederum auf der rechten Bildschirmseite, indem der Bearbeitungsbereich geöffnet wird, der dadurch den Selektionsbereich überlagert ❸. Hier können Sie zudem zwischen der Anzeige bzw. Bearbeitung eines Chargenstamms und dem integrierten Aufruf des Chargenverwendungsnachweises wechseln.

Außerdem können Sie ausgewählte Chargen in den Arbeitsvorrat aufnehmen, der sich ebenfalls auf der linken Bildschirmseite im Navigationsbereich befindet. Im weiteren Verlauf dieses Abschnitts sehen Sie, wie Sie eine Selektion durchführen können und wie die Darstellung der Selektionsergebnisse erfolgt.

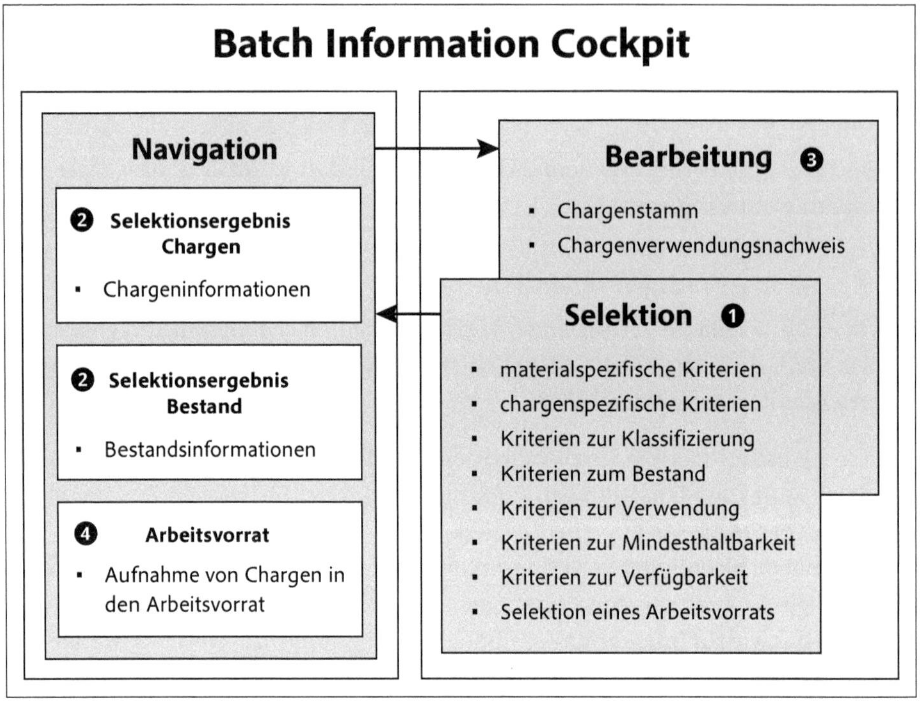

Abbildung 7.14 Batch Information Cockpit: von der Selektion über die Navigation zur Bearbeitung der ausgewählten Chargen

Sie erfahren zudem, wie Sie den Arbeitsvorrat nutzen, welche Bearbeitungsmöglichkeiten Sie haben und wie Sie die Selektion und die Darstellung der Ergebnisse benutzerspezifisch anpassen können.

Selektion und Selektionsergebnis

Rufen Sie das BIC mit der SAP-Fiori-App **Batch Information Cockpit** (App-ID BMBC), der Transaktion BMBC oder über den Menüpfad: **Logistik • Zentrale Funktionen • Chargenverwaltung • Batch Information Cockpit** auf. Sie gelangen direkt in den Selektionsbereich, in dem Sie auf allen Registerkarten, *Selektionsreiter* genannt, Ihre Selektionskriterien eingeben können (siehe Abbildung 7.15). Sie können anhand des Icons Selektion (**Selektionskriterien vorhanden**) erkennen, ob Selektionskriterien zu einem Selektionsreiter gepflegt wurden, die immer alle zur Selektion verwendet werden. Um z. B. alle Chargen mit Bestand in einem Werk zu selektieren, geben Sie zunächst auf dem Selektionsreiter **Material** ein Werk ein, z. B. 1000 in Abbildung 7.15.

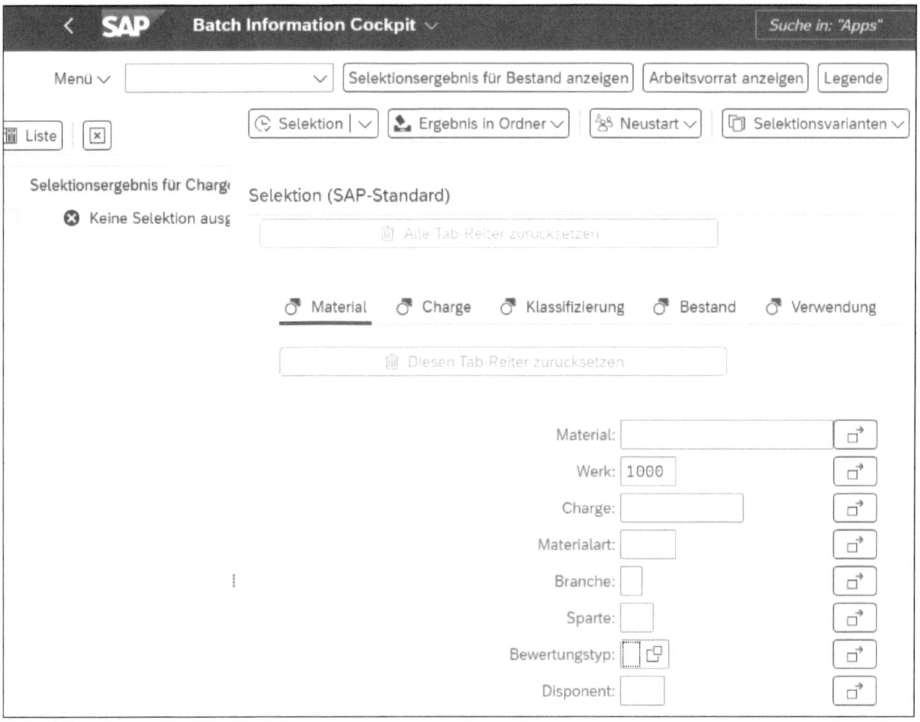

Abbildung 7.15 Selektion im Batch Information Cockpit

Um nur Chargen mit Bestand zu selektieren, geben Sie auf dem Selektionsreiter **Bestand** im Feld **Keine Nullbestandszeilen** den Wert X an. Mit dem Button [Selektion] oder dem Button **Selektion ausführen** führen Sie die Selektion aus. Das Selektionsergebnis erscheint nun auf der linken Bildschirmseite im Navigationsbereich (siehe Abbildung 7.16). Es werden drei Abschnitte im Navigationsbereich dargestellt:

- das Selektionsergebnis mit Chargenstamminformationen
- das Selektionsergebnis mit Bestandsinformationen
- der Arbeitsvorrat

Sie können jeden dieser drei Bereiche jeweils über den Button [x] (**Selektionsergebnis schließen**) schließen und sich über die Buttons **Selektionsergebnis für Chargen anzeigen**, **Selektionsergebnis für Bestand anzeigen** und **Arbeitsvorrat anzeigen** wieder anzeigen lassen.

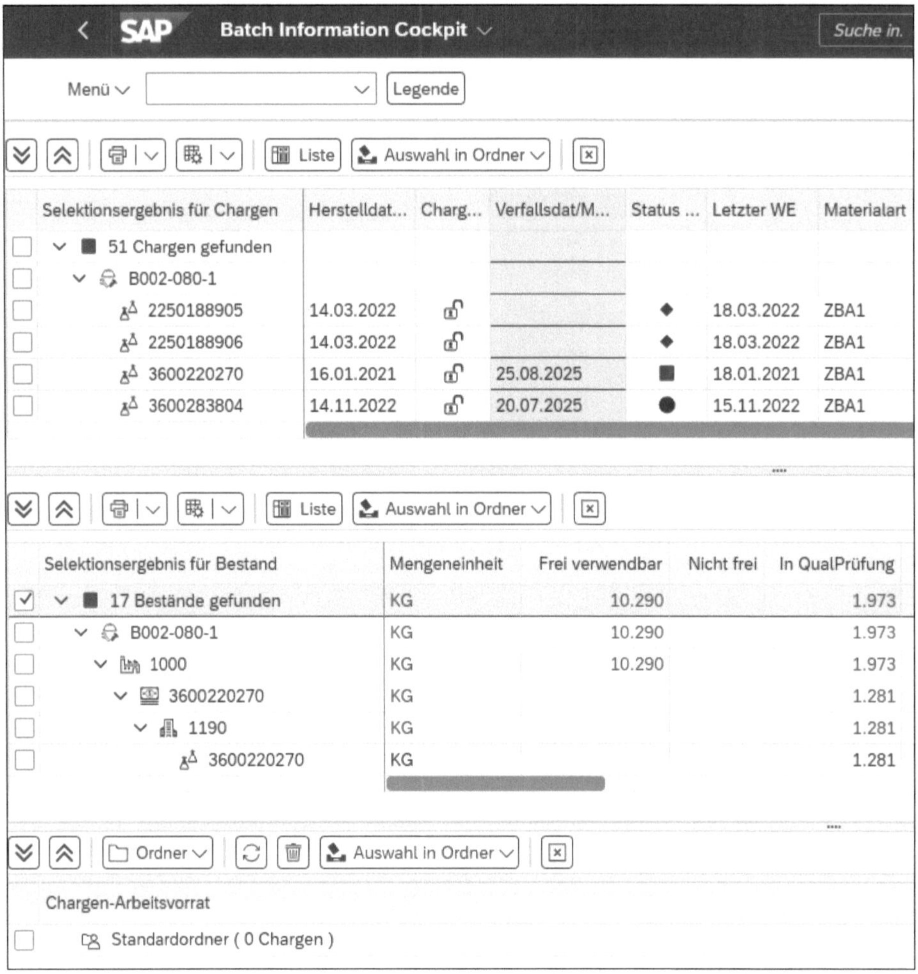

Abbildung 7.16 Selektionsergebnis in hierarchischer Baumstruktur

Listanzeige und Listoptionen

Neben der im vorangegangenen Abschnitt gezeigten hierarchischen Baumstruktur können Sie auch eine Listanzeige verwenden. Klicken Sie dazu auf den Button Liste (**Darstellung als Liste**, siehe Abbildung 7.17).

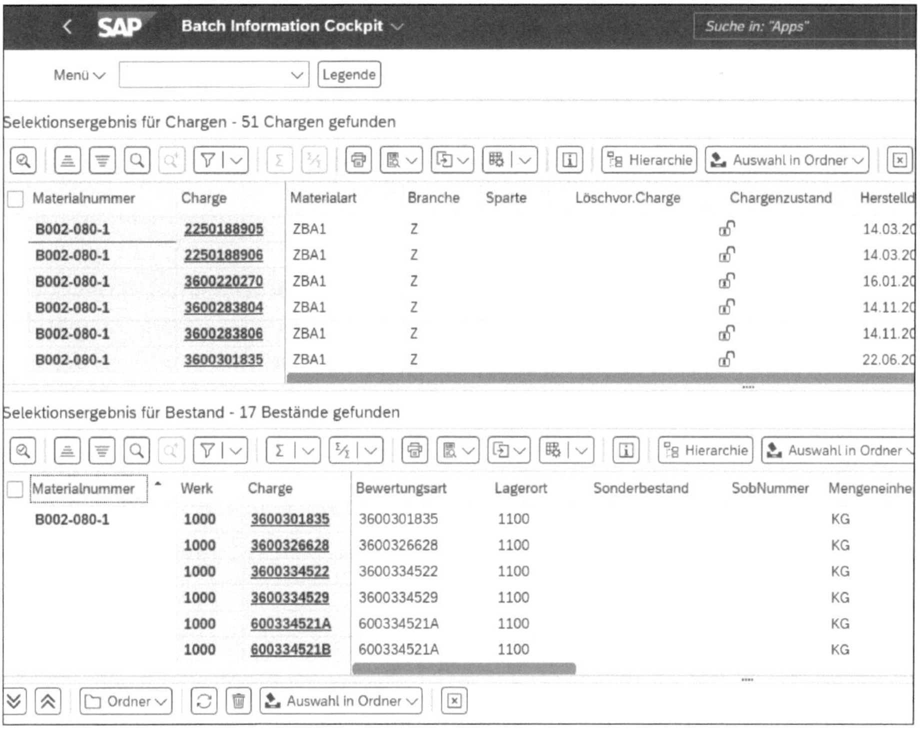

Abbildung 7.17 Selektionsergebnisse in Listanzeige

In der Listanzeige haben Sie nun über die Buttons folgende Bearbeitungsmöglichkeiten (siehe Tabelle 7.1):

Button	Bearbeitungsmodus
	Liste drucken
	Liste exportieren. Hier können Sie auch die Art des Export (z. B. Tabellenkalkulation, ABC-Analyse ...) auswählen.
	Summe bilden
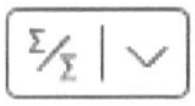	Zwischensumme bilden
	aufsteigend/absteigend sortieren
	auf die hierarchische Baumstruktur umschalten

Tabelle 7.1 Bearbeitungsmodi im BIC-Selektionsergebnis

Arbeitsvorrat

Der dritte Abschnitt im Navigationsbereich ist der Arbeitsvorrat. Hier können Sie Chargen aufnehmen, um sie für eine spätere Bearbeitung vorzumerken. Jedem Benutzer steht dabei der benutzerspezifische Arbeitsvorratsordner **Standardordner** zur Verfügung, dessen Inhalt nur der jeweilige Benutzer einsehen und bearbeiten kann.

Sie können weitere Arbeitsvorratsordner im Customizing definieren und diese den Benutzen zuordnen. Dazu wählen Sie folgenden Menüpfad im Customizing: (IMG •) **Logistik Allgemein • Chargenverwaltung • Arbeitsvorrat • Arbeitsvorratsordner definieren** (Transaktion OCWT). Hier definieren Sie die Arbeitsvorratsordner und markieren sie als öffentlich, falls Sie möchten, dass der Inhalt des Ordners von allen zugeordneten Benutzen bearbeitet werden kann. Falls Sie einen Ordner nicht als öffentlich kennzeichnen, kann der Ordner zwar mehreren Benutzern zugeordnet werden, allerdings wird der Inhalt dann jeweils benutzerspezifisch verwaltet und ist nicht öffentlich zugänglich. In Abbildung 7.18 sehen Sie die Definition von zwei öffentlichen Ordnern: FS00 und FS01.

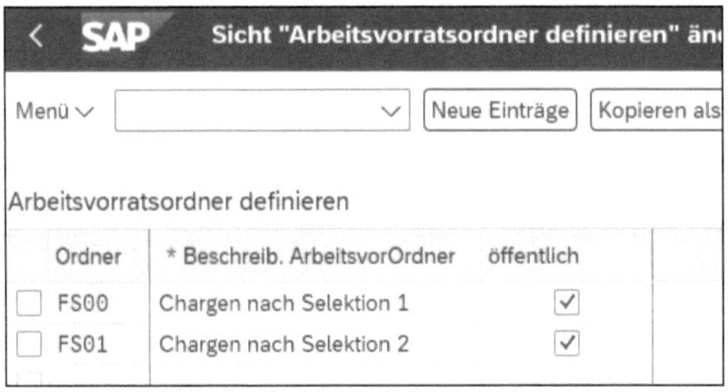

Abbildung 7.18 Arbeitsvorratsordner definieren

Im nächsten Schritt weisen Sie die Arbeitsvorratsordner den Benutzern zu. Dies nehmen Sie, wie in Abbildung 7.19 gezeigt, über den Menüpfad (IMG •) **Logistik Allgemein • Chargenverwaltung • Arbeitsvorrat • Arbeitsvorratsordner Benutzern zuordnen** (Transaktion OCUW) vor.

Abbildung 7.19 Arbeitsvorratsordner Benutzern zuordnen

> **Zuordnung von Arbeitsvorratsordnern zu Benutzern**
>
> Falls Sie möchten, dass die Benutzer sich selbst Arbeitsvorratsordner zuordnen können, ist dies auch über folgenden Menüpfad möglich: **Logistik • Zentrale Funktionen • Chargenverwaltung • Werkzeuge • Arbeitsvorratsordner zuordnen** (Transaktion BMUW).

Falls Sie nun Chargen in einen Arbeitsvorratsordner aufnehmen, markieren Sie diese und wählen im Kontextmenü mit der rechten Maustaste den Pfad **Auswahl in Ordner kopieren • <Arbeitsvorratsordner>** (siehe Abbildung 7.20).

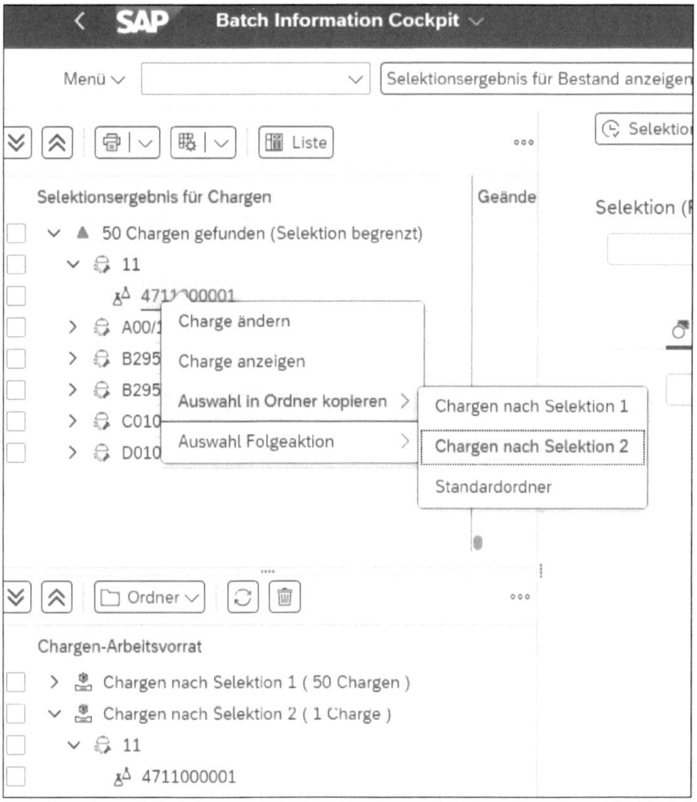

Abbildung 7.20 Chargen zu einem Arbeitsvorratsordner zuordnen

Alternativ können Sie auch eine Chargennummer anklicken und mit der rechten Maustaste das Kontextmenü aufrufen. Hier wählen Sie ebenfalls den Pfad **Auswahl in Ordner kopieren • <Arbeitsvorratsordner>**, wie oben gezeigt. Sie können zudem eine Chargennummer per Drag and Drop in einen Arbeitsvorratsordner kopieren.

Um alle Treffer einer Selektion auf einmal in den Arbeitsvorratsordner zu verschieben, klicken Sie im Selektionsbildschirm auf den Button Ergebnis in Ordner. Nun wählen

Sie einen Arbeitsvorratsordner aus, in den die Chargen aus der Selektion kopiert werden sollen (siehe Abbildung 7.21).

Abbildung 7.21 Selektionsergebnis in Arbeitsvorratsordner kopieren

Chargenstammsatz bearbeiten

Um sich einen Chargenstamm anzeigen zu lassen, klicken Sie einfach in einem beliebigen Abschnitt des Navigationsbereichs auf eine Chargennummer. Im rechten Bildschirmbereich wird dann der Selektionsbereich vom Bearbeitungsbereich mit der Anzeige des Chargenstamms überdeckt (siehe Abbildung 7.22).

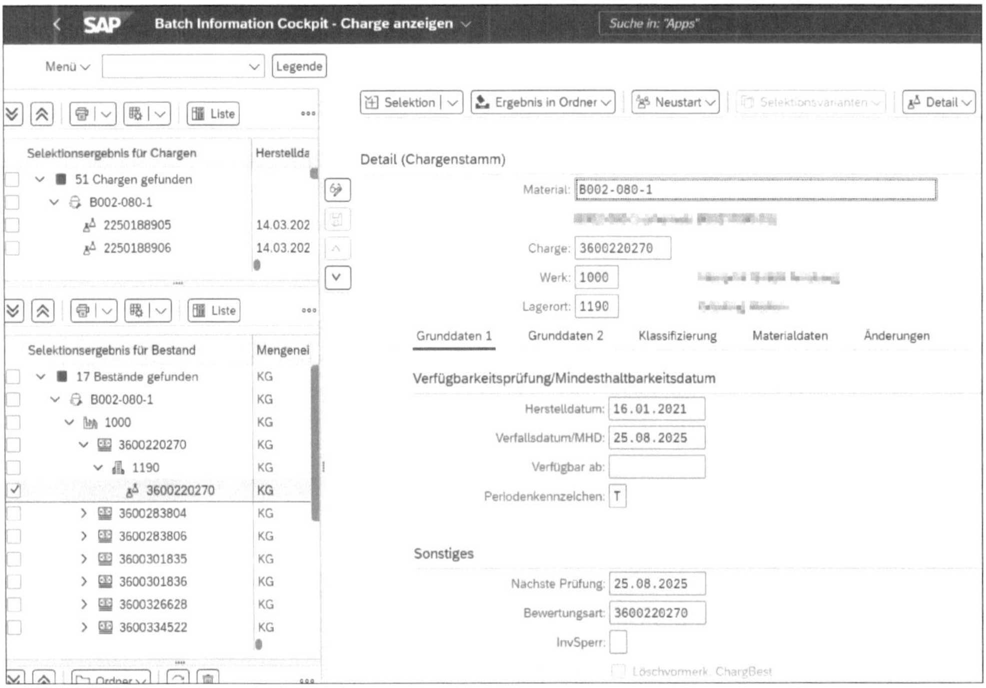

Abbildung 7.22 Chargenstamm anzeigen

Mit einem Klick auf den Button (**Anzeigen <—> Ändern**) können Sie zwischen dem Anzeigen und dem Ändern des Chargenstamms hin- und herschalten. Nach einer Änderung speichern Sie diese mit dem Button (**Sichern**).

Sobald Sie sich in der Anzeige oder Bearbeitung eines Chargenstamms befinden, wird der Selektionsbereich vom Bearbeitungsbereich überdeckt. Um eine weitere Selektion auszuführen, klicken Sie auf den Button Selektion und wählen dann den Menüpunkt **Einblenden** aus (siehe Abbildung 7.23).

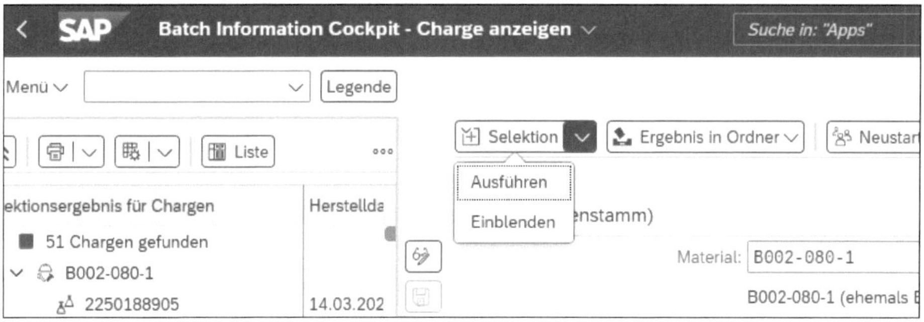

Abbildung 7.23 Selektionsbildschirm erneut einblenden

Dadurch wird der Selektionsbereich wieder sichtbar, und Sie können Selektionskriterien für eine neue Selektion eingeben.

Chargenzustandsverwaltung und Zustandsänderung über eine Folgeaktion

Der Chargenzustand einer Charge wird in den Selektionsergebnissen über das Icon (**Chargenzustand ›frei‹**) bzw. (**Chargenzustand ›nicht frei‹**) dargestellt. Über eine sogenannte *Folgeaktion* können Sie eine Chargenzustandsänderung vornehmen. Dazu markieren Sie eine Charge, klicken auf den Button Auswahl Folgeaktion und wählen dann die entsprechende Aktion aus, z. B. die Aktion **Chargenzustand auf <nicht frei> setzen** (siehe Abbildung 7.24).

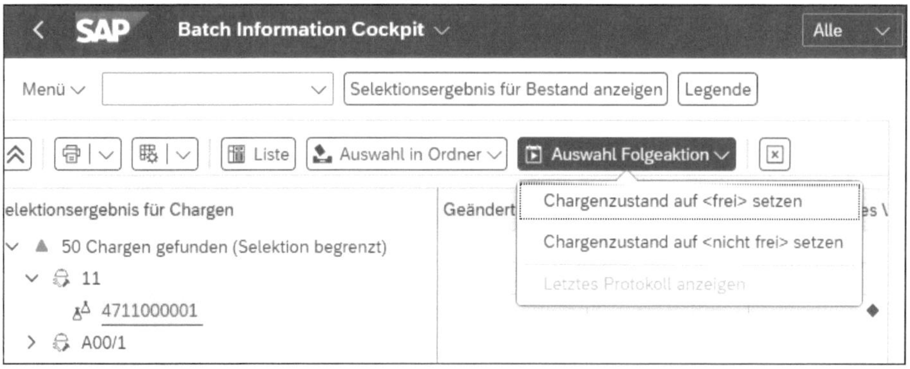

Abbildung 7.24 Folgeaktion zur Chargenzustandsänderung anstoßen

[»]

Mehrere Chargen für eine Zustandsänderung selektieren

Falls Sie den Zustand mehrerer Chargen auf einmal ändern möchten, können Sie in der Listdarstellung mehrere Chargen markieren und für alle gleichzeitig die ausgewählte Folgeaktion anstoßen.

Nachdem Sie eine Folgeaktion angestoßen haben, können Sie sich dazu das Protokoll anzeigen lassen, indem Sie wieder auf den Button Auswahl Folgeaktion klicken und dann den Menüpunkt **Letztes Protokoll anzeigen** auswählen. Das Protokoll der letzten Ausführung einer Folgeaktion wird daraufhin in einem Pop-up ausgegeben (siehe Abbildung 7.25).

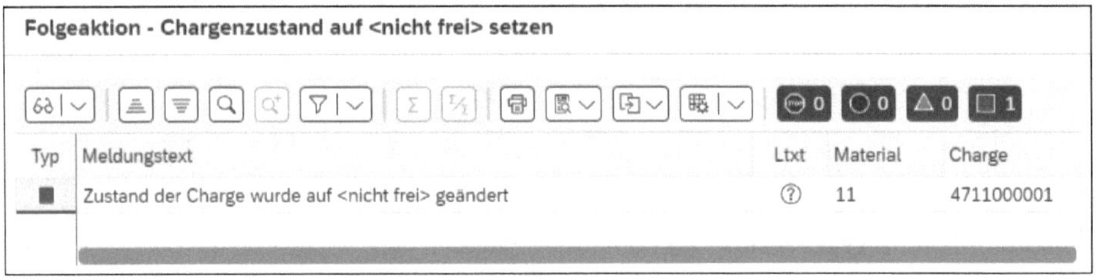

Abbildung 7.25 Protokoll zur letzten Folgeaktion anzeigen

Wie Sie die Folgeaktion zur Chargenzustandsänderung für die Nutzung im BIC aktivieren, zeigen wir Ihnen in Abschnitt 7.4.4, »Erweiterungsmöglichkeiten«.

Selektionsvarianten

Wenn Sie bestimmte Selektionen regelmäßig ausführen möchten, können Sie diese als Selektionsvarianten speichern. Dazu klicken Sie im Selektionsbild auf den Button Selektionsvarianten. Im Untermenü wählen Sie den Menüpunkt **Selektionskriterien als Variante sichern** (siehe Abbildung 7.26).

Abbildung 7.26 Selektionsvarianten verwalten

Im nächsten Untermenü klicken Sie auf den Menüpunkt **Neue Selektionsvariante**. Daraufhin erscheint ein Pop-up zur Definition einer Selektionsvariante (siehe Abbildung 7.27).

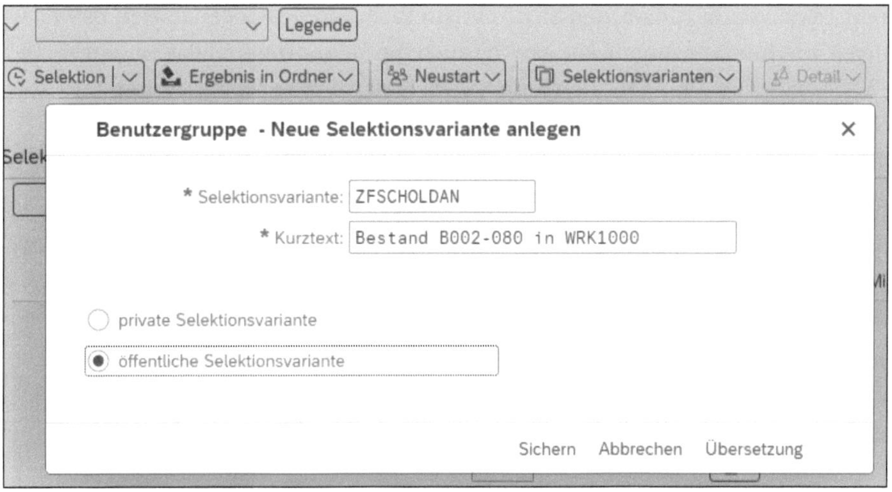

Abbildung 7.27 Neue Selektionsvariante anlegen

In diesem Pop-up geben Sie einen Namen und einen Kurztext ein und entscheiden sich über den entsprechenden Radiobutton, ob die Selektionsvariante öffentlich sein soll oder als private Selektionsvariante nur von Ihnen verwendet werden kann. Zum Schluss speichern Sie die Selektionsvariante über den Button **Sichern** ab.

Mit einem Klick auf den Button Neustart können Sie eine neue Selektion auf Basis einer abgespeicherten Selektionsvariante ausführen (siehe Abbildung 7.28).

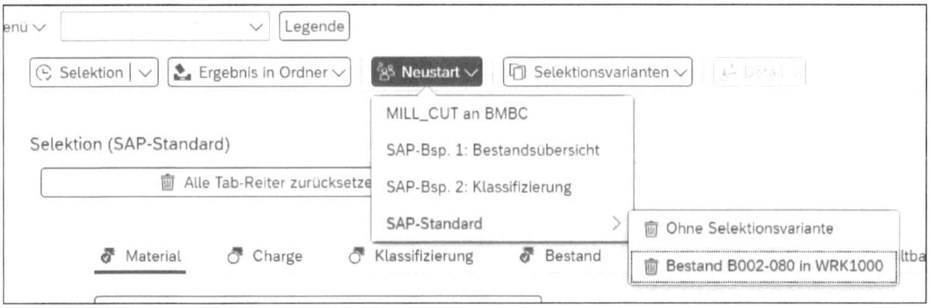

Abbildung 7.28 Neustart auf Basis einer Selektionsvariante

Eine Selektionsvariante wird immer zu einer sogenannten *Benutzergruppe* angelegt und auch aufgerufen. Was sich hinter einer Benutzergruppe verbirgt und wie Sie eine solche definieren, erfahren Sie in Abschnitt 7.4.2, »Konfiguration des Batch Information Cockpits«.

7.4.2 Konfiguration des Batch Information Cockpits

Die Selektionen und Ergebnislisten des BIC können Sie individuell konfigurieren, um noch komfortabler und schneller an die gewünschten Ergebnisse zu gelangen. Einige Voreinstellungen dazu nehmen Sie im Customizing in den sogenannten *Benutzergruppen* vor. Darüber hinaus können Sie auch die Steuerung und das Layout im BIC über Benutzereinstellungen individuell einrichten. Welche Möglichkeiten Sie dabei haben und welche Schritte dazu nötig sind, erfahren Sie in diesem Abschnitt.

Benutzergruppenspezifische Selektion im Customizing definieren

Sie können sich die Definition der BIC-Standardselektion von SAP über den folgenden Customizing-Pfad anschauen: (IMG •) **Logistik Allgemein • Chargenverwaltung • Batch Information Cockpit • SAP Standardselektion anzeigen** (Transaktion OBIC_DIS). Falls Sie Änderungen oder Erweiterungen in der Selektion und der Darstellung des BIC wünschen, definieren Sie eigene sogenannte *benutzergruppenspezifische* Selektionen.

Definition von Benutzergruppen

Die Benutzergruppen können Sie z. B. entsprechend den Aufgaben in Ihrem Unternehmen anlegen. Eine Benutzergruppe für Mitarbeiter aus der Qualitätsprüfung enthält z. B. Selektionsmöglichkeiten im Bereich der Prüflose und Haltbarkeit. Für die Mitarbeiter aus der Disposition können Sie Selektionen zu den Beständen und der Verfügbarkeit definieren.

Die benutzergruppenspezifischen Selektionen finden Sie im Customizing über den Pfad (IMG •) **Logistik Allgemein • Chargenverwaltung • Batch Information Cockpit • Benutzergruppenspezifische Selektion definieren** (Transaktion OBIC). Hier legen Sie zunächst eine Benutzergruppe an, wie im Beispiel in Abbildung 7.29 die Benutzergruppe FSCHOLDAN.

Abbildung 7.29 Benutzergruppe für das BIC anlegen

Falls Sie die Benutzergruppe mit dem Kennzeichen **Standardgruppe** versehen, werden die dahinterliegenden Einstellungen immer dann verwendet, falls ein Benutzer in seinen Benutzereinstellungen keine Benutzergruppe hinterlegt hat (siehe nächster Abschnitt »Benutzereinstellungen im BIC vornehmen«). Über das Kennzeichen **werksbezog. Sel** schränken Sie die Selektion auf Chargen ein, die auf der Ebene eines bestimmten Werks existieren. Dazu müssen Sie in der Selektion mindestens ein Selektionskriterium mit Werksbezug angeben – etwa das Werk selbst, einen Disponenten oder einen Fertigungssteurer. Der Eintrag eines Werts im Feld **Max. Anzahl** dient dazu, die Selektion der Chargen aus Performancegründen auf den eingegebenen Wert einzuschränken.

Über das Kennzeichen **Bestandsselektion** legen Sie fest, ob die Selektion der Chargen unter Berücksichtigung der Bestandsinformationen im Selektionsreiter **Bestand** erfolgen soll. Zum Beispiel können Sie dadurch Chargen ohne Bestand über das Kennzeichen **Keine Nullbestandszeilen** im Selektionsreiter **Bestand** vom Selektionsergebnis ausschließen. Die Selektion nach Bestand können Sie dabei vor (Wert B) oder nach (Wert A) der Selektion der Chargen gemäß den Selektionsparametern durchführen lassen.

[!]

Maximale Anzahl selektierter Chargen und Reihenfolge von Bestandsselektion und Standardselektion

Die gewählte Reihenfolge von Bestandsselektion und Standardselektion kann zusammen mit einer Beschränkung auf eine maximale Anzahl selektierter Chargen zu unterschiedlichen Ergebnissen führen. Falls Sie z. B. die Standardselektion vor einer Bestandsselektion durchführen, sollten Sie darauf achten, dass Sie aus Performancegründen die maximale Anzahl selektierter Chargen nicht zu gering setzen. Ansonsten kann es sein, dass Ihnen kein Selektionsergebnis angezeigt wird, falls aufgrund korrekt ermittelter selektierter Chargen ohne Bestand die maximale Anzahl bereits erreicht ist, bevor die relevanten Chargen mit Bestand ermittelt werden können.

Im nächsten Schritt pflegen Sie die Selektionsreiter für Ihre Benutzergruppe, die im Selektionsbildschirm in Form von Registerkarten, den »Selektionsreitern«, angezeigt werden. Dazu markieren Sie Ihre Benutzergruppe in der Benutzergruppenübersicht (siehe Abbildung 7.29) und navigieren auf die Ebene **Selektionsreiter**. In Abbildung 7.30 sehen Sie die Maximalausprägung der Selektionsreiter für eine Benutzergruppe.

Das Kennzeichen **Fixe Selektion** in der Übersicht der Selektionsreiter in Abbildung 7.30 zeigt an, dass die Selektionsfelder fest von SAP vorgegeben sind und nicht verändert werden können. Für einige Selektionsreiter wie Material (0110), Charge (0120) und die frei zur Verfügung stehenden Selektionsreiter (0170 bis 0190) können Sie allerdings die Selektionen frei definieren. Diese werden dann über den Button (**Selektionsfelder vorhanden**) gekennzeichnet. Über das Kennzeichen **Aktiver Reiter** blenden Sie einen Selektionsreiter für die Verwendung im BIC ein bzw. aus.

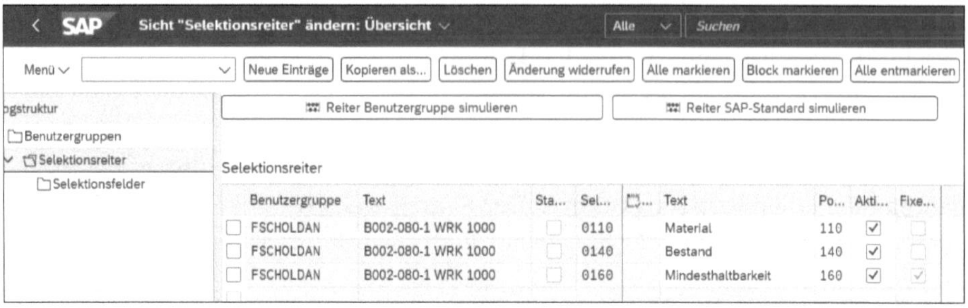

Abbildung 7.30 Selektionsreiter einer Benutzergruppe für das BIC anlegen

Simulation der Selektion zur Benutzergruppe

Über den Button **Reiter Benutzergruppe simulieren** steht Ihnen jederzeit eine Simulation der von Ihnen vorgenommenen Selektionseinstellungen zur Verfügung. In der Simulation können Sie zudem über den Button **Vergleich mit Standardselektionsreiter** die Unterschiede zur SAP-Standardselektion analysieren.

Um im folgenden Schritt die Selektionsfelder eines Selektionsreiters zu definieren, markieren Sie einen Selektionsreiter und klicken auf die Ebene **Selektionsfelder**. Auf diese Weise navigieren Sie in die Übersicht der Selektionsfelder (siehe Abbildung 7.31).

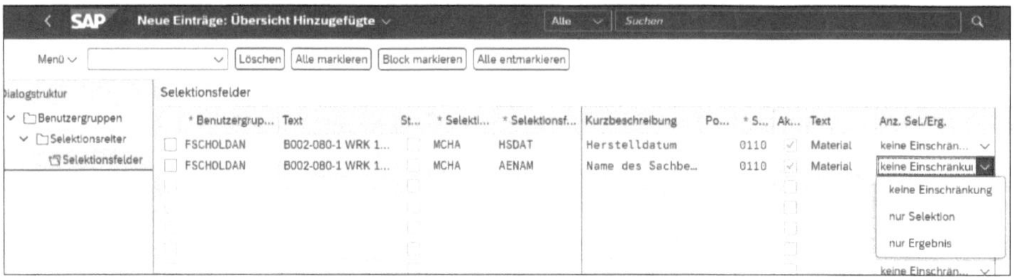

Abbildung 7.31 Selektionsfelder für einen Selektionsreiter pflegen

Über das Kennzeichen **Anz. Sel./Erg.** schränken Sie die Verwendung eines Felds auf die Selektion bzw. auf die Ausgabe im Selektionsergebnis ein. Sie können Felder aus folgenden Tabellen als Selektions- und auch als Ergebnisfelder hinzufügen:

- Materialstammdaten aus den Tabellen MARA (Allgemeine Materialdaten), MARC (Werksdaten zum Material) und MARD (Lagerortdaten zum Material)
- Chargenstammdaten aus der Tabelle MCHA (Chargen)
- Bestandsinformationen, z. B. aus den Tabellen MCHB (Chargenbestände), MKOL (Lieferantenkonsignationsbestand) und MSKA (Kundenauftragsbestand)
- Informationen zum Kunden aus Tabelle KNA1 (Kundenstamm (allgemeiner Teil))

- Informationen zur Lieferung aus den Tabellen LIKP (Vertriebsbeleg: Lieferung: Kopfdaten) und LIPS (Vertriebsbeleg: Lieferung: Positionsdaten)
- tabellenübergreifende Informationen aus Tabelle BICMSF (Tabellenübergreifende Selektionsfelder):
  - Materialnummer
  - Materialkurztext
  - Werk
  - Chargennummer
  - Lagerort
  - Sonderbestandskennzeichen

In den im nächsten Abschnitt vorgestellten Benutzereinstellungen weisen Sie sich eine Benutzergruppe zu, um die darin konfigurierten Einstellungen für die Selektion im BIC zu nutzen.

Benutzereinstellungen im BIC vornehmen

Sie können das Layout des BIC benutzerspezifisch konfigurieren. Die Einstellungen dazu nehmen Sie in den Benutzereinstellungen im BIC in der SAP-Fiori-App **Batch Information Cockpit** (App-ID BMBC) über folgenden Menüpfad vor: **Logistik • Zentrale Funktionen • Chargenverwaltung • Batch Information Cockpit** (Transaktion BMBC). Dort wählen Sie den Menüpfad **Hilfsmittel • Benutzereinstellungen**. Es erscheint dann das Pop-up zu den Benutzereinstellungen (siehe Abbildung 7.32).

In den Benutzereinstellungen in Abbildung 7.32 können Sie sich eine Benutzergruppe zuweisen, um dadurch deren Selektionsreiter zu verwenden, die Sie zuvor im Customizing definiert haben (siehe vorangegangenen Abschnitt »Benutzergruppenspezifische Selektion im Customizing definieren«). Darüber hinaus haben Sie die Möglichkeit, eine Selektionsvariante zuzuordnen, deren Selektionsergebnis Sie sich sofort beim Aufruf des BIC anzeigen lassen können, indem Sie das Kennzeichen **automatische Selektion bei Start** setzen.

Im Bereich **Navigationsbereich** definieren Sie über das Kennzeichen **Aktiv**, welche Ergebnislisten Sie generell im BIC zur Verfügung haben möchten. Über das Feld **Sequenz** definieren Sie die Reihenfolge der Anzeige im Navigationsbereich, und über das Kennzeichen **Anzeigen** geben Sie an, ob bei der Ausgabe der Selektionsergebnisse der Bereich sofort angezeigt wird. Das Kennzeichen **Liste** steuert das Layout der Anzeige der Ergebnisse. Diese werden entweder in Form einer Baumstruktur ausgegeben oder in Listenform, die weitere Bearbeitungsmöglichkeiten erlaubt, etwa eine multiple Selektion von Chargen für den Anstoß von Folgeaktionen oder den Export in Microsoft Excel.

Abbildung 7.32 Benutzereinstellungen im BIC

Im Bereich **Detailfunktion** steuern Sie, welche Funktion im Bearbeitungsbereich auf der rechten Bildschirmseite aufgerufen wird, sobald Sie einen Chargenstamm im Selektionsergebnis oder im Arbeitsvorrat anklicken. Es steht Ihnen hier die Anzeige des Chargenstamms zur Verfügung (Wert MSCX) oder der direkte Aufruf des Chargenverwendungsnachweises (Wert CHVW, siehe dazu Abschnitt 7.2, »Chargenverwendungsnachweis«). Außerdem definieren Sie, ob die gewählte Anzeige integriert im

BIC (Einstellung **Detail im selben Fenster**) oder in einem separaten Fenster (Einstellung **Detail in neuem Fenster**) aufgerufen wird.

Sie können darüber hinaus im Bereich **Aktuelle Einstellungen** den aus der Benutzergruppe kommenden Wert für die maximale Anzahl selektierter Chargen ändern. Zudem entscheiden Sie sich über die Option **Format des Materials**, ob und wie die Materialnummer und der Materialkurztext in den Selektionsergebnissen angezeigt werden.

7.4.3 Anwendungsspezifische Auswertungen

Neben den Selektionen, die Sie in Abschnitt 7.4.1, »Aufbau und Funktionsweise«, kennengelernt haben, haben Sie weitere Möglichkeiten, Chargen im BIC zu selektieren. Darüber hinaus können Sie sich zusätzliche Informationen im Selektionsergebnis anzeigen lassen. Zum Beispiel können Sie neben den Bestandsinformationen auch die ATP-Mengen (ATP = Available-to-Promise) der Verfügbarkeitsprüfung im Selektionsergebnis **Selektionsergebnis für Bestand anzeigen** einblenden.

Die Bewertungsarten von Chargen mit getrennter Bewertung oder bei Chargeneinzelbewertung werden ebenfalls angezeigt. Außerdem können Sie Chargen mithilfe der Klassifizierung suchen und auf Basis der Merkmalsbewertungen selektieren, ähnlich wie bei der Chargenfindung (siehe das gleichnamige Kapitel 3). Eine Selektion mit einer integrierten Mindesthaltbarkeitsprüfung erlaubt Ihnen, rechtzeitig vor Ablauf des Verfallsdatums/MHD der Chargen entsprechend zu reagieren. Zudem zeigen wir Ihnen den integrierten Chargenverwendungsnachweis und die Auswertungsmöglichkeiten, falls Sie die chargenspezifischen Mengeneinheiten verwenden (siehe dazu Kapitel 6, »Chargenspezifische Mengeneinheiten«).

Anzeige der ATP-Mengen

Das BIC bietet Ihnen die Möglichkeit, die Verfügbarkeit von Chargen zu analysieren. Dazu geben Sie im Selektionsreiter **ATP/Anzeigemengeneinheiten** eine Prüfregel sowie einen Bedarfstermin ein.

[zB]

Prüfregel in der Selektion zur Bestimmung der ATP-Mengen

Abhängig davon, in welchem Zusammenhang Sie die Verfügbarkeit untersuchen möchten, wählen Sie eine entsprechende Prüfregel. Zum Beispiel tragen Sie die Prüfregel B (Lieferung) ein, falls Sie die Verfügbarkeit von Chargen für die Auslieferung an Kunden analysieren möchten.

In Abbildung 7.33 wird zum Tagesdatum 15.08.2025 die Prüfregel B (Lieferung) mit einem Bedarfstermin in der Zukunft eingegeben, dem 24.08.2025.

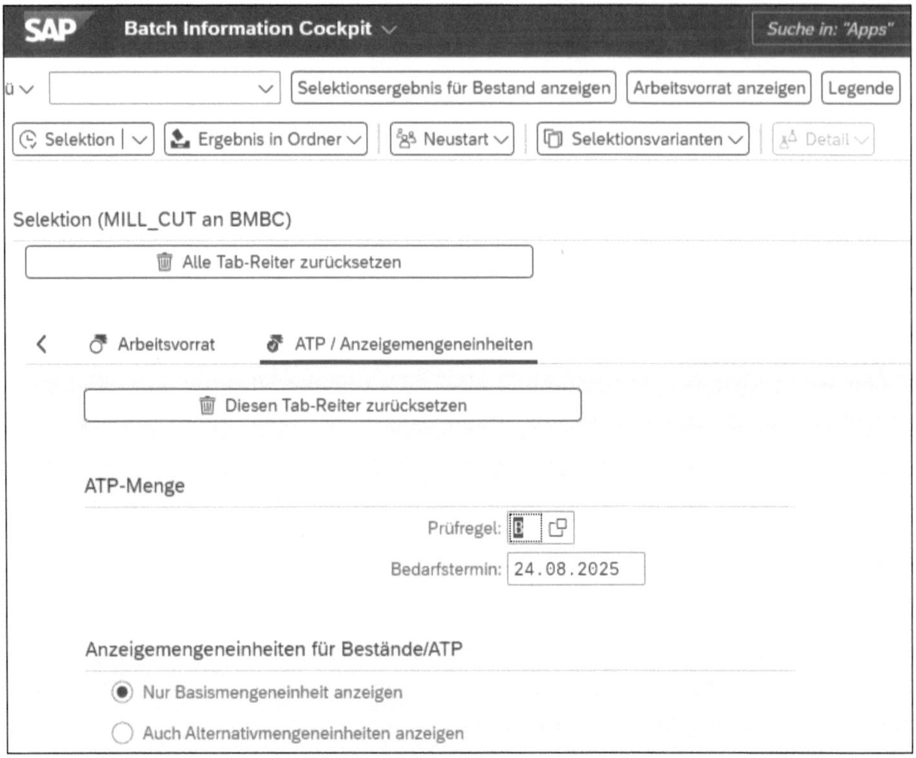

Abbildung 7.33 Chargen mit Prüfregel und Bedarfstermin selektieren

Dadurch werden im Selektionsergebnis **Selektionsergebnis für Bestand anzeigen** neben den Bestandsmengen auch die ATP-Mengen zu dem in der Selektion eingegebenen Bedarfstermin angezeigt (siehe Abbildung 7.34). Zur Bestimmung des Prüfungsumfangs wird jeweils die Prüfgruppe aus dem Material gelesen und dazu die im Selektionsreiter eingegebene Prüfregel verwendet (siehe Abschnitt 3.4.4, »Verfügbarkeitsprüfung«).

In Abbildung 7.34 können Sie sehen, dass sich z. B. von Charge 23I25 des Materials 10007030000 1.985 ST im frei verwendbaren Bestand befinden und vollständig als ATP-Menge verfügbar sind. Charge 0000000 des Materials 10004852000 hat hingegen eine verfügbare ATP-Menge von 12 ST.

Sie haben nun gesehen, wie Sie im BIC die Verfügbarkeitssituation der Chargen untersuchen können.

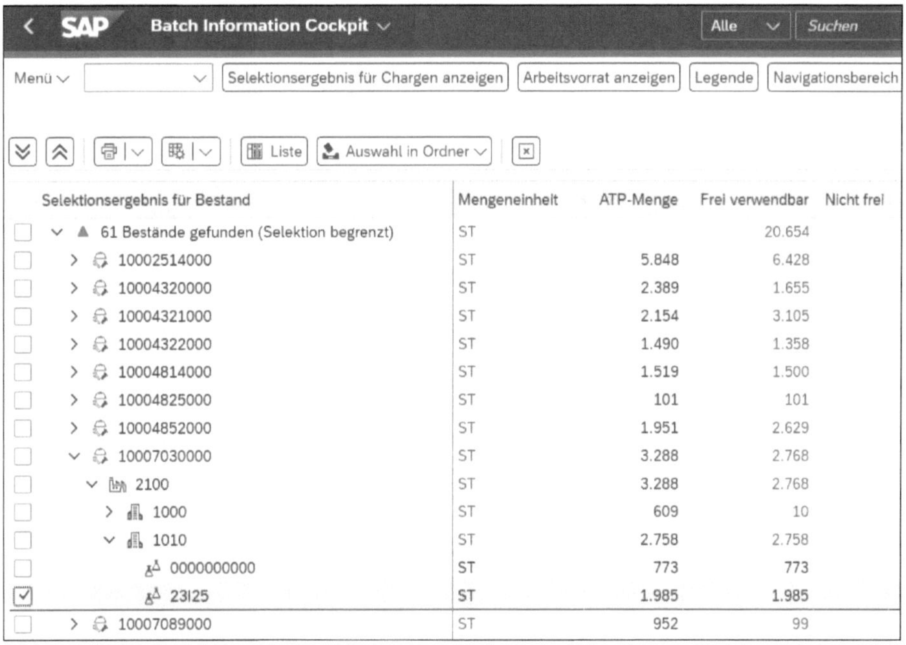

Abbildung 7.34 Selektionsergebnis für Bestand mit ATP-Menge

Getrennt bewertete Chargenbestände anzeigen

Wenn Sie mit der getrennten Chargenbewertung oder der Chargeneinzelbewertung arbeiten (siehe Abschnitt 5.5, »Getrennte Bewertung mit Chargen und Chargeneinzelbewertung«), wird die Bewertungsart im Selektionsergebnis als zusätzliche Ebene unterhalb des Werks angezeigt. In der hierarchischen Baumstruktur wird die Bewertungsart dabei durch den Button (**Bewertungsart**) repräsentiert (siehe Abbildung 7.35).

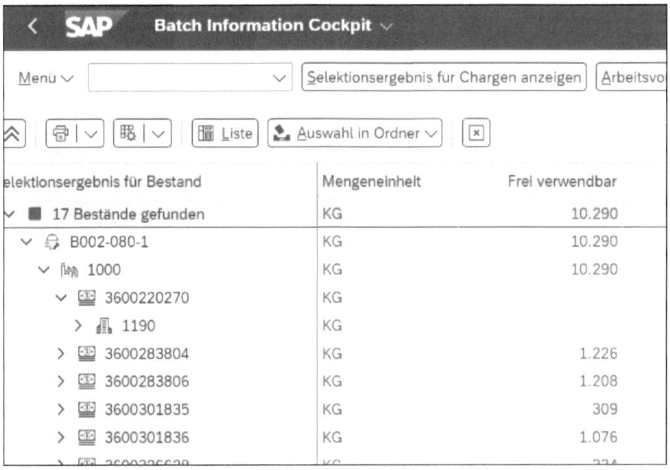

Abbildung 7.35 Selektionsergebnis mit Bewertungsart zur Chargeneinzelbewertung

Wenn wie in Abbildung 7.35 die Chargeneinzelbewertung im Einsatz ist, existiert für jede Charge eine eigene Bewertungsart, die gleich der Chargennummer ist. Dadurch wird die Chargennummer immer redundant in Form der Bewertungsart und der Charge angezeigt.

Selektion mit einer Chargenklasse

Über den Selektionsreiter **Klassifizierung** können Sie die Daten aus der Klassifizierung der Chargen für eine Selektion nutzen. Entweder ermitteln Sie dabei Chargen auf Basis ihrer Chargenklasse oder aufgrund bestimmter Merkmalswerte.

Zur Selektion von Chargen mit einer Chargenklasse geben Sie im Bereich **Suche mit Chargenklasse** im Feld **Chargenklasse** eine Klasse ein. Mit dieser Klasse müssen die Chargen klassifiziert sein, um in das Selektionsergebnis aufgenommen zu werden. Im Beispiel in Abbildung 7.36 ist dies die Chargenklasse `IP_MATERIAL_ZBAS`.

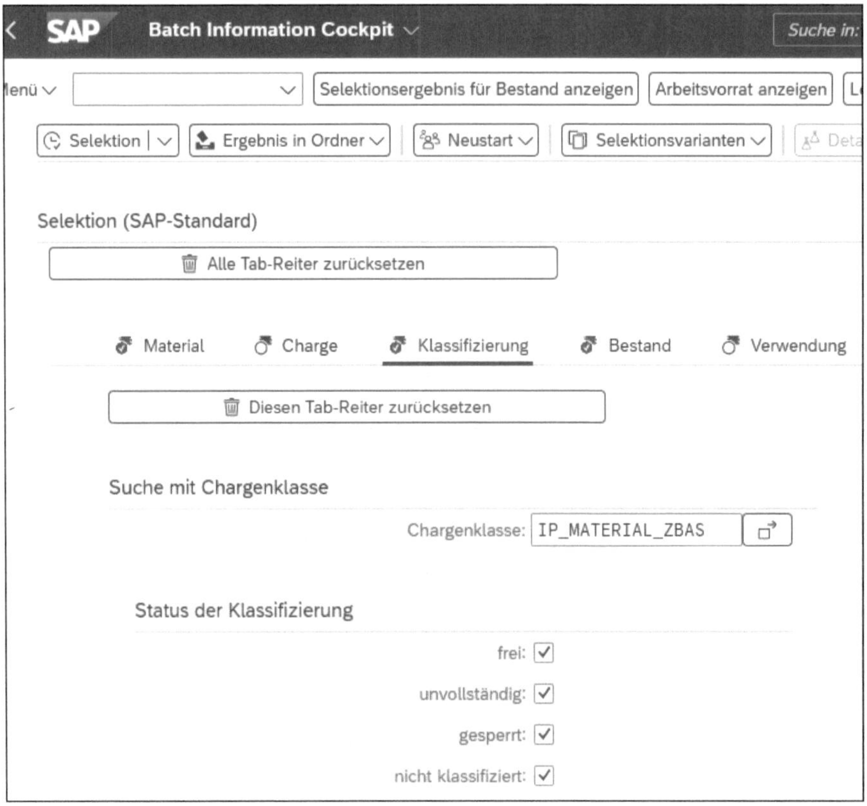

Abbildung 7.36 Selektion auf Basis einer Chargenklasse

Nachdem Sie die Selektion ausgeführt haben, werden alle Chargen im Selektionsergebnis angezeigt, die mit dieser Klasse klassifiziert sind (siehe Abbildung 7.37).

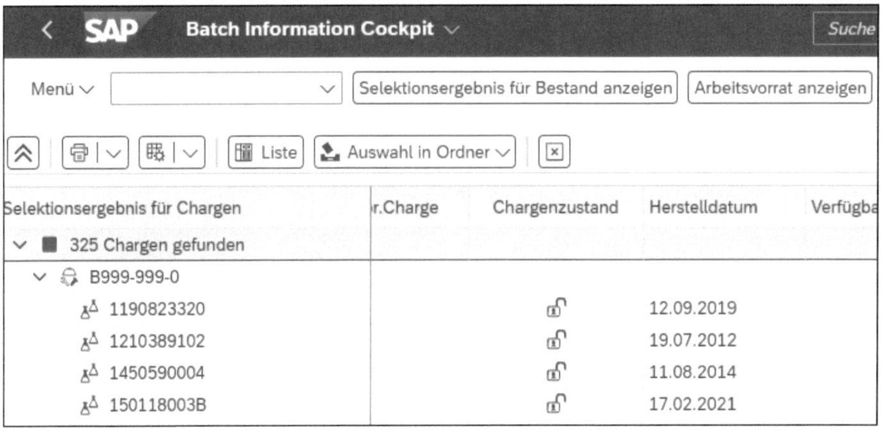

Abbildung 7.37 Selektionsergebnis einer Suche mit Chargenklasse

Anstatt auf Basis einer Chargenklassenzuordnung zu selektieren, können Sie auch Chargen anhand ihrer Merkmalswerte auswählen. Dazu geben Sie im Bereich **Suche mit Merkmalen** im Feld **Selektionsklasse** eine Chargenklasse ein, die die Merkmale enthält, nach denen Sie die Chargen selektieren möchten. Danach klicken Sie auf den Button [ ] (**Werte anlegen**) und pflegen die Selektionsgrenzen (siehe Abbildung 7.38).

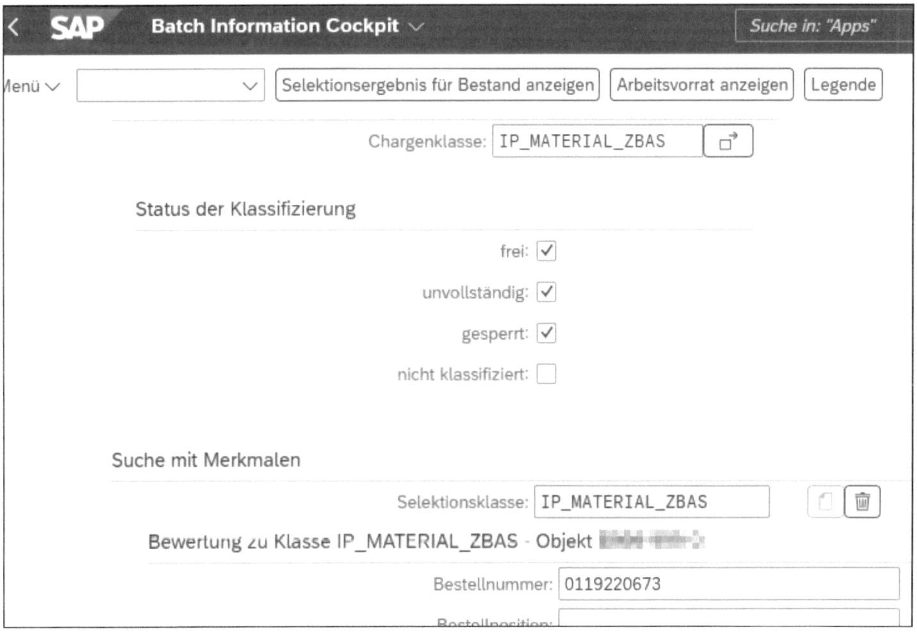

Abbildung 7.38 Selektion auf Basis von Chargenmerkmalen

Nachdem Sie die Selektion ausgeführt haben, werden die ermittelten Chargen im Selektionsergebnis angezeigt. Zudem werden die Merkmalsausprägungen zu allen in der Selektionsklasse enthaltenen Merkmalen ausgegeben, wie in Abbildung 7.39 am Beispiel des Merkmals **Bestellnummer** dargestellt.

Abbildung 7.39 Selektionsergebnis mit Chargenmerkmalswerten

Sie wissen jetzt, wie Sie die Daten aus der Chargenklassifizierung zur Selektion von Chargen in BIC nutzen können.

Mindesthaltbarkeitsprüfung

Das BIC bietet Ihnen außerdem die Möglichkeit, eine integrierte Mindesthaltbarkeitsprüfung (MHD) im Rahmen der Selektion aufzurufen. Dies erlaubt Ihnen zum einen eine Selektion unter Berücksichtigung des Verfallsdatums/MHD. Zum anderen können Sie eine frei definierbare Restlaufzeit in das Selektionsergebnis einbauen, die sich in Form einer Ampelanzeige zu den ermittelten Chargen widerspiegelt. Dazu pflegen Sie zusätzlich zu Ihren sonstigen Selektionskriterien die Daten im Selektionsreiter **Mindesthaltbarkeit**, wie in Abbildung 7.40 beschrieben: Sie wählen im Bereich **Darstellung der Restlaufzeit** zwischen einer tagesgenauen oder einer periodengenauen Darstellung der Restlaufzeit. Falls Sie eine periodengenaue Darstellung wählen, wird für jedes Material die im Materialstamm gepflegte Periode gemäß dem Periodenkennzeichen in den Haltbarkeitsdaten für die Anzeige der Restlaufzeit gewählt, z. B. Tag, Woche, Monat. Zudem geben Sie im Feld **Restlaufzeit** eine Anzahl Tage an.

Die ermittelten Chargen werden nun folgendermaßen im Selektionsergebnis dargestellt:

- **Mit grüner Ampel ■ (MHD außerhalb der Restlaufzeit)**
  Liegt das gemäß der Formel *Verfallsdatum/MHD – Restlaufzeit* berechnete Datum für eine Charge nach dem aktuellen Tagesdatum, wird die Charge mit einer grünen Ampel versehen.

- **Mit gelber Ampel [▲] (MHD innerhalb Restlaufzeit)**
  Liegt das gemäß der Formel *Verfallsdatum/MHD – Restlaufzeit* berechnete Datum für eine Charge vor dem aktuellen Tagesdatum oder entspricht diesem, aber ist das Verfallsdatum/MHD noch nicht erreicht, wird die Charge mit einer gelben Ampel versehen.
- **Mit roter Ampel [●] (MHD überschritten)**
  Ist das Verfallsdatum/MHD einer Charge bereits überschritten, wird die Charge mit einer roten Ampel versehen.
- **Ohne Ampel [◆] (MHD unbekannt)**
  Ist das Verfallsdatum/MHD einer Charge nicht gepflegt, wird die Charge ohne Ampel dargestellt.

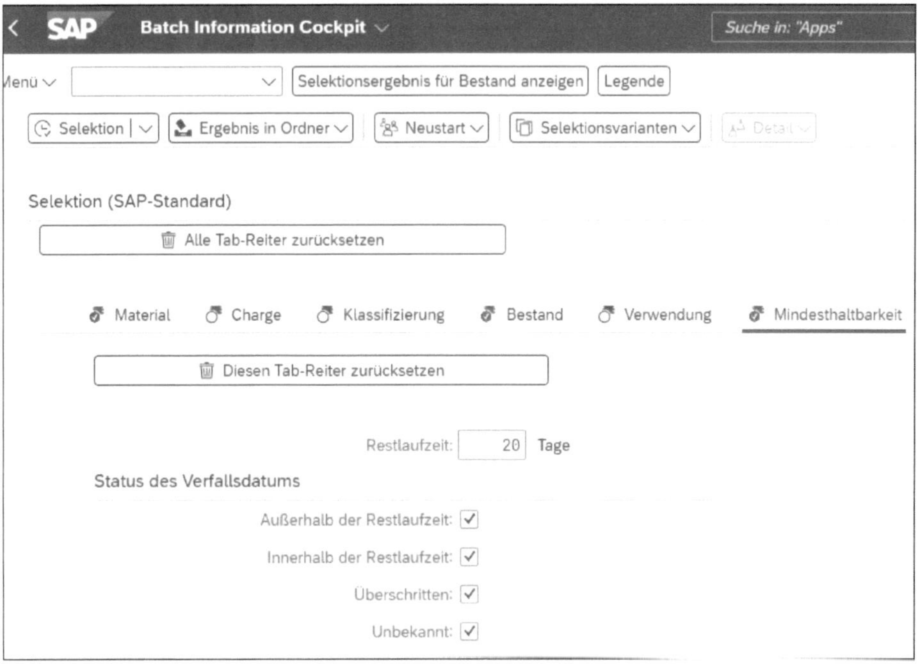

Abbildung 7.40 Selektion mit Mindesthaltbarkeitsprüfung

In Abbildung 7.41 sehen Sie Chargen mit unterschiedlichen Ampeln, abhängig von ihrem Verfallsdatum/MHD.

Abhängig vom Ergebnis der Analyse können Sie nun z. B. Chargen mit abgelaufenem Verfallsdatum/MHD zur weiteren Bearbeitung in einen Arbeitsvorratsordner kopieren oder direkt über eine Zustandsänderung sperren.

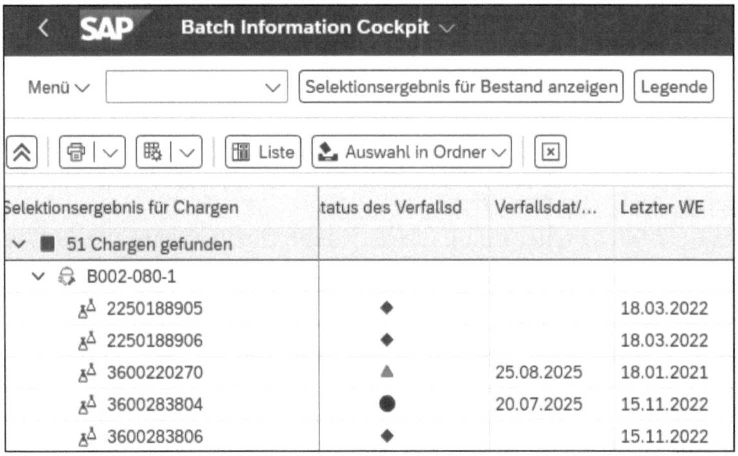

Abbildung 7.41 Selektionsergebnis mit Mindesthaltbarkeitsinformation

Chargenverwendungsnachweis

Die Funktion des Chargenverwendungsnachweises (siehe den gleichnamigen Abschnitt 7.2) ist ebenfalls in das BIC integriert. Sobald Sie sich im Bearbeitungsbereich einen Chargenstamm anzeigen lassen, können Sie über den Button Detail zwischen der Anzeige des Chargenstamms und dem Chargenverwendungsnachweis hin- und herschalten (siehe Abbildung 7.42).

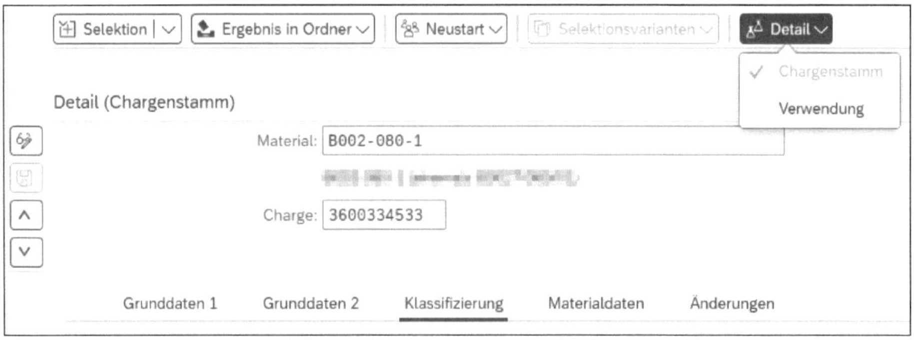

Abbildung 7.42 Zwischen Chargenstamm und Chargenverwendungsnachweis umschalten

Sobald Sie die Detailoption **Verwendung** ausgewählt haben, wird für die ausgewählte Charge der Chargenverwendungsnachweis aufgerufen (siehe Abbildung 7.43).

Im Selektionsreiter **Verwendung** stehen Ihnen zudem dieselben Parameter und Einstellungen zur Verfügung, die Sie auch sonst beim Aufruf des Chargenverwendungsnachweises haben. Weitere Informationen zu den Voraussetzungen, den Einstellungen und dem Layout des Chargenverwendungsnachweises erhalten Sie in Abschnitt 7.2.

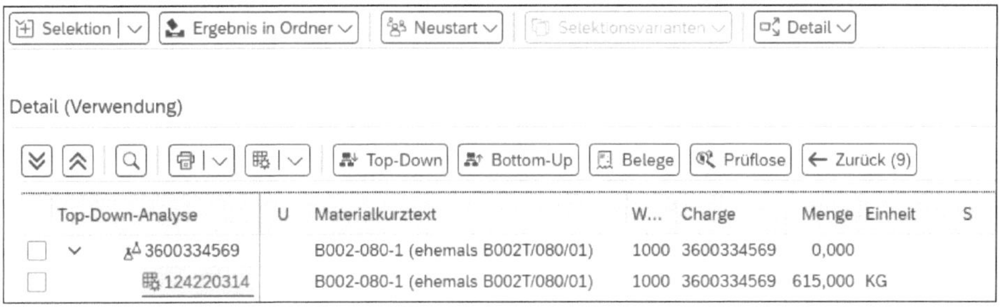

Abbildung 7.43 Chargenverwendungsnachweis im BIC anzeigen

Alternative Mengeneinheiten

Wenn Sie mit chargenspezifischen Mengeneinheiten (siehe Kapitel 6, »Chargenspezifische Mengeneinheiten«) oder alternativen Mengeneinheiten arbeiten, können Sie diese im Selektionsergebnis **Bestand im BIC** einsehen. Dazu wählen Sie im Selektionsreiter **ATP/Anzeigemengeneinheiten** die Option **Auch Alternativmengeneinheiten anzeigen** aus.

Abbildung 7.44 Einstellungen zur Anzeige alternativer Mengeneinheiten in der Selektion

Hier können Sie nun chargenspezifische Mengeneinheiten oder Alternativmengeneinheiten angeben, die zusätzlich zur Basismengeneinheit im Selektionsergebnis angezeigt werden sollen. Im Beispiel in Abbildung 7.44 wird die Anteilsmengeneinheit KGC ausgewählt.

Nachdem Sie die Selektion ausgeführt haben, werden für die relevanten Materialien, für die diese Anteilsmengeneinheit definiert ist, sowohl die Mengen in der Basismengeneinheit KG als auch in der chargenspezifischen Mengeneinheit KGC angezeigt (siehe Abbildung 7.45).

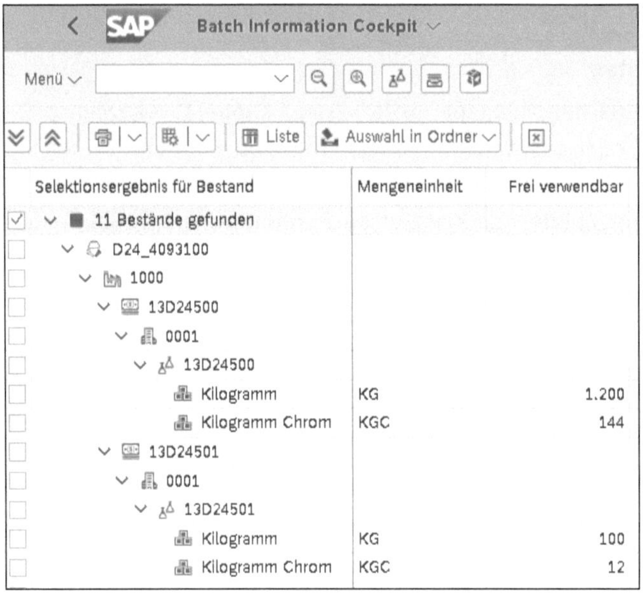

Abbildung 7.45 Parallele Darstellung von Mengen Basismengeneinheit und einer alternativen Mengeneinheit

Als weitere Optionen können Sie sich im BIC sogar die ATP-Mengen in einer chargenspezifischen Mengeneinheit anzeigen lassen, was in anderen Übersichten zu ATP-Mengen nicht möglich ist. Dazu geben Sie wie in Abbildung 7.46 im Feld **Prüfregel** eine geeignete Prüfregel ein. Zusätzlich können Sie über das Kennzeichen **Bestände/ATP nicht in Basismengeneinheit anzeigen** die Darstellung der Mengen in der Basismengeneinheit unterdrücken. Über die Kennzeichen im Bereich **Summendarstellung in Bestandshierarchie** werden die Chargenmengen auf der entsprechenden Ebene kumuliert angezeigt.

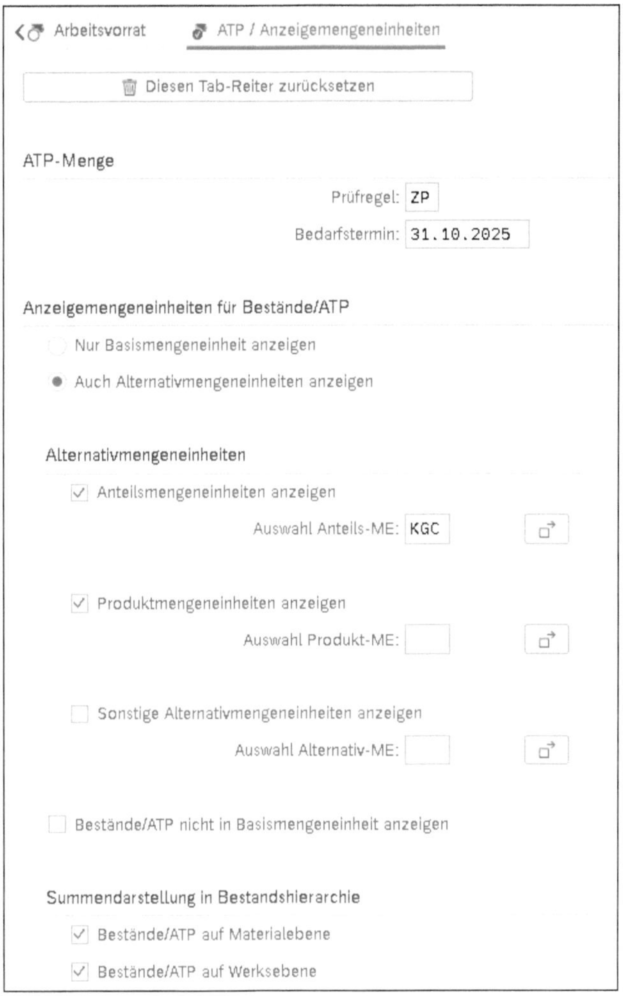

Abbildung 7.46 Zusätzliche Einstellungen

Dies möchten wir Ihnen anhand eines Beispiels demonstrieren. In der Selektion haben Sie nun folgende Einstellungen vorgenommen:

- Anzeige der ATP-Menge gemäß eingegebener Prüfregel und Bedarfstermin
- Anzeige der Mengen in der Anteilsmengeneinheit KGC
- Ausblenden der Anzeige der Mengen in der Basismengeneinheit KG
- Summierung der Bestände auf Material- und Werksebene

Nachdem Sie die Selektion ausgeführt haben, sieht das **Selektionsergebnis für Bestand** mit diesen Einstellungen aus wie in Abbildung 7.47 dargestellt.

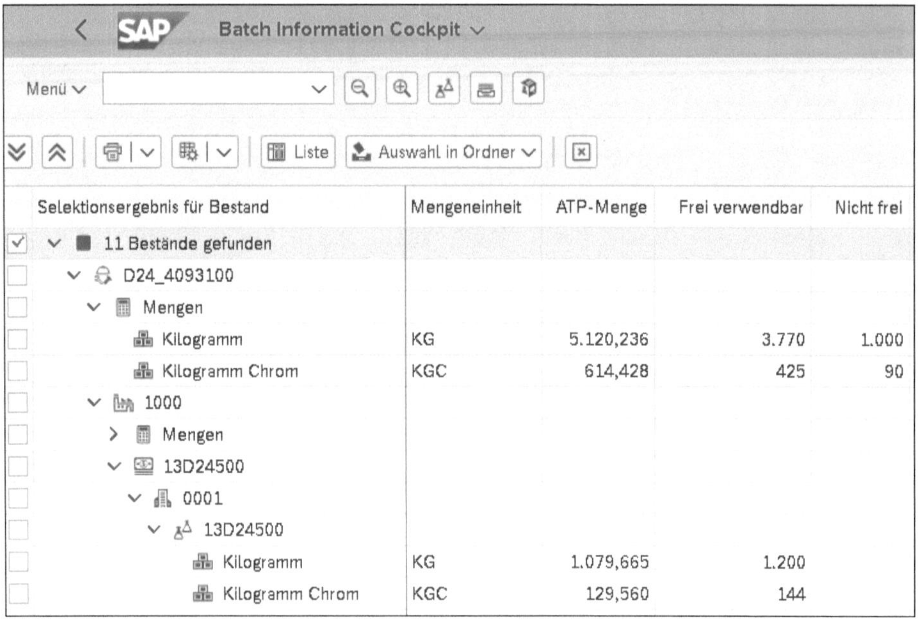

Abbildung 7.47 Selektionsergebnis für Bestand mit erweiterten Einstellungen zu alternativen Mengeneinheiten

[»]

Kombination der Anzeige der Mengen in chargenspezifischen Mengeneinheiten mit einer Selektion mit einer Chargenklasse

Falls Sie sich zusätzlich den Umrechnungsfaktor der Chargen von der Basismengeneinheit in die chargenspezifische Mengeneinheit anzeigen lassen möchten, pflegen Sie im Selektionsreiter **Klassifizierung** einfach eine Selektionsklasse, die das entsprechende Chargenmerkmal enthält. In den Selektionsergebnissen werden die Merkmalswerte der Chargen dann automatisch angezeigt, z. B. die Prozentangabe einer Anteilsmengeneinheit oder das Stückgewicht bei der Produktmengeneinheit KG zur Basismengeneinheit ST.

Anzeige von WIP-Chargen

WIP-Chargen besitzen eine eigene Chargenart (1, **WIP-Charge**), die im Chargenstamm hinterlegt und ausgegeben wird (siehe Abschnitt 5.3, »WIP-Chargen«). Um WIP-Chargen auch im BIC selektieren zu können, nehmen Sie zunächst das Feld BATCH_TYPE der Tabelle MCHA als Selektionsfeld im Selektionsreiter **Charge** (0130) Ihrer Benutzergruppe auf (siehe Abbildung 7.31). Sie können dann über eine Mehrfachselektion für das Feld **Chargenart**, wie in Abbildung 7.48 beschrieben, sowohl den Wert 1 (**WIP-Charge**) als auch den Wert blank (**Charge**) im Selektionsbereich angeben.

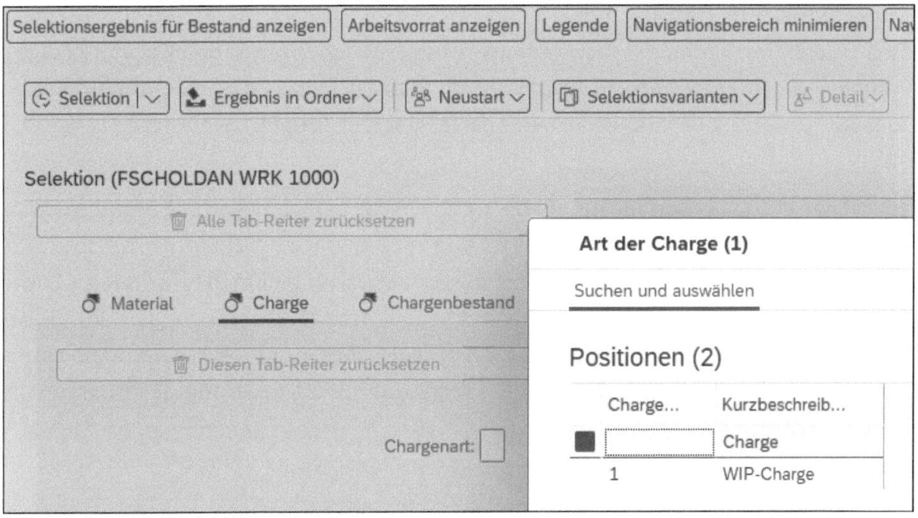

Abbildung 7.48 Ausschnitt der Selektion im BIC über die Chargenart

Indem Sie beide Werte angeben, werden Chargen beider Chargenarten ermittelt und im Selektionsergebnis angezeigt.

7.4.4 Erweiterungsmöglichkeiten

Zur Erweiterung der Selektion, der Ergebnisausgabe und der möglichen Folgeaktionen zu selektierten Chargen stehen Ihnen unterschiedliche BAdIs zur Verfügung, die wir Ihnen in diesem Abschnitt vorstellen. Mithilfe eines BAdI definieren Sie eigene Folgeaktionen, die Sie anhand des Beispiels der Chargenzustandsänderung bereits in Abschnitt 7.4.1, »Aufbau und Funktionsweise«, kennengelernt haben.

Darüber hinaus haben Sie über ein weiteres BAdI die Möglichkeit, sogenannte *Selektionserweiterungen* zu realisieren, mit denen Sie Chargen mit Bezug auf weitere Objekte wie Prüflose aus QM oder Lieferungen selektieren können. Zudem lassen sich über ein BAdI Erweiterungen der Selektionsergebnisse implementieren, z. B. in Form von zusätzlichen Spalten.

Folgeaktionen im Customizing definieren und zuweisen

Über sogenannte *Folgeaktionen* haben Sie die Möglichkeit, vordefinierte Aktionen zu ausgewählten Chargen anzustoßen. Eine solche Aktion kann z. B. eine Chargenzustandsänderung sein, diese wird im Standard ausgeliefert. Über kundenspezifische Erweiterungen können Sie eigene Folgeaktionen definieren und in das BIC einbinden, etwa den Absprung in die Erzeugung eines manuellen Prüfloses zur Charge oder eine Umbuchung. Dazu legen Sie zunächst im Customizing eine Folgeaktion in Form einer

Implementierung zum BAdI BIC_FOLLOW_UP_ACTION an. Der Menüpfad dazu lautet: (IMG •) **Logistik Allgemein • Chargenverwaltung • Batch Information Cockpit • Folgeaktionen • Business Add-In: Folgeaktion**. Im Standard wird dazu eine Implementierung zur Änderung des Chargenzustands ausgeliefert (Implementierung BIC_BATCH_STATUS).

Jeder Folgeaktion weisen Sie einen vierstelligen Code zu, den Sie im Programmcode der Implementierung abfragen. Diesen Code vergeben Sie im Customizing über den Menüpfad (IMG •) **Logistik Allgemein • Chargenverwaltung • Batch Information Cockpit • Folgeaktion**. Wie in Abbildung 7.49 dargestellt, sind z. B. für die Implementierung zur Änderung des Chargenzustands zwei Folgeaktionen definiert: SAP1 (Änderung des Chargenzustands von **nicht frei** auf **frei**) und SAP2 (Änderung des Chargenzustands von **frei** auf **nicht frei**).

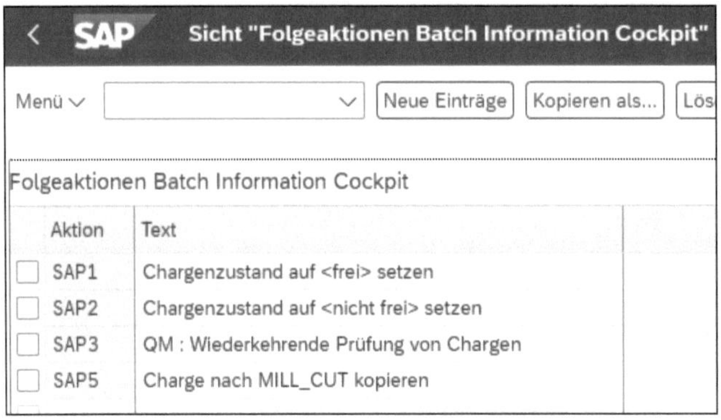

Abbildung 7.49 Folgeaktionen zum BIC definieren

Sie weisen nun den zuvor definierten Benutzergruppen (siehe Abschnitt 7.4.2, »Konfiguration des Batch Information Cockpits«) die Folgeaktionen zu, um sie im BIC verwenden zu können. Diese Zuordnung nehmen Sie unter dem folgenden Menüpfad vor: (IMG •) **Logistik Allgemein • Chargenverwaltung • Batch Information Cockpit • Folgeaktion Benutzergruppen zuordnen**. In Abbildung 7.49 sehen Sie, dass der Benutzergruppe FSCHOLDAN die Folgeaktionen SAP1 bis SAP3 zugeordnet sind.

Mit der Zuordnung der Folgeaktionen zu einer Benutzergruppe (siehe Abbildung 7.50) haben Sie alle erforderlichen Einstellungen vorgenommen. Sie können die Folgeaktionen jetzt im BIC für ausgewählte Chargen anstoßen. Dazu wählen Sie die entsprechende Benutzergruppe im BIC aus, bevor Sie Ihre Selektion durchführen.

Abbildung 7.50 Folgeaktionen den Benutzergruppen zuordnen

Selektionserweiterungen im Customizing definieren und zuweisen

Zusätzlich zu den im Standard zur Verfügung stehenden Selektionsmöglichkeiten können Sie diese über das BAdI BIC_SELECTION erweitern. Dazu werden im Standard mit der Implementierung BIC_SELECTION_EXM bereits zwei Selektionserweiterungen ausgeliefert:

- **QLOT (Prüflose)**
  Mit dieser Selektionserweiterung können Sie Chargen aufgrund ihrer Zuordnung zu Prüflosen auswählen, die in einem bestimmten Zeitraum erstellt wurden, die einen bestimmten Status oder eine bestimmte Herkunft haben.
- **BROB (Batch Related Objects (Objekte mit Chargenbezug))**
  Diese Selektionserweiterung ermöglicht es Ihnen, Chargen zu selektieren, die einen Bezug zu ausgewählten Objekten haben, z. B. Auftragspositionen von Produktionsaufträgen, Lieferungen und Lagerquants.

Um diese Selektionserweiterungen nutzen zu können, aktivieren Sie zunächst das BAdI im Customizing unter folgendem Menüpfad: (IMG •) **Logistik Allgemein • Chargenverwaltung • Batch Information Cockpit • Selektionserweiterungen • Business Add-In: Selektionserweiterungen**.

Danach prüfen Sie die Definition der Selektionserweiterungen, hier können Sie zudem neue eigene Selektionserweiterungen definieren. Der Menüpfad im Customizing dazu lautet: (IMG •) **Logistik Allgemein • Chargenverwaltung • Batch Information Cockpit • Selektionserweiterungen • Selektionserweiterungen definieren**. Im Standard sind hier bereits die Selektionserweiterungen BROB und QLOT definiert (siehe Abbildung 7.51).

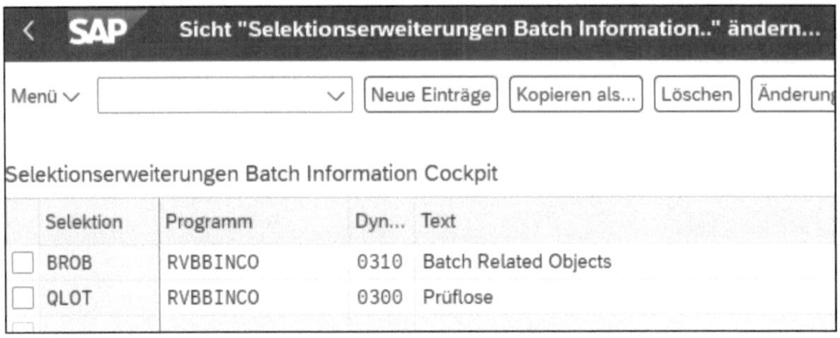

Abbildung 7.51 Selektionserweiterungen im Standard

Im nächsten Schritt ordnen Sie den Benutzergruppen jeweils genau eine Selektionserweiterung zu. Eine weitere Voraussetzung für die Nutzung ist, dass Sie in der Benutzergruppe den Selektionsreiter **BAdI** aktiviert haben, da die Selektion der Erweiterung über diesen Selektionsreiter erfolgt. Diese Einstellung nehmen Sie ebenfalls im Customizing über den Menüpfad (IMG •) **Logistik Allgemein • Chargenverwaltung • Batch Information Cockpit • Selektionserweiterungen • Selektionserweiterungen Benutzergruppen zuordnen** vor. Im Beispiel in Abbildung 7.52 sehen Sie, dass die beiden Standardselektionserweiterungen jeweils einer Benutzergruppe zugeordnet sind.

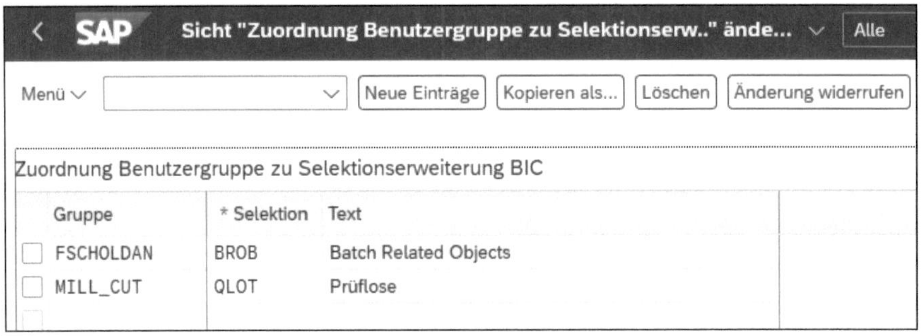

Abbildung 7.52 Selektionserweiterungen zu Benutzergruppen zuordnen

Die Selektionserweiterung BROB (Batch Related Objects) ermöglicht Ihnen, Chargen zu selektieren, die einen Bezug zu ausgewählten Objekten haben. Dazu gehören z. B. Auftragspositionen von Produktionsaufträgen, Lieferungen und Lagerquants. Falls eine Charge mit Bezug zu einem oder mehreren dieser Objekte ermittelt wird, können Sie sich Felder aus den Tabellen dieser Objekte im Selektionsergebnis anzeigen lassen. Im Customizing prüfen Sie die zur Verfügung stehenden Tabellen bzw. die dahinterstehenden Objekte über den Menüpfad (IMG •) **Logistik Allgemein • Chargenverwaltung • Batch Information Cockpit • Selektionserweiterungen • Batch Related Objects • Selektionstabellen für Batch Related Objects anzeigen.**

Im Selektionsreiter **BAdI** erscheinen diese Objekte dann als Ankreuzfelder, und Sie wählen dort aus, welche Objekte für eine Charge vorhanden sein müssen, damit sie ins Selektionsergebnis aufgenommen wird. Die anzuzeigenden Felder definieren Sie pro Benutzergruppe über diesen Menüpfad im Customizing: (IMG •) **Logistik Allgemein • Chargenverwaltung • Batch Information Cockpit • Selektionserweiterungen • Batch Related Objects • Benutzergruppenspezifische Batch Related Objects und Felder definieren**. Die zugewiesenen Felder erscheinen dann als Spalteninformation im Selektionsergebnis.

Spaltenerweiterungen über ein BAdI realisieren

Neben der Selektionserweiterung können Sie zudem das Selektionsergebnis über das BAdI `BIC_ADDITIONAL_DATA` um zusätzliche Spalten erweitern. Dadurch lassen sich z. B. Daten aus der Lagerverwaltung hinzufügen und ausgeben. Der Menüpfad im Customizing dazu lautet: (IMG •) **Logistik Allgemein • Chargenverwaltung • Batch Information Cockpit • Business Add-In: Zusätzliche Daten/Spalten**.

7.5 Zusammenfassung

In diesem Kapitel haben wir Ihnen gezeigt, welche Möglichkeiten im SAP S/4HANA im Standard vorhanden sind. Damit können Sie umfangreich Auswertungen für verschiedene Fragestellungen erstellen. In diesem Zusammenhang haben Sie erfahren, welche Standardauswertungen aus der Logistik Ihnen dabei helfen können. Der Chargenverwendungsnachweis ermöglicht es Ihnen, die Entstehung und den Einsatz einer Charge über die gesamte logistische Kette lückenlos und umfassend zu analysieren. SAP Global Batch Traceability führt diesen Gedanken fort und ermöglicht systemübergreifende Analysen der Chargenverwendungen. Im Batch Information Cockpit können Sie sich über eine Vielzahl von Einstellungs- und Erweiterungsmöglichkeiten eigene Auswertungen mit integrierten Bearbeitungsfunktionen erstellen. So können Sie die selektierten Chargen analysieren und bearbeiten.

Kapitel 8
Chargen in logistischen Prozessen

In diesem Kapitel geht es um integrierte Geschäftsprozesse, die sich über mehrere SAP-Komponenten erstrecken. Sie erfahren, welchen Mehrwert Ihnen die Chargenverwaltung in komplexen Integrationsszenarien bietet.

In den vorangegangenen Kapiteln haben Sie bereits eine Vielzahl von Funktionen der Chargenverwaltung sowie deren Integration in die Supply Chain kennengelernt. In diesem Kapitel gehen wir nun anhand ausgewählter Geschäftsprozesse näher auf Integrationsszenarien mit anderen SAP-Komponenten ein.

Das Kapitel ist in verschiedene Abschnitte unterteilt und zeigt Ihnen, wie sich Chargen in der Disposition verhalten (siehe Abschnitt 8.1) oder wie sie im Beschaffungsprozess verwendet werden (siehe Abschnitt 8.2). In Abschnitt 8.3 behandeln wir die Bestandsführung und gehen auf Besonderheiten von Restlaufzeiten, Herstelldatum und Mindesthaltbarkeitsdatum ein. Dies betrifft nicht nur die Bestandsführung, sondern insbesondere auch die Integration von SAP EWM. Ein weiteres Thema ist die Verwendung von Chargen in der Produktion (siehe Abschnitt 8.4). Dabei stellen wir den Prozess von der Bereitstellung über die Fertigungsauftragssteuerung bis hin zur Rückmeldung, z. B. Auftragsrückmeldungen mit der sogenannten *retrograden Entnahme*, in der Fertigung vor. Dies erfolgt ebenso unter Berücksichtigung der Integration mit der Lagerverwaltungslösung SAP EWM. Abschnitt 8.5 beschreibt die Verwendung von Chargen im Qualitätsmanagement. Am Ende des Kapitels wird schließlich die Integration in den Vertrieb vorgestellt (siehe Abschnitt 8.6).

8.1 Chargen in der Disposition mit PP/DS in SAP S/4HANA

Dieser Abschnitt konzentriert sich auf die chargenspezifischen Planungsprozesse mit der Produktions- und Feinplanung (engl. Production Planning and Detailed Scheduling, PP/DS) in SAP S/4HANA, um die Materialverfügbarkeit sowohl für interne Zwecke als auch für den Verkauf stets sicherzustellen. Dazu zählt die Überwachung der Chargenbestände unter Berücksichtigung der Chargenmerkmale und insbesondere die Erstellung von termingerechten Beschaffungsvorschlägen für den Einkauf und die Produktion.

PP/DS ermöglicht es Ihnen, zusätzliche Restriktionen in der Planung zu berücksichtigen, die sich aus dem Umgang mit chargenspezifischen Materialien in der Produktion ergeben. Die zusätzliche Restriktion begrenzter Haltbarkeit oder erforderlicher Reifezeit einer Charge führt in der Produktionsplanung dazu, dass vorhandene Bestände nicht mehr genutzt werden können und neue Produktionsvorgänge angestoßen werden müssen. Dies ist typischerweise dann der Fall, wenn die zu planende Produktion aufgrund begrenzter Kapazitäten oder fehlender Rohstoffe mit langen Wiederbeschaffungszeiten weiter in die Zukunft verschoben werden muss. Auch kann die Produktion etwa bei saisonal schwankender Nachfrage nicht beliebig weit vorgezogen werden.

8.1.1 Grundlagen der Integration in PP/DS

Die Übertragung von Stamm- und Bewegungsdaten aus SAP S/4HANA nach PP/DS erfolgt über das Core Interface (CIF) und die zugehörigen Integrationsmodelle. SAP stellt mit dem CIF eine im Standard vorhandene Schnittstelle zur Anbindung von PP/DS an SAP S/4HANA zur Verfügung, die gemeinsam mit den aktuellen SAP-S/4HANA-Releases ausgeliefert wird. Das CIF bietet die Möglichkeit, mittels des queued Remote Function Call (qRFC) Stammdaten an PP/DS zu senden sowie Bewegungsdaten zwischen beiden Systemen zu integrieren. Die Übertragung von Stammdaten von SAP S/4HANA nach PP/DS erfolgt dabei entweder periodisch oder online. Abbildung 8.1 stellt die verschiedenen Stammdatenobjekte dar, die an PP/DS übertragen werden, sowie ihr jeweiliges Gegenstück in PP/DS.

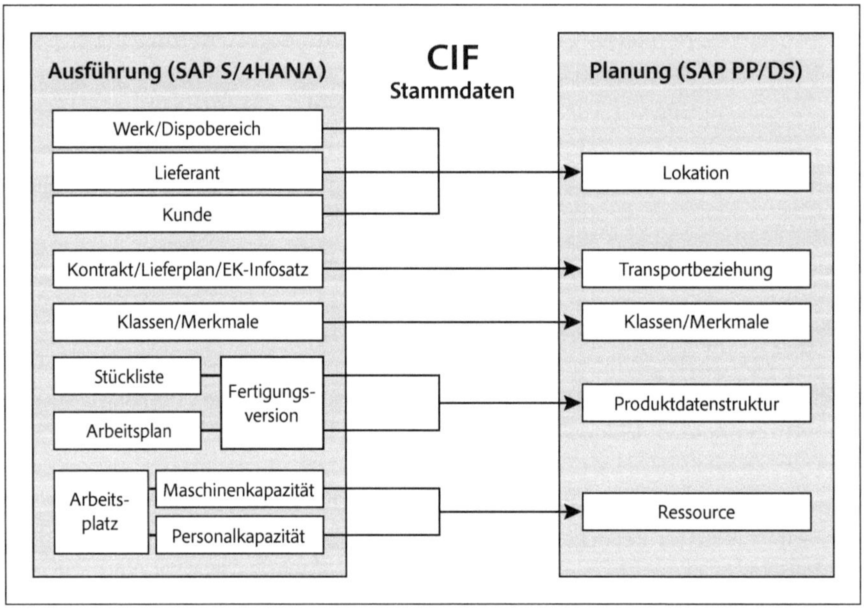

Abbildung 8.1 CIF-Übertragung für Stammdaten

Die Übertragung der Materialstämme an PP/DS wird nicht manuell über das CIF angestoßen. Wenn Sie ein Material pflegen, können Sie über das Kennzeichen **Erweiterte Planung** auf der gleichnamigen Registerkarte im Materialstamm (siehe Abbildung 8.2) bestimmen, ob dieses Material für PP/DS relevant ist und somit vom System automatisch übertragen wird. Voraussetzung dafür ist, dass Sie das Werk zuvor über den Report /SAPAPO/CREATE_LOCATION als Lokation in PP/DS bekannt gemacht haben.

Abbildung 8.2 Kennzeichen »Erweiterte Planung« im Materialstamm

Flexible Integration

Mit der flexiblen Integration können Sie auf Materialebene das Verhalten und die Funktionen in PP/DS für dieses Material definieren. Dazu wurden die Felder **Umfangsbeschränkung** und **Umfangsprofil** auf der Registerkarte **Erweiterte Planung** im Materialstamm hinzugefügt. Letzteres kann nur gepflegt werden, wenn im Feld **Umfangsbeschränkung** ein Wert mit Einschränkung gewählt wurde. Folgende Optionen stehen Ihnen beim Feld **Umfangsbeschränkung** zur Auswahl:

- PP/DS - nur Anzeige
- PP/DS eingeschränkt - nur Eigenfertigung
- PP/DS eingeschränkt
- PP/DS gesamter Umfang - nur Eigenfertigung

Wenn Sie keinen Wert im Feld **Umfangsbeschränkung** pflegen, werden alle PP/DS-Anwendungen für das Material ohne Einschränkungen ausgeführt.

Die Integration von Bewegungsdaten (z. B. Bestände oder Kundenaufträge) erfolgt online in Echtzeit und für geeignete Objekte in beide Richtungen (siehe Abbildung 8.3). Über den Customizing-Pfad (IMG •) **Erweiterte Planung • Globale Einstellungen •**

Globale Parameter und Vorschlagswerte pflegen können Sie die Übertragung an SAP S/4HANA für die Fremdbeschaffung und Eigenfertigung abweichend von der Default-Einstellung festlegen.

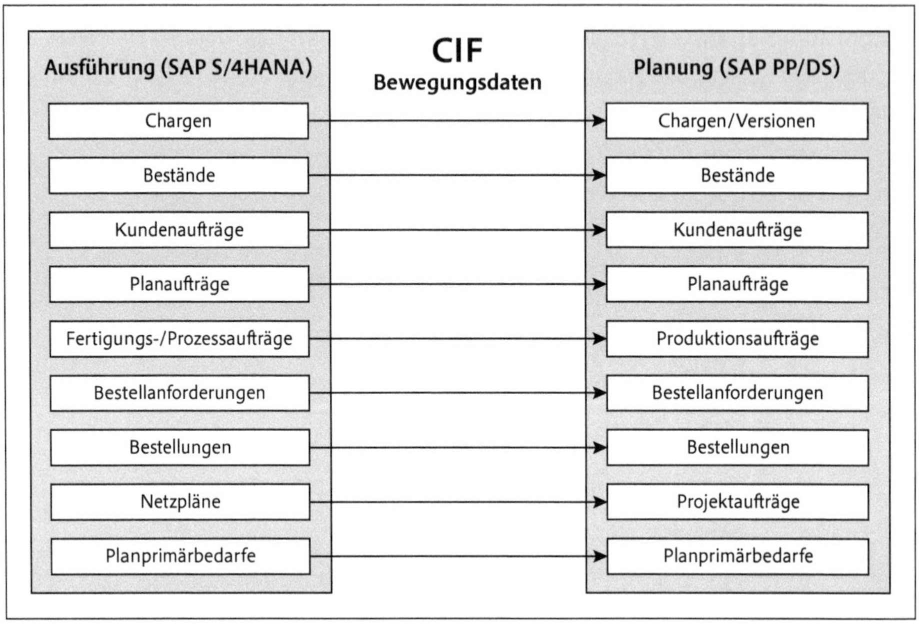

Abbildung 8.3 CIF-Übertragung für Bewegungsdaten

In einem ersten Schritt legen Sie über die Transaktion CFM1 (Integrationsmodell erstellen) zunächst grundsätzlich fest, welche Teilmenge der vorhandenen Daten PP/DS aus dem SAP-S/4HANA-System zur Verfügung gestellt werden soll. In einem zweiten Schritt führt dieses Integrationsmodell über die Transaktion CFM2 (Integrationsmodell aktivieren) tatsächlich zu einer Datenübertragung, über die Transaktion CFM3 (Integrationsmodell aktivieren, batchfähig) kann die Aktivierung von Integrationsmodellen periodisch im Hintergrund gestartet werden.

Typischerweise lassen Sie jede Nacht einen periodischen Neuaufbau der Integrationsmodelle mit anschließender Aktivierung im Hintergrund durchführen, um neue Objekte in die PP/DS-Integration aufzunehmen. Dabei wird das System eine Delta-Übertragung durchführen, bei der nur die neu hinzugekommenen Objekte übertragen werden. Zudem empfiehlt es sich, beim Aufbau der Integrationsmodelle zur besseren Wartbarkeit und Performance eher mehrere kleine Integrationsmodelle anzulegen als ein einziges großes Integrationsmodell, das alle Daten enthält. Die Integrationsmodelle sollten dabei nach verschiedenen Objekttypen getrennt werden (z. B. Klassen/Merkmale, Einkaufsinfosätze). Bei umfangreichen Szenarien kann zudem eine weitergehende Trennung der Objekte nach Organisationseinheiten (z. B. Werken) vorgenommen werden.

Bevor Sie die CIF-Integration praktisch nutzen können, müssen weitere vorbereitende Schritte erfolgt sein. So müssen z. B. RFC-Verbindungen (RFC = Remote Function Call) zwischen den Systemen angelegt und die beteiligten Systeme in Form logischer Systeme einem Systemverbund zugeordnet werden. Diese Schritte sollen hier jedoch nicht weiter im Detail erläutert werden.

8.1.2 Integration der Chargenklassifizierung mit PP/DS

Im Vergleich zu SAP S/4HANA bietet PP/DS stark weiterentwickelte Funktionen zur Planung von Produkten mit begrenzter Haltbarkeit oder generellen Merkmalsanforderungen aus Chargen. Um diese Funktionen nutzen zu können, müssen Sie das Konfigurationsschema Characteristics-Dependent Planning (CDP) im Customizing eingestellt haben.

Konfigurationsschema in SAP PP/DS

In PP/DS können zwei Konfigurationsschemata verwendet werden, die auf Mandantenebene festgelegt werden (siehe Abbildung 8.4):

- Merkmalsabhängige Planung (CDP)
- Variantenkonfiguration (VC)

Sie legen das Konfigurationsschema über den Customizing-Pfad (IMG •) **Erweiterte Planung • Basis-Einstellungen • Konfigurationsschema festlegen (CDP oder Variantenkonfiguration)** fest. Diese Einstellung sollten Sie vornehmen, bevor Sie Klassifizierungsdaten (z. B. Chargen) an PP/DS senden. Denn eine nachträgliche Änderung des Konfigurationsschemas birgt das Risiko eines Datenverlusts.

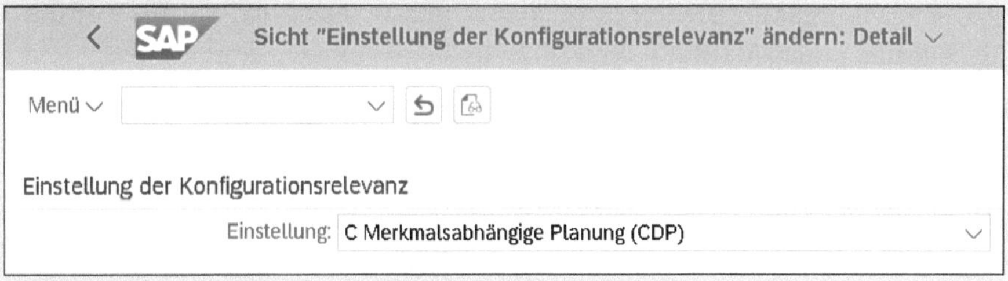

Abbildung 8.4 Konfigurationsschema in PP/DS

Um die Planung mit Chargenmerkmalen in PP/DS zu nutzen, sollten Sie die Option CDP wählen. Die Einstellung VC kann zur Planung von konfigurierten Produkten im Make-to-Order-Prozess verwendet werden, während CDP auch zur Planung im Make-to-Stock-Prozess mit beliebigen Merkmalen, eben auch Chargenmerkmalen, genutzt werden kann.

Außerdem müssen Sie die in der Chargenklasse enthaltenen Merkmale in PP/DS über ein Integrationsmodell bereitstellen. Im Folgenden sehen Sie, wie Sie zu diesem Zweck eine Chargenklasse in SAP S/4HANA mit ihren Merkmalen für den Transfer an PP/DS vorbereiten, wie Sie diese Chargenklasse dann an PP/DS übertragen und welche zusätzlichen Informationen Ihnen in PP/DS dadurch zur Verfügung gestellt werden.

In SAP S/4HANA verwalten Sie Klassen mit der SAP-Fiori-App **Klassen verwalten** (App-ID CL02) bzw. Transaktion CL02 (Klassenverwaltung) und Merkmale mit der SAP-Fiori-App **Merkmale verwalten** (App-ID CT04) bzw. Transaktion CT04 (Merkmalverwaltung). Um Chargenklassen inklusive der relevanten Merkmale in PP/DS nutzen zu können, müssen diese zunächst durch die Vergabe von Anwendungssichten auf der Ebene der Klasse und der Ebene der PP/DS-relevanten Merkmale für die CIF-Übertragung vorbereitet werden.

Eine Anwendungssicht dient generell dazu, einzelne Klassen und Teilmengen der darin enthaltenen Merkmale für bestimmte Anwendungen zu selektieren und zur Verfügung zu stellen. So können Sie etwa bestimmte Merkmale einer Klasse als relevant für die Qualitätsprüfung oder auch für die CIF-Übertragung markieren. Für die PP/DS-Integration empfiehlt es sich, eine eigene Anwendungssicht anzulegen, die nur für die Selektion der Merkmale und Klassen im CIF verwendet wird. Für die Anwendungssicht des Beispiels wurde das Kennzeichen Z gewählt.

Die Anwendungssicht legen Sie im ERP-Customizing über den Menüpfad (IMG •) **Anwendungsübergreifende Komponenten • Klassensystem • Klassen • Objekttypen und Klassenarten pflegen** an (siehe Abbildung 8.5). In der Dialogstruktur auf der linken Seite des Bildschirms finden Sie den Eintrag **Objekttabelle**. In den Objekttabellen können Sie Einstellungen vornehmen. Auf der rechten Seite des Bildschirms sind die Datentabellen zu sehen, für die Sie Anwendungssichten pflegen können.

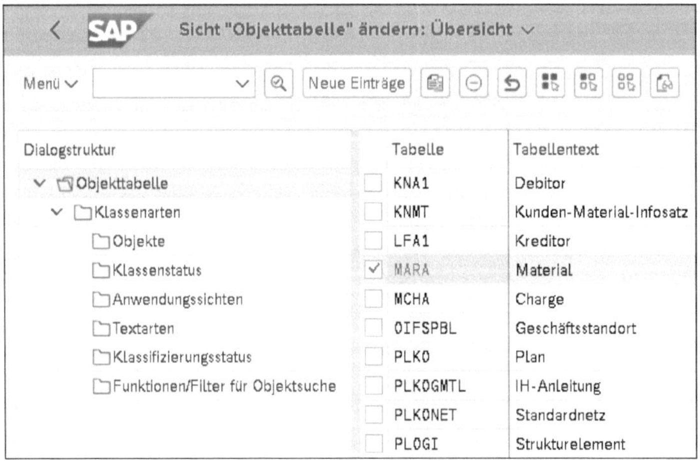

Abbildung 8.5 Neue Anwendungssicht in SAP S/4HANA anlegen – Übersicht

Wählen Sie für das Beispiel zunächst die Tabelle **MARA** aus, in der Anwendungssichten für Materialien hinterlegt werden, und markieren Sie den entsprechenden Eintrag in der Liste der Datentabellen.

Die Pflege der Anwendungssichten ist in Abbildung 8.6 dargestellt. Sie gelangen dorthin, indem Sie mit einem Doppelklick auf den Eintrag **Anwendungssichten** in der Dialogstruktur klicken. Auf der rechten Seite des Bildschirms sehen Sie nun die bereits existierenden Sichten. Fügen Sie hier die neue Anwendungssicht für die Klassenarten 023 und 230 über den Button **Neue Einträge** hinzu.

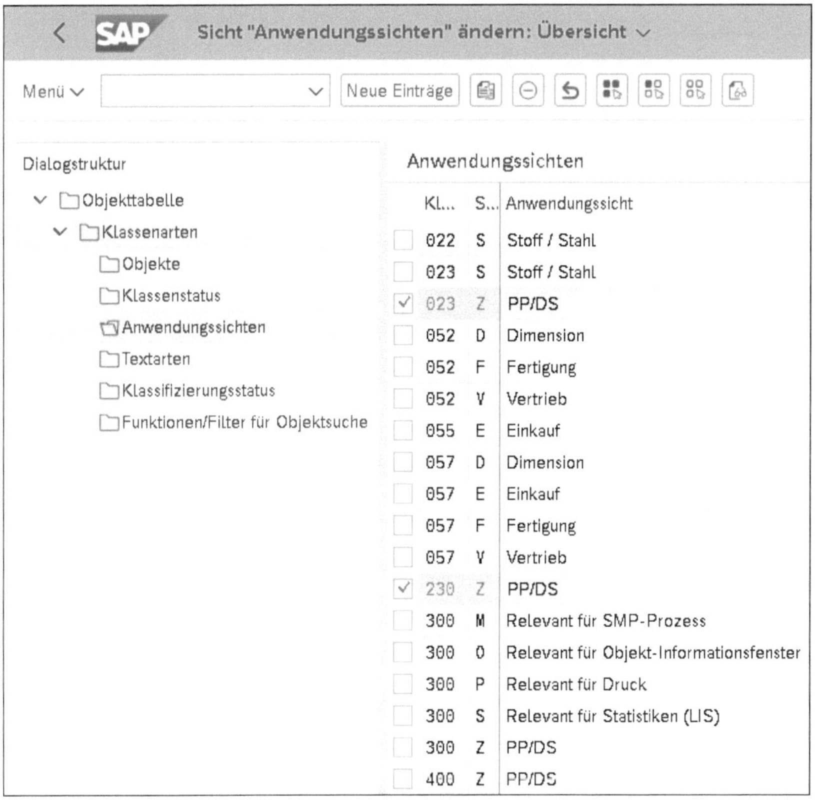

Abbildung 8.6 Anlage der neuen Anwendungssicht in der Tabelle MARA

Sie haben nun eine Anwendungssicht zur Klassenart 023 und 230 mit dem Sichtkennzeichen Z für PP/DS angelegt. Wiederholen Sie diesen Schritt für die PP/DS-eigene Datentabelle /SAPAPO/VERSKEY.

Selektion von Klassen im CIF

Eine Selektion im CIF ist ohne Vergabe von Anwendungssichten nicht vorgesehen, insbesondere können keine Klassen direkt über ihren Namen für ein Integrationsmodell ausgewählt werden.

Nachdem Sie nun die Anwendungssicht angelegt haben, können Sie diese Ihren angelegten Chargenklassen zuordnen. Dazu weisen Sie das Sichtkennzeichen Z zum einen auf der Ebene der Klasse, zum anderen auf der Ebene derjenigen Merkmale der Klasse zu, die an PP/DS übertragen werden sollen. Diese Zuweisung kann auch dann erfolgen, wenn bereits andere Anwendungssichten auf der Ebene der Klasse oder der Merkmale vorhanden sein sollten. Wie aus Abbildung 8.7 hervorgeht, ist die Chargenklasse `Z_LOBM_ROHSTOFFE` mit der Anwendungssicht Z auf der Klassenebene gekennzeichnet.

Abbildung 8.7 Anwendungssichten der Chargenklasse – Klassenebene

Im Anschluss daran wird analog dazu das Sichtkennzeichen Z für die Merkmale der Klasse, die an PP/DS übertragen werden sollen, vergeben (siehe Abbildung 8.8).

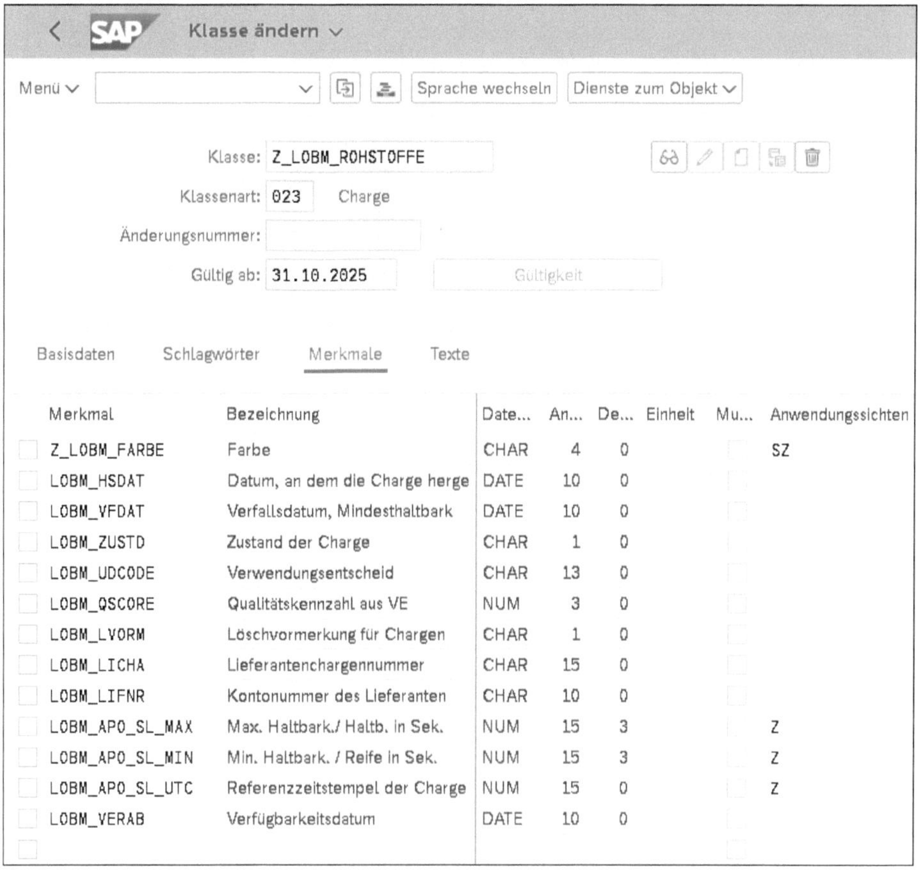

Abbildung 8.8 Anwendungssichten der Chargenklasse – Merkmalsebene

Nachdem Sie nun die Grundlage dafür gelegt haben, dass Sie Chargen zur Planung in PP/DS verwenden können, indem Sie sowohl für Ihre ausgewählte Klasse als auch für ihre relevanten Merkmale die Anwendungssicht PP/DS gepflegt haben, müssen Sie noch sicherstellen, dass die Chargenklasse auch tatsächlich Ihren Chargenprodukten zugeordnet wurde.

Prüfen Sie dazu den Materialstamm Ihres gewählten Produkts über die SAP-Fiori-App **Material ändern** (App-ID MM02) bzw. Transaktion MM02 (Material ändern), und wählen Sie die Sicht **Klassifizierung** aus (siehe Abbildung 8.9). Im Beispiel wurde das Produkt ROH_1000 gewählt. Über den Button (**Klassenart wechseln**) wählen Sie zunächst die **Klassenart 023** aus. Sofern Sie in dieser Klassenart noch keine Klasse zugewiesen haben, wählen Sie die passende Chargenklasse aus. Dazu suchen Sie in der Spalte **Klasse** der angezeigten Tabelle mit der Taste F4 (Eingabemöglichkeiten) oder der Schaltfläche nach den technischen Namen der definierten Klassen, wie z. B. Z_LOBM_ROHSTOFFE für unsere Chargenklasse. Danach drücken Sie ↵, und Ihnen werden neben der Bezeichnung zur Klasse auch die Merkmale angezeigt, die Sie der Klasse zugeordnet haben.

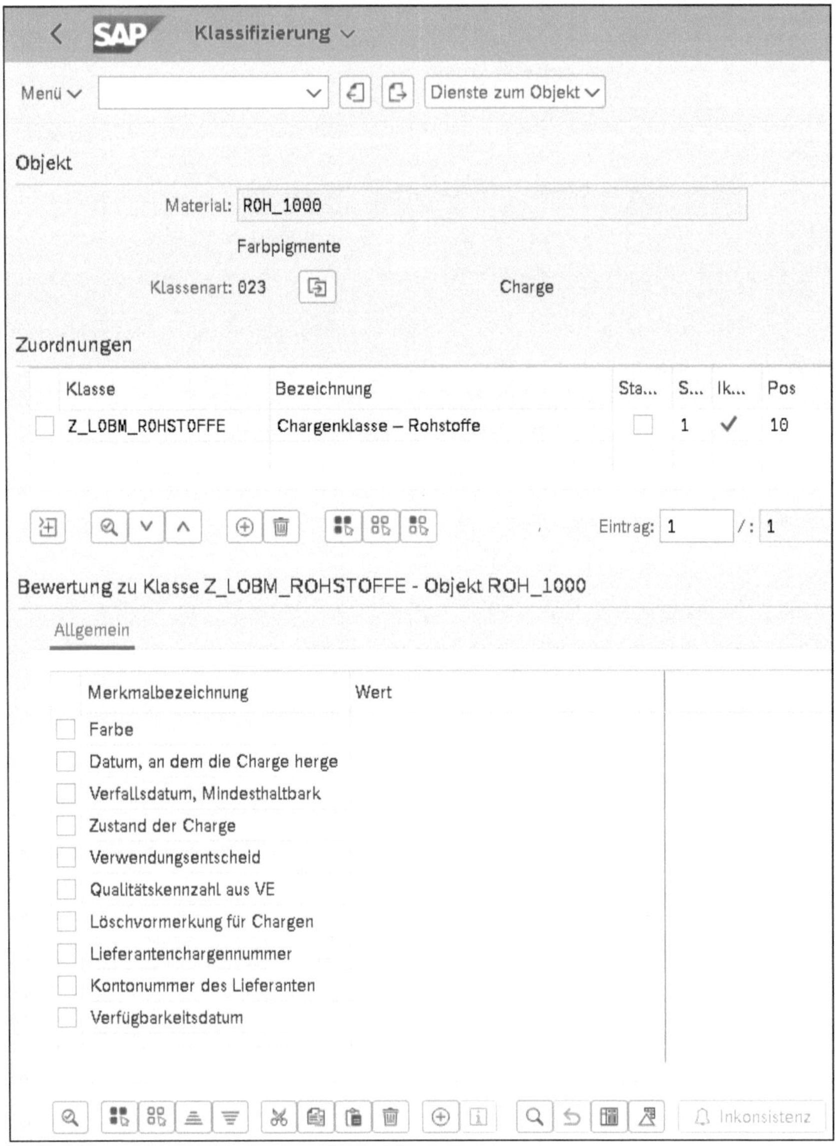

Abbildung 8.9 Klassifiziertes Material in SAP S/4HANA

Als Nächstes müssen Sie die nötigen Daten mithilfe von Integrationsmodellen an PP/DS übertragen. In Abbildung 8.10 sehen Sie die notwendigen Einstellungen, um ein Integrationsmodell zur Übertragung von Klassen und Merkmalen an PP/DS zu generieren. In Transaktion CFM1 (Integrationsmodelle erstellen) geben Sie im Feld **Modellname** das Kürzel an, mit dem Sie das Integrationsmodell benennen. Diese Bezeichnung kann frei vergeben werden und dient der Organisation der Integrationsmodelle. Unserem Integrationsmodell wurde das Kürzel STAMMDATEN zugewiesen. Das System, an das Sie Daten übertragen wollen, geben Sie im Feld **LogSystem** an. Der technische Name des PP/DS-Systems ist in diesem Beispiel S4DCLNT100. Zur besseren Identifikation des Teilmodells können Sie schließlich im Feld **APO Anwendung** ein weiteres Kürzel vergeben. Dieses Feld ist vor allem dann wertvoll, wenn Sie, wie empfohlen, die Übertragung der Stamm- und Bewegungsdaten in mehrere Teilmodelle trennen. In Abbildung 8.10 wurde das Kürzel KLASSEN vergeben, um zu kennzeichnen, dass Stammdaten vom Typ Klassen und Merkmale in PP/DS übernommen werden.

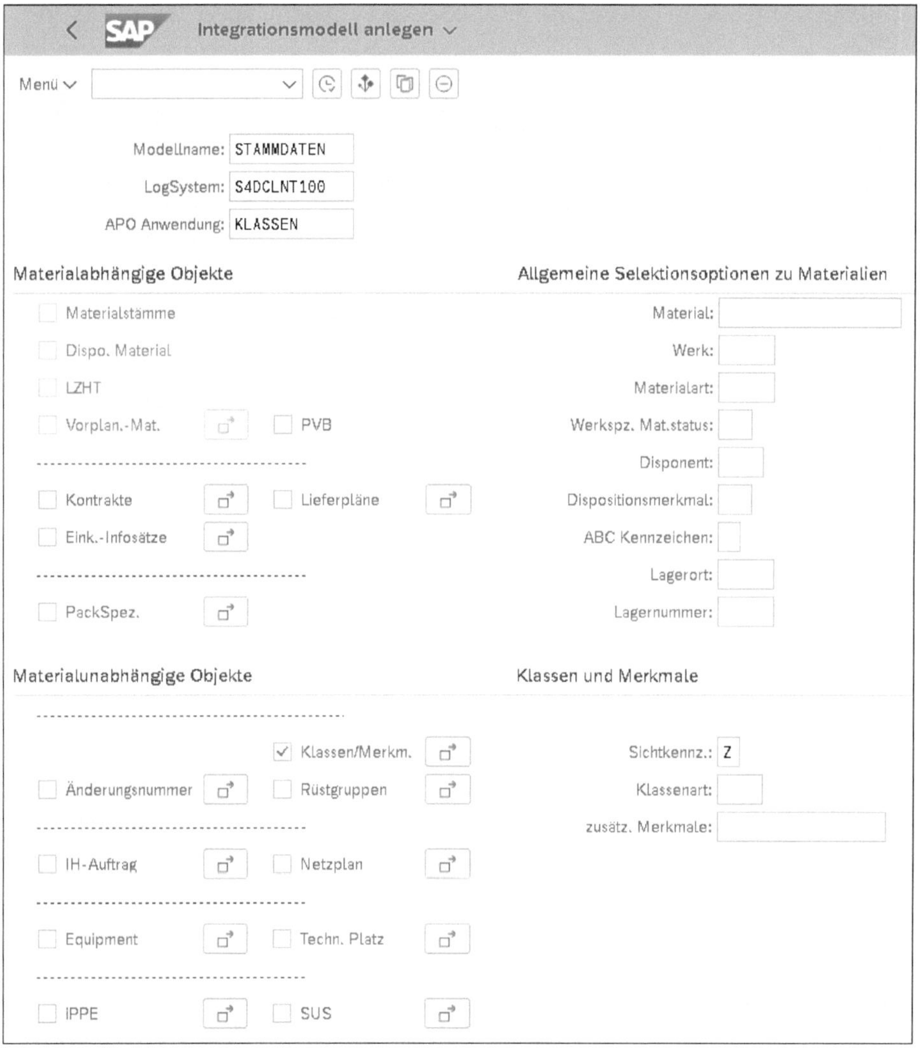

Abbildung 8.10 Generierung eines CIF-Modells

Auf der linken Seite des Bildschirms können Sie auswählen, welche Daten aus SAP S/4HANA an PP/DS übertragen werden. Dieses Selektionsbild teilt sich in zwei große Bereiche, in denen die materialabhängigen und die materialunabhängigen Daten selektiert werden. Im Beispiel wurde das Kennzeichen **Klassen/Merkm.** gesetzt. Auf der rechten Seite des Bildschirms können Sie Ihre Auswahl weiter einschränken, etwa auf bestimmte Materialien, Werke oder Disponenten. Über den Button [⊙] (**Ausführen**) legen Sie Ihr Integrationsmodell an.

Das Selektionsergebnis sehen Sie in Abbildung 8.11. Beachten Sie, dass das angezeigte Selektionsergebnis nichts über die Anzahl der Klassen aussagt, die an PP/DS übertragen werden sollen, sondern lediglich die Anzahl der zur Selektion verwendeten Anwendungssichten widerspiegelt. Im Anschluss daran generieren Sie Ihr Integrationsmodell über den Button [⊙ IM generieren] (**Integrationsmodell generieren**).

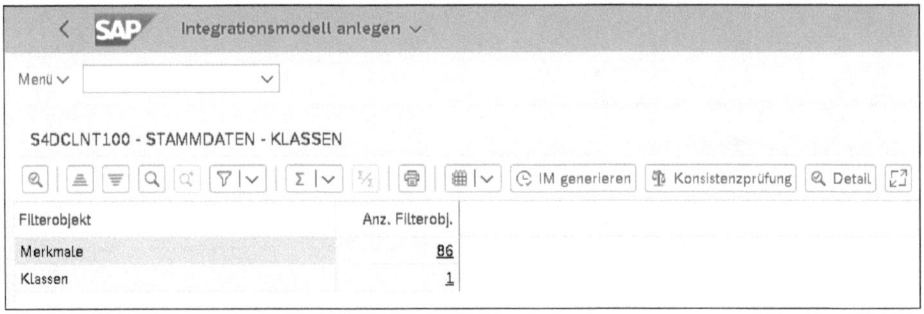

Abbildung 8.11 Selektionsergebnis für das Integrationsmodell

In Abbildung 8.12 sehen Sie, wie Sie die Voreinstellungen zur Aktivierung eines Integrationsmodells setzen können. In Transaktion CFM2 (Integrationsmodelle aktivieren) geben Sie wiederum in den Feldern **Modell**, **Logisches System** und **APO Anwendung** an, welches Modell Sie im Folgenden aktivieren möchten. In diesem Fall sind das die gleichen Werte wie bei der Generierung des Integrationsmodells. Darüber hinaus können Sie wählen, ob Sie bei der Datenübertragung an PP/DS auch deaktivierte Materialstämme protokollieren möchten, um diese später in PP/DS zu kennzeichnen, oder ob eine Warnung ausgegeben werden soll, wenn das CIF mehrere Übertragungen gleichzeitig verarbeitet. Sofern Sie bei Massenübertragungen Daten parallel in SAP S/4HANA selektieren wollen, können Sie absolute oder relative Obergrenzen für die Anzahl parallel laufender Prozesse setzen. Außerdem haben Sie die Option, die Abarbeitung der übertragenen Daten in PP/DS zu parallelisieren. Allerdings ist es empfehlenswert, die Optionen zur parallelen Datenverarbeitung im CIF mit Vorsicht zu wählen, um eine Überlastung des sendenden und des empfangenden Systems zu vermeiden.

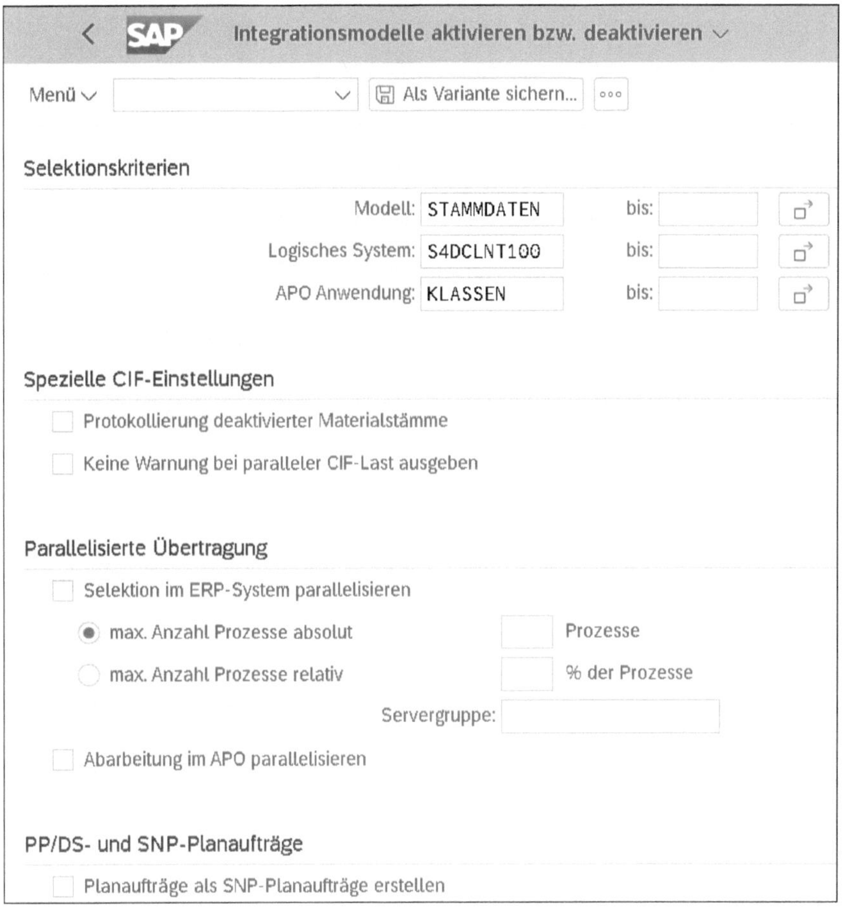

Abbildung 8.12 Aktivierung eines CIF-Modells – Voreinstellungen

Über den Button **Ausführen** gelangen Sie in die Bildschirmmaske, in der Sie das generierte Integrationsmodell aktivieren können (siehe Abbildung 8.13). Auf der linken Seite der Bildschirmmaske sind die Werte für das adressierte logische Zielsystem, das gewählte Modell und das definierte Teilmodell hierarchisch angeordnet, die Sie auf der vorangegangenen Bildschirmmaske eingegeben haben. Damit auf der rechten Seite das generierte Integrationsmodell sowie gegebenenfalls Ihre bisher erstellten Modelle für dieses Teilmodell sowie deren Status gelistet werden, müssen Sie ein Teilmodell, das durch das Symbol gekennzeichnet ist, auswählen. Anschließend markieren Sie Ihr Integrationsmodell und wählen den Button Aktiv/Inaktiv (**Aktiv/Inaktiv setzen**), wodurch das Icon unter der Spalte **Neuer Status** wechselt. Die Aktivierung von Ihrem Integrationsmodell erfolgt dann über den Button Start (**Aktivierung starten**). Dieser startet die initiale Datenübertragung, und die übertragenen Änderungen sind von diesem Zeitpunkt an aktiv. Auf die gleiche Weise können weitere Objekte, wie z. B. Einkaufsinfosätze, an PP/DS übertragen werden.

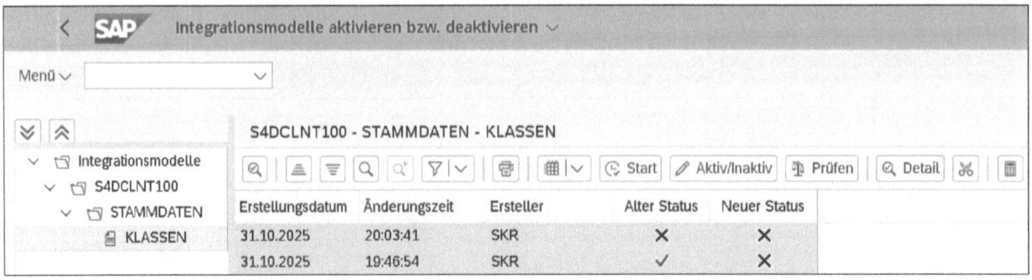

Abbildung 8.13 Aktivierung eines CIF-Modells – Start

Reihenfolge der Integrationsmodelle

Achten Sie auf die Reihenfolge, in der Sie Ihre Integrationsmodelle aufbauen, um Fehlermeldungen in PP/DS zu vermeiden.

Die übertragenen Klassen und Merkmale an das PP/DS können Sie ebenfalls mittels der SAP-Fiori-App **Klassen verwalten** bzw. Transaktion CL02 und der SAP-Fiori-App **Merkmale verwalten** bzw. Transaktion CT04 aufrufen. Ein wichtiger Unterschied ist jedoch die **Klassenart**, deren Wert bei der Übertragung von 023 (**Charge**) in SAP S/4HANA auf 230 (**Version**) für PP/DS geändert wurde. Hintergrund dieser Änderung ist, dass die Klassenart 023 für Chargen in SAP S/4HANA der Klassenart 230 in PP/DS gleichzusetzen ist. Die Anwendungssicht Z wurde im Customizing von PP/DS bereits für die Klassenart 230 angelegt. Darüber hinaus wird bei Verwendung des Konfigurationsschemas CDP in PP/DS – wie in unserem Fall – im CIF aus technischen Gründen die Klasse aus der Klassenart 230 noch mit identischem Namen in die Klassenart 400 kopiert.

Die übertragenen Materialien weisen nun im PP/DS-Produktstamm auf der Registerkarte **Klassifizierung** ebenfalls die Zuordnung der Chargenklasse aus SAP S/4HANA auf, wie aus Abbildung 8.14 in den Feldern **CDP-Klasse** und **Klassenbeschreibung** hervorgeht.

Nach erfolgreicher Übertragung aller Daten können Sie sich die Bedarfs- und Bestandssituation zu diesem Material z. B. in der Produktsicht (SAP-Fiori-App **Produktsicht** (App-ID /SAPAPO/RRP3) bzw. Transaktion /SAPAPO/RRP3) von PP/DS anzeigen lassen. Die Produktsicht entspricht in ihrer Funktion im Wesentlichen der aktuellen Bedarfs- und Bestandsliste (SAP-Fiori-App **Bedarfs-/Bestandsliste überwachen** (App-ID MD04) bzw. Transaktion MD04) in SAP S/4HANA. Wie in Abbildung 8.15 gezeigt, setzen Sie dazu zunächst einige Auswahlbedingungen. Im Feld **Planversion** geben Sie an, welchen Datenstand Sie sich anzeigen lassen möchten.

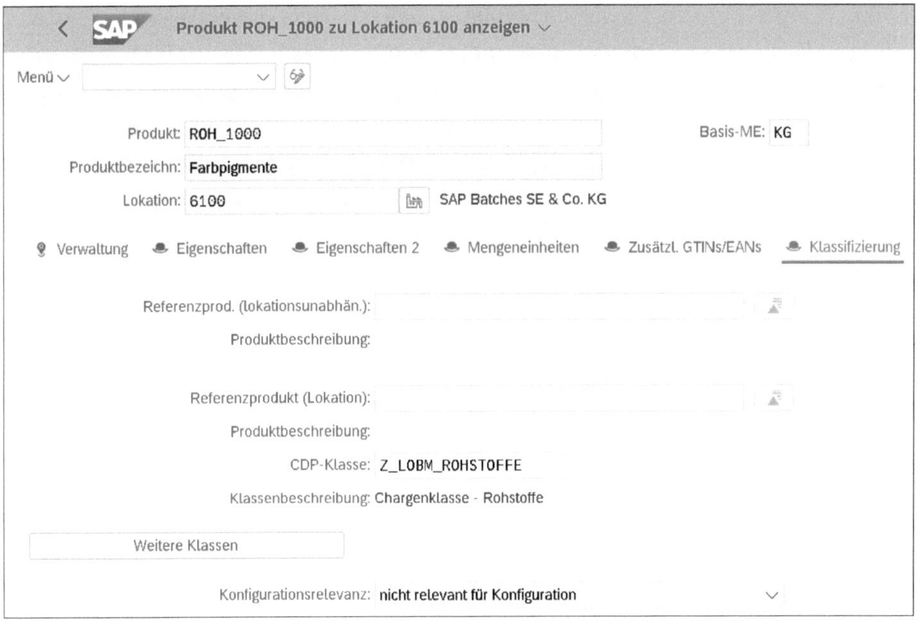

Abbildung 8.14 Anzeige der Chargenklasse im PP/DS-Materialstamm

Während die immer in PP/DS vorhandene aktive Planversion 000 mit den Originaldaten aus dem SAP-S/4HANA-System verbunden ist, können Sie sich mittels einer Kopie beliebige Planversionen anlegen, etwa um Veränderungen in Ihrem Kapazitätsangebot oder Ihrem Planungsverfahren simulieren zu können. Hier wurde die aktive Planversion 000 ausgewählt. In den folgenden Feldern wählen Sie das **Produkt** aus, das Sie genauer betrachten möchten, und spezifizieren die **Lokation**. Im Beispiel wird das Produkt ROH_1000 in der Lokation 6100 betrachtet.

Abbildung 8.15 Produktsicht – Auswahldialog

In Abbildung 8.16 sehen Sie die vorhandenen Bedarfs- und Zugangselemente für das ausgewählte Lokationsprodukt, in dem hier beschriebenen Zusammenhang hauptsächlich die Bestandselemente. Die Bestandselemente werden aufgeteilt nach der Bestandskategorie, dem Lagerort (Sublokation in PP/DS) und der Charge (Version) angezeigt. Somit werden in PP/DS auch ohne die separate Übertragung von Chargen und der damit verbundenen Zusatzinformationen bereits die Bestandselemente nach Chargen aufgeteilt.

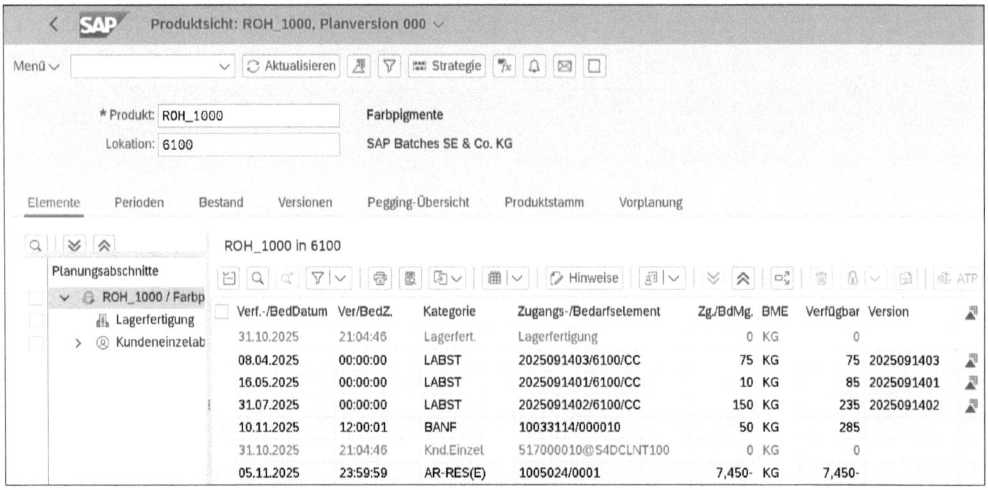

Abbildung 8.16 Produktsicht – Darstellung der Zugangs-/Bedarfselemente

Durch einen Klick auf das Symbol (**Bewertung aus Auftrag/Position**) für einen bestimmten Lagerbestand können Sie sich in einem Pop-up-Fenster chargenspezifische Informationen anzeigen lassen (siehe Abbildung 8.17). Welche Merkmale hier verfügbar sind, ergibt sich aus der Zuordnung der Anwendungssicht Z zu den Merkmalen der Klasse vor der Übertragung an PP/DS.

Abbildung 8.17 Information über die Farbe zum Chargenbestand

In den Planungsfunktionen von PP/DS sind die unterschiedlichen Bestandskategorien von Bedeutung, da diese die Planungsrelevanz von Beständen steuern, nicht jedoch die Chargen. Die Chargen stellen erst dann in PP/DS eine Planungsgrundlage dar, die über reine Information oder Visualisierung hinausgeht, wenn Sie weitergehende Informationen zu den Chargen an PP/DS übertragen. Die dazu nötigen Schritte werden im folgenden Abschnitt beschrieben.

Sie erhalten eine Übersicht der übertragenen Chargen auf der Registerkarte **Versionen** der Produktsicht (siehe Abbildung 8.18). Dort sind alle dem Produkt zugeordneten Chargen mit ihren jeweiligen Merkmalsausprägungen aufgeführt. Für die Charge SK25101101 aus der ersten Zeile der Abbildung 8.18 lässt sich erkennen, dass ihre Farbausprägung RAL 9001 Cremeweiß ist, sie eine Haltbarkeit von umgerechnet 365 Tagen aufweist, der Herstellungszeitpunkt als Referenzzeitstempel der Charge angegeben wird, sie einen Klassifizierungsstatus frei hat und ursprünglich aus dem System S4DCLNT100 stammt.

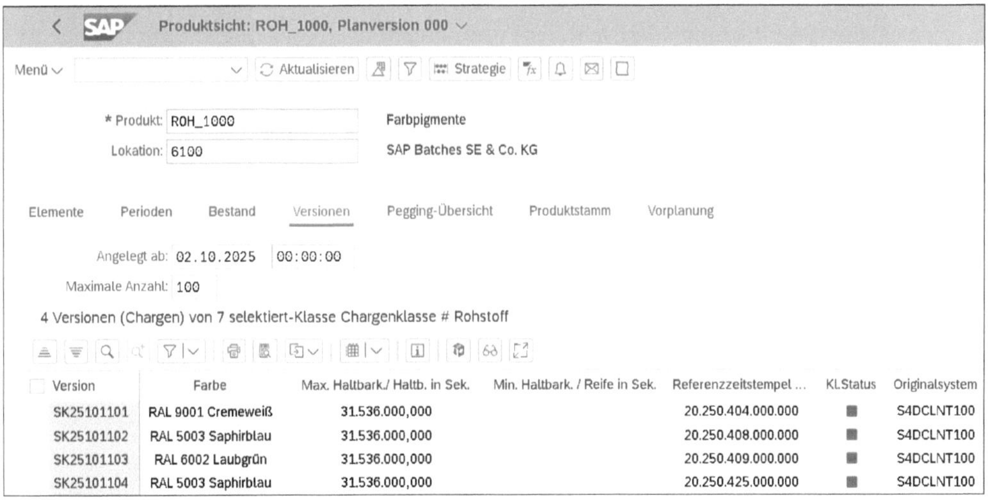

Abbildung 8.18 Übersicht übertragener Chargen in der Produktsicht

Neben der reinen Anzeige der Chargeninformationen in PP/DS, z. B. zum Freigabestatus einer Charge oder zu einer Farbe, sind auch planerische Funktionen im Rahmen der merkmalsbasierten Planung (engl. Characteristics-Based Planning, CDP) möglich. So können Bedarfe, etwa Forecast-Elemente oder Planaufträge, ebenfalls mit einer bestimmten Ausprägung eines Merkmals versehen werden. Innerhalb von PP/DS wird nur dort eine Verknüpfung zwischen Bedarf und Zugang (Pegging) hergestellt, wo diese Merkmalsausprägungen übereinstimmen. Ein Beispiel dafür sehen Sie in Abbildung 8.19, wo der angelegte Planauftrag 300000143086 eine Anforderung zur Farbe mit RAL 5003 Saphirblau aufweist.

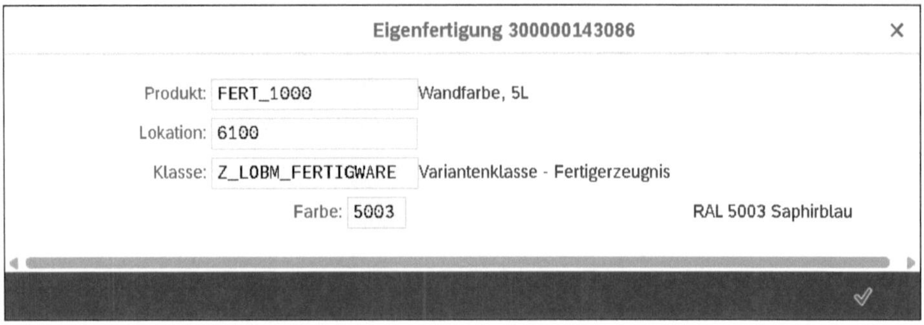

Abbildung 8.19 Anforderung des Planauftrags an die Farbe

Es ist möglich, dass für ein Produkt sowohl Bedarfselemente als auch Zugangselemente vorhanden sind, aber die Bedarfe nur aus einer Teilmenge davon gedeckt werden können. Eine Pegging-Verknüpfung wird nur zu einem Zugangsselement angelegt, wenn dieses die passende Merkmalsausprägung aufweist, wie Sie auf der Registerkarte **Pegging-Übersicht** der Produktsicht nachvollziehen können (siehe Abbildung 8.20).

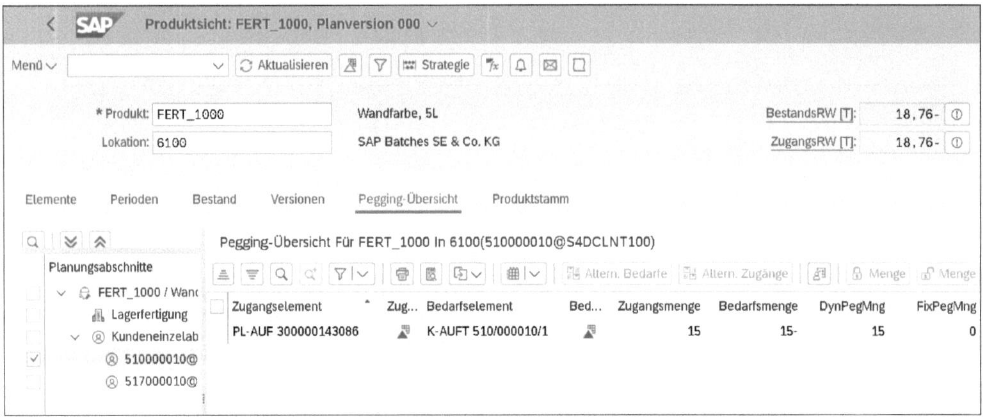

Abbildung 8.20 Pegging des Planauftrags mit Kundenauftrag

8.1.3 Planung mit Haltbarkeit auf Chargenebene in PP/DS

Die Planung mit Haltbarkeit stellt bei der Planung mit Chargen und ihren Merkmalen im Zusammenspiel mit PP/DS einen wesentlichen Vorteil dar. Dabei können Sie in PP/DS die Informationen zu Produktions- und Haltbarkeitsdaten von Beständen auf Chargenebene zusammen mit den Materialstammdaten zur Haltbarkeit verwenden, um sicherzustellen, dass keine abgelaufenen Bestände verplant werden. Im Bedarfsfall können Sie mit den Planungsfunktionen in PP/DS auch rechtzeitig die Produktion oder Beschaffung neuer Ware anstoßen.

Für die Übertragung von Haltbarkeitsdaten an PP/DS sollten die von SAP empfohlenen Standardmerkmale verwendet werden, da diese die korrekte Verwendbarkeit der Informationen in PP/DS sicherstellen:

- LOBM_APO_SL_UTC (**Referenzzeitstempel der Charge**, enthält das Produktionsdatum als Zeitstempel)
- LOBM_APO_SL_MIN (**Min. Haltbark. / Reife in Sek.**, gibt die minimale Haltbarkeit bzw. Reifezeit ab Produktionsdatum in Sekunden an)
- LOBM_APO_SL_MAX (**Max. Haltbark./ Haltb. in Sek.**, gibt die maximale Haltbarkeit bzw. Reifezeit ab Produktionsdatum in Sekunden an)

Um diese Merkmale zu verwenden, müssen Sie diese in der Chargenklasse von SAP S/4HANA hinterlegen und mithilfe einer geeigneten Anwendungssicht so markieren, dass sie über CIF an PP/DS übertragen werden. Zusätzlich zu diesen Merkmalen, die auch in der an PP/DS übertragenen Chargenklasse sichtbar sind, sollten Sie weitere Merkmale der Chargenklasse in SAP S/4HANA zuordnen, die die korrekte Befüllung der PP/DS-Merkmale sicherstellen. Diese Merkmale sollen jedoch nicht nach PP/DS übertragen werden, sodass Sie hier keine Anwendungssicht für die CIF-Übertragung zuordnen sollten:

- LOBM_HSDAT (Herstellungsdatum der Charge)
- LOBM_VFDAT (Verfallsdatum der Charge, Mindesthaltbarkeit)
- LOBM_VERAB (Verfügbarkeitsdatum der Charge)

Damit ergibt sich, wie aus Abbildung 8.21 hervorgeht, folgendes Bild der Chargenklasse in SAP S/4HANA, um mit Haltbarkeiten in PP/DS zu planen.

Nur die Merkmale mit der Anwendungssicht Z werden der gleichnamigen Chargenklasse der Klassenart 230 hinzugefügt (siehe Abbildung 8.22).

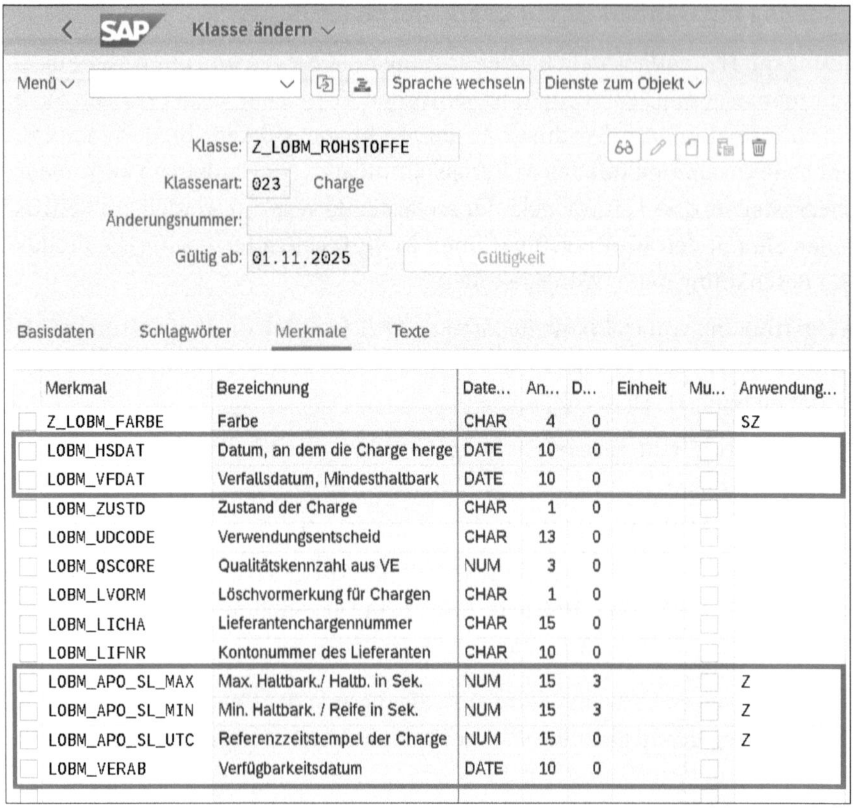

Abbildung 8.21 Chargenklasse für Haltbarkeitsplanung in SAP S/4HANA

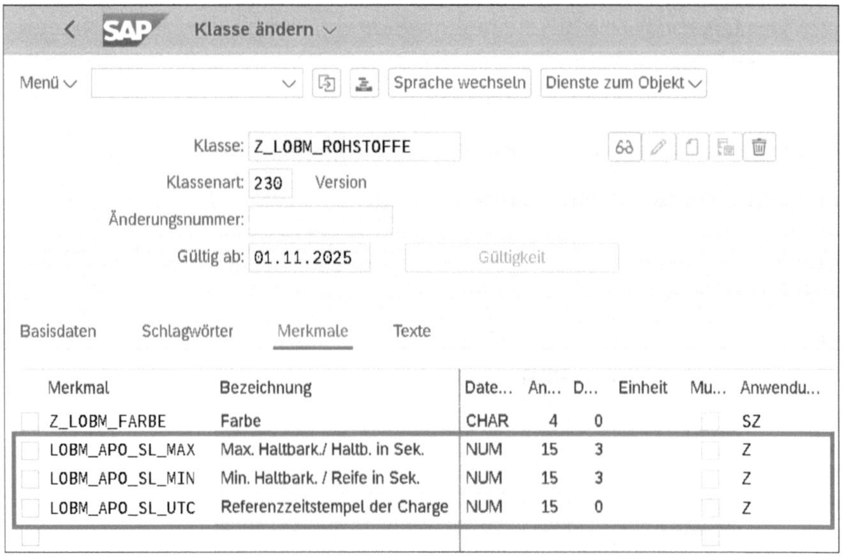

Abbildung 8.22 Chargenklasse für Haltbarkeitsplanung in PP/DS

In der vom PP/DS angelegten Chargenklasse der Klassenart 400 (CDP-Klasse) sind die Merkmale für die Haltbarkeit jedoch nicht hinterlegt, wie Sie in Abbildung 8.23 sehen können. Dabei handelt es sich um das normale Standardverhalten des Systems.

Abbildung 8.23 Chargenklasse der Klassenart 400 in PP/DS ohne Haltbarkeitsmerkmale

Die Sonderrolle, die die Haltbarkeitsmerkmale in PP/DS einnehmen, spiegelt sich auch in der Art der Darstellung von Haltbarkeitsinformationen wider. Normalerweise werden die Klassifizierungsinformationen in PP/DS, wie zuvor schon in Abschnitt 8.1.2 beschrieben, in der SAP-Fiori-App **Produktsicht** bzw. Transaktion /SAPAPO/RRP3 für alle Bedarfs-, Bestands- und Zugangselemente nach einem Klick auf das Symbol (**Bewertung aus Auftrag/Position**) in einem Pop-up dargestellt. Die ebenfalls in der Chargenklasse als PP/DS-relevant markierten Merkmale zur Angabe von Haltbarkeitsinformationen (z. B. LOBM_APO_SL_MAX) werden nicht in diesem Pop-up-Fenster angezeigt, sondern in der Produktsicht in den Spalten **HaltbTerm2** und **HaltbZeit2** tages- und sekundengenau eingeblendet (siehe Abbildung 8.24). Die dispositive Verfügbarkeit der jeweiligen Bestandselemente ist in den Spalten **Verf.-/BedDatum** und **Ver/BedZ.** in der Produktsicht angegeben und wird ebenfalls über die Haltbarkeitsmerkmale der Charge aus SAP S/4HANA gefüllt. In der Regel entspricht dieses Datum dem Herstellungsdatum der Charge.

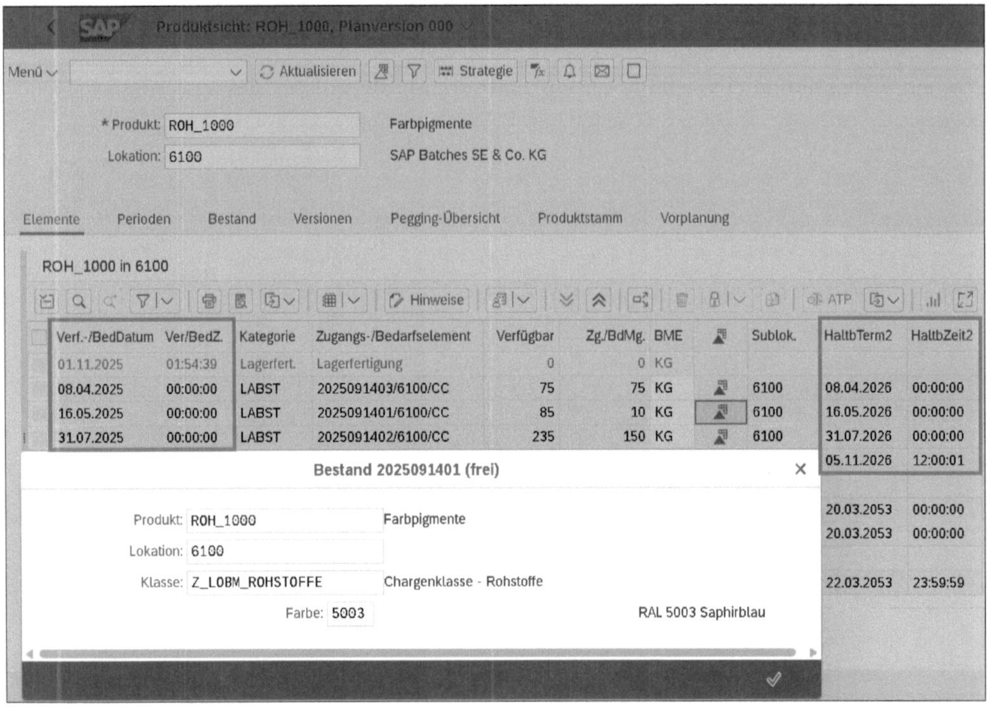

Abbildung 8.24 Darstellung von Haltbarkeitsinformationen in der Produktsicht

In der Chargenübersicht der Produktsicht (Registerkarte **Versionen**) können Sie ebenfalls die Haltbarkeitsdaten der einzelnen Chargen prüfen, die an PP/DS übertragen wurden, wie Sie bereits in Abbildung 8.18 gesehen haben, als die allgemeinen aus SAP S/4HANA an PP/DS übertragenen Chargenmerkmale vorgestellt wurden. Allerdings wird die Information hier in der Form angezeigt, wie sie an PP/DS übertragen wurde, und ist nicht besonders einfach zu lesen. Angezeigt werden hier der Herstellzeitpunkt, der als 15-stelliger Zeitstempel im Format JJJJMMTTHHMMSS präsentiert wird, sowie die Mindesthaltbarkeit, die in Sekunden angezeigt wird. Neben den auf Chargenebene verfügbaren Informationen zur Haltbarkeit werden auch Informationen aus dem Materialstamm in SAP S/4HANA an den Produktstamm in PP/DS übertragen. In SAP S/4HANA können Sie im Materialstamm auf der Registerkarte **Werksdaten/Lagerung1** Haltbarkeitsinformationen für das Material hinterlegen, im Wesentlichen die **Gesamthaltbarkeit** und die **Mindestrestlaufzeit** (siehe Abbildung 8.25). Im Feld **Periodenkennz. MHD** geben Sie außerdem an, ob es sich bei den Werten um Tage, Wochen, Monate oder Jahre handelt. Auch wenn diese Daten auf einer werkspezifischen Registerkarte des Materialstamms hinterlegt sind, handelt es sich dabei um globale Daten, die werksübergreifend wirken.

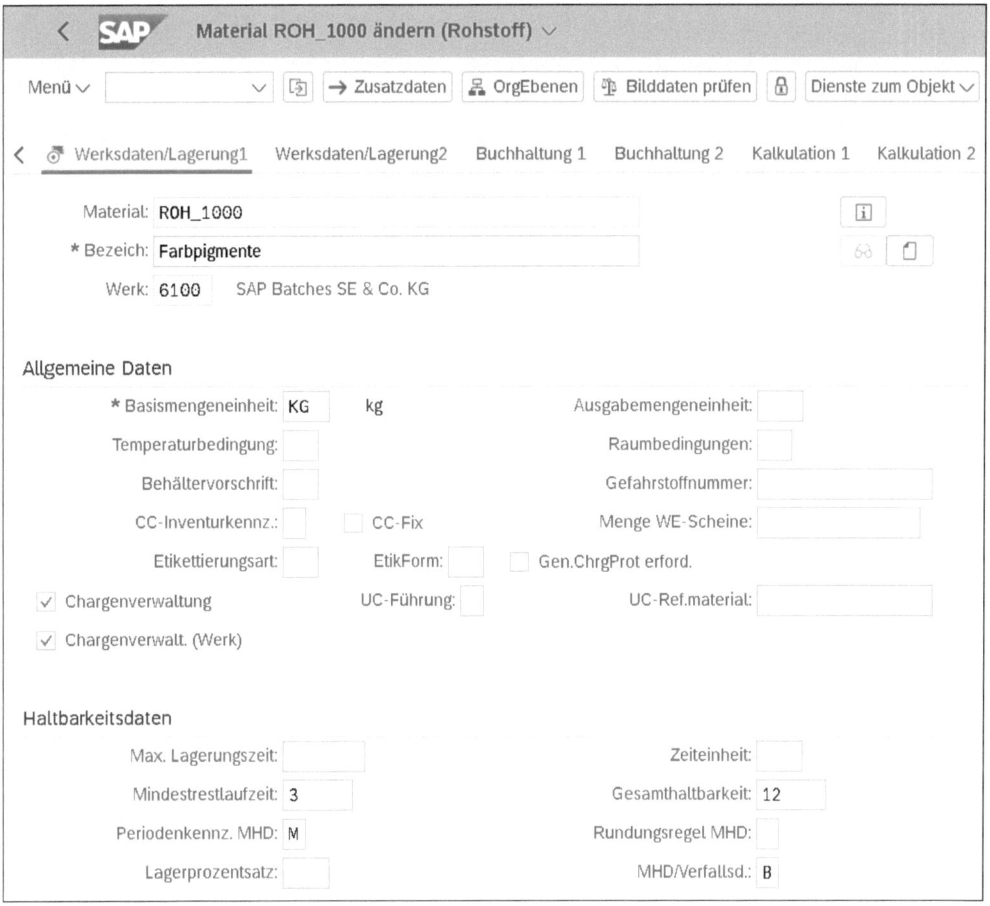

Abbildung 8.25 Haltbarkeitsdaten im Materialstamm von SAP S/4HANA

Diese Werte werden auch an PP/DS übertragen und dort in den entsprechenden Feldern auf der Registerkarte **Eigenschaften** der globalen Ebene des Produktstamms abgelegt (siehe Abbildung 8.26). Zusätzlich wird durch die Pflege der folgenden Felder im Materialstamm das erforderliche Kennzeichen **Planung m. Haltbkt.** beim Übertragen automatisch im Produktstamm gesetzt:

- Mindestrestlaufzeit
- Gesamthaltbarkeit
- Periodenkennzeichen für MHD

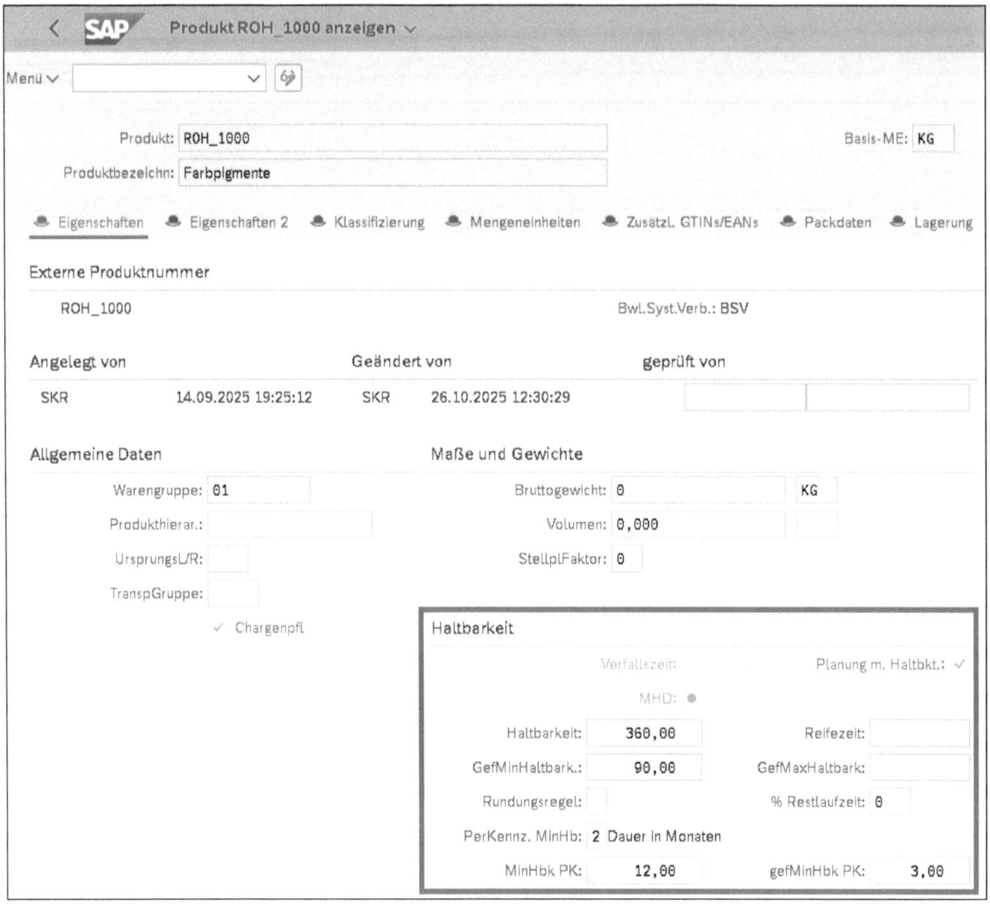

Abbildung 8.26 Globale Haltbarkeitsdaten in PP/DS

Außerdem können Sie im Materialstamm werksabhängige Daten auf der Registerkarte **Erweiterte Planung** hinterlegen, wie in Abbildung 8.27 dargestellt. Diese lokationsabhängigen Haltbarkeitsdaten finden Sie im Produktstamm vom PP/DS auf der Registerkarte **Bedarf**. Beachten Sie dabei, dass der Bereich der Haltbarkeitsdaten auf der Registerkarte **Bedarf** erst dann sichtbar ist, wenn in den globalen Daten auf der Registerkarte **Eigenschaften** das Kennzeichen **Planung m. Haltbkt.** gesetzt ist. Solange Sie das Kennzeichen **Haltbark. (Lok.)** auf der Registerkarte **Erweiterte Planung** im Materialstamm nicht setzen, werden die globalen Werte bei der Planung in PP/DS berücksichtigt. Somit ergibt sich in der Planung kein unterschiedliches Verhalten in verschiedenen Lokationen (Werken). Sobald Sie das Kennzeichen **Haltbark. (Lok.)** setzen, werden die abweichenden Werte für jede Lokation, sofern diese gepflegt sind, bei der Planung herangezogen. Zusätzlich zu den Feldern für die Gesamthaltbarkeit und Mindesthaltbarkeit können Sie noch Informationen zur geforderten Reifezeit und zur Maximalhaltbarkeit hinterlegen, mit denen Sie den Planungsprozess erweitern können. So kann ein Zugang in PP/DS etwa bei gepflegter Reifezeit erst dann zur Deckung von Bedarfen verwendet werden, wenn die Reifezeit ab dem Zugangstermin verstrichen ist.

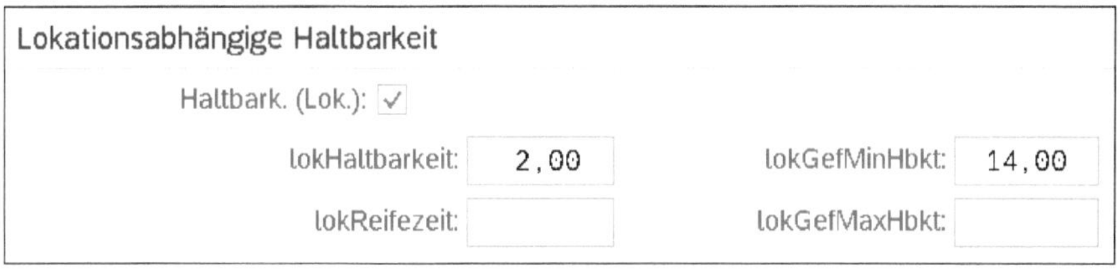

Abbildung 8.27 Lokationsabhängige Haltbarkeitsdaten

Die Haltbarkeitsdaten haben Auswirkungen auf den Planungsprozess in PP/DS. Zum einen bestimmen die Haltbarkeitsdaten, welche Pegging-Verknüpfungen in PP/DS hergestellt werden, und somit auch die Alerts, die vom System ausgegeben werden. Zum anderen kann der MRP-Planungslauf in PP/DS ebenfalls auf die Haltbarkeitsdaten reagieren und bei Bedarf neue Zugangselemente für bereits abgelaufene Zugangselemente oder Bestände anlegen.

Zunächst lernen Sie die grundsätzliche Logik der Planung mit Haltbarkeiten in PP/DS kennen. Dazu wird ein Beispiel genutzt, bei dem sowohl eine Gesamthaltbarkeit als auch eine Mindesthaltbarkeit hinterlegt sind. Die Mindesthaltbarkeit im Produktstamm hat zur Folge, dass ein Zugang (in unserem Beispiel ein Chargenbestand) nur dann mit einem Bedarfselement (hier eine Auftragsreservierung) verknüpft, also zur Bedarfsdeckung verwendet werden kann, wenn der Bedarfstermin zuzüglich der Mindesthaltbarkeit kleiner oder gleich dem Haltbarkeitstermin des Chargenbestands ist:

- Im Material- bzw. Produktstamm ROH_1000 wurden als Vorgabewert für die geforderte Mindesthaltbarkeit drei Monate definiert.
- Der Bestand zur Charge 2025073101 erzeugt einen Zugang zum 31.07.2025. Das Produkt ist haltbar bis zum 31.12.2026 (Chargeneigenschaft, die die Standardhaltbarkeit von 12 Monaten aus dem Produktstamm übersteuert).
- Ein Bedarf zu einer Auftragsreservierung am 03.11.2025 kann sich nun aus diesem Zugang bedienen (03.11.2025 + drei Monate, d. h., der Zugang muss mindestens bis zum 03.02.2026 haltbar sein. Dies trifft auf die Charge 2025073101 zu, womit die Haltbarkeitsbedingung erfüllt ist). Ein Bedarfselement zum 02.11.2026 kann sich nicht aus diesem Zugang bedienen (02.11.2026 + drei Monate, d. h., der Zugang muss mindestens bis zum 02.02.2027 haltbar sein. Dies trifft für die Charge 2025073101 nicht zu, sodass die Haltbarkeitsbedingung nicht erfüllt ist).

In Abbildung 8.28 ist das genannte Beispiel für die nicht erfüllte Haltbarkeitsbedingung dargestellt. Da die Mindesthaltbarkeit nicht erfüllt ist, wird der Chargenbestand vom System nicht planerisch mit dem Bedarfselement verknüpft und zur Bedarfsdeckung verwendet, es wird also kein Pegging hergestellt.

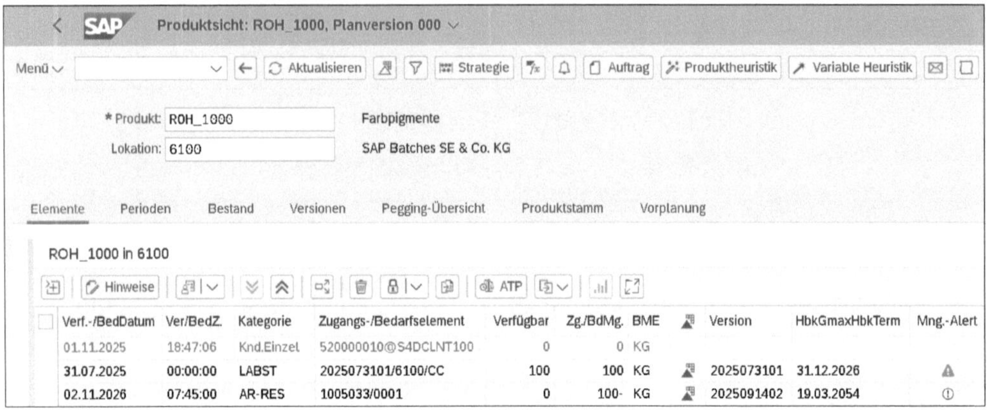

Abbildung 8.28 Nicht erfüllte Haltbarkeitsbedingung in der Produktsicht

Das können Sie daran erkennen, dass in der Produktsicht zwei Alerts für die beiden Elemente unter der Spalte **Mng.-Alert** angezeigt werden. Ein Alert zu einem Bedarfselement mit dem Symbol ⓘ (**Fehler**) in der Spalte **Mng.-Alert** kann darauf hinweisen, dass der Bedarf nicht gedeckt ist. Im Gegensatz dazu zeigt das Symbol ⚠ (**Warnung**) beim Zugangselement in derselben Spalte auf, dass der Bestand keinen Abnehmer hat. Ob und anhand welcher Schwellenwerte Alerts in der Produktsicht ausgegeben werden, hängt von der Konfiguration des hinterlegtem Alert-Profils ab. In Abbildung 8.29 wird ein Mengenalert zur Unterdeckung detailliert dargestellt.

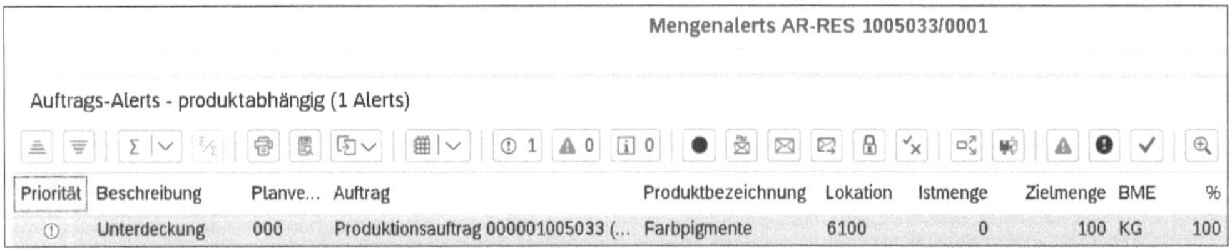

Abbildung 8.29 Exemplarischer Alert zur Unterdeckung eines Bedarfselements

In der Produktsicht können Sie auf der Registerkarte **Pegging-Übersicht** außerdem erkennen, dass keine Pegging-Verknüpfung zwischen den Bedarfs- und Bestandselementen angelegt wurde (siehe Abbildung 8.30).

Wird der Bedarfstermin zur Auftragsreservierung auf den 03.11.2025 verschoben, so kann der Chargenbestand, wie im Beispiel beschrieben, noch verwendet werden, um den Bedarf zu decken.

Abbildung 8.30 Pegging-Übersicht – ohne Pegging-Verknüpfungen

Das Bedarfsdatum zuzüglich der Mindesthaltbarkeit reicht jetzt nicht über das Verfallsdatum hinaus, und das System kann den Bestand zur Deckung des Zugangs verwenden. Es wird eine Pegging-Beziehung zwischen Bedarf und Chargenbestand hergestellt. In der Produktsicht erkennen Sie das daran, dass die Alerts sofort nicht mehr angezeigt werden (siehe Abbildung 8.31).

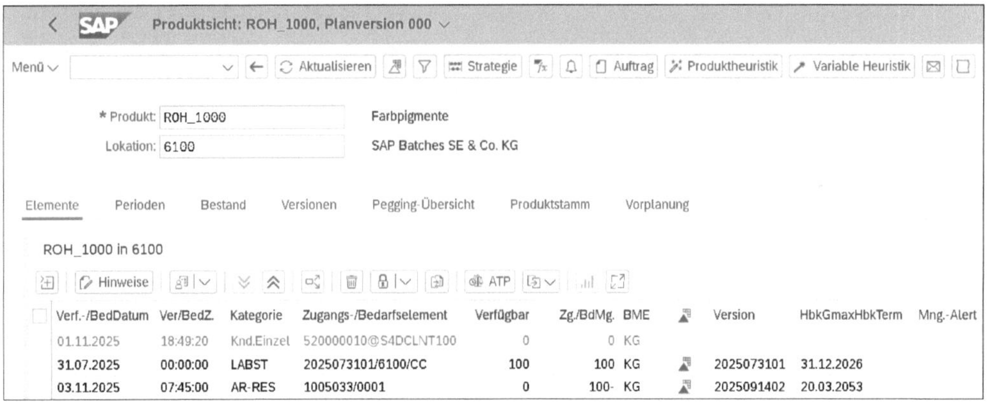

Abbildung 8.31 Erfüllte Haltbarkeitsbedingung in der Produktsicht

Wenn Sie jetzt auf die Registerkarte **Pegging-Übersicht** wechseln, wird eine Verknüpfung zwischen dem Bedarfselement und dem Zugangselement in Form vom Chargenbestand angezeigt (siehe Abbildung 8.32).

Wenn Sie zusätzlich zur Mindesthaltbarkeit auch noch mit einer Reifezeit planen möchten, müssen Sie diese im Materialstamm über die SAP-Fiori-App **Material ändern** bzw. Transaktion MM02 hinterlegen. Eine Planung mit Reifezeit führt dazu, dass ein Bedarf nicht durch einen Zugang gedeckt werden kann, wenn seit dem Verfügbarkeitstermin nicht die entsprechende Reifezeit verstrichen ist. Ein gutes Beispiel dafür ist die Lebensmittelbranche, wo Reifezeiten etwa für Wein oder Käse üblich sind.

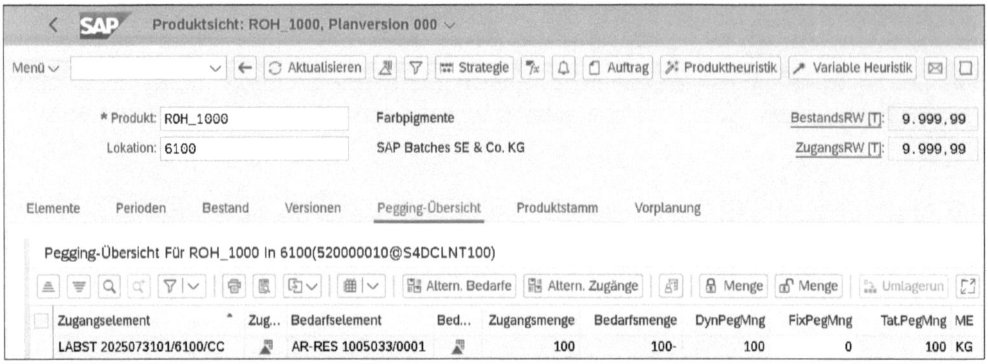

Abbildung 8.32 Pegging-Übersicht – mit Pegging-Verknüpfungen

Während die Gesamthaltbarkeit und die Mindesthaltbarkeit die obere Grenze einschränken, bis zu der ein Bestand oder ein anderer Zugang noch verwendet werden kann, schränkt die Angabe einer Reifezeit die früheste Verwendung ein. Der Materialstamm ROH_1000 wird nun um eine Reifezeit von 15 Tagen erweitert, woraus sich für das Pegging in PP/DS weitere Restriktionen ergeben. In Abbildung 8.33 sehen Sie, wie Sie die **Reifezeit** unter der Registerkarte **Werksdaten/Lagerung1** im Materialstamm pflegen können. Zu beachten ist, dass die Reifezeit immer in Tagen anzugeben ist.

Abbildung 8.33 Hinterlegung einer Reifezeit im Materialstamm

So kann im Beispiel von Abbildung 8.34 ein Zugang aus einer Bestellanforderung, der am 11.11.2025 dispositiv verfügbar wird, aufgrund der Reifezeit erst am 26.11.2025 verwendet werden, was in der Spalte **ReifeGefdHaltbTerm** angezeigt wird. Obwohl die Reifezeit nicht eingehalten wird, wird der Bedarf am 03.11.2025 mit dem Zugangselement verpeggt (siehe Abbildung 8.35). Je nach Alert-Profil-Pflege kann Sie das System über die Spalte **Trm.-Alert** darauf aufmerksam machen, dass die Reifezeit auf Bedarfs-

und/oder Zugangsebene unterschritten wird. In unserem Beispiel wird zu beiden Elementen ein Fehler mit dem Symbol ⓘ (**Fehler**) in der Spalte **Trm.-Alert** dargestellt.

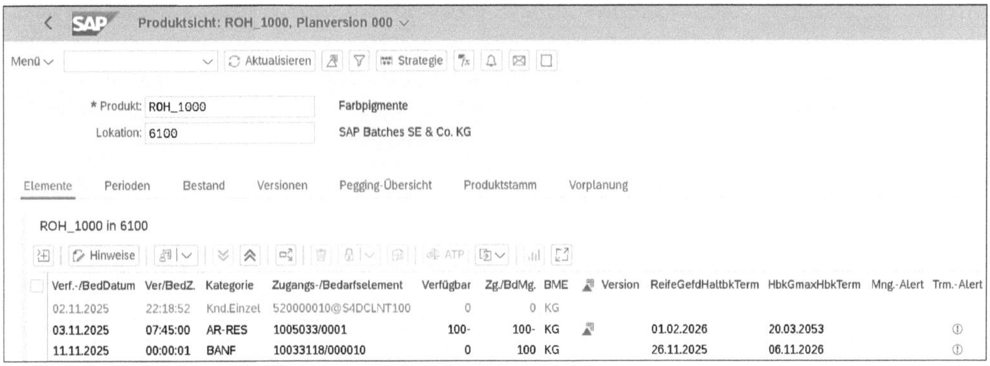

Abbildung 8.34 Planung mit Reifezeit – Elemente

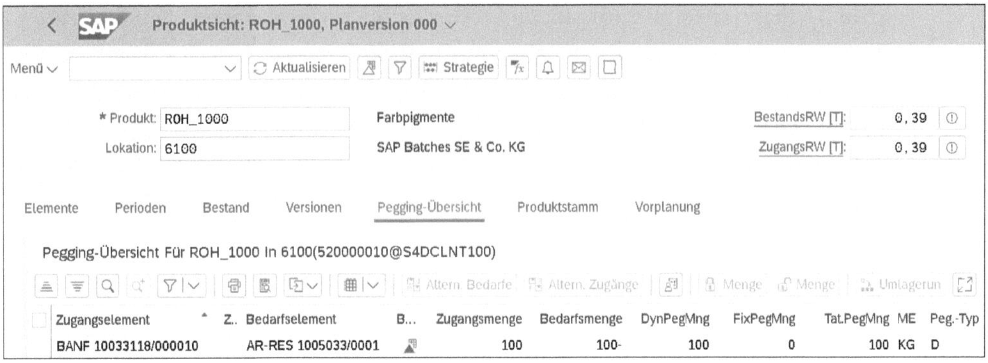

Abbildung 8.35 Planung mit Reifezeit – Pegging-Übersicht

Neben allgemeinen Alerts zu Problemen wie Unter- oder Überdeckung, Verspätung sowie Ressourcenüberlastung, von denen Sie schon den Alert **Auftrag hat Unterdeckung** kennengelernt haben, können Sie in PP/DS auch spezielle Alerts zu Problemen mit der Haltbarkeit konfigurieren. Es stehen Alerts zur Verfügung, die Sie gesondert auf unterschrittene Reifezeiten, zu kurze oder zu lange Haltbarkeiten oder Zugänge mit Haltbarkeitsdatum ohne verknüpften Bedarf hinweisen. Wie bei den meisten Alerts in PP/DS können Sie auch hier über die Schwellenwerte hinterlegen, ab welchen Abweichungen zum Soll-Wert ein Alert als Information, als Warnung oder als Fehler ausgegeben wird. Abbildung 8.36 zeigt eine Übersicht über die angebotenen Alerts zur Planung mit Haltbarkeit, die Sie über die SAP-Fiori-App **Alert-Monitor-Einstellungen** (App-ID /SAPAPO/AMON_SETTING) bzw. Transaktion /SAPAPO/AMON_SETTING (Alert Monitor Einstellungen) konfigurieren können.

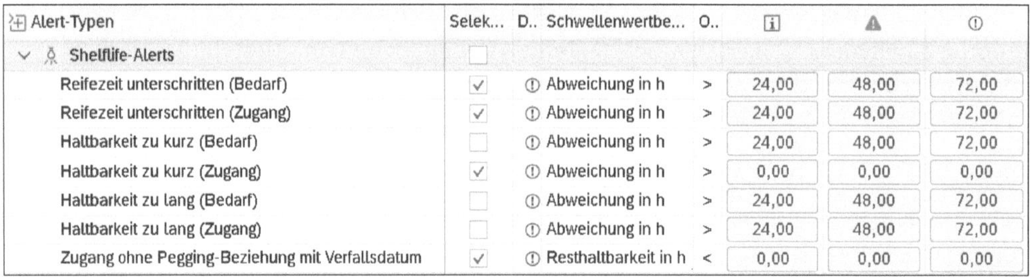

Alert-Typen	Selek...	D..	Schwellenwertbe...	O..			
Shelflife-Alerts							
Reifezeit unterschritten (Bedarf)	✓		Abweichung in h	>	24,00	48,00	72,00
Reifezeit unterschritten (Zugang)	✓		Abweichung in h	>	24,00	48,00	72,00
Haltbarkeit zu kurz (Bedarf)			Abweichung in h	>	24,00	48,00	72,00
Haltbarkeit zu kurz (Zugang)	✓		Abweichung in h	>	0,00	0,00	0,00
Haltbarkeit zu lang (Bedarf)			Abweichung in h	>	24,00	48,00	72,00
Haltbarkeit zu lang (Zugang)			Abweichung in h	>	24,00	48,00	72,00
Zugang ohne Pegging-Beziehung mit Verfallsdatum	✓		Resthaltbarkeit in h	<	0,00	0,00	0,00

Abbildung 8.36 Spezielle Alerts zur Haltbarkeit

Damit Sie die Haltbarkeitsinformationen von Chargen im Planungslauf verwenden können – unabhängig davon, ob Sie die Option MRP Live (SAP-Fiori-App **MRP-Lauf einplanen** (App-ID F1339) bzw. Transaktion MD01N (MRP Live)) oder den Produktionsplanungslauf (SAP-Fiori-App **Produktionsplanungslauf** (App-ID /SAPAPO/CDPSB0) bzw. Transaktion /SAPAPO/CDPSB0 (Produktionsplanungslauf)) ausführen –, müssen Sie im Materialstamm für solche Produkte, die mit Haltbarkeit geplant werden sollen, die richtige Produktheuristik zuordnen. Diese beschreibt die Logik im Planungslauf, die für das jeweilige Produkt angewandt werden soll. Wenn Sie die spezielle Produktheuristik mit Haltbarkeit nicht dem Material zuordnen, wird der Planungslauf mit der Standardheuristik arbeiten und die Haltbarkeitsinformationen der Chargen nicht berücksichtigen. Um die richtige Heuristik im Materialstamm zu hinterlegen, tragen Sie, wie in Abbildung 8.37 dargestellt, auf der Registerkarte **Erweiterte Planung** im Feld **Produktheuristik** den Wert SAP_PP_SL001 ein.

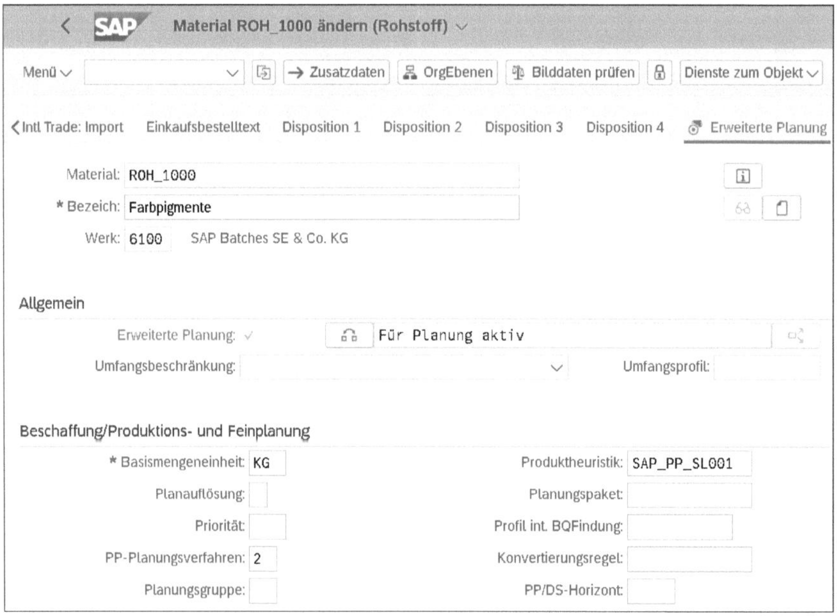

Abbildung 8.37 Produktheuristik für Planung mit Haltbarkeit

Mit dieser Heuristik kann der Planungslauf erkennen, wann Zugangselemente wie etwa Chargenbestände verfallen und welche Anforderungen die jeweiligen Bedarfe an die Haltbarkeit haben. Innerhalb des Planungslaufs können dann die passenden Elemente zugeordnet werden, wo dies möglich ist, und bei Bedarf neue Zugangselemente wie Planaufträge oder Bestellanforderungen erzeugt werden.

8.2 Chargen im Einkauf

Dieser Abschnitt fokussiert sich auf die Prozesse, die im Zusammenspiel mit Chargen zwischen dem Einkauf und der Bestandsführung entstehen. Dabei gehen wir auch auf den Wareneingangsprozess zur Bestellung mit SAP EWM ein.

8.2.1 Chargenanlage im Beschaffungsprozess

Innerhalb des Beschaffungsprozesses können an folgenden Stellen Chargen entstehen:

- Bestellung
- Anlieferung
- Wareneingang

Die Entstehung einer Charge im Rahmen einer Bestellung haben wir Ihnen bereits in Abschnitt 2.4.4, »Chargenneuanlage im Einkauf«, erläutert. Sofern Sie eine Charge in der Bestellposition hinterlegt haben, wird diese in die Anlieferposition übernommen und ist dort dann nicht mehr änderbar. Sollten Sie versuchen, die Charge in der Anlieferung zu ändern, obwohl eine Charge in der dazugehörigen Bestellposition eingetragen ist, wird die Systemmeldung VL 206 (Charge & wurde vom auslösenden Vorgang vorgegeben und ist nicht änderbar) ausgegeben. Folglich ist die Charge zuerst in der Bestellung zu korrigieren, bevor Sie die Anlieferung dazu anlegen.

Neben der Bestellung können Chargen im Beschaffungsprozess auch erst mit der Anlieferung angelegt werden. Dies empfiehlt sich insbesondere, wenn Sie von Ihrem Lieferanten einen Lieferavis mit den benötigten Informationen zu den Chargen vor der Lieferung erhalten. Die Chargenanlage sowie die erforderlichen Einstellungen sind in Abschnitt 8.2.3, »Chargen in Anlieferungen«, beschrieben. Hier sei lediglich erwähnt, dass die Charge in der Wareneingangsbuchung nicht mehr geändert werden kann. Wenn Sie also mit dem Objekt Anlieferung arbeiten, müssen Sie die Charge erst in der Anlieferposition pflegen, bevor Sie den Wareneingang buchen können. Dies gilt jedoch nicht zwingend, wenn Sie für die Wareneingangsbuchung SAP EWM nutzen.

Spätestens mit dem Wareneingang zur Bestellung muss bei einem chargenpflichtigen Material eine Charge angelegt werden. Wenn Sie zur Bestellung eine Anlieferung angelegt haben, können Sie den Wareneingang entweder zur Bestellung oder Anlieferung buchen. Wenn im Referenzbeleg eine Charge hinterlegt wurde, kann diese im Zuge der Wareneingangsbuchung nicht mehr geändert werden. Die Korrektur muss über den Vorgängerbeleg erfolgen.

Keine Chargeninformation beim unbewerteten Wareneingangssperrbestand

Wenn Sie einen Wareneingang zu einer Bestellposition in den unbewerteten Wareneingangssperrbestand mit der Bewegungsart 103 (**WE in Sperrbestand**) erfassen, ist trotz chargenpflichtigem Material keine Eingabe einer Charge möglich. Erst wenn der unbewertete Wareneingangssperrbestand mit der Bewegungsart 107 (**WE in bew Sperrbest**) freigegeben wird, geht das Material in den Bestand ein, und die Eingabe einer Charge ist erforderlich.

8.2.2 Schnellerfassung für Merkmalswerte

Mithilfe der Merkmalsschnellerfassung können Sie unter anderem in einer Bestellung oder bei einem Wareneingang zu einem konfigurierbaren Material bis zu zehn Merkmale direkt in der Positionsübersicht erfassen. Dadurch kann der Erfassungsaufwand reduziert werden, weil z. B. nicht für jede Bestellposition über den Button (**Konfiguration**) in die Merkmalsbewertung navigiert werden muss. Dazu definieren Sie, wie in Abbildung 8.38 dargestellt, über den Customizing-Pfad (IMG •) **Materialwirtschaft • Einkauf • Bestellung • Schnellerfassung für Merkmalswerte in Bestellung • Anwendungsgruppe für Merkmalsanzeige definieren** zunächst eine Anwendungsgruppe für Transaktionen. Eine Anwendungsgruppe kann transaktionsübergreifend verwendet werden.

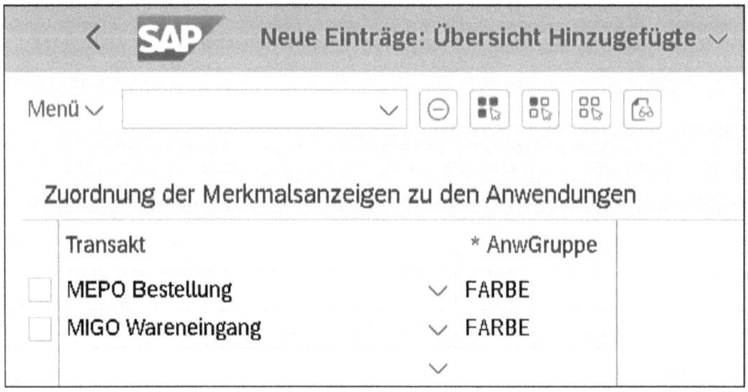

Abbildung 8.38 Anwendungsgruppe für Merkmalsanzeige definieren

Anschließend können Sie über den Customizing-Pfad (IMG •) **Materialwirtschaft • Einkauf • Bestellung • Schnellerfassung für Merkmalswerte in Bestellung • Merkmalsanzeige für Übersichtsbild definieren** die Merkmale zur Merkmalsanzeige hinterlegen (siehe Abbildung 8.39), die Sie über die Schnellerfassung zur Anwendungsgruppe pflegen möchten. Diese Einstellung ist nicht an die automatische Aufzeichnung von Änderungen des Customizings angeschlossen, sodass sie in jedem Mandanten separat vorzunehmen ist.

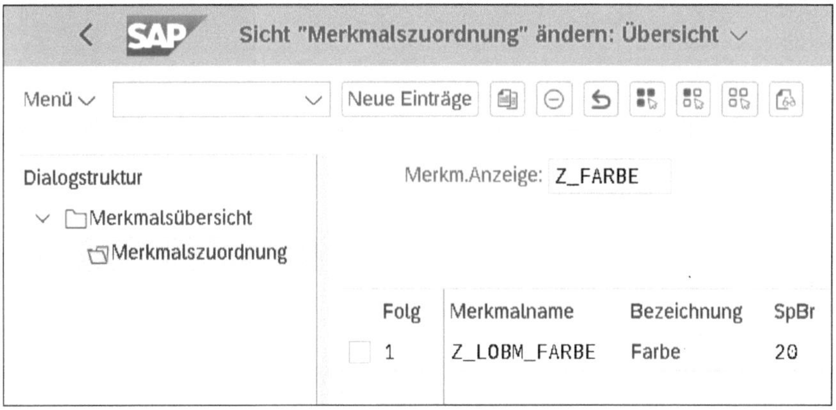

Abbildung 8.39 Merkmalsanzeige für Übersichtsbild definieren

Während diese Einstellungen bereits für die Schnellerfassung in der SAP-Fiori-App **Warenbewegung buchen** bzw. Transaktion MIGO ausreichen, muss die Schnellerfassung für die Bestellung noch für die Belegart aktiviert werden. Dies erfolgt über den Customizing-Pfad (IMG •) **Materialwirtschaft • Einkauf • Bestellung • Schnellerfassung für Merkmalswerte in Bestellung • Schnellerfassung für Merkmalswerte einstellen** und das Kennzeichen **SE aktiv**. In Abbildung 8.40 wurde die Schnellerfassung für die Belegart **NB** aktiviert.

Abbildung 8.41 zeigt die Schnellerfassung zu einer Bestellung. Durch die Aktivierung der Funktion erscheint über der Positionsübersicht ein zusätzliches Feld **MerkmAnzeige**, in dem Sie über das Drop-down-Menü die Merkmalsanzeige auswählen. Daraufhin werden die definierten Merkmale in der Positionsübersicht hinzugefügt, analog zur Spalte **Farbe** aus Abbildung 8.41.

Vorbelegung der Merkmalsanzeige

Über die Set-/Get-Parameter-ID **VAM** (Verkaufsbeleg Merkmalsübersicht) kann ein Vorschlagswert für die Merkmalsanzeige pro Benutzer hinterlegt werden.

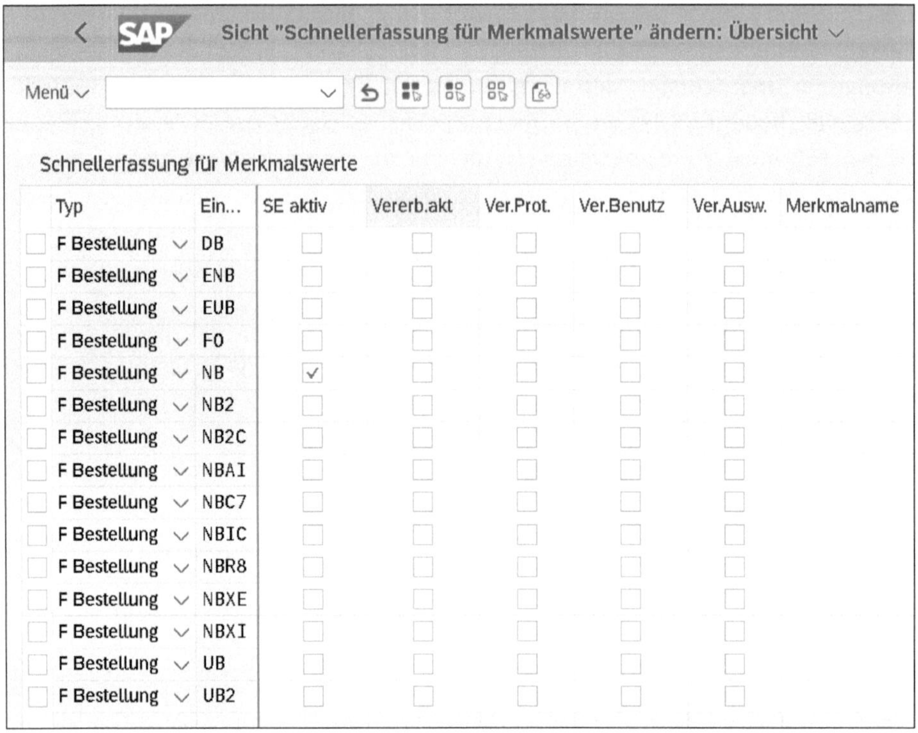

Abbildung 8.40 Schnellerfassung von Merkmalswerten in Bestellung aktivieren

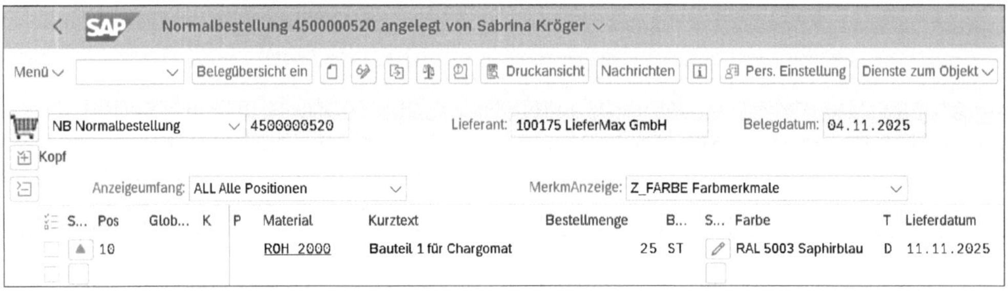

Abbildung 8.41 Schnellerfassung in einer Bestellung

8.2.3 Chargen in Anlieferungen

Falls Sie z. B. für fremdbeschaffte Materialien in der Lagerverwaltung Handling Units einsetzen, müssen diese über Anlieferungen zunächst verpackt werden, bevor der Wareneingang gebucht werden kann. Wenn das Material zudem chargenpflichtig ist, müssen Sie vor dem Verpacken in der Anlieferung eine Charge vergeben. Sie können über eine Einstellung im Customizing pro Lieferpositionstyp definieren, ob dabei im Hintergrund sofort der Chargenstamm angelegt wird. Darüber hinaus können Sie gleichzeitig die Charge automatisch klassifizieren und eine Prüfung auf das Verfallsdatum/MHD durchführen. Diese Einstellung nehmen Sie über den Customizing-Pfad (IMG •) **Logistics Execution • Versand • Lieferungen • Steuerung der Chargenanlage in der Anlieferung definieren** vor. In Abbildung 8.42 sehen Sie, dass Sie bei einer Chargenanlage in der Anlieferung über die Spalte **Chargenanlage** zusätzlich die Klassifizierung aufrufen und eine Verfallsdatum/MHD-Prüfung durchführen lassen können.

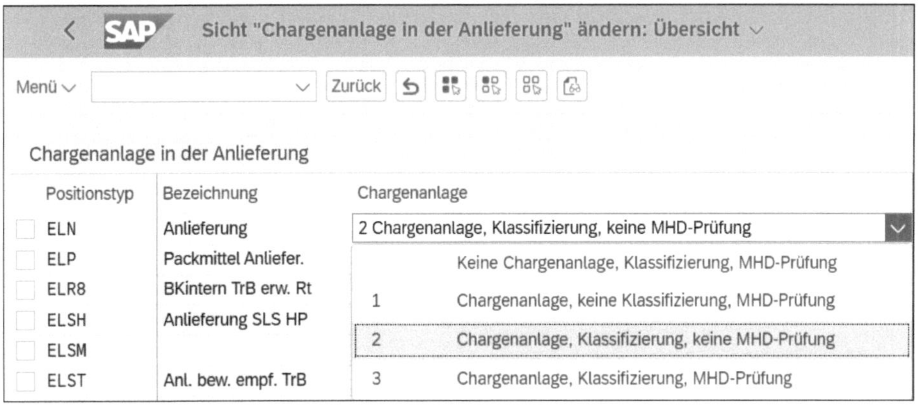

Abbildung 8.42 Steuerung der Chargenanlage in der Anlieferung

Für die Chargennummernvergabe können Sie entweder ein internes oder externes Nummernkreisintervall nutzen. Eine Prüfung, ob die eingetragene Charge bereits im System existiert, kann pro Lieferpositionstyp über den Customizing-Pfad (IMG •) **Logistics Execution • Versand • Lieferungen • Lieferpositionstypen definieren** ein- bzw. ausgeschaltet werden (siehe Abbildung 8.43).

Falls Sie für einen Lieferpositionstyp die Chargenanlage aktiviert haben und z. B. mit der SAP-Fiori-App **Anlieferung anlegen** (App-ID VL31N) bzw. Transaktion VL31N (Anlieferung anlegen) zu einer Bestellung eine Anlieferung anlegen, können Sie zu einer Position über den Button Chargenanlage (**Chargen anlegen**) Chargen erfassen. Darauf erscheint ein Pop-up, in dem Sie zu der eingegebenen Charge abhängig von den Mindesthaltbarkeits-Einstellungen im Materialstamm entweder ein **Herstelldatum** oder ein Verfallsdatum/MHD im Feld **MH-Datum** eingeben können bzw. müssen (siehe Abbildung 8.44). Zudem stehen Ihnen die Felder **UrsprLand/-reg.** und **Ursprungsregion** zur Verfügung, deren Inhalt ebenfalls in den Chargenstamm geschrieben wird.

Automatische Chargenanlage für Anlieferungen aktivieren

Ab Version S4CORE 105 können Sie über den Customizing-Pfad (IMG •) **Logistics Execution • Versand • Lieferungen • Lieferpositionstypen definieren** eine automatische Chargenanlage für chargenpflichtige Materialien in der Anlieferung aktivieren. Dazu müssen Sie das Kennzeichen **Automatische Chargenanlage** bei dem Positionstyp setzen, den Sie in der Anlieferung verwenden (siehe Abbildung 8.43).

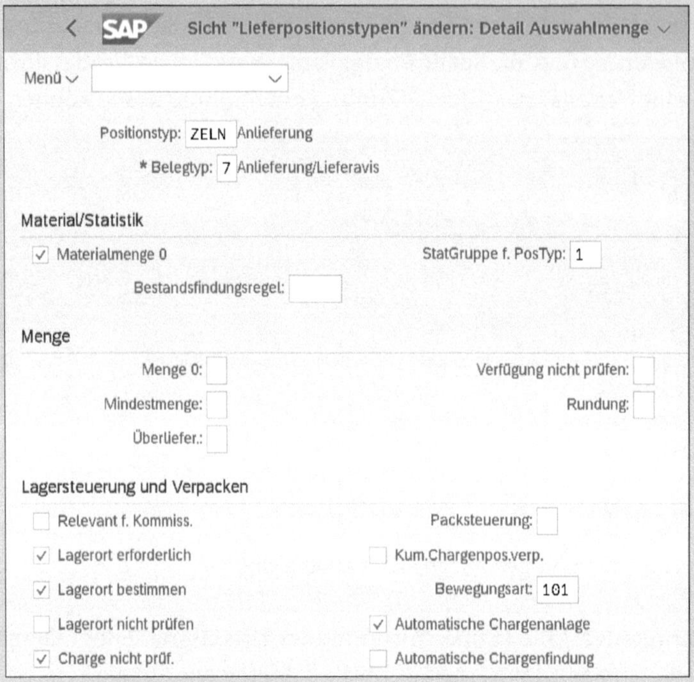

Abbildung 8.43 Automatische Chargenanlage pro Lieferpositionstyp aktivieren

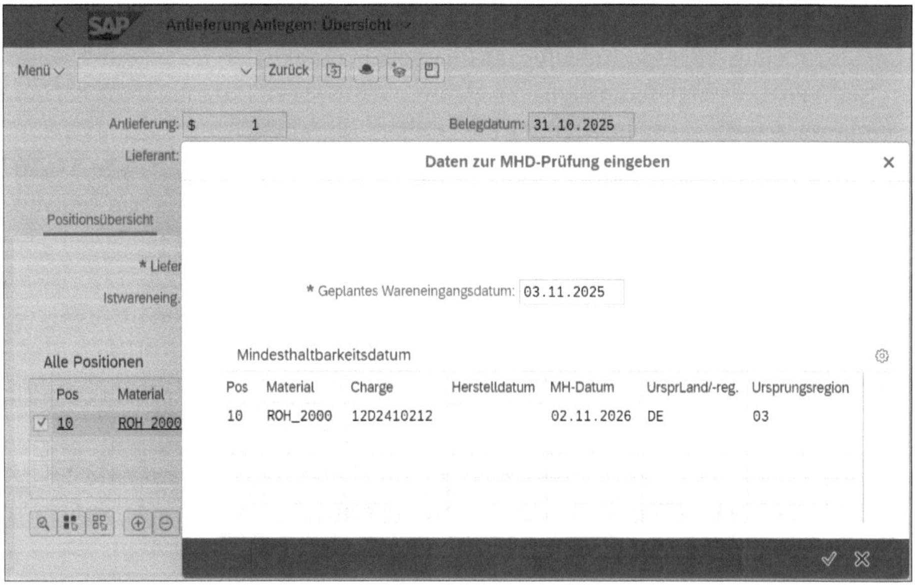

Abbildung 8.44 Pop-up zur Chargenanlage in der Anlieferung

[«]

Chargensplit bei Anlieferung mehrerer Chargenpositionen

Falls Sie die Positionsmenge auf mehrere Chargen verteilen möchten, nehmen Sie über den Button [Chargensplit] (**Chargensplit zur Position**) einen Chargensplit vor, bevor Sie die Chargen anlegen.

Falls Sie eine Verfallsdatum/MHD-Prüfung für den Lieferpositionstyp aktiviert haben, werden folgende Meldungen ausgegeben:

- bei Überschreitung des Verfallsdatum/MHD: Systemmeldung VL 450 (Das Mindesthaltbarkeitsdatum wird um & Tage überschritten)
- bei Unterschreitung der Mindestrestlaufzeit: Systemmeldung VL 451 (Die Mindestrestlaufzeit ist um & Tage unterschritten)

Über Transaktion OVM1 (Steuerbare Fehlermeldungen Versandbearbeitung) legen Sie fest, ob diese Meldungen als Information, Warnung oder Fehler ausgegeben oder aber ausgeblendet werden. Dies ermöglicht Ihnen, z. B. einerseits eine weitere Bearbeitung zu erlauben und eine Warnung auszugeben, falls die Restlaufzeit unterschritten ist, aber andererseits eine Fehlermeldung auszugeben, falls das Verfallsdatum/MHD überschritten ist.

Falls Sie zudem neben der Chargenanlage die Klassifizierung für den Lieferpositionstyp aktiviert haben, wird für jede Charge die Klassifizierung hell aufgerufen, nachdem Sie das Pop-up bestätigt haben. Anschließend können Sie nun über den Button (**Verpacken**) die Handling Units generieren. Wenn Sie die Anlieferung sichern, werden die Chargenstämme im Hintergrund erzeugt und die eingegebenen Mindesthaltbarkeitsdaten dort abgelegt.

Falls Sie die Chargenanlage im Customizing nicht aktiviert haben, wird nach dem Sichern der Anlieferung der Chargenstamm nicht angelegt. Dies erfolgt erst, wenn Sie für die Anlieferung den Wareneingang buchen.

8.2.4 Chargen im Wareneingangsprozess in SAP EWM

Um Chargen im Wareneingangsprozess in SAP EWM zu nutzen, müssen einige Voraussetzungen erfüllt sein. In diesem Abschnitt zeigen wir Ihnen, wie Sie diese Voraussetzungen im System umsetzen.

Der erste grundlegende Baustein ist die *Chargenzustandsverwaltung*, die definiert, wie das System mit nicht freien Chargen umgeht. Sie können hier etwa einstellen, dass nicht freie Chargen nicht für den Warenausgang oder Wareneingang gebucht werden können. Um den Chargenstatus zu ändern, wechseln Sie in die Chargenzustandsverwaltung über den Menüpfad (IMG •) **SCM Extended Warehouse Management • Extended Warehouse Management • Prozessübergreifende Einstellungen •**

Chargenverwaltung • Chargenzustandsverwaltung • Einstellung für Lieferung definieren – Lageranforderung. In dieser Customizing-Einstellung können Sie definieren, für welchen Belegtyp, welche Lagernummer und welche Positionsart die Warenbewegung für nicht freie Chargen erlaubt ist (siehe Abbildung 8.45).

Chargenabwicklung in der Lieferung: Chargenstatus

	Belegtyp	Lager...	PosArt	Belegart	WB n. frei
☐	PDI	0001	IDPD	INBM	☑

Abbildung 8.45 Chargenabwicklung in der Lieferung: Chargenstatus

Ergänzend zum Chargenstatus können Sie in der Chargenzustandsverwaltung einstellen, ob für nicht freie Chargen Lageraufgaben angelegt werden dürfen. Gehen Sie in die Customizing-Einstellung (Transaktion SPRO) und folgen Sie dem Pfad: SAP Customizing Einführungsleitfaden • **SCM Extended Warehouse Management • Extended Warehouse Management • Prozessübergreifende Einstellungen • Chargenverwaltung • Chargenzustandsverwaltung • Einstellungen für die Lageraufgabenerstellung vornehmen** (siehe Abbildung 8.46). In dieser Customizing-Einstellung wird entschieden, welche Lagerprozessarten für Bewegung von nicht freien Chargen erlaubt sind. Wenn der Haken gesetzt ist, dann dürfen nicht freie Chargen mit der Lagerprozessart bewegt werden, ansonsten nicht.

Steuerung der LB-Erstellung bei Chargenzustand "nicht frei"

	Lag...	Lagerprozessart	Zu n.frei
☐	0001	1010	☑
☐	0001	1011	☐
☐	0001	1012	☐
☐	0001	1013	☐
☐	0001	1100	☐
☐	0001	2010	☑
☐	0001	2020	☐
☐	0001	2100	☐
☐	0001	3010	☐
☐	0001	3020	☐
☐	0001	3030	☑

Abbildung 8.46 Steuerung der Lageraufgabenerstellung bei Chargenzustand »nicht frei«

Sie können weitere Einstellungen vornehmen (siehe Abbildung 8.47):

- ob Chargen in der Anlieferung manuell oder automatisch angelegt werden sollen
- ob Chargen bei der Anlage in der Anlieferung mit Lieferungsdaten klassifiziert werden sollen
- ob die Mindestrestlaufzeit einer Charge vom System geprüft werden soll

Folgen Sie diesem Customizing-Pfad: (IMG •) **SCM Extended Warehouse Management • Extended Warehouse Management •Prozessübergreifende Einstellungen • Einstellung für Lieferung definieren – Lageranforderung.**

Chargenabwicklung und Haltbarkeitsprüfung in der Lieferung

	Belegtyp	Lag...	PosArt	Belegart	Slkt. Char	WB n. frei	Anlegen	Klassif.	Prüf MHD/VerfallDat.
☐	PDI	0001	IDPD	INBM		☑	C Charge im Hinterg...	Klassifizierung nu...	A Keine Prüfung

Abbildung 8.47 Chargenabwicklung und Haltbarkeitsprüfung in der Lieferung

SAP S/4HANA übermittelt die Anlieferung mit den Chargeninformationen an das SAP-EWM-System. Das System prüft, ob das Chargenstammdatum bereits vorhanden ist. Wenn es noch nicht angelegt ist, legt SAP EWM die Charge automatisch an oder manuell in der Anlieferung (siehe Abschnitt 2.4.3 zur automatischen oder manuellen Anlage von Chargen). Wenn kein Chargenstammsatz vorhanden ist, aber die Chargennummer vorgegeben wurde, dann legt das System für diese Nummer den Stammsatz an. Sollte keine Chargennummer vorliegen, dann zieht das System eine Nummer aus dem Nummernkreis für die Chargen (Nummernkreisobjekt `/SCWM/CHAR`).

Die folgenden Merkmale können beim Anlegen der Charge im Chargenstamm übernommen werden:

- Ursprungsland
- Verfallsdatum
- Mindesthaltbarkeitsdatum
- Herstelldatum

Wenn Sie noch weitere Bewertungen in den Chargenstamm übernehmen möchten, können Sie hierfür die BAdIs `/SCWM/DLV_BATCH_VAL` und `/SCWM/DLV_BATCH_CHAR` einsetzen.

8.3 Chargen in der Bestandsführung und SAP EWM

In diesem Abschnitt beschäftigen wir uns mit den Besonderheiten der Chargen in der Bestandsführung, insbesondere im Hinblick auf das Mindesthaltbarkeitsdatum, die Restlaufzeit und das Herstellungsdatum. Außerdem betrachten wir die Abläufe der Inventur in SAP-MM-IM-Lagerorten als auch in SAP-EWM-Lagerorten.

8.3.1 Mindesthaltbarkeitsdatum, Restlaufzeit und Herstellungsdatum in SAP EWM

Ein zentrales Thema im Umgang mit Chargen ist die Verwaltung von Haltbarkeitsdaten. Im Folgenden erläutern wir, wie diese Daten im Wareneingang und in der Bestandsübersicht in SAP EWM behandelt werden.

Wareneingang in SAP EWM

Nach der Rückmeldung eines Fertigungsauftrags und der daraus resultierenden automatischen Erstellung einer Anlieferung oder einer Wareneingangsbuchung in der Transaktion MIGO wird die entstandene Anlieferung in das SAP EWM repliziert. Dort kann sie entweder über die SAP-Fiori-App **Anlieferungen pflegen** (/SCWM/PRDI) oder über den **Lagermonitor** (/SCWM/MON) angezeigt und bearbeitet werden (siehe Abbildung 8.48).

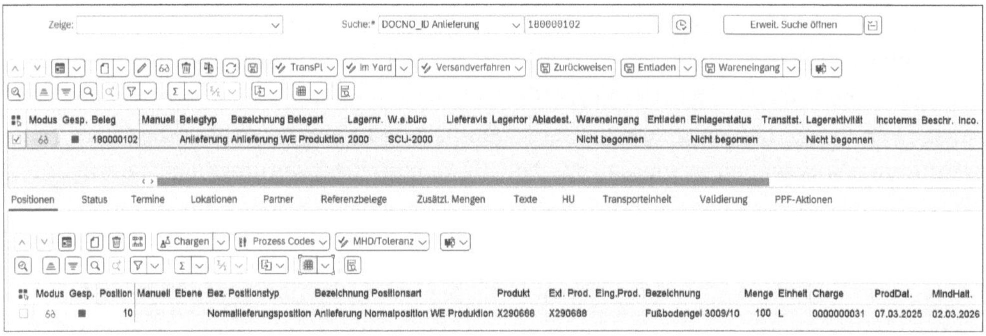

Abbildung 8.48 Anlieferung in SAP EWM

In der SAP-EWM-Anlieferung sind sämtliche chargenbezogenen Informationen enthalten. Dazu gehören die Chargennummer selbst sowie die zugehörigen Zeitstempel wie das Herstellungsdatum und das Mindesthaltbarkeitsdatum.

Nachdem die Anlieferungsposition verpackt und der Wareneingang erfolgreich gebucht wurde, können Sie im Lagerverwaltungsmonitor den physischen Bestand und das dazugehörige Verfallsdatum sehen (siehe Abbildung 8.49).

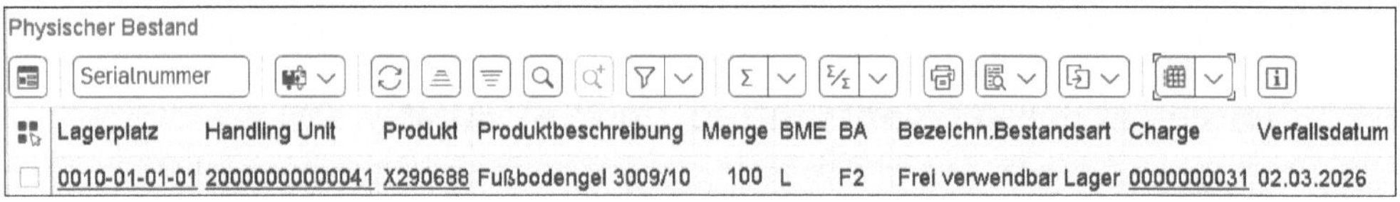

Abbildung 8.49 Physischer Bestand mit Mindesthaltbarkeitsdatum in SAP EWM

Übersicht der Mindesthaltbarkeitsabwicklung in SAP EWM

SAP EWM beinhaltet umfassende Funktionen zur Anzeige und Verwaltung von Beständen mit ihren zugehörigen Mindesthaltbarkeitsdaten. Im Lagerverwaltungsmonitor (LVM) können Sie sich über den Knoten **Bestand und Platz** über die Auswahl **Physischer Bestand** alle Bestände anzeigen lassen. Weiterhin gibt es die Möglichkeit, sich über die Funktion **Übersicht MHD/Verfallsdatum** alle Bestände anzeigen zu lassen, die bis zu dem eingegeben Mindesthaltbarkeitsdatum ablaufen (siehe Abbildung 8.50).

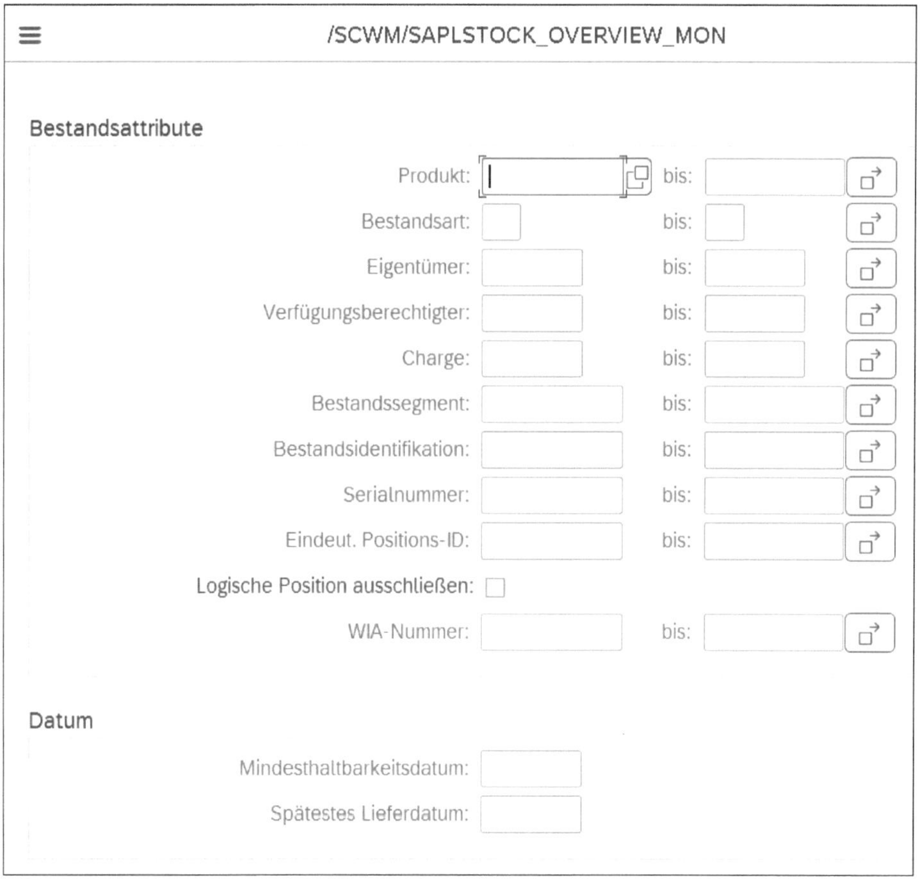

Abbildung 8.50 Übersicht MHD/Verfalldatum im LVM

Für die automatisierte Behandlung abgelaufener Bestände stellt SAP EWM das Programm /SCWM/R_STOCK_TYPE_CHANGE zur Verfügung. Dieses Programm ermöglicht die automatische Umbuchung abgelaufener Bestände in andere Bestandsarten, beispielsweise in Verschrottungsbestand oder Sperrbestand. Dadurch kann z. B. verhindert werden, dass abgelaufene Materialien bei der Kommissionierungen vom System als verfügbar betrachtet werden. Dieses Programm kann als Hintergrundjob eingeplant werden, um eine regelmäßige und automatische Überprüfung der Bestände zu gewährleisten.

8.3.2 Chargen in der Inventur im SAP-MM-IM-Lagerort

Die Inventur im SAP-MM-IM-Lagerort (Materials Management – Inventory Management) findet grundsätzlich auf Lagerortebene statt. Wenn Sie ein chargenpflichtiges Material zählen wollen, wird die Information, welche Charge gezählt werden soll, auf dem Inventurbeleg ausgewiesen.

Beim Anlegen des Inventurbelegs geben Sie das Material und die entsprechenden Chargen an, die gezählt werden sollen. Um einen Inventurbeleg anzulegen, nutzen Sie die SAP-Fiori-App **Inventur - Einzelbeleg anlegen** (Transaktion MI01).

In Abbildung 8.51 sieht man den Selektionsbildschirm der SAP-Fiori-App **Inventur – Einzelbeleg anlegen**. Hier können verschiedene Selektionskriterien zur Erstellung des Inventurbelegs eingegeben werden.

Abbildung 8.51 Inventurbeleg anlegen

Zu Abbildung 8.52 gelangen Sie, wenn Sie die Eingaben mit der Taste [↵] bestätigen. Auf dieser Ansicht der SAP-Fiori-App geben Sie die einzelnen Positionen und Chargen an, die gezählt werden sollen. Wenn alle Inventurpositionen erfasst sind, wird der Inventurbeleg durch den Button **Buchen** angelegt.

Abbildung 8.52 Auswahl der gezählten Inventurpositionen

Im nächsten Schritt werden die Zählergebnisse pro Charge erfasst. Dafür nutzen Sie die SAP-Fiori-App **Inventurzählung erfassen** (Transaktion MI04).

Nach Eingabe der Inventurbelegnummer und Bestätigung mit der [↵]-Taste gelangen Sie zum Bildschirm, auf dem Sie die Mengen für jede Position eintragen können (siehe Abbildung 8.53).

Abbildung 8.53 Einstieg in die Inventurzählung mit Inventurbeleg

In der folgenden Ansicht (siehe Abbildung 8.54) erfassen Sie die Zählergebnisse der Inventur. Hier müssen Sie die Menge für jede einzelne Position eintragen. Wenn Sie alle Ergebnisse erfasst haben, speichern Sie die Inventurzählung.

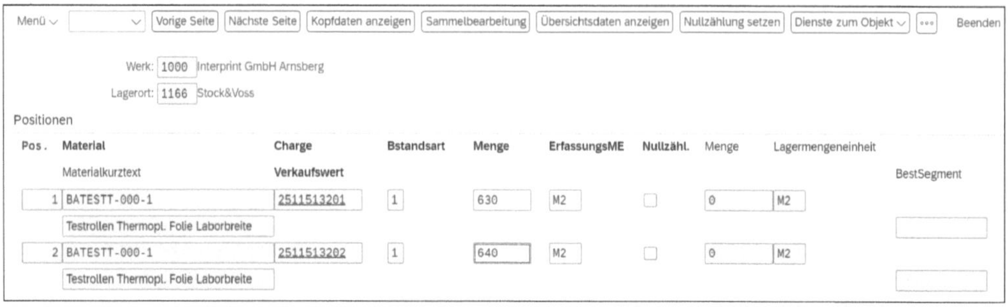

Abbildung 8.54 Inventurzählung – Erfassung der Mengen

Nach der Erfassung der Zählung werden die Differenzen in der SAP-Fiori-App **Inventurbeleg buchen** (Transaktion MI07) behandelt (siehe Abbildung 8.55). Um die Differenzen zu buchen, steigen Sie in die SAP-Fiori-App mit der Nummer des Inventurbelegs ein.

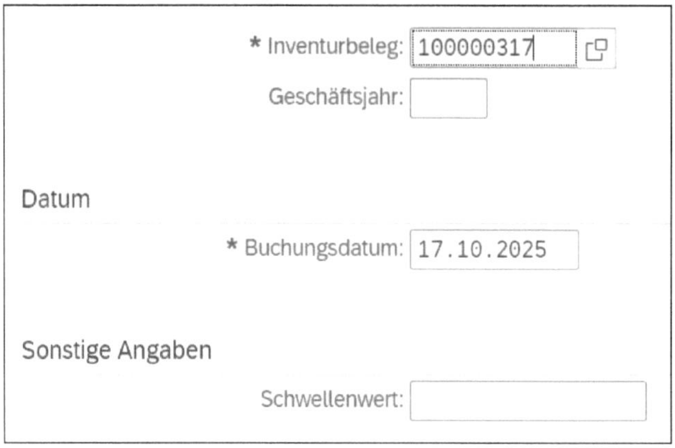

Abbildung 8.55 Inventurdifferenzen buchen

Im nächsten Schritt zeigt die App eine Übersicht aller Differenzen, die nach der Zählung entstanden sind (siehe Abbildung 8.56). Sie können einen Grund für die Differenz auswählen, der an den Materialbeleg fortgeschrieben wird. Durch das Buchen der Differenz erstellt das System ein Materialbeleg, und die Bestände werden entsprechend korrigiert.

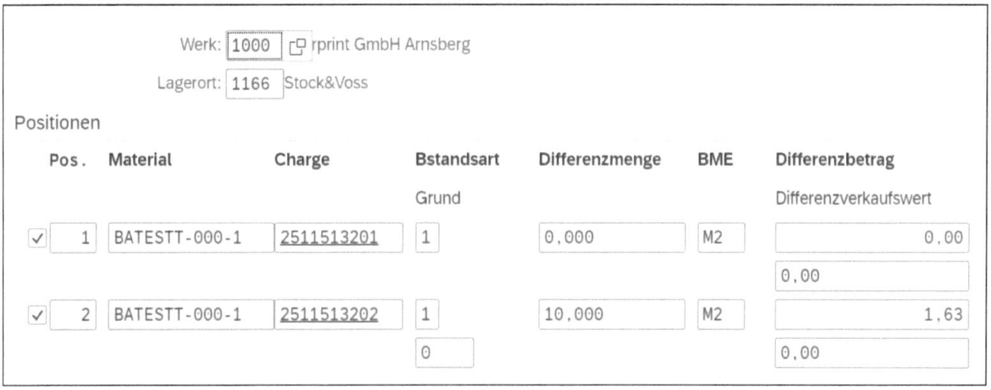

Abbildung 8.56 Übersicht der Differenzen des ausgewählten Inventurbelegs

8.3.3 Chargen in der Inventur in SAP EWM

Wenn Sie die Inventur für chargengeführtes Material in Ihrem Lager durchführen, vergleichen Sie nicht nur den Materialbestand auf dem Lagerplatz mit den im System geführten Daten. Sie überprüfen auch, ob die Chargeninformationen im System mit der tatsächlichen Charge auf dem Lagerplatz übereinstimmen.

Die Inventur von chargengeführten Materialen findet analog zur Inventur ohne Chargen statt. Zusätzlich zum Zählergebnis wird die Charge des gezählten Materials erfasst. Die Erfassung der Charge ist nur notwendig, wenn der RF-Dialog mit mobilen Scannern verwendet wird (siehe Abbildung 8.57). Ansonsten ist die Charge mit vorgeblendet und muss nicht extra verifiziert werden (siehe Abbildung 8.58).

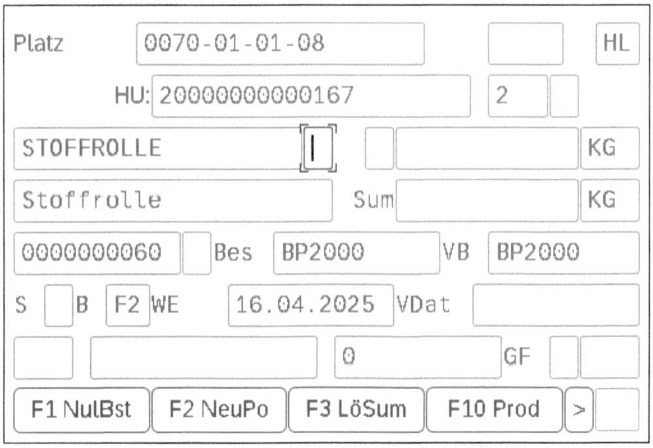

Abbildung 8.57 RF-Dialog (/SCWM/RFUI) Inventurzählung mit Verifikation der Charge

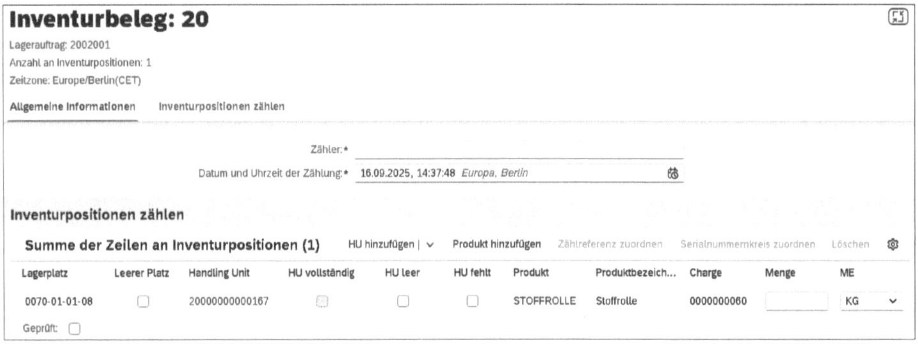

Abbildung 8.58 Inventurzählung mit der SAP-Fiori-App »Inventurzählung – Papierbasierte Zählung«

SAP EWM ermöglicht die Erfassung von Chargen, die zum Zeitpunkt der Inventur noch nicht im System existieren. Wenn eine unbekannte Charge während der Inventur erfasst wird, gibt das System eine entsprechende Warnmeldung aus. Diese Warnmeldung kann jedoch übergangen werden, und das Material mit der unbekannten Charge kann als gefundenes Material in der Inventur erfasst werden.

Es ist jedoch nicht möglich, eine unbekannte Charge als Inventurdifferenz an die Bestandsführung über die SAP-Fiori-App **Differenzen analysieren** (Transaktion /SCWM/DIFF_ANALYZER) auszubuchen. Die unbekannte Charge muss zuerst im System erstellt werden, bevor die Inventurdifferenz an die Bestandsführung übermittelt werden kann.

8.4 Chargen in der Produktion

Dieser Abschnitt beleuchtet Prozesse aus der Produktion, die eng mit der Bestandsführung verbunden sind. Dazu zählen Verbrauchsbuchungen chargenpflichtiger Materialien zu Produktionsaufträgen, die Sie auf verschiedene Arten im System durchführen können.

[»]

Bestandsverwaltung von Materialien

Im weiteren Verlauf des Abschnitts treffen Sie auf die Begriffe *lagerortverwaltetes Material* und *lagerplatzverwaltetes Material*. Mit *lagerortverwaltet* ist dabei gemeint, dass die Bestände eines Materials bzw. dessen Chargen lediglich auf Lagerortebene geführt werden. *Lagerplatzverwaltet* bedeutet hingegen, dass unterhalb des Lagerorts noch eine EWM-Lagerverwaltung auf Lagerplatzebene für die Chargen eines Materials existiert.

8.4.1 Verbrauchsbuchungen von Chargen in der Produktion

Eine Verbrauchsbuchung einer Materialkomponente zu einem Produktionsauftrag führen Sie z. B. über Transaktion MIGO (Warenbewegung) bzw. der SAP-Fiori-App **Warenbewegung buchen** mit der Bewegungsart 261 durch. Sie haben zudem die Möglichkeit, Auftragskomponenten während einer Auftragsrückmeldung über die sogenannte *retrograde Entnahme* für einen Produktionsauftrag zu verbrauchen. Dabei wird die zu verbrauchende Menge automatisch abhängig von der Rückmeldemenge angepasst. Dadurch bleibt die ursprüngliche Relation von Komponentenmenge und Auftragsmenge bei der Ermittlung der Menge zur Warenausgangsbuchung erhalten.

[zB]

Mengenermittlung bei retrograder Entnahmebuchung

Sie planen, mit einem Produktionsauftrag 1.000 KG eines Materials zu produzieren. Der Komponenteneinsatz von Komponente A für diesen Auftrag beträgt laut Stückliste 500 KG, was 50 % der Auftragsmenge entspricht. Die Komponente soll dabei über eine retrograde Entnahme verbraucht werden. Sie führen eine erste Auftragsrückmeldung über 400 KG durch. Für die Komponente A wird dabei automatisch eine Warenausgangsbuchung zum Auftrag über 200 KG mit Bewegungsart 261 durchgeführt, was ebenfalls 50 % der Ausbeute dieser Rückmeldung entspricht.

Sie müssen eine Reihe von Einstellungen vornehmen, damit die Ermittlung der Chargen und die Verbrauchsbuchung in beiden Fällen reibungslos ablaufen. Das SAP-System verhält sich überdies bei der Ermittlung der zu verbrauchenden Chargen unterschiedlich, abhängig davon, wie Sie das Material im Bestand verwalten. Lagerplatzverwaltete Materialien, für deren Bereitstellung in die Produktion Sie die EWM/PP-Schnittstelle nutzen, werden dabei anders behandelt als Materialien, die Sie lediglich auf Lagerortebene verwalten. Diese Unterschiede und die notwendigen Einstellungen lernen Sie im Folgenden kennen.

Zeitpunkt der Bestimmung der Chargen

Falls Sie ein chargenpflichtiges Material als Komponente in einem Produktionsauftrag einsetzen, müssen Sie sich entscheiden, ob Sie die einzusetzenden Chargen bereits im Produktionsauftrag bestimmen möchten.

Dann würden Sie im weiteren Verlauf die im Auftrag spezifizierten Chargen auch für den Auftrag verbrauchen, z. B. wie im Falle von lagerplatzverwalteten Materialien. Auch für lagerortverwaltete Komponenten wäre diese Methode denkbar, z. B. wenn Sie diese immer nach dem FEFO-Prinzip (FEFO = First-Expiry-First-Out) verbrauchen und die Chargen dementsprechend über die Chargenfindung im Produktionsauftrag ermitteln. Ein weiterer Grund für eine Chargenfindung im Auftrag könnte sein, dass Sie Ihre verfügbaren Silos oder Tanks über Chargennummern abgebildet haben. Sie würden dann im Auftrag über die Chargennummer angeben, aus welchem Silo bzw. Tank die Komponente für den Auftrag entnommen werden soll.

Alternativ können Sie erst bei der Bereitstellung aus dem Lager bzw. während der Produktion entscheiden, welche Chargen tatsächlich für einen Auftrag eingesetzt werden. Diesen Fall möchten wir in diesem Abschnitt näher beleuchten, da Sie dann während der Warenausgangsbuchung oder während einer Auftragsrückmeldung angeben müssen, welche Chargen Sie tatsächlich in der Produktion eingesetzt haben. Diese Methode können Sie sowohl für lagerortverwaltete als auch für lagerplatzverwaltete Materialien anwenden. Für Materialien mit einer Lagerplatzverwaltung wäre das z. B. über die Bereitstellungsart **Auftragsspezifische oder Auftragsübergreifende** möglich.

Stammdateneinstellung zur retrograden Entnahme

Um die retrograde Entnahme für ein Material zu aktivieren, setzen Sie im Materialstamm das entsprechende Kennzeichen. In Transaktion MM02 (Material ändern) bzw. der SAP-Fiori-App **Material ändern** pflegen Sie dazu in der Materialstammsicht **Disposition 2** das Kennzeichen **Retrogr. Entnahme** mit dem Wert 1 (**Grundsätzlich retrograd entnehmen**), wie in Abbildung 8.59 dargestellt.

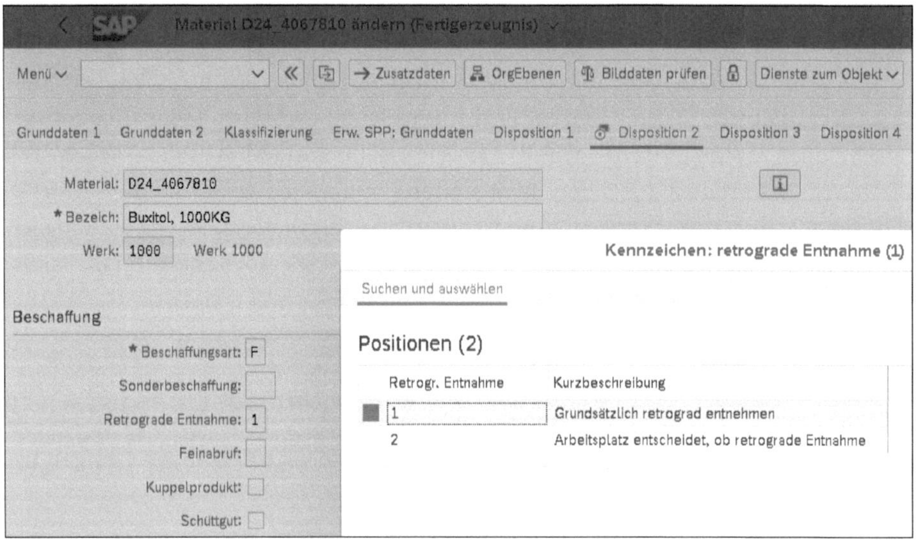

Abbildung 8.59 Kennzeichen »Retrogr. Entnahme« im Materialstamm setzen

Customizing-Einstellung zur Chargenfindung bei der retrograden Entnahme von lagerortverwalteten Materialien

Ist eine Komponente lagerortverwaltet, wird deren Bestand ohne ein WM-Lager auf Lagerortebene geführt. Für die retrograde Entnahme solcher Materialien können Sie eine automatische Chargenfindung aktivieren. Dadurch müssen Sie die Chargenfindung nicht manuell anstoßen, wenn Sie eine Auftragsrückmeldung durchführen, an die die Verbrauchsbuchungen dieser Materialkomponenten gekoppelt sind.

Sie aktivieren die automatische Chargenfindung im Customizing pro Auftragsart und Werk über den Menüpfad (IMG •) **Produktionsplanung Prozessindustrie • Prozessauftrag • Vorgänge • Bestands- und Chargenfindung in der Warenbewegung** (Transaktion OPJ2). Für die relevante Kombination aus Auftragsart, Werk und Vorgang 3 (**Prüfung bei retrograder Entnahme**) legen Sie einen Eintrag an und setzen das Kennzeichen CF (Automatische Chargenfindung durchführen), wie in Abbildung 8.60 für Werk 1000 und Auftragsart PI01 gezeigt.

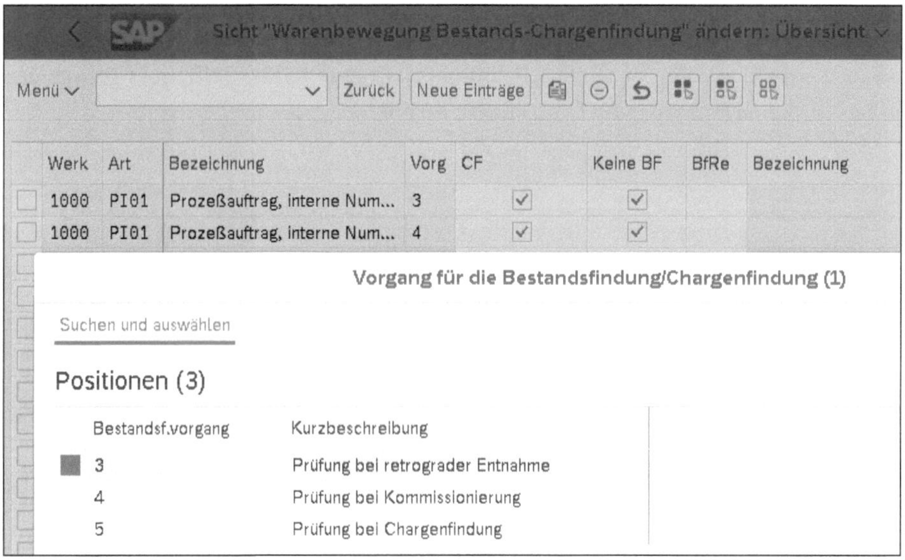

Abbildung 8.60 Steuerung der automatischen Chargenfindung bei einer retrograden Entnahme

Aufgrund dieser Einstellung wird nun bei einer Auftragsrückmeldung für lagerortverwaltete Chargen automatisch eine Chargenfindung im Hintergrund ausgeführt. Die ermittelte Charge wird dabei automatisch in die Belegposition übernommen. Falls zur Erfüllung der Bedarfsmenge die verfügbare Menge einer Charge nicht ausreicht, wird ein Chargensplit durchgeführt. Voraussetzung ist, dass Sie eine gültige Chargensuchstrategie in der Bestandsführung definiert haben. Details dazu erfahren Sie in Abschnitt 3.2.10, »Chargensuchstrategien«.

Chargenfindung bei der Warenausgangsbuchung und der retrograden Entnahme von lagerortverwalteten Materialien

Für eine lagerortverwaltete Komponente können Sie über die im vorangegangenen Abschnitt beschriebene Einstellung (siehe Abbildung 8.60) eine automatische Chargenfindung bei einer retrograden Entnahme durchführen lassen. Gemäß der Selektion und der Sortierung, der Chargensuchstrategie, die Sie in der Chargenfindung der Bestandsführung definiert haben, wird dann während der Rückmeldung zum Produktionsauftrag automatisch die zu verbrauchende Charge ermittelt.

Dazu rufen Sie z. B. mit Transaktion COR6N (Lohn-Rückmeldeschein zum Prozessauftrag erfassen) bzw. der SAP-Fiori-App COR6N eine Rückmeldung zu einem Prozessauftrag auf. Dort wechseln Sie mit dem Button Warenbewegungen (**Aufruf Warenbewegungsübersicht**) in die Warenbewegungsübersicht. Für eine lagerortverwaltete Komponente mit retrogradem Entnahmekennzeichen (siehe Abbildung 8.59) wird automatisch die Charge in die Position geschrieben, die im Hintergrund in der Chargenfindung ermittelt wurde. Im Beispiel in Abbildung 8.61 war die verfügbare Menge der ersten ermittelten Charge 12D2410211 nicht ausreichend, um die Bedarfsmenge zu decken. Deshalb wurde eine weitere Position mit Charge 12D2410210 hinzugefügt, um die Gesamtbedarfsmenge von 5.000 KG zu erfüllen.

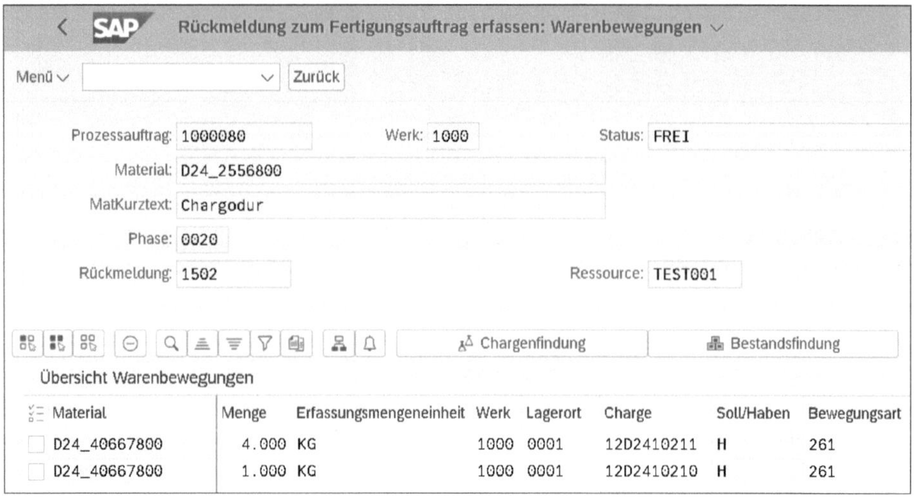

Abbildung 8.61 Automatische Chargenfindung für eine lagerortverwaltete Komponente bei der Auftragsrückmeldung

Um Ihnen zu veranschaulichen, wie die Chargen ermittelt wurden, haben wir die Chargenfindung manuell aufgerufen. Das Ergebnis ist dabei identisch mit der automatischen Chargenfindung, die in Abbildung 8.62 dargestellt ist. Die beiden Chargen 12D2410211 und 12D2410210 werden ermittelt, sortiert nach Verfallsdatum/MHD, und die Verteilung der Bedarfsmenge erfolgt top-down (siehe Abschnitt 3.4, »Ablauf der Chargenfindung«).

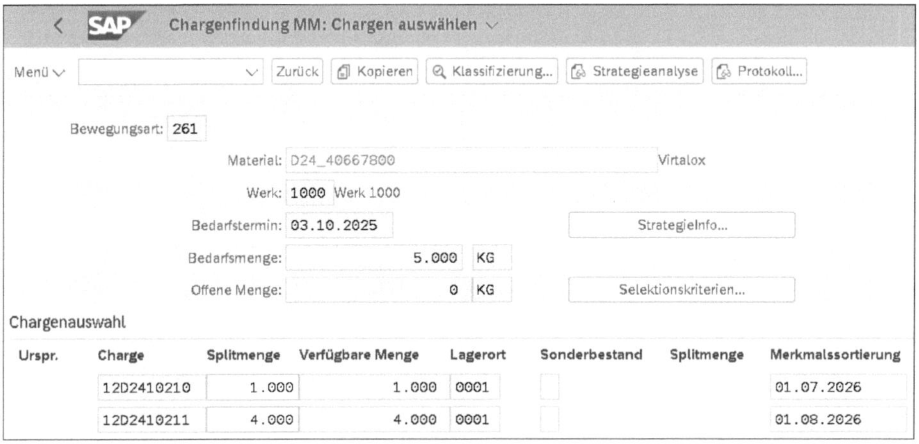

Abbildung 8.62 Chargenfindung bei der Auftragsrückmeldung aufrufen

8

Logik der retrograden Entnahmebuchung von chargenpflichtigen Materialien bei Rückmeldung einer Teilmenge

Sie können die Chargenfindung für eine Komponente entweder bereits im Produktionsauftrag durchführen oder die Chargen erst bei der retrograden Entnahme während einer Auftragsrückmeldung ermitteln. Falls Sie eine Teilmengenrückmeldung zu einem Produktionsauftrag vornehmen, ist die Logik beim Verbrauch von chargenpflichtigen Komponenten wie folgt:

Ein Auftrag hat eine geplante Auftragsmenge von 2.000 KG. Dazu benötigen Sie 1.000 KG einer Komponente A, für die das retrograde Entnahmekennzeichen gesetzt ist. Im Auftrag führen Sie nun eine Chargenfindung für die Komponente durch und ermitteln dabei eine Charge X mit 600 KG und eine Charge Y mit 400 KG. Sie führen nun eine Auftragsteilrückmeldung über 1.000 KG durch. Es werden nun allerdings nicht 300 KG der Charge A und 200 KG der Charge B entnommen, sondern 500 KG der Charge A. Die Chargen werden also entsprechend ihrer Sortierung verbraucht. Dies ist das Standardverhalten des SAP-Systems. Falls Sie eine anteilige Verbrauchsbuchung pro Charge wünschen, lesen Sie dazu SAP-Hinweis 372912 bzw. 607513.

Wenn Sie einen Warenausgang z. B. über Transaktion MIGO (Warenbewegung) bzw. die SAP-Fiori-App **Warenbewegung buchen** und Bewegungsart 261 buchen, wird keine automatische Chargenfindung durchgeführt wie bei der retrograden Entnahme. Sie müssen in diesem Fall die Chargenfindung für jede Position über den Button (**Bestandsfindung**) manuell anstoßen. Sie verzweigen dann gemäß den Einstellungen in der Suchstrategie in den Dialog der Chargenfindung, der in Abbildung 8.62

dargestellt ist. Auch hier wird im Falle eines Chargensplits nach der Übernahme der ermittelten Chargen für die Charge 12D2410210 eine neue Position eingefügt (siehe Abbildung 8.63).

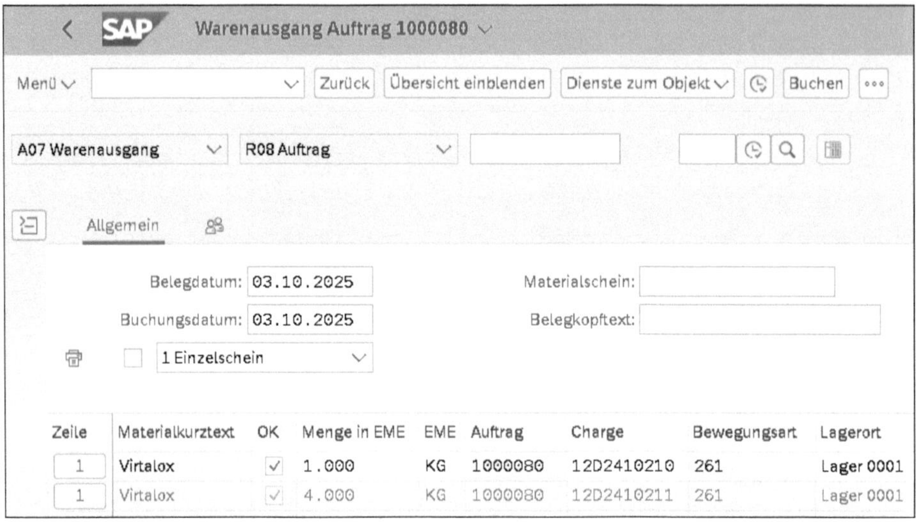

Abbildung 8.63 Neue Belegposition aufgrund eines Chargensplits in der Chargenfindung beim Warenausgang

Sie kennen nun die Möglichkeiten der Chargenfindung beim Verbrauch von lagerortverwalteten Materialien.

Chargenfindung bei der Warenausgangsbuchung und der retrograden Entnahme von SAP-EWM-verwalteten Materialien

Für Auftragskomponenten, die in SAP EWM verwaltet werden und deren Bereitstellung in der Produktion über die EWM/PP-Schnittstelle angestoßen wird, ist eine Chargenfindung im Fertigungsauftrag nicht möglich, wenn eine retrograde Entnahme durchgeführt werden soll.

Die retrograde Entnahme kann im Zusammenspiel mit SAP EWM nur dann erfolgen, wenn die betreffende Komponente nicht relevant für die Bereitstellung ist, z. B. bei Komponenten aus einem Tanklager.

Die Bereitstellungsmethode legen Sie in der SAP-Fiori-App **Platz PVB zuordnen – Lager** (App-ID /SCWM/PSASTAGE) fest (siehe Abbildung 8.64). Hier können Sie die Bereitstellungsmethode pro PVB, Produktgruppe oder Produkt festlegen.

Abbildung 8.64 Zuordnung der Bereitstellungsmethode zum PVB

Bei der Anlage des Fertigungsauftrags muss für jede Komponente, die nicht bereitstellungsrelevant ist, eine Charge angegeben werden (siehe Abbildung 8.65).

Komponentenübersicht

	Posi...	Komponente	Beschreibung	Bedarfsmenge	M...	P...	Vor...	Folge	Werk	Lag...	Bestandssegment	Charge	A...	Sc...	Re...
☐	0020	X290688	Fußbodengelb 3009/10	500	L	L	0020	0	2000	1000		0000000030	☐	☐	☑

Abbildung 8.65 Fertigungsauftrag für eine Auftragskomponente, die retrograd entnommen wird

Nachdem der Fertigungsauftrag mit der SAP-Fiori-App **Fertigungsauftragvorgang rückmelden** (CO11N) zurückgemeldet wird, wird ein Auslieferungsauftrag an SAP EWM übertragen. Dieser Auslieferungsauftrag wird automatisch im Warenausgang gebucht (siehe Abbildung 8.66), sofern sich genügend Bestand auf dem angegeben Lagerplatz (**Platz PVB zuordnen – Lager**) befindet.

Der Warenausgang wird über die Schnittstelle an SAP S/4HANA übermittelt. Dabei wird ein Materialbeleg über den Verbrauch erzeugt, der einen Bezug zum Fertigungsauftrag hat.

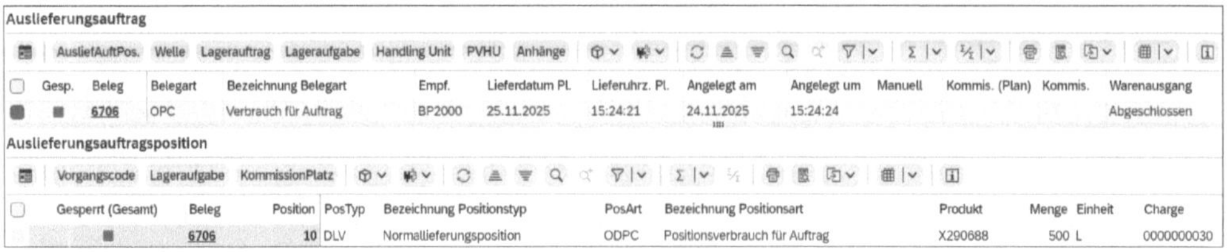

Abbildung 8.66 Auslieferungsauftrag in SAP EWM von der retrograden Entnahme

Chargenfindung bei der Nachbearbeitung von Fehlersätzen aus automatischen Warenbewegungen

Fehler bei retrograden Warenbewegungen werden als Fehlersätze gespeichert, die Sie mit Transaktion COGI (Nachbearbeitung von Fehlersätzen aus automatischen Warenbewegungen) nachbearbeiten müssen. Ein Fehler tritt z. B. dann auf, wenn bei einer retrograden Entnahme keine Chargeninformation zu einer Position ermittelt werden kann. Sie müssen diese dann nachträglich in Transaktion COGI bzw. in der SAP-Fiori-App **Nachbearbeitung von Fehlersätzen aus automatischen Warenbewegungen** ergänzen (siehe Abbildung 8.67).

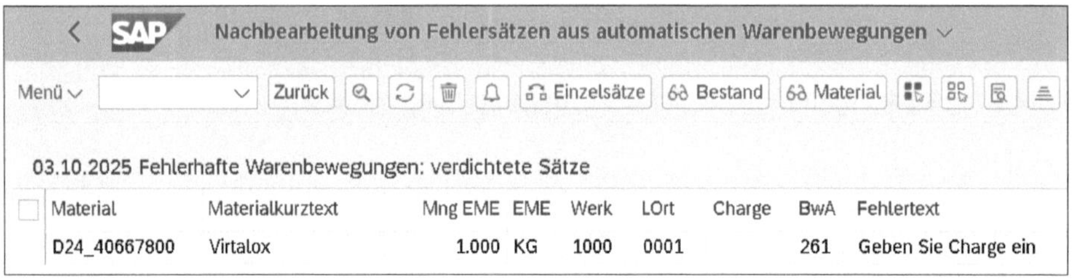

Abbildung 8.67 Fehlerhafte Warenbewegungen bei der retrograden Entnahme nachbearbeiten

Eine Fehlerursache kann z. B. sein, dass Sie zum Zeitpunkt der Auftragsrückmeldung noch keinen Bestand auf dem Produktionslagerplatz haben. Dadurch kann die retrograde Entnahme nicht durchgeführt werden, und der Fehlersatz wird erzeugt.

Bei lagerortverwalteten Komponenten, wie Material D24_4067800 aus Abbildung 8.67, können Sie die Chargenfindung manuell durch einen Klick auf den Button Chargenfindung aufrufen, mit dem Sie in den Dialog zur Chargenfindung gelangen.

8.4.2 Chargenfindung und Materialmengenberechnung im Prozessauftrag

In der Prozessfertigung haben Sie die Möglichkeit, anhand von Formeln eine Materialmengenberechnung im Planungsrezept zu definieren. Damit können Sie die Mengen und somit die Mischungsverhältnisse der Einsatzstoffe und der zu erwartenden Ausbeute abhängig von Mengen und Eigenschaften der eingesetzten Chargen im Prozessauftrag neu berechnen. Dabei spielt der Einsatz von Chargen und deren Merkmalsbewertungen eine entscheidende Rolle. Im Planungsrezept definieren Sie Formeln, für die neben Mengenangaben zudem Bewertungen der Chargenmerkmale wie Gehalt oder Konzentration herangezogen werden können.

Nutzung der Materialmengenberechnung zur Standardisierung einer Wirkstofflösung

Sie produzieren eine Wirkstofflösung, die immer einen bestimmten Wirkstoffgehalt haben muss. Die Chargen des dazu eingesetzten Wirkstoffs variieren jedoch im Wirkstoffgehalt. Abhängig von den eingesetzten Wirkstoffchargen berechnen Sie im Prozessauftrag die erforderliche Menge an gereinigtem Wasser, um den vorgegebenen Wirkstoffgehalt der Lösung zu erzielen.

Die Materialmengenberechnung definieren Sie im Planungsrezept. Dazu navigieren Sie mit Transaktion C202 bzw. der SAP-Fiori-App **Planungsrezept ändern** in die Materialliste, indem Sie im Rezept auf die Registerkarte **Materialien** klicken. Wie in Abbildung 8.68 dargestellt, sehen Sie hier eine Übersicht aller in der Stückliste enthaltenen Materialien zur Produktion des Materials D24_2559200, einer Wirkstofflösung: den Wirkstoff Pharmaxol (Materialnummer D24_4081000) sowie gereinigtes Wasser (Materialnummer D24_4081100).

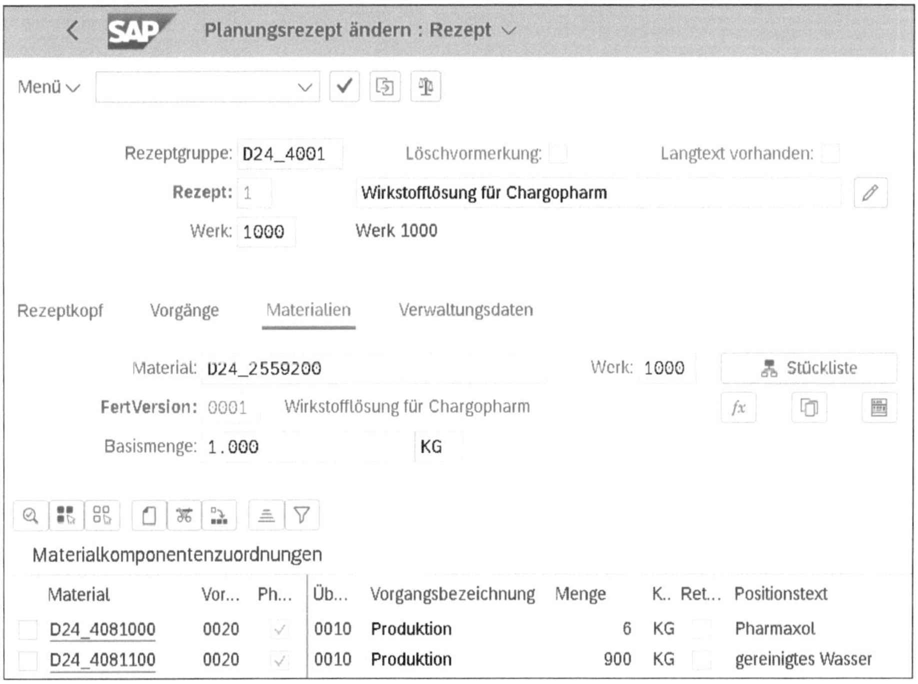

Abbildung 8.68 Materialliste im Planungsrezept

Hier klicken Sie nun auf den Button [fx] (**Materialmengenberechnung**), um in den Dialog der Materialmengenberechnung zu verzweigen, wie in Abbildung 8.69 gezeigt. Sie sehen hier zu jedem Objekt eine Zeile und können nun die jeweilige Mengenangabe über eine Formel, die Sie in Spalte **1:Menge** hinterlegen, berechnen lassen. Ein Objekt kann vom Typ Material (MT) sein wie in den Zeilen 1 (produziertes Material), 4 und 5 (Einsatzkomponenten). Sie können darüber hinaus auch die Vorgangs- und Phasenmengen, die in der Spalte **Typ** mit OP gekennzeichnet sind, über eine Formel neu berechnen wie im Falle der Zeilen 2 (Vorgang 0100) und 3 (Phase 0110). Dazu wählen Sie eine Zelle an und klicken auf den Button **Formel auswählen**, um dann im Feld **Formeldefinition** eine Formel zur Berechnung dieses Werts einzugeben.

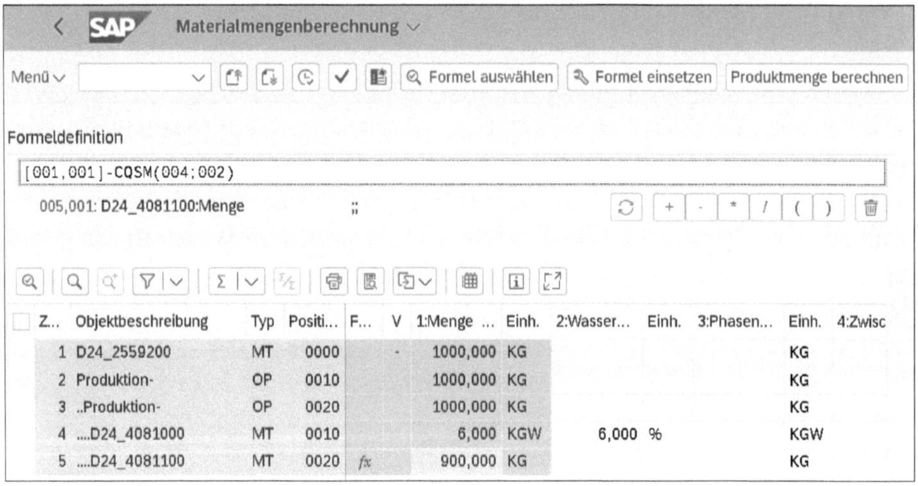

Abbildung 8.69 Formeln für die Materialmengenberechnung im Planungsrezept pflegen

Im Beispiel in Abbildung 8.69 soll die einzusetzende Menge des Materials D24_4081100 (gereinigtes Wasser) abhängig von der Menge des Materials D24_4081000 (Pharmaxol) berechnet werden. Um 1.000 KG standardisierte Wirkstofflösung zu erhalten, sind 6 KGW (Kilogramm Wirkstoff) des Materials D24_4081000 erforderlich (siehe auch Kapitel 7, »Reporting«).

Da der Wirkstoffgehalt der Chargen schwankt, müssen Sie entsprechend den eingesetzten Chargen mehr oder weniger gereinigtes Wasser hinzufügen. Sie berechnen somit die erforderliche Menge an gereinigtem Wasser, indem Sie die eingesetzte Menge des Wirkstoffs in KG, die 6 KGW entspricht, von der zu produzierenden Gesamtmenge 1.000 KG abziehen. Die Umsetzung dieser Berechnung in eine Formel der Materialmengenberechnung lautet [001,001]-CQSM(004;002). Die einzelnen Elemente der Formel haben dabei folgende Bedeutung:

- [001,001]: Dieses Formelelement beschreibt den Zelleninhalt der Zelle in Zeile 1 und Spalte 1 und stellt hier die zu produzierende Menge des Materials D24_2559200 dar, in diesem Fall 1.000 KG.
- CQSM(004;002): Diese Funktion liefert als Ergebnis die Quotientensumme der Mengen aus Zeile 4 (Material D24_4081000) und den Merkmalswerten aus Spalte 2 (Merkmal **Gehalt**). Damit wird über alle eingesetzten Chargen des Materials D24_4081000 die jeweilige Menge in KG durch den Wirkstoffgehalt dividiert und daraus die Summe gebildet.

Mithilfe der Funktion `CQSM` können Sie in diesem Fall auf Basis der Angaben der Chargenmengen in KGW und des Wirkstoffgehalts jeder Charge in Prozent die eingesetzte gesamte physische Menge des Wirkstoffmaterials in KG berechnen.

Materialmengenberechnung mit Bildung der Quotientensumme der eingesetzten Chargen

Falls Sie 3 KGW einer Charge einsetzen, die einen Wirkstoffgehalt von 5 % besitzt, lässt sich die eingesetzte physische Menge in KG folgendermaßen berechnen: *physische Menge in KG = enthaltene Wirkstoffmenge in KGW / (Wirkstoffgehalt in % / 100).*

Falls nun 3 KGW einer Charge mit einem Wirkstoffgehalt von 5 % eingesetzt werden, entspricht dies einer physischen Menge von 60 KG.

Nachdem Sie die benötigten Formeln in der Materialmengenberechnung im Planungsrezept gepflegt haben, legen Sie mit Transaktion COR1 bzw. der SAP-Fiori-App **Prozessauftrag anlegen** einen Prozessauftrag an. In Abbildung 8.70 sehen Sie die Materialübersicht eines Prozessauftrags über 600 KG Wirkstofflösung.

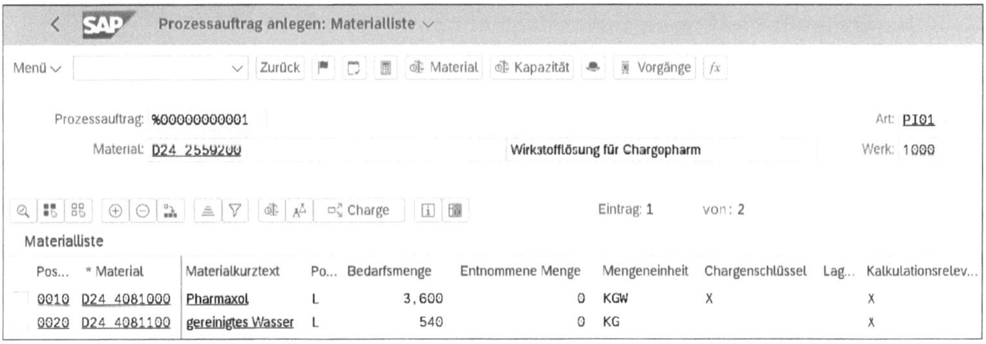

Abbildung 8.70 Materialliste im Prozessauftrag

Als Nächstes stoßen Sie über den Button (**Chargenfindung durchführen**) die Chargenfindung für das Material D24_4081000 (Pharmaxol) an, um für die Bedarfsmenge 3,6 KGW geeignete Chargen auszuwählen.

[!]

Verwendete Mengeneinheit in der Chargenfindung

Um eine Chargenfindung in der Anteilsmengeneinheit KGW (Kilogramm Wirkstoff) zu ermöglichen, müssen Sie in der Chargensuchstrategie das Kennzeichen **Anzeige ME** auf B (**Anzeige in Erfassungsmengeneinheit des Beleges**) gesetzt haben.

Das Ergebnis der Chargenfindung sehen Sie in Abbildung 8.71. Es werden drei Chargen gefunden, die jeweils einen unterschiedlichen Wirkstoffgehalt besitzen. In der Spalte **Merkmalssortierung** sehen Sie die Prozentangabe des Wirkstoffgehalts jeder Charge.

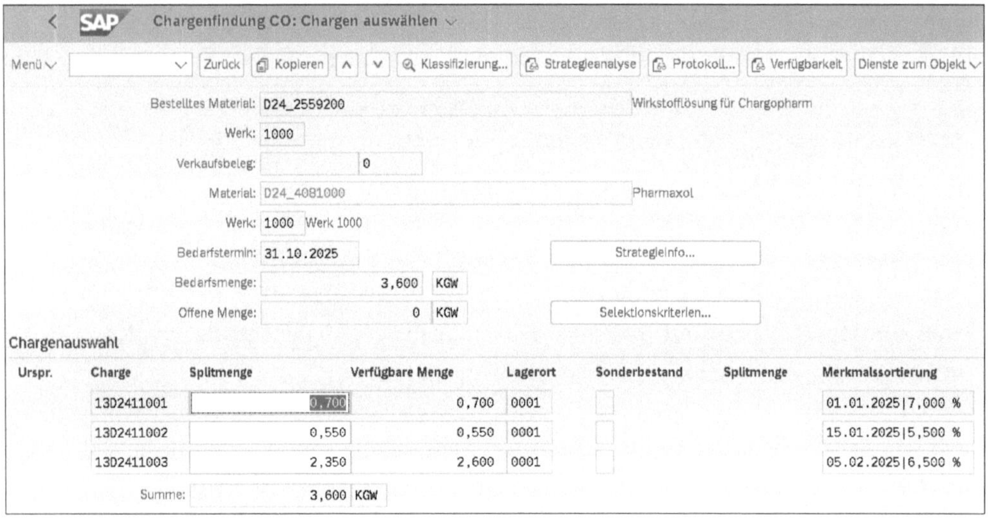

Abbildung 8.71 Chargenfindung im Prozessauftrag

Nachdem Sie das Ergebnis der Chargenfindung übernommen haben, werden entsprechend die Chargeneinzelpositionen in der Materialliste des Prozessauftrags angelegt (siehe Abbildung 8.72).

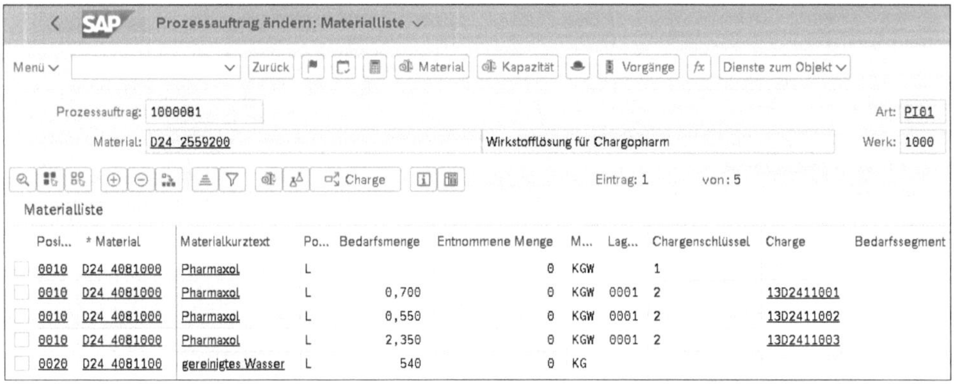

Abbildung 8.72 Materialliste im Prozessauftrag nach der Chargenfindung

Da Sie nun die Bedarfsmenge auf mehrere Chargen mit unterschiedlichem Wirkstoffgehalt aufgeteilt haben, nehmen Sie sich die Materialmengenberechnung vor, indem Sie auf den Button [fx] (**Materialmengenberechnung**) klicken. Sie verzweigen dadurch in den Dialog der Materialmengenberechnung (siehe Abbildung 8.73).

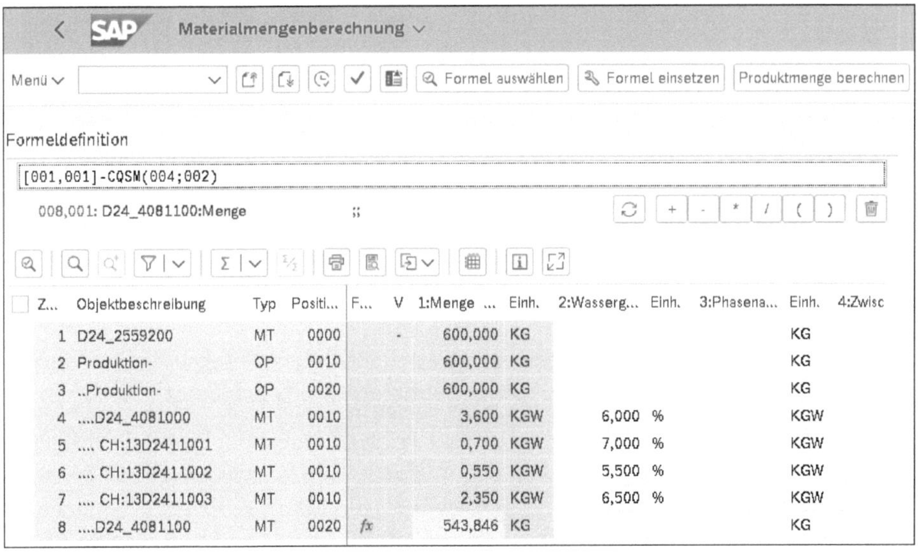

Abbildung 8.73 Materialmengenberechnung im Prozessauftrag anstoßen

Sie sehen nun, dass für jede ausgewählte Charge der Materialkomponente D24_4081000 eine eigene Zeile mit der jeweiligen Mengeninformation in der Spalte **1:Menge** und dem Wirkstoffgehalt in Prozent in der Spalte **2:Wasserg** eingefügt wurde. Aufgrund der im Planungsrezept definierten Formel wird nun die Menge der Komponente D24_4081100 (Gereinigtes Wasser) neu berechnet, indem die Quotientensumme der ermittelten Chargen aus Menge und Gehalt von der Auftragsmenge abgezogen wird. Die neu berechnete Menge für Komponente D24_4081100 ist nun 543,846 KG anstelle der ursprünglich geplanten 540 KG. Indem Sie auf den Button [⏲] (**Formeln sichern und Ergebnis übernehmen**) klicken, wird die neu berechnete Komponentenmenge in die Materialliste übernommen (siehe Abbildung 8.74).

Sie haben gesehen, dass Sie mit der Funktion `CQSM` die Quotientensumme aus der Menge und einem beliebigen Merkmalswert der ermittelten Chargen berechnen können. Darüber hinaus stehen Ihnen im Rahmen der Materialmengenberechnung weitere Funktionen wie `CPSM` (Produktsumme), `CNUM` (Anzahl gefundener Chargen), `CSUM` (Summe der Chargenmengen oder der Chargenmerkmalswerte) und `CAMV` (arithmetisches Mittel) zur Verfügung.

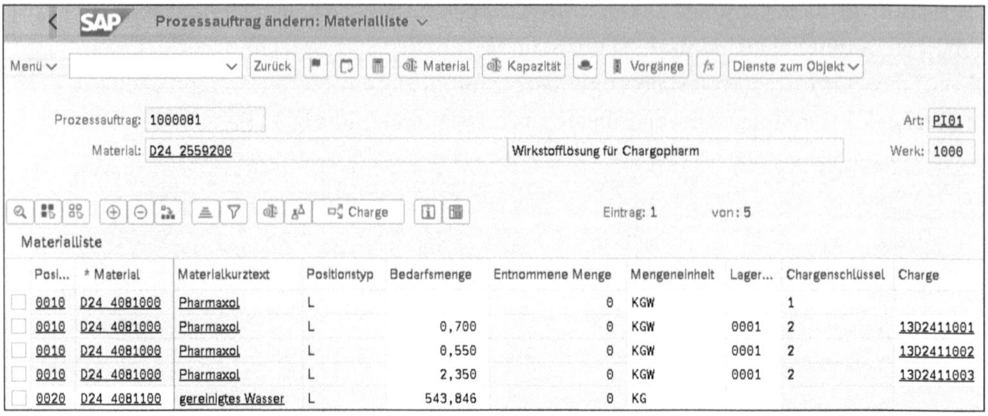

Abbildung 8.74 Materialliste im Prozessauftrag nach der Materialmengenberechnung

[+]

Automatischer Aufruf der Materialmengenberechnung nach einer Chargenfindung

Nach dem Anstoß einer Chargenfindung im Prozessauftrag findet keine automatische Materialmengenberechnung statt, Sie müssen die Materialmengenberechnung danach immer manuell aufrufen. Ein automatischer Aufruf ist nur über eine Modifikation in der Formroutine BATCH_SEARCH_COMPONENT im Programm LCOMKFOQ und in der Formroutine FORM BATCH_SEARCH im Programm LCOMKFOR möglich. Die Materialmengenberechnung rufen Sie darin mit dem Befehl PERFORM CALL_BATCH_CALC auf (siehe dazu SAP-Hinweis 674581).

8.4.3 Chargen in der Produktion mit SAP EWM

Bei der Bereitstellung in der Produktion bestehen wie beim Warenausgang die drei Möglichkeiten, wie die Chargeninformationen an SAP EWM übermittelt werden.

- Die Chargeninformationen werden im Produktionsauftrag nicht erfasst.
- Die Chargennummer wird im Produktionsauftrag manuell oder über die Chargenfindung eingetragen.
- Chargenselektionskriterien werden im Produktionsauftrag erfasst und diese werden an SAP EWM übermittelt.

SAP EWM stellt sicher, dass die Charge bzw. die Chargenselektionskriterien den Anforderungen entsprechen, die von SAP S/4HANA übermittelt wurden. Die Chargendaten können angezeigt, aber nicht in SAP EWM verändert werden.

Wenn Chargen bzw. Chargenselektionskriterien in der Produktionsmaterialanforderung (PMA) enthalten sind, kann ausschließlich die Bereitstellungsmethode der *auf-*

tragsspezifischen Bereitstellung verwendet werden. Dadurch wird sichergestellt, dass jeder Produktionsauftrag die Charge erhält, die seinen Anforderungen entspricht.

Bei der Lageraufgabenerstellung für Produktionsmaterialanforderungen, die Chargeninformationen enthalten, werden nur Chargen berücksichtigt, die für die PMA-Position zulässig sind. Das bedeutet:

- Die PMA-Position enthält keine Chargeninformation: Dann verwendet das System eine beliebige Charge (in Abhängigkeit von den definierten Bestandsfindungskriterien).
- Die Chargennummer ist in der PMA-Position enthalten: Dann verwendet das System nur Bestand dieser Charge.
- Die PMA-Position enthält Chargenselektionskriterien: Dann verwendet das System ausschließlich Bestand aus Chargen, die den Chargenselektionskriterien entsprechen.

Für die Bereitstellung können Chargen verwendet werden, die den Status »nicht frei« besitzen, sofern dies im Customizing eingestellt wurde. Über den Customizing-Eintrag (IMG •) **SCM Extended Warehouse Management • Extended Warehouse Management • Prozessübergreifende Einstellungen • Chargenverwaltung • Chargenzustandsverwaltung • Einstellungen für die Lageraufgabenerstellung vornehmen** können Sie einstellen, ob Lageraufgaben für nicht freie Chargen erstellt werden können. Setzen Sie dazu in der entsprechenden Lageraufgabe das Kennzeichen **Zu n.frei** (Zustand nicht frei) (siehe Abbildung 8.75).

Steuerung der LB-Erstellung bei Chargenzustand "nicht frei"

Lag...	Lagerprozessart	Zu n.frei
0001	1010	✓
0001	1011	
0001	1012	
0001	1013	
0001	1100	
0001	2010	✓
0001	2020	
0001	2100	
0001	3010	
0001	3020	
0001	3030	✓

Abbildung 8.75 Einstellung für die Lageraufgaben vornehmen

Um die optimale Bereitstellung für die Produktion zu gewähren, kann man im Lagertyp festlegen , ob die verfügbare Menge *chargenspezifisch* oder *chargenneutral* verwaltet werden soll. Diese Einstellung nehmen Sie unter folgenden Customizing-Pfad vor: (IMG •) **SCM Extended Warehouse Management • Extended Warehouse Management • Stammdaten • Lagertypen definieren** (siehe Abbildung 8.76). Hier können Sie unter dem Punkt **Verfügbare Menge bei Chargen** auswählen, ob die verfügbare Menge chargenspezifisch oder chargenneutral in diesem Lagertyp verwaltet werden soll.

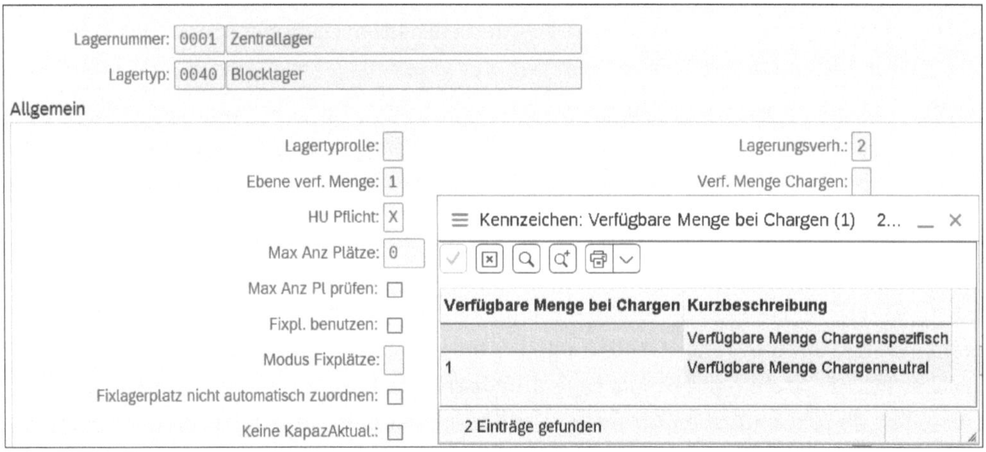

Abbildung 8.76 Customizing-Einstellung im Lagertyp »Verfügbare Menge bei Chargen«

Wenn mehrere Chargen auf einer Handling Unit oder einem Lagerplatz vorliegen, können Sie die verfügbare Menge für alle Chargen entweder einzeln oder chargenneutral halten. Je nachdem, wie die Lageranforderungen für Chargenmaterialien üblicherweise im Lager eintreffen und wie dort gearbeitet wird, sollten Sie die entsprechenden notwendigen Einstellungen vornehmen.

Wenn die verfügbare Menge chargenneutral ist, sollten die Lageranforderungen ebenfalls chargenneutral sein. Werden Lageranforderungen hingegen generell chargenspezifisch erstellt, sollte auch die verfügbare Menge pro Charge gehalten werden. Bei einer chargenneutralen verfügbaren Menge wird die Lageraufgabe ebenfalls chargenneutral erstellt, und Sie müssen bei der Quittierung der Lageraufgabe die entnommene Charge angeben. Ist die verfügbare Menge chargenneutral und wird die Lageranforderung chargenspezifisch erstellt, kann die Lageraufgabenerstellung den Bestand nicht automatisch finden.

Bei der Verbrauchsbuchung des Produkts zur Produktion prüft das System, ob die verwendete Charge für diesen Prozess zulässig ist. Dabei führt das System folgende Prüfungen aus:

- **Chargenstatus**: Wenn der Status »nicht frei« ist, kann kein Warenausgang für das Produkt gebucht werden – es sei denn, dies wird im Customizing erlaubt.
- **Chargenvorgabe**: Hat SAP S/4HANA eine Charge vorgegeben, kann kein Warenausgang für eine andere Charge gebucht werden.
- **Chargenselektionskriterien**: Wenn Chargenselektionskriterien in SAP S/4HANA erfasst wurden, kann kein Warenausgang gebucht werden, wenn die Charge nicht den Chargenselektionskriterien entspricht.

Sie haben die Möglichkeit, den Verbrauch von nicht freien Chargen zu erlauben. müssen Sie folgende Customizing-Einstellung vornehmen: (IMG •) **SCM Extended Warehouse Management • Extended Warehouse Management • Warenausgang • Produktionsmaterialanforderung • Chargenverwaltung für die Produktion** das Kennzeichen **WB n. frei** setzen (siehe Abbildung 8.77).

Chargenverwaltung in der Produktionsmaterialanforderung

	Belegtyp	Lag...	PosArt	Belegart	Slkt. Char	WB n. frei
☐	PWR	0001	PCSO	PMR	A Prüfung	☑

Abbildung 8.77 Chargenverwaltung in der Produktion mit Prüfung

In dieser Customizing-Einstellung können Sie auch den Verbrauch von Chargen, die nicht den Chargenselektionskriterien in SAP S/4HANA entsprechen, gestatten. Deaktivieren Sie dafür die Prüfung auf die Chargenselektionskriterien, indem Sie in der Spalte **Slkt. Char** die Option **Keine Prüfung** wählen, wie in Abbildung 8.78 zu sehen.

Chargenverwaltung in der Produktionsmaterialanforderung

	Belegtyp	Lag...	PosArt	Belegart	Slkt. Char	WB n. frei
☐	PWR	0001	PCSO	PMR	Keine Prüfung	☑

Abbildung 8.78 Chargenverwaltung in der Produktion ohne Prüfung der Chargenselektionskriterien

8.5 Chargen im Qualitätsmanagement

Wenn Sie für eine Charge Prüfungen planen und Ergebnisse dokumentieren wollen, erledigen Sie das durch die Verwendung des QM-Moduls in SAP S/4HANA. In der Beschaffung können Sie z. B. bei der Wareneingangsbuchung je Charge ein Prüflos erzeugen. In der Produktion finden regelmäßig Prüfungen statt, um die gleichbleibende Qualität der Erzeugnisse sicherzustellen. Mit der fertigungsbegleitenden Prüfung können Sie zum Zeitpunkt der Fertigung Prüfungen dokumentieren. Es wird hier zu jedem Fertigungsauftrag ein Prüflos erzeugt. Dies ist mit den Fertigungsaufträgen aus den SAP-Komponenten PP bzw. PP-PI möglich. Die sogenannte *Prüfpunktabwicklung* im Fertigungsauftrag erlaubt es Ihnen, bestimmte Prüfungen während der Produktion mehrmals durchzuführen, z. B. aufgrund der Produktion mehrere Ansätze innerhalb eines Fertigungsauftrags. Zu jedem Prüfpunkt haben Sie die Möglichkeit, eigenständige Chargen anzulegen. So können Sie mit einem Fertigungsauftrag mehrere in sich gleiche Chargen erzeugen und verwalten. In diesem Abschnitt beschränken wir uns auf die Vorstellung der Prüfpunktabwicklung im Fertigungsauftrag. Welche Einstellungen dazu benötigt werden und wie Sie eine solche Abwicklung im SAP-System abbilden können, zeigt Ihnen dieser Abschnitt. Weitere Informationen zur Prüfung im Wareneingang bzw. der Produktion finden Sie in dem Buch »Qualitätsmanagement mit SAP S/4HANA« von Yvonne Lorenz et al. (SAP PRESS 2024).

8.5.1 Konzept der fertigungsbegleitenden Prüfung mit Prüfpunkten

Mit der Verwendung von Prüfpunkten im Rahmen der fertigungsbegleitenden Prüfung, auch *In-Prozess-Kontrolle* (IPK) bzw. In-Process-Controll (IPC) genannt, können Sie die Bildung und Rückmeldung von Chargen während der Produktion von der Bestandsführung in die Qualitätsabwicklung der Fertigung verlagern. Dies ergibt Sinn, falls Sie im Rahmen Ihres Produktionsprozesses aufgrund einer gewissen Variabilität der Prozessparameter flexibel reagieren müssen, indem Sie bei Schwankungen direkt einen Chargenwechsel vornehmen wollen. Sie können das Prüflos hier aufgrund in der Produktion auftretender Prozessschwankungen in Teillose aufteilen sowie Chargen zum gefertigten Produkt und auch zu Neben- und Kuppelprodukten bilden. Dadurch lassen sich Qualitätsunterschiede in der Produktion sofort bei der Ergebniserfassung in Materialflüsse umsetzen. Im Beispiel von Abbildung 8.79 sehen Sie dabei das Zusammenspiel von QM, PP sowie der Bestandsführung in MM.

In Abbildung 8.79 wird bei der Freigabe eines Prozessauftrags automatisch ein IPK-Prüflos für die fertigungsbegleitende Qualitätsprüfung erzeugt ❶. Nach der Produktion eines ersten Ansatzes legen Sie den Prüfpunkt 1 zum Prüflos an, um die Ergebnisse der Qualitätsprüfung dafür zu erfassen ❷. Nach Eingabe der Ergebnisse legen Sie Teillos 1 mit der Charge A an, um die Produktion dieser Charge mit der produzierten Menge und den erfassten Merkmalen für den Wareneingang vorzumerken ❸. Nachdem Sie einen weiteren Ansatz produziert haben, legen Sie einen zweiten Prüfpunkt dafür an und erfassen die Prüfergebnisse zu diesem Ansatz ❹. Falls sich nun die Prüfergebnisse im Vergleich zum Ansatz 1 geändert haben, legen Sie ein neues Teillos 2 und eine neue Charge B an. Dadurch wird die Schwankung im Prozess direkt für den Wareneingang berücksichtigt ❺. Bei der Wareneingangsbuchung werden dann alle während der Qualitätsprüfung gebildeten Chargen mit den jeweiligen rückgemeldeten Mengen vorgeschlagen ❻.

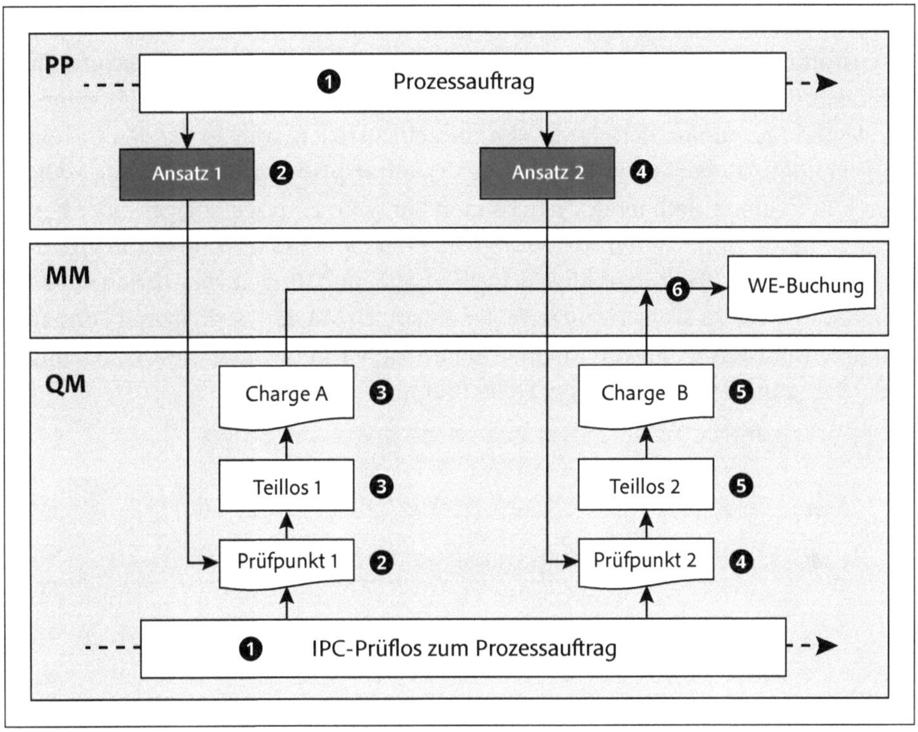

Abbildung 8.79 Teillose und Chargen während einer IPK bilden

8

Teillos- und Chargenbildung bei der Anlage eines Prüfpunkts

Falls die Prüfergebnisse für ein Teillos im Vergleich zum vorangegangenen stabil bleiben, können Sie für den Prüfpunkt ein neues Teillos anlegen, um so eine neue Charge abzubilden. Dieses neue Teillos würden Sie allerdings mit einem Bezug auf eine bereits existierende Charge versehen, da eine neue Chargenbildung aufgrund gleichbleibender Prüfergebnisse bzw. Chargenspezifikationen nicht erforderlich ist.

Sie können ein bereits geprüftes Teillos bzw. eine bereits geprüfte Charge ein weiteres Mal prüfen. Dazu legen Sie einfach einen neuen Prüfpunkt mit Bezug auf das bereits geprüftes Teillos mit einer bereits existierenden Charge an. Falls Sie bei der Erfassung der Ergebnisse zu einem neuen Prüfpunkt nicht explizit ein neues Teillos anlegen, wird der Prüfpunkt nach der Ergebniserfassung immer mit Bezug auf das jeweils letzte Teillos bewertet und auch abgeschlossen.

Nachdem Sie nun das Konzept der Chargenanlage bei einer fertigungsbegleitenden Prüfung mit Prüfpunkten kennengelernt haben, zeigen wir Ihnen im weiteren Verlauf zunächst die dafür erforderlichen Einstellungen.

8.5.2 Customizing-Einstellung zu Prüfpunkten

Im Customizing haben Sie die Möglichkeit, eine sogenannte *Prüfpunkt-Benutzerfeld-Kombinationen* zu pflegen. Hier können Sie Benutzerfelder für die Identifikation der angelegten Prüfpunkte definieren. Um dies einzustellen, wählen Sie den Customizing-Pfad (IMG •) **Qualitätsmanagement • Qualitätsplanung • Prüfplanung • Allgemein • Prüfpunkte definieren**. Hier können Sie neue Einträge anlegen oder bestehende Einträge modifizieren. Abbildung 8.80 zeigt die Standardkombination 120, mit der ein Prüfpunkt über Mitarbeiter, Schicht, Datum und Uhrzeit identifiziert wird. Sie könnten hier bis zu sechs Benutzerfelder entsprechend den verfügbaren Formaten definieren, um damit die Prüfpunkte zu identifizieren. Verwenden Sie für die Prüfung in der Fertigung den Prüfpunkttyp **Freier Prüfpunkt**.

Abbildung 8.80 Feldauswahl für Prüfpunkte

Bei jedem Prüfpunkt können Sie für ein und dasselbe Merkmal ein Ergebnis erfassen. Über das Kennzeichen **Letzte geprüfte Stichprobe gültig** (siehe Abbildung 8.81) steuern Sie, dass lediglich das Ergebnis zum letzten Prüfpunkt als gültig angesehen und gegebenenfalls an die Charge übergeben wird. Falls Sie z. B. einen Ansatz lediglich einmal oder periodisch auf einen Soll-Wert prüfen, ist diese Einstellung sinnvoll.

Ist das Kennzeichen nicht gesetzt, werden die Ergebnisse der im Feld **Prüfpunkte für Merkmalsverdichtung** angegebenen Anzahl der letzten Prüfpunkte zur Bewertung des Merkmalsergebnisses herangezogen. So können Sie z. B. eine Bewertung über einen Minimum-, einen Maximum- oder einen Mittelwert realisieren.

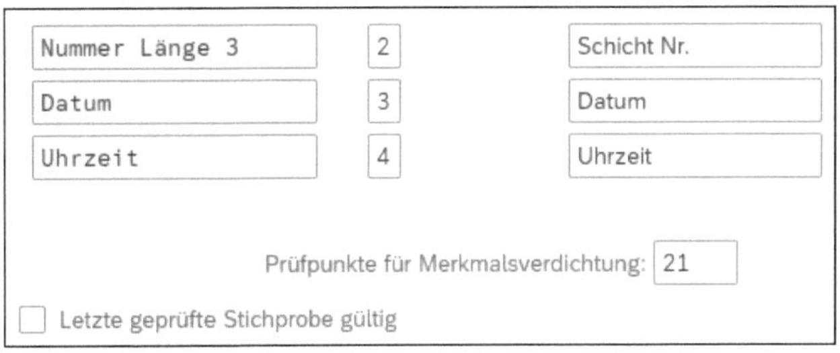

Abbildung 8.81 Details zum Prüfpunkt

Pflegen Sie nun auf der zweiten Registerkarte **Bewertung** (siehe Abbildung 8.82) die Vorschlagswerte für die Prüfpunktbewertung.

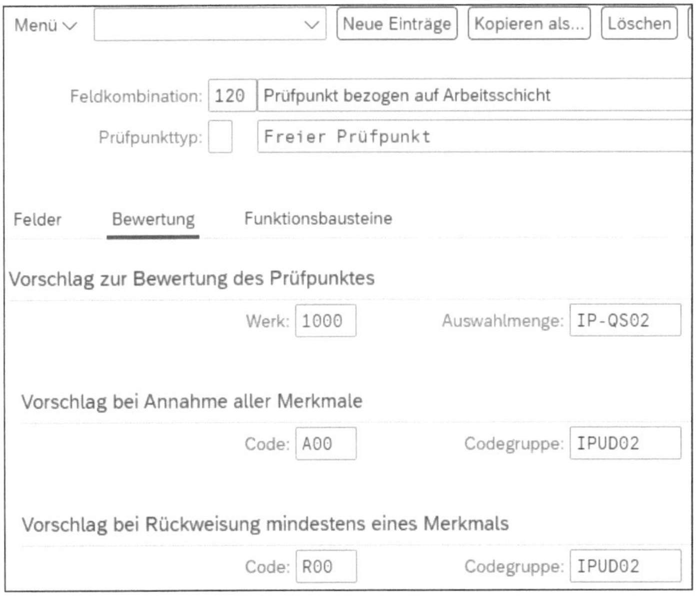

Abbildung 8.82 Vorschlag für Prüfpunktbewertung

Auf der Registerkarte **Funktionsbausteine** (siehe Abbildung 8.83) können Sie Erweiterungen für die Erzeugung von Prüfpunkten sowie Vorschlagswerte inklusive deren Verprobung pflegen.

Abbildung 8.83 Erweiterungen in Prüfpunkten

8.5.3 Stammdateneinstellungen

Zur Aktivierung und Steuerung der fertigungsbegleitenden Prüfpunktabwicklung nehmen Sie die im Folgenden beschriebenen Einstellungen im Materialstamm sowie im Planungsrezept bzw. Arbeitsplan vor. Da das Prinzip und die Funktionsweise in PP und PP-PI identisch sind, zeigen wir Ihnen die Funktion im weiteren Verlauf an einem Beispiel von PP. Hier pflegen Sie die Einstellungen zur Prüfpunktabwicklung sowie die Pflege der Prüfmerkmale auf der Ebene des Vorgangs. Der einzige Unterschied zu PP-PI ist, dass Sie dort diese Daten auf der Ebene der Phase pflegen.

Qualitätsdaten im Materialstamm

Um eine fertigungsbegleitende Prüfung für ein Material zu aktivieren, legen Sie eine Prüfart der Prüflosherkunft 03 (Produktion) im Materialstamm des zu produzierenden Materials an. Dazu wechseln Sie mithilfe der Transaktion MM02 (Material ändern) auf die Registerkarte **Qualitätsmanagement** und klicken dort auf den Button **Prüfeinstellung**. Sie gelangen in das Pop-up zur Pflege der Prüfarten und können eine Prüfart der Herkunft 03 anlegen – wie in Abbildung 8.84 die Standardprüfart 03.

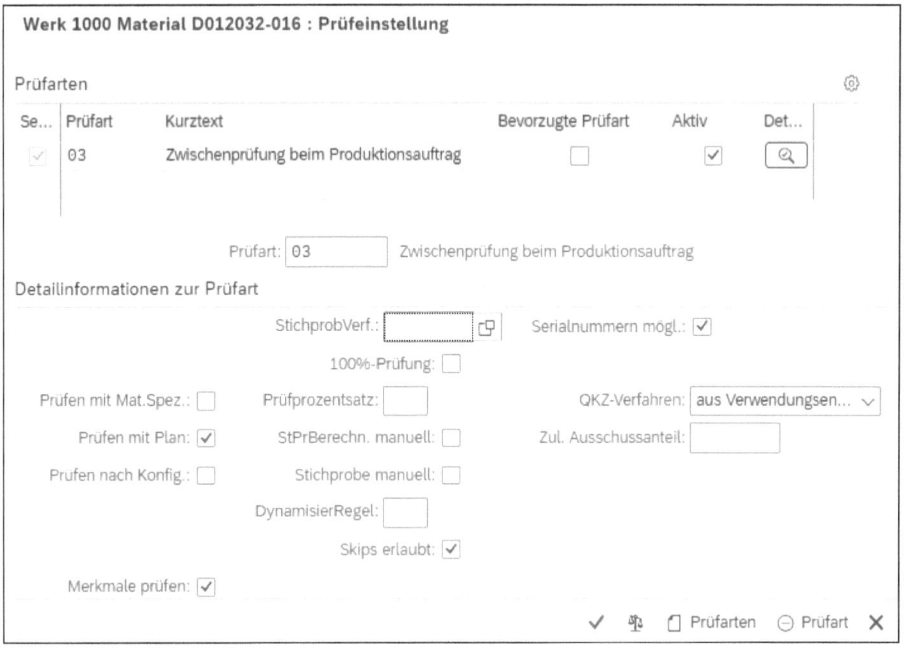

Abbildung 8.84 Prüfart 03 im Materialstamm aktivieren

Qualitätsdaten im Arbeitsplan

Bei einer fertigungsbegleitenden Prüfung wird kein Prüfplan für die Qualitätsprüfung herangezogen. Alle für die Qualitätsprüfung relevanten Daten pflegen Sie dabei im Arbeitsplan. Dazu gehören die Steuerungsdaten für die Prüfpunktabwicklung auf Kopf- und Vorgangsebene sowie auch alle Prüfmerkmale.

Zur Pflege eines Arbeitsplans rufen Sie die SAP-Fiori-App **Arbeitspläne verwalten** (App-ID F5425) oder Transaktion CA02 (Arbeitsplan ändern) auf. Dort gehen Sie auf den Plankopf. Verwenden Sie dazu den Button **Kopf**. Damit gelangen Sie zur Sicht **Kopfdetails Parameter für Dynamisierung/Prüfpunkte**, wo Sie zunächst die Prüfpunktabwicklung aktivieren (siehe Abbildung 8.85). Dazu geben Sie im Feld **Prüfpunkte** eine Benutzerfeld-Kombination an. Der Prüfpunkt 120 wurde gewählt, um die Prüfpunkte über die definierten Merkmale identifizieren zu können.

In den Qualitätsdaten im Kopf des Arbeitsplans in Abbildung 8.85 entscheiden Sie über das Feld **Teilloszuordnung**, inwieweit Sie die Anlage von Teillosen und Chargen während der fertigungsbegleitenden Prüfung erlauben möchten. Bei der Festlegung der möglichen Teilloszuordnungen haben Sie die folgenden für die Chargenanlage relevanten Optionen:

- **(Teillos und Charge zu jedem Prüfpunkt)**
  Diese Einstellung wählen Sie, wenn Sie mit mehreren Prüfvorgängen oder Phasen arbeiten und dabei Merkmale mit Bezug zur Chargenspezifikation prüfen. Sie er-

möglichen damit eine Chargenanlage bei jedem Prüfvorgang. Dadurch werden alle Merkmale aus den Prüfvorgängen für die Ergebnisübernahme an die produzierte Charge berücksichtigt.

- **(Teillos und Charge zu Prüfpunkten des »letzten« Vorgangs)**
  Mit dieser Einstellung können Sie lediglich beim letzten Prüfvorgang Chargen anlegen und deshalb auch nur dessen Prüfergebnisse an die Charge übertragen. Damit können Sie zunächst mit beliebigen Prüfvorgängen fertigungsbegleitende Prüfungen abbilden, die keinen Bezug zur Chargenspezifikation und auch keine Auswirkung darauf haben. Lediglich im letzten Vorgang prüfen Sie die Merkmale der Chargenspezifikation, die Sie dann auch automatisch an die Charge übertragen möchten.

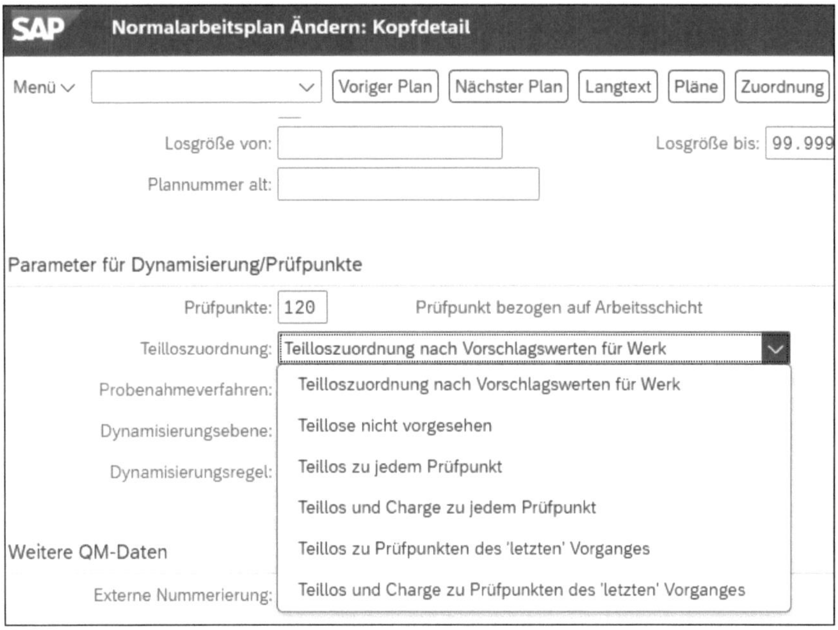

Abbildung 8.85 Qualitätsdaten im Plankopf

Als Nächstes navigieren Sie zur Vorgangsübersicht mit dem Button **Vorgänge**. Im Beispiel in Abbildung 8.86 sehen Sie den QM-relevanten Vorgang über den Steuerschlüssel QM01. Dieser enthält sowohl Informationen zur Produktion wie Vorgabewerte als auch alle qualitätsrelevanten Daten der Prüfmerkmale. Wichtig ist hier, dass Sie einen Steuerschlüssel auswählen, der den Vorgang über das Kennzeichen **Prüfmerkmale erwartet** als qualitätsrelevant kennzeichnet. Diese Vorgänge werden in die Arbeitsvorratslisten der Prüfergebniserfassung aufgenommen.

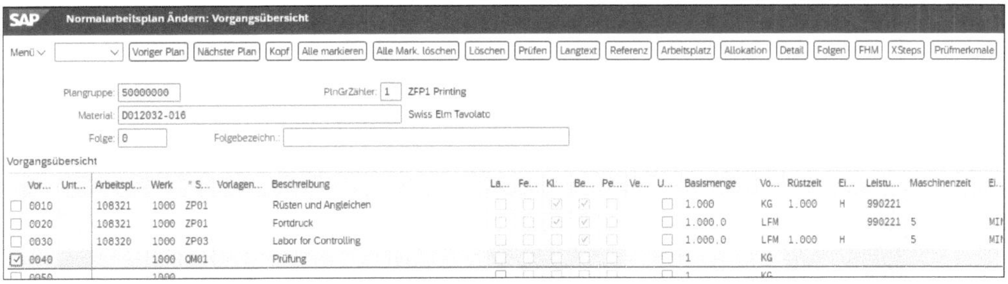

Abbildung 8.86 Vorgang mit qualitätsrelevanten Daten

Um die Steuerungsdaten für die Qualitätsprüfung zum Vorgang zu pflegen, markieren Sie den Vorgang und klicken in der Buttonleiste auf den Button Detail (**Detaildaten zum Vorgang**). Im Bereich **Qualitätsmanagement: Prüfpunkte** geben Sie nun im Feld **Prüfpunktabschluss** die Ablaufvariante für den Prüfpunktabschluss an (siehe Abbildung 8.87).

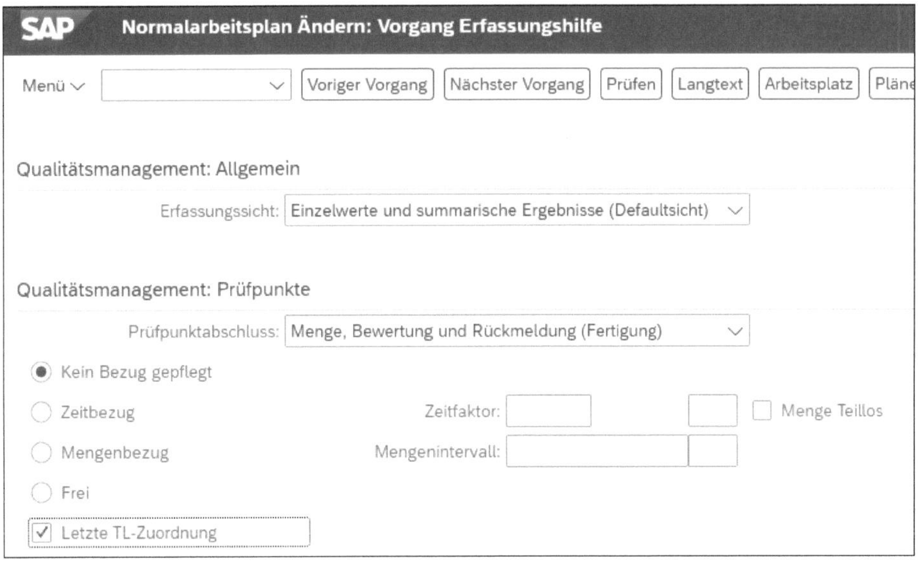

Abbildung 8.87 QM-Steuerdaten im Vorgang

Im Beispiel sollen Chargen mit Mengenangaben während der fertigungsbegleitenden Qualitätsprüfung gebildet werden, um dafür später den Wareneingang zu buchen. Um dies zu ermöglichen, wählen Sie für das Kennzeichen **Prüfpunktabschluss** die Einstellung 1 (**Menge, Bewertung (Fertigung)**). Falls Sie zusätzlich für die angegebenen Mengen sofort aus der Ergebniserfassung heraus in die Transaktion zur Rückmeldung zum Prozessauftrag springen möchten, können Sie stattdessen die Einstellung (blank) (**Menge, Bewertung und Rückmeldung (Fertigung)**) verwenden.

[»]

Kennzeichen für die letzte Teilloszuordnung bei der Verwendung mehrerer qualitätsrelevanter Phasen und Kennzeichen zur Steuerung der Teillosmenge

Bei dem letzten qualitätsrelevanten Vorgang setzen Sie zudem optional das Kennzeichen **Letzte TL-Zuordnung**. Dadurch werden die Chargen und Gutmengen, die Sie bei einer Prüfpunktbewertung in der Ergebniserfassung angeben, beim nachfolgenden Wareneingang zum Produktionsauftrag vorgeschlagen.

Für eine zeitbezogene Prüfung steht Ihnen das Kennzeichen **Menge Teillos** zur Verfügung. Dieses Kennzeichen setzen Sie, falls Sie mehrere Prüfungen zu einem Teillos bzw. Ansatz durchführen. Sie geben dann nur bei der ersten Prüfung eines Teilloses eine Menge an. Bei weiteren Prüfpunkten zum gleichen Teillos prüfen Sie immer dieselbe Menge. Die Angabe einer Menge bei einer darauffolgenden Prüfung erhöht die Teillosmenge nicht. Falls Sie das Kennzeichen nicht gesetzt haben, werden die Prüflosmengen addiert, bzw. die Teillosmenge wird bei jeder Prüfung um die eingegebene Prüfpunktmenge erhöht.

Im nächsten Schritt pflegen Sie zum Vorgang die Prüfmerkmale, für die Sie zu den Prüfpunkten während der fertigungsbegleitenden Prüfung Ergebnisse erfassen möchten. Dazu markieren Sie den Vorgang in der Übersicht und klicken auf den Button **Prüfmerkmale**. Sie gelangen in die Merkmalsübersicht (siehe Abbildung 8.88) und fügen alle relevanten Prüfmerkmale hinzu.

Abbildung 8.88 Merkmalsübersicht zum Vorgang

Damit haben Sie alle erforderlichen Einstellungen im Customizing und in den Stammdaten vorgenommen. Im nächsten Abschnitt zeigen wir Ihnen, wie Sie während einer fertigungsbegleitenden Prüfung mit Prüfpunkten Chargen anlegen und bewerten können.

8.5.4 Ablauf der fertigungsbegleitenden Prüfung mit Prüfpunkten

Für die fertigungsbegleitende Prüfung benötigen Sie zunächst einen Auftrag – entweder im PP einen Fertigungsauftrag oder im PP-PI einen Prozessauftrag. Bei der Freigabe des Auftrags wird ein Prüflos erzeugt, zu dem Sie nachfolgend Prüfpunkte anlegen und Ergebnisse erfassen können. Bei der Prüfpunktbewertung werden die Prüfergebnisse an die zugeordneten Chargen übertragen. Die dabei angegebenen Mengen werden dann bei einer Wareneingangsbuchung zusammen mit den Chargen vorgeschlagen. Die verwendeten Transaktionen und die Details zu diesem Ablauf lernen Sie in diesem Abschnitt kennen.

Loserzeugung im Fertigungsauftrag bei Auftragsfreigabe

Das Prüflos entsteht bei der Freigabe eines Auftrags. Es wird der Arbeitsplan verwendet, der zum Zeitpunkt des Selektionsdatums der Stammdaten gültig ist. Sie können sich jederzeit den Produktionsauftrag anschauen:

- Wenn Sie PP nutzen, verwenden Sie die SAP-Fiori-App **Fertigungsaufträge ändern** (App-ID CO02), die Transaktion CO02oder den Menüpfad **Logistik • Produktion • Fertigungssteuerung • Auftrag • Ändern/Anzeigen**.
- Wenn Sie PP-PI nutzen, verwenden Sie die SAP-Fiori-App **Prozessauftrag ändern** (App-ID COR2), die Transaktion COR2 oder den Menüpfad **Logistik • Produktion-Prozess • Prozessauftrag • Prozessauftrag • Ändern/Anzeigen**.

Das zugeordnete Prüflos sehen Sie auch auf der Registerkarte **Zuordnung** im Bereich **Zuordnungen** (siehe Abbildung 8.89).

In der Praxis stellt sich häufig die Frage, warum die im Arbeitsplan vorhandenen Prüfmerkmale teilweise nicht im Prüflos enthalten sind. Der Grund hierfür ist meist, dass der Arbeitsplan bereits beim Anlegen des Auftrags gelesen wurde, aber Prüfmerkmale oft erst danach in den Arbeitsplan aufgenommen wurden.

Es lässt sich hier leicht Abhilfe schaffen: Solange in einem Produktionsauftrag noch keine Aktivitäten systemtechnisch erfasst worden sind, ist es möglich, die Stammdaten nachzulesen. Damit wird der Status des Auftrags zurückgesetzt, das bereits angelegte Prüflos gelöscht und bei erneuter Auftragsfreigabe ein neues Prüflos angelegt. Die Stammdaten können Sie in der Auftragsbearbeitung neu zuordnen.

[!]

Halten Sie Rücksprache mit der Produktion

Das Nachlesen der Stammdaten sollte nur in Absprache mit der Produktion durchgeführt werden, da nach dem Einlesen der Stammdaten bereits Änderungen an dem Auftrag vorgenommen worden sein könnten, die mit dem Zurücksetzen des Status verloren gehen. Außerdem werden bei erneuter Freigabe auch die Auftragspapiere neu gedruckt und liegen dann doppelt vor!

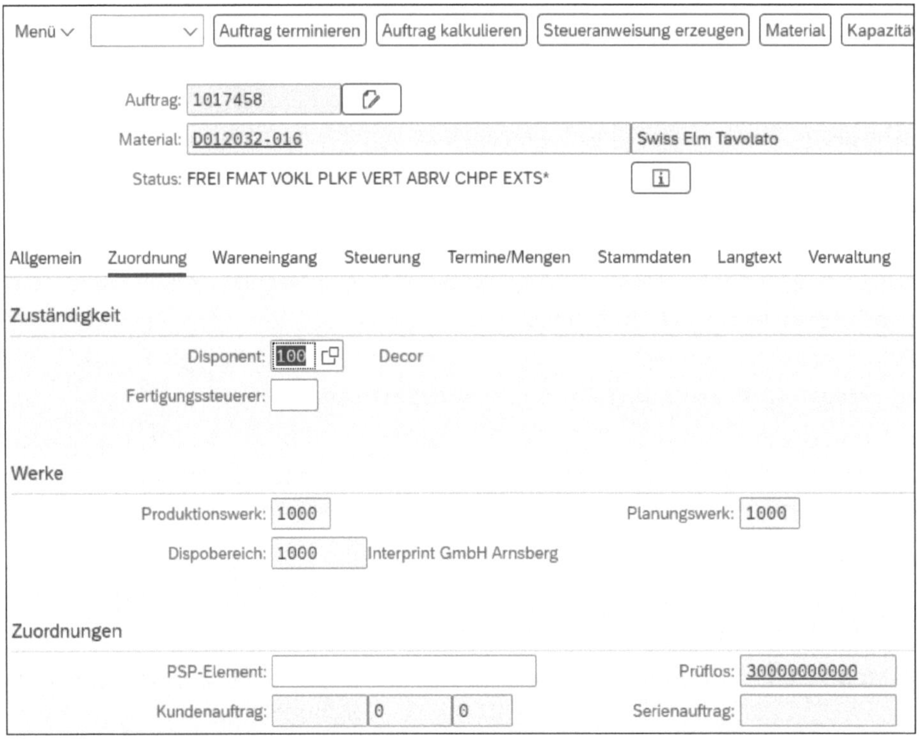

Abbildung 8.89 Auftrag anzeigen – Zuordnung

[»]

Neue Funktion »Anlegen des Merkmals Verspätet«

Die neue Funktion **Anlegen des Merkmals Verspätet** können Sie nutzen, wenn Sie sie zuvor in den Mandanteneinstellungen im Customizing aktiviert haben. Diese Funktion steuert, dass Prüflosmerkmale nur für freigegebene Vorgänge erstellt werden. Geben Sie also Vorgänge nur nach und nach frei, werden die Prüfmerkmale auch nach und nach in das Prüflos übernommen. Dies erlaubt eine flexible fertigungsbegleitende Prüfung, da Sie nur die für den aktuellen Vorgang relevanten Merkmale prüfen.

Prüfpunktanlage bei der Ergebniserfassung

Die häufigste Art der produktionsbegleitenden Prüfung ist die zeit- oder mengengesteuerte Prüfung. Hierbei kontrollieren Sie je nach Arbeitsanweisung (z. B. in einem stündlichen Rundgang) bestimmte Parameter. Dafür werden im SAP-System sogenannte Prüfpunkte verwendet, d. h., zu jedem Vorgang werden beliebig viele Prüfpunkte mit den im Vorgang enthaltenen Merkmalen erzeugt. Die Voraussetzungen für die Verwendung der Prüfpunkte haben wir in den Stammdaten des Arbeitsplans geschaffen.

Mit der SAP-Fiori-App **Ergebnisse zum Prüfpunkt erfassen** (App-ID F2689) oder der Transaktion QE11 gelangen Sie in die Ergebniserfassung. Hier geben Sie das Prüflos und den Prüfvorgang bzw. die Phase ein, zu dem bzw. der Sie die Ergebnisse erfassen möchten (siehe Abbildung 8.90). Im Bereich **Prüfpunkt** sehen Sie alle Benutzerfelder, die den Prüfpunkt identifizieren, den Sie dabei anlegen.

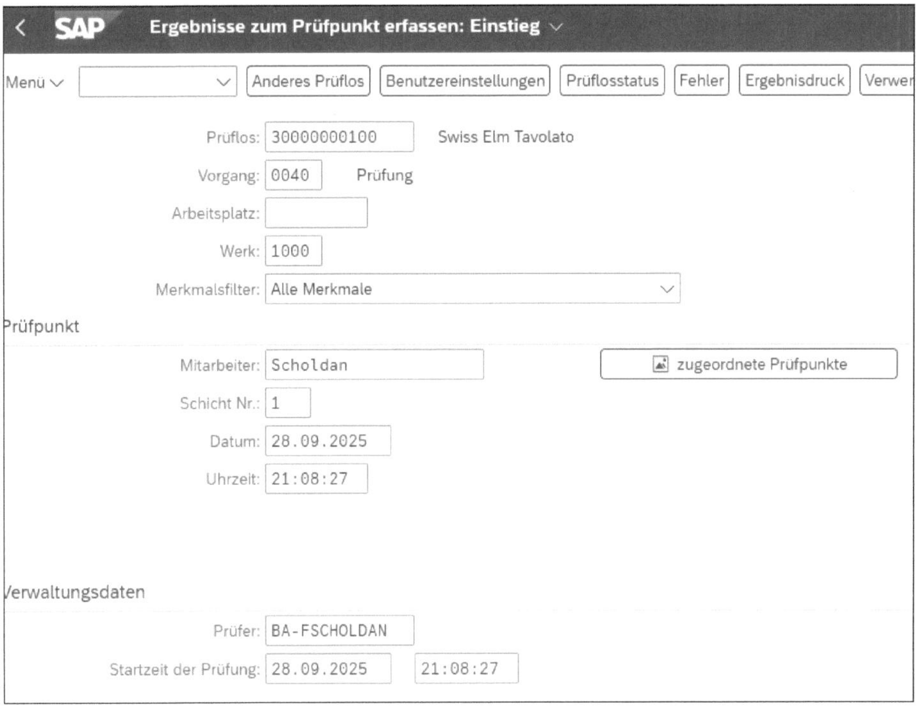

Abbildung 8.90 Einstieg in die Ergebniserfassung zum Prüfpunkt

Alternativ können Sie auch die SAP-Fiori-App **Prüfergebnisse erfassen - Arbeitsvorrat hierarchisch** (App-ID QE51n) oder die Transaktion QE51N für die Ergebniserfassung verwenden. Die App gibt Ihnen eine Übersicht über alle bereits erfassten Prüfpunkte und alle Bewertungen (siehe Abbildung 8.91).

Wie in Abbildung 8.92 gezeigt, erfassen Sie hier zunächst die Ergebnisse zu allen Prüfmerkmalen des aktuellen Prüfpunkts.

Nach der Erfassung der Ergebnisse schließen Sie die Merkmale ab und bewerten sie.

Abbildung 8.91 Übersichtsbaum und Merkmalsübersicht

Abbildung 8.92 Ergebnisse zum Prüfpunkt erfassen

Bildung von Teillosen und Anlage von Chargen in der Prüfpunktbewertung

Nach der Ergebniserfassung können Sie in der Merkmalsübersicht für jeden Prüfpunkt ein eigenes Teillos erstellen. Bei der Prüfung der ersten produzierten Charge wurden Prüfmerkmale zurückgewiesen. Deshalb möchten Sie die Prüfergebnisse nicht dem Hauptprodukt, sondern einer Charge des Kuppelprodukts zur Wiederaufarbeitung zuweisen.

Dazu klicken Sie auf den Button (**Daten zum Prüfpunkt**), um ein Pop-up zur Bewertung des Prüfpunkts sowie zur Teilloszuordnung aufzurufen. Zuerst klicken Sie auf den Button Material (**Anderes Material**), um vom Hauptprodukt D012032-016 auf ein Kuppelprodukt D012032 zu wechseln. Dazu geben Sie die Materialnummer des Kuppelprodukts ein. Geben Sie nun die Produktionsmenge der ersten Charge im Feld **Gutmenge** ein und legen Sie ein Teillos an, mit dem Sie die erste Charge abbilden. Dazu klicken Sie auf den Button Teillos (**Neues Teillos anlegen**) und geben eine Beschreibung für das Teillos ein (siehe Abbildung 8.93).

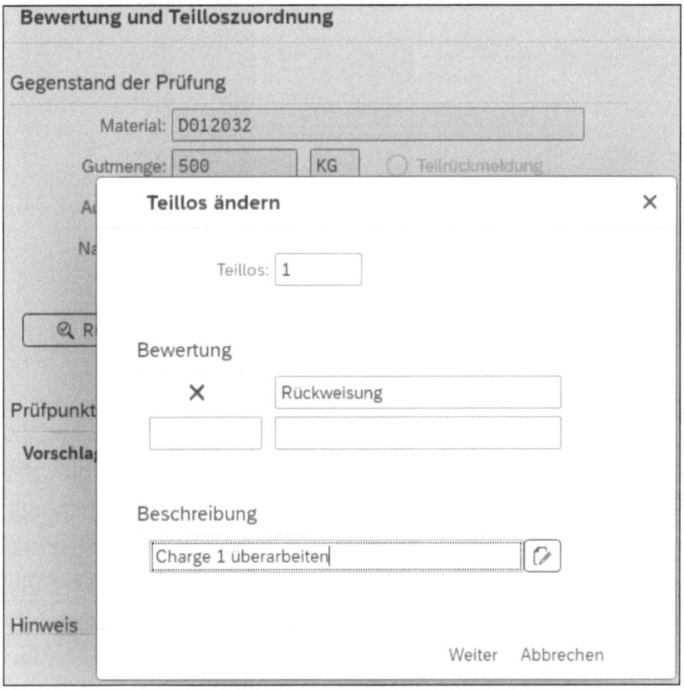

Abbildung 8.93 Pop-up zur Prüfpunktbewertung und Teilloszuordnung: Teillos 1 für den Ansatz zur Produktion des Kuppelprodukts anlegen

Um zu dem Teillos eine Charge anzulegen, klicken Sie auf den Button Charge (**Charge anlegen**). Sie geben nun wie in Abbildung 8.94 die Charge an, deren Chargenstammsatz automatisch im Hintergrund angelegt wird.

Wenn Sie die Ergebniserfassung mit der Bewertung des Prüfpunkts sichern, werden zudem die Prüfergebnisse automatisch in die Charge übertragen.

[!]

Erfassung von Ergebnissen zu mehreren Prüfpunkten zur selben Charge

Falls Sie mithilfe mehrerer Prüfpunkte Ergebnisse zur selben Charge erfassen, werden beim Sichern der Prüfpunktbewertung die zuvor erfassten Werte in der Charge überschrieben, sofern Sie im Customizing der Prüfpunkt-Benutzerfeld-Kombinationen das Kennzeichen **Letzte geprüfte Stichprobe gültig** gesetzt haben (siehe Abschnitt 8.5.2, »Customizing-Einstellung zu Prüfpunkten«).

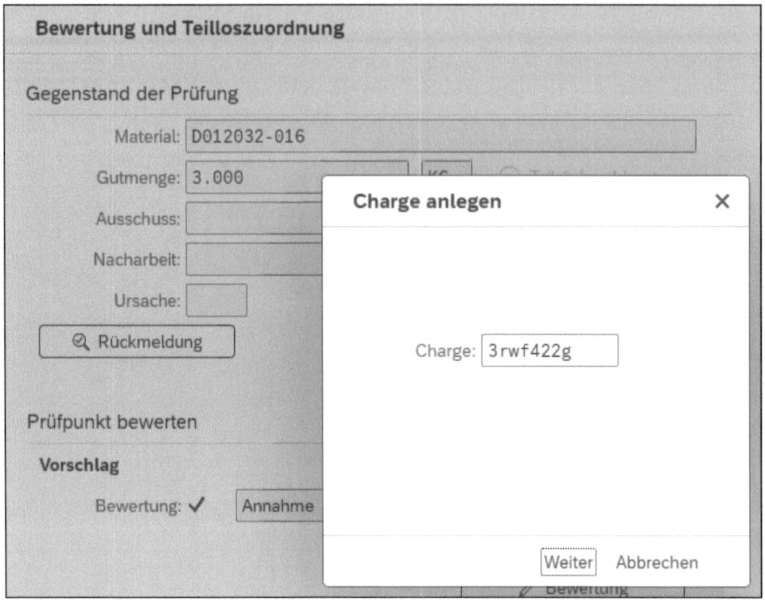

Abbildung 8.94 Neue Charge anlegen

Nachdem Sie eine weitere Charge produziert haben, legen Sie erneut einen Prüfpunkt an, erfassen die Prüfergebnisse, schließen diese ab und bewerten sie. Sie haben nun eine erfolgreich ausgeprüfte Charge produziert und legen ein Teillos zu einer neuen Charge zum Hauptprodukt an. Falls die aktuellen Ergebnisse nun von den Werten der aktuellen Charge abweichen, können Sie im Dialog ein neues Teillos und dazu eine neue Charge anlegen. Sie entscheiden also an dieser Stelle, ob Sie eine neue Charge bilden oder die bisherige weiterverwenden möchten.

Sie haben nun für den aktuellen Prüfpunkt zunächst kein neues Teillos und keine neue Charge angelegt. Im Beispiel in Abbildung 8.95 wurde dem aktuellen Prüfpunkt automatisch das zuvor angelegte Teillos 2 und die Charge 3RWF422G zugeordnet.

Sie können nun über den Button Chargenmk ... (**Vergleich Chargenmerkmale**) die Ergebnisse des aktuellen Prüfpunkts mit den Werten der Charge vergleichen, an die die Prüfergebnisse aus der letzten Prüfung übergeben wurden. Falls sich die Prüfergebnisse im Vergleich zum letzten Ansatz bzw. zur bisherigen Charge verändert haben, können Sie ein neues Teillos und eine neue Charge anlegen.

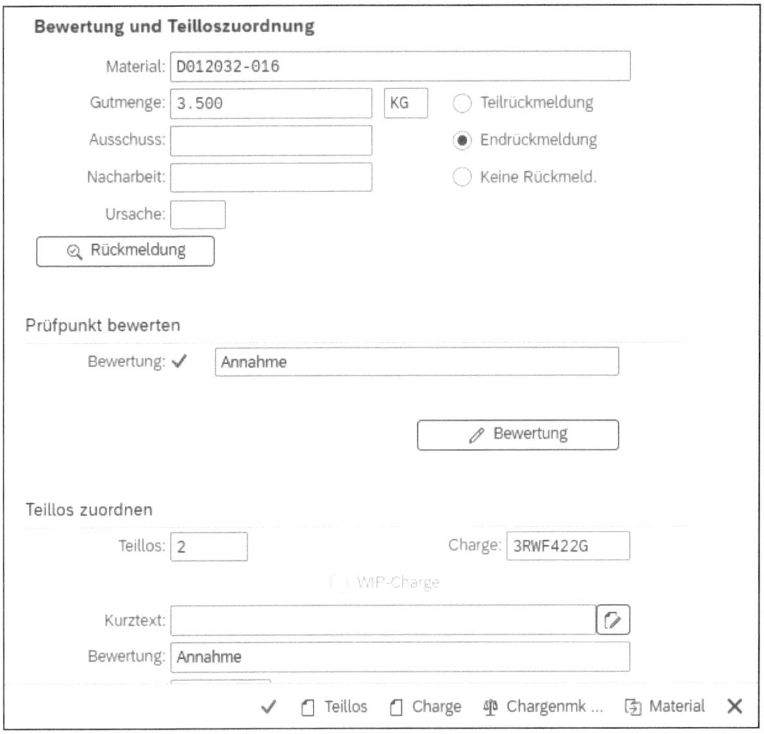

Abbildung 8.95 Prüfpunkt zur bestehenden Charge

Zeitpunkt der Chargenanlage zum Teillos

Sie können die Chargenzuordnungen im Rahmen der Teilloszuordnung zum Prüfpunkt auch noch zu einem späteren Zeitpunkt ändern. Das gibt Ihnen die Möglichkeit, die Prüfpunkte zunächst lediglich zu mehreren Teillosen, aber zu nur einer Charge zuzuordnen. Die Aufteilung in weitere Chargen nehmen Sie nachträglich vor, indem Sie erneut die Prüfpunktbewertung aufrufen und dort entsprechend neue Chargen anlegen und zuordnen.

Wareneingangsbuchung auf Basis von Mengen und Chargen aus den Prüfpunktbewertungen

Die Wareneingangsbuchung zum Fertigungsauftrag können Sie z. B. über Transaktion MIGO (Warenbewegung) anstoßen. Hier werden Ihnen alle während der Ergebniserfassung zu Prüfpunkten eingegebenen Gutmengen und Chargen vorgeschlagen. Voraussetzung dafür ist, dass Sie in den Qualitätsdaten des Vorgangs im Arbeitsplan das Kennzeichen **Letzte TL-Zuordnung** gesetzt haben (siehe Abbildung 8.87).

Für jede mögliche Kombination von Material und Charge wird dafür eine Belegposition angelegt. Sie können hier zwar noch die Menge ändern, die Charge selbst allerdings nicht. Diese wurde während der Ergebniserfassung aufgrund der Zuordnung zum Teillos vorgegeben und ist nicht mehr änderbar. Eine Änderung der Charge müssen Sie in der Teilloszuordnung in der Ergebniserfassung vornehmen. In Abbildung 8.96 sehen Sie eine Position (4) für das Kuppelprodukt D24_2556899 über 2.000 KG und drei Positionen (1–3) zu Chargen des Hauptprodukts über jeweils 2.000 KG.

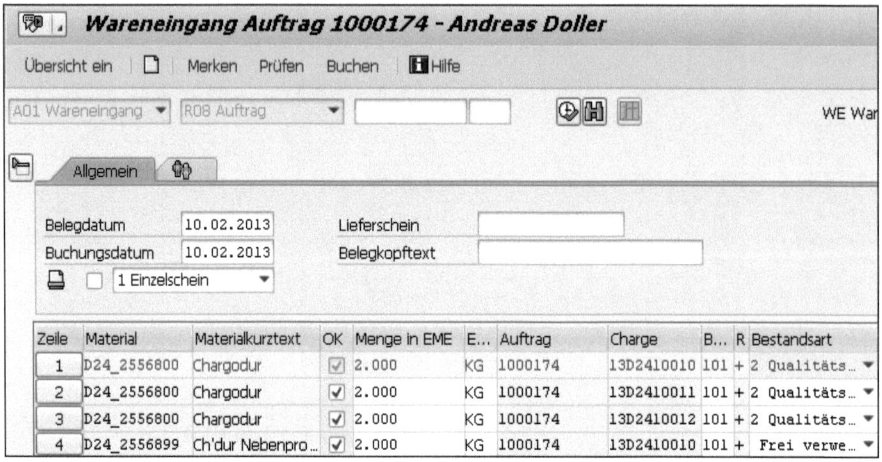

Abbildung 8.96 Wareneingang buchen mit vorgeschlagenen Mengen und Chargen aus der Prüfpunktbewertung

Nachdem Sie den Wareneingang gebucht haben, schließen Sie als letzten Schritt das Prüflos mit dem Verwendungsentscheid ab. Da die Prüfergebnisse allerdings bereits bei den Bewertungen der Prüfpunkte an die Chargen übertragen wurden und das Prüflos nicht bestandsrelevant ist, spielt der Verwendungsentscheid bei der fertigungsbegleitenden Prüfung nur eine untergeordnete Rolle.

8.5.5 Chargen im Qualitätsmanagement in der Lagerverwaltung

In diesem Abschnitt werden wir uns die Besonderheiten der Chargen im Qualitätsmanagement in der Lagerverwaltung anschauen.

In der Lagerverwaltung legen Sie mit *Prüfobjekttypen* (POTs) den Prozess fest, für den Sie Prüfbelege anlegen können. Bevor Sie einen POT verwenden können, müssen Sie zunächst eine aktive Version erzeugen und diese pro Lager aktivieren. Wenn Sie dies getan haben, verhält sich das System folgendermaßen:

1. Bei einem aktiven POT sucht das System nach einer Prüfregel.
2. Wenn das System eine Prüfregel findet, erstellt es einen Prüfbeleg in Abhängigkeit vom POT.

Schauen wir uns den Prüfobjekttyp 5 genauer an. Dieser ist für lagerinterne Qualitätsprüfungen von Produkten und Chargen vorgesehen. Dieser Prüfprozess wird insbesondere für wiederkehrende Prüfungen von chargenpflichtigen Produkten verwendet, die in regelmäßigen Abständen geprüft werden müssen. Dafür müssen folgende Voraussetzungen gegeben sein:

Der Prüfobjekttyp (POT5) muss im Customizing erzeugt und aktiviert werden. Gehen Sie über den Menüpfad (IMG •) **SCM Extended Warehouse Management • Extended Warehouse Management • Prozessübergreifende Einstellungen • Qualitätsmanagement • Grundlagen und Integration • Version zu Prüfobjekttypen pflegen**, um das Kennzeichen **POT aktiv.** zu setzen (siehe Abbildung 8.97).

8

Prüfobjekttypversion pflegen

	Version	Prüfobjekttyp	POT aktiv.
☐	1	5 Q-Prüfung Produkt/Charge lagerintern	☑

Abbildung 8.97 Prüfobjekttypversion pflegen und aktivieren

Um die wiederkehrende Prüfung zu nutzen, müssen Sie in der SAP-Fiori-App **Klassen verwalten** (App-ID CL02) Ihrer Charge eine Bewertungsklasse zuordnen, die das Standardmerkmal LOBM_QNDAT (nächstes Prüfdatum) enthält. Weiterhin sollten Sie im Produktstamm das Prüfintervall gepflegt haben.

Bei der Anlage einer neue Charge ordnet das System dem Merkmal LOBM_QNDAT das nächste Prüfdatum als Wert zu. Das Prüfdatum ergibt sich aus dem Produktionsdatum bzw. Chargenanlagedatum plus Prüfintervall.

Mit dem Report Bestandsart ändern (/SCWM/R_STOCK_TYPE_CHANGE) können Sie den Bestand mit dem nächsten Prüfdatum in der Vergangenheit abrufen und den Bestand in die Qualitätsprüfung buchen. Sie können diesen Report täglich und im Hintergrund ausführen. Wenn der Prüfbeleg für diesen Bestand angenommen wird, berechnet das System das nächste Prüfdatum für die Charge als Entscheidungsdatum plus dem Prüfintervall neu. Wird der Prüfbeleg hingegen abgelehnt, berechnet das System das nächste Prüfdatum für die Charge nicht neu, sondern führt die zugeordnete logistische Folgeaktion aus.

Im Folgenden schauen wir uns die Erstellung des Prüfbelegs aus SAP EWM heraus an. Dieser Prüfprozess ist eine lagerinterne Prüfung für Bestand im Lager, der nicht Teil eines An- oder Auslieferungsprozesses ist. Die Prüfung können Sie manuell über die RF-Umgebung oder im Lagerverwaltungsmonitor anlegen.

Zur Anlage über die RF-Umgebung (/SCWM/RFUI) (siehe Abbildung 8.98) folgen Sie dem nachfolgenden Menüpfad in der RF-Umgebung: **Interne Prozesse • Qualitätsmanagement • Produktprüfung (RF)**.

Nun müssen Sie die HU oder den Platz, das Produkt und die Charge eingeben. Wenn Sie die Eingaben mit der Taste [↵] bestätigen, wird zu diesem Produkt ein Prüflos mit dem Prüfobjekttyp 5 erzeugt.

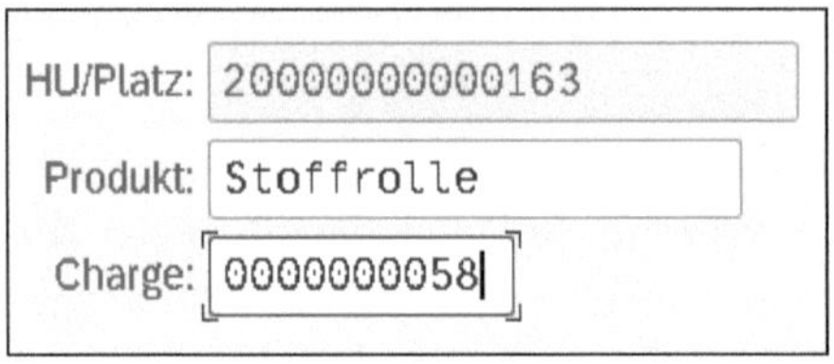

Abbildung 8.98 Erstellung Prüfbeleg per RF-Umgebung

Im Lagerverwaltungsmonitor wählen Sie zunächst den Ordner **Bestand und Platz** und anschließend den Unterordner **Physischer Bestand** (siehe Abbildung 8.99). Es werden alle gewünschten psychischen Bestände aufgelistet. Sie können die gewünschten Zeilen selektieren und das Prüflos über den Button **Mehr Methoden** anlegen. Alternativ können Sie auch den Report **/SCWM/R_STOCK_TYPE_CHANGE** (Bestandsart ändern) einplanen, um Bestandspositionen auszuwählen und Prüfbelege anzulegen. Sie können für alle Produkte in Abhängigkeit von den Selektionsoptionen Prüfbelege anlegen. Wenn Prüfbelege implizit für mehrere Bestandspositionen angelegt werden, wird eine Prüfbelegzusammenfassung auf Produkt- oder Chargenebene ausgeführt.

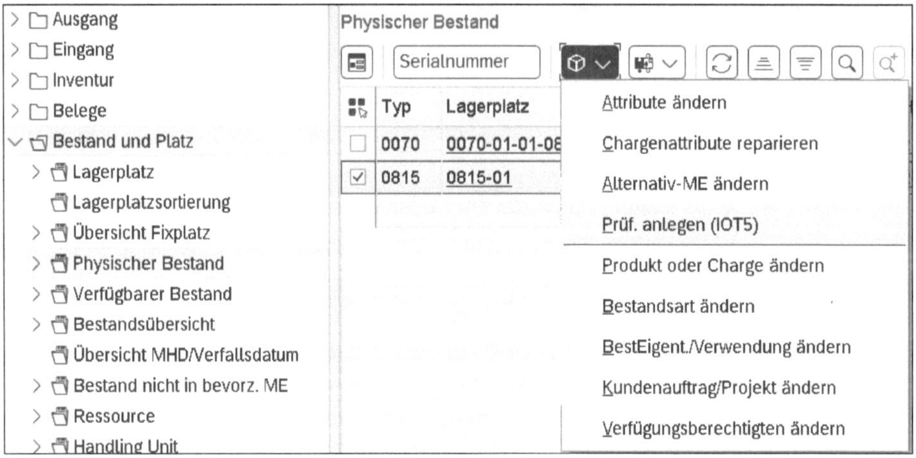

Abbildung 8.99 Prüfbeleg (POT5) anlegen über Lagerverwaltungsmonitor

Die entstandenen Prüfbelege können dann mit der SAP-Fiori-App **Verwendungsentscheid erfassen** (App-ID QA11) bearbeitet werden.

8.6 Chargen im Verkauf

Sie können Chargen in den verschiedenen Verkaufsbelegen verwenden. Dies gilt für Anfragen und Angebote, Folgebelege wie Kundenaufträge oder Rahmenverträge und letztlich für Lieferungen. Die Pflege ist dabei erst in der Lieferung Pflicht, da die Chargen bei der Kommissionierung mitgegeben werden müssen. In allen anderen Vertriebsbelegen können Chargen gepflegt werden, dies ist jedoch nicht verpflichtend. Im weiteren Verlauf gehen wir neben der Lieferung auch auf die Verwendung von Chargen im Kundenauftrag ein. Die Verwendung in anderen Verkaufsbelegen erfolgt analog.

8.6.1 Chargen im Kundenauftrag

Die Pflege einer Charge im Kundenauftrag kann sinnvoll sein, wenn Sie Kunden bestimmte Spezifikationen zu einem Material zusagen bzw. spezielle Chargen für Kunden »reservieren« möchten. Zudem können Sie den Kunden schon beim Verkauf über die zugesicherten Eigenschaften informieren.

Die Chargenfindung in Verkaufsbelegen kann auf zwei Arten erfolgen: manuell oder automatisch. Grundlage für die Zuordnung einer Charge zu einem Verkaufsbeleg ist die Pflege des Werks in der Position. Wenn kein Werk gepflegt ist, kann im Feld **Charge** kein Wert eingetragen werden.

[«]

Chargensplit im Kundenauftrag

Im Kundenauftrag und ähnlichen Verkaufsbelegen können Sie im Standard keinen Chargensplit vornehmen. Dies ist erst in der Lieferung möglich.

Manuelle Chargenfindung

Bei der Anlage bzw. Pflege von Kundenaufträgen können Sie die Chargenfindung anstoßen bzw. die Charge manuell zuordnen. Um im Kundenauftrag die Chargenfindung automatisch anzustoßen, verwenden Sie die SAP-Fiori-App **Kundenaufträge anlegen** (App-ID VA01) bzw. Transaktion VA01. Wenn Sie die SAP-Fiori-App **Kundenaufträge verwalten** (App-ID F3893) verwenden, können Sie keine automatische Chargenfindung anstoßen, sondern nur eine manuelle Findung vornehmen. Pflegen Sie im Kundenauftrag alle notwendigen Vertriebsdaten auf Kopfebene. Pflegen Sie anschließend auf der Position die Materialnummer und die Auftragsmenge (siehe Abbildung 8.100). Zu diesem Zeitpunkt ist die Charge vorerst leer. Die automatische Findung ist in diesem Fall nicht aktiviert.

Abbildung 8.100 Kundenauftragsposition

Starten Sie die manuelle Chargenfindung der Position, indem Sie auf den Button (**Chargenfindung für Pos.**) drücken. Als Nächstes wird Ihnen das Ergebnis der Chargenfindung angezeigt (siehe Abbildung 8.101). Dieses beruht auf den Einstellungen der Chargenfindung, die wir im gleichnamigen Kapitel 3 beschrieben haben.

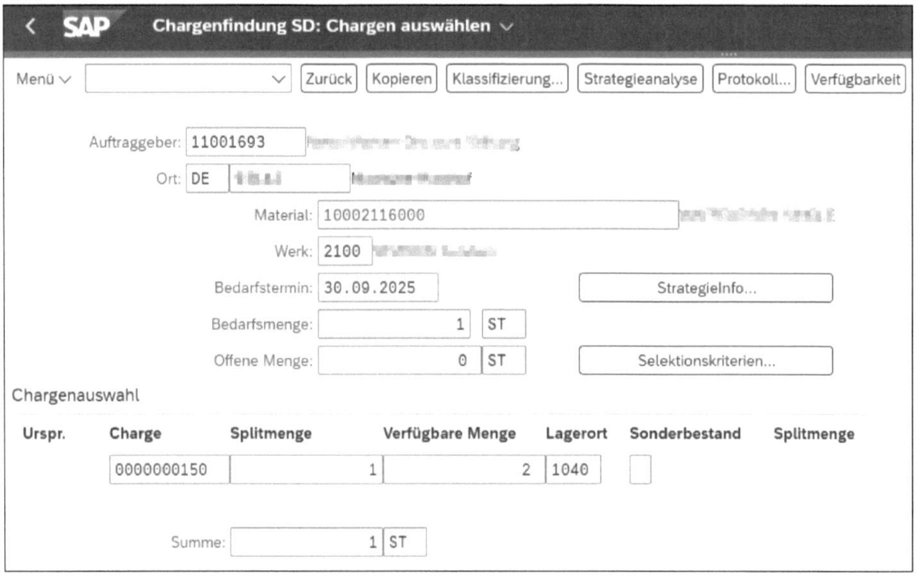

Abbildung 8.101 Ergebnis der Chargenfindung

Über den Button **Protokoll...** können Sie sich das Ergebnis der Chargenfindung anzeigen lassen (siehe Abbildung 8.102).

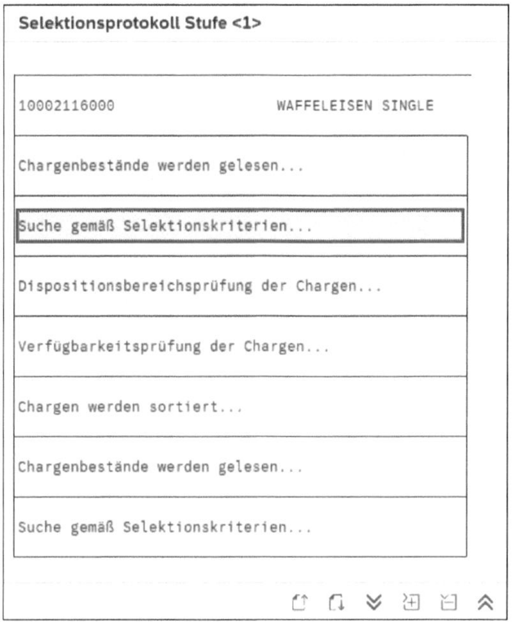

Abbildung 8.102 Protokoll der Chargenfindung – Stufe 1

Wenn Sie auf den Button (**Expandieren**) klicken, öffnen sich die Details der Selektion (siehe Abbildung 8.103).

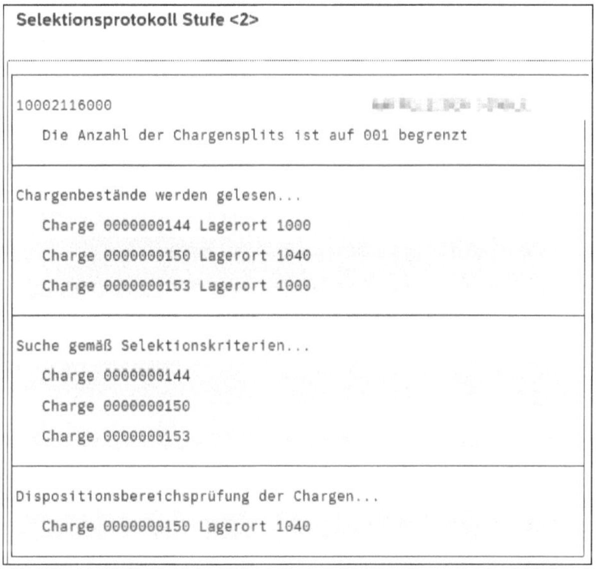

Abbildung 8.103 Detail des Protokoll der Chargensuche – Stufe 2

Für die Übernahme des Selektionsergebnisses drücken Sie auf den Button **Kopieren**. Dadurch gelangen Sie auf die Positionsübersicht des Kundenauftrags, und die Charge wird übernommen (siehe Abbildung 8.104).

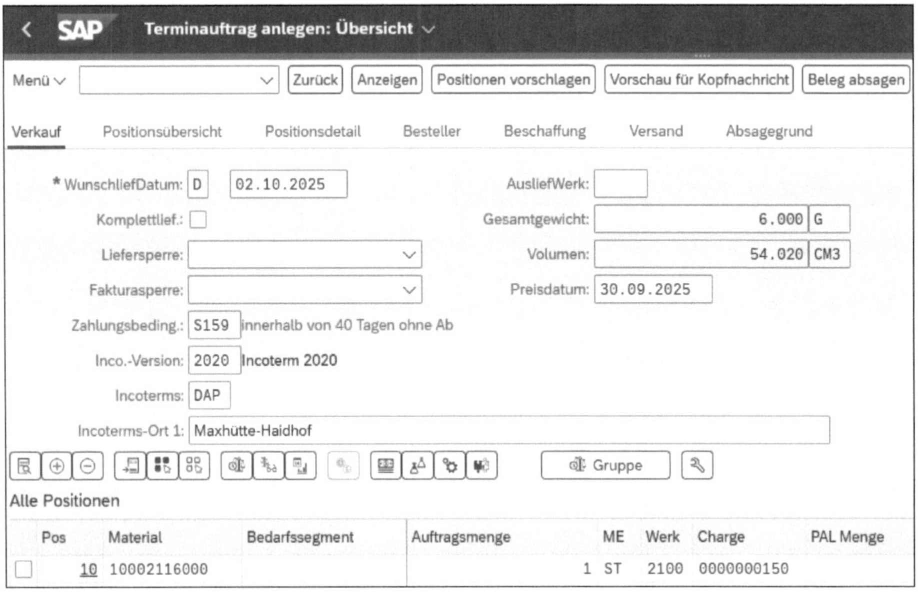

Abbildung 8.104 Kundenauftragsposition mit übernommener Charge

Automatische Chargenfindung

Damit die Chargenfindung automatisch im Kundenauftrag durchgeführt wird, muss die automatische Chargenfindung im Customizing aktiviert werden. Gehen Sie dafür über den Menüpfad (IMG •) **Logistik Allgemein • Chargenverwaltung • Chargenfindung und Chargenprüfung • Automatische Chargenfindung im Vertrieb aktivieren**. In dieser Einstellung (siehe Abbildung 8.105) können Sie die automatische Chargenfindung je Auftrags- bzw. Lieferposition getrennt aktivieren, indem Sie das Kennzeichen **aut. Chargenfindung** in der entsprechenden Zeile setzen.

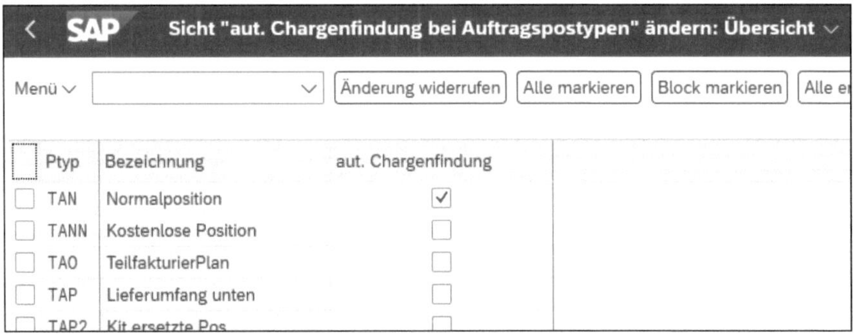

Abbildung 8.105 Automatische Chargenfindung je Auftragstyp aktivieren

8.6.2 Chargen in der Lieferung

Im Folgenden gehen wir zunächst auf die Chargenfindung in einer Lieferung in SAP S/4HANA ein. Anschließend zeigen wir Ihnen die Chargenfindung in einer an SAP EWM verteilten Lieferung.

[!]

Änderung der Chargenzuordnung

Wurde die Charge bereits im Verkaufsbeleg zugeordnet, kann sie in der Lieferung nicht mehr geändert werden. Auch ein Chargensplit ist dann nicht mehr möglich.

In unserem Beispiel legen wir die Lieferung direkt aus dem Kundenauftrag heraus an. Dazu gehen wir im Kundenauftrag über **Menü • Verkaufsbeleg • Beliefern** (siehe Abbildung 8.106).

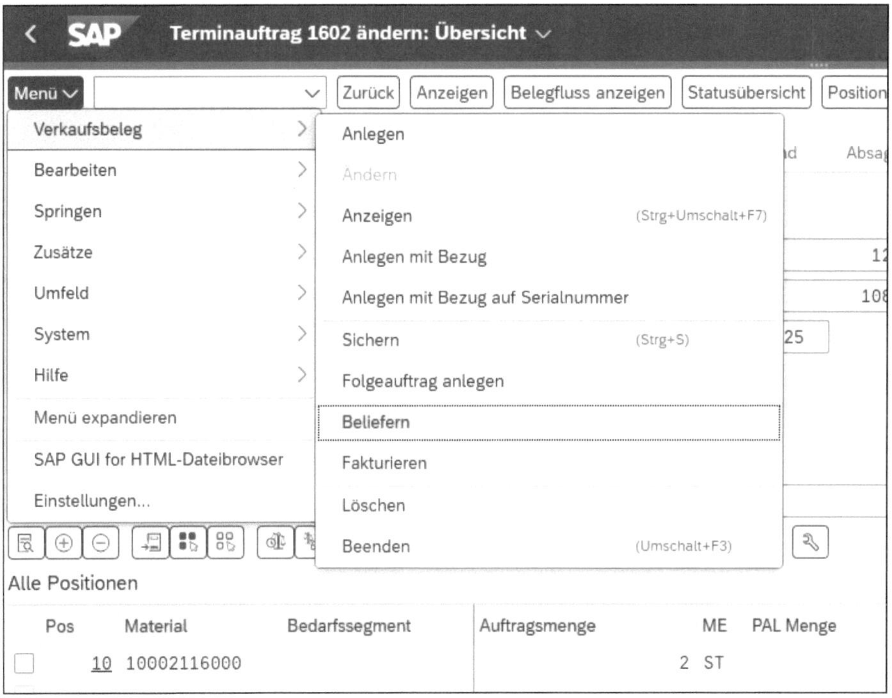

Abbildung 8.106 Lieferung direkt aus dem Kundenauftrag anlegen

In unserem Beispiel wird direkt eine automatische Chargenfindung angestoßen. Dies wurde im Customizing (siehe Abbildung 8.105) entsprechend eingestellt. Die Lieferung wurde erzeugt, und das Feld **Charge** ist nicht editierbar (siehe Abbildung 8.107).

Abbildung 8.107 Erzeugte Lieferung aus dem Kundenauftrag

Wenn Sie die Position markieren, kommen Sie mit dem Button Chargensplit (**Chargensplit zur Position**) in die weiteren Chargeninformationen zur Lieferposition (siehe Abbildung 8.108).

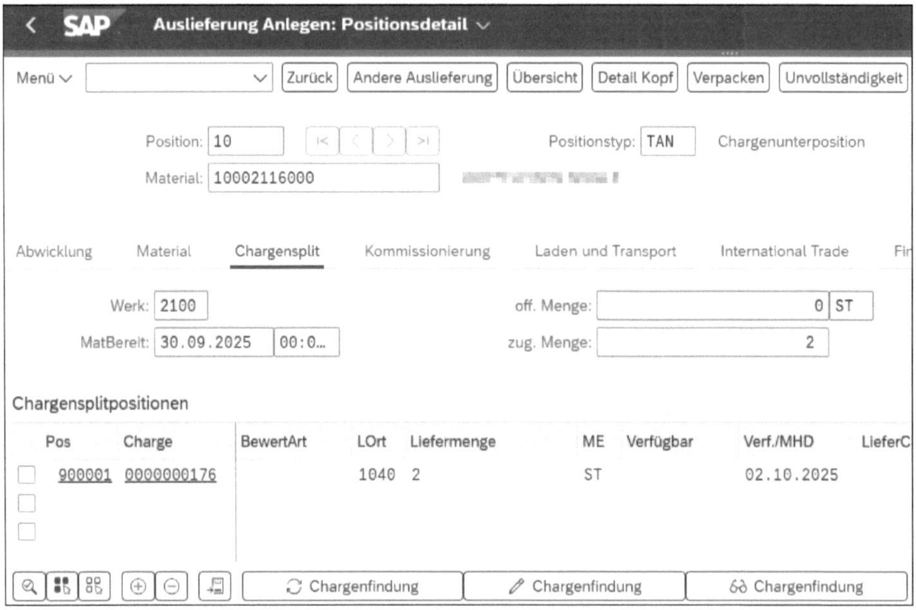

Abbildung 8.108 Chargeninformationen in der Lieferposition

Folgende Buttons stehen Ihnen für weiter Informationen zur Charge bereit:

- Chargenfindung: Starten Sie hiermit die automatische Chargenfindung erneut.
- Chargenfindung: Mit diesem Button können Sie die Chargenfindung ändern.
- Chargenfindung: Über diesen Button können Sie sich die Chargenfindung anzeigen lassen.

Mit dem Button **Sichern** sichern Sie die Lieferung und können weitere logistische Prozesse durchführen.

Unterschiede zwischen SAP Fiori und SAP GUI

Bei der Bearbeitung mit den Buttons reagiert SAP S/4HANA in den SAP-Fiori-Apps anders als im SAP GUI.

Innerhalb von SAP GUI werden zu den Details auch andere mögliche Chargen angezeigt. Die Mengen der Chargen können dort manuell gepflegt werden (siehe Abbildung 8.109).

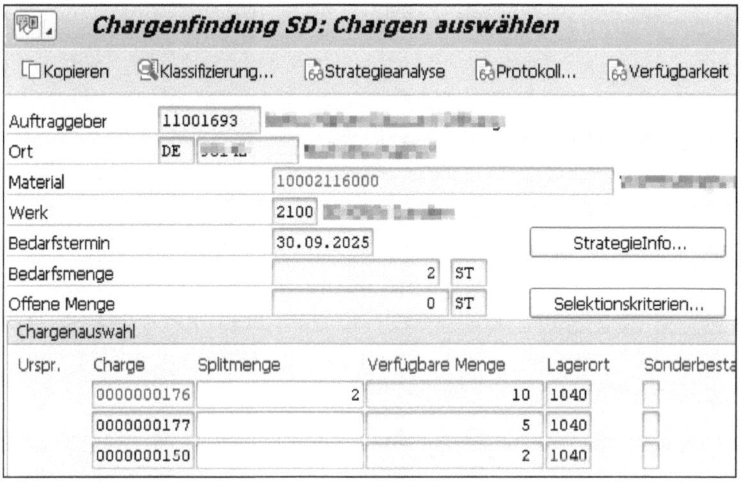

Abbildung 8.109 Chargenfindung innerhalb des SAP GUI

8.6.3 Chargen in der an SAP EWM verteilten Lieferung

Im Warenausgang in SAP EWM gibt es drei Szenarien, wie die Chargenfindung stattfinden kann (siehe Abschnitt 3.5, »Besonderheiten bei der Chargenfindung mit SAP EWM«):

1. Die Chargenfindung findet bereits im ERP statt, und die ermittelte Charge wird an SAP EWM übermittelt.

2. ERP übermittelt Chargensuchkriterien an SAP EWM, und mit diesen wird in SAP EWM die Chargenfindung durchgeführt.
3. Es werden keine Charge und auch keine Kriterien ans EWM übermittelt.

Im weiteren Verlauf des Kapitels schauen wir uns Szenario 2 genauer an.

In der ERP-Auslieferung können Chargenselektionskriterien vorgegeben werden, wie z. B. Herkunftsland, Breite etc. Diese Chargenselektionskriterien werden an das SAP-EWM-System übermittelt.

Im Auslieferungsauftrag können die Chargenselektionskriterien pro Position angesehen werden (siehe Abbildung 8.110).

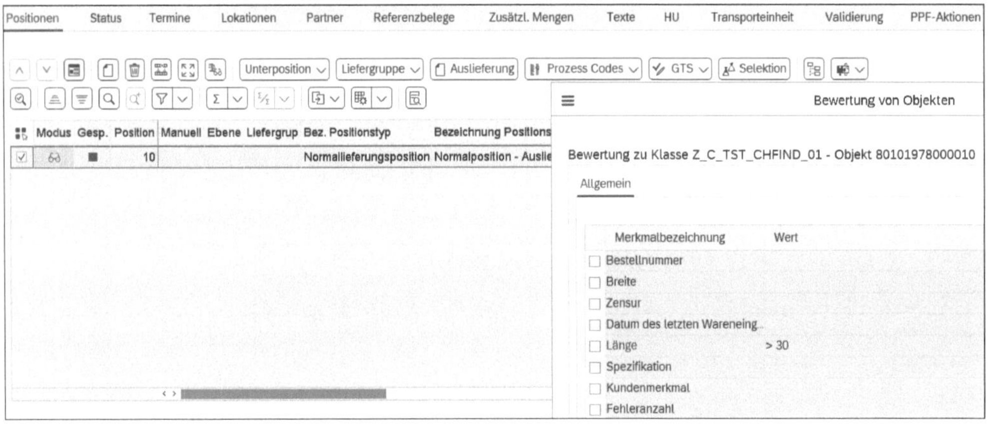

Abbildung 8.110 Chargenselektionskriterien im Auslieferungsauftrag

Im Kommissionierprozess berücksichtigt das SAP-EWM-System nur Chargen, deren Bewertung auch den vorgegebenen Chargenselektionskriterien entsprechen. Das System schlägt mehrere Chargen, die den Chargenselektionskriterien entsprechen, vor, wenn die Menge einer Charge nicht ausreichend ist.

Im Customizing kann festgelegt werden, ob eine Prüfung der Charge beim Anlegen oder Bearbeiten einer Lageraufgabe erfolgen soll. Wenn Sie im Customizing über den Menüpfad (IMG •) **SCM Extended Warehouse Management • Extended Warehouse Management • Prozessübergreifende Einstellungen • Chargenverwaltung Einstellung zur Lieferung vornehmen** das Kennzeichen **Prüfung Selektionskriterien gegen Merkmal Charge** auf **A Prüfung** setzen, dann prüft das System automatisch, ob die von Ihnen eingegebene Charge zu den Selektionskriterien passt (siehe Abbildung 8.111).

Chargenabwicklung und Haltbarkeitsprüfung in der Lieferung						
	Belegtyp	Lag...	PosArt	Belegart	Slkt. Char	WB n. frei
☐	PDO	1110	ODLV	OUTB	A Prüfung	☐

Abbildung 8.111 Einstellung Prüfung Chargenselektionskriterien im Warenausgang

Sie können sich beim Anlegen einer Lageraufgabe zur Auslieferung eine Liste aller verfügbaren Bestände zu einem Produkt gemäß den Chargenselektionskriterien anzeigen lassen. Nutzen Sie dafür die SAP-Fiori-App **Lageraufgabe anlegen - Auslieferungsauftrag** oder die Transkation /SCWM/TODLV_O.

Bei der Auslagerung von Chargen läuft der weitere Warenausgangsprozess genauso weiter ab wie ohne Chargen.

8.7 Zusammenfassung

In diesem Kapitel haben Sie gesehen, wie tief die Chargenverwaltung in komponentenübergreifende Prozesse eingebunden ist. Zu Beginn haben wir Ihnen vorgestellt, wie Sie anhand von Chargenmerkmalen oder Haltbarkeitsdaten eine Materialdisposition vornehmen können. Zudem kennen Sie nun die Besonderheiten der Chargenabwicklung im Einkauf und in der Bestandsführung. Sie wissen, was Sie bei der Bereitstellung von chargenpflichtigen Auftragskomponenten für die Produktion aus dem Lager beachten sollten. Darüber hinaus haben Sie erfahren, wie Sie im Rahmen von Verbrauchsbuchungen zu Produktionsaufträgen Chargen auswählen können. Weiterhin zeigten wir Ihnen in diesem Kapitel die Funktion der fertigungsbegleitenden Qualitätsprüfung. Diese integriert die Funktionen von QM mit den Produktionsaufträgen und der Bestandsführung, wobei auch hier die Chargenverwaltung eine entscheidende Rolle spielt. Abgerundet wurde das Kapitel mit der Chargenverwaltung im Vertrieb, sodass Sie nachvollziehen können, mit welchen Chargen ein Kundenauftrag beliefert worden ist.

Kapitel 9
Besonderheiten in speziellen Branchen

Chargen werden in den unterschiedlichen Branchen verschieden intensiv eingesetzt. Besonders im Lebensmittel- und Pharmabereich spielt die Charge eine große Rolle für die gesetzlich geforderte Rückverfolgbarkeit. Aber auch bei Materialien, die als Schmelze oder in größeren Einheiten einmalig produziert und danach vereinzelt werden, ergeben sich Anforderungen an Merkmalswerte und Rückverfolgungen. Hier sind die Stahl- oder Papierindustrie zu nennen. In diesem Kapitel gehen wir auf diese Besonderheiten ein.

In der pharmazeutischen Industrie gibt es eine Reihe von gesetzlichen Bestimmungen für die Qualitätssicherung bei der Produktion, die sogenannten *Good Manufacturing Practices* (GMP). Dazu gehören auch Bestimmungen für den Einsatz von papierlosen, computergestützten Systemen wie SAP S/4HANA, die für die Zulassung eines pharmazeutischen Produkts unbedingt erfüllt sein müssen. Eine besondere Rolle spielen dabei die EU-Richtlinie 2003/94/EG und die US-FDA-Verordnung 21 CFR, Part 11 (*Electronic Records and Electronic Signatures, final rule*). In diesen Vorschriften werden unter anderem Anforderungen an die Datenspeicherung, die sogenannten *Audit Trails* (Aufzeichnungen aller GMP-relevanten Änderungen und Löschungen), die Systemberechtigungen, die Chargenfreigabe und die Archivierung von Daten gestellt.

In diesem Kapitel erfahren Sie, was Sie beachten müssen, um diese Anforderungen im Hinblick auf die Chargenverwaltung im SAP-System erfüllen zu können. Ein besonderer Fokus liegt auf den Zugangsbeschränkungen durch Berechtigungen, der Änderungsprotokollierung und der Erstellung von Herstellprotokollen. In diesem Zusammenhang stellen wir Ihnen das elektronische Chargenprotokoll (*Electronic Batch Record*, EBR) vor. Damit können Sie den Prozess der Erstellung und Genehmigung eines papierlosen Herstellprotokolls in SAP S/4HANA abbilden.

9.1 Zugriffskontrolle und Änderungsprotokollierung in der Chargenverwaltung

Die Zugriffskontrolle und die Änderungsprotokollierung sind zentrale Bausteine der GMP-Konformität: Während Berechtigungen sichern, wer welche Aktionen ausführen darf, machen Audit-Funktionen nachvollziehbar, was wann und von wem geändert wurde. Auf diese Aspekte gehen wir in diesem Abschnitt ein.

9.1.1 Berechtigungen in der Chargenverwaltung

Die GMP-Richtlinien enthalten Bestimmungen, die den Zugang zu den verwendeten IT-Systemen einschränken. Zu diesen Bestimmungen zählt die US-FDA-Verordnung 21 CFR, Part 11. Dort wird festgelegt, dass der Systemzugang im Allgemeinen und der Zugang zu bestimmten Transaktionen im Besonderen auf autorisierte Benutzer beschränkt sein muss. Um dem gerecht zu werden, gibt es in SAP S/4HANA zunächst das generelle Zugangskonzept über einen eindeutigen Benutzernamen mit Passwort. Darüber hinaus wird eine Berechtigungsprüfung auf der Ebene der Transaktionen über das Berechtigungsobjekt S_TCODE vorgenommen. Damit können Sie den Zugriff auf die GMP-relevanten Transaktionen wie MSC1N (Charge anlegen) und MSC2N (Charge ändern) wie gefordert einschränken. Darüber hinaus existieren weitere Berechtigungsobjekte im Zusammenhang mit der Chargenverwaltung, was Ihnen die Implementierung eines differenzierten Berechtigungskonzepts ermöglicht. Diese Berechtigungsobjekte stellen wir Ihnen im Folgenden vor:

- **M_MATE_CHG (Chargenberechtigung für Materialstamm)**
  Über dieses Berechtigungsobjekt steuern Sie die Berechtigung zur Pflege von Chargenstammsätzen zu Materialien. Dies definieren Sie in Verbindung mit der Berechtigungsgruppe (Parameter BEGRU) aus der Sicht **Grunddaten 1** im Materialstamm. Dadurch können Sie unter dem Aspekt der Berechtigungen Gruppen von Materialien bilden. Sie ordnen einem Benutzer dabei die Berechtigung für folgende Aktivitäten (Parameter ACTVT) zu:
  - Benutzer darf Chargenstämme anlegen (01)
  - Benutzer darf Chargenstämme ändern (02)
  - Benutzer darf Chargenstämme anzeigen (03)
  - Benutzer darf Änderungen zu Chargenstämmen anzeigen (08)
- **M_MATE_WRK (Berechtigung für Materialstamm und Sonderbestände auf Werksebene)**
  Um die Werksdaten von Chargen bearbeiten zu können, benötigt ein Benutzer dieses Berechtigungsobjekt, z. B. um das Werkssegment einer Charge anzulegen oder eine Löschvormerkung auf Werksebene zu setzen. Dabei pflegen Sie über den Pa

rameter WERKS die erlaubten Werke. Folgende Aktivitäten können Sie dem Benutzer über den Parameter ACTVT zuordnen:

  - Benutzer darf Werksdaten anlegen (01)
  - Benutzer darf Werksdaten ändern (02)
  - Benutzer darf Werksdaten anzeigen (03)
  - Benutzer darf Löschvormerkungen auf Werksebene setzen (06)
  - Benutzer darf Änderungsbelege anzeigen (08)

- **M_MATE_STA (Pflegestatusberechtigung für Materialstammsätze)**
  Um dem Benutzer die Anzeige der materialspezifischen Daten im Chargenstamm wie die Haltbarkeits- und Klassifizierungsdaten auf der Registerkarte **Materialdaten** zu ermöglichen, weisen Sie ihm dieses Berechtigungsobjekt zu. Über den Parameter STATM geben Sie die entsprechenden Sichten Klassifizierung (C) und Lagerung (L) an. Sie können dem Benutzer dabei über den Parameter ACTVT dieselben Aktivitäten zuordnen wie beim Berechtigungsobjekt M_MATE_WRK: 01, 02, 03, 06 und 08. Zur Anzeige der Materialdaten in einem Chargenstamm ist jedoch die Aktivität 03 ausreichend.
- **M_MATE_ZST (Chargenzustand ändern)**
  Indem Sie für dieses Berechtigungsobjekt dem Parameter DUMMY den Wert »*« zuweisen, erhält der Benutzer die Berechtigung zur Änderung des Zustands. Weitere Hinweise zur gezielteren Berechtigungsvergabe der Richtung der Zustandsänderung erhalten Sie in Abschnitt 4.1, »Chargenzustandsverwaltung«.
- **M_MATE_CHP (Pflegeberechtigung für Chargenprotokolle)**
  Wenn Sie elektronische Chargenprotokolle verwenden, benötigen Benutzer zur Bearbeitung dieser Protokolle dieses Berechtigungsobjekt. Wie bei den Chargenstämmen haben Sie hier die Möglichkeit, die Pflegeberechtigung über die Berechtigungsgruppe (Parameter BEGRU) aus dem Materialstamm weiter einzuschränken. Folgende Aktivitäten können Sie dem Benutzer über den Parameter ACTVT zuordnen:
  - Kopfsatz zum Chargenprotokoll anlegen (01)
  - Chargenprotokoll ändern (02)
  - Chargenprotokoll anzeigen (03)
  - Kopfsatz zum Chargenprotokoll löschen (04)
  - Chargenprotokoll optisch archivieren (05)
  - Chargenprotokoll simulieren (48)
  - Chargenprotokoll mittels digitaler Signatur genehmigen (73)
  - Genehmigung zurücknehmen (74)

- **M_MATE_CHC (Berechtigung zur Umsetzung von Chargenklassen)**
  Mit dieser Berechtigung kann ein Benutzer die Umsetzung von Chargenklassen vornehmen (siehe Abschnitt 2.5.2, »Chargenklasse umsetzen«). Neben den Standardaktivitäten Anlegen (01), Ändern (02), Anzeigen (03) und Löschen (06) können Sie einem Benutzer zusätzlich folgende spezifische Aktivitäten über den Parameter ACTVT zuordnen:
  - Ausführen (16)
  - Freigeben (43)
  - Massendaten verarbeiten (A8)
- **M_MATE_OB (Pflegeberechtigung für Ursprungschargen)**
  Damit Benutzer eine Charge als Ursprungscharge kennzeichnen können, benötigen sie dieses Berechtigungsobjekt. Über den Parameter OPFLG (Bewegungskennzeichen) steuern Sie, zu welcher Belegart (Bestellungen und Produktionsaufträge) der Benutzer Ursprungschargen bearbeiten kann. Folgende Aktivitäten können Sie dem Benutzer über den Parameter ACTVT zuordnen:
  - Anzeigen (03)
  - Pflegen (23)
- **M_MATE_BIC (Berechtigung für das Batch Information Cockpit)**
  Über dieses Berechtigungsobjekt können Sie die Verwendung der Selektion auf eine bestimmte Benutzergruppe einschränken, indem Sie den Parameter BICUG (Benutzergruppe für die Selektion Batch Information Cockpit) nutzen. Zudem wird nach einer Chargenselektion geprüft, ob der Benutzer ausreichende Berechtigungen für die Anzeige der selektierten Daten besitzt. Falls dies nicht der Fall ist, wird anstelle des tatsächlichen Werts in einer Spalte das Icon (**fehlende Berechtigung**) angezeigt.

  Dieses Berechtigungsobjekt ist allerdings aus GMP-Sicht weniger kritisch, da es lediglich eine Auswertungsfunktion einschränkt.

Nachdem Sie in diesem Abschnitt die für die Chargenverwaltung relevanten Berechtigungsobjekte kennengelernt haben, erfahren Sie im nächsten Abschnitt, welche Möglichkeiten Sie für eine erweiterte Änderungsprotokollierung chargenrelevanter Daten mithilfe der Chargenhistorie haben.

9.1.2 Chargenhistorie

Bei der Chargenhistorie handelt es sich um eine Zusatzfunktion im Batch Information Cockpit (BIC), mit der Sie die generelle Änderungsprotokollierung im Chargenstamm (siehe Abschnitt 2.1.4, »Änderungsprotokollierung im Chargenstamm«) und in den Klassifizierungsdaten einer Charge (siehe Abschnitt 2.3.2, »Material und Charge klassifizieren«) ergänzen. Sie haben dadurch die Möglichkeit, die im Chargenstamm verfügbaren Daten mit weiteren Informationen anzureichern und im BIC einzublenden. Diese Business Function ist in SAP S/4HANA obsolet und kann noch nur in älteren SAP-ECC-Systemen verwendet werden.

9.2 Elektronisches Chargenprotokoll in der Pharmaindustrie

Das *elektronische Chargenprotokoll*, auch Electronic Batch Record (EBR) genannt, ist eine Funktion der Komponente PP-PI. Ein EBR ist eine elektronisch erzeugte Herstelldokumentation, die alle relevanten Daten zum Herstellungsprozess einer Charge enthält. Aufbau und Inhalt eines EBR in SAP S/4HANA erfüllen laut SAP dabei die vorgegebenen GMP-Richtlinien. Die kundenspezifischen Einstellungen zum EBR in SAP S/4HANA sowie die Integration in die GMP-pflichtigen Vorgänge müssen allerdings in jedem Projekt validiert werden.

Dieser Abschnitt zeigt Ihnen, wie ein EBR in SAP S/4HANA strukturiert ist und welche Daten es enthält. Außerdem erfahren Sie, welche Einstellungen Sie benötigen, um ein EBR erzeugen und bearbeiten zu können und wie das EBR in den Freigabeprozess einer Charge integriert ist.

[!]

Einsatzgebiet des elektronischen Chargenprotokolls

Chargenprotokolle können Sie nur in Verbindung mit Prozessaufträgen in PP-PI erzeugen. Für Fertigungsaufträge in PP steht diese Funktion nicht zur Verfügung.

9.2.1 Erforderliche Einstellungen

Sie aktivieren das Chargenprotokoll in der Prozessauftragsart. Dazu setzen Sie in den auftragsartabhängigen Parametern einer Prozessauftragsart auf der Registerkarte **Stammdaten** das Kennzeichen **Chargenprotokoll erforderlich**. Nur wenn Sie dieses Kennzeichen gesetzt haben, können Sie zu einer mit dieser Auftragsart produzierten Charge ein Chargenprotokoll erzeugen. Diese Einstellung nehmen Sie im Customizing über den Menüpfad (IMG •) **Produktionsplanung Prozessindustrie • Prozessauftrag • Stammdaten • Auftrag • Auftragsartabhängige Parameter definieren** (Transaktion COR4) vor. Wenn Sie einen Prozessauftrag mit dieser Auftragsart anlegen, wird im Auftrag und in allen mit Bezug zu diesem Auftrag angelegten Prüflosen automatisch der Systemstatus CPRE (**Chargenprotokoll erforderlich**) gesetzt. Das bedeutet zudem, dass Sie den Prozessauftrag und die damit verknüpften Prüflose erst dann archivieren und löschen können, sobald Sie zu allen produzierten Chargen ein Chargenprotokoll archiviert haben.

Im nächsten Schritt legen Sie optional pro Material im Materialstamm fest, dass erst nach der Genehmigung des Chargenprotokolls einer produzierten Charge der Verwendungsentscheid in der Komponente QM für diese Charge getroffen und der Chargenzustand der Charge von **nicht frei** auf **frei** gesetzt werden kann. Dazu setzen Sie im Materialstamm über die SAP-Fiori-App (App-ID MM02) das Kennzeichen **ChrgProt erford** (genehmigtes Chargenprotokoll ist erforderlich) in der Sicht **Arbeitsvorbereitung** (siehe Abbildung 9.1).

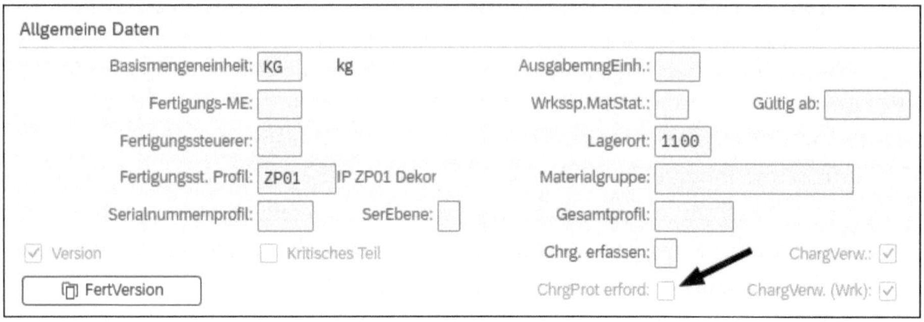

Abbildung 9.1 Chargenprotokoll erforderlich auf der Sicht »Arbeitsvorbereitung«

[»]

Grundeinstellungen zum elektronischen Chargenprotokoll

Über den Customizing-Pfad (IMG •) **Produktionsplanung Prozessindustrie • Prozessdatendokumentation • Chargenprotokoll** finden Sie eine Vielzahl von Einstellungen zum Umfang, zum Layout und zur digitalen Signatur für das elektronische Chargenprotokoll, auf die wir an dieser Stelle nicht näher eingehen. Darüber hinaus ist es erforderlich, dass Sie die notwendigen Einstellungen zur Verknüpfung Ihres Archivs über die SAP-ArchiveLink-Schnittstelle vorgenommen haben.

Auch in SAP S/4HANA von 2023 wird weiterhin ArchiveLink zur Archivierung von Chargenprotokollen verwendet. In Zukunft wird voraussichtlich verstärkt auf die neuen *Content Management Interoperability Services* (CMIS) für die Archivierung gesetzt, insbesondere in der Public Cloud. ArchiveLink ist jedoch weiterhin im Einsatz und wird unterstützt.

9.2.2 Inhalt des Chargenprotokolls

Ein EBR beinhaltet Daten aus verschiedenen Quellen, um den Herstellungsprozess vollständig zu beschreiben. Dazu zählen folgende Objekte, die in Form von SAPscript-Dokumenten mit dem EBR verknüpft werden:

- Prozessauftrag (Kopfdaten, Vorgangsdaten, Stammdaten)
- Materialliste (geplante und tatsächlich verbrauchte Materialien, Mengen und Komponentenchargen, Materialmengenberechnung inklusive Formeln)

- Prozesssteuerungsdaten in Form von Prozessmeldungen aus der Prozesskoordination
- In-Prozess- und Wareneingangsprüflos mit Prüfmerkmalen und -ergebnissen, Probenahmedaten und Abweichungen
- Herstellanweisungen (als XML-Dokument)
- digitale Signaturen zu allen Objekten
- benutzerdefinierte Daten wie SOPs aus dem Dokumentenverwaltungssystem

Die einzelnen Objekte sind nur dann Bestandteil des EBRs, wenn Sie die dazu erforderliche Funktion auch im Einsatz haben. Um z. B. Herstellanweisungen und Prozessmeldungen in das EBR einzubinden, müssen Sie diese über die Prozesskoordination implementiert haben. Als Grundvoraussetzung für den in diesem Kapitel beschriebenen Einsatz des EBR genügen die Objekte bzw. Funktionen Prozessauftrag, Materialliste, Wareneingangsprüflos und digitale Signatur.

9.2.3 Das Chargenprotokoll im Einsatz

Das elektronische Chargenprotokoll ist vollständig in die logistischen Prozesse integriert. Über die Statusverwaltung aller beteiligten Objekte sind bestimmte Aktionen nur dann möglich, sobald die dazu benötigten Voraussetzungen erfüllt sind. Zum Beispiel muss ein Prozessauftrag den Status »technisch abgeschlossen« (Status TABG) besitzen, bevor ein Chargenprotokoll genehmigt werden kann. In diesem Abschnitt zeigen wir Ihnen den integrierten Ablauf von der Erstellung des Chargenprotokolls bis zur Chargenfreigabe, die am Ende des Prozesses stattfindet.

Chargenprotokoll generieren

Damit Sie ein elektronisches Chargenprotokoll für eine Charge anlegen können, müssen folgende Voraussetzungen erfüllt sein:

- **Genehmigter Prozessauftrag**
  Der Prozessauftrag, mit dem die Charge hergestellt wird, muss genehmigt sein und den Status GNE (**Genehmigung erteilt**) besitzen. Das bedeutet, dass der Prozessauftrag entweder auf Basis eines genehmigten Rezepts angelegt wurde. Alternativ haben Sie im Prozessauftrag eine Einzelgenehmigung über den Menüpfad **Prozessauftrag • Funktionen • Genehmigung • Einzelgenehmigen** erteilt.
- **Freigegebener Prozessauftrag**
  Der Prozessauftrag muss freigegeben sein, was durch den Status FREI (**Freigegeben**) dokumentiert wird.
- **Charge im Auftragskopf**
  Um den Auftrag freigeben zu können, müssen Sie zuvor im Auftragskopf eine Charge zugeordnet haben. Der Grund dafür ist, dass der Auftragsstatus CHPF (**Auf-**

trag chargenpflichtig) aufgrund des Kennzeichens **ChrgProt erford** (genehmigtes Chargenprotokoll ist erforderlich) aus dem Materialstamm gesetzt wird. Sobald Sie eine Charge im Auftragskopf auf der Registerkarte **Wareneingang** eingetragen und angelegt haben, wird im Auftrag der Status CHZG (**Chargen vollständig zugeordnet**) gesetzt.

- **Genehmigte Prüflose**
  Die Prüflose zur Charge müssen ebenfalls auf Basis eines genehmigten Plans angelegt worden sein und den Status GNE (**Genehmigung erteilt**) haben. Sie können hier alternativ mit Transaktion QA02 (Prüflos ändern) im Prüflos über den Menüpfad **Prüflos • Funktionen • Genehmigung erteilen** eine Einzelgenehmigung erteilen.
- **Chargenstamm**
  Der Chargenstamm der Charge, für die Sie ein Chargenprotokoll generieren möchten, muss angelegt sein.

Nachdem Sie den Prozessauftrag freigegeben haben, wird der Status CPRE (**Chargenprotokoll erforderlich**) gesetzt – wie auch in allen zur Charge erzeugten Prüflosen.

[!]

Chargenfreigabe über Genehmigung des EBR: Initialzustand der Charge

Falls Sie die Freigabe der Charge über den Chargenzustand an die Genehmigung des Chargenprotokolls knüpfen möchten, sollten Sie den Initialzustand für Chargen der entsprechenden Materialart als **nicht frei** definiert haben (siehe dazu Abschnitt 4.1, »Chargenzustandsverwaltung«).

Sobald all diese Voraussetzungen erfüllt sind, können Sie ein Chargenprotokoll anlegen und dabei den Kopfsatz generieren. Dazu nutzen Sie folgenden Menüpfad: **Logistik • Zentrale Funktionen • Chargenverwaltung • Werkzeuge • Chargenprotokoll** (Transaktion COEBR).

Im Selektionsbild der Transaktion selektieren Sie die Option **Generieren** im Bereich **Arbeitsvorrat zum**. Optional geben Sie weitere Selektionskriterien in den Feldern **Charge**, **Material** und **Werk** ein, um die Selektion einzuschränken. Nach dem Aufruf der Selektion sehen Sie im Übersichtsbaum alle Chargen gemäß Ihren Selektionskriterien, für die ein EBR generiert werden kann. Indem Sie eine Charge markieren und auf den Button **Chargenprotokoll generieren** klicken, erzeugen Sie den Kopfsatz des EBR für diese Charge. Dieser enthält Informationen zur Version, zum Status und zur Genehmigung des EBR sowie die Verknüpfungen zu den Archivdokumenten.

Nun rufen Sie Transaktion COEBR (Chargenprotokoll: Arbeitsvorrat erstellen) erneut auf. Dieses Mal selektieren Sie die Option **Anzeigen/Ändern** im Bereich **Arbeitsvorrat zum**. Nach dem Aufruf der Selektion sehen Sie im Übersichtsbaum alle Chargen, für die ein EBR-Kopfsatz bereits generiert wurde und die Sie nun bearbeiten können.

An dieser Stelle können Sie auf der Registerkarte **Anlage erstellen** Anlagen hinzufügen oder auf der Registerkarte **Kommentare zur Version** Kommentare erfassen, die ebenfalls in der Baumstruktur angezeigt werden. Darüber hinaus können Sie die Drucklisten zu den Objekten simulieren, indem Sie den Cursor auf einem Objekt positionieren und über die rechte Maustaste die Option **Druckbild anzeigen** auswählen.

Chargenprotokoll archivieren und genehmigen

Für die Archivierung und die nachfolgende Genehmigung eines Chargenprotokolls, die aus GMP-Sicht erforderlich ist, werden bestimmte Bearbeitungsstände der beteiligten Objekte vorausgesetzt. Der zugrunde liegende Prozessauftrag muss den Status TABG (**Technisch abgeschlossen**) oder ABG (**Abgeschlossen**) besitzen. In den Prüflosen zur Charge müssen alle Ergebnisse erfasst worden sein, was durch den Status PAKO (**Prüfabschluss komplett**) dokumentiert wird. Danach können Sie im Verwendungsentscheid der Prüflose in der SAP-Fiori-App **Verwendungsendscheit erfassen** (App-ID QA11) über den Menüpfad **Verwendungsentscheid • Funktionen • Sperre für Chargenprotokoll • Setzen** den entsprechenden Status setzen (siehe Abbildung 9.2).

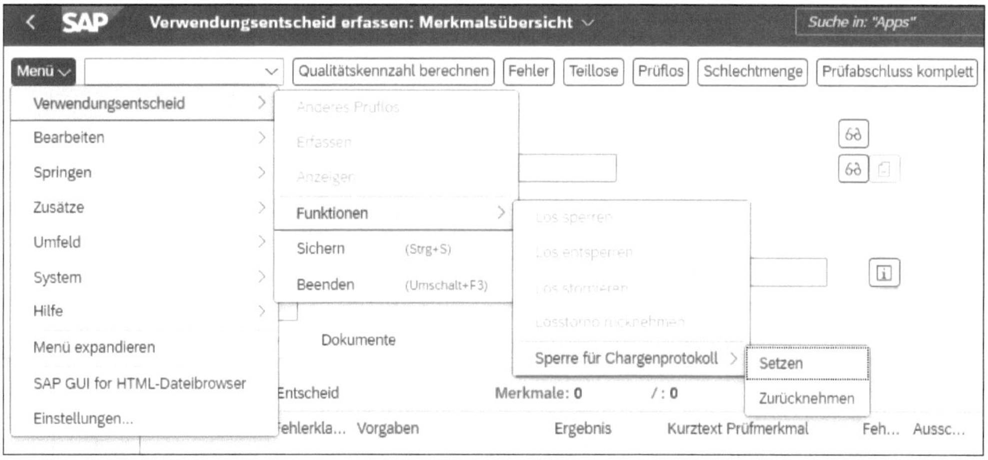

Abbildung 9.2 Sperre für Chargenprotokoll

Für Prüflose der Prüflosherkunft 03 (Produktion) müssen Sie den Verwendungsentscheid bereits getroffen haben. Zudem müssen alle Steuerrezepte abgeschlossen sein, falls Sie die Prozesskoordination im Einsatz haben.

In Abbildung 9.3 sehen Sie die Reihenfolge der Bearbeitungsschritte von der Generierung des Chargenprotokolls bis zur Chargenfreigabe.

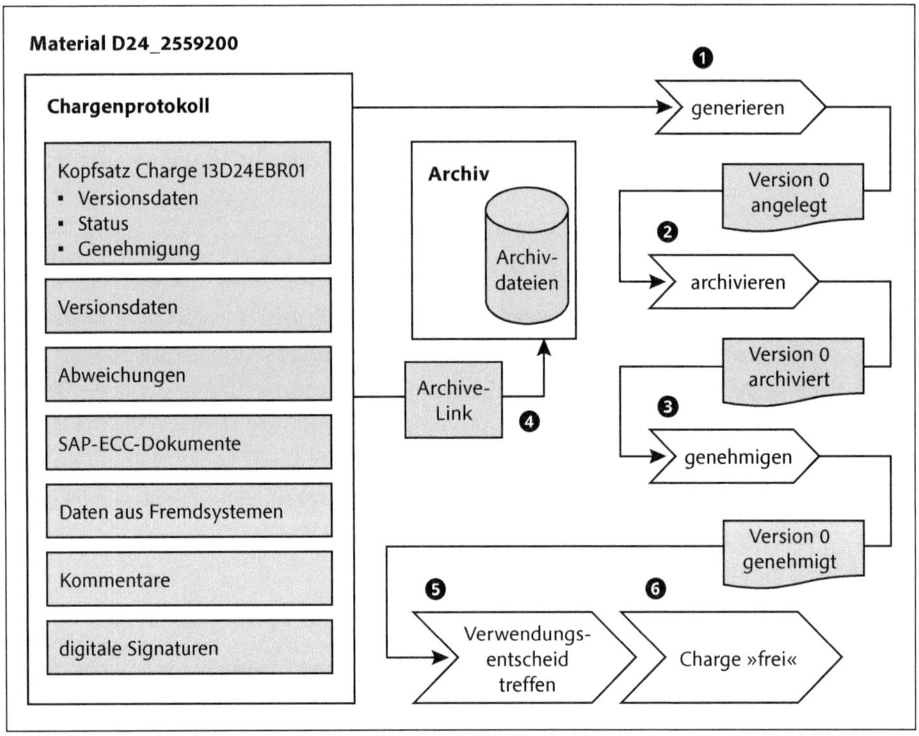

Abbildung 9.3 Elektronisches Chargenprotokoll

Nachdem Sie, wie im vorangegangenen Unterabschnitt beschrieben, das Chargenprotokoll generiert haben ❶, können Sie das EBR auf Vollständigkeit prüfen, die Drucklisten simulieren und eine Abweichungsanalyse durchführen. Nach einer erfolgreichen Prüfung archivieren Sie das EBR ❷. Dadurch werden alle Objekte des EBR über die Schnittstelle ArchiveLink gemäß Ihren Archivierungseinstellungen in ein optisches Archiv geschrieben ❸. Nach einer erfolgreichen Archivierung genehmigen Sie das EBR mittels digitaler Signatur ❹.

Integration des Chargenprotokolls in den Prozess zur Chargenfreigabe

Für die finale Chargenfreigabe ist ein genehmigtes Chargenprotokoll erforderlich, wie in Abbildung 9.3 dargestellt. Erst dann können Sie den Verwendungsentscheid zum Wareneingangsprüflos der Prüflosherkunft 04 (Wareneingang Auftrag) zur Charge treffen, um den Bestand der Charge aus dem Qualitätsprüfbestand freizugeben ❺. Dabei wird zudem der Chargenzustand der Charge auf **frei** gesetzt, was Sie im Bestandsbuchungsvorschlag des Verwendungsentscheid-Codes der entsprechenden Auswahlmenge hinterlegen können ❻.

[«]

Freigaberestriktion einer Charge über das Chargenprotokoll

Alternativ zu diesem Freigabeprozess haben Sie die Möglichkeit, die dort beschriebene Freigaberestriktion einer Charge über das Chargenprotokoll aufzuheben. Sie können dann sowohl den Verwendungsentscheid zum Wareneingangsprüflos treffen als auch den Chargenzustand auf **frei** setzen, bevor ein genehmigtes Chargenprotokoll vorliegt. Dazu setzen Sie das Kennzeichen **ChrgProt erford** (genehmigtes Chargenprotokoll ist erforderlich) im Materialstamm *nicht*. Zum Löschen und Archivieren des Prozessauftrags und des Prüfloses muss jedoch dennoch ein archiviertes und genehmigtes Chargenprotokoll vorliegen.

Status und Versionierung des Chargenprotokolls

Das Chargenprotokoll unterliegt einer Status- und einer Versionsverwaltung. Falls Sie nach der Archivierung einer Version des EBR Änderungen an den Objekten oder dem EBR selbst vornehmen, wird der Status der Version auf teilarchiviert gesetzt. Bevor Sie diese Version genehmigen können, müssen Sie erneut eine Archivierung durchführen.

Falls Sie nach der Genehmigung Änderungen durchführen, müssen Sie eine neue Version des EBR anlegen, die ebenfalls archiviert und genehmigt werden muss.

9.3 Stückchargen

Unter einer *Stückcharge* wird oft ein einzelnes Objekt (z. B. Coil, Ballen oder Rolle) verstanden, das individuell unterhalb der Materialebene im SAP-System geführt wird. Hier wird für jedes einzelne physische Objekt eine eigene Charge zum Material erzeugt. Damit können in SAP S/4HANA Materialnummern mit unterschiedlichen Eigenschaften über die Merkmalsklassifizierung abgebildet werden. Das Material wird somit aus einer Ursprungscharge erzeugt und in einzelne Einheiten unterteilt. Im Fertigungsprozess werden z. B. aus einer homogenen Schmelze (Charge) individuelle Coils (Stückchargen) erzeugt. Diese Coils haben dann dieselben metallurgischen Eigenschaften, unterscheiden sich aber z. B. in Länge und Breite voneinander.

9.3.1 Besonderheiten

In der Regel werden vonseiten des Qualitätsmanagements eher die Eigenschaften der Ursprungscharge in einem Prüflos überprüft. Geben Sie dazu im Materialstamm im Bereich **Detailinformationen zur Prüfart** beim Kennzeichen **Strg. Loserzeugung** die Option **je Auftragsposition, Charge und Lagerort** an, um die Loseröffnung zu steuern (siehe Abbildung 9.4).

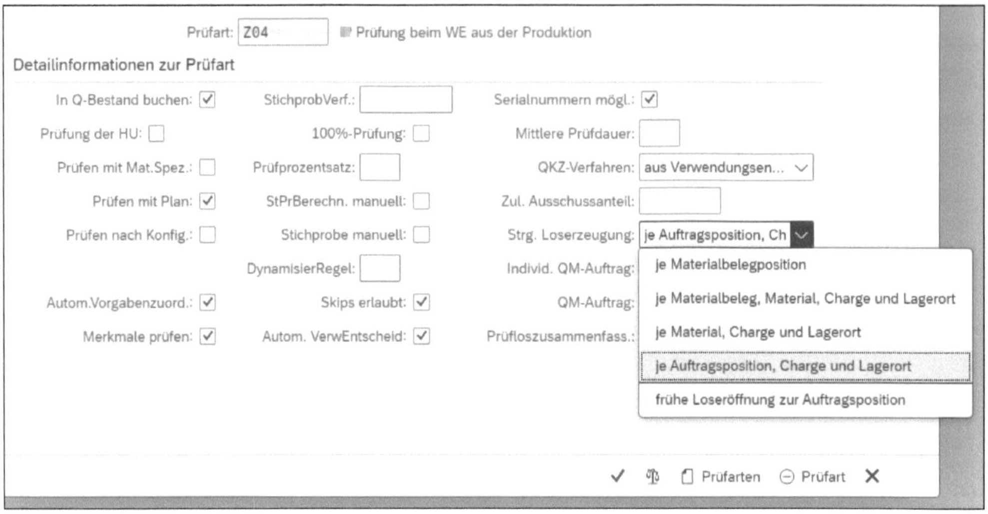

Abbildung 9.4 Loseröffnung im Materialstamm steuern

Dies hat zur Folge, dass bei einer Buchung z. B. zu einer Bestellung von 10 Tonnen Stahl, die auf 10 Coils aufgeteilt sind, 10 Prüflose erzeugt werden. Diese müssen Sie dann vollständig abarbeiten, auch wenn vom Qualitätsmanagement nur Werte aus der Ursprungscharge geprüft werden müssen.

9.3.2 Lösungsansätze

Über eine Entwicklung zum Zeitpunkt der Prüfloseröffnung kann die Erzeugung der Chargen manipuliert werden. Hierzu ist eine entsprechende Klassifizierung der Chargen notwendig, um beim Vorliegen eines identischen Chargenmerkmals (z. B. Ursprungscharge oder Schmelznummer) die Erzeugung eines zusätzlichen Prüfloses zu unterbinden. In diesem Fall muss genau das Coil geprüft werden, zu dem ein Prüflos erzeugt wird.

Eine andere Möglichkeit ist es, eine eigene Folgeaktion, hier **ZIM_A**, anzulegen. Dieser Folgeaktion ist ein kundeneigener Funktionsbaustein zugeordnet. Beim Treffen des Verwendungsentscheids, den Sie z. B. über die SAP-Fiori-App **QA11** aufrufen, werden alle Prüflose mit demselben Chargenmerkmal (z. B. Ursprungscharge oder Schmelznummer) abgeschlossen. Somit brauchen Sie nur einen Verwendungsentscheid für alle Prüflose zu treffen und erhalten einen *Massenverwendungsentscheid* (siehe Abbildung 9.5).

Abbildung 9.5 Folgeaktion mit Treffen eines Massenverwendungsentscheids

Um eine Rückverfolgung oder eine spätere Zeugniserstellung zu ermöglichen, sollten Sie die im Prüflos aufgenommenen Merkmalswerte auf alle zusammenhängenden Chargen bzw. Prüflose kopieren.

9.4 Zusammenfassung

In diesem Kapitel haben wir Ihnen einige besondere Anforderungen und prozessuale Besonderheiten verschiedener Branchen in SAP S/HANA aufgezeigt. Diese sollen Ihnen als Anregung bei der Umsetzung Ihrer speziellen Anforderungen an Chargen dienen.

Das Autorenteam

Sabrina Kröger ist als SAP Senior Consultant bei der BA Business Advice GmbH tätig und begleitet mittelständische Unternehmen unterschiedlicher Branchen bei nationalen und internationalen SAP-S/4HANA-Projekten mit besonderem Fokus auf Source-to-Pay-Prozesse, deren systemübergreifende Integration sowie die Implementierung von Chargenverwaltungslösungen. Nach dem Abschluss ihres Bachelorstudiengangs Wirtschaftsinformatik startete sie 2013 ihre berufliche Karriere im SAP-Umfeld. Als Inhouse-Consultant in der Nutzfahrzeugindustrie sammelte sie über sieben Jahre hinweg umfassende Expertise in verschiedenen logistischen SAP-Modulen, darunter PM/CS, SD, MM, PP, WM und EWM. Parallel zur beruflichen Tätigkeit absolvierte sie erfolgreich ihren Master-Fernstudiengang Wirtschaftsinformatik und erweiterte dadurch ihre theoretischen und praktischen Kompetenzen.

Frank Scholdan hatte nach Abschluss zweier Studiengänge in Maschinenbau und Betriebswirtschaft Ende der 90er Jahre erst Unternehmen auf ihrem Weg zur Zertifizierung beraten, ehe er 2000 in die SAP-Beratung wechselte. Seitdem war er bei verschiedenen Unternehmensberatungen für die integrative Implementierung logistischer Prozesse mit dem Schwerpunkt Qualitätsmanagement verantwortlich. Frank Scholdan betreute und leitete eine Vielzahl von Projekten in unterschiedlichsten Branchen, von Maschinen- und Anlagenbauern über Automotive, Chemie und Pharma bis hin zur Konsumgüterindustrie. Als Berater und Projektleiter konnte er Erfahrungen in verschiedenen Unternehmensgrößen sammeln, bevor er in die Selbstständigkeit startete.

Heike Silbernagel ist seit 2021 in der SAP-EWM-Beratung tätig und betreut erfolgreich EWM-Einführungen und -Optimierungen bei verschiedenen Kunden mit besonderem Fokus auf Chargenverwaltungsprozesse. Zu ihren Aufgaben gehören die Implementierung logistischer Prozesse, Datenmigration, Anwenderschulungen und Hypercare-Betreuung. Ihre Projekterfahrungen umfassen Branchen wie Lebensmittelindustrie, Maschinen- und Anlagenbau sowie Dekorindustrie. Im Rahmen dieser Projekte hat sie sich zudem mit anderen SAP-Modulen wie MM, SD und PP vertraut gemacht. Sie verfügt über einen Master in Biotechnologie und angewandter Ökologie.

Annemarie Zeisig ist seit zehn Jahren im Bereich SAP-Logistik bei Cpro Industry Projects & Solutions GmbH in Hamburg tätig. Sie arbeitet als Solution Architect in Implementierungsprojekten zu Manufacturing-Themen von kleinen bis großen produzierenden-, Handels- und Pharmaunternehmen. Hierbei übernimmt Sie das Prozessdesign, die Tests, die Produktivsetzung, die Datenübernahme und Hypercare. Sie begleitet ebenfalls Optimierungsprojekte wie den Support. Als Dipl.-Ing. Maschinenbau kann sie sich in komplexe Themen einarbeiten. Zu ihren Schwerpunkten gehören integrative Prozessberatung und Schnittstellenthemen.

Andreas Doller arbeitete nach seinem Abschluss als Diplom-Volkswirt zunächst über vier Jahre als Integrationsberater bei der SAP SE in Walldorf in vielen nationalen und internationalen Projekten. Dabei führte er SAP-Lösungen vor allem in Unternehmen der chemischen, der pharmazeutischen sowie der Konsumgüterindustrie in den Bereichen Produktionslogistik und Qualitätsmanagement ein. Während dieser Zeit war er zudem Referent im SAP-Schulungszentrum zum Thema Chargenverwaltung. Ab 2001 war er zunächst freiberuflich tätig, und berät nun mit seiner Firma Consando S.L.U. Unternehmen in globalen ERP-, Global-Batch-Traceability- und in SAP-S/4HANA-Projekten.

Index

C

H

I

K

L

M

N

O

P

T

U